Contributi Alla Storia Di Asti Nel Medio Evo...

Niccola Gabiani, Ferdinando Gabotto

BIBLIOTECA DELLA SOCIETÀ STORICA SUBALPINA
DIRETTA DA FERDINANDO GABOTTO
XXXIII.

N. GABIANI e F. GABOTTO

CONTRIBUTI

ALLA

STORIA DI ASTI NEL MEDIO EVO

LE TORRI, LE CASE-FORTI ED I PALAZZI NOBILI MEDIEVALI IN ASTI

GLI ATTI DELLA SOCIETÀ DEL POPOLO IN ASTI DAL 1312 AL 1323

E GLI STATUTI DELLA SOCIETÀ DEI MILITI DEL 1339

PINEROLO
—
(ASTI, TIPOGRAFIA BRIGNOLO)
1906

Mem. IX.

NICCOLA GABIANI

LE TORRI, LE CASE-FORTI ED I PALAZZI
NOBILI MEDIEVALI IN ASTI

AVVERTENZA.

Il presente volume consta di due parti, di carattere diverso, ma intimamente unite per argomento. La prima comprende la dotta ed accurata memoria *Le Torri, le Case-forti ed i Palazzi nobili medievali in Asti* del nostro socio cav. uff. Niccola Gabiani, dedicata alla memoria del conte Leonetto Ottolenghi; la seconda, *Gli Atti della Società del Popolo di Asti dal 1312 al 1323 e gli Statuti della Società dei Militi del 1339* publicati dallo scrivente (con una sua introduzione) e dallo stesso cav. uff. Gabiani, a spese del Municipio di Asti, che di nuovo qui la *Società Storica Subalpina* ringrazia. L'affinità della materia riesce evidente. Entrambe le parti si riferiscono alla stessa città, agli stessi tempi: se la maggior genialità dell'una può interessare una categoria più larga di lettori, l'importanza dell'altra non è minore per gli studiosi. E la *Società Storica Subalpina* spera che saranno entrambe gradite ai lettori.

FERDINANDO GABOTTO.

ALLA ONORANDA MEMORIA
DEL CONTE LEONETTO OTTOLENGHI.

20 FEBBRAIO 1906.

Illustre signor conte,

La publicazione di queste Notizie e Ricerche forse non sarebbe mai avvenuta se Ella non me ne avesse dato il primo pensiero. Ricordo con vera compiacenza la ragione cortese per la quale la S. V. Ill.ma volle e seppe darmene la ispirazione: ed io farei cosa poco gentile se non unissi a questo mio lavoro il suo nome illustre, ben maggiormente degno di essere associato ad opere più durature ed assai più pregiate.

Ma Ella che per tutte le cose grandi di questa nostra patria comune professa un culto veramente ammirevole; Ella che ha così vivo il sentimento dell'arte, per la quale il suo cuore e la sua mente hanno e sentono così alti entusiasmi, deve permettermi che intitoli a Lei queste pagine del mio modesto lavoro. Esso ha il solo merito di ricordare luoghi e cose che forse non riusciranno a tutti sgradite, come quelle che fanno rivivere una età già da noi molto lontana, ma che pur tuttavia ci fa palpitare il cuore ai ricordi di quella antica grandezza cittadina per cui andarono segnalati nella loro potente fierezza i nostri maggiori.

Ella troverà in queste pagine indicate le vestigia di un'epoca gagliarda in cui Asti, la più potente republica subalpina medievale, rifulgeva di quella gloria e di quella potenza in cui solamente Milano, Venezia e Firenze le potevano contendere il primato.

Ella troverà in queste pagine ricordate le case dei potenti patrizi astigiani, le quali erano vere fortezze guarnite di torri con piani elevati, difese da inferriate robuste, e di quando in quando da feritoie, come se ne vedono ancora molte in parecchie città italiane. Asti e Chieri, fra noi, ci forniscono *tuttora un'idea delle case delle Società d'Ospizio, che se servivano talora a fermezza di libertà ed indipendenza, erano pur esca ed aiuto alle guerre civili.*

Confido adunque, illustre signor conte, che il mio libro, posto sotto l'egida del suo nome altamente benemerito e tanto caro agli Astigiani, perverrà a farsi perdonare tutto ciò che, pur troppo, sarà impari al nobile soggetto, che per quanto travolto nella parabola dell'occaso, tiene e terrà pur sempre un posto geniale nelle ricordanze di un'epoca memoranda, in cui le intestine discordie hanno impedito a qualcuna delle migliori famiglie patrizie primeggianti per senno, per valore e per ricchezze, di creare uno stato durevole che avrebbe certamente mutate le sorti venture della fiera republica astigiana, palleggiata più tardi dall'una all'altra delle ambizioni straniere.

La prego, illustre signor conte, di gradire insieme con il riverente omaggio della mia più sincera gratitudine l'espressione del mio più vivo affetto e della più alta considerazione.

Asti, 26 gennaio 1902

suo devot.^{mo}
NICCOLA GABIANI.

All'illustre nobiluomo

COMM. G. U. CONTE LEONETTO OTTOLENGHI

ASTI (1).

---

(1) Questa lettera fu scritta, come si scorge dalla data, prima che Morte, « la qual sempre fura i migliori », immaturamente rapisse l'insigne e benemerito cittadino. Parmi nondimeno publicarla qui come a Lui allora fu diretta.

PARTE PRIMA.

I.

IL RECINTO *DEI NOBILI* E IL RECINTO *DEI BORGHIGIANI*

A maggior chiarezza di questo studio intorno alle torri, alle case forti ed alle case nobili dell'antichissima città d'Asti, si rende indispensabile innanzi tutto dire alcunchè riguardo alle due cerchia di mura che circoscrivevano la città stessa.

E per quanto l'annessa pianta della città (TAVOLA I) permetta di seguire le linee secondo cui correvano i due recinti di mura, cercherò di dare una descrizione piuttosto particolareggiata, la quale consenta di ricostruire meglio la posizione topografica degli antichi bastioni, specialmente per quei tratti in cui da gran tempo, od in questi ultimi anni, le vecchie mura scomparvero affatto dalla superficie del suolo.

Già Serafino Grassi nella sua accreditata *Storia della Città d'Asti* (1), sulla fede dei più antichi cronisti astesi Ogerio Alfieri, Guglielmo Ventura ed Antonio Astesano s'intrattenne a parlare delle antiche mura cittadine; e, più recentemente, il sempre compianto canonico D. Carlo Vassallo, in una sua bella *Nota* stampata in Torino nel 1889 (2), trattò lo stesso argomento, compiendo, e talvolta correggendo, il lavoro del Grassi.

Le mura della prima cerchia, cioè della più interna, erano le più alte e le più robuste, e risalgono certamente all'epoca

---

(1) I, 191-99 dell'edizione del 1817, e 186-194 dell'edizione del 1890.

(2) *Atti della R. Accademia delle Scienze di Torino*, Vol. XXV: Adunanza del 24 novembre 1889; riprodotta in fine del 2° vol. della ristampa della *Storia d'Asti* del Grassi fatta per mia iniziativa nel 1890.

romana, perchè altrimenti Onorio imperatore non si sarebbe trovato troppo al sicuro quando vi attese il goto re Alarico. Abbattute in tempi posteriori le prime muraglie di quella più antica età, esse vennero probabilmente riedificate sulle antiche mura romane, come pare se ne abbiano prove in qualche rudero ed in talune vestigia che tuttora esistono in alcuni punti della città (1).

Per il solo tratto corrente fra il castello dei Varroni (presso la presente porta Torino) ed il Castello vecchio (presso l'apertura testè eseguita di uno degli sbocchi a nord, denominata giustamente Via Carlo Emanuele I), le due cerchia di mura si confondevano in un sol giro.

Con la scorta delle carte topografiche del Lauro, del 1639, e del *Theatrum Statuum Sabaudiae*, del 1700, e con il sussidio di antichi documenti e della narrazione dei citati cronisti astesi, nonchè di ruderi e di vestigia ancora oggidì in alcuni luoghi esistenti, ho segnato sopra l'annessa pianta della Città il recinto interno delle antiche mura, detto anticamente il *Recinto dei Nobili*. Il Recinto esterno, o *dei Borghigiani,* in gran parte è tuttora visibile per le mura che ancora si sorreggono in piedi verso nord e verso ponente ed in breve tratto verso levante della

---

(1) Presso la chiesa di santa Caterina (casa Tocco); presso la chiesa della Madonna del Portone (opera Pia Isnardi); presso la chiesa di san Rocco (tra la chiesa e la casa Morando); ecc.

Ricordo per altro di averne avute nuove traccie spesse volte in cui, nel disimpegno del mio ufficio per incarico del Comune d'Asti, ho dovuto far eseguire scavi sotto il suolo delle vie cittadine per ristauri o rinnovazioni di chiaviche sotterranee. Ricordo altresì che pochi anni or sono, allorquando il Municipio fece eseguire la sistemazione dell'imbocco di porta Torino, dovendosi abbattere la casa già del fu cav. Carlo Rabezzana per far luogo alla nuova costruzione presente del signor Matta, e cioè a pochi passi dal sovraricordato rudero della casa Tocco, si rinvennero, ad alcuni metri sotto il suolo, le traccie di un ristretto viadotto a cui si accedeva per mezzo di una scaletta in cotto; il quale viadotto, distaccandosi dalle vecchie mura discendenti dal castello dei Varroni verso la casa Aimassi, prendeva la direzione verso sud, probabilmente per uscirne all'aperto al di là della seconda cerchia di mura, più esterna, oltre la casa Salussoglia. La conformazione, il materiale e la struttura di quel viadotto e di quella scaletta mi convinsero che la costruzione non potesse attribuirsi che all'epoca romana.

città; per la rimanente parte, scomparsa nella seconda metà del secolo testè decorso, facilmente se ne può ricostruire il giro.

Molti dei viventi ricordano di averla vista ancora in piedi, ed esistono negli uffici comunali della Città (Arte e Catasto), parecchie piante geometriche di cento anni addietro, che portano naturalmente l'indicazione della posizione precisa dei vecchi bastioni, i quali figurano anche riprodotti in un'altra pianta stampata in Asti nel 1837.

Incomincierò pertanto la mia descrizione muovendo dalla prima cerchia, interna, o *Recinto dei Nobili.*

(Fɪɢ. 1). Bastione a nord ed avanzi del « Castello vecchio ».

II.

RECINTO DEI NOBILI.

Il giro interno delle vecchie mura lascia supporre che nei più lontani tempi tutta la città fosse racchiusa da questa prima cerchia, e che solo in epoche posteriori, quando alla città si addossarono i borghi, e questi diventarono abbastanza cospicui, si sia sentito il bisogno di proteggerli anche con una seconda cerchia.

Il culmine dell'amena collina, a ridosso della quale si venne edificando la città, è protetto da un robusto bastione, che ancor oggi è lì a far prova della sua vetustà e della sua gagliarda costruzione (FIGURA 1).

Alle due estremità di tale culmine si elevavano le due fortezze, l'una detta *dei Varroni (Castelatium seu turris Varronis)*, cioè quella a ponente presso la porta ora detta di santa Caterina. o di Torino; l'altra detta *Castello vecchio*, cioè quella più a levante, dove essa esiste tuttora, chiamata anche *Castrum Episcopi*, perchè vi dimorarono i Vescovi d'Asti, da Bruningo ad Alberto Guttuario, cioè dal 938 fino al 1409.

Come il *Castello vecchio* era assai più forte del *Castello dei Varroni*, così questo a sua volta era più forte di un altro intermedio detto *Castelletto*, che sorgeva presso le presenti carceri

La prima cerchia di mura, adùnque, scendeva dal Castello dei Varroni (contro il terrapieno Calabiana, sotto l'altipiano ove in questi ultimi anni costrusse una bella casetta il signor Rossi Vittorio) verso santa Caterina, attraversando la via Maestra, ora corso Vittorio Alfiéri, presso le case Aimassi e Tocco (1): di qui proseguiva la discesa attraversando gli orti

_____

(1) Contro la casa Tocco si vedono ancora gli avanzi dell'antico bastione (FIGURA 2) con i buchi entro cui erano murati i cardini di una porta, detta *porta rossa (porta turris rubeæ)*, probabilmente dal nome della vicina torre romana che serve di campanile all'attuale chiesa di santa Caterina, detta anche *torre rossa di san Secondo*. Questa porta prese più tardi il

di santa Caterina e dell'opera Pia Isnardi fino a raggiungere
il Santuario della Beata Vergine del Portone (1). Proseguendo,

(FIG. 2) Avanzi dell'antico bastione detto della *Porta Rossa*.

nome di porta di sant'Antonio, che conservò fino a che, demolita la medesima, il nome stesso di sant'Antonio venne trasferito all'altra porta, chiamata oggi di santa Caterina, o porta Torino.

(1) Qui si apriva un'altra porta, più anticamente detta di san Giuliano (*porta sancti Iuliani*) dalla chiesa che sorgeva sulla piazzetta presso il quartiere del Carmine, chiamato fino a pochi anni addietro, *di san Giulianetto*, ed ora denominata *piazzetta Montafia* per ricordare il nome di quest'illustre casato astigiano, che « ebbe alleanze coi signori di Milano, coi duchi di Savoia e col re di Francia, e il suo sangue mischiossi con quello dei principi di queste due stirpi; anzi dall'ultima, procreata dall'ultimo dei conti di Montafia discende il ramo dell'augusta dinastia che

quindi, pressochè in linea retta, attraverso il giardino del Convento del Carmine, ora quartiere di tal nome, veniva a toccare la Chiesa di san Rocco. (1)

Da questo punto ripiegando verso levante, il muraglione arriva sino a san Paolo, fra le vie Riva Carrera (ora Venti Settembre) e Filanti (ora Brofferio) ancora intatto, formando quasi, come ben disse il Vassallo, la spina dorsale delle case che vi sono addossate a destra, dalla via Brofferio, e a sinistra, dalla via Venti Settembre; anzi talora appare nei cortili e sorge sugli edifizi dando luogo a balconi ed a terrazzi (2).

Le vecchie mura da San Paolo, passando dietro la chiesa, venivano ad attraversare la via di san Quirico, ora via Cavour, presso a poco dove s'innalza il campanile di San Paolo (3) e di qui ripiegando a nord-est, arrivavano sulla piazza delle Grazie, ora Astesano (ove sorgeva il convento degli Agostiniani di santa Maria delle Grazie), passando per il giardino e la casa del

ora ci regge » (G. CLARETTA. *I signori di Montafia, Tigliole, Roatto, Varisella, Maretto* Pisa, 1883) — Più tardi questa porta prese il nome di *Porta Paradisi*; dall'epoca, cioè, in cui venne eretto il Santuario della Madonna detta del *Portone*, dalla porta sottostante che si apriva nelle antiche mura della città.

(1) Fra la chiesa di san Rocco e la casa dei signori Fratelli Secondo e Vittorio Morando presso la piazza san Giuseppe, ergevasi un'altra porta detta di san Martino (*porta Sancti Martini*).

(2) Ricordo, ad esempio, di aver visto nella così sopraddetta spina dorsale, o muraglione della prima cerchia, riedificate talune case, da san Rocco a san Paolo, le quali non solo conservarono, come muro esterno fronteggiante a cortili o di confine con i vicini, il muraglione anzidetto, ma permisero, nello spessore o grossezza loro, piccoli camerini, destinati o a gabinetti di toeletta, o a stanzini per bagno ecc. ecc. Venendo da san Rocco per arrivare a san Paolo si incontrava l'antica porta del mercato (*porta mercati*) sita dirimpetto alla chiesa di S. Maria della Palude, dove nel 1213 venivano, personalmente da san Francesco d'Assisi, fondati la chiesa ed il Convento che da lui presero il nome, e che vennero demoliti sul principio del secolo scorso. Questa porta del mercato si ergeva fra la via Venti Settembre e la via Brofferio tra i palazzi Varvello e Vespa-Tesi.

(3) In prossimità del presente campanile di san Paolo, e dirimpetto alla trattoria di Costigliole, che esiste dall'altro lato della via, alzavasi la porta detta di san Paolo (*porta sancti Pauli*), prendendo il nome da un ospedale che ad essa era vicino.

prof. Francesco Lusso. E continuando a ripiegarsi verso nord, presso l'avancorpo della casa Bossola, dove ora esiste il negozio Bogliacini, si dirigevano in linea retta attraverso alla chiesa di san Secondo. Anzi, uno dei pilastri della cupola di questa chiesa è precisamente fondato sull'antico muraglione di questa prima cerchia (1), la quale dal pilastro anzidetto, girando in linea curva si volge e dirige verso la navata sinistra e verso la sacrestia, rasentando poi il teatro Alfieri e portandosi verso i Portici Pogliani, al di là della piazza sull'angolo della via Maestra (2) che conduce al Borgo di santa Maria Nuova.

Da quest'angolo di via Maestra le vecchie mura, fiancheggiando al di qua il rivo o fosso Valbrenta, andavano in linea retta ad innestarsi con i bastioni del Castello vecchio, presso ad uno degli sbocchi a nord testè aperto ed a cui venne dato, come già notammo, il nome di via Carlo Emanuele I.

E qui finisce la prima cerchia di mura denominata *Recinto dei Nobili*.

---

(1) Ciò spiega chiaramente come il glorioso patrono e martire astigiano san Secondo sia stato decapitato fuori delle mura della città, e sul luogo preciso del supplizio siasi edificato la prima chiesuola a lui intitolata e tutt'ora conosciuta sotto il nome di *Scuròlo* del Santo. Questo scuròlo è a cinque metri circa sotto il pavimento attuale della chiesa; e trovasi inferiormente al *Sancta Sanctorum* della chiesa attuale. Vi si accede mediante una bottola in pietra esistente nella navata destra della chiesa, lateralmente al *Sancta Sanctorum*. Per squisita cortesia di Monsignor can. Giuseppe Borio, curato dell'insigne Collegiata di san Secondo, e del Rev. can. D. Vincenzo Toso, che gli è succeduto in questi ultimi anni, mi fu dato recarmi più volte a visitare il detto Scuròlo, ove esiste tuttora l'altare della prima chiesa intitolata al Santo, ed ove conservasi ancora una grande urna in pietra, che vuolsi contenesse il corpo del glorioso martire astese. — La parete di ponente di detto *Scuròlo* è addossata all'antico muraglione romano che costituiva il primo giro di bastioni della città. Me ne persuasi servendomi di un martello da muratore per scoprire e mettere a nudo il vecchio muro di cinta.

(2) Qui alzavasi un'altra porta detta di santa Maria Nuova (*porta sanctae Mariae Novae*), dall'ospedale di quel nome esistente nel borgo a cui dava accesso. Questa porta, come si vede nella carta del 1700 del *Theatrum Statuum Sabaudiae*, era fortificata, e munita di ponte levatoio per attraversare il fosso di Valbrenta, che discendeva e discende tuttora dal piano dietro al Castello vecchio.

In questo recinto interno, invero, sono pochissimi isolati che non abbiano ancora adesso almeno qualche avanzo di una o più torri, in segno di nobiltà, e da cui si guerreggiava nelle lotte intestine fra i cittadini dei tempi medievali. L'abate Stefano Giuseppe Incisa, il diligente ed equanime cronista astigiano morto in Asti nel 1819, il quale raccolse in 44 volumi, sotto il titolo di *Giornale d'Asti*, ogni più minuta notizia locale giorno per giorno, racconta d'aver assistito all'atterramento ed all'abbassamento di alcune di queste torri sulla fine del secolo XVIII e sul principio del XIX, e d'aver osservato « che tra un mattone e l'altro vi si trovarono punte di saette di ferro, gettatele contro dalla torre del vicino suo nemico ».

E se in qualche isolato non vi erano torri, vi erano *case forti*, « quasi fortezze nel centro della Città, da cui si potevano i padroni difendere dal nemico, le quali potevano servire anche per l'alloggio delle Curie e Tribunali ».

III.

RECINTO DEI BORGHIGIANI.

Questo secondo recinto, era, naturalmente, più ampio del primo, che circondava il Recinto dei Nobili, ed all'opposto di questo, nelle case racchiuse dai due muraglioni (cioè fra la prima e la seconda cerchia di mura), non vi è segnale di alcuna torre, o di fortezza indicante nobiltà. All'infuori di qualche sacro tempio, del resto « tutte le fabbriche niente hanno di particolare e di grande, a riserva di una fabbrica vicina alla porta di san Quirico e di un'altra (1) vicino alla chiesa di San Francesco, fatte da qualche nobile *Fuoruscito* per difendersi all'occasione dalle invasioni dei nobili di città, detti i *Tenenti* » (2).

_____

(1) Vedremo, a suo luogo, quali esse fossero.

(2) INCISA, *Opera cit.*, vol. XL. L'asserzione dell'Incisa è in perfetta contraddizione con quanto scriveva parecchi secoli prima il cronista Guglielmo Ventura (c. 23, *M. h. p.*, *SS.*, III, 744) e con quanto supponeva il Vassallo (*Le mura della città d'Asti*, cit.), il quale parlando della *Porta Arcus*, opinava che questa fosse porta illustre della città, perché nelle dedizioni e nelle infeudazioni riportate nel *Codex Astensis* i nobili del contado, entrando a far parte della cittadinanza astigiana, stipulavano di voler essere uguali ai nobili abitanti presso la *porta arcus*. Ma secondo il mio avviso è altrettanto attendibile l'affermazione dell'Incisa quanto sono quelle del Ventura e del Vassallo.

La prima cerchia di mura, detta *Recinto dei nobili*, è di moltissimi anni anteriore alla seconda detta *Recinto dei Borghigiani*; ed è verosimile che, dopo l'erezione della seconda cerchia, alcune famiglie nobili, oltre i palazzi e le case che già avevano nel primo recinto, ne abbiano altresì fatte edificare altre anche nel secondo recinto, più libero di costruzioni ed anche più ridente per l'amenità del luogo, in giacitura di sud-ovest, e dove il borgo di san Marco si estendeva fino alla *porta arcus*. Ma verso la metà del secolo XIV gli incessanti accampamenti delle truppe dei nemici si attendavano al di là del Borbore, presso l'abazia dei santi Apostoli ed il monastero di santo Spirito, e di qui le artiglierie davano addosso ai borghi che più erano a tiro, e fra le tante distruzioni avvenute in quell'epoca, prima fra tutte fu quella del borgo di san Marco e di tutte le case circostanti. Dopo quelle distruzioni, non avvennero per l'avvenire che scarsissime edificazioni nuove di qualche casa isolata, abbandonata in mezzo

Come già la prima cerchia, così parimenti la seconda, o *Recinto dei Borghigiani*, si distaccava dal Castello dei Varroni (1) dirigendosi verso la bealera dei Mulini per circa un centinaio di metri, ripiegandosi subito dopo verso sud, e seguendo al di qua la stessa bealera fin presso alla diramazione dell'antico ponte del Borbore (2). Indi attraversando la bealera (3), dopo aver formato il bastione o mezzaluna detta degli Apostoli, demolita nell'anno 1871, arrivava, sempre sulla destra della bealera medesima, alla porta san Rocco (4), e proseguendo di

al suolo devastato, che i lunghi anni poterono convertire in orti fertilissimi ed in giardini leggiadri.

Dunque le poche case nobili che si edificarono nel Recinto dei Borghigiani (specialmente dalla parte della *porta arcus*) già in tempo più recente (che non quelle del Recinto dei Nobili, da secoli esistenti), e che per vicende di guerre furono abbattute e disperse, non lasciarono punto più traccie della loro esistenza; onde il buon abate Incisa, che scriveva circa trecento anni dopo queste famose distruzioni, poteva benissimo affermare che il *Recinto dei Borghigiani* non ha alcun segnale di torre, o di casa indicante nobiltà, se tre secoli circa non erano bastati perchè i nobili trapiantassero o tornassero a trapiantare nel secondo recinto le loro case patrizie e le loro case forti.

(1) Ai piedi del terrapieno detto di Calabiana il muraglione formava la porta chiamata *furum*, e quindi di sant'Antonio, corrispondente all'attuale porta di santa Caterina, o porta Torino.

(2) Questo ponte era pressapoco dove fino a questi ultimi anni esisteva la palancola in legno per accedere al di là del Borbore, sostituita ora con il presente ponte in ferro che vi eresse il Comune. Poco lungi da questo ponte antichissimo eravi la cosidetta porta dell'arco (*porta arcus*), dall'arco trionfale eretto, secondo la tradizione, in onore di Pompeo.

(3) Quando quelle mura furono costrutte, la bealera non esisteva ancora, essendo essa, come è noto, stata scavata per concessione del duca Luigi d'Orleans in data 23 ottobre 1397, e della sua consorte Valentina Visconti in data 21 aprile 1398, e seguendo, inoltre, ben diversa direzione dalla presente, giacchè essa percorreva la via Brofferio, dando moto a molti telai, onde quella via aveva preso il nome di Via dei *Filanti* e Via dei *Tessitori*.

(4) Questa porta era denominata del Borbore (*porta de ara Burburis*), e più tardi di san Secondo, ed era allo stesso luogo in cui trovasi la presente di san Rocco.

Allorchè nel maggio del 1871 si demolì la mezzaluna o bastione degli Apostoli si rinvenne un affresco rappresentante una madonna, il quale fu giudicato di qualche pregio. L'effigie fu subito fotografata, e se ne vendettero migliaia di copie stampate in litografia..... Il dipinto portava la data del 1553, e fu conservato dal Municipio ne' suoi magazzini.

qui fino avanti ai mulini Colli (già appartenenti al nostro grande poeta Vittorio Alfieri, e poi alla sorella di lui, contessa Giulia di Cumiana), dove formava il grande e lungo bastione detto dei *Tedeschi* (demolito dopo il 1837 e che diede nome alla località che lo conserva tuttora), ripiegavasi verso l'attuale stazione ferroviaria, giungendo alla porta di san Quirico (1), dalla quale volgendo a nord, verso l'antica piazza d'armi, e seguendo il lato ovest della presente piazza del mercato, dietro l'Albergo del *Leon d'Oro*, arrivava al Quartier Nuovo (2), che occupava la parte della piazza d'armi, su cui vennero poi edificati il Foro Boario, od Alla, e più ad ovest, e provvisoriamente, il Politeama Armandi.

Da questo punto le mura si ripiegavano ad est, e poco oltre erano ad esse addossati due dei quattro torrioni onde si adornarono i quattro angoli del quartier nuovo predetto, che si protendeva fin dove incomincia la doppia scalinata della piazza del Mercato, sotto l'emiciclo sud dell'Alla; avanzavano sempre verso est fino all'angolo del Palazzo Pogliani, verso i giardini pubblici, donde procedendo ancor più ad est, proseguivano e proseguono tuttora fin dietro il tempio della Vittoria, dove, dopo aver formato un piccolo bastione detto *garitta del diavolo*, si ripiegano ad angolo retto verso il nord fino alla porta di san Pietro. (3).

Continuando le vecchie mura la direzione verso nord, volgendosi però un poco alla sinistra, cioè verso ponente, esse

---

(1) *Porta sancti Quilici*, e si apriva precisamente dirimpetto alla via Cavour, presso il luogo ove sorge l'edicola in legno per il dazio, di fronte al palazzo del Sig. Bosia Giacomo, cioè avanti alla chiesa della Madonna di Loreto, demolita nel 1882.

(2) Fra la piccola gradinata, che dal viale della piazza del Mercato conduce al Politeama ed all'opificio Armandi, e la doppia grande gradinata dietro l'Alla, aprivasi un'altra porta detta del vivaio o degli orti (*porta vivarii*).

(3) *Porta sancti Petri*, chiusa ai tempi della venuta dell'imperatore Carlo V; e riaperta e denominata poi *porta dell'imperatore*, allorchè venne turata la porta successiva, detta del *Monferrato*, per l'avvenuta distruzione del piccolo borgo del Cavallone al quale essa dava accesso. Da oltre un secolo, però, essa riprese il primitivo nome di *porta san Pietro*, ed è chiamata oggi anche *porta Alessandria*.

arrivavano alle falde del monte Rainero (1), chiamato dal popolo *Muriné* e *Monriné,* e se ne vedono ancora bellissime traccie nell'appoggio che esse danno all'adiacente giuoco del pallone.

Dalla radice del colle di Monte Rainero la seconda cerchia di mura si rivolgeva nuovamente a sinistra, circondando il colle medesimo ed il piccolo castello o forte che vi stava a cavaliere, e ridiscendendo poi subito in Valbrenta, in direzione di nord-ovest, per raggiungere le mura del Castello vecchio nel punto ove queste erano già raggiunte dalla prima cerchia, cioè verso l'imbocco ovest della nuova strada testè aperta e denominata via Carlo Emanuele I.

Nel tratto di vecchie mura del Recinto dei nobili, le quali dal Castello vecchio o *Castrum Episcopi* andavano fino a *porta forum* o di santa Caterina, si aprivano due altre porte. La prima, detta di san Lorenzo, esisteva al secolo XIV tra il Castello vecchio e quello dei Varroni e dava accesso al borgo di tal nome, il quale si estendeva fino a Rilate: sul principio del secolo scorso si vedeva ancora fuori delle mura un avanzo di strada che si chiamava appunto *strada di san Lorenzo* e che passando a non molta distanza dal convento dei Cappuccini, alla diritta si univa ad altra strada detta la *Laverdina,* che portava a Sessant, a Viatosto ed agli altri luoghi vicini. Per questa porta, i marchesi di Saluzzo e di Monferrato nel 1303 invasero la città per discacciarne i Solari, ad istanza dei nobili De Castello. Questa porta prendeva il nome della chiesa di san Lorenzo detta anche di *Goriano,* che sorgeva dove presentemente esistono le Carceri.

A pochissima distanza da detta porta, Antonio De Leyva, ge-

---

(1) Dove esisteva la porta dianzi accennata del Monferrato, perchè a quella volta dirigeva. Turata essa, dopo che fu distrutto il borgo del Cavallone, come superiormente si è detto, stette chiusa fino a questi ultimi anni; fino a quando, cioè, occorrendo al Municipio di farne riparare i grossi muri, minaccianti rovina, trovò miglior partito abbatterli in parte per ristabilire un passaggio per i pedoni, in prosecuzione di quel tratto di via Arò che imbocca sulla strada di circonvallazione nord all'incontro della strada di Valmanera. Successivamente, vennero smantellati gli altri resti dell'antica porta del Monferrato, ed ora per essa è riattivato il transito anche per i veicoli.

nerale dell'imperatore Carlo V, eresse un ben forte bastione, che la difendeva al mezzogiorno ed a ponente. Questo bastione, nella prima metà del secolo scorso, serviva da Cimitero comune della Città, ed ora vi è allogata la Società del Tiro a volo.

La seconda porta, poi, dalle mura del Castello vecchio verso nord metteva fuori di città ed era chiamata *Porta del Soccorso*, perchè di qui gli assediati potevano avere qualche sussidio di truppe e di munizioni. Da questa porta, nella notte del 30 al 31 Luglio del 1797 fuggirono i rivoluzionari che vi si erano ritirati per difendersi dai controrivoluzionari e dalle truppe del re di Sardegna che dovevano arrivare.

Queste due porte, di san Lorenzo e del Soccorso, servivano unicamente al Recinto dei Nobili.

L'atterramento delle mura e delle porte del Recinto dei nobili, eseguito in diversi tempi ed in più luoghi, avvenne per favorire qualche Corpo Religioso, come quello di san Paolo, a comodità dei Filippini, quando nell'anno 1786 edificarono la fabbrica nuova del loro Collegio (demolita in parte nel 1887 e ristabilita con nuova facciata in via Cavour su disegno dell'architetto Camillo Riccio), o per favorire qualche privato, come nel 1800 quello di santa Caterina, a comodità del signor Giuseppe Salussoglia, che aveva acquistato grandi locali di qua e di là di detto Recinto, onde per costrurre il grande caseggiato che esiste tuttora e rischiarire anche il Borgo, aveva ottenuto di atterrare anche altro portone di recente fabbricazione più verso ponente del primo, formante un arco trionfale, sulla porta del quale era dipinta l'arma del Re, con sotto di essa i due corsi d'acqua che bagnano questa città: il Tanaro ed il Borbore.

Molti privati, poi, da ambe le parti di questo Recinto, costituente la prima cerchia di mura, vi fabbricarono contro, servendosi del medesimo recinto a loro vantaggio.

In più luoghi detto Recinto fu atterrato in modo che non se ne vede più alcuna vestigia: per altri tratti se ne discerne ancora qualche rudero, come ho già avvertito nelle pagine precedenti.

La seconda cerchia di mura, o Recinto dei Borghigiani, chiudeva ancora al principio del secolo scorso tutta la città ed i borghi, ed era di grossezza assai minore di quella del Recinto dei nobili. Il muraglione dei borghigiani deve ritenersi di data assai più recente del primo, e lo si può attribuire del secolo XIII, poichè in qualche nostro autore è detto che circa il 1200 la città *erat circumdata sepibus*.

Contro questo muraglione, a sud, erano tre robusti bastioni costrutti nel secolo XVI: uno alla porta di san Quirico, detto *bastione di san Quirico*; un secondo presso la porta *Arcus*, rimpetto alla strada vecchia tendente a Torino (la quale, come è noto, si dirigeva dall'attuale nostro Camposanto Urbano verso Revignano), detto *bastione degli Apostoli*; il terzo, poi, era frammezzo ai due precedenti, dirimpetto al presente Mulino Colli, e veniva chiamato *bastione dei Tedeschi*.

È opinione che questi bastioni siano stati eretti dal già ricordato Antonio De Leyva, generale di Carlo V.

Un altro bastione simile era contro il muraglione del Recinto dei Nobili, in capo alla via Maestra, verso santa Maria Nuova, e sviluppavasi sul luogo ove ora sono ubicati l'*Albergo Reale* nel Palazzo Pogliani e la casa del sig. cav. Secondo Maiocco.

La porta di levante, detta di san Pietro o dell'Imperatore, era cinta da una mezzaluna di terra rialzata che ne ritardava l'entrata; quella di san Quirico appoggiavasi al bastione dello stesso nome; una terza detta di san Rocco, o di san Secondo, già *de Ava Burburis*, era coperta da una mantellina di cotto e chiusa da un cancello; quella di santa Caterina, o *porta furum*, od anche di sant'Antonio, era, come la porta di san Pietro, munita di mezzaluna.

Senza svolgere più ampiamente la esposizione intorno alle antiche mura cittadine, ho cercato, per altro, di dare un'idea sufficientemente chiara dell'andamento delle due cerchia di mura, per poter far ben comprendere i giusti confini dei due Recinti; ed all'uopo ho procurato di dilucidare alcuni punti controversi fra il Grassi ed il Vassallo, ampliandoli e correggendoli là dove più recenti indagini mi avevano condotto a trovare maggiore e più giusta copia di notizie.

IV.

LE COSTRUZIONI MEDIEVALI.

Come già si è detto, due ordini di mura guarnivano le città e le fortezze, cioè il muro alto o recinto interno, e l'antemurale, o recinto esterno.

Fu anche in uso di coprir le porte con un muro tortuoso, talmente che non appariva la loro entrata; ed anche questo veniva chiamato antemurale.

Da che si fecero più frequenti le guerre, si introdusse anche l'uso dei castelli, delle fortezze e rocche, e molte n'ebbe l'Italia nel secolo X, tutte spettanti al solo Re od Imperatore, poichè ai privati non era permesso d'averne; e se alcuno n'ebbe fu con licenza del Principe sovrano.

Ma quando i Comuni, spinti dalla necessità economica di possedere la campagna circostante alle Città, non meno che dalle lotte famigliari per successioni di rami finiti in donne o per vendite ad estranei da parte di membri impoveriti furono costretti, dopo aspre guerre, ad accogliere nel proprio seno elementi estrinseci, transferentisi quindi nelle città stesse a condurvi nuova vita, cominciò la fabbricazione di palazzi merlati di solida architettura, ciascuno con torri altissime e fitte, erette coi più perfetti assestamenti di pietre concie. In ogni città quasi tutte le case appartenevano ad una, due o tre consorterie, per le quali le torri si aprivano in caso di pericolo ad accogliere quanti appartenevano ad un singolo gruppo minacciato o minacciante (1).

Secondo il Muratori (2), ciò che maggiormente mise il cervello a partito agli Italiani, e fece in certa guisa mutar faccia all'Italia, fu l'incredibile crudeltà degli Ungheri, gente barbara e spietata, che sul principio del secolo X cominciarono a scorrere dalla Pannonia, detta poi dal loro nome Ungheria, nell'Italia, devastandola con incendi, stragi e rapine.

---

(1) GABOTTO, *Le origini « signorili » del « Comune »*, in *Bollett. stor.-bibliogr. subalp.*, anno VIII; CHIRTANI (ARCHINTI), *Degli stili*, Vol. II.

(2) *Dissertazioni sopra le antichità italiane*, diss. XXVI.

Gran tempo s'era goduta la pace sotto gli imperatori franchi, nè da moltissimi anni s'era provata incursione alcuna di Barbari, e perciò quasi dappertutto vivevasi alla spartana, e nonchè la campagna, le città stesse si trovavano prive di ogni difesa.

Allorchè i Romani ed i Goti diedero legge all'Italia, qui si contavano assaissime fortezze; ma per le guerre poscia succedute, e per la lunga pace, andarono la maggior parte in rovina. Però, sopravvenute le varie turbolenze dei Barbari, e massimamente le tante deplorabili irruzioni degli Ungari, si diedero i popoli a rifare le antiche fortezze ed a fabbricarne nuove, per resistere ai nemici e per mettere in salvo le loro vite ed i loro averi. Eppertanto, chiunque potè, ottenuta licenza dai re ed dai Principi, s'applicò a fabbricare rocche, fortezze e castella e a ben provvedere le città di mura, ed a fortificarsi anche ne' suoi feudi e fino nei beni allodiali. A ciò occorreva il consenso del sovrano, e lo stesso si praticava anche in Francia. Epperò Carlo il calvo, re di quel paese, circa l'anno 864 pubblicò il seguente editto: « *Expresse mandamus, ut quicumque istis temporibus castella et firmitates disfactas habeant* ».

Che se alcuno in Italia senza licenza del re osava piantar fortezze, correva pericolo di edificarle non per sè stesso, ma per il suo sovrano.

Rozone, vescovo d'Asti, nell'anno 969, per facoltà concessagli da Ottone il grande, potè « *castella, turres, merulos, valla, fossas, fossata, cum propugnaculis struere et aedificare* ».

Che la facoltà di fabbricar fortezze fosse conceduta anche alle persone private, appare, fra tanti altri oggi noti, da un diploma di re Berengario I, dato nell'anno 912 a favore di Risinda, badessa del monastero pavese di santa Maria Teodota, ora della Posterla. In quel diploma il Re dice di concederle « *aedificandi castella in opportunis locis licentiam, una cum berliscis, merulorum propugnaculis, aggeribus atque fossatis, omnique argumento ad Paganorum insidias* ».

In un diploma di Lotario II, re d'Italia, dell'anno 948, è data licenza ad un certo Waremondo di edificare « *turres et castella cum meruliis et propugnaculis, et cum omni bellico apparatu* ». In un altro diploma di re Berengario I, dell'anno 911, viene concessa a Pietro vescovo di Reggio « *licentia construendi castrum in sua Plebe sita in Vicolongo* ».

In tal guisa a poco a poco e vescovi ed abbati, conti, signori ed altri potenti del secolo fabbricarono tanta copia di rocche, torri, fortezze, che nel secolo X, e vie più nell'XI, se ne contava una selva, particolarmente nell'Italia superiore. Altre fortezze appartenevano ai signori minori, cioè ai capitanei, ai valvassori, ai castellani (chè così, nei secoli rozzi, si chiamavano anche i signori di un castello) ed a semplici feudatarî o alloderi di qualche importanza. Eranvi ancora comunità forensi, che, avendo preso la forma di repubbliche, formavano rocche e fortezze per loro difesa. Ciò che in un paese si faceva, trovava tosto imitatori in altre parti: il che non si sa dire se recasse più vantaggio o danno all'Italia, perchè tanta abbondanza di luoghi forti cagionavano discordie, guerre ed assedi. E pur troppo Asti ne fu un doloroso esempio per le aspre contese intestine replicatamente scoppiate, suscitate ed alimentate nel XIII secolo, le quali furono senza dubbio l'unica cagione della rovina morale e materiale della nostra fiera e gloriosa repubblica medievale.

Facilmente allora avveniva che i signorotti insultassero i vicini o si ribellassero alle città ed agli stessi regnanti.

Intanto è da avvertire che dopo il Mille, e specialmente nel secolo XII, si diedero più di prima gli Italiani all'arte della guerra; ed è cosa di molto rilievo ciò che si legge nelle vecchie storie relativamente ai mezzi incredibili di difesa e di offesa che erano in uso in quella età, in cui le potenti macchine di guerra inferivano danni disastrosissimi alle case ed ai nemici. Talvolta le stesse torri più forti soccombevano, sfondandosi i tetti ed i tavolati, nè restava luogo sicuro di quiete agli assediati (1).

---

(1) Le torri di legno che allora si usavano, chiamate anche castelli, poste sopra ruote, da che era spianata o riempita la fossa, si accostavano alle muraglie della città, e dalla sommità di esse i soldati combattevano con quelli di dentro, e, calato un ponte, saltavano sulle mura. Dardi infocati pure si scagliavano nelle case per bruciarle: costume che gli Italiani appresero dai Greci, presso i quali celebre fu una sorta di fuoco terribile, che neppure coll'acqua si estingueva.

La maniera di prendere le città e le fortezze consisteva nella scalata, o nell'accostar le torri mobili alle mura per saltarvi dentro, è vero; ma più

Oltre alle torri, che si fabbricavano nei vecchi tempi nel giro delle mura della città e delle fortezze per maggior difesa e guardia delle medesime, si introdusse, nelle città più potenti, anche il costume che i Nobili privati fabbricavano torri nelle loro case a loro spese. Indizio di chiara nobiltà era tenuto allora il poter alzare ed avere somiglianti torri, perchè essi soli godevano il privilegio e la potenza di edificarle.

In qual tempo si cominciassero a fabbricare queste torri private dai Potenti non si può determinare con certezza. Lodovico Antonio Muratori lascia supporre che nel secolo X alcuna se ne innalzasse; che ne crescesse il numero nell'XI, e maggiormente poi si moltiplicassero da che le città si misero in libertà ed insorsero le gare dei Guelfi e dei Ghibellini (1).

La fierezza paurosa dell'uomo medioevale si manifesta nelle torri a cui sembrano stringersi le case per protezione e difesa, e tra le quali si innalzano come lance dal piano. Nel secolo XII, imperversando le civili discordie, le torri s'affollarono nelle città dell'Italia Superiore. Nel secolo XIII si cominciò a inibirne negli statuti civici la costruzione, ad atterrarne per guarentigia dei cittadini, salvo alcune qua e là; ed anche si diede mano a demolire quelle che minacciavano di crollare.

Alle porte si fecero rinforzi o barbacani, e nel tredicesimo secolo i ponti levatoi; davanti alle torri, nel secolo XI si costruì un *anteportale*, o una *clavicula* falcata, e più tardi nell'Italia superiore un *rivellino* quadrangolare o pentagonale. In alto delle torri era la vedetta, dove con segnali, con fuochi, con artifici detti mire, si trasmettevano lontano avvisi e ordini. Da torre a torre si combatteva come su navi da guerra per aggranfiarsi: la vinta era mozza o spianata.

---

sovente si otteneva col mezzo degli arieti, testuggini ed altre macchine diroccanti le muraglie, coll'aprir la breccia e venir poscia all'assalto. Coperti dalle *vinee*, chiamate poi *gatti*, si appressavano alle mura, le foravano, e formavano cave al di sotto. Sotto il muro superiore, affinchè non cadesse, s'andavano mettendo puntelli di legno, finchè fosse formata una grande apertura, per cui potesse cadere un'ampia porzione di muro. Ciò fatto, solevano per lo più invitare gli assediati alla resa con far loro conoscere l'imminente pericolo. Ricusando essi di arrendersi, dato fuoco ai puntelli, si lasciava precipitare il muro.

(1) L. A. MURATORI, *Op. cit.*, Dissert. XXVI.

In generale può dirsi che prima si costruirono torri e castelli nelle campagne dei signori; poi torri cittadine e le porte della città; in seguito, al principio del secolo XIII, col trasformarsi del governo del Comune, si eressero i palazzi della Ragione o del Podestà, con l'altissima torre; infine i signori costruirono forti castella a difesa del loro predominio sul Comune, o palazzi magnifici e cittadelle (1).

Alfredo Melani afferma che il castello e il palazzo del Medio evo esprimono l'aspro sentimento d'autorità di cui particolarmente il castello è simbolo e strumento, e che chiesa e castello, come erano tutto nell'architettura dei bassi tempi, così nella vita sociale erano tutto, la fede e la forza.

Nel Medio evo il mondo non era occupato che dalla fede e dalla guerra. I vassalli erano in continua guerra con i loro signori, i signori in perpetua guerra con i vicini. Le terre incolte erano infestate da masnadieri che costringevano i feudatarî alla difesa dei loro possessi. Per questo, dopo le chiese, si costruirono numerosi castelli e principiò così il vassallaggio duro, crudele, che abbracciò tutte le classi sociali in una ferrea catena, di cui gli estremi furono i monarchi ed i servi.

I castelli signorili dei più potenti vassalli consistevano in fabbriche irregolari, anguste, incomode, con poche e piccole finestre, con una o più cinte fortificate e con un giro di fossato. La torre principale occupava per solito il centro, e le piccole torri di difesa fiancheggiavano i muri. Nell'assieme di quelle massiccie costruzioni è il ricordo del castello romano, del *Castellum*; ma più del romano il castello medievale è rozzo, bizzarro nella disposizione artistica e costruttiva. Nè meno bizzarro è il palazzo medievale, di cui la facciata ha sempre un'impronta grave. Le mura vigorose, le finestre sparse qua e là sulle facciate quasi sempre senza simmetria, spesso fiorite di ornamenti fin troppo minuti perchè possano intonarsi con la monotonia dei muraglioni su cui si aprono, la disposizione icnografica variata; ogni forma, ogni dimensione, insomma, attesta la volontà individuale e la tendenza

(1) A. VENTURI, *Storia dell'arte italiana*, III (*L'arte romanica*), Milano, Hoepli, 1903.

dell'isolamento, che costituiscono il sentimento istintivo del Medio evo.

I palazzi si distinguevano per un tal coronamento che si disse e si dice *merlatura*, e che finì per indicare la fazione politica alla quale apparteneva il proprietario del palazzo o del castello.

In Italia i merli da fortezza, salve poche eccezioni, erano o rettangolari o a coda di rondine, e nelle lotte delle fazioni gli uni e gli altri caratterizzavano i combattenti: così si ebbero merli guelfi nei merli rettangoli, e merli ghibellini in quelli a coda di rondine. Perciò dovunque in Piemonte, per esempio, prevaleva la parte imperiale, troviamo quasi sempre i merli a coda di rondine.

All'ingresso dei castelli e delle case forti era sempre una torre, e talvolta due, e tra le due porte (una esterna e l'altra interna) una camera nella quale lavorava il meccanismo delle erpici. Sulla volta una fenditura serviva al getto dei proiettili sui nemici che fin là si fossero spinti. Le porte si chiudevano con saracinesche, le quali sebbene fossero state in uso anche presso i Romani, furono in maggior voga da noi dopo le invasioni degli Arabi, dai quali ebbero il nome. Esse erano composte da fortissimi tavolati uniti da travi e sospese a grosse funi od a catene di ferro, e lo scopo loro principale era di sbarrare con sollecitudine il passaggio della porta quando, trovandovisi insieme difensori e assalitori, diventava quasi impossibile far girare le imposte sui cardini. Per impedire al nemico l'accesso dalla cortina alle torri si usava di costruire in legno i pavimenti delle torri, in modo che si potessero smontare facilmente nel tempo in cui gli assalitori lavoravano a sfondare la porta: quando vi fossero riusciti, si trovavano davanti un vuoto, il quale impediva loro di avanzarsi e di passare la cortina opposta per salire ai piani superiori oppure per scendere in città.

Il progresso degli avvenimenti storici favorì lo sviluppo dell'autonomia delle città: perciò queste ebbero bisogno di Palazzi publici, dove talvolta abitava il primo Magistrato eletto con voto popolare e dove i cittadini principali si radunavano a consiglio per trattare le faccende publiche. per quanto pure si riunissero, a seconda dei casi, sopra le volte della Cattedrale o di altre maggiori chiese, come avveniva da noi allorquando i signori del Comune si congregavano sopra la volta della chiesa del Santo (Collegiata di san Secondo) o della Cattedrale.

Serafino Grassi narra che le case degli antichi e gli edifizî publici erano quasi tutti fatti a terrazzi ed a solane, per godere dell'aria e del sole, come prova in una sua dissertazione l'abate Roberti. Durando questo costume ancora nei tempi di mezzo, non deve far meraviglia se presso i cronisti, nei documenti e nel libro degli *Statuti*, incontransi queste ed altre equivalenti espressioni: « *Super voltas de Sancto, super voltas de Domate, super voltas illorum de Comentinis, etc.* ».

Il carattere dei bassi tempi del Medio evo, severo come era, non poteva certo assumere fisonomia diversa nei palazzi publici per quanto talune volte si ornassero di decorazioni spigliate, che facevano risaltare la poderosità delle muraglie. I palazzi publici che appartengono a questo periodo storico sono ora guasti ed alterati.

Le abitazioni del podestà e del capitano in Asti erano distinte. Quella del primo, che esiste tuttora sull'angolo della via dei Pellicciai e della via Aliberti (di proprietà oggi del dott. Camillo Olivero), chiamavasi *Palazzo del Comune*; quella del secondo, che si ignora dove fosse, appellavasi *Palazzo del Popolo*. I palazzi nobili e le case forti che sfidarono con successo il lungo corso dei secoli e le esigenze della vita sociale, che via via si è rinnovata, sono in assai ristrettissimo numero. Delle case private comuni v'è poco da dire, perchè chi le erigeva non aveva preoccupazioni artistiche: certo, molte di esse, se pur non tutte, erano fatte con un sistema di poca durata che non le tramandò fino a noi (1). Durante le diverse invasioni dei barbari che sfasciarono l'impero romano, le case d'abitazione, salvo il lusso che si restrinse alle sole abitazioni dei grandi, si mantennero press'a poco sull'ugual tipo, ridotte allo stretto necessario: il popolo viveva in case in gran parte di legno, ed agglomerato nelle camere, tanto che una legge dell'ottavo secolo, publicata in Milano, proibiva che dormissero più di trenta persone per camera, ed ingiungeva l'obbligo di cangiare la paglia almeno una volta al mese (2).

---

(1) A. MELANI, *Architettura italiana*, II, Milano, Hoepli, 1887.

(2) *Il Costruttore*, II, 361, Milano, Francesco Vallardi, s. a.

Cresciuta l'agiatezza publica con lo sviluppo dei Comuni, le case si migliorarono, e se pure erano ancora piccole, soddisfacevano però pienamente alle limitate esigenze dell'epoca.

Si può dire che ogni capofamiglia aveva la sua casa, nella quale erano la camera nuziale, un'altra per i maschi, un'altra per le femmine. Una cucina che serviva anche da sala da pranzo, la bottega, se era merciaio, e l'officina. Consistevano queste case in un rettangolo, di cui il lato minore formava la facciata sulla via, sulla quale una grande apertura a sezione d'arco forniva l'ingresso alla bottega, ed a fianco di questa grande apertura aprivasi la porticina che metteva all'abitazione.

La bottega era vastissima, divisa in due parti - una anteriore; l'altra posteriore, o retro-bottega, o lavorerio - da una ampia arcata. La porticina metteva ad un piccolo ripiano, ove una porta di fianco comunicava con la bottega; in faccia si trovava una lunga scala che metteva al piano superiore.

Questo aveva pressochè l'uguale distribuzione del piano terreno. e cioè sovra la parte anteriore della bottega era la camera da letto matrimoniale; al retro-bottega corrispondeva la camera da letto dei figli. Il secondo piano aveva una grande loggia coperta verso la via, ed una camera verso l'interno della casa era destinata agli apprendisti, che allora ricevevano vitto ed alloggio dal padrone, come ancora oggidì in alcuni casi speciali. La cucina era sempre nel retro-bottega, e la latrina era una costruzione in legno, poco più di quattro assi coperti da tetto, allogata in un angolo del cortile, ovvero consisteva in un paio d'assi sporgenti sulla *ritana* (intercapedine) tra casa e casa.

Anche le case dei ricchi in città, nel Medio evo, erano ben lungi dall'aspetto signorile delle nostre case moderne, ed oggi non servirebbero certamente che ad una modestissima famiglia. La porta sulla via era arcuata, piuttosto bassa; qualche volta anche era piccola, ed allora serviva semplicemente ai pedoni, mentre i cavalli entravano per una porta rustica dietro la casa. Un primo cortile circondato da portici bassi disimpegnava tutte le camere a piano terreno, ove trovavansi la cucina con le dispense, una camera per i servi e per gli armati, la sala da pranzo, quando questa non era al piano superiore; qualche sala da ricevere, le scuderie, le rimesse, etc. Una scala alquanto ripida metteva al piano superiore, ove le camere da letto erano disimpegnate da un ballatoio scoperto, oppure da un porticato che rimaneva esposto a tutte le intemperie.

L'esterno rimaneva nudo, o tutt'al più ornato da qualche fascia in terra cotta formata con diverse combinazioni di mattoni intramezzate giudiziosamente da fascie di calce bianca. Un bell'esempio di queste fascie di terra cotta abbiamo tuttora in quella veramente splendida che serve di separazione tra il primo ed il secondo piano della casa Zoppi-Bruno (già dei Catena) ed ora del sig. Raggio Federico in via Venti Settembre, già via Monte di Pietà o via Carrera (Fig. 3).

(FIG. 3) Fascia decorativa in terra cotta nel palazzo Catena, in via Venti Settembre.

Raramente si adoperavano pietre ornamentali: queste erano riservate alle colonne, agli zoccoli, ai contorni delle porte ed alle mensole. I parapetti e le cornici di gronda erano spessissimo di legno.

L'importanza artistica delle facciate delle case civili d'abitazione è cosa relativamente moderna: le più antiche facciate artistiche risalgono, oltr'Alpi, all'ultimo periodo del gotico (detto gotico terziario o fiammeggiante) dal 1400 al 1520 circa, ed in Italia, al Risorgimento. Ma è precisamente a queste epoche che ogni paese e, si potrebbe dire in molti casi, che ogni città diedero un carattere speciale alla facciata delle loro case.

Come intanto nell'età di mezzo accadeva agevolmente alle città libere, così pure la nostra fu più volte presa, messa a sacco e incendiata.

La contessa Adelaide faceva pesare sulla città d'Asti quella preponderanza che esercitava nell'Italia superiore occidentale. Nel 1070 ella entrò a forza nella nostra città e ne consegnò le case alle fiamme: così raccontano i cronisti astigiani Ogerio Alfieri e Guglielmo Ventura.

La causa di questo primo incendio è dal Grassi attribuita alle istanze del vescovo Gilermo che, scomunicato dal Pontefice, era stato scacciato dai cittadini ed era ricorso a lei per essere rimesso nella sua sede. Un secondo incendio si vuole appiccato alla città dalla contessa Adelaide nel 1091 (il Ventura pone la data impossibile 1101), ed a questo il Grassi assegna per causa la resistenza opposta alla Contessa dagli Astigiani (I).

Poco più di un secolo dopo Asti dovette subire un'altra distruzione per opera del Barbarossa. Tutte le cronache e le storie contemporanee narrano che l'esercito tedesco dopo la distruzione di Chieri, piombò su Asti e vi si fermò alquanti giorni, avendovi trovato prezioso bottino, e che poi ne diroccò le torri e le mura in gran parte e ne incendiò gli edilizi. Ogerio Alfieri riferisce semplicemente che alle calende di febbraio 1155 la città d'Asti fu distrutta quasi tutta per incendio da Federico I per istanza di Anselmo vescovo astese e di Guglielmo marchese di Monferrato. Guglielmo Ventura dice sol-

---

(1) P. VALENTE, *Il Comune astigiano e la lotta contro Federico I*, Alessandria, Jaquemod, 1896.

tanto che Federico, entrato nella città e distrutte molte torri e appiccati molti incendi, se ne andò (1).

Prima della pace di Costanza la cura e il diritto di fortificare le città, cingerle di nuove mura, riattare le esistenti od ampliarne la cerchia, spettava alla *pars publica*, cioè all'Impero. Generalmente gli edifizî delle medesime erano fabbricati di legname o di creta. Era permesso soltanto ai nobili di fabbricare con calce una torre accanto alle case loro, per segno di nobiltà e di ultima ritirata. E così di questa città, in conformità di quello che di cotali città libere disse generalmente il Sigonio, leggesi negli annali di Ogerio Alfieri, all'anno 1190: « *Eodem anno quo Civilas Astensis coepit habere potestatem, nam antea per Consules regebatur; erat dicta Civitas de sepis clausa, et non erat in ipsa Domus aliqua de mattonis* ».

Pacificatasi Asti con il Barbarossa, questi la compensò di tutti i passati danni che essa aveva da lui patiti, riconfermandole tutti i privilegi, sottomettendole 47 pievi ed accordandole parecchie altre concessioni, accresciute poi ancora dal figlio del Barbarossa, Enrico VI, onde fuor di misura andò dilatandosi il dominio della città d'Asti, che per le convenzioni con l'Imperatore acquistò il diritto di cingersi a piacimento di forti mura.

Con l'accrescimento del dominio, essendo naturalmente cresciute le abitazioni, ne aumentò necessariamente la popolazione, che raggiunse i sessanta mila abitanti, talora pervenne ad ottantamila e fu anche di poco inferiore ai centomila.

Ciò diede occasione a edificare con molta più agiatezza: sì che per bellezza e copiosa quantità di palazzi, di torri e di altri edifizî privati e publici nessuna altra città di qua del Ticino e della Trebbia, come dirà poi Guido Antonio Malabayla, si poteva ad essa pareggiare.

Secondo lo stesso Guido Antonio Malabayla, come la città di Asti durante la sua libertà imitò nella forma di governo quella di Roma, reggendosi prima per mezzo dei Consoli, e poi per mezzo dei Podestà, i quali ritenevano una autorità somigliante a quella dei Dittatori, così pure la imitò nel distinguere i suoi

---

(1) VALENTE, *Op. cit.*

cittadini nella Plebe e in due ordini di nobili. Il primo di questi, rappresentante il patrizio, fu da principio detto *Patrizio*, o dei *Magnati*, e poi dei *Nobili de Hospitio*; il secondo, rappresentante l'equestre, fu detto dei *Nobili del Popolo*. L'antichità di questa nobiltà era tale che molte famiglie dei Nobili *del Popolo* e tutte quelle *de Hospitio*, con scritture pubbliche, o con memorie degne di fede, potevano provare fin d'allora (1638) che da 400 anni esse si erano sempre mantenute in onorevole stato.

A parte l'erronea spiegazione dell'origine dei *Nobili del Popolo*, sta il fatto che non tenue indizio della potenza di tutta questa nobiltà era certo la magnificenza degli edifizî posti nella città, delle torri (come afferma il prefato Guido Antonio Malabayla (1), se ne contavano oltre *centoventi*) e dei palazzi (dei quali doveva essere maggiore il numero); ma più ancora quella delle castella che frequentemente si contavano sparse per il contado di essa.

« Le torri urbane gentilizie », scrive il conte Giovanni Gozzadini (2), « rammentano e materialmente raffigurano un'epoca memoranda, meritano di essere pregiate e tenute in conto di ragguardevoli monumenti; meritano d'essere difese dalle ingiurie del tempo e soprattutto dall'avidità degli uomini che potrebbe giungere a tale da creare un lucro nella distruzione di quelle moli superbe, se i magistrati o il paese tollerassero sì grande vergogna. Ed è a sperarsi che allignerà sempre in loro un poco di quell'amore risoluto, col quale i Sangiminianesi preservarono tredici loro torri che fanno tuttavia assai bella mostra. Narra il Pecori (3) che nel 1602 essendo stato riferito nel Consiglio di Sangimignano come alcuni avessero guasta la torre ed altri intendessero di demolire le proprie, si deliberò, senza tema di ledere il diritto di proprietà, di ordinare a questi di conservare le torri, a quelli di rifarle, e la ragione che se ne adduceva era *per la grandezza della terra* ».

E come già scrisse il Gozzadini (4) per le torri di Bologna,

---

(1) *Compendio historiale della città d'Asti*, Roma, L. Gugnami, 1638.

(2) *Delle torri gentilizie di Bologna*, Bologna, Zanichelli, 1880.

(3) *Storia di San Gemignano*.

(4) *Op. cit.*

così si dovrebbe volere anche da noi che il Comune provve-
desse stabilmente alla conservazione delle pochissime, ma altrettanto interessanti quanto arditissime moli, che ancora ci restano, costituendole monumenti publici, e fossero curati per
le vie gli edifizi più singolari e più caratteristici della gloriosa
nostra città medievale.

Ma se le torri ricordano le glorie dei nostri maggiori, ne ricordano anche, e meglio, le colpe d'immenso danno ai nipoti.
Sorte insieme con le civili discordie, furono strumento per sbra-
mar meglio la rabbia di quelle fazioni che tennero aperta la via
alle irruzioni, all'oppressione, alla rapina degli stranieri, e
smembrata, e misera, e inonorata la nazione: anche per questo
solo si dovrebbe conservarle, additarle ai concittadini, ai con-
nazionali, affinchè, ogni volta che ad esse volgan lo sguardo,
considerino le secolari calamità e vergogne patite dall'Italia
per il parteggiar furibondo, e come il rinnovar le cause potrebbe, che Dio non voglia, rinnovarne gli effetti.

L'orgoglio ed un malvagio spirito d'indipendenza individuale
eressero e sublimarono dentro la cerchia le torri gentilizie. I
magnati urbani, i conti rurali costretti a dimorare parte almeno dell'anno in città, vollero avervi una specie di rocca a
ostentazione di dovizia e di potenza, a loro schermo e ad offesa
dei nemici privati, a ostacolo delle leggi vendicatrici. E come
le anguste città medioevali non comportavano ampi fabbricati,
così quanto meno questi potevano dilatarsi, tanto più ergevansi
le torri accanto alle case, o case-torri ch'erano di tal guisa da
resistere a un primo assalto e dar tempo a ritirarsi nella torre,·
dove armi e provvigioni si custodivano, e dove potevasi sostenere
una specie di assedio, che per riuscire efficace richiedeva macchine guerresche, delle quali di solito poteva disporre soltanto il
Comune. Era dalla cima delle torri che all'occorrenza i potenti
« con manganelle insieme si combattevano e con altri edificî dì e
notte », siccome racconta Giovanni Villani (1) dei Fiorentini nel
1238, siccome più o meno narrano le cronache d'altre città.

Ai soli nobili era concesso, e soli essi avevano mezzi di costruire torri. Prima furono quelli delle schiatte più illustri, poi

_____

(1) *Cronica*, VI, 34.

pressochè tutte le famiglie patrizie e pressochè ogni branca, quando infuriò la peste delle fazioni. Le ebbero infine anche le più ricche famiglie popolane, le quali, cresciute tra le arti e le industrie, i commerci e le banche, a potenza, con la « Società del popolo » salirono a parte del governo e vennero poi a costituire quella *Nobiltà del Popolo* di cui nel 1638 Guido Antonio Malabayla più non conosceva la vera origine.

La costruzione dei muri delle torri, invero stupenda, era, per la maggior parte dei casi, una massicciata di ciottoli e di calce tra due pareti di mattoni ad uno o a più filari: quella, così tenace da vincere i conglomerati; queste sì bene collegate e di materiali così perfetti che nè geli, nè tempeste, nè molti secoli hanno potuto intaccarne le commessure o gli spigoli.

L'altezza delle torri era varia a seconda dell'ardire, delle gare, delle facoltà dei committenti. Ma, appunto a frenare il capriccio dei nobili ed a regolarne l'arbitrio, pensarono i reggitori del Comune d'Asti a dare norma tassativa per tutti per mezzo di un decreto che faceva parte dei capitoli costituenti il già famoso Codice Catenato (1) ossiano gli *Statuti* propriamente detti, conosciuti sotto il nome di *Statuta Civitatis Ast*. Questi Statuti furono formati, o meglio riformati, nel 1379, sotto il podestà Loterio Rusca, o Rusconi, in sostituzione di un codice più antico (*vetus*), per altro assai prezioso, che proprio non si sa dove sia andato a finire. Orbene, questi Statuti, al capitolo 27 della Collazione I, facevano obbligo al Podestà di non tollerare che alcuno alzasse qualche torre più alta di quanto fosse la torre dei Bertramenghi e degli Scarampi, la quale era fondata nel sedime che fu dei Crivelli presso la porta dei Bertaldi avanti il mercato del fieno. E se qualcuno contravveniva a questa disposizione, il Podestà doveva far ridurre la nuova torre all'altezza del muro della predetta torre Bertramenga e Scarampa e sottoporre il contravventore ad una penale di 25

---

(1) Così detto perchè era portato a conoscenza dei cittadini all'albo pretorio del Civico Palazzo, ove era tenuto assicurato per mezzo di una catena di ferro, unita tuttora alla legatura in legno del volume originale in pergamena, scritto in carattere gotico, esistente nell'Archivio storico del Comune di Asti.

lire astesi, salvo che si trattasse di una semplice copertura poggiante sui muri della torre in questione (1).

Ma all'epoca della riforma degli Statuti (1379) la costruzione delle torri già andava via via diminuendo, essendo cessate le cause per le quali la edificazione delle medesime avea preso un rapido incremento nei due secoli antecedenti. Conviene adunque supporre che l'anzidetta disposizione statutaria fosse riprodotta da un'altra anteriore, certamente già esistente nel codice più antico di cui si smarrirono le traccie. Tale disposizione ripete la sua origine probabilmente dal fatto dell'erezione di altre torri ad altezza tale che fu ritenuta soverchia dai legislatori astesi dell'epoca. Queste torri troppo alte ed ancor oggi in piedi sono quelle conosciute tuttora sotto il nome di san Bernardino (o dei Comentina, prima, e dei Roero-Sanseverino, poi), dell'Orologio (o dei Troja, epperciò Trojana) e dei Tre Re (o dei De Regibus, ora Graglia), perchè anche quest'ultima aveva anticamente un'altezza pari a quella delle altre due predette.

Tutte e tre queste torri risalgono al secolo XIII, come facilmente si arguisce a priori dalla rispettiva architettura di transizione lombardo-gotica.

Che se così non fosse, proprio io non saprei interpretare la restrizione imposta dagli Statuti astesi che volevano limitare la elevazione delle torri gentilizie affinchè non si replicasse il fatto di costruzioni ad altezze troppo considerevoli.

Ma dove era questa torre di paragone, detta dei Bertramenghi e degli Scarampi? vicina al mercato del fieno?

Confesso che ho dubitato di poterne identificare il luogo. Piazze, però, che nel secolo XIV, od in quel turno, potessero essere destinate a mercato del fieno, non v'erano, all'infuori della piazza del Santo e dell'attigua piazza d'Erbe; ma più probabilmente

---

(1) « Item teneat potestas non pati aliquem levare aliquam turrim altius muro nec de aliquo edificio quam est murus turris bertramengorum et scamporum quæ est in sedimine quod fuit crivelorum condita et beraldi porta peiule ante merchatum feni. Et si quis contrafecerit reduci faciat ad altitudinem muri predictæ et ei auferam libras vigintiquinque astenses pro pena excepto coopertorio illius turris quod coopertorium tangat murum turris ».

quest'ultima. La torre Bertramenga e Scarampa doveva, a mio avviso, sorgere a ben poca distanza da quel luogo. Le ricerche che all'uopo ho potuto fare mi hanno portato a constatare che gli antichi Scarampi avevano il loro palazzo nobile e la loro casa forte sulla piazza del Santo, proprio dirimpetto alla facciata della Collegiata di san Secondo, e probabilmente in attiguità del palazzo Scarampi sorgeva quello (1) degli antichi Bertramenghi, chiamati posteriormente Beltrami: onde l'uno e l'altro palazzo avevano comune la torre.

Di questa torre dirò più ampiamente a suo luogo; ma per intanto mi preme di far rilevare che se ne vedono tuttora le vestigia nell'edifizio mozzato che sopraelevasi al tetto del caseggiato formante angolo tra la piazza del Santo e la piazza d'Erbe e comprendente i portici detti di Brambilla da un lato e di Torchio dall'altro. Questa torre era in origine bellissima, alta sì, ma non in modo soverchio; ma anche ad essa toccò la sorte infausta di molti altri pregevoli monumenti medievali, e a mala pena oggi l'occhio dell'indagatore rileva, nell'aspetto umile del medesimo avanzo, il rudero di un'antica grandezza.

È per altro necessario avvertire di non confondere le torri con i campanili, tanto più se questi rimontano ad epoca remota. Tutte o quasi tutte le chiese romaniche o lombarde hanno una torre vicina. Però bisogna essere prudenti nel riportare a molta antichità l'età di queste torri dell'architettura romanza o lombarda. « La circostanza, scrive il Melani (2), di trovare frequentemente il campanile aggiunto ad un fianco della chiesa eretto in epoca posteriore o realmente incassato in qualche parte della medesima e d'averlo creduto più antico che non potesse essere, ha fatto molte volte riportare ai secoli del basso (sic) Medio evo chiese non anteriori all'XI secolo. Certo, insomma, la torre per le campane o campanile è un accessorio che la chiesa di stile lombardo ha avuto sempre ».

----

(1) Presumo che sia la casa del sig. barone Visconti d'Ornavasso in Piazza delle Erbe, dall'estremità est di via Garetti fin contro alla via Cavour, dove questa uscendo dalla piazza del Santo va al Borgo san Quirico.

(2) *Op. cit.*

Begli esempî di campanili di architettura romanica o romanza, o neolatina, detta anche lombarda per l'Italia superiore, sono quelli della Cattedrale, della Collegiata di san Secondo, di santa Maria Nuova, etc., per quanto le chiese cui essi servono siano di costruzione posteriore, o del periodo di transizione, o dell'epoca dell'architettura archiacuta.

La forma di questi campanili è quadrata e si trasformava, in alto, in ottagona. Sopra il quadrato s'innalzava una cupola a torre esagonale od ottangolare. La loro altezza è divisa in molti piani da cornici orizzontali, fatte con archetti, sostenute dalle lesene che sono sulle diverse faccie, accanto agli spigoli. Le aperture sono di proporzioni regolari, terminate a semicircolo, o divise spesso in due da una colonnetta nel mezzo, portante due archetti più piccoli, che le rende binate. Le più grandi aperture avevano due ed anche tre colonne centrali, ed erano perciò trifore o quadrifore. Ma la parte superiore di questi campanili venne più tardi fatta abbassare; ed ora si presentano al nostro sguardo monche e prive di quell'aspetto maestoso che conservavano nei primi secoli della loro costruzione (1).

Di campanili gotici non abbiamo esempî nella nostra città. Anche le chiese ed i conventi soppressi di san Francesco, della Maddalena etc. etc., avevano il loro campanile dell'epoca romanica o di transizione, ma non ancora del periodo degli archi acuti o dell'architettura ogivale, la quale in Piemonte fiorì più vivamente in Asti, donde si estese con carattere proprio, ma tendente forse all'ogivale francese (2).

---

(1) Meritano di essere segnalate a questo riguardo le seguenti chiese dell'Astigiana: Abazia di santa Maria di Vezzolano in Albugnano d'Asti, chiesa di san Secondo in Cortazzone, chiesa di san Martino in Montafia, chiesa della Madonna della Neve in Castell'Alfero, chiesa di san Giorgio in Bagnasco, chiesa di san Giovanni in Berzano, chiesa di san Lorenzo in Tigliole, chiesa di san Nazario in Montechiaro, ecc.; e le seguenti dei limitrofi circondari: chiesa di san Vittore in Priocca, chiesa di san Lorenzo in Montiglio, chiesa di san Marziano in Viarigi, chiesa di san Vittore in Montemagno, etc.

(2) CHIRTANI (ARCHINTI), *Degli Stili*, vol. II.

Antonio Astesano nel suo *Carmen de varietate fortune* (1), dopo aver parlato, verseggiando il Ventura, delle lotte scoppiate fra i Solari e i De Castello, prosegue:

> *Haec urbs in geminas divisa hoc tempore partes*
> *Tota fuit, datus est multus utrinque favor.*
> *Tunc factae Turres maiore ex parte feruntur,*
> *Quas quisque Astensi cernere in urbe potest,*
> *Quum se quisque suo cuperet defendere ab hoste*
> *Tam muro quam vi corporis atque animi.*
> *Namque suo primas Federicus tempore Turres*
> *Diruerat, veluti diximus ante ibi.*
> *Schisma hoc duravit prope tres vel circiter annos:*
> *Astensi urbi maxima damna tulit.*

Il passo precedente, cui allude questo (2), dice di Federico Barbarossa:

> *Ilinc adit Astensem, multis et turribus Urbem*
> *Privat, et ipsius moenia multa ruit.*
> *Cuius causa fuit Gulielmus Marchio, necnon*
> *Astensis praesul, rettuli ut ante tibi,*

che allude all'altro passo (3)

> *Nec minus Anselmus successor Praesulis ejus*
> *Exlitit urbi hostis maximus inde suae.*
> *Qui Mille et centum post partum Virginis Annis*
> *Si quinquaginta quinqueque iungis eis,*
> *Causa fuit quod Rex Federicus iniverit urbem*
> *Astensem, Turres dirueritque suas,*
> *Moeniaque eruerit, multasque incenderit aedes,*
> *Urbs captu facilis quo foret inde sibi.*
> *Cuius signa potes veteri, Nicolae, videre,*
> *In muro, cujus pars ruta restat adhuc,*

---

(1) IV, 11, in MURATORI, *R. I. S.*, XIV, col. 1058.
(2) III, 1, col. 1036.
(3) II, 9, col. 1032.

Non procul, a Templo, quod Sancti a Turre Secundi,
  Nomen habet: quo non est magis urbe retus.
Utque ferunt alii. Gulielmus non minus hujus
  Montisferrati Marchio causa fuit,
Qui lateri regis Federici semper adhaerens
  Impulit haec animos ad malefacta suos:
Marchio qui fuerat perpaucis mensibus ante
  Astensi pugna victus ab urbe gravi.

Le notizie dell'Astesano sono importanti: per altro, tutto potrebbe essere un circolo vizioso del poeta. Questi sapeva che Asti era piena di torri; dunque doveva averne anche prima della distruzione federiciana. Ma Federico dovette distruggerle: perciò le attuali (per l'Astesano) sono una ricostruzione. A che tempo, quindi, collocar queste? Senza dubbio al tempo delle discordie civili.

Secondo l'opinione di Antonio Astesano, il prodigioso aumento delle torri e delle case-forti nella nostra città si dovrebbe riferire alla fine del XIII secolo (1): all'epoca, cioè, in cui cominciarono le contese cittadine fra le due fazioni dei Solari e dei Castelli. Ognuna delle famiglie aderenti all'una ed all'altra delle due anzidette fazioni, potendo essere da un momento all'altro sorpresa e soperchiata da quelle della parte avversa, cercava di premunirsi con fortificare la propria abitazione.

La figura 1, riproduce un quadro del 1681 già esistente nell'abazia dei Santi Apostoli, ove serviva d'ancona alla chiesetta. Ora si conserva nel Museo archeologico del Palazzo Alfieri. Detto quadro, che non ha certamente gran merito artistico, ma che tuttavia non è privo di valore storico, rappresenta la bella leggenda dell'abazia dei Santi Apostoli con l'apparizione del Redentore che segna con l'indice della mano sinistra il luogo dove dovrà sorgere la futura abazia. Come sfondo del quadro havvi una parziale veduta panoramica della città di Asti. A sinistra si vede il *Varrone*, e poco lontano la *Madda-*

---

(1) Forse è da quest'epoca in cui vuolsi sia pervenuto alla nostra città l'appellativo di *Asti dalle cento torri*, secondo alcuni; *dalle mille torri*, secondo l'opinione popolare.

(FIG. 4) Ancona dell'ex Chiesa dei SS. Apostoli nel 1681.

lena; indi torreggia in tutta la sua pienezza il *Castello Vecchio*. Fra il *Varrone* ed il *Castello* s'innalza la Cattedrale ancora terminante in guglia. Vi è anche nel giro interno delle mura la famosa *porta arcus* ornata di tre statue e di due torri laterali, ond'esce la via che, piegando verso ponente, passa su tre archi il Borbore. Verso destra, in città, si vedono molte chiese con i loro campanili, e vi si nota una dozzina di torri, fra cui quella dell'*Orologio* nella forma presente e quella di *San Bernardino* ancora merlata come all'epoca della sua costruzione.

Questo quadro che riproduce in iscorcio solo la parte occidentale della città, dimostra che sul finire del secolo XVII un buon numero di torri era tuttora in piedi, e lascia supporre che anche nel resto della città gran numero di torri non fosse ancora scomparso.

Traccie apparenti delle anzidette *case-forti* esistevano ancora numerose sul principio del secolo scorso; alcune si scorgono ancora oggidì. E di questa natura sono quella *De-Regibus*, ora del sig. Graglia, conosciuta comunemente con il nome dei *Tre Re* (FIGURA 5), che trovasi sul Corso Alfieri, avanti la chiesa di sant'Anastasio: quella già denominata *degli Spagnuoli*, appartenente alla famiglia Asinari, e più anticamente agli Alfieri (in Corso Alfieri, ora del sig. Violini, dove è il caffè Alfieri); quella della famiglia Roero di Settime e di Mombarone (ora Palazzo Pogliani) in via Roero, dove è allogata la Sotto-Prefettura; quella della famiglia Roero di Cortanze (ora dei signori dottori Pogliani e Quaranta, già Tamburini) in via Sella, verso il palazzo Gazelli di Rossana, già Cotti-Ceres; quella detta Palazzo di Giustizia (*canonica causarum*) esistente sulla piazza Statuto, già delle Erbe, o, per meglio dire, in via Cavour sull'angolo dei portici detti dei Cestai con quelli detti di Rabezzana, dove è il negozio di stoffe (Magazzini riuniti) del signor Artom; quella attigua alla precedente, verso il vicolo Remissa o dei Cestai (ora via G. B. Giuliani), la quale spettava in parte ai marchesi Roero di Cortanze anzidetti; quella della famiglia Guttuario adiacente alla torre ora del signor avv. Aristide Pavese tra la piazza Statuto, o delle Erbe, e la via san Paolo, dove tuttora, nella parte occupata dal droghiere Marchisio, se ne

(Fig. 5) Casa forte e torri dei De Regibus dette dei Tre Re.

trovano notevoli vestigia nel piano terreno e nei sotterranei;
e molte altre. Questi edifizi, od almeno la maggior parte di
essi, merlati e muniti di ponte levatoio con uno sportello allato,
il quale era comune a tutti. Dal secondo piano in su avevano larghi finestroni, poco distanti fra loro, a cui gli abitanti
s'affacciavano per respingere con le travi, con le saette e con

i sassi gli aggressori. Questi finestroni ordinariamente si tenevano chiusi, e non si aprivano che nelle bisogna: quindi, per illuminare gli appartamenti, vi erano fra essi alcuni finestrelli di varia grandezza, che servivano altresì per ispezionare le operazioni degli avversarî (1).

Ma come avvenne che di queste numerosissime torri non rimangono più che scarse vestigia?

Di questi forti edifici si servivano specialmente le accanite fazioni dei Guelfi e dei Ghibellini, allorchè nel cuore di questa stessa loro patria facevano tra loro asprissima guerra gli impazziti cittadini di quei tempi così turbolenti. Onde, riconosciuto col tempo quanto e quale danno proveniva al pubblico da sifatte torri fomentatrici di guerra, si cominciò a vietarle.

È vero, a quanto si dice, che molte di esse, un secolo prima, già erano state rovinate ed incendiate dal marchese Guglielmo di Monferrato, allorquando ebbe dal cugino imperatore Federico Barbarossa la città d'Asti, che si era collegata con i Chieresi a danno di Anselmo vescovo d'Asti e dello stesso marchese Guglielmo. Ma non avevano tardato a risorgere più forti e più gagliarde di prima.

Del resto a due si possono limitare le cagioni per cui esse torri andarono in rovina. La prima è che queste per le ingiurie stesse dei tempi, o per la vetustà loro, o per la trascuratezza dei padroni, di per sè si diruparono e caddero al suolo. La seconda cagione fu il furore delle guerre civili che infestò questa città, che ne ebbe gravissimi, disastrosissimi danni, per le inconsulte, forsennate, prodezze dei Guelfi e dei Ghibellini, gente infuriata sempre l'una contro l'altra. Chi prevaleva oggi, sfogava domani la sua rabbia addosso alle torri, ai palazzi nobili ed alle case-forti degli emuli cacciati od abbattuti; perchè, in vero, nei tempi di guerra una buona torre veniva considerata per una rocca e fortezza, talchè più e più giorni un esercito si perdeva dietro ad una torre, purchè questa fosse ben provvista di combattenti, di viveri e di armi.

La stessa spontanea caduta delle torri prestò giusto motivo a demolire o ad abbassare le altre che restavano in piedi. Onde

---

(1) S. GRASSI, *Storia della Città d'Asti*, vol. I.

nei secoli posteriori la maggior parte di questi edifizî di guerra andò man mano scomparendo affatto, o fu ridotta quasi a guisa di fabbricati comuni. Ed invero le ultime torri, condannate a scomparire, furono quasi tutte abbassate sul principio del secolo scorso.

Atterrati nel secolo XVIII il Recinto dei Nobili in più luoghi, e tre dei suoi portoni, cioè del borgo di Santa Maria Nuova, di San Paolo e di Santa Caterina, scomparve la difficoltà che gli altri cittadini dei Borghi (detti *Borghesi*) avevano di poter fabbricare ed abitare case in detto Recinto, tanto più che dei nobili di lignaggio veramente antico ben pochi erano rimasti in patria, essendosi estesi in più rami e famiglie, come gli Alfieri, i Cacherani, i Natta, i Roero, i Guttuarî, i Solari, i Ponte, i Pelletta, i Turchi, gli Scarampi, i Malabaila, i Busca, gli Zoia, gli Asinari ed altri molti.

Di gran parte di questi era rimasta memoria quasi solamente nelle lapidi sepolcrali, negli epitaffi e negli stemmi gentilizî sparsi su qualche palazzo, o sui fianchi delle chiese, o perchè ne erano interamente estinte le famiglie, o perchè avevano altrove trasportata la residenza per le cariche onorevoli che erano andate a coprire, o per aver agio a maggior sfarzo delle proprie ricchezze in luoghi i quali assai più che non in Asti ciò comportavano.

E come gran parte delle più potenti e nobili famiglie trasmigrò altrove, così i loro palazzi passarono più di una volta, in due o tre secoli, nelle mani dei cittadini e dei forestieri qui venuti e domiciliati; molti dei quali fecero cambiare conformazione e struttura persino nei muri principali ed esteriori delle case a loro pervenute. Di queste, parecchie sono state distrutte affatto e ridotte a forma ordinaria; parecchie altre furono convertite in chiese, monasteri e conventi religiosi; onde pochissime conservarono la loro antica costruzione, talchè riesce molto malagevole avere tuttora un distinto concetto delle primitive linee architettoniche.

Tuttavia se si potesse investigare sotto gli intonachi che ricoprono i ruderi secolari di parecchie costruzioni medievali pervenute fino a noi, oh! chissà quante rivelazioni ne potrebbero ancor oggi scaturire! Poichè non è infrequente il caso di trovare sotto l'arricciatura di una casa, dall'aspetto ridente e moderno, le traccie di un arco romanico o di un altro a sesto acuto, che richiamano alla nostra memoria quelle lontane e gravi età, tanto ricche di gloria e di colpe insieme.

.•.

Claudio Frollo, quel mistico ed esaltato diacono di *Nôtre Dame* che Vittor Hugo ha dipinto nel noto romanzo a tocchi di energia michelangiolesca, esclamò, riassumendo i pensieri che si agitavano nella sua mente nell'esaminare la novità di un libro stampato con i caratteri mobili da poco inventati: « *Ceci tuera cela!* » Egli confrontava la mirabile invenzione di Gutemberg e le sue intuite conseguenze future, con il simbolismo, tanto ricco di fantastici misteri, della chiesa gotica, rappresentazione di pensieri complessi di una età che meditava senza fondamenti di dottrina, che pretendeva di indovinare la verità scientifica per intuizione meditativa, che si agitava in una confusa e torbida lotta fra la passione del conoscere e la scarsezza dei mezzi per pervenire alla conoscenza.

« *Ceci tuera cela!* » È la stampa che ucciderà la manifestazione simbolica del pensiero umano effettuata con la decorazione di fregi, statue, bassi e alti rilievi, che anima il tempio ad ogiva, ovvero la stampa che ucciderà la grande architettura in quanto documento umano?

Io penso che V. Hugo volle far dire a Claudio Frollo della stampa rispetto all'arte gotica, della sostituzione progressiva delle evoluzioni del pensiero scritto a quelle del pensiero simbolizzato con le arti plastiche e figurative. E non disse il vero che in parte, poichè il simbolismo pratico ed architettonico non è morto, per quanto abbia subito trasformazioni, dopo la stampa, come ne aveva subite prima, per ragioni di tempi, di luoghi, di climi, di tendenze, dai Propilei al Partenone, dai templi di Pesto e di Selinunte al Pantheon romano. Ma il misticismo delle strane figure delle chiese ogivali si è veramente trasformato dopo la stampa, assumendo man mano caratteri sempre più limpidi e puri di pietà religiosa e di ascetismo meditante, però variando da terra a terra nella intensità di tale trasformazione, dal nord nebbioso al sud sfolgorante di luce, da Colonia a Firenze, da Friburgo in Brisgovia a Siena e ad Orvieto.

Le origini dell'architettura risalgono al bisogno di garantir l'uomo dalle intemperie e di difenderne le tombe. Fu essa un tempo costituita dalla più rozza capanna di rami e di fronde, nè si può dire quando cominciò ad assumere caratteri d'arte, sebbene rozzi tentativi d'adattamento, per maggiori agi e per decorazione, si scorgano nei resti della vita primitiva e selvaggia.

L'arte si svolse a poco a poco, come tutte le manifestazioni del progresso della civiltà, dai bisogni e dai mezzi per corrispondervi. Narra Cicerone (*De officiis*, I, 49) che fu titolo d'onore e via al consolato per Gneo Ottavio, antenato d'Augusto, l'aver costrutto un edificio *magnifico e pieno di dignità* sul Palatino.

Dai triliti Gaelici, dai pilastri di Tebe, dai templi, dalle cariatidi, dagli ornati soffitti egiziani, allo svolgimento dell'architettura greca, la distanza percorsa è immensa, giovando il perfezionamento così dell'arte come dei mezzi di lavoro. Roma seguì tardi la Grecia, tratta dall'esempio e dall'influenza etrusca, ma Roma architettonica diede ai suoi edifizi caratteri di grandezza e di magnificenza fin allora ignoti, e li diffuse poi nelle colonie, nel mondo antico dominato.

Seguì l'architettura cristiana primitiva, adottando nuove forme generali, prima a pianta circolare, poi a croce ed a navate multiple, e svolgendo disposizioni nuove decorative, archi e cupole. La influenza dell'arte bizantina, sempre più distinta e caratteristica, sostituì quella dell'arte greco-romana. Il capitello di San Vitale, a Ravenna, assunse il tipo, secondo gli storici del secolo VI, adottato nel *Chrysotriclinium* di Costantinopoli (1).

Sorse quindi l'influenza dell'architettura araba, figlia dell'arte semitica, persiana e indiana, commista alle tradizioni bizantine; e, progressivamente, si formò lo stile che fu detto «gotico», pare da Raffaello e poi dal Vasari, riputando essi barbaro quanto

---

(1) Il Rivoira, però, in un libro recente e che ha levato grande rumore, nega lo « stile bizantino » in Italia e gli sostituisce uno speciale « stile ravennate ».

non era conforme alla classicità antica, ed attribuendo il nuovo stile ai Barbari più tristi. In verità lo stile detto « gotico », si dovrebbe dire « *ogivale* », perchè la sua caratteristica è l'adozione dell'arco acuto. L'ogiva non risale al di là dei secoli X e XI, ma se ne estese veramente l'adozione nei secoli XII e XIII, con ricchezza straordinaria di decorazioni plastiche, di vegetali, di mostri fantastici e di figure umane mostruose, simbolizzanti concetti talora chiari, religiosi e storici, talora mistici e misteriosamente complicati. Il fondamento iniziale ne fu però un elemento nordico: l'uso dei grandi alberi resinosi.

Il Rinascimento accoppiò la forma ogivale alle tradizioni greco-romane, e ne uscì per gli edifizi privati e pubblici quella disposizione di porte, finestre e balconi che è caratteristica in Asti, e nella quale si rimprovera dai Francesi, come incongruità, la direzione dei giunti degli archi spezzati che compongono l'arco acuto verso un solo centro, e il difetto di proporzione fra la base e l'altezza di quegli archi. Però il Rinascimento in Italia, collegando con gusto squisito il passato remoto e il passato prossimo, produsse splendori d'arte architettonica, che trassero ad imitazione tutto il mondo civile, serbate del resto le differenze caratteristiche nel senso artistico, nelle tradizioni, negli stessi materiali, fra paese e paese.

Ecco in brevissimo riassunto il quadro sommario delle evoluzioni dell'architettura, evoluzioni in sostanza dovute alle influenze storiche e di contatto, più o meno violento, fra popolo e popolo, documento storico in realtà, ma non già nel senso in parte indicato dall'Hugo, cioè di espressione di pensieri voluta e definita. L'architettura fornisce una documentazione storica in quanto afferma le influenze ed i contatti dei popoli, in quanto fissa le traccie, talora incerte, talvolta precise e perspicue, dello svolgimento e delle date di tali influenze e dei contatti che le determinarono.

Ciò detto, io posso tornare al pensiero espresso da V. Hugo e precisare quello che io credo vi si debba contrapporre, in parte accettandolo, in parte escludendolo.

La stampa non uccise davvero l'architettura del simbolismo, ma la modificò, perchè ed in quanto modificò l'indirizzo e lo svolgimento di ogni manifestazione dell'intelligenza e dell'ope-

rosità umana: quell'insieme di adattamenti di ogni maniera che
corrispondono allo stato di quella che chiamiamo, con una parola sinteticamente significativa, la *Civiltà*, la quale non ha abbandonato il simbolismo plastico, ma lo affermò, per esempio, nelle
Porte del Battistero del Ghiberti od anche, proprio ieri, nel bel
gruppo di statue del Biondi — *Saturnale di Roma* — con le
quali volle significare tante cose e così difficili a capire, che vi
unì una memoria per chiarire e precisare un voluto significato
sociologico.

L'evoluzione della Civiltà si estese a tutto. Non potevano non
seguirla anche le forme architettoniche, così di massa come
di decorazione. La seguirono segnando vere pietre migliari storiche, salvo che nelle conseguenze di quell'imitazione o copia,
che per mancanza di genialità creativa, tenta di illustrarsi rie-
sumando tipi o modelli d'altri tempi e di altri luoghi: al qual
proposito basti ricordare le infinite riproduzioni del tipo del
Pantheon disseminate in tutto il mondo civile.

L'Architettura adunque seguì, con le sue evoluzioni, l'effetto
della diffusione della Stampa, e ben le predisse il Frollo: ma
essa non fu uccisa dalla Stampa, e la previsione del Frollo errò.

Resta anzi, ben dopo la Stampa, ed anzi specifico ed organico,
il carattere storico dell'Architettura. Essa muta con i tempi,
ma anche con gli avvenimenti, ed anzi, quando non la Stampa,
ma le comunicazioni facili, resero agevole il conoscere e l'i-
mitare, la bizzaria imitativa - o l'insufficienza creativa - trasse
a manifestare le influenze lontane, che in epoche diverse furono
scarse o nulle. Citerò soltanto il Palazzo di Giustizia a Roma,
che ricorda molto, fin troppo, il Parlamento di Vienna, sebbene
nè l'uno nè l'altro edificio affermi un carattere deciso di novità,
di epoca, nè intendimenti di simbolismo artistico.

Queste osservazioni generali mi parvero necessarie per chiarire come le mie ricerche sugli antichi edifizî di Asti, anteriori
al Rinascimento, siano intese tanto ad illustrare monumentalità
già per sè stesse importanti, quanto a raccogliere ed a presen-
tare una documentazione storica di quell'evoluzione dell'architettura cittadina che segna un'epoca e fu effetto e conseguenza
degli avvenimenti che durante tale epoca si svolsero qui ed in
regioni non lontane.

Presumerei troppo di me se tentassi io di trarre, dai saggi dell'architettura medievale d'Asti, induzioni parallele alle notizie scritte nelle cronache e nelle storie. Io mi accingo ad un lavoro più limitato e modesto: quello cioè di raccogliere ed offrire agli studiosi elementi di rappresentazione e di date, sicchè possano essi, su tali elementi, fondare nuove ricerche di carattere storico, confrontandoli con quelli forniti altrove da esempi offrenti analogie caratteristiche e valutabili.

Oso sperare di riuscire in tal modo a confermare in parte ed in parte ad escludere il pensiero di V. Hugo. « *Ceci tuera cela* ». La Stampa uccise il simbolismo architettonico; ma, organo potente di diffusione di civiltà e di coltura, influì grandemente nel promuovere ed agevolare le trasformazioni architettoniche, che non sono altro che manifestazioni varianti con il variare delle condizioni dei consorzi umani, popoli o città, distinti per razze, per climi e per fasi politiche od economiche e mescolati dalle vie e dai mezzi di scambio così di idee come di persone e di cose.

Il bisogno di agi sempre crescente con il crescere delle civiltà, è pure un fattore di trasformazioni architettoniche. Ma dal punto di vista storico lo studio dei tipi offerti da un lungo ed antico periodo di vita urbana vigorosa può star da sè e costituire una base non ispregevole di nuove ed interessanti induzioni.

V.

GUELFI E GHIBELLINI.

Lodovico Antonio Muratori (1) scrisse che col nome di *Ghibellini* o *Gibellini* erano designati coloro che o seguivano la parte dei discendenti da Federico Barbarossa imperatore, o affezionati agli altri Augusti ne amavano la signoria, o finalmente coloro che, nelle dissensioni tra la Chiesa e l'Impero, seguivano la parte dell'Impero contro la Chiesa. All'opposto, coloro che odiavano il dominio degli Augusti, talvolta troppo grave o molesto, o che nelle suddette dissensioni si dimostravano contrarî ad essi, chiamavansi *Guelfi*. Questa fu sul principio l'intenzione dei primi difensori di tali rivalità e fazioni. Questa lagrimevole dissensione non divise poi solamente l'affetto d'una città dall'altra, ma anche tra gli abitanti di una medesima città gettò il pomo della discordia, cosichè una parte dei cittadini, sì nobili che plebei, era contraria all'altra: si odiavano mortalmente e si recavano a vicenda inestimabili danni.

Queste esiziali fazioni ebbero la loro origine dalla Germania ed il primo fomite di esse sorse dalle lunghe contese esistenti tra Corrado il Salico imperatore, nato e dominante nel castello di Weiblingen, ed i suoi posteri maschi, da una parte, e la famiglia antichissima dei duchi « Guelfi » di Baviera e di Sassonia, dall'altra. Quantunque però lungo tempo siano durate le contese tra le due case Ghibellina e Guelfa in Germania, e fossero già vive nel XII secolo tali fazioni, tuttavia, secondo il Muratori, sembra che soltanto nel secolo XIII si estendessero in Italia i funesti nomi di Guelfi e Ghibellini, al tempo di Ottone IV, imperatore di Casa Guelfa, e di Federico II re di Sicilia, indi imperatore, di Casa Ghibellina, allorchè quest'ultimo riuscì a farsi eleggere e coronare re dei Romani.

---

(1) *Antichità italiane*, Diss. LI.

Trovavansi in questi tempi città in Italia, le quali, per l'odio che covavano ancora contro Federico Barbarossa, e perciò anche contro l'altro Federico II, suo nipote, re di Sicilia, erano fortemente attaccate alla parte di Ottone, e non volevano, a nessun costo, aderire a Federico II. Queste furono principalmente le città di Milano, Pisa, Bologna, Parma ed altre. Alcune altre invece, come Genova, Pavia, Cremona, Asti ed altre, col marchese di Monferrato e lo stesso Papa Innocenzo III, poi Onorio III, aderivano a Federico, e così nacquero le discordie fra le città italiane, dicendosi le une ghibelline e le altre guelfe.

È per altro vero che molte città, parteggianti prima per Federico, allorchè videro voler egli mettere loro il piede sul collo, da lui si distaccarono e si unirono a quelle della fazione contraria, rinnovando così, non solo di nome, ma di fatto, l'antica « Lega Lombarda », che in diritto era sempre sussistita dal Barbarossa in poi.

Siccome inoltre gli imperatori di Casa Ghibellina furono per lo più contrarî alla Chiesa, od almeno al Papa, così insieme con la parte guelfa si considerò sempre congiunta quella della Chiesa; anzi fu poi universalmente detta parte guelfa quella che era contraria agli imperatori, e parte ghibellina quella che agli imperatori od all'Impero aderiva. Chiunque pertanto per diversi motivi o per interesse parteggiava per la Chiesa ovvero contro l'Impero si denominava subito guelfo; e chi per simili motivi sposava la parte dell'Impero tosto appellavasi ghibellino. Quindi fu che il maggior numero de' nobili — marchesi, conti, ed altri signori — dipendenti già immediatamente dai soli imperatori, e da loro già investiti, o perchè speravano d'aver nuove investiture di feudi e di signorie, o di essere fatti vicarî imperiali e rendersi così padroni delle città, o di ricuperare i feudi a loro tolti dalle città libere per cagione di guerre o per motivi d'infedeltà, o per altre cause, mettevansi a favorire ed a sposare il ghibellinismo e si davano alla difesa dell'imperatore. Quelli poi che reputavano potersi più facilmente ingrandire e farsi signori seguendo la parte guelfa, a questa si votavano e si dichiaravano fautori della Chiesa.

Insomma, usavano quasi tutti di darsi a quella fazione che ritenevano più acconcia alle loro mire, per accrescere la propria fortuna e per abbattere quella dei loro avversarî.

Questo fanatismo crebbe sempre più durante tutta l'epoca di Federico II, nè cessò anche con la morte di lui. Nelle famiglie dei cittadini esso giunse al colmo, fino a mettere i padri ed i figli in due opposti campi, talchè qualche volta essendo ghibellino il padre, il figlio era guelfo, e viceversa, e sempre nemici mortali tra loro.

È evidente che da sifatte discordie e da sì perversi impegni venivano mali e calamità gravissime. Ne nacquero contese, risse, esilii, stragi, rovine, non solo di molte famiglie, ma d'intere città. In ciascuna di queste, una parte ambiva le principali cariche e voleva dar legge all'altra: quindi, senza più pensare nè all'Impero, nè alla Chiesa, nè ad altro, ma guidati dal solo proprio interesse, dalla sola ambizione, accecati dal loro pazzo entusiasmo, facevano nascere risse e ribellioni, tramavano segrete congiure, venivano ad aperte sedizioni, e facevano con le armi una funesta prova di chi avesse più forza (1). Era loro costume di occupare le piazze della città, e preferibilmente la maggiore; e chi si sentiva più forte costringeva i più deboli a cedere, per modo che i vinti o spontaneamente o per forza uscivano dalla loro patria, ed erano costretti ad andarsene in esilio, ricoverandosi presso le città di loro parte: e con l'aiuto poi di queste, e di altri potenti signori procuravano di rimpatriare e ristabilirsi nelle loro case, facendo una guerra arrabbiata a' proprii concittadini. Se erano secondati dalla fortuna i loro desideri, e se i loro avversari, prima vincitori, non potevano resistere allora toccava a questi di uscire dalla città discacciati e cercar nuovo asilo sotto più propizio cielo.

Frequentissime furono perciò le guerre civili, e molte le città che videro or l'una or l'altra fazione abbattuta e fuggiasca, e dal colmo della signoria e delle ricchezze precipitata nella povertà e nella rovina. Alcune delle famiglie più potenti si mettevano a capo d'una parte, certe altre dell'altra, seguite poi sempre da tutti i partigiani della loro medesima fazione.

La frenesia di tali fazionari si spinse tanto oltre che in taluni giunse perfino al ridicolo; imperocchè una setta o fazione

_____

(1) G. A. MOLINA, *Notizie storiche profane della città d'Asti*, vol. II, Asti, 1774.

aveva le proprie bandiere, le vesti, il cappuccio, diversi dall'altra. Riconosciuto si sarebbe il guelfo dal ghibellino per il colore e per la forma delle vesti, per la varia maniera dei capelli sciolti, o legati in treccie, per la formola del saluto, e persino per certi riti nel tagliare il pane e piegare il tovagliolo; con le quali così si distinguevano, senza parlare, a quale partito gli uni o gli altri cittadini o fazionarî appartenessero, tanta era l'avversione e tanto l'odio che l'una all'altra fazione portava.

Saggie persone, o con l'autorità o con altri mezzi di persuasione, tentarono più volte di porre riparo a tanto disordine e di sopire così disastrose fazioni, ma sempre inutilmente.

Cosi, oltre ai vescovi delle città, si adoperò l'imperatore Enrico VII quando dalla Germania discese in Italia nel 1310, ed impiegò tutta la sua autorità per portare la pace; ma non vi riuscì, ed in ogni luogo raggiunse lo scopo unicamente durante il tempo di sua dimora.

Solo sul finire del secolo XIV in alcune città, ed in altre sul principio del XV, cominciarono ad affievolirsi le ire delle due parti, sia perchè vennero stabiliti molti e potenti principati in Italia che costrinsero i popoli a sottomettersi ad un sol uomo, sia perchè riconoscendo infine i cittadini il danno immenso delle discordie loro, tornarono in se stessi, sia ancora in alcuni luoghi perchè l'una o l'altra delle fazioni restò così malconcia da non essere più in grado da tener fronte all'avversaria.

Solevano perciò le città eleggere per loro signori alcuni potenti Principi per un periodo di tempo determinato, fissando loro un certo stipendio per il mantenimento degli armati che essi si obbligavano a tenere per difesa della città stessa. Ciò si faceva da quella fazione che era dominante e che aveva interesse a tener lontani dalla patria i cittadini della fazione contraria, stati dalla città discacciati. epperciò denominati « fuorusciti » o « forensi »; ma ciò, per altro, non conferiva sempre il dominio della città ai signori stati chiamati per proteggerla. Patto essenziale nell'elezione del nuovo capo era quello di dover sempre con tutte le forze resistere ai fuorusciti, e non mai permettere loro di rientrare in città. Molti di quei « podestà », « capitani », « signori », accettavano di buon grado quell'incarico e procuravano di farsi eleggere mostrando di parteggiare per quella fazione che li chiamava, con la speranza di riuscire poi a rendersi assoluti padroni della città. Taluni di essi riuscirono, altri no, o perchè volontariamente si ritirarono non potendo far più a lungo causa comune con i torbidi cervelli dei fazionarî, o perchè talvolta vinse la fazione dei fuorusciti, ed essi vennero alla loro volta discacciati dalla città insieme con la fazione prima dominante, venendo invece eletto colui che aveva aiutato o capitanato i fuorusciti a rientrare in patria (1).

.⁣.

Nella città d'Asti, a capo della fazione dei guelfi stavano i Solari; a capo dei ghibellini furono i De Castello, cioè le tre famiglie dei Guttuari, dei Turchi e degli Isnardi.

Queste tre famiglie possedevano molti castelli e grandi ricchezze; alla lor volta i Solari erano così numerosi che potevano, siccome già in Roma la famiglia dei Fabî, mettere in armi trecento dei loro. La famiglia Solara divenne poi la più ricca e possente in tutto il territorio per cagione dei ventiquattro suoi feudi, e sovrattutto la più riverita ed amata dal popolo per la sua magnificenza e liberalità (2).

Da gran tempo fra i Solari ed i De Castello erano vivissimi astii e rancori, che andarono sempre più rincrudendo, finchè proruppero ad aperte violenze, a publiche lotte, alla guerra civile. Tutti i casati astigiani più cospicui furono tratti a favorire l'una parte o l'altra.

Con i Solari stavano i Malabayla, i Garretti, i Troya, i De Curia, i Falletti, i Ricci, i Damiani, i Perla, i Casseni, ed alcuni pochi dei Layoli, degli Asinari, dei Pelletta e dei Rotarii (Roero).

Aderivano per contro ai De Castello gli Alfieri, i Lunelli, gli Scarampi, i Voglietti, i Vischi, i Testa, i Di San Giovanni, i

---

(1) G. COLOMBO, *Le milizie di ventura e l'origine delle « signorie »*, in *Bollett. stor.-bibliogr. subalp.*, anno VIII, fasc. III; G. A. MOLINA, *Op. cit.*
(2) G. CASALIS, *Diz. geog.-stor. degli Stati di S. M. il Re di Sardegna* vol. I,

Pallidi o Pallii, i Catena, i Gardini, i Bergognini, i Cacherani, i Bunei, e la maggior parte dei Roero, dei Pelletta, degli Asinari e dei Layoli (1).

Fin dal 1261 le ferite scambiate fra Bonifacio Solaro e Robaldo De Catena, genero di Rufino Guttuario, avevano provocato un primo scindersi dei cittadini in parti, e quindici « ospizi » s'erano accolti in una grande società, che si denominò dei « Becchincenere » per resistere alla prepotenza dei Solari. Ne vennero nuove reciproche violenze, e nel 1271 una vera battaglia combattuta sul mercato (2) durò circa un'ora. Composte le discordie, un autorevole cronista del tempo, Guglielmo Ventura, che ricorda essersi trovato presente alla mischia del 1271, afferma che la città rimase poi in pace interna fino al 1300: nondimeno lo stesso scrittore accenna altrove ad atti segreti d'inimicizia fra Solari e Guttuari. Comechessia, in Asti, era in quel tempo negli animi un turbamento foriero di non lontane sventure (3).

L'anno del Giubileo si annunziava prosperamente; ma nel 1300 appunto divampava dal centro stesso della vita subalpina la fiamma che doveva incendiare tutto il Piemonte, promovendo un indicibile sconvolgimento. In Asti, fiera di vittoria, ricca di commerci, bella di ricordi e di paesaggio, lieta di lunga signoria, rinascevano d'un tratto, lungamente dissimulate, ma covanti sotto la cenere, le funeste lotte civili. Le discordie cittadine astigiane furono la causa immediata, se non la prima, del nuovo indirizzo che informò la storia dei nostri paesi subalpini nel secolo XIV: da esse fu promossa la ristorazione angioina; per esse incominciò a crescere il giovine Stato di Filippo di Savoia.

L'astio dei Solari e dei De Castello non s'era spento mai: l'uccisione di Guglielmo Turco per mano di alcuno dei Solaro fu la scintilla onde riarse la guerra intestina (4).

Allora, a giudizio di un poeta storiografo della città (Antonio

---

(1) F. GABOTTO, *Storia del Piemonte nella prima metà del secolo XIV*, (1292-1349), Torino, 1894.

(2) Sulla piazza di san Secondo detta *del Santo*.

(3) GABOTTO, *Op. cit.*, 12.

(4) *Ibidem*, 26.

Astesano) crebbe singolarmente in Asti il numero delle torri e delle case forti, e tuttodì erano insulti, risse e violenze; ma i particolari di esse fanno interamente difetto.

Le maggiori potenze del Piemonte — Asti, Monferrato, Acaia e Saluzzo — non furono mai del tutto guelfe o ghibelline, ma solevano unirsi con l'una parte o con l'altra secondo i proprii interessi del momento: niuna meraviglia pertanto che Giovanni I, fautore degli Avogadri in Vercelli e dei Brusati in Novara, fosse al contrario, nelle cose d'Asti, in istrette relazioni con i De Castello ghibellini contro i guelfi Solari. Di segreta intesa appunto coi De Castello, i marchesi di Monferrato e di Saluzzo s'avanzarono il 5 maggio del 1303 a poche miglia da Asti: questi apertamente, quegli dopo aver sparso voce di essere a Chivasso e nell'Oltrepò. Uscirono i cittadini in campo, ma alcuno cominciò a dire con malizia che la città sarebbe stata meglio difesa dietro le mura; onde l'esercito si sbandò. Un'ora dopo Giovanni I e Manfredo IV si presentavano con tutte le loro forze a porta San Lorenzo (1) ed entravano senza opposizione, correndo súbito a porre a ruba ed a fuoco le torri e le case dei Solari, che poi furono interamente abbattute (2). Gli assaliti dopo vana prova di resistenza, furono la sera costretti ad uscir di patria, dirigendosi verso Alba. Camminarono tutta la notte; la mattina, a sole alzato, giunsero al « porto », ossia al tragitto del Tanaro, dinanzi a quella città. Quivi, volendo Leone di Brandino Solaro montar primo sul porto, dal cavallo adombratosi fu gettato nel fiume, e miseramente annegò. Passarono gli altri con miglior ventura e s'appressavano ad Alba per entrarvi: ma già correvano a contrastare in armi i Rappa ed i Costanzi con i loro seguaci di parte ghibellina, quando l'intervento del podestà Ottone III Del Carretto, antico amico dei So-

_____

(1) Dava l'uscita sotto le mura del Castello vecchio, verso la strada che presentemente conduce a Viatosto.

(2) Le maggiori case dei Solari erano in via Venti Settembre e specialmente dove ora è la via Solari, ed occupavano i luoghi dove ora sono le case Varvello, Vespa-Tesi, Quirico-Cerruti, Saletta e Fassio. Le case dei Solari furono poi tosto ricostrutte negli stessi luoghi; ma ne edificarono altre lungo la presente via Giobert dove è adesso la manica est del fabbricato del Collegio.

lari, li fe' ricevere a dispetto degli oppositori, ancorchè poco
dipoi le minaccie di Monferrato e di Saluzzo e degli intrinseci
d'Asti lo costringessero a partirsi dalla città ed a ritirarsi nelle
sue terre.

Trascrivo dal Gabotto, il quale prosegue (1): « Imperversava
intanto in Asti la sfrenata violenza dei vincitori. A Francesco
Guttuario ed a Rubeo Isnardi fu data balìa di confinare i so-
spetti, insieme con una commissione ov'essi facevan lecito d'o-
gni voglia, estorcendo denaro, ordinando rovine di case, impo-
nendo grosse sicurtà per l'osservanza del confine e del bando,
imprigionando infine senza pietà i riottosi alle loro ingiunzioni.
Creato podestà Manuele Spinola e « capitano » Faravello D'Oria,
genovesi, l'autorità pubblica prestava braccio forte alle private
vendette, ed erano sancite tutte le condanne volute dai De Castello. Il popolo era ridotto nell'ultima angoscia: più nessuno
osava parlare liberamente: dei Solari non si poteva pronunciare
il nome se non a fine di vituperarli: dicevasi che non bisognava
lasciarli in Alba, ma perseguitarli finchè fuggissero in India.
Dinanzi a quest'oppressione parecchi cittadini volontariamente
esularono: così si recarono in Chieri, ben accolti da quel libero
Comune, Tomaso e Simone Roero, Muzio e Rubeo Asinari, Tomaso e Paolino Troya, Raimondo Falletti e parecchi dei Peyla o
Perla. Per contro, Francesco Solaro, o ritenesse assicurato per
un pezzo il trionfo dei De Castello, o lo movesse qualche ran-
core particolare, tradì la parte di sua famiglia per l'avversario,
onde poi quella, a sua volta, lo rinnegò nella vittoria. I marchesi di Monferrato e di Saluzzo si erano stabiliti, l'uno nella
casa dei Falletti (2), l'altro in quella dei Troya (3), e pasciuti
di ricchi doni, vi traevano grassa vita con le cantine e con le
provvigioni dei vinti. Disertavano pure la città, con loro pre-

---

(1) *Op. cit.*, 30 seg. Cfr. anche, per tutto ciò che segue, l'altro libro del
GABOTTO, *Asti e la politica sabauda in Italia al tempo di Guglielmo Ventura*, 196 segg., Pinerolo, 1903 (vol. XVIII di questa *Bibl. Soc. Stor. Subalp.*).

(2) Le case dei Falletti erano nell'attuale via Giobert, già della Maddalena, dove è il palazzo ora posseduto dal signor barone Alberto Montersino, tra le vie Cattedrale e Natta.

(3) Le case dei Troya erano dove adesso è l'ospedale di Carità, verso la
via Morelli e la piazzetta della piccola Annunziata.

senza, Giovanni di Saluzzo, Enrico del Carretto e Raimondo d'Incisa, al qual ultimo, al suo partire, fu donato il castello di Canelli. Giovanni I si fece restituire Vignale, la metà di Felizzano e di Riva, la quinta parte di Castelnuovo di Rivalba ed un bellissimo padiglione tolto a suo padre; ebbe poi anche Tonco, sebbene i De Castello ne mostrassero malcontento; ed i signori ed uomini di Castagnole non vollero far nulla pel Comune. Manfredo IV ottenne per parte sua Fossano e Cavallermaggiore, la qual ultima, però, dovette poi conquistare per forza d'armi ».

« I fuorusciti, infatti, favoriti dall'adesione di Alba e di Chieri, cominciavano a riaversi del primo stupore e sgomento. Un mese dopo il loro ingresso in Alba ne cacciavano i Rappa ed i Costanzi, ed imprendevano quindi a molestare i De Castello con frequenti e vive scorrerie, ancorchè da principio con poca fortuna. Ma i Chieresi, sollecitati con parecchie ambascierie a cacciare i fuorusciti astigiani ricoverati presso di loro, opponevano un reciso diniego, e Muzio Asinari, da Chieri appunto, andava più volte a visitare i Solari in Alba e ad intrattenersi con loro sul da farsi, finchè di comune accordo chiesero aiuto al luogotenente generale di Filippo d'Acaia. A far riuscire la pratica con Guglielmo di Mombello dovette adoperarsi anche Nano di Ceva, perocchè poco dopo egli appare in Alba con sue genti in nome del Principe, contribuendo assai a respingere in giugno un fiero assalto dei marchesi di Monferrato e di Saluzzo. Nondimeno le forze savoine e cevasche parevano insufficienti alla distretta: di qui la decisione degli Albesi di entrare in rapporto cogli Angioini, ridando la città a Carlo II. A che le deliberazioni fossero legali occorreva l'intervento del podestà, ma Ottone Del Carretto temeva non poco l'ira nemica. A colorire il disegno con sicurezza, adoperò uno dei soliti ripieghi. Rientrò provvisoriamente in Alba, ed il 21 di luglio, premesse le consuete considerazioni generiche e la necessità in cui era di assentarsi di nuovo, delegava suo vicario e luogotenente il giudice Pantaleone Rabino, tosto ripartendo per le sue terre. La domenica successiva, 28 luglio, sulle solite « vòlte » della cattedrale di san Lorenzo, congregavasi dal vicario il Consiglio generale, chiamati straordinariamente ad intervenirvi oltre cento capifamiglia: ivi, unanimi, i cittadini, diedero incarico a Nano Cerrato ed a Baldovino de' Beccari di portare a Carlo la dedizione della città, con amplissimo mandato ».

Re Carlo II ricevette in Napoli la deputazione albese ed accettò di buon grado la dedizione offertagli facendo parecchie concessioni ad Alba in riconoscenza della sua fede.

Intanto il re angioino « destinava a visitare il nuovo acquisto, ed a ricever anche il giuramento dei Solari e loro aderenti Leonardo de Turco ed altri suoi fedeli, i quali, adempiuto il proprio ufficio in Alba, si dirigevano verso Monteregale, accompagnati da Folco Caze, Aleramo Layolo, Corrado De Brayda ed altri Astigiani ed Albesi, quando la comitiva fu sorpresa, tra via, da un bastardo de' Bressani con parecchi uomini di parte De Castello. Nella zuffa, Folco Caze restò morto; gli altri furono condotti prigioni a Fossano. Se ne riaccese la guerra fra Monteregale ed i Bressani, in odio dei quali fu distrutto e spianato il castello di Roccaforte, ed il Re mandò un nuovo messo in persona di Egidio da Perugia, suo famigliare, ad ammonire gl'intrinseci d'Asti di rispettare Alba e gli Albesi sudditi suoi, cui non avrebbe potuto mancar di aiuto. Ma i De Castello si fecero beffe del regio procuratore, e se prima avevano in animo di nuocere ad Alba, ora fecero peggio. In novembre, intanto, Manfredo IV assaliva Cavallermaggiore e l'espugnava per forza d'armi, costringendo il 4 dicembre gli abitanti a giurargli fedeltà. Pur vi perì d'un colpo di lancia Vasino Guttuario, dei maggiorenti fra i De Castello ».

« Il 3 aprile 1304, Guglielmo Turco e Manfredino Isnardi sovranominato « il Rosso », con circa 100 cavalieri astigiani e turba di pedoni, andarono ad assalire la Morra, terra d'Alba; ma vi erano violentemente ributtati, e l'insuccesso parve presagire l'imminente rovina di lor parte. Gli affari di Acaia, infatti, esigevano l'unione di Filippo di Savoia cogli Angioini; epperò quegli, sollecitato da Filippo di Taranto, faceva appoggiare in Piemonte gli interessi di re Carlo e di Raimondo Berengario, figlio ed erede di lui per la contea di Provenza. Guglielmo di Mombello, pertanto, assunse l'ufficio di ricondurre in Asti i Solari. Le operazioni furono fissate pel 2 maggio, a fine di non dar tempo a' De Castello di valersi della legge astigiana sul possesso per un anno e un giorno. Indettosi cogli amici rima-

sti nella sconvolta repubblica, movevano contemporaneamente
gli Albesi ed i fuorusciti ricoverati presso di loro sotto il podestà Alberto Spettini di Piacenza, e le milizie di Chieri cogli
altri esuli, da Moncalieri. Le schiere, in numero di 5000 pedoni e 200 militi, pernottarono a Villanova d'Asti, e la domane,
per tempo, marciarono contro la città, avanzandosi pel borgo
dei Santi Apostoli fino al ponte omonimo sul Borbore, fra le ac-
clamazioni del popolo incostante, che offriva loro da bere vo-
ciando : « Vivano i Solari, e muoiano i perfidi De Castello ».
Questi ultimi si provarono a resistere, e ricacciarono invero i
nemici da porta dell'Arco al monastero di sant'Anna (1); ma
qui i Solari ed i loro aderenti rivoltarono fronte, e, favoriti
dal popolo minuto, che aveva arso la porta dell'Arco per age-
volarne l'ingresso, cacciarono alla loro volta i De Castello fino
alla piazza dei Guttuari, or delle Erbe (2), cadendo parecchi de'
principali ghibellini e fuggendo gli altri nel Monferrato. I fuggiaschi non furono inseguiti : ben venne messa a ruba il dì
stesso la casa del podestà Spinola, che si era pur egli allonta-
nato a furia, abbandonando la moglie e la nuora. Giovanni I
profittò della sconfitta de' suoi alleati, come già di lor vittoria,
chè quel giorno medesimo gli fu posto in mano Calliano da' contadini del luogo ».

« L'entusiasmo popolare aveva dunque salutato il trionfo dei
Solari; ma, purtroppo, essi furon cagione che sbollisse assai
presto. Naturalmente, oltre l'intero Ospizio dei De Castello, andarono esuli molti altri cittadini, che ne avevano seguito le
parti, fino al numero di 500. Il dì medesimo della vittoria ed
il seguente, i Solari arsero le case di Guglielmo Turco, di Giorgio Voglietto e di altri fuorusciti, e rovinarono la torre dei
Guttuari (3) sulle dimora d'innocenti vicini. Indi cominciarono
le violenze contro gli stessi amici del giorno avanti, e contro
diversi Solari assassini non s'iniziò nessun processo. Occupati i

---

(1) Dove adesso è la caserma Carlo Alberto, verso l'attuale via san-
t'Anna.

(2) O piazza dello Statuto.

(3) È quella tuttora in parte esistente sulla piazza d'Erbe, o Statuto, al-
l'imbocco della via Venti Settembre, appartenente ora al signor avv. Aristide Pavese.

beni dei monasteri e fin le castella del Comune, non fu male che non rendessero per bene avuto ; onde si partorì grande odio contro la possente famiglia guelfa. Intanto i De Castello, anzichè abbandonare il territorio astese, si erano afforzati ne' lor feudi di Settime, Rocca, Magliano, Ferrere, Monale, La Cisterna, Cellarengo, Sommariva-Perno, Sommariva del Bosco, Sanfrè, Monticelli, Cassinasco, Canale, Corticelle, Masio, Frinco, Quattordio, Refrancore, Moasca, e godevano il favore anche della Villa comunale di Bra ».

Poco tempo dopo, giunto in Asti il principe Filippo d'Acaia, vi fu accolto con gran festa: venne eletto a capitano, ed il Mombello vi ebbe la nomina di podestà.

Sotto il comando di lui, gli Astigiani presero ai De Castello Cossombrato, Corsione, Agliano, Monale, Montiglio, Colcavagno, ed al marchese di Saluzzo, oltre parecchi villaggi, tolsero, insieme coi Provenzali, Cuneo, nello stesso tempo in cui questi ripigliavano anche Savigliano, Cherasco e Mondovì.

Gli Angioini, poi, lasciati i necessari presidi nei paesi riacquistati, ripassarono le Alpi.

Alla loro dipartita, Filippo giudicò essere tempo di prevenire i suoi rivali, che pure agognavano al possesso di Asti, e fatte venir molte schiere del conte di Savoia, scoprì il suo divisamento ai Solari, i quali non si mostrarono per nulla disposti a favorirlo. Giungendo anzi in questo mezzo da Costantinopoli Teodoro, nuovo marchese di Monferrato, conchiusero con esso una forte alleanza.

Allora il principe d'Acaia si volse a Carlo II di Provenza (d'Angiò), fece con lui nel 1307 un trattato di divisione dell'Astigiana, e prese a sostenere le ragioni della fazione De Castello nella loro guerra di devastazione, onde erano manomessi crudamente quei luoghi.

Per tal motivo gli andò mancando la propensione del popolo astese, ed avendo egli poi cercato insieme con i suoi aderenti di mettersi al possesso della signoria di questa città, in un tumulto popolare corse grave rischio della vita.

Il re di Napoli intervenne nel 1308 a comporre la pace fra gli Astigiani, i Monferrini e i Saluzzesi; dalla qual pace furono esclusi i ghibellini De Castello, che la ottennero l'anno seguente per il compromesso da entrambi le parti fatto in capo del principe di Acaia e del conte Amedeo V di Savoia.

Non mantennero i De Castello al principe Filippo la data parola di farlo signore d'Asti; ma non tardò a seguire un'altra volta la loro espulsione.

Frattanto i Solari negoziavano per ottenere il patrocinio del re Roberto, che era il capo di parte guelfa: e Roberto, stretta una lega con loro, recavasi egli medesimo con la sua consorte in Asti per confermarla.

Allora il Principe insieme con il conte di Savoia sollecitò la venuta di Enrico VII nel Piemonte; il quale giunse in Asti nel mese di novembre del 1310, facendovi entrare con sè tutti quanti i fuorusciti.

Tentò egli sulle prime di riconciliare le opposte fazioni, sommettendo la città al governo di un suo vicario; ma l'esperimento non riuscì, e le fazioni guelfa e ghibellina tornarono di bel nuovo in Asti a straziarsi a vicenda, finchè i De Castello furono ancora una volta scacciati dalla città.

In seguito a questo fatto, i sindaci Raimondo Caze e Giacomino Allione congregarono il Consiglio generale, chiedendo avviso sui mali publici: sorse Sinibaldo Solaro, impronto sempre e risoluto, e propose una balìa di dodici persone, cioè i due sindaci stessi, i due chiavari, i quattro rettori del popolo, due savî di ospizio e due di popolo. Nessuno si oppose; onde creata la balìa, convenne il 17 aprile del 1312 la dedizione di Asti a Roberto d'Angiò, re di Napoli. L'atto venne redatto nella casa degli Alfieri (1), dove dimorava il siniscalco del Re.

Omai le cose di Piemonte avevano preso una brutta piega per la parte imperiale. Contro Asti, sovrattutto, causa precipua del male, era indignatissimo Enrico VII, il quale, perciò, il 12 febbraio 1313 facevane donazione, con tutte le sue pertinenze,

---

(1) In quest'epoca gli Alfieri abitavano in quella parte della città dove poi fuvvi il convento di sant'Agostino, il quale edificossi sul luogo stesso dov'erano le loro case. Ed il convento di sant'Agostino sorse nel 1655 nel luogo dove ora è la casa dei signori fratelli Borelli Tancredi e Adolfo, in via Venti Settembre, presso il Monte di Pietà.

ad Amedeo V di Savoia (1), sotto condizione di riscatto a favore dell'impero mediante fiorini d'oro 200.000 (L. 5. 765.000).

Il 26 aprile del 1313, Enrico VII pronunciò la sentenza definitiva contro re Roberto; e il 14 luglio dello stesso anno dichiarava ribelli e posti al bando dell'impero le città di Pavia, Vercelli, Alba ed Asti, le ville di Alessandria, Valenza e Casale, il conte Filippone, di Langosco, Simone Avogadro di Colobiano ed altre persone, privandole di ogni privilegio, grazia, ragione, franchigie, libertà e pronunciando ch'esse città e ville dovevano venir distrutte delle fondamenta, riempiuti di terra i fossati, nè potessero venir restituite in pristino senza imperiale licenza; multato inoltre Asti di 10.000 libbre d'oro, Pavia di 8000, Vercelli di 6000, Alba di 2000, Alessandria di 4000, Casale e Valenza di 1000 ciascuna, e ciò per aver tali luoghi fatta fedeltà al re Roberto, ricevendone le genti e gli ufficiali. Ma quei luoghi non temevano la sentenza imperiale, ed Asti confermava il 1 agosto le sue dedizione al re angioino.

Pochi giorni dopo, cioè il 24 dello stesso mese, Enrico VII morì a Buonconvento per il mal di pietra, e così svanì ogni timore di vendetta per parte sua. Intanto era giunta da parte del re Roberto l'accettazione dei patti del 17 aprile 1312, per cui Asti sottoponevasi al suo governo: finiva la gloriosa libertà astigiana, e la signoria angioina, ricostituita e cresciuta fra le discordie civili del Piemonte, trionfava, grazie alle medesime, della fiera Republica astese che l'aveva altra volta abbattuta, raggiungendo così l'apogeo. Ma omai, a difesa dell'indipendenza, s'era pure rinvigorita e temperata alle lotte future l'augusta Casa di Savoia (2).

---

(1) Fratello di sua consorte.
(2) GABOTTO. Op. cit., 77.

PARTE SECONDA.

I.

TORRI, CASE FORTI, PALAZZI NOBILI.
Zona Settentrionale.

1.

In via Maestra o corso Vittorio Alfieri.

Inizio, adunque, il mio pellegrinaggio per la città attraversando la prima cerchia interna delle mura per la porta detta già di sant'Antonio, che più anticamente si denominava *porta della Torre* e si ergeva all'angolo nord-ovest della presente piazza di santa Caterina, e più precisamente tra le case ora appartenenti alle famiglie Tocco e Aimassi.

TORRI DEI VARRONI. — A nord-ovest di detta porta innalzavasi il già famoso Castello dei Varroni (*Castrum Varronum*), costrutto dalla famiglia romana dei Varroni, secondo le vecchie tradizioni, che però la critica moderna non può accettare, al tempo di Gneo Pompeo, che avrebbe data la custodia della città a tre fratelli di questa famiglia, i quali, e per lasciare un monumento del loro nome, e per rendere più munita e salda la città a poter rintuzzare l'impeto dei nemici, oltre l'anzidetto castello, vi avrebbero innalzato tre torri ad onore di ciascuno di loro.

Di questo antichissimo castello rimangono tuttora alcune vestigia sull'altura della proprietà antica dei Pelletta (divenuta poi della signora Deandreis-Calabiana, ed ora della signora Calabiana-Gianti) che si inalza a cavaliere del casotto daziario di porta Torino. Dagli avanzi che tuttora se ne vedono, comprendesi la sua considerevole altezza, e quanto dovesse esser forte nei tempi in cui fu eretto, giacchè non vi si poteva accedere se non dalla parte interna della città, e prima di giungere ad esso vi stavano altre bastite e fortificazioni da superare, come dimostrano parecchi robusti tratti di muri che dal castello si protendevano verso la porta di sant'Antonio o della Torre e che si vedono ancora in parte presso le case in questi ultimi anni costrutte dal sig. Matta e dai signori fratelli Bay in occasione della sistemazione dell'imbocco di porta Torino (FIGURA 6).

Alcun rudere, invece, non rimane più delle tre torri che si dicevano innalzate dai tre fratelli Varroni. Gli avanzi che fin verso la metà del secolo XVIII si vedevano ancora, e dei quali in quel turno rovinava la parte più elevata, altro non dovevano essere che vestigia di altre cinque torri che entro il Castello medesimo sussistevano ancora nell'anno 1639, come si scorge esaminando la carta topografica del Lauro di quel tempo appunto (TAV. II). Mancano per altro le notizie per affermare se queste cinque torri siano state aggiunte alle tre prime, o se piuttosto siano state edificate in luogo e vece di queste ultime rovinate (1).

TORRE ROMANA O TORRE ROSSA DI SAN SECONDO. — Scendendo dai Varroni, poco più oltre la porta della Torre o di sant'Antonio, s'incontra la *Torre romana* detta comunemente *Torre rossa di san Secondo* ed anche di santa Caterina (FIGURA 7).

Essa esisteva già nell'anno 119 dell'èra cristiana, nel quale anno il nostro patrono san Secondo fu imprigionato appunto nel fondo di detta torre, pochi giorni prima che al martire nostro venisse mozzato il capo, il che accadde il 30 marzo di quell'anno medesimo.

Accanto a questa torre venne edificata, prima del secolo XI, una chiesa (2) che prese il nome di *san Secondo della Torre*

---

(1) GIOVANNI ARDESCO MOLINA, *Notizie storiche profane della Città d'Asti* — Asti, 1774, vol. I.

(2) Nel 1070 questa chiesa fu sottoposta al monastero di Fruttuaria, e venne demolita nel 1732 perchè minacciava rovina. Nel 1766 si diede mano

(FIG. 6) Ruderi della spianata dell'antico castello dei Varroni a Porta Torino.

Rossa (così chiamata dal colore di essa) per distinguerla dalla Chiesa Collegiata già prima dedicata al medesimo santo, la quale, per essere distinta dalla nuova si era denominata *San Secondo del Mercato*.

La parte inferiore di detta torre, per la particolare sua struttura e per la qualità e forma del materiale, è costruzione romana; dalla metà in su, essa è di costruzione medievale. È leggermente inclinata verso sud-est.

Si narra che, come già parecchi Romani avevano beneficata la città di Asti sperando da una più forte riparazione di essa maggior sicurezza e difesa dell'Italia, anche Giulio Cesare, al tempo in cui teneva il governo delle Gallie, abbia fatto segno la nostra città alla sua protezione, e fra le molte opere e ricostruzioni da lui fatte eseguire, si annovera un Palazzo per il Pretore, e vicino ad esso, una Torre cesarea. Il palazzo pretorio da lunghissimo tempo più non sussiste, nè alcuna traccia ne rimane per poter precisare dove sorgesse, nè si può determinare da chi sia stato distrutto, se da Federico Barbarossa piuttostochè dai Goti o da altri barbari. Per ciò che riguarda la torre cesarea, alcuni opinano che questa non fosse altro che la *torre rossa* dianzi accennata, e che in essa fossero state in quei tempi stabilite le carceri. In questo caso, in quelle adiacenze avrebbe dovuto essere il Palazzo pretoriano. Nello scavare le fondamenta della attuale chiesa di santa Caterina (1766) si sono ritrovate, oltre molte vestigia di muri antichissimi, alcune antiche medaglie e particolarmente un idolo di bronzo benissimo conservato, rappresentante un Principe coricato sul fianco, col capo appoggiato alla mano. Questo idolo e queste medaglie vorrebbero indicare che ivi fosse stabilito qualche edificio di rilevante considerazione, come appunto potrebbe essere il palazzo pretorio. Ma queste non sono che congetture.

Piuttosto sembra assai più assodato che la cosidetta *Torre*

---

alla costruzione dell'attuale, su disegni del Ferroggio, ed ultimata nel 1773: essa prese il nome di santa Caterina in sostituzione della primitiva chiesa e del relativo convento detti pure di santa Caterina, esistenti fin dal secolo XIII nel vicino borgo di san Marco (dove sorge ora la casa Salussoglia) e demoliti verso il 1550 per ragioni di guerre.

(FIG. 7) Torre romana o torre rossa di San Secondo.

rossa, appartenente, con moltissime probabilità, al periodo augusteo, fosse una di quelle torri con cui i Romani usavano fortificare i principali ingressi in città. Questa *torre rossa* ci rammenta assai bene le due torri della Porta Palatina di Torino, e si potrebbe perciò inferire, quasi con assoluta certezza, che a poca distanza da detta *torre rossa* ne sorgesse un'altra perfettamente eguale alla prima: e non sarebbe improbabile che, se si facessero scavi dall'altra parte del corso Alfieri, presso a poco dove venne riedificata la casa che fa angolo con la via maestra e la via Varroni, si rinvenisse qualche rudero di una seconda torre romana. In questo caso si potrebbe stabilire, senza tema di errare, che da questo punto si dipartissero le mura dell'antichissima cerchia romana, di cui proprio non esiste alcuna traccia visibile nell'attuale città nostra.

La demolizione dei muri che collegavano la *torre rossa* con l'altra supposta torre al di là della via Maestra, potrebbe essere stata la vera cagione per cui la *torre rossa* medesima ne risentisse qualche danno e ne riportasse qualche cedimento che, facendo uscire la torre dalla verticale, ne determinasse quel leggiero strapiombamento che avrebbe dato luogo alla comune credenza che la torre stessa sia in minimissimo grado pendente.

L'on. Municipio ha già studiato il modo di isolare questa torre, liberandola dalle catapecchie che le stanno a ridosso. Certo, questo intento dell'On. Amministrazione comunale è assai lodevole; ma è pur certo d'altra parte che il problema si presenta abbastanza arduo, perchè non si hanno troppe garanzie che la torre medesima, liberata dagli appoggi e dai rinforzi delle costruzioni che la circoscrivono, possa non risentirne altri danni notevoli.

.˙.

PALAZZO CAPRA D'AZZANO ora VALPREDA. — Dalla stessa parte della via Maestra, a breve distanza dalla *Torre rossa*, è il palazzo nobile già dei conti Capra d'Azzano (1), il quale fin da

---

(1) I Capra, conti d'Azzano, facevano per arma: D'oro, inquartato da un filetto di nero; nel 1° e 4° all'aquila di nero; nel 2° e 3° alla capra di nero rampicante.

circa la metà del secolo XVIII passò in proprietà della famiglia Valpreda, che lo tiene tuttora. La costruzione di questo palazzo risale al 1400 ; ma nel decorso di parecchi secoli subì varie modificazioni che permettono ora assai poco di rilevarne la vetustà.

Fin dal 1788 questo palazzo era separato dalla proprietà contigua, ora degli eredi del signor cav. Enrico Defilippo, in via Mazzini, già dei nobili Malabayla, per mezzo di una piccola via, che probabilmente andava a sboccare fino nella presente via Isnardi. L'altra proprietà contigua, in via Maestra, già della famiglia Testa (ora famiglia Adorni), diede luogo al palazzo presente di costruzione recentissima sopra i muri vecchi di altre case di poco rilievo.

.·.

PALAZZI E TORRI ROERO DI PIEA e CRIVELLI DI CANELLI ora OSPIZIO DI SANTA CHIARA, già MONASTERO DI SANT'AGNESE. — Al di là della via Mazzini incontriamo un esteso isolato che giunge fino alle vie Asinari e Malabayla. Ma avvertiamo subito che anticamente l'isolato era assai più ristretto, giacchè era tramezzato da un'altra strada parallela alla presente via Malabayla, già soppressa nel 1742.

Sulla fronte nord di detto isolato, cioè su quella prospiciente la via Maestra, o corso Vittorio Alfieri, sorgevano due case patrizie: quella dei Roero di Piea (1) sull'angolo nord-ovest, dove ora è la chiesa dell'Ospizio di santa Chiara; e quella dei Crivelli di Canelli sull'angolo nord-est verso la via Asinari. Queste due case erano antichissime, e da alcuni avanzi che tuttora ne rimangono si rileva che la loro costruzione risale alla metà circa del XIII secolo, in cui incominciò a fiorire l'architettura di transizione, tra la romanica o lombarda e la ogivale.

Nella bella porzione ancora rimastaci verso via Mazzini, presso la chiesa anzidetta, abbiamo invero un bellissimo esempio di questa architettura di transizione, dove vediamo a pian terreno

---

(1) Vedremo a suo luogo che i Roero possedevano molte altre case in Asti.

finestre e porte ogivali, e i piani superiori tutti romanici, come
si arguisce dalle doppie finestre che vi esistono per ogni piano.
(FIGURA 8).

(FIG. 8) Parte dell'antica casa dei Montafia in via Mazzini.

Similmente si deve dire della casa Crivelli verso via Asinari,
sotto il cui intonaco guasto si scorgono chiaramente i caratteri
che determinano anche qui press' a poco l'epoca della sua
costruzione. La casa Crivelli occupava per due terzi la fronte
del caseggiato verso la via Maestra, ed un altro braccio si risvoltava (e di pari lunghezza) in via Asinari, come ben si scorge
tuttora osservando il retrocorpo costrutto in questi ultimi tempi,
il quale congiunge l'antica casa Crivelli con le case che erano
al di là della soppressa via di cui ho discorso poco dianzi.

La casa Roero di Piea occupava l'altro terzo della fronte
anzidetta.

L'una e l'altra di queste case' erano veramente case-forti, ed avevano un'altissima torre ciascuna : sull'angolo nord-ovest della via Maestra, di rimpetto al palazzo Alfieri ed alla via che va al Duomo, e sull'angolo nord-est della stessa via Maestra, verso via Asinari.

La torre che si elevava sull'angolo nord-ovest, serviva poi di campanile per la chiesa di sant'Agnese dopochè nel 1706 venne quivi trasportato, dal Borgo di san Pietro, il monastero di tal nome.

Sul principio del 1811 le due torri anzidette vennero abbattute. Si incominciò da quella dell'angolo nord-est verso via Asinari, per rettilineare tutta la fronte nuova del caseggiato verso via Maestra, e nel successivo maggio venne pure atterrata l'altra torre sull'angolo nord-ovest, che serviva di campanile alla chiesa: così fu pure abbattuta la bella cupola e tagliata altresì la bellissima facciata di pietra della chiesa medesima, per uguagliare i rettilineamenti generali di quel lato di fabbrica.

Dall'altra parte dell'isolato non v'era nulla di notevole, se si toglie una chiesetta sull'angolo sud-est dell'isolato, verso via Asinari, presso la via traversale che dalla stessa via Asinari metteva alla via Mazzini presso la casa degli eredi del cav. De-Filippo (vicino alla piazzetta Montafia, già di san Giulianetto, dove esisteva la chiesa di san Giuliano) e che, come dissi più sopra, era già soppressa nel 1742. — Abolita questa via, ne venne occupata l'area, e parte di essa passò in proprietà del conte Ponte e delle monache di sant'Agnese, che avevano trasferito quivi il loro monastero.

L'attuale isolato detto di santa Chiara comprende anche le case e le aree che erano situate al di là della strada superiormente abolita, cioè tra questa e la presente via Malabayla. Ma ne dirò più particolarmente quando mi intratterrò delle case nobili di via Malabayla.

« Ne ho un documento importante, che qui le copio testualmente; persuaso che, se esso non le gioverà nella presente ricerca, potrà riuscirle utile in avvenire. » — Così mi scriveva, il 2 aprile 1891, il sempre compianto canonico prof. D. Carlo Vassallo, il quale ricavò l'estratto da un'ampia descrizione fatta nel 1742 della Città e Diocesi, in cui, a pag. 317 del vol. I. si legge:

« Il Monastero di S. Agnese — Cap. I. Della struttura e
« Fondazione — Il Monastero di q.^{te} Madri, nella sua fonda-
« zione, che è seguita l'anno 1237 li 26 8bre, si è costrutto nel
« Borgo di S. Pietro, et hanno continuato ivi ad abitare sino
« all'anno 1704: et per gl'insulti patiti dalla guerra guerreg-
« giante, il Vescovo Milliavacca ordinò di trasmettersi ad abi-
« tare in Città, e processionalmente si sono transferite nel
« Seminario, et ivi hanno soggiornato sino al 1706: in quel
« tempo, sendo passato di q.^{ta} vita il sig. Marchese Crivelli di
« Canelli senza successione, decaduto li suoi beni et eredità a S.
« M. sud.^a il Pallazzo, che era di d° fu sig. Marchese posto in
« q.^{ta} città sotto la parrocchia della Catt.^{le} et in d.° anno 1706:
« dal Seminario si sono transferite in d° Pallazzo per ivi per-
« petuamente abitare, et al presente q.^{to} monastero resta
« formato un Pallazzo Isolato da contrade, cioè a mezzanotte
« è consorte la Contrada Maestra, a Ponente e Levante altre
« contrade, et a Mezzogiorno altra contrada abolita, et la
« maggior parte d'essa posseduta dal sig. Conte Ponte et parte
« d'esso da q.^{te} Madri, et esso Pallazzo come sopra des.^{to} e
« dessignato è pervenuto al monastero per accompre, ed acquisti
« fatti come segue, cioè nel 1706 hanno accomprato da S. M.
« Vittorio Amedeo Re di Sardegna il suddetto Pallazzo che era
« del fu sig. Marchese di Canelli, come per Inst° 4 marzo 1706
« rog. al sig. Gio. Steff. Gallo not.° e seg.^{ro} ordinario della Reggia
« Camera dei Conti, et Interinazione della d^a Reggia Camera
« delli 27 di Aprile sott.° Nicola q.^{ta} in virtù di Biglietto di S.
« M.^a delli 9 d° mese aprile d° anno 1706; e q.^{sto} è il Cantone
« a levante verso mezzogiorno era un sito con chiesa dentro
« sotto il titolo di S. Andrea semovente ad un beneficio sem-
« plice di cui ne ha la nomina la casa Cacherana, o sij del
« sig. Marchese Cacherano, et il Monastero ha ottenuto da d^a
« casa Cacherana d'aggregare esso sito, e Chiesa alla luoro clau-
« sura, con patti però d'eriger un altare nella Chiesa di q.^{te}
« Madri sotto il titolo di S. Andrea, Inst° delli 30 aprile 1715
« rog. al sig. Proc.^{re} Steff. Gianoglio; l'altro cantone a mezza-
« notte verso ponente era un casiamento posseduto dal sig.
« Conte Roero di Pica avuto per accompra li 19 9.bre 1717 Inst.°
« rog. al sig. Proc.^{re} Agnisetta; ivi attiguo a d° cantone vi era

« una casa con giardino del sig. Ludovico e fra.^{llo} Visconti ac-
« comprata li.... del mese di.... del.... Inst° rog. al sig. Proc.^{re}...;
« e finalmente l'altro cantone a mezzogiorno verso ponente era
« una casa del fu sig. Franc.^o Fulcheri decaduta alla casa Gat-
« tinara venduta a q.^{to} Monastero li 18 aprile 1735 Ins.^{to} rog.
« al sig. Proc.^{re} Agnisetta . . . .

. . . . ».

« Nel cantone a mezzanotte verso levante, et nel Palazzo a-
« vuto da S. M. vi è la porta Civile con suo attrio nell'ingresso,
« et a fianco entrando a man sinistra vi è una Torre, in cui
« è la foresteria ».

« Nel cantone a mezzanotte verso ponente avuto per accom-
« pra dal sig. Conte Roero di Piea, vi è la chiesa della qualità
« infra esprimenda; indi il coro, et q.^{to} nel sito havuto per
« accompra dalli sig.^{ri} f.^{lli} Visconti suddetti ».

« Nel cantone a mezzogiorno verso ponente avuto per accompra
» dalla Casa Gattinara, qual era del fu sig. Francesco Fulcheri si
« è fatta una scuderia per il cavallo del fattore, con una stanza
« per li servitori, et di dentro et nella fabrica di d° fu sig.
« Fulcheri vi sono celle n° 10 ».

« Nel cantone a levante verso mezzogiorno nel sito avuto per
« cessione fatta dalla casa Cacherana, si è ivi fabbricato una
« casa per la serva, un granaro e Portico per li boscami con
« cortile Rustico, e Porta rustica et ove era la Capella di S.
« Andrea si è fabbricato altra capella intitolata la B. V. della
« Concezzione e sotto cui vi è il Cimitero ».

L'isolato che serviva di monastero alle monache di sant'Agnese,
venne poi sul principio del secolo scorso destinato ad Ospizio
della Mendicità per gli uomini, e verso il 1811 fu adattato ad
uso di Caserma. Fu in questa occasione che vennero abbattute
le due torri prospicienti la via Maestra.

.·.

Palazzo Alfieri. — Dirimpetto all'attuale Ospizio di santa
Chiara (istituito recentemente sull'antico monastero di sant'A-
gnese, sorto sui palazzi dei Crivelli di Canelli e de' Roero di
Piea) si inalza il palazzo Alfieri, il quale non fu l'unica abi-

tazione di questa antichissima e nobile prosapia: sembra anzi, che questa dimora sia pervenuta in proprietà degli Alfieri soltanto negli ultimi secoli e che nell'epoca medievale appartenesse ad altra famiglia nobile di cui si ignora il casato.

Alcuni affermano che gli Alfieri avevano le loro case nel cuore della città; ed il Vassallo scrisse di non ricordarsi più dove avrebbe letta tale notìzia (1). Il Grassi, nella sua *Storia* (2), disse che dagli Alfieri, nobili d'Ospizio sin dalle più remote età, prendeva nome una contrada, a' suoi tempi soppressa, che si estendeva dal palazzo attuale del Comune al Campo di Marte. Ciò egli affermava sulla fede del cronista Guglielmo Ventura; ed in questa opinione concordava pure l'illustre e sempre compianto barone Gaudenzio Claretta (3), che si valse a tale oggetto anche delle notizie del Vassallo.

Il Campo di Marte non era altro che l'antica piazza d'Armi, ora piazza Alfieri; e le case che gli Alfieri dovevano possedere lì presso, cioè all'imboccatura della via riaperta (4) che dal Palazzo di Città ora conduce al Teatro ed alla piazza Alfieri, formavano quel grosso caseggiato, che ha tuttora l'aspetto di una casa-forte, e che più tardi divenne proprietà di un'altra insigne famiglia astigiana, quella degli Asinari: *casa-forte* che negli ultimi tempi prese il nome di *Palazzo degli Spagnuoli*, e che ora è il palazzo Violini, dove è il caffè Alfieri, fronteggiante la via Maestra, la via del Teatro e la via Grandi. E di essa dirò a suo luogo.

Il Claretta (5) riporta un documento del 1354, che accennando appunto alla *contrata Alferiorum*, afferma che la potente famiglia ghibellina degli Alfieri vi aveva torri, palazzi, case; e vi

---

(1) *Il B. Enrico Alfieri*, Asti, Vinassa, 1890.

(2) *Storia della Città d'Asti*, vol. II, ed. cit.

(3) *Gli Alfieri e il vescovo d'Asti Baldracco Malabaila*, in *Atti della R. Accademia delle Scienze di Torino*, vol. XXVI, 1891.

(4) Dico *riaperta*, perchè nei secoli addietro essa era stata otturata come appare dalla carta topografica del *Theatrum Statuum Sabaudiae* del 1700 in cui è segnato che la presente via Grandi era occupata da aree chiuse, per modo che il caseggiato detto del *Caffè Alfieri* era collegato con quello dove poi nel 1860 sorse il presente *Teatro Alfieri*.

(5) *Op. cit.*

era altresì il consorzio *Alferiorum* (1). Da questo documento, assai pregevole per le molte notizie relative alla topografia astigiana ed a parecchi nomi di famiglie di questa città, si rileva che i possedimenti alfieriani, già molto estesi e controversi, consistevano nell'ottava parte della torre, del palazzo e delle case basse poste nell'accennata strada degli Alfieri: alle quali erano coerenti la casa degli eredi dell'illustre cronista Ogerio Alfieri, che era appunto in quella via omonima; quella di un Secondino, figlio di Federico, pur degli Alfieri; l'altra degli eredi di Giorgio e Tomaso, pur degli Alfieri, e le case di Iacopo Parato, forse agnato della famiglia, che partecipò anche alla giurisdizione di Magliano.

Il documento ricorda pure la sessantesima parte « *unius apo-techae quae est in mercato astensi quae vocatur apotecha linguae passerae* (lingua di passero, allusione forse alla sua figura) »; alle coerenze di Daniele e Bertoldo Cacherano, altri nobilissimi astesi, ai quali un distico del carme sulle famiglie astigiane accenna con questi encomii: « *Ut sol clara viget fulgens Cacherana propago*; e ad altra bottega *quae est in mercato de Sancto pro indivisa cum aliis de Alferiis et de Solariis* (2) ».

Questi fondaci, indicati nel documento, possono benissimo riferirsi alla professione anticamente cogli altri compaesani esercitata dagli Alfieri. Il *mercato astense* di quella carta, poi, vuol dire la piazza del Santo, cioè di san Secondo, dove trovavansi i mercati ed eranvi i banchi dei principali commercianti: e tale indicazione si collega con quella che si riscontra in altri documenti coevi, ove si ricordano case degli Alfieri su questa piazza, che è nel cuore della città. Ma dove e quali siano le case attuali di questa piazza che possano indicare la posizione precisa delle antiche case degli Alfieri non mi è riuscito di poter accertare. Noto per altro che a pochi passi dalla piazza stessa eravi un'altra casa appartenente agli Alfieri, ed è quella situata

---

(1) « . . . . quae quidem bona et res praecipue sunt res et bona suprascripta ; primo octava pars turris et palatii et domorum bassarum iacentium in civitate Ast in consortio Alferiorum indivisa cum heredibus quondam domini Georgii Alferii, quibus turri, palatio et domibus cohaerent via a duabus partibus et heredes domini Ogerii Alferii ».

(2) CLARETTA, *l. c.*

in via Aliberti, proprio dirimpetto alla via dei Cappellai, e che si estende fino al risvolto sulla via ora detta *Alberto Bruno*; di proprietà, al presente, degli eredi della signora Ortensia De Benedetti: di questa casa pure dirò brevemente a suo luogo. Un'altra casa degli Alfieri era quella che ora appartiene al sig. Matteo Ballario, negoziante di mobili in via Cattedrale, angolo via Morelli, prospiciente alla Torre Troyana detta dell'*Orologio*.

Ma, intanto, gli Alfieri, prima che abbandonassero definitivamente l'abitazione delle loro case *in contrata Alferiorum*, già si erano stabiliti altrove, cioè nel luogo dove sorse poi, nel 1655, il convento di sant'Agostino, nella via Monte di Pietà (detta già di Riva Carrera), ora Venti Settembre, e più precisamente dove è la casa dei fratelli Borelli (già Tinelli), dirimpetto alla bella casa medievale dei Catena, ora del sig. Raggio Serafino (già Zoppi Bruno).

Il Tessiero nella sua *Raccolta* (1) allegò una carta del Lauro, su cui è manoscritta la seguente nota: « *Le sepolture di Casa Alfieri erano in san Francesco* (2): *abitavano gli Alfieri medesimi in quella parte della città dove poi fuvvi il Convento di sant'Agostino il quale edificossi sul luogo stesso ov'erano le case loro* ».

Ma prima che gli Alfieri dovessero abbandonare il palazzo di cui si è testè parlato, per far luogo al convento di sant'Agostino, essi già si erano trasferiti nel palazzo di cui intendo parlare qui di proposito, in quello, cioè, dove nacque poi il poeta Vittorio. Esiste un atto di erezione del canonicato delle sante Agnese e Clara nella Cattedrale (3), rogato in Asti il 17 febbraio 1696 dal notaio Alessandro Scipione Ambrosio, ove è detto che la casa Artom (in via Goltieri n° 6) aveva anche « *consorte a due parti l'Ill.mo conte Gaspare Emanuel Alfieri Bianco* », il quale fu il primo conte di Cortemiglia, e bisavolo del poeta. Ma ben prima di quest'epoca, e cioè verso la metà dello stesso secolo XVII, queste case degli Alfieri erano ivi molto più ampie;

---

(1) *Raccolta di varii autori che hanno scritto dell'antichità della Città d'Asti.*

(2) N. GABIANI, *Intorno alla chiesa di san Francesco in Asti*, in *Atti della Società di Archeologia e Belle Arti per la provincia di Torino*, vol. V, 1894.

(3) VASSALLO, *Il beato Enrico Alfieri, l. c.*

e dove sorgevano le case testè demolite per far luogo ad una parte della nuova piazza Umberto I verso via Azeglio eravi un'altra manica dello stesso patrizio palazzo, la quale fu probabilmente demolita quando nel secolo successivo l'architetto Benedetto Alfieri rinnovava la facciata della restante parte del palazzo: su quella manica venivano erette le casette dianzi indicate, che, come ognuno ricorda, erano di recente costruzione (FIG. 9). Quel braccio di palazzo nel 1655 apparteneva al

(FIG. 9) Palazzo Alfieri, sul corso omonimo (prima della ristorazione), dove nacque il Poeta.

conte Antonio Alfieri, che per istrumento 18 giugno di quell'anno, rogato Cagna (1), lo vendette al conte Catalano Alfieri, ed aveva per coerenze la strada publica da due parti (le attuali vie Maestra ed Azeglio) ed il signor Gerolamo Francesco Alfieri parimenti da due parti. Quest'ultimo possedeva la restante parte del palazzo che tuttora sussiste, in cui, il 16 gennaio 1719, nasceva il grande poeta tragico Vittorio (2) del ramo dei conti di Cortemilia.

Il poeta Vittorio non ebbe che una sorella ed un fratello: la prima, Maria Eleonora Giulia Gabriella, nata l'11 novembre 1746; il secondo, Giuseppe Maria, nato, dopo la morte del padre, il 18 marzo 1750, e morto poi il 31 dicembre 1751, in età di circa due anni.

Il palazzo di cui si discorre era adunque pervenuto al Poeta, il quale, come è noto, con atto del 6 aprile 1778 faceva donazione delle sue sostanze alla sorella Giulia, maritata al conte Canalis di Cumiana. Quindi il palazzo di Asti passava con le altre sue proprietà alla predetta sorella; dalla quale, successivamente, passò in eredità alla figlia di lei D. Marianna Cristina, che aveva sposato il patrizio alessandrino D. Luigi Colli Ricci, marchese di Felizzano e conte di Solbrito. Il palazzo appartenne alla famiglia Colli fino al 1901, nel quale anno, il 6 maggio il conte G. U. Leonetto Ottolenghi, con rogito Torretta di Torino, ne fece acquisto dalla signora contessa Coardi di Carpeneto vedova Colli di Felizzano.

In questi ultimi anni, come ho già detto in altro mio scritto, in qualcuno sorse il dubbio che il palazzo ove nacque il grande

---

(1) Da una memoria ms. (del compianto can. teol. G. B. Longo) esistente presso di me.

(2) Ne trascrivo l'atto di nascita come si legge nei registri della Parrocchia di san Gottardo (Cattedrale): « D. Victorius Amedeus filius Ill.mi D. Comitis Antonij Amedei et Ill.mae D. Comitissae Monacae Mariannae jugalium de Alferiis DD. de Curtemillia, natus die 16 Ianuarij anno 1749 et in acqua baptismali eadem die domi a me infrascripto cum debita facultate Ill.mi ac Rev.mi DD. Vic. Generalis baptizatus, ad ecclesiam delatus die 27 eiusdem suppletae fuerunt sacrae preces; Patrini fuerunt Ill.mus D. Marchio Victorius Amedeus Mallier de Tournon et Ill.ma D. Comitissa Julia Alfieri Cambiana hujus Parochiae Cathed. — Carolus Moresco Curatus et Vic. perp. Cathedralis ».

Tragedo non sia quello comunemente ritenuto per tale, ma bensì un altro della stessa famiglia, situato all'estremità ovest della piazza del Carmine (1), precisamente dov'è il palazzo Desderi appartenente ora ai frati Minori del Nuovo Santuario della B. V. del Portone. Ai tempi del Poeta, sulla piazza anzidetta sorgeva la chiesa del Carmine, che diede il nome al quartiere sorto più tardi.

Da ciò che dice Vittorio Alfieri nella sua autobiografia, che cioè la chiesa di san Martino era piuttosto lontana da casa sua, mentre quella del Carmine le era vicinissima, dedussero alcuni che fosse solenne impostura il mostrare la camera, dove si dice nato il Poeta, nel palazzo Colli di Felizzano, il quale invece si trovava presso che ad uguale distanza dalle dette chiese. Ma la cosa si può facilmente conciliare ritenendo ciò che l'Alfieri racconta nella sua autobiografia e che io ebbi già occasione altra volta di riferire. Egli, difatto, nota nel capo I della sua *Vita* che sua madre Monica Maillard-Tournon, già vedova del marchese Cacherano, passò con il conte Antonio Alfieri di Cortemilia a seconde nozze, dalle quali nacquero egli e la sua amata sorella contessa Giulia di Cumiana (Il fratello minore Giuseppe Maria era già passato di questa vita, come più sopra ho detto). Morto poi il padre in giovine età, la genitrice sposò in terze nozze il cav. Giacinto Alfieri di Magliano, uomo, scrive il poeta, « *di età all'incirca pari alla sua, di bellissimo aspetto, di signorili ed illibati costumi* ».

Avvenne allora che la madre andò ad abitare la casa del suo terzo marito, la quale era realmente vicinissima all'ora distrutta chiesa del Carmine, perchè la detta casa era il palazzo Desderi cui ho accennato poc'anzi. Ecco le parole precise dell'Alfieri (Capo II):

« La mia sorella Giulia ed io, seguitando il destino della ma-
« dre, eravamo passati dalla casa paterna ad abitare con lei
« nella casa del patrigno, il quale pure ci fu più che padre per
« quel tempo che ci stemmo ».

(1) Detta ora, per decreto del Comune, *Piazza Ventiquattro Aprile*, per onorare il valoroso esploratore del Polo Nord, l'egregio nostro concittadino capitano cav. Umberto Cagni, che tra il 24 ed il 25 aprile del 1900 raggiungeva l'estremo limite di 86° 32' di latitudine artica.

A rendere poi sicura l'asserzione degli Astigiani, i quali hanno sempre designato il palazzo Colli come quello in cui nacque il Poeta, viene il fatto, già superiormente accennato, che avendo egli ceduto i suoi beni alla sorella, e con essi la casa avita, questa da lei passò appunto nei Colli di Felizzano, come risulta da indubbî documenti.

Dunque il palazzo del Poeta, cioè degli Alfieri di Cortemilia, è precisamente quello che il benemerito conte Leonetto Ottolenghi acquistò nel 1901 dalla contessa Colli e che testè egli ha riordinato per farne un sacrario di studî e di memorie storiche cittadine.

L'altro palazzo, conosciuto come quello che ultimamente apparteneva alla famiglia Desderi, era degli Alfieri di Magliano; e come il poeta Vittorio fu l'ultimo del ramo di Cortemilia e con la morte di lui (8 ottobre 1803) si estinse la propaggine maschile di quella famiglia, così il ramo di Magliano e di Castagnole si estinse con la morte del padrigno del poeta, cioè del cav. Carlo Giacinto, che morì il 26 febbraio 1797, in età di anni 79, lasciando una pingue eredità all'unica figlia superstite maritata al conte Birago. Questo palazzo passò poi alla famiglia Desderi per vendita fattane nel giugno 1814 dalla predetta contessa Birago-Alfieri al causidico Giuseppe Desderi.

Estinte così le due linee degli Alfieri di Cortemilia e degli Alfieri di Magliano e di Castagnole-Lanze, la stirpe degli Alfieri sopravvisse solo più nel ramo degli Alfieri di San Martino, marchesi di Sostegno, ora estinto anch'esso, in linea maschile, con la morte del compianto senatore marchese Carlo avvenuta il 18 dicembre 1897. Superstiti di questa illustre schiatta sono la marchesa Luisa, sposata all'illustre marchese senatore Emilio Visconti-Venosta, e la sorella nubile marchesa Adele.

Ritorniamo quindi al palazzo degli Alfieri di Cortemilia, nel quale, come fu detto, ebbe la culla il sommo Vittorio. Questo palazzo rinnovato in gran parte - e specialmente il braccio che fronteggia la via Maestra - verso la metà del secolo XVIII dall'insigne architetto Benedetto Alfieri, conservava nella sua manica di levante pregevoli traccie della sua costruzione ogivale frammista, in alcune decorazioni di coronamento presso la gronda del tetto, all'architettura lombarda o romanica; il che lascia supporre che detto palazzo venisse edificato sul principio del secolo XIII, per quanto certe strutture interne della stessa manica di levante possano far credere la costruzione posteriore di un secolo.

Ciò era visibile fino a qualche anno addietro, prima cioè che le recenti opere di sistemazione della casa déssero un carattere affatto moderno sia al nudo muro verso il cortiletto di levante, sia ai locali interni (1).

Conviene per altro avvertire che le opere anzidette di sistemazione non si estesero alla parte del palazzo dove vengono conservate la camera in cui nacque il Poeta e parecchi ricordi della famiglia di lui. Fu riverente pensiero questo, che torna molto ad encomio del conte Leonetto Ottolenghi, il quale anzi dispose che, insieme con le reliquie che riguardano la famiglia ed il poeta, fosse pur rispettata l'architettura esterna della facciata del palazzo; la quale, perciò, conserva tuttora verso la via Maestra i motivi architettonici con cui circa centocinquant'anni

---

(1) In una sala a pian terreno di detto palazzo, la quale ora fa parte del grande salone destinato dal conte Ottolenghi a pubblica biblioteca, stavano ancora dipinti a fresco, nel fregio corrente tutto all'intorno sotto il soffitto, alcuni stemmi d'alleanza di alcune nobildonne entrate per matrimonio in casa Alfieri. Oltre agli stemmi, erano riprodotte in disparte altresì alcune allegorie, che forse si possono attribuire a qualche impresa di illustri personaggi della casa. I disegni degli stemmi e delle allegorie erano appena mediocri e si potevano assegnare al 1600. Le allegorie erano accompagnate da motti curiosi, che mi sembra opportuno di ricordare:

« *Ove forza non può giongn l'ingegno* ».

« *Creschino quanto san l'ardir non scemo* ».

« *Quanto più forti son meno li temo* ».

« *A misura del merto il premio cede* ».

« *Nè potranno involarmi il mio sereno* ».

« *Spezza l'oltraggi altrui un cuor ch'è grande* ».

« *L'altrui temerità convien che ceda* ».

Tralascio di indicare anche brevemente il nome dei membri più illustri di questa antichissima famiglia degli Alfieri, sia perchè i personaggi più ragguardevoli di esso sono universalmente conosciuti, sia perchè venne recentemente alla luce un preziosissimo volume del chiar.mo prof. comm. Ernesto Masi, in cui con l'abituale sua erudizione fece un accuratissimo studio sulla famiglia Alfieri, riuscito in verità assai interessante (*Asti e gli Alfieri nei ricordi della villa di san Martino*, Firenze, Barbera, 1903).

addietro l'architetto Benedetto Alfieri decorò la casa dei suoi maggiori.

Ma oltre ciò, il prelodato conte ha voluto altresì che al fianco ovest del palazzo, rimasto scoperto per la demolizione delle casette, pur di casa Alfieri, le quali sorgevano dove adesso è in parte la nuova piazza Umberto I, fossero date le stesse linee architettoniche della facciata principale (Fig. 10); ed anche questo fu lodevolissimo pensiero, come pure quello di apporvi la nuova

(Fig. 10) Palazzo Alfieri (dopo la ristorazione del 1903).

lapida portante per iscrizione i versi celebrati di Vittorio Alfieri con cui egli si augurava di venir salutato dai posteri:

« . . . . . O *Vate nostro, in pravi*
Secoli nato, eppur create hai queste
Sublimi età che profetando andavi ».

Se esaminiamo la pregevole opera del *Theatrum Statuum Sabaudiae*, ed osserviamo la bellissima incisione panoramica di Asti, vediamo indicato che sulla facciata anzidetta del predetto palazzo Alfieri prospiciente la via Maestra, a destra (di chi guarda) dell'attuale portone d'ingresso, si eleva una torre ancora di mediocre altezza, la quale naturalmente nell'epoca medievale doveva essere notevolmente più alta. Certo nell'occasione in cui l'architetto Benedetto riformò la facciata di quel palazzo, la torre venne un'altra volta mozzata e ridotta all'altezza del palazzo medesimo.

Non posso congedarmi da questo palazzo senza sentire il dovere di additare alla gratitudine degli Astigiani la dupplice benemerita opera del munificente conte Leonetto Ottolenghi, sia per la formazione a di lui spese e cure di una piazza attigua allo storico palazzo Alfieri per erigervi un artistico monumento equestre alla memoria del buon re Umberto I, sia per il riordinamento dei locali dello stesso palazzo Alfieri per farne una sede veramente degna di studi e di patrie memorie.

Quando nel 1900 l'esecrando delitto di Monza tolse di vita l'amatissimo nostro sovrano Umberto I, il conte Leonetto Ottolenghi ebbe il nobile pensiero di patrocinare la erezione di un monumento in memoria del compianto re che tante recenti prove d'affetto e di simpatia aveva date a questa antichissima città subalpina. La patriottica idea del conte Ottolenghi trovò subito larghissimo plauso ed appoggio nella popolazione astigiana, ed il monumento fu tosto decretato. Ma la città difettava di una sede opportuna per ricevere degnamente il marmoreo ricordo, ed il munifico signore offrì al Comune, che accettò, la formazione di una conveniente piazza, che è quella appunto che ora fa bella mostra di sè ed è intitolata dal nome del compianto monarca.

Quasi all'estremità nord-ovest della città, dove l'abitato sorge più in alto, secondando le falde della cresta merlata, baluardo agli antichi castelli segnacoli della podestà consolare e vescovile; a quell'estremità dove s'aderge il più bell'esempio di architettura ogivale, il quale è insieme uno dei templi più gagliardi, ricordante il tramonto dell'Asti republicana, e dove più spessi si innalzavano i formidabili palazzi nobili dei nostri maggiori, e sorgevano monasteri dai muri smantellati delle case-forti che mal ressero all'odio ed alle vendette degli invasori e delle fazioni cittadine, là il felice pensiero del benemerito cittadino conte Leonetto Ottolenghi stabiliva la sede del grandioso monumento che la generosità del suo cuore patriottico dedicava al Re martire.

Questa sede sorse adunque dove erano le casette edificate sulla vetusta manica di ponente del palazzo alfieriano, addossata al resto del palazzo in cui nacque il poeta Vittorio, e dove era il giardino della Pia Opera Michelerio, appartenente alle monache clarisse del Gesù istituite nel 1525 (1). Queste monache, di nobilissime famiglie astigiane, occupavano provvisoriamente una casa presso il duomo, della gentildonna Maria Pelletta, e mentre attendevano a far costrurre un monastero proprio, nel borgo di san Martino (ora di san Rocco), con bolla pontificia del 1532 furono autorizzate ad occupare il soppresso priorato di san Marco, nel borgo dello stesso nome, presso le mura, dove stabilirono il monastero del Gesù. Ma essendo questo luogo mal sicuro, con altra bolla del 1539 venne concesso a dette monache di trasferirsi in città ed esse allora preselsero per abitazione le case dell'isolato in cui nel 1540 diedero mano alla costruzione del monastero che si chiamò poi sempre del Gesù, iniziando nel 1549 la erezione della loro chiesa, che ora appartiene all'Opera Pia Michelerio, come il resto di quel monastero (2).

Ritornando all'acquisto del palazzo Alfieri fatto dal conte Leonetto Ottolenghi, debbo sovrattutto segnalare che questo

---

(1) Di monache clarisse, cioè della regola di santa Chiara, vi erano tre istituzioni: le monache clarisse di *santa Serafia* o di *santa Agnese*; quelle dette *di santa Caterina*, e le ultime dette del *Gesù*.

(2) C. VASSALLO, *La Chiesa dei Ss. Apostoli in Asti*, Asti, Brignolo, 1892; N. GABIANI, *La chiesa e il convento di san Bernardino in Asti*, Pinerolo, Tip. Sociale, 1898.

trapasso di proprietà ebbe ed ha un altissimo significato per la città d'Asti; e di questo acquisto devono essere lieti gli Astigiani, i quali vedono così assicurata alla loro città, per nobilissimo e patriottico pensiero del benemerito signore, la conservazione di un monumento storico, che è un preziosissimo ricordo ad orgoglio e ad onore della patria del sommo Poeta.

Lo spirito che mosse il munifico mecenate astese a diventare proprietario della casa patrizia che fu culla di Vittorio Alfieri, era generato da due generosi pensieri che formano, secondo il mio modesto parere, la più bella benemerenza dell'illustre concittadino. La creazione di una opportuna sede, in cui potessero venir raccolti e conservati i più preziosi cimeli della passata grandezza astigiana, e dove potessero essere radunati insieme con i più preziosi ricordi alfieriani, le memorie altresì del risorgimento italiano e tutto il materiale occorrente per farne un sacrario di studi, era vivamente desiderata.

A questa creazione stava provvedendo il conte Ottolenghi quando egli, quasi improvvisamente, venne rapito alla vita ed all'affetto dei suoi concittadini il 20 febbraio 1904. E perchè tale creazione potesse e dovesse avere esistenza perpetua, la mente generosa del nobile signore, volle che quello diventasse patrimonio del Comune, onde anche nei tempi più lontani, la casa dell'immortale Poeta, convertita in un sacrario di studi a cura ed a spese dell'illustre mecenate, fosse rispettata, ammirata e venerata. A questo pure provvide il conte Ottolenghi con suo testamento 27 novembre 1903 così disponendo di questo palazzo: « Il Palazzo Alfieri andrà in possesso al Municipio d'Asti dieci anni dopo la morte del testatore. rimanendo intanto la sua manutenzione a carico degli eredi ». Tale pensiero, insigne, basta da solo a creare nella perenne gratitudine del Comune e delle generazioni presenti e future il più bel guiderdone al munifico donatore, il quale, in questa come in tutte le molte altre sue ispirazioni artistiche, patriottiche e benefiche, ebbe sempre compagna gentile l'amatissima sposa, la nobildonna contessa Celestina Ottolenghi-Ottolenghi.

•
• •

TORRI E CASAFORTE DEI RE. — Di fronte alla presente chiesa

di sant'Anastasio (non più officiata da gran tempo, e di proprietà del Comune insieme con tutto l'isolato) appartenente al Monastero delle monache benedettine, sorgeva la notevole casaforte della famiglia Re, o De Regibus, più notoriamente conosciuta sotto il nome dei *Tre Re* (1). Ora ne è proprietaria la famiglia Graglia (2).

Tale casaforte terminava superiormente con una robusta merlatura, caratteristica di simili costruzioni (FIG. 5). Essa era munita di tre torri. La prima, di forma quadrata, con m. 5.70 di lato esterno si innalzava verso il corso Alfieri, o via Maestra, quasi dirimpetto al mezzo della facciata di detta chiesa di sant'Anastasio: di essa non vi ha più alcun segno particolare esterno, ad eccezione dei muri perimetrali, che hanno tutti uno spessore di m. 0.90. — La seconda, di forma ottagonale, sorge tuttora all'imbocco della via dei Roero, ed è l'unico esempio di torre ottagonale che si abbia nella città (FIG. 11). Per quanto detta torre sia tuttora considerevolmente alta, tuttavia in origine aveva un'altezza che ragguagliava quella delle torri dette di *San Bernardino* e dell'*Orologio*. La sua architettura gotica ne fa risalire la costruzione verso la fine del secolo XIII. — La terza torre era di forma triangolare, col mastio internamente, e sorgeva verso l'interno, nel braccio opposto a quello prospiciente nella via Maestra. Anche di questa torre non si vede più alcuna traccia esteriore, e solo qualche piccolo tratto dei muri si rinviene nei sotterranei.

La casaforte dei Re o De Regibus era molto antica, e nell'interno si riscontra tuttora qualche segno della sua antichità.

Sul davanti di essa, cioè nella via Maestra, era addossato un portico, di cui in questi ultimi decennî si vedevano ancora due arcate di sesto acuto ; anche queste furono demolite, d'ordine del Municipio, nel 1860, ed appartenevano allora alla famiglia Gattiglia. Nel muro di facciata della casaforte si vedono tuttora

---

(1) Forse questa denominazione dei *Tre Re* si deve attribuire all'esistenza ivi di qualche osteria od albergo con tal nome. Qualcuno vuole invece che le tre torri in quella casa esistenti appartenessero a tre membri distinti della famiglia Re, e che da ciò sia venuta quella denominazione.

(2) Nel 1810 apparteneva ad un membro della nobile famiglia dei conti Ramelli di Celle, cioè al Giovanni Gaspare fu Giuseppe Cesare.

(Fɪɢ. 11) Torre ottagonale dei De Regibus o dei Tre Re (dalla via Roero.)

nuovamente incastrate le armi della famiglia Re (1), le quali sono delle poche che si salvarono dalla rivoluzione del 1797.

La torre quadrata e quella triangolare furono demolite sul finire del secolo XVIII, ed a quest'epoca pure si deve l'abbassamento di tre piani della torre ottagonale.

La larghezza interna di questa torre, da un lato al lato opposto è di m. 3.70 : la sua altezza totale, in origine, era di m. 39 circa, suddivisa in nove piani, dei quali sei, compreso il terreno, sono tuttora in piedi.

La base di questa torre ottagonale, è a lati disuguali : i lati alterni 1°, 3°, 5° e 7° hanno lunghezza interna di m. 1.70; i lati alterni 2°, 4°, 6° ed 8° hanno m. 1.45 di lunghezza. Lo spessore del muro perimetrale alla base è di m. 1.50.

⁂

TORRE E PALAZZO ..... QUARTERO. — Quasi dirimpetto alla torre ottagonale dei Re sorgeva un'altra bella torre sull'angolo della via Maestra con la via Roero (FIG. 5), cioè, nella casa che un secolo addietro apparteneva al sig. Marco Antonio Olivero fu Secondo, e che in questi ultimi tempi fu per molti anni del cav. uff. Lorenzo Quartero, da cui, per legato, passò poi al sig. Barosso, che la possiede tuttora.

Questa torre fu abbassata al livello delle case latistanti sulla fine del XVIII secolo ; ma si ignora a chi la torre medesima ed il palazzo nobile attiguo appartenessero negli anni più remoti.

Da un arco di finestra lasciato scoperto e senza intonaco in una recente riparazione fatta eseguire dal sig. cav. Quartero, si rileva che la torre era di stile gotico e che la sua costruzione risale alla fine del secolo XIII. Era di base quadrata, di

---

(1) I Re facevano per arma: Scaccato d'argento e d'oro al capo d'argento (GABIANI, *Intorno alla Chiesa di San Francesco in Asti*, in *Atti della Società d'Archeologia e Belle Arti di Torino*, vol. V, 1894).

Ottone e Rolando Re erano consiglieri nel 1220; Filippo, con sua moglie Maria e tutti i suoi beni, si sottomise alla chiesa della Cattedrale d'Asti nel 1274; Uberto firmò la pace fatta dagli Astigiani con gli Albesi nel 1276; un altro Uberto era decurione nel 1339; Tomaso fu vescovo d'Acqui nel 1452.

m. 3.70 di lato interno e di m. 6.75 a m. 7 di lati esterni; lo spessore dei muri alla base è di m. 1.40 a m. 1.65. — Il pianterreno di essa è ora occupato dalla bottega del parrucchiere Risso.

.·.

TORRE E PALAZZO GABUTI DI BESTAGNO, ora OTTOLENGHI. — In prosecuzione del palazzo nobile anzidetto si eleva il grandioso palazzo Gabuti di Bestagno, ora dei conti Ottolenghi (1), ricostrutto in questi ultimi secoli sulle rovine di un vetusto fabbricato che certamente doveva avere grande importanza nel Medio Evo.

All'estremità est di questo palazzo, cioè, sull'angolo della via Maestra con la via san Martino ergevasi un'alta torre che, distrutta all'epoca dell'incendio della città per opera del Barbarossa, risorse probabilmente un secolo dopo, allorquando incominciarono le lotte fra le più potenti famiglie cittadine. Ma torre e palazzo di quell'epoca non poterono sfidare nè l'ingiuria dei tempi nè la necessità delle vicende che si succedettero per volontà degli uomini; e nel volgere degli anni l'una e l'altro subirono tali trasformazioni che dell'antichissima costruzione non si conserva più alcuna traccia; poichè verso la metà del secolo XVIII il palazzo ricostruito su disegno del celebre Benedetto Alfieri assunse l'aspetto maestoso, severo ed elegante che conserva ancora oggi.

Di questo principesco palazzo non si hanno pur troppo altre remote notizie all'infuori di quella che nel secolo XVIII apparteneva all'illustre famiglia dei conti Gabuti di Bestagno (2), dalla quale passò alla famiglia Gravier nel 1830 ed a certo signor

---

(1) I conti Ottolenghi fanno per arma: D'oro al caduceo di rosso con due ramoscelli di melograno, fioriti al naturale, decussati ed attraversanti sul caduceo. — *Cimiero*: Elmo e corona comitale ornati di cercine e di svolazzi d'oro, di rosso e di verde. — *Motto*: LAVORO E BENEFICENZA.

(2) I Gabuti di Bestagno avevano un'altra casa, ora di proprietà del signor Morando Giuseppe, nel vicolo Ramelli (già detto della Lupa) in fondo alla piazza san Giuseppe, e protendentesi verso il cortile del Quartiere Carlo Alberto.

Barucco nel 1851, da cui qualche mese dopo pervenne alla famiglia Ottolenghi (1).

Questo palazzo, presentemente, per eleganza di forma e ricchezza di addobbi può stare al paro dei più sontuosi delle grandi capitali. Il benemerito sig. Zaccaria Ottolenghi, vi faceva eseguire circa mezzo secolo addietro sette magnifici saloni, onde l'appartamento del primo piano verso la via Maestra ha effettivamente del principesco, nè saprebbesi, invero, desiderar di meglio, vuoi per ampiezza e leggiadria di sale, vuoi per ricchezza e buon gusto di arredi. Ma havvi altro che a quelle sale, per sè già splendide e bellissime, accresce e lustro e pregio, cioè la dimora che passando per Asti vi fece il 22 maggio 1815 quel grande Pontefice che fu Pio VII (2).

La proprietà del palazzo spetta ora ai signori conte cav. Alfredo e conte comm. avv. Umberto fratelli Ottolenghi fu cav. uff. Giuseppe, i quali ereditarono anche i sentimenti di filantropia e di munificenza che resero così altamente onorato il nome illustre della benemerita loro famiglia.

TORRE E PALAZZO TURCHI, ora DI BELLINO. — Prospiciente in parte al presente palazzo dei conti Ottolenghi, sta il palazzo appartenente ora alla nobile famiglia dei conti Alfassio-Grimaldi di Bellino, il quale nell'epoca gloriosa di Asti repubblicana era della nobilissima famiglia dei Turchi (3).

I Turchi erano signori di Tonco, Mombercelli, Montemagno,

---

(1) Il conte Carlo Gabuti di Bestagno con istr. 22 maggio 1830 vendette il palazzo al signor D. Paolo Gravier; il quale con suo testamento 28 dicembre 1832 lo legò a D. Pietro Gravier fu Vittorio, da cui, alla sua volta, era legato con testamento 15 maggio 1833 ai fratelli Gravier Paolo e Pietro Giovanni fu Pietro. Questi lo alienarono al sig. Ottavio Barucco fu Paolo con istr. 20 gennaio 1851. Tre mesi dopo, e cioè il 22 aprile di quello stesso anno, il palazzo passò al signor Zaccaria Ottolenghi fu Jacob Sanson, padre dei signori cav. Jacob Sanson, comm. avv. Senatore Salvador cav. uff. Giuseppe e conte comm. G. U. Leonetto.

(2) N. GABIANI, *Il passaggio per Asti di Pio VII e di Napoleone I*, in *Riv. di Storia, arte ed archeol. prov. Aless.*, Alessandria, Piccone, 1902.

(3) I Turchi facevano per arma: D'argento, all'aquila di nero, rostrata e membrata di rosso, coronata d'oro. — *Cimiero*: un turco nascente, vestito d'argento, cogli avambracci di nero, coperto di un turbante dello stesso, dal quale discende un velo d'argento. — *Motto*: « VIRTUS FORTUNAE COMES.

Frinco, e di parte di Neive, Barbaresco, Romanisio e Revigliasco; e formavano insieme con gli Isnardi ed i Guttuarî l'albergo dei De Castello, potente antagonista della non meno potente famiglia dei Solari.

I Turchi sono di antichissima origine e si segnalarono in ogni tempo. Il conte Galeani Napione afferma che Gherardo Turco signore di Tonco fu l'istitutore dell'ordine gerosolimitano nel 1084. Giovanni Turco fu superiore del medesimo ordine nel 1130; Riccardo, successore del primo priore d'Inghilterra nel 1189; un altro Giovanni è nominato col titolo di signore circa il 1280; Guglielmo nel 1300 uccise Manuello Solaro, e Valeramo, fratello di lui, seguì Manfredo di Saluzzo nell'impresa di Monferrato. Circa il 1309, avendo guelfi e ghibellini eletto arbitro delle loro differenze il conte Amedeo di Savoia, Guglielmo fu dal conte condannato a ritirarsi con suo figlio nell'isola di Cipro, ma egli non volle andarvi, e questo fu il motivo per cui le guerre intestine si rinnovellarono (1).

Apparterrebbe a questa famiglia il famoso Raimondo Turco, spacciato come il più antico compilatore delle memorie astesi, giacchè egli sarebbe nato il 1003, e morto il 1092 in età di anni 89 (2). Si dovrebbe perciò chiamarlo il primo cronista astigiano e uno dei primi autori di cronache municipali nel Medio Evo, dando alla parola *cronaca* il significato più nobile ed elevato che ha presso gli storici.

Il Muratori manifestò con le più tenere parole il dolore di di non aver potuto rinvenire alcuna copia del *Memoriale* di Raimondo Turco. Ma non molto dipoi il Carena, il Vernazza, il Terraneo (3), il Napione (4), il Grassi (5), e recentemente il

---

(1) Gabotto, *Storia del Piemonte*, 60.

(2) *Memoriale de rebus gestis Astensium* nei *Codices Manuscripti Bibliotecae R. Universitatis taurinensis*, editi da Pasini, Berta e Rivautella, Torino, 1749. — Nell'epitaffio che chiude il racconto storico si legge: « Vixit ann. LXXXIX obiit die VII Martii Anni Domini MXCII ». Dunque erroneamente il Grassi, *Op. cit.*, I, 24, dice ricavare dal *Memoriale* che morì d'anni 85.

(3) Terraneo, *Adelaide illustrata*, Torino, Stamperia Reale, 1759.

(4) *Elogio dei cronisti piemontesi*, Torino, 1784.

(5) *Op. cit.*, I, 23 segg.

Gorrini (1) ed il Vassallo (2) riuscirono a conclusioni così decisive, talchè ora nessuno più crede che sia vissuto mai lo storico Raimondo Turco (3). Anzi, il Gorrini ed il Vassallo, concludendo col dire che Raimondo Turco va senz'altro eliminato dal numero dei cronisti astigiani, e che la sua opera è una falsificazione del secolo XVII, composta sotto l'egida del nome di una famiglia che fu già tra le più note e più cospicue della città di Asti, lasciano supporre che l'autore del preteso *Memoriale* di R. Turco sia stato il noto abate Filippo Malabayla, cistercense, nato in Castellinaldo il 18 agosto 1580 dal conte Daniele Malabayla di Canale e da Maria Pelletta, e morto in Asti l'11 ottobre 1657 (4).

La famiglia dei Turchi perdette poi il suo prestigio, e i discendenti di essa, « caduti in povertà, tornarono all'aratro, ma serbano le pergamene avite (5) ».

---

(1) *Il Comune astigiano*, 87 segg.

(2) *Sulle falsificazioni della storia astigiana*, Firenze, 1886 (estratto dall'*Arch. stor. ital.*), S. IV, t. XVIII.

(3) Per altro, Sebastiano Provenzale nella sua *Asti sacra* lasciò scritto che Raimondo Turco fu sepolto nella antica chiesa di sant'Agostino, in regione Monte Rainero, presso le mura, nella quale chiesa la famiglia dei Turchi aveva diritto di sepoltura. Detta chiesa con il relativo convento vuolsi sia stata edificata nel 741 e durò in quel luogo fino al 1655, nel quale anno fu trasportata insieme con il convento in via Carrera, ora via Venti Settembre.

(4) L'amico cav. dot. Ferdinando Gabotto, direttore di questa *Bibl. Soc. Stor. Sub.*, mi comunica essere nelle sue mani il ms. originale del falso Raimondo Turco, scritto da tale che ha tentato di riprodurre il carattere paleografico franco-astigiano del principio del Cinquecento, ma che tradisce qua e là la mano di Filippo Malabayla, di cui leggesi il nome nel verso del foglio cartonaceo di legatura. Il ms. proviene dall'Archivio Roero di Settime, e presenta qualche variante dal testo del Pasini: la mano del Malabayla, sotto l'abile falsificazione paleografica non meno che storica fu rintracciata da accurati esami e confronti fatti insieme dai proff. Gabotto e F. Patetta. Il Gabotto assicura che il contenuto del *Memoriale* non è però sempre da disprezzare, perchè vi sono buone tradizioni ivi registrate dal Malabayla.

(5) L. CIBRARIO, *Notizie genealogiche dalle famiglie nobili degli antichi stati di Savoia.* Torino, 1866. L'attuale conte Turco di Frinco esercita ivi l'antico mulino feudale della famiglia; il che qui si registra a titolo di merito per lui, che onoratamente conserva l'avanzo delle ricchezze avite e le rinnova coll'industria personale.

L'essere i Turchi caduti in basso fu forse la cagione per cui nel 1442 Andreotta Turco, vedova di Pietro Marco Isnardi e figliuola ed erede del nobile astigiano Antonio Turco, dovette alienare ai fratelli e cugini Mazzetti insieme con altri possedimenti anche il palazzo dei suoi antenati e stabilirsi nel feudo di Valfenera, di cui il suo defunto marito aveva la signoria.

Questo antichissimo palazzo dei Turchi era ben saldo e munito di muri gagliardi da renderlo una robustissima casa forte, specialmente ad ovest, verso l'angolo che esso faceva con la via Giobert, già della Maddalena.

Sulla fronte verso la via San Martino, inalzavasi una torre, che probabilmente, al pari di quella del palazzo Bestagno (ora Ottolenghi) venne atterrata durante le disastrose vicende del XIII secolo.

I MAZZETTI DI FRINCO. — Domenico Promis nella sua quarta memoria « *Sulle Monete del Piemonte* » (*Monete dei Radicati e dei Mazzetti*) (1) scrive che la prima notizia che si ha di questo casato è in un consegnamento del 1263, nel quale è menzionato un Giacomo *de Maceto* di Chieri. Indi trovasi un Giacomo, giudice delle terre dotalizie di Bianca di Borgogna vedova di Edoardo conte di Savoia, che ebbe vari feudi nella Bressa, dove la sua discendenza si estinse sul finire del secolo XV. Quasi contemporaneamente al suddetto viveva in Chieri Domenico che fu padre di Giovanni, Paolo, Nicoletto e di altro Domenico, i quali furono investiti nel 1440 dal marchese di Monferrato della terra di Saluggia, che avevano acquistata dai signori di Montiglio, col patto della successione reciproca nel caso della premorienza di alcuni di essi. Due anni dopo, cioè verso la metà del 1442, Giovanni, Nicoletto e Domenico, unitamente ad Andrea, Antonietto e Catalano figliuoli di Paolo loro fratello estinto, acquistarono da Andreotta, figliuola ed erede di Antonio Turchi De Castello, nobile d'Asti, e vedova di Pietro Marco degli Isnardi, pure nobile d'Asti e signore di Valfenera, il castello, la terra e la giurisdizione di Frinco, cioè una quarta parte per cadun fratello, e ne presero possesso il 1 agosto dello stesso anno.

---

(1) Torino, Stamperia Reale, 1860.

È probabile che i Mazzetti siano diventati in questo stesso turno possessori anche del palazzo dei Turchi.

Questi quattro fratelli ebbero tutti discendenza, ma per quante siano state le ricerche del Promis non gli venne fatto di trovare quando siasi estinta quella di Paolo e di Domenico: solamente gli constò che quella di Giovanni e di Nicoletto ebbe fine in donne solamente nel secolo decorso.

Si deduce da ciò in quante frazioni venisse in breve tempo a dividersi tale feudo, d'origine certamente imperiale, dappoichè nel 1469 Paolo, Gaspare, Giorgio e Sebastiano figliuoli del suddetto Giovanni furono investiti da Federico III della porzione di Frinco ad essi spettante, e che i loro cugini germani Lodovico, Antonietto, Domenico e Gabriele ottennero dallo stesso uguale investitura il 4 agosto 1488. Circa mezzo secolo dopo, cioè nel 1529, Lodovico, Gabriele, Giacomo ed Alberto fanno una procura a fine di essere investiti di questo feudo da Carlo V, e dopo quest'epoca esistono altri simili atti, come di Ferdinando I, dell'11 maggio 1560; di Massimiliano II, del 24 aprile 1566, a favore di Domenico e di Ercole; di Rodolfo II, del 12 agosto 1581, a favore degli stessi e di Gaspare ; e dello stesso imperatore, del 6 giugno 1585, a favore di Giulio Cesare Mazzetti.

« Da tutte queste investiture, scrive il Promis, non avendole potuto conoscere che per l'indicazione che ve n'è nel citato inventario, mi fu impossibile di conoscere quando il diritto di zecca abbiano ottenuto; però in memorie che tengo presso di me trovo che « li Mazzetti signori di Frinco delle investiture « del 1487 (citate nel suddetto inventaro colla data delli 4 « maggio) ottennero da Cesare il privilegio di batter monete « d'oro e d'argento colla impressione e marche d'essi signori », e questa è la sola notizia che posso dare circa l'origine di sì insigne privilegio, del quale non mi consta che abbino goduto che nella seconda metà del susseguente secolo, e pochi anni prima dei Radicati, senza che si sappia qual fosse la causa di tanto ritardo. »

La zecca dei Mazzetti era stabilita nel feudo di Frinco ; ma per frodi e falsificazioni commesse dagli zecchieri dei Mazzetti, questi furono privati del feudo e del diritto di zecca; più tardi il duca Carlo Emanuele I di Savoia riscattò il feudo di Frinco e lo ridiede ai Mazzetti, ma non accordò più loro il diritto di moneta (1).

In questo palazzo, pur esso sontuosissimo e principesco, soggiornavano spesso i Principi ed i Reali di Savoia quando transitavano per Asti (2). Vi fece dimora altresì, dal 26 al 28 febbraio 1717, il pretendente al trono d'Inghilterra, Giacomo III (nell'ordine dinastico, ma non riconosciuto), figlio legittimo di Giacomo II, per cui, per diritto ereditario, Anna d'Orléans era chiamata la prima alla corona inglese come l'unica discendente di Carlo I (3). Dal 21 al 25 maggio del 1727 vi prese alloggio S. A. R. il principe di Piemonte, che fu poi re di Sardegna sotto il nome di Carlo Emanuele III (4). Il 29 e 30 aprile ed il 1 maggio del 1805 vi alloggiarono Napoleone I e l'imperatrice sua consorte (5). Il re Vittorio Emanuele I vi prese stanza più volte, donando al proprietario del palazzo il proprio ritratto, quello della regina e delle due sue figliuole.

Del palazzo di cui si tratta si può dire ciò che si è detto del precedente (Palazzo Bestagno ora Ottolenghi): esso è stato ricostrutto sulle demolizioni parziali delle antiche case dei Turchi. Nei tempi anteriori queste si potevano considerare come divise in due parti, separate l'una dall'altra dall'alta torre che si inalzava, come ho già detto, di fronte all'imboccatura di via san Martino, dove adesso è il portone d'ingresso sul corso Alfieri.

---

(1) Il privilegio di zecca era stato concesso alla famiglia Mazzetti insieme con quello accordato alla nobilissima famiglia dei Radicati, che dal primario loro castello si dissero conti di Coccouato.

Un'altra famiglia patrizia astigiana godeva dello stesso privilegio, e fu la famiglia Cacherano della Rocca, che teneva la zecca nel feudo di Rocca d'Arazzo.

(2) Per altro S. A. R. Madama Reale Maria Giovanna Battista, duchessa regnante di Savoia nel 1702, e le serenissime di Carignano, nel 1713, soggiornarono nella casa Pagliero (Zoya, poi Ramelli ed ora Taschero, in via Scuole). Cfr. GABIANI, *Le memorie della contessa Margherita Valenza Garetti di Cossombrato*, p. 43, Torino, Roux e Cia, 1893.

(3) GABIANI, *Le memorie, l. c.* — Questo Giacomo, pretendente, fu padre di quel Carlo Edoardo Stuart marito attempatissimo della famosa Luisa principessa Stolberg, contessa d'Albany, il *divino amore* di Vittorio Alfieri.

(4) GABIANI, *Le memorie*, pp. 48 seg.

(5) GABIANI, *Il passaggio per Asti*, pp. 49 segg.

Qualcuno asserisce che la via san Martino si protendeva fra le case dei Mazzetti (già dei Turchi) fino all'incontro della via Scuole, ma non ho le fonti per confermare questa opinione. La carta topografica del *Theatrum Statuum Sabaudiae* del 1700 tace di tale prolungamento di via; e se questo effettivamente esisteva, deve indubbiamente risalire ad epoca più remota, anteriore, cioè, al secolo XVIII. Comunque sia di ciò, l'edificio attuale risale al primo quarto del secolo XVIII, quando, cioè, il marchese Giovanni Battista Mazzetti « per meritare le grazie dei suoi ridusse in più belle forme le case degli avi e le ampliò dandovi maggior estetica ed aggiungendovi inoltre un ambulatorio ». Poco più tardi la facciata del palazzo veniva decorata secondo il disegno del celebre architetto Benedetto Alfieri verso la metà del secolo XVIII stesso.

Nel predetto ambulatorio di questo magnifico palazzo, sotto il busto in marmo del marchese Giambattista Mazzetti, leggesi la seguente iscrizione di Jacopo Vercellone (1) :

SUORUM GRATIAM PROMERITURUS
JOANNES BAPTISTA DE MAZZETTIS
AVITAS AEDES
ELEGANTIORI FORMA EXTRUXIT ET AMPLIAVIT
EXTERAM UT CONSEQUATUR
HOSPITIBUS CIVIBUS ADVENIS
HOC ETIAM NOBILE AMBULACRUM ADIUNGIT
ANNO MDCCXXX.

Nella facciata principale del palazzo Mazzetti, all'altezza del secondo piano, verso la via Maestra, si vedono tuttora riprodotte in rilievo le armi (2) di quella nobile famiglia. Queste erano state atterrate, come quelle degli altri palazzi nobili, durante l'effimera rivoluzione del 1797. Furono rimesse sulla fac-

---

(1) Il dott. Jacopo Vercellone, nato a Sordevolo (Biella), studiò a Torino e professò a Milano. Ritornato a Torino, e questa essendo minacciata d'assedio (1706), venne a stabilirsi a San Damiano d'Asti, e di qui passò ad abitare in Asti. Nel 1724 fu dichiarato archiatro di questa città e della provincia astese. Publicò per le stampe varie opere in latino ed in italiano, per la maggior parte stampate in Asti negli anni 1711, 1713, 1715 e 1723.

(2) Arma: Di nero, a tre magli o mazze d'argento. — *Cimiero*: tre cardi nascenti di verde, fioriti di porpora. — *Motto*: « SOUVENIR M'EN DOIT ».

ciata del palazzo nel luglio del 1817, e sono state delle prime
a ricomparire in publico.

Altri palazzi e altre case possedevano i Mazzetti in questa
città: quello detto del *Caffè Bagnasacco* in corso Alfieri, ed
una casetta nel borgo di san Rocco, al principio della via Lessona
(già Morone), susseguente a quella del sig. Vacchieri. In
quest'ultima si rifugiò il marchese Mattia Mazzetti il 29 agosto
1797, quando scoppiò la rivoluzione (1).

Ora il palazzo Mazzetti appartiene al signor Conte Alfazio-
Grimaldi di Bellino cav. Luigi (fu conte Luigi), colonnello in
ritiro, sposatosi alla contessa Alessandrina Morozzo della Rocca,
da cui ebbe numerosa prole.

GLI ALFAZIO-GRIMALDI DI BELLINO. — Gli antichi nobili
Alfazio-Grimaldi di Busca, oriundi di Pinerolo, e stabiliti successivamente a Poirino, a Torino e nuovamente a Busca,
ottennero il feudo di Bellino col titolo comitale (2). Essi rifulsero
in ogni tempo per il valore dimostrato con le armi sui campi
di battaglia, dove alcuni lasciarono gloriosamente la vita.

Si trasferirono nella città d'Asti nel 1846, allorquando il conte
Luigi (fu conte Biagio) fece acquisto del palazzo Mazzetti dal
conte Giulio Roero di Settime, che l'aveva avuto in eredità dal
cav. Paolo Mazzetti di Frinco (3).

La nobile famiglia Di Bellino continua sempre a mantenere
nell'antico splendore il principesco palazzo, il quale del pari

---

(1) GABIANI, *Rivoluzione, Repubblica e Controrivoluzione di Asti nel 1797*,
in questa *Bibliot. della Soc. Stor. Subalp.*, vol. XIX, I, p. 85, Pinerolo, 1903.

(2) Fanno per arma: Inquartato: al 1° ed al 4° di rosso, alla zampa
d'orso di oro armata di nero; al 2° e al 3° fusellato d'argento e di rosso.
Cimiero: un orso nascente, tenente con la zampa destra una spada, il
tutto al naturale. *Motto*: URSUM NE TENTES. — Il feudo di Bellino fu investito
a Giuseppe ed a Biagio, zio e nipote Alfazio-Grimaldi, nel 1734, e comprendeva altresì Rubbières, Fontenil, Bals, Plaine-Celles, Chozal e Bruaz.

(3) Detto palazzo nel 1829 apparteneva ancora alla famiglia Mazzetti, ed
in quell'anno, per testamento aperto avanti il R. Senato il 27 giugno, il
cav. Paolo Mazzetti legava il palazzo stesso in eredità ai fratelli conte
Giulio, Luigi ed Eugenio, del fu conte Pietro Roero di Settime. Con istrumento di divisione del 1843 il palazzo passò interamente al solo conte
Giulio, che tre anni dopo ne faceva dismessione al conte Luigi Alfazio-
Grimaldi di Bellino.

che quello dei conti Ottolenghi è una delle due più belle signorili dimore della città.

Da settant'anni in questo palazzo è allogata l'Accademia Filarmonica, inaugurata il 9 maggio 1835, nella quale occasione faceva una bella prolusione l'egregio sacerdote Alessandro Aluffi, oblato di Sant'Elena e socio corrispondente della R. Deputazione sopra gli studi di storia patria.

.•.

PALAZZO ROERO DI SCIOLZE E DI SAN SEVERINO. — Al di là della via san Martino, di prospetto al palazzo Mazzetti di Frinco e fin contro la torre che tuttora viene designata col nome di *torre di San Bernardino*, era il palazzo nobile d'un ramo della nobilissima ed antichissima famiglia dei Rotarii, cioè dei Roero di Sciolze e di San Severino.

Questo palazzo fa parte ora dell'isolato appartenente al signor avv. Giuseppe Pugliese; ma non conserva più alcun segno della sua antica esistenza (1).

TORRE E PALAZZO DEI COMENTINI O DI SAN BERNARDINO. — Dal precedente palazzo dei Roero di Sciolze e di San Severino fino alla prossima piazza Roma (già del Teatro Vecchio) detta anticamente di san Bernardino, e, nei tempi più remoti, piazza Gardino, si inalzavano le case della nobilissima ed antichissima famiglia dei Comentini, che avevano pure abitazioni in altre parti della città, come in piazza del *Santo* ed anche fuori del Recinto dei Nobili, cioè nella via detta del beato Enrico di Comentina nel borgo di San Quirico.

Il Boatteri (2) narra che reggeva il consolato della Repubblica Romana M. Emilio Lepido, quando la città d'Asti, prima libera e confederata con altre città, adoperandosi ora in favore ora a danno di quella repubblica, venne alla perfine costretta ad ac-

---

(1) Nel 1792 in questo palazzo fu allogato l'Ufficio delle Poste delle lettere, il quale vi durò poco, poichè nel 1801 esso era stabilito in Piazza san Martino, nel palazzo dei marchesi Incisa, ora Sismondo.

(1) PIETRO GIOVANNI BOATTERI, *Memorie storiche sulla vita del Beato Enrico Comentina d'Asti*, Asti, Stamperia patria Zucconi e Massa, 1801.

quietarsi al di lei poderoso dominio, avendo quel console (col fabbricare un forte ben munito che da esso *Cohors Emilia* e poi Cortemilia fu denominato, in cui teneva un numeroso presidio di soldati) impedito ogni soccorso e comunicazione che dalla Liguria e dai popoli circonvicini solevano recarsi. Dubitava tuttavia l'accorto console, altrettanto versato nell'arte militare quanto nella politica, di non poter tenere in ubbidienza la città d'Asti con la sola forza e violenza delle armi; quindi pensò più saggiamente d'assicurarsela per mezzo di onoranze e di dimostrazioni di stima non ordinaria (mezzo, di fatto, più efficace per cattivarsi la benevolenza dei popoli) e si adoperò in modo che Asti fosse dichiarata città confederata della grande Republica; ma non ancor pago di ciò, per maggiormente affezionarla e vincolarla a Roma, invitò alcune famiglie astesi a stabilire la loro dimora in Roma, e procurò che di colà ne venissero altre a fermare il loro soggiorno in Asti. Tra le famiglie romane trapiantatesi in Asti si annoverano la stessa Emilia, la Varona, l'Agnana, la Catena e la Comentina, le quali tutte nei trascorsi secoli si resero insigni e benemeriti.

Così il Boatteri. Naturalmente, sono racconti che oggi la critica non può più accogliere, ma perchè dal campo pseudoerudito sono passati nel patrimonio comune è bene ricordarli, poichè a questo modo sono diventati un fatto storico di per sè come espressione della coscienza publica cittadina.

Della famiglia Comentina, o dei Comentini, si nomina, con uguale veridicità, un Taddeo che sarebbe andato in soccorso di Fredegonda, regina di Francia, nel 591. Certo Federico di Comentina fu consigliere del Comune d'Asti nel 1164; Giacomo ed Alessandro di Comentina combatterono con altri Astigiani contro il marchese di Monferrato nel 1230 (1).

Da questa famiglia nacque sul principio del secolo XIV il beato Enrico, martire, patriarca di Costantinopoli e legato apostolico in Levante (2).

---

(1) Per altri membri della famiglia v. *Cod. Ast.*, indice del Vayra, t. IV, *ad nomen*.

(2) Nel 1392, mentre il patriarca Enrico di Comentina era intento al sacrificio della messa, in Smirne, fu assalito dagli Infedeli che con un colpo gli troncarono il braccio destro e con un secondo il capo. Guido Malabayla

La famiglia Comentina era feudataria del luogo di Settime. L'eredità di questo casato, estintosi assai presto, passò, per ragioni dotali e di successione, alla nobile famiglia dei Rotarii, o Roero, la quale, anzi, ritenne fino a questi ultimi anni sul finaggio dell'ex-feudo di Settime una possessione denominata *la Comentina* (1).

Non è improbabile, quindi, che il palazzo Roero di Sciolze e San Severino, attiguo a quello dei Comentina, e di cui ho parlato superiormente, appartenesse in origine a quest'ultima famiglia.

La porzione del palazzo verso la piazza Roma fu ceduta alla nobildonna Emilia vedova di Rosonino Asinari, quando nel 1381 essa fondò in quel luogo un monastero ed una chiesa in onore di santa Caterina sotto l'osservanza di santa Chiara, per distinguerli dalla chiesa di santa Caterina dei Serviti, esistente nel borgo di san Marco fin dal 1200 (2). In questa chiesa, fondata da Emilia Asinari, si trasferirono nel 1545 i frati Minori Osservanti di san Bernardino, allorchè abbandonarono il loro primo convento fuori delle mura (3).

---

nel suo citato *Compendio historiale* narra che il corpo di Enrico di Comentina fu dagli Infedeli « nel mare gettato insieme con la cassa di marmo in cui era stato riposto, ma che detta cassa da virtù divina sostenuta a galla, e dal Mediterraneo nell'Adriatico, e da questo nel Po, e dal Po nel Tanaro guidata, giunse finalmente a questa sua patria ove accorrendo ognuno al miracolo fu con riverenza accolto e nella chiesa di san Francesco collocata ». Ciò sarebbe avvenuto l'11 gennaio 1393, e il corpo del Beato Enrico restò invero colà depositato finchè, soppresso nel 1801 il convento di san Francesco (esistente già dove ora sono lo stabilimento serico e la fabbrica di cera dei signori Solaro, in via Brofferio), fu quel sacro pegno dal Governo concesso al Capitolo della Cattedrale, il quale nel mattino del 18 aprile dello stesso anno 1801, accompagnato dal vescovo, ne fece la solenne traslazione collocandolo sotto l'altare di san Filippo. Cfr. GABIANI, *Intorno alla chiesa di san Francesco in Asti*. La leggenda superiormente descritta fu accolta quale vera storia, e come tale narrata, dal Boatteri nelle sue *Memorie*, onde ne fu mordacemente ripreso da Luigi Richeri (XII, 77, Torino. anno X repubblicano). Cfr. VASSALLO, *Gli Astigiani sotto la dominazione straniera*, Firenze, 1879 (estratto dall'*Arch. stor. ital*).

(1) N. GABIANI, *La chiesa e il convento di san Bernardino in Asti*, in *Bollett. stor.-bibliog. subalp.*, III, 55, Pinerolo, 1898.

(2) *Ibidem*.

(3) Nei piani superiori del convento dei Minori Osservanti di san Bernardino, dopo la soppressione del convento, si era stabilita la Loggia dei

Ma se scomparve la casa antica dei Comentina, fu conservata invece la bella altissima torre, che dai Comentina aveva nome, e che dopo la fondazione della chiesa, per servire detta torre di campanile a questa, venne poi denominata di *san Bernardino*.

La torre gotica di san Bernardino (che così ancora oggidì viene designata) è di base quadrata, larga internamente m. 3,32 per lato, e misura l'altezza di m. 38,55 dal lembo superiore della merlatura al suolo della via Maestra sulla quale prospetta (Fig. 12).

I merli sono a coda di rondine, cioè, detti di fazione ghibellina; le finestre ogivali, che si osservano sulle quattro facciate della torre, e le decorazioni ad archetti a sesto acuto sottostanti alla merlatura, attestano che la costruzione della torre può risalire alla seconda metà del secolo XIII.

.•.

PALAZZO..... ARDIZZONE ora GARBIGLIA. — Un'altra casa di cui mancano pure le notizie remote, ma che doveva senza dubbio essere un palazzo nobile di notevole importanza, è quella che sta dirimpetto alla torre detta di *san Bernardino*, verso il corso Alfieri.

In ogni piano della casa si notano traccie dell'antica disposizione dei muri e delle speciali loro dimensioni, le quali lasciano supporre che essa in origine fosse una casa-forte appartenente a qualcuna delle famiglie che prendevano viva parte alle vicende della patria ed alle sorti delle avverse fazioni.

Nella penuria di altre indicazioni, mi è giocoforza limitare le notizie al 1810, nel quale anno la casa era di proprietà del signor Ardizzone Felice fu Pietro Agostino, ad esclusione della porzione d'angolo verso la via del Tribunale, che apparteneva alla parrocchia di san Secondo. Oggi tutta la casa è del signor Giovanni Garbiglia fu comm. G. U. avv. Carlo che fu sindaco d'Asti dal gennaio 1887 all'agosto 1898.

Liberi Muratori (*Francs Maçons*) nel 1801, che vuolsi sia stata la prima ad essere formata in Piemonte. (GABIANI, *La chiesa ed il convento di san Bernardino*. op. cit. pag. 59.)

(FIG. 12) Torre dei Comentina, detta di *San Bernardino*
(in corso Alfieri).

.˙.

TORRE E PALAZZO..... INCISA ora GABRI. — Al di là della piazza
Roma non si riscontrano più traccie di antiche costruzioni se
non nella casa del signor Gabri Innocenzo, la quale, ha rive-
lato l'esistenza di splendide finestre gotiche nella facciata verso
la via Maestra, nell'occasione in cui testè il proprietario ne ha
fatto riformare l'intonaco. Per quanto esempi di tali finestre
gotiche abbondino nella città nostra, tuttavia sarebbe stato molto
encomiabile se, anzichè ricoprirle con nuova arricciatura, si
fosse pensato non solo a lasciarle scoperte, ma a ripristinarle
affatto.

A chi abbia potuto appartenere tale casa nei tempi di mezzo
non mi fu dato di riconoscere; ma senza dubbio doveva essere
di pertinenza di una delle più nobili ed antiche famiglie astigiane. Sembra anzi che tale caseggiato appartenesse ad un
ramo della nobilissima famiglia degli Incisa.

Un po' più in là dell'estremità est di detta casa Gabri, e cioè
dove è il caffè *del Cambio*, presso il negozio di stoffe del signor
Rosina, inalzavasi anticamente una torre che esisteva ancora
nel 1801 e che certamente fu atterrata pochi anni dopo. Non
è improbabile che questa torre e la porzione di casa attigua
della signora Gennero Carolina, ed ora del figlio colonnello cav.
Carlo Ferrero, appartenessero allo stesso palazzo nobile ora posseduto dal sig. Gabri predetto.

.˙.

PALAZZI.... ARTOM ED ARRI. — Dirimpetto alla piazza Roma, in
corso Alfieri è il palazzo del signor avvocato Michele Artom,
tra le vie del Tribunale e della Misericordia, e per quanto esso
non serbi più alcuna vestigia di costruzione antica, nondimeno
è fuor di dubbio che abbia appartenuto a famiglie nobili; come
altresì quello al di là della via della Misericordia, appartenente
al Colonnello medico cav. Enrico Arri.

Ed ancorchè dopo gli incendi e le distruzioni medievali sia
probabile che i possessori di quei due palazzi abbiano ricostruito
più saldamente le loro dimore e le loro difese, tuttavia queste

non si conservarono a lungo, perchè già fin dai documenti del 1700 risulta che in esse più nessuna torre era ancora in piedi in quell'epoca: se pure le torri edificate durante le lotte civili non furono soppresse dopo cessate per sempre le guerre cittadine.

Del resto, le frequenti mutazioni di proprietà, concorrono assai spesso a togliere i primitivi caratteri degli stabili; ed in Asti si contano numerose le case che, nel volgere di un quarto di secolo, circa, hanno mutato aspetto e conformazione con soverchia frequenza.

E così avvenne del palazzo Arri; il quale sul principio del 1800 apparteneva a parecchi proprietari, fra cui alla *Beneficenza d'Asti* (per la parte più ad est, prossima alla libreria Goggia) ed all'*Ospedale Civile della Carità* (per la parte più centrale sulla via Maestra.

.•.

Torre Asinari — Dopo il palazzo Arri segue il palazzo Moriondo-Pich, già Pittarelli e Spavieri, e sull'angolo di esso, tra la via Maestra, o corso Alfieri, e la via Scuole, già detta del Vescovado, ergevasi una torre proprio dove adesso è la bottega da parrucchiere. Torre e casa annessa erano degli Asinari di San Marzano; la torre, che sussisteva ancora nel 1700, fu demolita nel secolo XVIII, e la casa, protendentesi in via Scuole, sul principio del 1800 apparteneva ancora al marchese di San Marzano.

Dell'una e dell'altra non havvi ora più alcuna traccia; ma è probabile che anche l'attigua casa Moriondo-Pich, e forse pure il palazzo Arri in corso Alfieri, appartenessero in origine all'antichissima famiglia degli Asinari.

.•.

Altro palazzo e torre dei marchesi Mazzetti di Frinco. — Costrutto sulle rovine di fabbricati antichissimi è l'odierno palazzo Clava, dove sono allogati il caffè *Venezia* ed il caffè *Bagnasacco*, ed appartenente già ai marchesi Mazzetti di Frinco.

Fu edificato tal quale ora si trova nella prima metà del 1700, e fu denominato *il Falcone*.

Le vestigia dei ruderi medievali sono affatto scomparse; ma la ubicazione di quel palazzo agli sbocchi della via Scuole, della via Cavour e di via dei Pellicciai lascia supporre che esso fosse nei tempi di mezzo una casa-forte ben munita di opere di difesa e di offesa. Invero, la carta del 1700 del *Theatrum Statuum Sabaudiae* segna in detto palazzo, prospiciente la via Maestra, una torre di modeste proporzioni, avanzo certamente di altra antica più considerevole. Detta torre si ergeva immediatamente dopo l'attuale portone d'ingresso, dove è il caffè *Bagnasacco*, e fu senza dubbio completamente demolita quando nella prima metà del 1700 fu ricostrutto il palazzo sui ruderi delle precedenti costruzioni.

.*.

TORRE..... PASQUERO-VERCELLI. — Denomino così quella torre esistente già in via Maestra nella casa della signora Celotti vedova Borione dove è il negozio di coloniali del signor Briola, dirimpetto all'imbocco di via Cavour.

Detta torre era ancora in piedi nel 1801; ma ignoro a chi abbia potuto appartenere negli antichi tempi. Nel 1793 apparteneva a due proprietari: per metà ad un Gaetano Pasquero, e per l'altra metà alla confraternita di san Michele.

Il 30 aprile dello stesso anno 1793 la confraternita vendette la sua metà della torre a certo Vincenzo Vercelli, che ne volle fare acquisto a qualunque prezzo, e ciò per impegno contro il predetto Pasquero.

Detta torre fu abbassata verso il 1814, e non conserva più alcun aspetto della sua antica costruzione.

.*.

TORRE CURBIS DI SAN MICHELE. — Un altro palazzo nobile alquanto considerevole ergevasi dove adesso sono le due case contigue del signor Cesare Siravegna. Ora non serbano più alcuna impronta notevole della loro primitiva costruzione, ad eccezione della parte più bassa; di quella, cioè, che è coerente al palazzo del signor Secondo Cagna, e che apparteneva negli ultimi secoli ad un ramo dei conti Curbis di San Michele. Nel

1810 era ancora del sacerdote Carlo di quel nobile casato, ed a destra del portone d'ingresso alzavasi una torre che subì probabilmente la sorte delle altre verso il 1814.

Nell'interno del cortile adiacente al palazzo Cagna si vede tuttora incastrata nei muri qualche colonna, che fa fede della sua primitiva origine.

Questo, per altro, non è il vero palazzo patrizio della famiglia Curbis.

.·.

CASAFORTE E TORRE ASINARI DI COSTIGLIOLE E DI SAN MARZANO (già ALFIERI). — Uno dei più begli esempi di casa-forte è dato dal fabbricato che si innalza tuttora maestoso dalla via Maestra fino avanti al Teatro Alfieri, appartenente ora alla famiglia Violini.

Questa casa è antichissima : era assai forte e di altezza notevole, poichè fino al principio del secolo scorso (1800) essa contava un piano di più degli attuali; il quale piano superiore formava un bellissimo loggiato.

In origine apparteneva all'antichissima famiglia degli Alfieri, come fa prova anche una pietra incastrata, a circa m. tre dal suolo, nell'angolo del palazzo verso la via Maestra e la via che conduce al Teatro Alfieri, scolpita e rappresentante un uomo che a cavallo a briglia sciolta va a prendere uno stendardo di mano ad un altro uomo in piedi; la quale figura d'uomo a cavallo vuolsi abbia a designare il personaggio di Arricino Moneta, preteso capostipite degli Alfieri d'Asti (1).

---

(1) Di quest'Arricino Moneta, donde verrebbe la famiglia Alfieri, si legge nel *Compendio Historiale* di Guido Antonio Malabayla al capo VII: « Delle imprese poi per servitù della chiesa fatte la prima fu che venendo « Roma minacciata dai Goti, e preparandosi alla difesa vi mandò Asti « Ferruccio Camillo con 300 cavalli et 800 fanti i quali come già avvezzi « a combattere con i Goti servirono di scorta alli altri. E benchè quasi « tutti vi rimanessero uccisi resero però celebre il nome Astese e fra gli altri « si segnalò Arricino Moneta il quale di mano dei nemici ritolse l'Aquila « insegna dei Romani. Onde egli di Aquila e di Alfiere riportò il nome ». Ma si sa ora da documenti che gli Alfieri si riattaccano ai signori di Montaldo (Cfr. GABOTTO-EUSEBIO-MILANO, Il « *Rigestum Comunis Albe* », I, 255 n. CLIX, vol. XX di questa *Bibl. Soc. Stor. Subalp.*).

Più tardi il palazzo passò alla nobilissima schiatta degli Asinari di Costigliole e di San Marzano, forse verso il 1300, nella qual'epoca gli Alfieri avevano già la loro dimora in quell'altro palazzo di via XX Settembre sul quale nel 1655 sorse poi il convento di sant'Agostino (1).

Sui muri di questo palazzo erano infine lapidi con iscrizioni onorarie; e si vedono tuttora parecchie armi gentilizie nei capitelli delle colonne (di più recente data di quella del palazzo) che formavano un bel porticato all'intorno del primo cortile.

Questa casa-forte fu per molti anni chiamata *Palazzo degli*

---

(1) Gli Asinari si dividevano in cinque rami: 1° d'Asti; 2° di Costigliole e di San Marzano; 3° di Spigno; 4° di Casasco e di Bernezzo; 5° di Camerano. Facevano per *arma*: D'azzurro alla torre d'oro, aperta e finestrata del campo, con la bordatura composta di rosso e di argento. *Cimiero*: un asino nascente, al naturale, alato d'oro. *Motto*: « TUTTO ALFIN VOLA ».

In ogni tempo gli Asinari si distinsero per virtù e per valore. Molti degli Asinari perirono nel sacco del 1162. Federico Asinari di Loreto era capitano dei cavalli astesi nella crociata del 1214. Un Raimondo nel 1250 fu investito del feudo di Duodecimo (Dusino) e nel 1261 si trova nominato fra i nobili d'ospizio. Folchetto si distinse fra i capi di parte ghibellina nel 1306. Giorgio fu consigliere d'Asti nel 1341 e Flisco fu podestà di Genova nel 1360. — Giorgio e Matteo furono investiti nel 1341 dalla città d'Asti del feudo di Costigliole (castello, villa e uomini). Questo Giorgio fu lo stipite della linea Asinari di San Marzano, che produsse uomini veramente insigni, fra cui monsignor Corrado, il quale, dopo esser stato impiegato in importanti legazioni dai pontefici Pio V, Gregorio XIII e Sisto V, fu governatore di Roma, poi vescovo di Vercelli; morì in Asti nel 1589 e fu sepolto in Duomo. Per i segnalati servizi resi alla Santa Sede da questo insigne prelato, gli agnati della sua famiglia ottennero la prerogativa della patrizia cittadinanza romana (GRASSI, *Storia della città d'Asti*, II, 200).

Va altresì segnalato il conte Federico Asinari di Camerano, che sotto il duca Emanuele Filiberto diede prove di virtù politiche e militari e di letterato e di poeta valoroso.

È pure ricordata con lode fra le illustri donne letterate Margherita Asinari di Camerano, in vita nel primo quarto del secolo XVI (CLARETTA, *Principali Storici Piemontesi*, etc., p. 49, Torino, Paravia e C.ª, 1878).

Negli ultimi tempi a noi più prossimi molti altri membri di questa nobilissima famiglia coprirono cariche eminentissime, e mantennero il nome illustre sempre fra i più preclari.

Le linee di Camerano e di Costigliole sono estinte. Restano tuttavia gli Asinari di San Marzano e di Cartosio in un sola famiglia e gli Asinari di Bernezzo.

Spagnuoli, forse perchè in essa, assai forte e grandiosa, si era acquartierato il comando delle truppe spagnuole.

Come già accennai all'articolo « *Palazzo Alfieri* », questa casa-forte era munita di torre verso la via che ora è denominata Carlo Leone Grandi, e naturalmente si innalzava all'angolo sud-ovest verso la via del Teatro. Fu demolita prima del 1700, poichè non è più riprodotta nella carta del *Theatrum Statuum Sabaudiae.*

L'abate Stefano Incisa nel suo diligente, pazientissimo e pregiato diario, *Giornale d'Asti* (esistente ms. nella Biblioteca del Seminario), sotto la data del 15 marzo 1785 scrive: « Già da qualche giorno si vede un architetto a misurare il palazzo detto *degli Spagnuoli,* proprio del sig. marchese di San Marzano. Questo ne fa dire delle belle: alcuni suppongono che debba servire di quartiere a uso regîo perchè lo dicono regalato a S. M.; altri dicono che voglia il padrone ridurlo a miglior abitazione; altri che si debba levar il condotto che ha esso palazzo che attraversa tutta la fabbrica e cortile; altri che si toglierà il Bastione per farvi passar l'acqua della contrada maestra..... tutti dicono la sua ».

Sul principio del secolo scorso pervenne a certo Giuseppe Torre che vi eserciva « *oberge et osteria* ».

Dirimpetto a questo palazzo, ma dal lato opposto della via Maestra, era l'ospizio dei Certosini (1), il quale si protendeva fino alla retrostante via Cattedrale, dove erano le case passate poi alle famiglie Burio e Rostagno.

.•.

TORRE... CUCCEGLIO. — All'estremità di via Maestra, sull'angolo

---

(1) Oltre il loro convento della Certosa, fuori porta san Pietro, in frazione Viatosto, presso il rivo Valmanera, i Certosini avevano pure un'altra casa nell'antica piazza d'Erbe, ora piazza Statuto, dove adesso è la farmacia Sconfienza, già Valente, nella casa appartenente ora al barone Visconti d'Ornavasso.

Le carte dei Certosini d'Asti, acquistate a Cremona da Quintino Sella, sono oggi a mani del suo abbiatico d.r Pietro, che ne publicherà presto un regesto.

di essa con la presente piazza Alfieri, dove ora è la drogheria Balloria nel palazzo Andreoli, innalzavasi un'altissima torre la costruzione della quale risaliva al secolo XIII. Essa fu demolita nel novembre del 1811, unicamente perchè (come afferma il cronista del tempo abate Incisa) non faceva rettilineo con la via Maestra e con la piazza d'Armi (ora piazza Alfieri).

A questo riguardo debbo avvertire che quasi tutti i rettilinei che si vedono nelle principali vie della città devono assegnarsi alla fine del secolo XVIII ed al principio del XIX.

Fino al principio del 1800 questa torre apparteneva all'annesso fabbricato in cui erano stabiliti l'antico Ospedale degli Infermi e l'Ospizio dell'Infanzia abbandonata (1) In quest'epoca l'edificio passò in proprietà dell'avv. Guido Cucceglio, il quale possedeva pure la casa attigua, dove è la tipografia Vinassa, e dove sulla fronte verso la via Maestra è tuttora incastrata una lapide con la seguente iscrizione :

D. MARTHA. PATRONA. ET. AUSPICE
PUERIS. INFANTIBUS. EXPOSITIS
SUB. TUTELA. CIVITATIS. ASTENSIS
HOSPITIUM.
1771.

.   .

La via maestra terminava dove adesso incominciano i portici Pogliani, e qui finiva il Recinto dei Nobili. Da questo punto si

---

(1) A proposito di questo ospizio, maggiormente noto sotto il nome di Ospizio di Santa Marta, sono lieto di segnalare il rinvenimento di un documento prezioso ricuperato di questi giorni dall'egregio mio concittadino cav. geom. Giovanni Montersino, appassionato, diligente ed attivissimo ricercatore e raccoglitore di memorie astigiane. Questo importante documento è il « Libro Magistrale delli Rediti del hospitale di Sancta Martha » e va dall'anno 1535 all'anno 1557. È un grande volume cartaceo, di 99 fogli in 4°. — Il cav. Montersino con lodevole pensiero ne ha fatto dono al Municipio d'Asti.

Il vescovo d'Asti Filippo Baudone Roero (1446-1469), astigiano, volse le sue cure alle opete pie; onde nel 1453 gli Astigiani consegnarono ai Crociferi di san Marco la chiesa di questo nome con molti redditi, insieme coll'ospedale eretto per l'educazione dei trovatelli. Opera più importante compiva il vescovo riunendo nel 1454 in un solo (di santa Marta) non meno di sette fra gli ospedali d'Asti (VASSALLO, Gli Astigiani etc., p. 11).

apriva la porta di santa Maria Nuova e da questa porta a quella di san Pietro erano i due borghi di santa Maria Nuova e di san Pietro inclusi nel recinto dei Borghigiani.

In questa zona non fu mai alcun palazzo nobile, nè casa forte, nè torre.

2.

In via Cattedrale (detta già PIUMA D'ORO).

Questa strada incomincia dalla via Maestra, o Corso Alfieri, presso l'imbocco della presente piazza Alfieri, chiamata prima piazza d'Armi e più anticamente Campo di Marte; e termina alla piazza del Duomo, avanti la sacristia della chiesa Cattedrale.

Sul finire del Secolo XVIII, prima che il Governo francese sopprimesse i Regolari, erano in principio di questa via alcune case che servivano d'Ospizio in città ai Certosini: esse quindi passarono in proprietà di privati, alcune alla famiglia Burio, e le altre alla famiglia del cav. prof. geom. Carlo Rostagno, che le tiene tuttora.

Dirimpetto a queste ultime esisteva una strada che, dipartendosi dalla via Cattedrale, tendeva alle mura della prima cerchia dei nobili protendendosi a nord verso il Castello e a sud-est verso la piazza Alfieri.

PALAZZO QUAGLINO. — Al di là di tale via, ora soppressa con la costruzione di case recenti, sorgeva il palazzo nobile dei conti Quaglino (1), appartenente adesso alla famiglia del cav. Giuseppe Taricco. In detta casa sono quasi completamente sparite le traccie della sua antichità, che per altro non risale ad epoca molto remota.

.·.

PALAZZO VAGNONE. — Attiguo al predetto palazzo è quello

_____

(1) I Quaglino d'Asti erano consignori di Cavallerleone e facevano per arma: troncato; al primo, di rosso a tre stelle d'oro male ordinate; al secondo, d'argento a tre quaglie al naturale ordinate in fascia.

appartenente già ai conti Curbis di San Michele, e più anticamente ai conti Vagnone (1).

In questa casa era di notevole un pozzo di acqua viva, assai
profondo, sempre ben provvisto di acqua, che veniva chiamato
pozzo di santa Margherita. Tale denominazione lascia supporre
che in questa località fosse stabilito l'antico monastero di benedettine sotto il titolo appunto *di santa Margherita*; poichè in
città non si conosce altro luogo che possa ritenersi come quello
su cui sorgesse il predetto monastero, a meno che non si voglia
supporre che questo esistesse insieme alla chiesa di santa Margherita eretta sulla piazza di san Secondo (2). Ma di questa
chiesa non si incontrano che fuggevoli cenni nei documenti
astigiani; e l'esistenza di essa in piazza del Santo può conciliarsi
con quella del monastero allorchè questo dalla frazione di Vallarone dove era prima fu poi trasferito in città. Invero, è
comune opinione che le monache benedettine di santa Margherita
avessero un altro monastero *extra muros*, e cioè nella località
che tuttora ne conserva il nome, in frazione Vallarone, dove
dalla regione Mora o Cascinetta si diparte la strada comunale
detta appunto di santa Margherita, che correndo il piano sotto
i boschi di tal nome, raggiunge il torrente Borbore presso il cavalcavia ferroviario, a pochi metri dall'abitato di Revignano (3).

---

(1) I Vagnoni, ramo degli avvocati della Chiesa di Torino, erano consignori di Troffarello, conti di Borgomaggiore e dei conti di Celle. Fanno
per arma: Bandato d'argento e di verde, la banda di mezzo, fra quelle
d'argento, caricata di una croce patente di rosso, la traversa inferiore
appuntata, nel verso della pezza. *Cimiero*: Un cane mastino nascente,
rampante, collarinato d'oro, linguato di rosso. *Motto*: FAUT ENDURER.

(2) VASSALLO, *Gli Astigiani sotto la dominazione straniera*, p. 21.

(3) Il Padre francescano Gio. Alfonso da Mendrisio in un suo discorso
publicato nel 1788 col titolo *Orazione sacra del Patriarca san Benedetto,
recitata in Asti e dedicata all'Abbadessa di sant'Anastasio* (Lugano, Tip.
Agnelli), afferma che diciotto monasteri si contavano in Asti fuori delle
mura della città, *tutti* sotto la regola di san Benedetto, e fra essi annovera
quello delle monache di *santa Margherita del Borbore*. Onde è logico potersi ritenere che quando le monache benedettine di *santa Margherita del
Borbore*, cioè *extra muros*, si trasferirono in città, la chiesa di santa Margherita della piazza di san Secondo sia stata da questo luogo trasportata
presso la sede del nuovo monastero.

Il trasferimento in città del monastero di santa Margherita *extra muros*, sarebbe avvenuto negli anni 1528-1529 allorquando il famoso generale Antonio de Leyva abbattè i borghi del Cavallone e di san Marco e molte chiese e conventi, fra cui il monastero in parola (1). In seguito a tale trasferimento non è improbabile che la chiesa sia stata costrutta sulla piazza detta del *Santo*, ossia di san Secondo, e che il convento sia stato trasportato nell'anzidetta casa dei conti Vagnoni. Soppresso il nuovo convento, venne ivi eretta la casa che fu poi dei conti Curbis.

Questa casa un secolo addietro apparteneva all'abate Carlo Curbis, prevosto della Collegiata di san Secondo, e da lui passò per legato al signor Vittorio Musso e poi agli attuali proprietari fratelli Musso fu Carlo Vincenzo.

.·.

TORRE TROYANA, O « DELL'OROLOGIO », E PALAZZO TROYA. — Sull'angolo delle vie Cattedrale e Morelli campeggia tuttora la superba torre detta *dell'Orologio*, che è una delle più belle torri medievali non solo di Asti, ma del Piemonte (Fig. 13). La sua superba altezza la rende imponentissima. Essa anticamente terminava con la merlatura ghibellina, cioè a coda di rondine; ma quando vi fu stabilito l'orologio della città (secolo XVI), la torre venne coperta col tettuccio che si vede tuttora. I merli, per altro, per quanto mascherati, si scorgono ancora nella loro primitiva costruzione. Questa appartiene probabilmente alla seconda metà del secolo XIII, e costituisce un bellissimo esemplare di architettura gotica (2).

---

(1) GRASSI, *Op. cit.*, I, 199; II, 120; VASSALLO, *Gli Astigiani sotto la dominazione straniera*, p. 17.

(2) Essa è a nove piani, e misura un'altezza di m. 37.80 dal lembo superiore della merlatura al piano del suolo sull'angolo delle due vie. È di pianta quadrata con m. 3.30 di lato interno; e la grossezza dei muri alla base è di m. 1.33.

La FIGURA 13 rappresenta questa torre dopo la ristorazione del 1905 fatta eseguire con molta lode a cura ed a spese del Municipio. Tali ristauri furono compiuti non solo per ripristinare le finestre bifore, che negli anni decorsi erano state otturate, forse per ragione di sicurezza, ma anche per consolidare alcune parti di essa, che erano avariate dalle ingiurie del tempo.

(FIG. 13) Torre Troyana, detta « *dell'Orologio* »,
in via Cattedrale (angolo via Morelli).

Con la campana, che è elevata sopra il tetto, non si suona-
vano le ore soltanto, ma si dava il segnale della scuola e quello,
altresì, delle *esemplarità* che si eseguivano di quando in quando
dalla Giustizia.

Alla torre era annesso un antico palazzo della antichissima
e nobilissima famiglia Troya (1), onde la torre prese il nome
di *Torre Troyana*, convertito poi in quello di *Torre dell'Orologio*.

Il palazzo Troya sorgeva dove adesso è il fabbricato del-
l'Ospedale di Carità, il quale attualmente non conserva più
nulla di vetusto, essendo esso stato rifabbricato in questi ultimi
secoli perchè l'antica costruzione era andata in rovina. Nel
palazzo Troya, allorchè nel 1303 i Solari furono cacciati dalla
patria, prese alloggio il potente marchese di Saluzzo, banchet-
tando ed abbandonandosi ad ogni sorta di stravizi, mentre il
marchese di Monferrato faceva altrettanto abitando il palazzo
dei Falletti. Il marchese di Saluzzo *gaudens* s'impadronì dei
granai e delle cantine di Tomaso e di Paolino Troya, in cui
era una grande quantità di granaglie, di vino e di grasce, nè
di ciò contento, servivasi di tutte le stoviglie e suppellettili,
come se a lui medesimo appartenessero (2).

Dopo varie vicende, palazzo e torre passarono alla Casa di
Savoia e S. A. il duca Emanuel Filiberto, con patenti date a
Nizza il 1 marzo 1560, donava il palazzo detto *della Troya*

La ristorazione venne eseguita con la massima diligenza, impiegando materiale imitante assai bene l'antico ed operai abilissimi; talchè le parti
ripristinate hanno assunto il carattere vero che le si doveva naturalmente
e rigorosamente ridare.

(1) Tomaso De Troya nel 1349, insieme con Manfredo De Monte (o della
Rocca) fonda in Lucerna una importante banca che dura fino al 1393. Nel
Quattrocento Vincenzo De Troya aveva una casa d'affari a Berna con
Federico De Monte. (SELLA e VAYRA, *Del Codice d'Asti*, p. CCLIII).
Una testa di donna, detta dal volgo *Madama Troyana*, esce da una
apertura circolare sopra il baldacchino della grande porta d'entrata della
facciata laterale del Duomo; e tale denominazione del popolo vuolsi
forse attribuire al fatto che l'anzidetta porta fu costrutta a spese d'una
donna di casa Troya (P. L. BIMA, *Cenni sulla Cattedrale d'Asti*, Asti, Tip.
Vinassa, 1887, con correzioni e note dei canonici teologi D. Gio. Batt.
Longo e D. Carlo Vassallo. Il manoscritto di questi *Cenni* conservasi nella
R. Biblioteca di Torino).
(2) G. VENTURA, c. 30.

all'illustre guerriero e poeta Federico Asinari conte di Camerano (1), riservando l'uso della torre *dell'Orologio* al Municipio.

Il conte Asinari entrò in possesso di detto palazzo il 2 aprile dello stesso anno.

Trascrivo qui l'atto di donazione (2):

« Emanuel Filiberto per la gratia di Dio Duca di Savoia, Principe di Piemonte, conte di Ast etc... Sia manifesto ad ognuno come havendone nelle guerre passate il molto mag.^{co} et dilletto collonello consigliero et Cambellano n.^{ro} carissimo Federico Asinari conte di Camerano sempre et di continuo servito fidelmente et con ogni affettione, et in odio di tal servitù oltra molti ed infiniti danni, da lui soportati, habbi patita la ruina di doi Castelli cioè di Camerano et di Val di Giesa, et si e in molti migliara di scuti impegnato per sostenersi fuori de' suoi beni, et a nostro servicio, Ne parendosi honesto lasciarlo dal tutto senza qualche agiutto e pur per adesso in casa n.^{ra} non havendo molto il modo di far quello che ne parrebbe debito, Per questo et anchora che tali cose cessassero con matura

---

(1) Nato in Asti nel 1527, e morto a Camerano (circond. d'Asti) il 25 dicembre 1575. Brillarono le sue virtù ed il suo valore tanto nelle Fiandre ed in Ungheria, dove lo inviò il duca di Savoia con 400 archibugieri in soccorso di Massimiliano II, quanto in patria nella battaglia di Ceresole. Si segnalò parimente come diplomatico nelle solenni ambasciate ai Farnesi ed ai Medici. Molto stimato dai letterati di quell'epoca, gli fu coniata una medaglia portante il suo ritratto da una parte e dall'altra un cavallo sfrenato col motto: FRENAT VIRTUS. La *Sylloge numismatum elegantiorum* ne riferisce un'altra rappresentante l'Asinari in assisa militare con l'iscrizione *Federicus Asinarius Com. Camerani*, ed al rovescio Diana cacciatrice.

Le sue opere si stamparono a Venezia, e fra esse risplende il *Tancredi*, tragedia, che, al dire di Annibal Caro, va reputata non solo lodevole, ma eccellente. Questa tragedia fu pubblicata prima in Parigi sotto il titolo di *Gismonda* e fu attribuita al Tasso. — Stampò pure *Delle Trasformazioni*, lib. 3; *Dell'ira di Orlando*, lib. 3; Sonetti e Canzoni. Molti suoi componimenti furono raccolti nella scelta delle poesie italiane. Le biblioteche di Torino e di Venezia conservano molti suoi manoscritti. Ne parla con molta lode il Mazzuchelli, ed il Parisotti scrisse un discorso sulle bellezze della sua tragedia. Vedasi intorno a lui la bella monografia di F. NERI, *Federico Asinari conte di Camerano, poeta del secolo XVI*, in *Mem. R. Accad. Sc.*, Torino, S. II, vol. LI.

(2) Manoscritto che si conserva nell'Archivio storico della Città d'Asti.

delliberatione n.ra et di n.ri consiglieri, di n.ra pura e mera
voluntà liberalità et certa scienzia, proprio movimento, et
senza che da lui siamo richiesti, con ogni miglior modo via
e forma et ragione a noi possibili, havemo dato donato, et
transferito per noi et successori n.ri in infinito al detto conte
di Camerano presente et accettante per esso et suoi heredi et
successori quali si vogliano, un pallazzo nella Città n.ra d'Asti
al presente ruinato et assai distrutto con la torre del Rologio,
Palazzo detto della Troia, al qual vi è coherente dal oriente la
via publica, certi edificii de particolari, dal mezo giorno l'area,
et Piazza e suolo con le soe ale et mura apertinenti alla co-
structione delle botteghe della fera et alla clausura e custodia
d'esse alli suoi tempi, dall'occidente la sudetta clausura et casa
di Geronimo Bovetto, dal settentrione la via publica e detta
torre, Più li doniamo le botteghe con li edificij, quali sono di
sopra continenti a essa piazza e solo della fera poste et situate
dal altro canto di detta piazza, alle quali sono coherenti dalla
parte orientale la via chiamata la via Maestra di essa Città et
alcuni edificij di particulari, dal canto di mezo giorno la via
publica verso la casa del detto Geronimo Bovetto et muri maestri
della custodia di essa fera dalla parte occidentale et settentrionale
e dove si tiene essa fera la detta casa della Troja et casa del
Bovetto, con conditione però che non si possi nelli sudetti
luoghi donati sopra edificare et far altro edificio o qualsivoglia
cosa donde si potesse dar disturbo, o danno al esercitio reddito
e dacito di esse fere quali vogliamo siano a noi interamente
riservati con la servitù et uso nella sudetta torre di esso rologio
a beneficio di detta nostra città di Asti, et le sudette cose havemo
donate ad esso conte et suoi successori universali et singolari
in titolo di pura, mera et simplice donatione qual si dice di
presente et fra i vivi e non si possa in alcuna maniera revo-
care, quale cose sovra donate siano ad haverle, tenerle et
possederle, venderle, donarle, alienarle et farne tutto ciò che
piacerà perpetualmente a detto Conte et suoi successori di farlo
con ogni ragione, uso, attione et requisitione, che a noi apar-
tengono et havemo in esse cose donate et per causa di esse
con tutto Quello ancora che fra i detti consorti e sopra sotto
e dentro e dalle parti diverse cose donate si contiene, volendo

anchora che nella presente donatione sia compresa l'area della fera ogni volta però che a noi piacerà di transferire essa fera in altro luogo, et a ciò che per causa di obligatione pegni et Ippothece già fatte dal detto conte non gli fusse difficile trovar accompratori di dette cose dechiariamo in questo caso che 'l primo accomprator uno o molti di quelle o di tutte o di parte, habbia meglior et anteriore ragione di tutti et a quello doniamo meglior et più di tutti ragion di esse constituendosi noi e nostri d'hora inanzi tenere et possedere dette cose donate al nome di detto Conte, e suoi successori fino a tanto che egli ne haverà pigliata la possessione corporale qual di pigliar e tenere li doniamo licenza senza intervento di qual si voglia magistrato, al qual anzi comandiamo quando ne sia necessario che lo pongono et mantengono nella possessione di dette cose donate promettendo di più di non mai molestar ne lasciar molestar detto Conte ne' suoi successori per dette cose nella loro proprietà o vero possessione anzi di dar a lui o a chi haverà agiustato da lui vacua libera et ispedita possessione di dette cose, si come adunque per noi et n.ri successori si siamo obligati et oblighiamo a osservare questa donatione et ogni cosa detta di sopra sotto obligatione de' nostri beni così comandiamo et ordiniamo a n.ri locotenenti presidenti governatori maestri della Camera et tutti li vassalli officiali et sudditi n.ri che osservino la detta donatione et ogni cosa contenuta in essa, et la facciamo osservar da cui sarà bisogno, non facendo il contrario per quanto stimano cara la gratia nostra poi che tal è n.ra mente qual vogliamo esser osservata non ostante ogni cosa contraria come a maggior fede del sudetto si siamo signati nelle presenti.

Date in Nizza il primo di marzo del mille cinq. cento sessanta.

EM. FILIBERTO.

V.ta *Gio. Francesco d'Osasco P.*

Fabri ».

Il conte Asinari, tenne per pochissimi mesi il dono del duca di Savoia, perchè un decreto dello stesso principe, datato pure da Nizza il 10 agosto 1560, conferma la vendita del palazzo medesimo fatta dall'Asinari al senatore Odonello Mercandillo.

Non molti anni dopo, nell'antico palazzo Troya venne stabilita la publica fiera, come altresì nella annessa vasta area di cortili compresa fra la via Morelli e la via Scuole; e la carta topografica del *Laurus* del 1639 porta precisamente segnata tale indicazione. Per altro, verso la metà del secolo XVII detti locali furono destinati ad Ospedale di Carità, come sono tuttora.

Ad ovest di questo ospedale, dove incomincia il fabbricato rustico dei fratelli Metzger, era un'altra torre appartenente al palazzo Botta, di cui dirò a suo luogo.

.·.

ALTRO PALAZZO ALFIERI — Dirimpetto quasi alla *Torre Tro-yana*, o *dell'orologio*, è la casa appartenente ora al sig. Ballario Matteo, per una parte, ed agli eredi della signora Angelica Vespa, per l'altra. Vuolsi che ivi sorgesse un antico palazzo degli Alfieri. Induce in questa opinione l'esistenza di una pietra collocata sull'angolo sud-est del fabbricato simile a quella di cui ho già fatto cenno discorrendo del *palazzo degli Spagnuoli*, che fu degli Asinari, e più anticamente degli Alfieri.

.·.

PALAZZO PONTE — Appena oltrepassata la via Orfanotrofio, si incontra a destra l'attuale Orfanotrofio femminile trasferito nel locale che era un tempo l'antico convento dei Cistercensi o monaci riformati della congregazione di san Bernardo, fondato quest'ultimo, come scrive Sebastiano Provenzale nella sua *Asti sacra*, nel 1620, mediante l'elargizione fatta (con istrumento 18 aprile 1620 rogato Giacomo Gay, ratificato dipoi il 3 giugno successivo dal Capitolo generale della suddetta congregazione nella Badia di Pinerolo) dal conte Gio. Francesco Ponte (1) del suo

---

(1) Consigliere di stato, figlio di S. E. il conte Amedeo dei conti di Castellaro, primo presidente del Senato di Torino.

La famiglia Ponte era molto illustre, e ad essa apparteneva Pierino, il gran maestro dell'ordine di Malta che eccitò e mosse l'imperatore Carlo V all'impresa di Tunisi (*L'origine della sacra et eminentissima religione gerosolimitana* di ALDIGHIERO FONTANA, pp. 165 segg., Bologna, Pisarri, 1704). Vedremo a suo luogo le notizie più complete che riguardano quest'antichissima e nobilissima famiglia.

palazzo prospettante in via Cattedrale, dove sono adesso l'ingresso principale dell'Orfanotrofio stesso e la bella facciata disegnata, come si crede, dal celebre architetto Benedetto Alfieri.

Acquistate poi altre case verso la via Orfanotrofio per l'ampliamento delle abitazioni dei monaci (come dirò in altra parte del presente libro), in questo palazzo Ponte di antichissima costruzione venne allogata nel 1627 una nuova piccola chiesa provvisoria con ingresso in via Cattedrale, per sostituirla alla prima chiesetta, pure provvisoria, già adattata ivi nel 1623, con ingresso in via Orfanotrofio, sotto il titolo della Vergine della Consolata.

In questa seconda chiesa provvisoria del palazzo Ponte fu sepolto nell'ottobre 1657 il noto padre Filippo Malabayla, autore del famoso *Memoriale* apocrifo di Raimondo Turco di cui ho già parlato alla precedente pagina 88, al paragrafo *Torre e palazzo Turchi*.

•.•

PALAZZO DEI CATENA — Proseguendo la via, troviamo un bell'esempio di casa-forte in quella che fronteggia sulla piazza Vittorio Emanuele II, detta anche *del Tribunale*. È il palazzo Vastapane-Gandolfo, il quale nei tempi più remoti era della nobilissima famiglia De Catena (1).

_____

(1) Facevano per arma: Una catena d'oro formata in cerchio in campo azzurro. I Catena, che al dire del Casalis, ma con poca verosimiglianza, furono anche chiamati Cattanci, erano confalonieri d'Asti, e come tali portavano lo stendardo del Comune innanzi ai podestà ed ai vescovi nella prima entrata che essi facevano. Un Guglielmo Catena fu testimone alla conferma che fece nel 1198 il vescovo Bonifazio al Comune; quattro anni prima era stato ambasciatore al marchese di Monferrato. Bernardo, un altro Guglielmo ed Enrico, insieme con Raimondo, Corrado e Ricossa, loro nipoti, vendettero nel 1214 al Comune d'Asti parte del castello di Malamorte. Roberto intorno al 1220 teneva in pegno dal marchese di Monferrato il castello di Lu. Oberto fu sindaco d'Asti nel 1229. In quel tempo Ermanno (?) Catena fu dall'imperatore Federico II fatto conte di Arezzo per averlo seguito in varie spedizioni. Nel 1282 Corrado De Catena possedeva parte dei castelli di Mombercelli e di Corticelle. Giacomo e Rolando furono decurioni in patria nel 1290. Robaldo promotore della fazione

È di aspetto veramente nobile : il cortile ed il porticato interno hanno tuttora qualche impronta della grandiosità dell'edificio, per quanto nel volgere degli anni abbia subito varie ristorazioni. I capitelli delle colonne del porticato portano ancora scolpiti stemmi di famiglie patrizie astigiane; e qualche vecchia e logora lapida incastrata nei muri fa rimpiangere che per troppa vetustà non se ne possa più conoscere la iscrizione.

Era munito di torri: di quelle che si innalzavano sulla fronte a nord, verso la piazza del Tribunale, si è perduta ogni traccia, ma di quella che si ergeva nella manica verso la via Scuole, e che in parte è tuttora visibile, dirò a suo luogo.

Con tale manica e con l'annesso giardino il palazzo Catena formava un solo vasto isolato.

In questo palazzo tennero per vario tempo la loro dimora i vescovi d'Asti.

È noto, per altro, che il re Rodolfo aveva dato ad Oberto, conte d'Asti, il Castello Vecchio, che nel 936 fu venduto da Guido chierico, figlio di Oberto, al marchese Anscario, da cui passò al Vescovo, e d'allora in poi si chiamò *Castrum Episcopi*, come appare dal principio della cronaca di Ogerio Alfieri e da parecchi documenti del tempo del vescovo Bruningo (1).

Comunque, è certo che i vescovi possedevano il Castello Vecchio fin dal 938 (2), ed abitarono proprio il punto culmi-

---

ghibellina detta di Becchincenere nel 1261, col ferire Bonifacio Solaro fu l'origine prima delle guerre civili seguite poi tra i Solari e i De Castello, onde avvenne che allorquando questi ultimi furono nel 1304 espulsi dalla città dovettero pur ritirarsi in compagnia loro tutti i De Catena. Non solo mentre Asti era indipendente trionfò la prosapia dei De Catena, ma questi continuando sempre a vivere nobilmente in patria anche durante il tempo in cui ne furono signori i re di Napoli e i duchi d'Orleans, vennero annoverati anche in quei tempi tra le famiglie nobili astigiane. Invero si racconta che Samuele De Catena nel 1498 fu mandato dagli Astigiani ambasciatore ai Revellesi per trattare una pace fra essi ed i Casalesi. Cfr. GRASSI, *Op. cit.*, II, 210.

(1) GABOTTO, *Le più antiche carte dell'Arch. Capit. di Asti*, 91 segg., nn. LII segg. (vol. XXVIII di questa *Bibl. Soc. Stor. Subalp.*).

(2) CIPOLLA, *Di Brunengo vescovo d'Asti*, in *Miscell. di st. itol.*, XXVIII, 69 segg., Torino, 1890; *Di Rosone vescovo d'Asti*, in *Mem. R. Accad. Sc. Tor.*, t. XLII, Torino, 1891.

nante della città, cioè il *castrum episcopi* (che divenne per quei tempi un vero fortilizio) fino all'anno 1409, in cui il vescovo Alberto Guttuario d'Agliano ne fu scacciato per opera dei governatori stranieri. Il vescovo scomunicò gli occupatori e fu perciò messo in carcere. Dopo d'allora, i vescovi d'Asti non ebbero più per circa un secolo dimora fissa.

Fu in quest'epoca che si ritiene abbiano i vescovi d'Asti scelto per loro dimora il palazzo Catena. Ed è certo cosa naturale che i vescovi, cacciati dal Castello, si rifugiassero in una delle case della nobile famiglia De Catena, la quale teneva il confalone del Comune e della Chiesa d'Asti.

Comunemente si crede che il palazzo dei De Catena dove si rifugiarono i vescovi d'Asti sia quello posseduto fino a questi ultimi anni dall'avv. Zoppi-Bruno, ora del sig. Federico Raggio, in via Venti Settembre già via Monte di Pietà; onde si dedurrebbe che i vescovi fossero stati allora obbligati a stabilirsi molto lontano dalla Cattedrale. In un istrumento rogato l'11 febbraio 1437 dal notaio Giacomo De Lunis di Castellalfero si legge: « *Actum in civitate Ast in domo residentiae infrascripti domini Episcopi sita apud Ecclesiam maiorem Astensem* ». Se la residenza del vescovo avesse avuto luogo nel palazzo Catena di via Venti Settembre, tale residenza non sarebbe stata *apud* il Duomo. Ma i De Catena, come le altre nobili famiglie, non avevano una sola casa in Asti; onde il palazzo dei De Catena, diventato poi sede dei vescovi, anzichè essere quello di via Venti Settembre, fu certamente quello che si innalza sulla presente piazza del Tribunale e che si estendeva fino in via Scuole, verso la piazzetta che ora è detta del Seminario e dove era la chiesa di san Sisto (1).

E non è improbabile che i vescovi, anche quando risiedevano nel Castello Vecchio, tenessero la loro curia in altra parte della città, perchè quello era luogo incomodo per il publico; e forse la curia episcopale era allogata fin d'allora o in una parte del predetto palazzo Catena di cui ora si discorre, od in un'altra del prossimo palazzo della famiglia dei Bunei, prospiciente al

---

(1) La chiesa di san Siro si innalzava sulla presente piazzetta del Seminario, dove adesso è l'entrata al Seminario medesimo.

presente Seminario, perchè tanto l'uno quanto l'altro dei due predetti palazzi erano vicinissimi alla chiesa di san Sisto.

È probabile altresì che anche prima del secolo XV, cioè durante la loro residenza in Castello vecchio, i vescovi abbiano trasferita la loro curia nella casa parrocchiale della chiesa di san Sisto, l'una e l'altra di proprietà del vescovado, sul sedime delle quali sorse poi la facciata dell'attuale Seminario. Ma riparlerò di ciò prossimamente nell'occuparmi di proposito del palazzo dei Bunei.

Leggesi, difatto, in un documento esistente nella curia vescovile (1), sotto la data del 6 dicembre 1412: « *Ast in domo Episcopali Astensi prope sanctum Sixtum et in camera inferiori residentie infrascripti domini Vicarij* ».

Ho già riferito che nel 1437 la residenza del vescovo era nel palazzo dei De Catena, come dimostra il documento superiormente indicato, rogato dal notaio Giacomo de Lunis di Castellalfero; ed il trasferimento di tale residenza nel presente palazzo episcopale deve essere avvenuto dopo il 1444, perchè secondo un transunto della questione sulla processione di san Secondo, con un atto rogato Tommaso Caneto si venne il 21 ottobre 1444 ad una transazione fra i Capitoli della Cattedrale e di san Secondo « *in domo nobilium de Cathena residentie infrascripti Episcopi* (2) ».

Dopo quest'epoca non conosco altri documenti che indichino la residenza vescovile ancora nel palazzo Catena; onde si può arguire che verso la metà del secolo XV i vescovi d'Asti avessero la loro sede propria nel presente episcopio.

Secondo il Boatteri, il presente palazzo episcopale sarebbe stato ricostrutto dal vescovo Evasino, o Vasino II Malabayla, nel 1521 (3).

Trasportata quindi dal palazzo Catena la residenza del vescovo, questo palazzo sembra sia rimasto ancora per vario periodo di tempo agli antichi possessori.

---

(1) Vol. XI: *Fondationes Beneficiorum.*

(2) Vassallo, *Gli Astigiani sotto la dominazione straniera*, p. 8; Idem, *La chiesa dei santi Apostoli*, pp. 165 seg. e 343.

(3) Boatteri, *Serie cronologico-storica dei vescovi della Chiesa d'Asti*, Asti, Zucconi e Massa, 1807.

Tuttavia alcuni opinano che in questo fabbricato avessero poi dimora i duchi d'Orleans ed i re di Francia nei periodi di loro dominazione; ma se ciò avvenne, forse fu solo dopo che i vescovi trasferirono altrove la loro sede, e cioè dalla seconda metà del secolo XV fino al primo quarto del secolo successivo.

Altri asseriscono che in questo palazzo sia stata trasportata la sede del Comune durante l'anzidetta dominazione straniera.

Ma non ho trovati documenti per accertare l'una e l'altra delle due opinioni.

I COARDI DI CARPENETO. — Allorchè i Coardi, anticamente chiamati Codardi, provenienti dalla Spagna (1), vennero o trapiantarsi in Asti verso la metà del secolo XVI, vi esercitarono dapprima la mercatura, e continuarono in questo commercio sino alla fine di quel secolo. Niccolò Coardi cominciò ad essere tesoriere generale delle milizie di guerra e nel 1610 venne eletto presidente e capo generale delle finanze. Il 18 giugno 1613 acquistò parte del feudo di Rivalba, poi di Quarto e di Portacomaro nel 1618 su cui ebbe titolo comitale (2). Domenico (3), suo figlio, fu paggio del principe Tomaso di Savoia, di cui fu indi maggiordomo e governatore di camera. Altro Niccolò fu cavaliere, commendatore e consigliere della Religione Mauriziana, e nel 1698 fu investito del feudo di Carpeneto. Paolo Giuseppe Maria, suo figlio, ebbe giurisdizione su Bagnasco, Volpiano e Balangero,

---

(1) G. B. DI CROLLALANZA, *Dizionario storico-blasonico*, vol. I, Pisa, 1886.

(2) I Coardi fanno per arma: D'azzurro, a tre code di cavallo d'oro, 2 ed 1; col capo cucito di rosso, al puledro spaventato e rivoltato d'argento. *Cimiero*: Un puledro uscente d'argento. *Motto*: ANIMOSA VIRTUS.

(3) Domenico di Niccolò Coardi, cavaliere mauriziano, fu investito nel 1613 della commenda del priorato di san Secondo della Torre Rossa della città d'Asti, e nel 1618 su l'altare eretto nel fondo della torre stessa fece porre una statua marmorea di san Secondo, tuttora esistente, sul piedestallo della quale si legge: « *Eques. D. Domin. Coardus. Nicol. Fil. Suo. Sancto. Dicavit. An. MDCXVIII* ». Egli dedicò quella statua a san Secondo per onorare il luogo dove, giusta la tradizione, il santo martire era stato imprigionato, come rilevasi da questa epigrafe, che leggesi su lapida infissa nel muro della torre accanto al predetto altare: « *Ubi Sanctus Secundus | Impie conclusus fuit | D. Dominicus Coardus Eiusd. Eccl. | Commend Eques. SS. Maurit. Et Laz. | Nicolai Comit. Quarti Et Portac. | Suo Et urbis Patrono marm. | Simulacrum Humil. Dedicavit | Anno MDCXVIII* ».

fu gran ciambellano ed ebbe il collare della SS. Annunziata.

Questo palazzo dei De Catena passò in proprietà della famiglia Coardi sul principio del secolo XVII e vi rimase sino alla fine del secolo susseguente.

Negli ultimi trapassi di questa casa-forte non si è più pensato a conservare all'edificio grandioso l'aspetto imponente della bella costruzione medievale, la quale oggi di caratteristico non ha più che la parziale massiccia mole quadrata verso la piazza del Tribunale.

⁂

TORRE.... GRANDI. — Non so come distinguere la torre che nel secolo XVIII esisteva ancora sull'angolo della casa posta all'incontro delle vie Cattedrale e Natta sulla piazza Vittorio Emanuele II, o del Tribunale.

Nell'anno 1810 apparteneva al signor Borgnino avv. Giuseppe Maria, sindaco di Baldichieri, ed ora ne è proprietario il sig. comm. avv. Pompilio Grandi (1).

Nella carta topografica del *Theatrum Statuum Sabaudiae* del 1700 si vede precisamente segnata questa torre, di altezza non troppo considerevole, terminante con merli che sembrano rettangolari, il che lascierebbe supporre che essa appartenesse ad una famiglia guelfa, come, ad esempio, i De Curia, i Falletti, i Ricci, i Damiani, i Casseni, i Perla, etc.

Ma la mancanza assoluta di più precise notizie mi impedisce di dirne più a lungo, trannechè è probabile la congettura che la torre sia stata completamente abbassata o demolita negli ultimi anni del secolo XVIII o nei primi del XIX; perchè negli anni anteriori assai difficilmente, come afferma lo storico astigiano Giovanni Ardesco Molina, che scriveva nel 1774, era concesso di abbassare o demolire qualsiasi torre senza un espresso consenso del Consiglio comunale.

⁂

ALTRO PALAZZO CURBIS DI SAN MICHELE. — Il vero palazzo

_____

(1) Già sindaco di Asti dall'agosto 1898 al 17 novembre 1900. Rieletto dal Consiglio il 17 dello stesso mese, il comm. Grandi insistette nelle dimissioni, e ne fu preso atto in seduta consigliare del novembre medesimo.

patrizio della famiglia Curbis di San Michele (1) è quello che, modificato in parte, è ora posseduto dalla famiglia Boldrini, in via Cattedrale, sull'angolo della via Giobert, già della Maddalena.

Di questa famiglia originaria di Vercelli ricordasi Gian Giacomo senatore nel 1559, dal figlio del quale, Filiberto, nacque l'altro Gian Giacomo che nel 1621 ebbe in feudo San Michele d'Asti con titolo comitale in compenso dei servizî resi al duca di Savoia nelle guerre del Vercellese e del Monferrato. Fu verso quest'epoca che la famiglia Curbis venne a stabilirsi in Asti. Da quell'illustre capitano discesero gli altri membri che si propagarono poi in questa città, ove fecero numerosi acquisti di case e di altri possedimenti.

Mi mancano le fonti per indagare a quale famiglia patrizia astigiana appartenesse nei tempi medievali questo palazzo, il quale, se non ha più traccie notevoli della sua primitiva costruzione, conserva pur tuttavia tali vestigie da far ritenere che esso fosse una casa ben provvista di opere di difesa e di offesa; specialmente perchè sembra che più anticamente in questo palazzo alloggiasse, o ne fosse proprietario, qualche principe di Casa Savoia. Sopra la volta del salone si vedevano dipinti parecchi frammenti di iscrizioni, indicanti fatti ed episodi appartenenti a tale famiglia sovrana, come vittorie, matrimoni, cessioni, etc. Tra l'una e l'altra di tali iscrizioni si vedevano le armi sabaude, ora semplici, ora alleate con quelle di altre Corti sovrane.

In questo palazzo prese alloggio nel 1703 il famoso duca di Vendòme, quando piantò il suo quartier generale nel convento di santa Maria Nuova, dove pure aveva alloggiato momentaneamente (2).

Questo palazzo appartenne alla famiglia Curbis fin verso la metà del secolo scorso.

---

(1) I conti Curbis di San Michele facevano per arma: D'argento, al caduceo di rosso, i serpenti di verde; col capo cucito d'oro, all'aquila di nero coronata dello stesso. *Motto*: À chacun son droit.

(2) N. Gabiani, *Le memorie etc.*, pp. 31 e 69; Idem, *Notizie sulla ferrazza o politica della città d'Asti dal XIV al XVIII secolo*, p. 187, Torino, 1892.

.˙.

PALAZZO CASTELLETTO E CIRIÉ. — La via Cattedrale si chiude
a sinistra con il palazzo della nobile famiglia Amico di Castellalfero, a destra con la casa del canonicato della cattedrale a
beneficio del Rev. signor Poncini canonico Francesco Battista.

Questa casa, che fa angolo con la via san Giovanni, a giudizio
del cronista abate Incisa parrebbe che anticamente appartenesse
ai marchesi di Castelletto od ai baroni di Ciriè, francesi, rilevan-
dosi ciò da un'arma in pietra collocata superiormente alla porta,
con sopra di essa il motto *Vincit libertas* (1). Un'altr'arma
uguale esisteva sull'uscio d'un salone della stessa casa, ma senza
motto.

Io non ho dati per accertare l'affermazione dell'Incisa: ad
ogni modo do la notizia come è a me pervenuta.

Attiguo al palazzo, di cui sopra, era la casa appartenente a
quel chiaro ingegno che fu il conte Francesco Morelli d'Ara-
mengo, poeta argutissimo e briosissimo che rallegrò per mezzo
secolo i suoi coevi (2). La casa è quella d'angolo fra la via Cattedrale e la via Milliavacca.

3

In via alle Scuole (già DEL VESCOVADO, anticamente VIA BUNEI).

TORRE E PALAZZO.......BOTTA. — Dove la via Scuole, ripiegando a ponente, tende al palazzo vescovile, era il palazzo Botta,
coerente all'ospedale di Carità a levante. Per gli altri tre lati esso
prospettava in via Scuole, in via Orfanotrofio ed in via Cattedrale.

È quello dove ora è impiantata la fabbrica di birra dei signori
fratelli Metzger.

La facciata verso mezzodì era completamente dipinta, ed il
pittore vi aveva trasfuso il capriccio suo o quello del proprie-

---

(1) Quest'arma, sempre secondo l'Incisa, portava attraversante dalla sinistra alla destra *una fascia bleu* con tre gigli di Francia, posata sopra
un campo d'oro.

(2) Vedine le *Poesie* raccolte da N. GABIANI in tre volumi, Asti, Brignolo, 1895-96-99.

tario dell'edifizio. Fra le dipinture che coprivano la facciata anzidetta si notava frequentissimo il motto « *Semper constat* », che si interpretava da ciascuno a suo piacere; vi erano quadri enigmatici, in cui campeggiavano angeli in varî atteggiamenti, qualcuno con il motto « *Nescis quid vesper vehat* ». In altro quadro erano raffigurate due mani strette fra di loro, simboleggianti l'*unione*. Un altro dipinto rappresentava una vergine con parecchi angeli, che veniva interpretata per l'*Assunta* o per la *Madonna degli angeli*.

All'estremità est del lato di mezzanotte sulla via Cattedrale, dove adesso è il portone carraio della fabbrica di birra, in coerenza dell'ospedale di Carità, era un'antica torre dello stampo di quella *troyana*, o *dell'Orologio*, ma notevolmente più bassa, esistente ancora nel 1815 e demolita qualche anno dopo.

Non ho fonti per riconoscere il casato della famiglia nobile che nell'epoca medievale possedeva la torre ed il palazzo anzidetti.

**

TORRE CATENA — In prosecuzione della stessa via Scuole, dirimpetto alla chiesa della Misericordia, era un braccio del sontuoso palazzo Catena, poi dei Coardi di Carpeneto, di Quarto, di Portacomaro, etc. e presentemente della famiglia Gandolfo-Vastapane.

Nel mezzo di questo braccio di fabbricato, appartenente ora al signor Granero negoziante di carboni, innalzavasi una bellissima torre, di cui tuttora si vedono le traccie osservando dalla via. Si scorgono, anzi, ancora i segni di una bella finestra gotica, del genere di quelle che formavano la caratteristica delle costruzioni astigiane nel Medio Evo. Da questi segni si arguisce che la costruzione di detta torre risale al secolo XIII, e cioè all'epoca in cui più ferveva l'opera dei nobili nel difendere le loro dimore.

PALAZZO E TORRI DEI BUNEI — A sinistra della piazza del Seminario, e precisamente di fronte a questo, ergesi maestoso il palazzo d'abitazione di Monsignor Vescovo, dove ha sede altresì la Curia vescovile. Pare che i vescovi d'Asti abbiano trasferita quivi la loro sede appena abbandonarono la precedente loro dimora del palazzo Catena, ora Gandolfo-Vastapane, in piazza Vittorio Emanuele II, o del Tribunale, di cui ho parlato nelle pagine antecedenti.

Questo antichissimo palazzo apparteneva nei secoli di mezzo all'illustre schiatta dei Bunei (1), che lo tennero fino a quando i vescovi d'Asti verso la metà del secolo XV vi trasportarono l'episcopio dal palazzo Catena.

Pietro Giovanni Boatteri, che scrisse la *Serie cronologico-storica dei vescovi della città d'Asti* (2), asserisce che una delle prime opere del vescovo Vasino II Malabayla (3) fu « la riedificazione del Palazzo Vescovile, come lo dimostra una Lapide (4) posta sotto le finestre non molto discoste dalla porta che dà ingresso; lo stesso fece alla Chiesa di San Sisto, ed all'abitazione attigua, propria dello stesso Vescovado stata demolita quando si fabbricò il nuovo Seminario, in cui vedevansi prima in mezzo a pitture antiche un cartello lungo con lettere grosse majuscole, che parlavano della ristorazione fatta da questo Vescovo Evasino con suo decreto de' 23 Aprile 1521 ». Il presente palazzo vescovile venne poi ristaurato durante l'episcopato di Monsignor Giovanni Todone (1727-1739) (5).

---

(1) I Bunei o Bunio di Asti avevano il titolo di conti di Monale e facevano per arma: D'argento, al capo-palo di rosso caricato nel punto del capo da un giglio (fiordaliso) del primo. *Cimiero*: Una fanciulla nascente vestita di azzurro, armata d'una spada d'argento. *Motto*: Iustitiam fortuna numquam deserit.

I Bunei sono designati da Guglielmo Ventura come nobili d'Ospizio, asserendo quel cronista che fra i nobili ghibellini astigiani di tal fatta, i quali nell'anno 1304 dovettero abbandonare la città, vi erano tutti i Bunei, tranne uno solo. Nell'anno 1344 Buneo dei Bunei fu eletto ambasciatore a Luchino Visconti.

(2) Publicata in Asti dal figlio sacerdote Gio. Battista presso la tip. Zucconi o Massa nel 1807.

(3) Evasino, o Vasino II, della nobile famiglia astigiana dei Malabayla, da vescovo di Piacenza venne trasferito alla sede episcopale di Asti nel 1519.

(4) La lapida ora non esiste più.

(5) Mi sono rivolto al gentilissimo e reverendissimo vicario generale della Diocesi can. teol. D. Carlo Vergano, per alcune ricerche intorno al presente episcopio, ed egli con la sua abituale cortesia mi significava che

Come si rileva dal passo superiormente riportato dal Boatteri, e come afferma del pari il teol. prof. Bosio nella sua *Storia della Chiesa d'Asti* (1), la chiesa di san Sisto e l'attigua casa parrochiale erano pertinenza del vescovado; e poichè l'una e l'altra esistevano già nel 925, non è improbabile che allorquando i vescovi avevano la loro sede nel Castello vecchio, avessero stabilita la loro curia nella predetta casa parrochiale di san Sisto.

Verso il 1690, questa chiesa, essendo ridotta in cattivo stato, venne demolita per ordine di monsignor Tonati, e nel 1699 il successore di lui, Innocenzo Milliavacca, ampliò, sul sedime di quella, il Seminario, ricostruendolo a nuovo. Il primo Seminario era stato eretto per opera di monsignor Della Rovere nel 1577 in un'ampia e adatta casa attigua alla chiesa di sant'Ilario, antica parrochia già esistente nel secolo XII, soppressa ed unita a quella della Cattedrale, nel 1565 (2). La chiesa di sant'Ilario sorgeva nel braccio nord-ovest del presente fabbricato del Seminario, verso via Cattedrale, dirimpetto alla casa Boldrini, come appare dalla carta topografica del Lauro del 1639 e da quella del *Theatrum Statuum Sabaudiae* del 1700. .

La vecchia fabbrica del Seminario, per quanto fosse stata ampliata e restaurata da monsignor Milliavacca, era pur sempre troppo angusta; ed il vescovo Paolo Maurizio Caissotti appena assunto il governo della diocesi astese nel 1762, la fece totalmente demolire, ed eresse in suo luogo il nuovo seminario sul grandioso disegno del conte Benedetto Alfieri, primo architetto del re Carlo Emanuele III, congiunto e tutore del poeta Vittorio (3).

L'antico palazzo dei Bunei era ben munito di opere di difesa, ed ancor oggi si trova in ottime condizioni di fortezza e di solidità. Alle due estremità del palazzo prospicienti sulla piazza

---

« una ricerca nell'archivio vescovile non è possibile, perchè, come è noto, venne completamente distrutto nella vacanza della sede episcopale dopo la morte di Monsignor Artico », e cioè dal 1859 al 1867.

(1) P. 351, Asti, 1894.

(2) Bosio, *Op. cit.*, p. 350.

(3) *Ibidem*, p. 479.

del Seminario, o meglio sulla via della Cattedrale, si alzavano due torri medievali.

Quella alla estremità est del palazzo, sull'angolo della via del Tribunale, già della Misericordia, come più esposta all'azione delle guerre civili ebbe a provare maggiormente le asprezze delle discordie e delle lotte cittadine, e nelle ricostruzioni e nei ristauri successivi fu tenuta a minor altezza di quella dell'altra estremità del palazzo, che era notevolmente più alta per aver sempre conservata la primitiva altezza.

Monsignor Dejean, vescovo nominato (1), che abitava il palazzo negli anni 1813 e 1814, ordinò l'abbassamento delle due torri, uguagliandole al livello del tetto del palazzo, per infondata paura che minacciassero rovina.

Il Dejean fece dare principio il 10 maggio 1813 all'abbassamento della torre d'angolo a levante del palazzo del Vescovado, riducendola all'altezza del restante palazzo. Il cronista del tempo, abate Stefano Incisa, scrisse nel suo *Giornale d'Asti* che detta torre « fu assai facile ad abbassarsi perchè in cima era legata in malta e più abbasso era legata in calcina magra. Già altra volta questa torre deve essere stata abbassata, perchè non aveva la sua cima terminata come l'altra di detto palazzo: in essa niente vi era di notabile. Nei piani che vi rimasero già vi erano camere abitate. Il materiale della medesima è assai buono, e si cavò assai bene e il Dejean ne vuol cavare uso ».

Anche la seconda torre del Vescovado, a ponente, fu abbassata nel gennaio del susseguente anno 1814, fino all'altezza del tetto del palazzo (2). Questa torre era ancora tutta intiera, ed era merlata soltanto ai quattro angoli. Però dal lato di mezzanotte, verso la via, era alquanto più alta, perchè dal lato di mezzodì

---

(1) Sul vescovo astigiano Dejean, e su quanto ebbe a soffrire dall'autorità civile napoleonica, conserva preziosi documenti, pervenutigli da un suo prozio cardinale, il generale Emanuele Morozzo della Rocca.

(2) A proposito dell'abbassamento delle molte torri avvenuto verso quest'epoca, a titolo di curiosità, riferisco qui la seguente osservazione che ho trovato nel vol. XXXIX del *Giornale d'Asti* dell'abate Stefano Incisa (esistente nella Biblioteca di questo Seminario): « *Torri sul Cappellino delle signore Dame.* Se si sono abbassate le torri di mattoni eminenti sopra i tetti, altre torri si sono alzate e si rialzano sempre più ogni giorno

verso l'interno del palazzo, si era dovuto abbassarla per dare una conveniente pendenza alla copertura di essa. Detta torre era tutta uguale dalla base alla sommità, e le finestre dei quattro lati non avevano alcun ornamento: rassomigliava moltissimo, per non dirla quasi perfettamente uguale, a quella detta di *san Bernardino*.

Le due torri anzidette formavano un unico rettilineo con la fronte del palazzo.

Di fronte al vescovado è il Seminario vecchio e nuovo. I due bracci prospicienti, l'uno sulla piazzetta, e l'altro sulla via del Tribunale, costituiscono la parte nuova. Dall'attuale portone d'ingresso verso la piazzetta all'estremità ovest del Seminario ergevasi la chiesa antichissima di san Sisto, stata demolita nel secolo XVII. — La colonna di pietra posta sull'angolo sud-est della piazzetta fu piantata da Monsignor della Rovere nell'anno 1583 e ripiantata da Monsignor Milliavacca nell'anno 1697.

*
* *

TORRE E PALAZZO.... STRATA — In prosecuzione del Seminario, al di là della piazzetta, è un antichissimo palazzo che nel penultimo secolo apparteneva alla famiglia Garbiglia, e, precedentemente, alla famiglia Strata. (1) Mi mancano le notizie per stabilire chi ne fosse proprietario nei tempi più antichi.

Questo palazzo era indubbiamente di pertinenza di famiglia nobile. Ciò si rileva dall'insieme della sua costruzione, dal porticato interno, e più ancora dalla torre che esisteva sull'angolo di via Scuole verso via Giobert, già della Maddalena. Ora in esso è allogata la tenenza dei RR. Carabinieri, e ne è pro-

---

sulla testa delle signore dame, le quali portano un cappellino, che ha la coppa alta più d'un palmo, senza contarvi i nastri che vi mettono, e gli altri piumacchi o bianchi o neri, i quali se cadono indietro si dicono *à la reyection*, se cadono avanti si chiamano *à l'imperial*. E questa moda presentemente è comunissima ».

(1) Di questa famiglia si ricorda il carmelitano Clemente, che resse lo Studio della sua patria. Fu oratore valentissimo, onde venne chiamato a predicare sui primi pulpiti d'Italia; amò la filosofia, e commentò parecchie opere di Bacone.

prietaria la signora Guglielminetti Maria Teresa, vedova del
banchiere Eugenio Guglielminetti (1). Questa torre era di pianta
quadrilatera, come si vede tuttora sul posto, dove si scorge la
base a lati tutti disuguali, cioè di m. 5.15 a 5.60 nel senso
della lunghezza, e di m. 4.97 a 5.38 nel senso della larghezza.
I muri perimetrali hanno m. 0,98 di grossezza.

La fronte verso via Scuole ed il risvolto in via Giobert sono
stati intonacati, ed hanno perciò perduto il carattere della loro
architettura ogivale.

(Fig. 14) Avanzo della Torre solara, in via Scuole (angolo via Giobert).

(1) Nel 1810 la casa apparteneva già all'attiguo Seminario vescovile; ma
nel 1868, per atto d'incanto in dipendenza delle leggi 7 luglio 1866 e 15
agosto 1867, passò al signor Guglielminetti Carlo fu Giuseppe.

***

Torre Solara. — Sull'angolo opposto della intersezione delle vie Scuole e Giobert, s'innalza tuttora di due piani sopra il tetto del fabbricato un avanzo di torre che doveva certamente essere notevole per solidità (Figura 14).

Tutto l'isolato compreso fra le vie Maestra, Goltieri, Scuole e Giobert, costituiva l'antichissimo monastero detto di sant'Anastasio, che il Promis afferma essere stato fondato anteriormente al secolo XI (1). Sebastiano Provenziale nella sua *Asti Sacra* lascia invece supporre che re Berengario nell'anno 893 contemporaneamente alla chiesa, abbia edificato il monastero che egli avrebbe dotato di cospicui redditi per il mantenimento delle monache viventi secondo la regola di san Benedetto.

Non è certamente da confondersi la chiesa presente, di epoca assai più recente, che si innalza sul piano delle vie circostanti, con quella che si vuole edificata dal re Berengario ad un piano notevolmente inferiore al livello stradale (2).

I disegni che si riproducono alle Figure 15 e 16 dànno un'idea di questa chiesa (3), che è uno dei più preziosi avanzi di costruzione medievale di questa città. Questa antichissima chiesa è a tre navate, e tuttora si contano cinque arcate per ciascuna nave, con colonne quasi tutte romane raccolte nelle demolizioni di costruzioni anteriori.

È da far voti che nella ricostruzione di quella parte di caseggiato sovrastante alla cripta detta di sant'Anastasio, per far luogo ad un nuovo braccio dell'edificio scolastico che si intende riedificare, il Comune conservi ad ogni costo questo bellissimo esempio di basilica cristiana tenuta in tanto pregio dagli studiosi.

---

(1) Vincenzo Promis, *Documenti spettanti a tre monasteri d'Asti*, in *Miscell. di st. ital.*, t. XI, Torino, 1870.

(2) Devesi per vero notare che nell'893 non Berengario I, ma Guido e Lamberto di Spoleto erano riconosciuti come re d'Italia in Asti (Cfr. Gabotto, *Le più antiche carte*, 34 segg., nn. XXIII segg.).

(3) Vedi pure la recente pubblicazione del dotto archeologo ing. comm. Riccardo Brayda, *La Cripta di sant'Anastasio in Asti*, in *Atti Soc. di Archeol. prov. Tor.*, vol. VII, Torino, 1905.

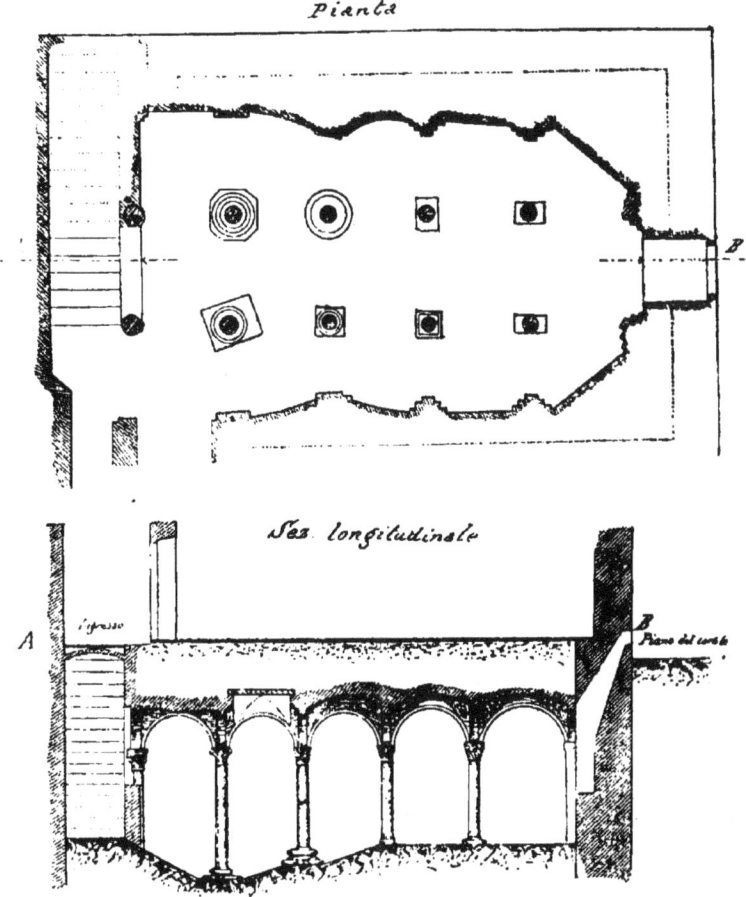

Pianta

Sez. longitudinale

(FIG. 15) Pianta e sezione della Cripta di sant'Anastasio.

Senza dubbio la lunghezza primitiva era molto più considerevole, e fu certamente amputata per far luogo alla chiesa attuale. La presente chiesa di sant'Anastasio è ornata di pitture
assai pregiate per forza d'espressione e correzione di disegno,
in modo che sono attribuite al famoso pittore astigiano Gian
Carlo Aliberti, nato nel 1680 e meritamente celebrato dal Lanzi
nella sua *Storia pittorica*.

La piccola parrocchia di sant'Anastasio aveva, come le altre,
il suo cimitero; ma le monache (afferma il Vassallo nel suo
studio *Gli Astigiani sotto la dominazione straniera*) erano

sepolte nell'elegante cripta che ancora si conserva. Non è improbabile l'affermazione del Vassallo; ma ciò sarà avvenuto dopo l'erezione della chiesa presente.

Tornando al monastero di sant'Anastasio, giova ricordare che esso venne poi compreso con quelli di san Bartolomeo d'Azzano e dei Santi Apostoli nella donazione fatta nel 1041 dall'imperatore Enrico III al vescovo Pietro, il quale, presolo sotto la sua protezione e trovatolo in condizione misera, gli fece dono della terza parte del castello di Bredulo con le terre a questo spettanti.

Mercè l'imperiale donazione confermata da papa Eugenio III, il possesso di questo monastero spettava ai vescovi di Asti: tuttavia vari anni dopo i sommi pontefici Urbano III e Gregorio VIII, confermando le donazioni fatte, lo presero sotto la diretta loro protezione.

Altri atti antichi riflettenti queste monache non si conoscono, ad eccezione di uno del 1182, con cui esse rinnovano l'obbligo che avevano di dare dieci soldi astesi ogni anno, nella vigilia di sant'Anastasio, ai canonici della Cattedrale, che processionalmente andassero al loro monastero (1).

È ignota la storia di questo cenobio dopo tal secolo, e pochissime sono le badesse delle quali indi si conosca il nome (2). L'ultima badessa fu Teresa Eleonora Cotti dei conti di Ceres, che lo reggeva quando per decreto del Governo in data 16 agosto 1802 il medesimo venne soppresso.

Pare che nel secolo XIII il monastero di sant'Anastasio abbia dismesso una parte dei suoi locali a qualche famiglia cittadina, la quale, nel fervore delle lotte civili, avrebbe munita la

---

(1) L'antico monastero delle benedettine di sant'Anastasio aveva cura d'anime, e queste erano 90 secondo la visita del Panigarola; o, come meglio spiega il vescovo di Sarsina (nel 1585), 100 anime in età di comunicarsi, 182 in tutto. La cura pastorale era commessa ad un Padre servita, al quale le monache davano 20 *aurei* per la messa quotidiana, 3 per la cura parrocchiale, oltre qualche emolumento da lui ricevuto in qualità di confessore delle monache.

L'*aureo*, o scudo aureo, equivaleva a nove fiorini.

(2) Valenza de' Guttuari, assunta al governo del monastero nel 1496; Caterina dei Rotarii, nel 1508; Margherita Scarampi, nel 1526; Angela Francesca Garretti di Ferrere nel 1732; Paola Cristina di San Tomaso, nel 1752.

(Fɪɢ. 16). Interno della Cripta di sant'Anastasio.

nuova sua proprietà di buone opere di difesa. Nella visita pastorale del vescovo di Sarsina (1585) si accenna ad un vicolo allora esistente fra il monastero e le case dei Solari e dei De Furno.

I Solari, cacciati dalla città d'Asti nel 1303 per opera dei De

Castello, vi rientrarono vincitori nel 1304, ed avendovi trovate le loro case distrutte, si diedero a riedificarle. Per altro, qualche ramo di essi andò ad abitare presso il monastero di sant'Anastasio, con i De Furno; e questi e quelli allogarono le loro case nel braccio dell'isolato che fronteggia la via Giobert, detta allora *della Maddalena*.

Il vicolo cui accenna il vescovo di Sarsina senza dubbio separava le case dei De Furno dal monastero, a un dipresso dove il cortile detto della Ginnastica (1) si stacca dal fabbricato delle scuole femminili. Le case dei De Furno prospettavano sulla via Maestra e sulla via Giobert: quelle dei Solari in via Giobert e nella via Scuole, e sull'angolo di queste due vie si innalzava la torre Solara, che si vede tuttora mozzata.

Nella carta del *Theatrum Statuum Sabaudiae* è riprodotta questa torre di mediocre altezza, terminante con una merlatura guelfa, cioè con merli rettangolari; ed i Solari, come è noto, era guelfi.

Questo avanzo di torre, ancor oggi benissimo conservata, rileva una robusta costruzione di stile puramente gotico, l'erezione della quale risale precisamente alla fine del secolo XIII od al principio del XIV.

La base di questa torre misura oggidì internamente m. 5,55 di lunghezza per metri 5,50 di larghezza. La grossezza dei muri alla base è di m. 1,30. Per altro, i due muri perimetrali interni furono negli ultimi tempi assottigliati di qualche decimetro; il che produsse una maggior superficie nell'attuale area interna della torre.

Tutto l'isolato anzidetto, compresa la manica verso via Giobert e la relativa torre, sul principio del secolo scorso passò al conte Carlo Emanuele Cotti di Ceres, e da questa nobile famiglia asti-

---

(1) In questo cortile, scavandosi nel 1881 una fossa, si rinvenne un frammento di capitello di pietra arenaria, decorato a pampini ed a foglie di acanto. Nel piano superiore, a caratteri maiuscoli comuni, sottilmente ma nitidamente incisi, si leggono le seguenti parole:

« NON BENE PRO TOTO LI...TAS
VEDITVR AV.... »

cioè: *Non bene pro toto libertas venditur auro* ».
Tale frammento trovasi ora collocato nel Civico Museo archeologico.

giana pervenne poi, verso la metà dello stesso secolo, in proprietà del Municipio d'Asti, che vi trasferì le publiche Scuole tuttora ivi esistenti.

.·.

TORRE RAMELLI DI CELLE — Alla parte opposta dell'estremità nord-ovest del fabbricato del civico collegio delle scuole, sull'angolo delle vie Scuole e Goltieri, si innalzava una torre elegante e snella che era annessa al palazzo dei conti Ramelli di Celle (1), il quale si estendeva fin sulla piazza della Cattedrale, cioè sino all'incontro del palazzo ora della nobildonna Felicita Asinari di San Marzano, vedova del barone Vittorio Alessio.

I Ramelli di Celle possedevano più tardi anche l'altro palazzo nobile che dalla stessa piazza del Duomo si estende fino alla via Scuole tra le vie Azeglio e Goltieri, quello, cioè, che ora appartiene all'avvocato cav. Domenico Taschero.

La torre Ramelli, abbassata sul principio del secolo XIX, aveva alla base m. 3,30 di lunghezza interna e m. 3,20 di larghezza, con m. 1,25 di grossezza dei muri.

Sul principio del secolo scorso la torre e la casa annessavi verso le vie Scuole e Goltieri appartenevano all'Opera pia del

_____

(1) Erano consignori di Celle e di Solbrito e fanno per arma: Inquartato: nel 1° e nel 4° d'oro all'aquila di nero coronata dello stesso; nel 2° e nel 3° d'argento, al ramo d'oliva al naturale posto in palo; sul tutto d'azzurro, al giglio (fiordaliso) d'oro. *Motto*: FIDES, SPES, CHARITAS.

Di questa nobile famiglia si rese celebre l'abate Giovanni Felice (1666-1741), insigne miniatore, di cui le opere preziosissime e pregevolissime si conservano per la massima parte nel palazzo reale di Torino.

A ricordare questa famiglia astigiana, il Consiglio comunale d'Asti in questi ultimi anni intitolava al nome di lei il vicolo già della Lupa che da piazza san Giuseppe si protende verso il quartiere Carlo Alberto, di fianco al palazzo Morando.

Tanto i Ramelli di Celle quanto i Ramelli di Solbrito sul principio del secolo scorso abitavano a Tigliole d'Asti. Il ramo di Solbrito aveva le sue sepolture nella chiesa parrochiale di Tigliole, come si rileva da una lapide con relativo stemma ivi esistente fin dal 1651. Nella chiesa di san Sebastiano, sita a circa un quarto di miglio da Tigliole, leggesi un'epigrafe in memoria di Marco Antonio della famiglia dei Ramelli di Celle, parroco di quel luogo nel 1669.

Buon Pastore. Presentemente essa è degli eredi del fu signor Carlo Bottini fu Giovanni.

Palazzo e Torre Zoya. — Il presente palazzo dell'avv. cav. Domenico Taschero tra le vie Goltieri e Azeglio era della antica famiglia Zoya, di cui si hanno scarsissime notizie. Di questa famiglia si rese assai benemerito per grandi opere di beneficenza Carlo Agostino Zoya, ultimo di quella stirpe (1).

Per eredità femminile il palazzo Zoya passò alla famiglia Ramelli di Celle, di cui ho parlato nel paragrafo precedente.

La Fig. 17 riproduce il prospetto, verso via Scuole, dell'antica costruzione, che è una dei più belli esemplari di architettura gotica del secolo XIV.

Le trasformazioni e gli adattamenti dei secoli successivi fecero sparire le bellissime decorazioni del primo piano, le quali, per altro, si conservano ancora quasi intatte nelle finestre del secondo piano, che un tempo erano bifore.

In questi ultimi tempi si soppressero le colonnine che le dividevano in due.

Il palazzo termina con tre ordini di fregi di coronamento che dànno un aspetto assai leggiadro alla costruzione.

L'antichità di questa casa è anche dimostrata dal porticato interno e dal rustico di essa.

Verso il cortile, nella manica o braccio rivolto al Duomo e più prossimo alla via Goltieri, pare si alzasse una torre di modeste proporzioni che la carta del *Teatrum Statuum Sabaudiae*

---

(1) La famiglia Zoya aveva le sue sepolture nella Cattedrale, ed in una colonna dell'altare di san Teobaldo di questa chiesa, verso la porta grande si legge la seguente epigrafe: « *Carolo Augustino | genere de Zoya ultimo | qui avitas virtutes in se amplissime cumulatas | summam in primis erga Deum et pauperes pietatem | ita semper excoluit | ut hinc continuis largitionibus vita transacta | inde vel moriens instituto | quotidiano missae sacrificio ad hoc altare ab id quoque | splendide ab se dotatum iugiter celebrando | virtuosissime vixisse testatus sit | Christina Margarita Zoya Scozia | coniunx amantissima | marmoreum hoc monumentum | costantissimi amoris sui tesseram | poni curavit | vixit annor LX menses V | obiit IV calendas iannuarii | MDCCXXXV* ».

(Fɪɢ. 17) Scorcio della Casa Zoya (ora avv. cav. Domenico Taschero) in via Scuole.

del 1700 segna ancora esistente con finestre binate: detta torre, per altro, non doveva avere grande importanza; ed è probabile che essa sia stata eretta assai tardi, più come opera di lusso che di offesa o di difesa.

Fu da taluni creduto che in questo antico palazzo Zoya fosse nei tempi più remoti stabilita la sede del Comune; ma io non ho avuto mezzo di poter accertare questa opinione, che d'altronde può essere attendibile.

Posteriormente la sede del Comune sarebbe stata trasferita nel palazzo del Podestà, che è quello posto sull'angolo delle vie Pellicciai ed Aliberti, di proprietà del signor dott. Camillo Olivero.

Di qui la sede comunale sarebbe poi stata trasferta nel cosidetto palazzo Catena, ora Gandolfo-Vastapane, in piazza Vittorio Emanuele II, o del Tribunale, dove avrebbero avuto più tardi residenza i duchi orleanesi ed i re di Francia durante la loro dominazione in Asti.

⁂

ALTRE CASE ALFIERI. — Dirimpetto al palazzo Zoya, prima di risvoltare in via Azeglio, trovavansi altre antichissime case degli Alfieri, annesse al contiguo palazzo nobile prospiciente sulla via Maestra. Furono demolite nel 1889, allorquando la signora Cecilia Santanera-Borgna (moglie del dottore cav. Agostino Santanera) fece edificare sul sedime di quelle la bella palazzina che ora appartiene al signor cav. Pietro Bosia.

In quella occasione, dalle vecchie case Alfieri furono estratti gli stipiti di due belle finestre bifore del secolo XIII, le quali sono state donate dalla predetta signora al Municipio, che le fece murare nel salone del primo piano retrostante alla ex chiesa detta della *Grande Annunziata*, dove era allogato il civico museo archeologico prima che nel 1903 questo venisse trasportato nel presente palazzo Alfieri.

⁂

PALAZZO BAIVERI. — Al termine della via Scuole, a destra, presso l'angolo verso via Varrone, ergevasi il palazzo nobile appartenente alla famiglia Baiveri (1), che sul principio del

---

(1) I Baiveri fanno per arma: D'oro, alla pantera di rosso macchiata di nero rampante. *Cimiero:* Un pozzo di rosso sostenuto da due draghi di verde affrontati. *Motto:* « VIRTUS VENENUM EXPELLIT.

A proposito della famiglia Baiveri il compianto prof. teol. D. Gaspare Bosio mi scriveva in data 15 agosto 1894: « L'iscrizione si riferisce a Vincenzo Bayveri che fu vescovo di Noli, probabilmente dal 1506 al 1518. Questo Vincenzo Bayveri, di famiglia astigiana, era prima commendatore o priore commendatario della chiesa di san Secondo della Torre rossa, ora santa Caterina. Trovai queste notizie nella relazione della visita pastorale fatta in detta chiesa dal vescovo Panigarola nel 1588 (fog. 19. Che fosse nipote del Papa Giulio II non lo sapevo e l'apprendo ora dall'iscrizione che Ella mi manda ». L'iscrizione di cui qui si parla mi era stata

secolo scorso lo dismise al sig. Mussa Secondo fu Francesco.

Presentemente, nel luogo di quell'antico palazzo vennero stabiliti i locali ed i fabbricati dell'Opera Pia « Figlie di Nazaret ».

4.

In via Natta.

Dall'angolo nord-ovest della piazza Vittorio Emanuele II, o del Tribunale (chiamata già piazza del Collegio, perchè nel soppresso convento, detto *della grande Annunziata*, abitato dalle monache rocchettine lateranensi, erano state trasferite le scuole civiche dirette da quel valentuomo che fu l'abate Sotteri e di cui parla il nostro illustre conterrazzano Angelo Brofferio nel suo argutissimo libro *I miei tempi*) si dirama la via Natta, così intitolata dal nome della famiglia Natta che quivi avevano talune loro abitazioni.

PALAZZO FALLETTI. — A sinistra del primo tratto di questa via, fino all'incontro di via Giobert, già della Maddalena, vi era il palazzo nobile dei Falletti, passato poi ai conti Carlevaris di San Damiano; ma di questo dirò parlando della via Giobert.

PALAZZO E TORRE ASINARI E VERASIS DI COSTIGLIOLE. — Sempre a sinistra della via Natta, tra la via Giobert e la via Milliavacca, è il palazzo nobile anticamente appartenente, come si crede, agli Asinari di Costigliole. Estintosi questo ramo, passò ai conti Verasis-Asinari di Costigliole (1), che lo fecero in parte

---

comunicata dal prof. conte Carlo Cipolla, il quale me la inviò l'11 agosto di quello stesso anno con le seguenti parole: « Giorni sono mi trovavo nella chiesa cattedrale di Noli, sul mare di Genova, bellissimo monumento dell'antico medioevo. Ivi si trova, infitto nella parete di sinistra, un elegante tabernacoletto dello stile più puro del Rinascimento. E su quel tabernacoletto leggesi:

VINCS - DE - AST

EPVS - NAVLEN

—

NEPOS - IVLII

SECVNDI.

(1) Fanno presentemente per arma: Inquartato: nel 1° e 4° d'oro all'aquila di nero, coronata dello stesso; nel 2° e 3° d'argento, alla quercia fogliata e fruttata, nudrita sulla pianura erbosa, il tutto al naturale; sul

ricostruire, come prova il capitello sovrastante ad una colonna esistente tuttora nell'interno del cortiletto verso via Natta. In questo capitello è scolpita l'arma antica (1) della famiglia, diversa alquanto da quella ora adottata.

La ricostruzione di cui si tratta risale al secolo XIV, e se ne ha certezza specialmente nella bella decorazione dell'arco della porta d'ingresso (Fig. 18). Al primo piano della facciata in via Natta si scorgono ancora oggi le importanti modificazioni fatte alle finestre nei secoli posteriori.

A sinistra del portone d'ingresso, per chi guarda dalla strada, elevasi una torre che si vede ancora nella carta del *Theatrum Statuum Sabaudiae* del 1700, segnatavi però soltanto più di poca altezza.

Nel primo quarto del secolo scorso il palazzo apparteneva ancora ai conti Verasis; attualmente è del signor Guglielminetti Andrea.

TORRE E PALAZZO NATTA. — Oltrepassata la via Milliavacca, sull'angolo che questa fa con la stessa via Natta, a sinistra, si innalza una torre che ora è di limitata altezza, appartenente,

---

tutto d'azzurro, alla torre d'oro, con la bordatura composta di rosso e d'argento. *Cimiero*: Una donna scapigliata, nascente, tenente con la destra un nastro svolazzante col *motto*: FORTIOR EST VIRTUS.

Nel secondo volume manoscritto del Boatteri *Lapidi e iscrizioni profane esistenti nella città di Asti ed altre che si ritrovano nella provincia ed altre città riguardanti famiglie astigiane*, senza designazione del luogo dove era murata la lapide si legge la seguente iscrizione: « D. O. M. | *Mauritius Verasis De Asinariis | ex comitibus Costiliolarum | et Castilionis Montisferrati | in aula reggiae* (sic) *honorarius ephebus | militiae dato nomine | in exercitu regis legatus | Brunettae Sassaris Mortarii Eporediae | Bondi Comagi ac Montisferrati ducatu | gubernator | ordin. D. D. Mauritii et Lazari | Cruce insignitus | benevolentia animi magnitudine | clarus | divina etiam infirmitate | publicae quieti pervigil | aetatis suae ann. LXXIV | Die II junii MDCCLXXXI obiit | Comes Franciscus Verasis De Asinariis | tanti viri filius fratris | et heres | monumentum posuit* ».

(1) In origine la famiglia Verasis-Asinari di Costigliole faceva per arma: Semispaccato - partito: nel 1° d'oro all'aquila di nero coronata dello stesso; nel 2° alla quercia fogliata e fruttata, nudrita sul verro, il tutto al naturale; nel 3° d'azzurro alla torre d'oro con la bordatura composta di rosso e d'argento.

(FIG. 18) Scorcio del palazzo Verasis-Asinari di Costigliole
(ora Guglielminetti Andrea) verso via Natta e Torre Natta.

insieme con l'attiguo palazzo prospiciente sulle due vie, all'antichissima famiglia Natta (1). Il palazzo era veramente ben mu-

(1) La famiglia Natta va annoverata fra le più nobili ed antiche d'Italia per essersi resa celebre e gloriosa per merito di parecchi personaggi, i quali, oltre che per origine, si resero rinomati nelle lettere, nelle armi, nella Ragion di Stato, nell'economia politica e nella religione.

Nel libro *De Gentibus et Familiis Romanorum Richardi Streinni, Baronis Schucarsenarij*, stampato in Venezia dal Manuzio nel 1521, si legge che la famiglia Natta proviene da Pino, uno dei quattro figli di Numa Pompilio secondo re dei Romani. Tale discendenza è pure assicurata (per quel che vale una simile assicurazione) da altri antichi autori.

Nel tempo in cui Asti era colonia romana, si pretende che molti della famiglia Natta venissero a stabilirsi in questa città, donde poi si propagarono in Genova, Cuneo, Alessandria e Casale Monferrato.

nito e forte, e sovra la porta d'ingresso, in via Natta, era incastrato lo scudo gentilizio che aveva la seguente blasonatura: « D'argento, a tre fascie di rosso, con una palma di verde di sei rami fruttati di porpora, tre per parte, sradicata e attraversante sul tutto. *Cimiero*: La figura della Giustizia nascente. *Motto*: PER ME STANT REGNA ».

Dei Natta astigiani si ricordano con onore: Giovanni, signore di Castelnuovo (1003); Tomaso, che unito a san Landolfo, vescovo d'Asti, portò nel 1000 molto sollievo alla sua patria nella triste occasione in cui la città era afflitta da morbo contagioso; Oberto, sindaco d'Asti nel 1190; Enrietto, comandante delle truppe militanti sotto il marchese Bonifacio nella crociata da lui impresa sulla fine del secolo XII; Tomaso, morto nella sortita fatta dal capitano Comentina nel 1245; Giacomo (figlio di Guglielmo signore del castello di Tonco) consigliere d'Asti nel 1339; Enrietto, signore di Murisengo nel 1362; Morando ed Ardizzone, seguaci del marchese Giovanni II di Monferrato nelle sue guerre col duca di Milano (1350-1364). Enrietto fu signore di Castelnuovo; Oberto od Obertino, detto il *sario*, delegato del predetto marchese di Monferrato ad assestare alcune divergenze con il conte Amedeo di Savoia. Secondino, figlio del precedente, vicario generale dello Stato di Monferrato ed ambasciatore, come tale nel 1420 trattò e conchiuse il matrimonio tra Giovanni di Lusignano, re di Gerusalemme e di Cipro, ed Amedea, figlia di Giovan-Giacomo marchese di Monferrato, e nel 1438 in rimunerazione dei suoi fedeli servizi ottenne dal marchese stesso l'investitura del feudo d'Isola d'Asti. Nel 1448 il medesimo Secondino era vicario generale ed ambasciatore del duca Carlo d'Orleans, signore d'Asti.

Il predetto Enrietto Natta, signore di Castelnuovo, essendo ancora giovine, cioè nel 1416, fu nominato consigliere in Asti del duca di Milano Filippo Maria Visconti e fu poi il primo a trasportare la casata dei Natta in Casale al servizio del marchese di Monferrato, di cui fu vicario generale nel 1430, cancelliere nel 1436 ed ambasciatore più volte; rimunerato con i feudi di Torcello, Lazzarone, Castelletto de' Scazzosi, Brondino, Mirabello, Viarigi, Bozzole, Murisengo, Moncalvo, Tonco, Isola ed Alfiano. Ebbe sette figli, e da cinque di essi derivarono altrettante linee, tre delle quali si stabilirono in Casale, cioè quella di Tomaso, di Giorgio e di Giovan Giacomo; una quarta in Nizza Monferrato, cioè quella di Agostino, ed una quinta in Asti, cioè quella di Secondino.

Da questo Secondino e da Andrietta Asinari di Cartosio nacquero Enrietto, Tomaso, Gio. Batt*, Giorgio, Ottaviano e Marc'Antonio.

Quest'ultimo fu quel valente giureconsulto che circondò il proprio nome di fama imperitura. Addottoratosi in Genova, fu nel 1522 nominato giudice a Genova, passò in seguito a Bologna ed a Padova, finchè il duca Guglielmo Gonzaga lo chiamò per metterlo a capo del Tribunale della Ruota (1557). Eletto senatore in Casale, vi morì nel 1568, ma per espressa sua volontà

La torre è di stile gotico (FIGURA 18): ma le due finestre, quasi binate, dell'ultimo piano attuale non sono coeve con la costruzione della torre. Esse furono aperte parecchi secoli dopo. La torre è probabile sia stata eretta da Guglielmo Natta, che nel 1298 era signore di Tonco.

La fascia di coronamento dell'ultimo piano lascia supporre che in origine la torre avesse maggior altezza della presente.

L'abitazione della famiglia Natta in Asti diede forse luogo anche alla denominazione, viva tuttora, di *Val Natta* a quella valletta situata al di là del fiume Tanaro, sotto l'amena collina detta di san Domenico fra il territorio di Asti e quello del limitrofo comune di San Marzanotto verso Montemarzo. Gli abitanti del luogo chiamano però quella valletta e la strada che vi percorre col nome di *Val donata* o *Valnata*. — Da un ramo dei Natta d'Asti trapiantatosi in Casale Monferrato discese Giovan Giacomo, che fu il capo stipite dei Natta d'Alfiano; onde il nome di *Alfiano-Natta* al Comune così chiamato nel mandamento di Tonco.

Oberto od Obertino Natta, che ebbe fama di celeberrimo giureconsulto e che a' suoi tempi (secolo XIV) nell'Astigiana era

volle essere sepolto in patria, e la sua spoglia mortale fu tumulata nella chiesa collegiata di san Secondo in Asti, nella cappella propria dei Natta sotto il titolo di san Giovanni Battista. Scrisse e pubblicò numerose e pregiatissime opere in prosa ed in versi che lo resero celebratissimo. Il Panciroli pose questo autore fra i più distinti giureconsulti del suo secolo, ma ben merita di essere collocato anche fra i letterati più illustri del suo tempo sì per le opere filosofiche e letterarie publicate, sì per la cospicua corrispondenza con gli uomini più chiari, come i principi Gonzaga, Paolo Manuzio, Giulio III, Pio V, etc.

Un pronipote di lui, Alfonso Gerolamo, conte d'Isola e di Tonco, dedicossi allo studio delle antichità d'Asti e coltivò con onore anche la poesia. Nella Biblioteca di S. M. il Re in Torino si conserva tuttora un manoscritto di lui dal titolo « *Memorie della città d'Asti (1662)* », a cui tien dietro la *Nota delle famiglie nobili esistenti ed estinte nel 1662*. Questa *Nota* fu da me publicata nel *Giornale araldico-genealogico-diplomatico* del Crollalanza, anno XXIII, Bari, 1895. In onore di Asti A. G. Natta scrisse altresì *Le Palme trionfatrici del tempo*.

Altri poeti della famiglia Natta nel Cinquecento furono Carlo e Federico; nel Seicento, Giacomo e Girolamo (VALLAURI, *St. della poesia in Piem.*, I, 314 e 490, Torino, 1841).

soprannominato il *savio*, fu insigne benefattore della collegiata
di san Secondo in questa città, alla quale donò ricchissimi arredi sacri (fra cui un preziosissimo calice entro il quale vuolsi
che nel giorno di san Giacomo del 1535 (1), celebrando un religioso la messa, nel romper l'ostia questa stillasse il sangue
miracoloso di Gesù Cristo).

Un altro palazzo possedevano i Natta in questa città, in piazza
d'Erbe e sull'angolo di via Sella, e di esso parlerò a suo luogo.

* * *

PALAZZO PELLETTA — Di fronte al palazzo Natta, di cui ho
parlato più sopra, è il palazzo già dei Pelletta (2), presente-

---

(1) Nel primo volume manoscritto del BOATTERI, *Raccolta delle lapidi ed
iscrizioni esistenti nelle chiese della Città d'Asti*, si legge la seguente epigrafe, tal quale esiste nella Cappella del SS. Crocefisso dove avvenne il
miracolo superiormente indicato: « *Hic ubi Christus | ex sacro pane | effuso
sanguine | exterum ut traxit fidem | astensem roboravit* ».

(2) Dei Pelletta si ricordano con onore, oltre il celebre Raimondo seguace
di Goffredo di Buglione nell'impresa di Terrasanta; Manuello, podestà di
Genova nel 1284; Oberto, capitano del popolo in Cherasco nel 1294; Orazio,
balivo di Sant'Eufemia e generale delle galere nel 1299; Enrico, uno dei
capi ghibellini, venne nominato per laudo a comporre le differenze insorte
tra i marchesi di Ceva (1304); Antonio, balivo di Nerosa nel 1327; Benedetto, cavaliere aurato; Daniele, uno dei savî che nel 1340 sanzionarono
i capitoli della nuova società nobile astese formati nel 1339; Grenone,
ambasciatore del Comune d'Asti a Luchino Visconti, signore di Milano, nel
1342; Gian Francesco, cavaliere di Rodi, valoroso capitano, ucciso dai
Turchi nel 1371. Melchiorre e Giovanni dirigevano le due grandi città
di Milano e Pavia, l'uno e l'altro come podestà, circa l'anno 1540; un
altro Melchiorre, vescovo nel 1570, era governatore pel Papa della città
di Assisi; Luigi recitò le lodi del defunto principe d'Orange, allorquando
le spoglie di questo da Firenze furono trasportate in Borgogna con pompa
straordinaria e deposte in un avello nella chiesa dei Cordelieri a Louis-
Saulnière; Violante vestì l'abito francescano in Asti nel monastero delle
clarisse del Gesù. Durante la sua vita religiosa fu rigida osservatrice della
regola del suo istituto, tantochè per la sua vita austera e per le sue virtù
sublimi, all'epoca della sua morte, avvenuta il 6 maggio 1546, meritò di
essere tenuta per beata. Margherita Pelletta (1500) sposò il conte Tizzone,
signor di Desana. Ad imitazione della zia Camilla Scarampi, fin da fanciulla si applicò alla coltura del suo spirito con uno studio continuo,

mente degli eredi del dott. cav. Carlo Mussa. Tale palazzo era stato erroneamente creduto dei Natta; ma le varie lapidi infisse nei muri della casa tanto nell'esterno quanto nell'interno provano chiaramente l'errore.

---

e riuscì una delle migliori poetesse de' suoi tempi. Alla poesia accoppiava la musica, e quando nelle adunanze ella cantava i suoi versi, destava il più vivo entusiasmo. Fra gli altri pregi, questa nobil donna aveva una grazia ed una leggiadria così incantevoli che il celebre Matteo Bandello, parlando di lei e di sua zia antepose la sua età alla greca, perchè questa non aveva avuto che una Saffo mentre il Piemonte ne possedeva due. Di Margherita Pelletta si hanno alcuni madrigali stampati in lode della bella Giulia Gonzaga Colonna. Iacopo Pelletta professò la medicina e scrisse un *Trattato De geometria* ed un altro *De re medica* (1570); Ludovico fu dottore di leggi e ci lasciò, oltre a qualche trattato di materia legale, alcuni *Consigli* che si stamparono in Lione ed in Francoforte nel 1573 (GABIANI, *Le memorie etc.*, p. 25).

In un documento comunicatomi dall'egregio conte Carlo Pelletta di Cossombrato e Cortandone, che egli desunse da un manoscritto « Miscellanea » appartenente al marchese Ricci, risulterebbe che un *Pelet*, principe tedesco e primo fondatore di quella famiglia, venne in Italia ed elesse la città d'Asti per sua dimora, circa trecento anni prima della nascita del Redentore. Nell'anno 70 dell'èra volgare, fu la famiglia Pelletta ascritta alla nobiltà di Roma da Sergio Galba; e dal 340 in qua essa si divise in parecchi rami, e cioè, Pelletta de' Boiis, de Mestruellis, de Penatiis de Burio, de Costiglionis. — Nel 1300 i figli o nipoti di un Raimondo si trasferirono ad abitare nella città d'Albenga, dove furono ricevuti ed ascritti al primo ordine della nobiltà. Lasciato quivi il cognome dei Pelletta, essi si chiamarono Costiglioni d'Aste, trovandosi notato nei libri del consiglio della città di Albenga l'anno 1366 *Benedictus de Costiglionis de Aste primus consul*. Ciò spiegherebbe l'origine del cognome *d'Aste* preso o dato ad uno dei rami della famiglia Pelletta della città d'Asti. Nel secolo XIV, al tempo delle gravi discordie civili insorte nella città d'Asti per le fazioni dei Guelfi e dei Ghibellini, alcuni della famiglia Pelletta, detti per soprannome Costiglioni da un feudo di tal nome posseduto da essi, furono costretti per loro salvezza e quiete ad allontanarsi dalla patria; e comprati alcuni feudi e beni nel territorio d'Albenga, in detta città fissarono la loro dimora per l'avvenire. Quivi però taquero, per degni rispetti, il proprio casato di Pelletta Costiglionis, e lo convertirono in quello della patria loro e si chiamarono solamente *d'Aste*. Riconosciuti, con tutto ciò, come appartenenti alla nobilissima famiglia donde uscirono, furono ammessi in Albenga nelle prime dignità, che per solito si conferivano soltanto ai nobili; e più tardi la famiglia *d'Aste* fu pure ascritta alla nobiltà di Genova. Un ramo di

Questo palazzo apparteneva nel secolo XV al conte Girolamo Pelletta.

Nel muro prospiciente verso la via Natta esiste tuttora un bellissimo stemma gentilizio riproducente esattamente l'arma della famiglia, la quale è così descritta: « D'oro al leone d'azzurro, armato, linguato, immaschito e coronato di rosso. *Cimiero*: un leone come nello scudo. *Motto*: NI TROP NI PEU ». Tale stemma porta in alto, in rilievo, le due iniziali H e P, che significano appunto *Hieronymus Pelletta*, con la data MCCCCXXVII. In altra delle lapidi era trascritta l'epoca in cui fu infissa, ed era del 1416, leggendosi sotto di essa H. P. D. MESTR. MCCCCXVI.; il che significava appunto essere il palazzo della famiglia *Pelletta Menstruellis*, un ramo di quell'antichissima prosapia (1).

---

quella famiglia fu trapiantato in Roma sulla fine del secolo XVI ed ascritto a quel patriziato.

I *d'Aste* di Albenga avevano lo stemma poco dissimile da quello dei Pelletta da cui derivarono, ed era « d'oro, a cinque traverse di rosso; col leone d'azzurro, Pelletta da cui coronato dello stesso, attraversante sul tutto.

Notisi tuttavia che il cognome *De Aste* o *De civitate Aste*, che s'incontra già in Asti stessa nel XII secolo, proviene, secondo recenti studiosi, dalla circostanza che tale famiglia era quella che aveva tenuto la curatoria o procuratoria della città, costituendo poi il primo nucleo del « Comune ». È naturale che nel moltiplicarsi e suddividersi della famiglia procuratoria, a cui possono appartenere i Pelletta, un ramo solo (forse il più vicino a quello dei Pelletta stessi) conservasse il cognome *De Aste*.

Quanto ai Pelletta, è pure a notare che furono una delle più insigni famiglie bancarie astigiane nei secoli XII, XIII e XIV, e come tali, oltre le notizie raccolte in SELLA e VAYRA, *Del Codice d'Asti.* pp. CCXLIII segg., figurano tra i casanieri di cui Amedeo V fece sequestrare i beni dopo la dedizione di Asti a Roberto d'Angiò nel 1312 (GABOTTO, *Asti e la polit. sab. in It.*, p. 311 n., vol. XVIII di questa *Bibl. Soc. stor. subalp.*), e se ne hanno infiniti documenti nei minutarî dei notai conservati nell'*Arch. di St. di Genova*, i quali dovranno venir publicati nel volume di A. Ferretto, *Docc. int. alle relaz. fra Asti e Genova fino al 1300*.

Altre carte dei Pelletta, relative a case da loro possedute in Asti, si troveranno nel secondo volume delle *Carte dell'Arch. Capit. di Asti* di prossima publicazione per opera di chi scrive e del Gabotto; altre ancora, preziose per la storia feudale dell'Astigiana, nell'*Arch. del castello di Cossombrato*.

(1) Nel citato secondo volume manoscritto della *Raccolta delle lapidi ed iscrizioni* del Boatteri si legge la seguente epigrafe, esistente già nel ca-

Tale palazzo ha tuttora visibili segni di antichità e di fortezza, specialmente nell'interno, per quanto le modificazioni che ha subito vi abbiano dato tutt'altro aspetto.

La famiglia Pelletta possedeva altri palazzi in Asti: in via Varroni fu il più antico che si sappia da essa posseduto.

I Pelletta appartengono alla primaria nobiltà di Asti, ed ebbero sin dai più remoti tempi i feudi di Valgorrera, di Cossombrato, di Cortazzone, di Cortandone, di Brasicarda, di Burio, di Corsione, di Soglio, di Calosso, di Cortanze e di Pralormo.

Vi ha chi afferma che la schiatta dei Pelletta discenda da quel famoso Saprizio, uno degli autori dell'uccisione di San Secondo patrizio e martire astese (an. 119). Altri vorrebbero vedere i Pelletta discendenti dall'ancor più famoso Ponzio Pilato. Comunque sia di ciò, il nobilissimo casato dei Pelletta si ritiene già meritamente e grandemente onorato da quel Raimondo che seguì Goffredo di Buglione nell'impresa dei Terrasanta e che fu il capostipite di tutti i Pelletta d'Asti che si succedettero ivi dal 1137, anno della sua morte.

PALAZZO FORNACA — Attiguo al precedente, verso ponente, è il palazzo dei conti Fornaca, che fin dal 1663 tenevano in feudo il castello di Sessant.

Sul principio del secolo XVIII, questa famiglia si mostrò così lealmente affezionata ai Reali di Savoia, e tanto avversa ai Francesi, che questi per vendicarsene diedero il sacco al villaggio di Sessant e ne distrussero il castello.

Estintasi questa famiglia, il retaggio passò al casato del conte Amico di Castellalfero per ragioni di donna, e per essere questa morta senza prole, il feudo di Sessant fu devoluto al re

---

stello feudale di Cossombrato od in qualche altro dell'antica famiglia Pelletta: « *Castrum hoc vetustatis familiae Pelletta de Menslurellis* | *ingens argumentum* | *paterni amori Josephy Balthassaris in Mathilidem unicam filiam* | *nobile Pignus* | *Regiae clementiae Victoris Amedei II* | *praeclarum radium* | *Hieronymus Matta Tarachias Guiscardus Marchio Cerri* | *Gener, maritus, subditus* | *in regis obsequium* | *in filiorum commodum* | *Deo Optimo Maximo favente* | *restauravit*.

di Sardegna, il quale ne diede l'investitura al conte Castelli (1), consignore di Costigliole-Saluzzo.

La predetta casa, per altro, passò poi ai conti Carlevaris di San Damiano.

PALAZZO SAN GIOVANNI — Proseguendo nella via Natta, anche dopo il risvolto a destra che conduce alla via delle Carceri, ora via Gioachino Testa, si osservano tuttora, a sinistra, traccie notevoli di antiche case medievali con la particolare caratteristica delle costruzioni gotiche locali.

Ignoro a chi possano avere appartenuto quelle case nell'età di mezzo.

L'antica chiesa attuale di san Giovanni, esistente tuttora di fianco alla Cattedrale, e che già in antico le serviva di battistero come le serve ancor oggi, era dal cronista Ogerio Alfieri ed in antiche scritture chiamata *Sanctus Ioannes de domate*. Da questa chiesa prese il nome la famiglia dei San Giovanni, perchè le sue case vi erano vicine e colà essa abitava.

È quindi assai probabile che il palazzo di cui si tratta, la costruzione del quale risale appunto al secolo XIII, fosse in origine l'abitazione dell'antica e nobile famiglia astigiana dei San Giovanni, che ebbe uomini insigni, specialmente nei secoli XII, XIII e XIV (2).

---

(1) Nella chiesa parrochiale di Sessant è una lapide sepolcrale con iscrizione latina che rammenta il conte Vittorio Amedeo Castelli *a Sexanto*, dei consignori di Costigliole-Saluzzo, dottore del collegio di leggi nella R. Università di Torino, e R. consigliere di commercio.

(2) Azzone, console in patria nel 1148; Pietro, console di giustizia nel 1189, nel qual tempo viveva pure Enrico, consigliere del Comune; Manfredo, sindaco nel 1222; Barbotto, ambasciatore nel 1225; Guglielmo, rettore della compagnia di san Secondo nel 1250; Baudono ed Uberto, figliuoli del precedente, furono con altri nobili mallevadori per Asti verso gli Albesani; Manfredo e Filippo, consiglieri l'uno nel 1276 e l'altro nel 1290; Bonino, che venne nel 1304 come partigiano dei De Castello scacciato dalla città quando i Solari rimpatriarono; etc.

5.

In via Orfanotrofio.

PALAZZO SCARAMPI. — Donde incomincia la via Orfanotrofio, cioè dalla via Scuole, a sinistra, era l'antico palazzo degli Scarampi (1) del ramo di Monale, ed occupava tutto l'isolato presente, compreso fra le quattro vie Orfanotrofio, Scuole, Annunziata e Cattedrale.

Erano case ben salde e munite di opere di difesa; ma le varie modificazioni e ricostruzioni che si succedettero tolsero il carattere vetusto che aveva quel palazzo.

Gli Scarampi avevano pure altre case-forti, di cui parlerò altrove.

Il palazzo Scarampi di Monale di cui qui si tratta, già sul principio del secolo XIX era passato al signor Vincenzo Re, ed appartiene ora al signor Re avvocato cav. Ernesto.

***

PALAZZO PERGAMO. — Procedendo verso la chiesa di san Silvestro, a sinistra pure, si vedono tuttora bellissimi segni di costruzione gotica e di decorazioni medievali in alcuni avanzi di fabbricati che appartennero all'antica famiglia dei conti Pergamo.

Nella precedente pagina 114 già ho accennato alla fondazione del convento dei monaci riformati di san Bernardo dell'ordine cistercense (allora detti Fogliensi), avvenuta nel 1620 mercè l'elargizione del conte Gio. Francesco Ponte di Castellero (2),

---

(1) Degli Scarampi dirò di proposito in altro luogo, cioè dove si parlerà della torre che da essi prendeva il nome.

(2) A perpetuare l'atto munifico del conte Giovanni Francesco Ponte fu collocata nella presente chiesa della Consolata la seguente iscrizione: « D. O. M. | Io. Fran. Ponte | Castellerij comes patritius asten | Caroli Eman. primi consiliarius | Dei gloriam zelans | erga D. Bernardi monachos | Veneratione captus | mo.rium hoc an. domini MDCXX | fondavit et dotavit ».

il quale fu sepolto nell'ora distrutta chiesa di santa Maria Maddalena (1), come appare dalla lapida ivi copiata dal Boatteri e trascritta nella sua *Raccolta delle lapidi e iscrizioni esistenti nelle chiese della città d'Asti*. Acquistata poco dopo, e cioè il 23 maggio 1622, con istrumento rogato Penna, la casa attigua di Antonio Corrado Scagliola, si adattò in questa una piccola chiesa provvisoria sotto il titolo della Vergine della Consolata, con ingresso verso la via Orfanotrofio che poco oltre immette avanti la chiesa di san Silvestro.

I monaci della suddetta congregazione di san Bernardo incominciarono ad abitare in quel luogo il 25 marzo 1623.

Successivamente, come scrive il Provenzale nella sua *Asti sacra*, e come risulta da istrumenti 25 settembre rogato Bernardi e 16 ottobre 1627 rogato Valle, venne fatto acquisto dell'attiguo palazzo del conte Pergamo (2), primo presidente in Torino; e tale compra permise, oltre l'ampliamento delle abitazioni dei monaci, anche la costruzione di una nuova piccola chiesa provvisoria nel palazzo già del conte Gio. Francesco Ponte con ingresso

---

(1) La chiesa della Maddalena è dove attualmente ha la sua abitazione il sig. dott. Pietro Garola, presso i bastioni nord, a sinistra dell'antico castello. Nella lapida trascritta dal Boatteri vi ha per stemma la croce di sant'Andrea ed intorno si legge: « *Sep. D. Io. Francisci Ponte ex Comitib. Castellerii et Lombriaschi, 1628* », e sotto: « *Iustitia liberat a morte Prov. 10* ».

(2) I Pergamo d'Asti, come quelli di Alba, erano fregiati del titolo di conti di Castiglione. Facevano per arma: D'azzurro, a due fascie d'oro; col capo del secondo, all'aquila di nero, coronata dello stesso. *Cimiero*: L'aquila dello scudo. *Motto*: DUCE DEO VIRTUTE COMITE.

Si ricordano i fratelli Giovanni Maria e Gian Giacomo che nel 1559 furono investiti di parte di Scandeluzza; Pietrino Pergamo, di Asti, padre di Cesare, il quale nel 1618 fece acquisto di Scurzolengo. Il feudo di Scurzolengo, per altro, restò pochissimi anni nella famiglia dei Pergamo, perchè passò al medico Niccolò Cotti di Asti nel 1622. Il feudo di Scandeluzza, invece, passò poi dai Pergamo anzidetti ai Novellone di Montiglio con titolo signorile. Dopo di questi ne furono investiti i Pavia di Pinerolo con titolo comitale acquistato dai Corarii, ed i Serra-Madii consignori di Mondonio, succeduti ai Madii. Nel 1789 Scandeluzza fu eretto in baronia a favore dei Bertogliati d'Ivrea. Oggi i possessi degli antichi Pergamo-Novellone appartengono ai discendenti signori cav. avv. Filippo Bosco di Casale e Giuseppina Paniate, di Asti, moglie al signor Giuseppe Brignolo, proprietario della tipografia omonima.

nella via Cattedrale, nella quale chiesetta, come ho già riferito, venne sepolto il famoso P. Filippo Malabayla. Questi aveva vestito in Roma l'abito dei monaci riformati di san Bernardo (Cistercensi) nel 1595; e sostenne tutte le cariche del suo ordine fino a quella suprema di Abate generale.

Il Malabayla s'era ridotto a vivere in questo convento per trascorrere in quiete gli ultimi anni della sua vita; e, secondo il Vassallo (1), egli in questa dimora attendeva a' suoi studì ed a dettare ancora taluni degli scritti che levarono tanto rumore. Pose la prima pietra della nuova e definitiva chiesa della Consolata, nel 1655, ma non potè vederla compiuta, essendo morto l'11 ottobre 1657, come ho già indicato nelle pagine antecedenti.

La nuova chiesa della Consolata, che è quella esistente tuttora, fu edificata per voto fatto dal marchese Ghiron Francesco Villa (2), marchese di Cigliano e conte di Camerano, etc. La prima pietra fu posta il 29 aprile 1655; ma la chiesa non fu benedetta che l'8 giugno 1659, con grande solennità (3).

---

(1) *Sulle falsificazioni della Storia Astigiana*, pp. 7 seg., Firenze, 1886 (estr. *Arch. stor. ital.*, S. IV, t. XVIII).

(2) Ecco come il Provenzale espone il voto: « Essendo stato addì 23 settembre 1653 in una zuffa tra l'esercito del re di Spagna e le truppe del Duca di Savoia presso il Cerro mortalmente ferito l'Ill.mo sig. Marchese Galleazzo Villa colonello d'un reggimento straniero al servizio del nostro Sovrano, l'Ecc.mo signor Marchese Ghirone Villa generale della cavalleria del sumentovato nostro Sovrano di lui cugino per ottenere la guarigione fece votto *fabricare una capella ad onor di Dio della Beat.ma Vergine*, ed al glorioso san Teobaldo, essendo stato esaudito fu giudicato maggior gloria del signore eriger un Tempio intiero sotto la protezione e titolo del sudetto santo . . . . ».

« . . . Compitas(s)i la fabbrica sudetta, e statta essa a 5 giugno 1659 benedetta dal P. Priore, indi addì 8 detto degnossi monsignor Paolo Vincenzo Roero vescovo di questa città celebrarvi la santa Messa coll'intervento di S. Ecc. sig. Marchese Ghione Villa, ed l'Ecc. sua consorte, con molti altri signori; al dopo pranzo colocate si sono con grande solennità in essa chiesa le Reliquie di san Teobaldo portate processionalmente dalla Cattedrale col accompagnamento del sudetto Vescovo ».

(1) Questa cerimonia è con molti particolari esposta anche dal Tessiero nella sua *Raccolta di varii scrittori che hanno scritto dell'antichità della città d'Asti*.

Il monastero si sviluppò ampiamente in capo di pochi anni, occupando poi quasi tutto il presente vasto isolato, e fu, sin dal suo principio, considerato con grande stima dalla stessa sua congregazione (1).

Soppresso poi nell'anno 1802 il convento dei Cistercensi (2), nel locale di esso venne trasferita la Pia Opera delle Orfane (orfanotrofio femminile) il 15 settembre 1805, e la traslazione fu concessa dal Governo con decreti del 14 floreale e del 30 messidoro anno 13 repub. L'opera pia delle Orfane era allora allogata nella casa della confraternita della Misericordia, e mercè gli indicati decreti ottenne di fare una permuta col soppresso convento dei Cistercensi detto della Consolata.

L'Opera pia delle Orfane era stata istituita dalla nobildonna astigiana contessa Amedea Roero, la quale aveva in origine, e cioè fin dalla metà circa del secolo XVI, istituito in una sua casa di via Roero un ricovero di orfani e di orfane, che fu poi continuato ed ampliato nel 1579 dal figlio di lei, Giovanni Francesco Roero conte e signore di Sciolze.

6.

In via Giobert (già via DELLA MADDALENA).

Questa via si chiamava, fin dal secolo XIII, della Maddalena, perchè dalla via Maestra conduceva direttamente all'antico convento dei Domenicani, o della Maddalena, contro gli antichi bastioni, ad ovest del Castello Vecchio.

Abbiamo visto, percorrendo la via Scuole, al paragrafo TORRE SOLARA, che sul fianco dell'isolato del monastero di sant'Ana-

---

(1) Nobilitarono questo convento, con opere benefiche e coi frutti dell'ingegno, insigni religiosi, fra i quali è opportuno ricordare il P. D. Gio. Battista Bona di Mondovì, che fu poi creato cardinale da Clemente X nel 1669; il P. D. Lorenzo Bertrandi Maurianese, 1670; il P. D. Pietro Andrea Riccio, nobile astigiano dei signori di Solbrito, 1718; il P. D. Gerolamo Roero, nobile astigiano dei signori di Pralormo, 1759; il P. D. Gio. Giacomo Siandra di Mondovì, 1766; ed il già ricordato P. Filippo Malabayla di Canale, dei signori di Castellinaldo.

(2) GABIANI, La chiesa e il convento di san Bernardino, p. 47.

stasio prospiciente la via Giobert, erano erette le case dei nobili De Furno, verso la via Maestra, e dei Solari, verso la via Scuole.

Dall'altro lato non erano palazzi nobili, se si eccettua la porzione del palazzo Turchi (ora Di Bellino) che si risvolta per un breve tratto in detta via.

PALAZZO STRATA — Al di là della via Scuole, a destra, oltre la torre Strata, di cui si è già parlato, eravi il fianco del palazzo nobile annesso alla torre medesima.

La Fig. 19 rappresenta appunto il lato ovest di questo palazzo prospiciente in via Giobert. Essa dà una chiara idea dell'importante e bella costruzione medievale di quel fabbricato, la quale risale al secolo XIII. In detta figura si scorge tuttora la genuina fisionomia dello stile ogivale, specialmente negli archi formati alternativamente di mattoni e di tufo, che, come è noto, erano una delle prerogative dell'architettura locale.

* * *

PALAZZO LAYOLO. — Attiguo al precedente era il palazzo nobile dei Layoli (1), come ne faceva fede lo stemma (2) che se ne trovò sul principio del 1800 nella demolizione che fece eseguire il Seminario per dar luogo al giardino, su cui, poi, verso la metà dello stesso secolo XIX, fu edificata dal Seminario medesimo la chiesa di san Filippo durante il vescovato di monsignor Filippo Artico; chiesa che venne a sua volta demolita solo qualche anno addietro.

I Layoli ebbero più tardi titolo comitale, ma erano già fin dal secolo XIII consignori di Casasco e di una parte del castello di Soglio; il che fa pensare traessero origine da un ceppo molto

---

(1) Quando la città d'Asti si reggeva a Comune, molti dei Layoli appartennero alla Credenza di esso. Un Raimondo nel 1190 ne era console, ed Oberto consigliere; Rolando e Guglielmo furono chiavari di Asti, il primo nel 1218, e l'altro nel 1220; un altro Guglielmo fu mandato ambasciatore ai Pavesi per confermare la lega che vigeva fra i due Comuni; Giacomo fu nel 1260 deputato della sua patria a trattare una tregua col re Carlo di Napoli. Notevoli pure come banchieri: vedi SELLA e VAIRA, *Del Codice d'Asti*, pp. CCXXXVI seg.

(2) I Layoli facevano per arma: D'argento, al palo di rosso accostato da sei lucertole di verde, tre per parte, una sull'altra; quelle di destra in banda, le altre in sbarra. *Motto:* FIDUS CUSTOS.

(Fig. 19) Scorcio del palazzo Strata (ora Teresa Guglielminetti-Guglielminetti) verso via Goltieri.

illustre. Ascritti fra i patrizî astigiani, durante il tempo in cui Asti era funestata dalle fazioni guelfa e ghibellina, i Layoli tennero in gran parte per l'Impero, epperciò vennero nel 1304 cacciati dalla città dai Solari insieme con i De Castello.

Aleramo Layolo, però, parteggiava per i Guelfi, e nel 1303 incontratosi con una schiera di ghibellini mentre accompagnava

Carlo II d'Angiò re, di Napoli, da Alba a Mondovì, fu da essi fatto prigioniero e condotto in Fossano ; ma rimpatriato poco dopo, vi ebbe la carica di console.

Leona Layolo, nata in sullo scorcio del secolo XV, entrò nel monastero dell'ordine francescano delle clarisse in Asti, detto *del Gesù*. Allorchè venne publicato in Piemonte il Concilio tridentino, il quale prescriveva che le monache fossero poste a clausura, suor Leona fu eletta a badessa del chiostro; ed essendo ella stata severa osservatrice dei novelli ordini di quel celebre Concilio, venne in molto rispetto, e quando nel novembre del 1564 mancò di vita, fu dichiarata beata.

* * *

TORRE E PALAZZO DELLA ROVERE. — Pressochè di fronte al palazzo Layolo, si vede tuttora uno splendido avanzo di un cospicuo palazzo nobile medievale (Fig. 20) che in origine doveva estendersi molto più in là di quanto ora si scorga.

Questo palazzo era probabilmente dell'antica famiglia Della Rovere (1), della quale si trovò infatti lo stemma gentilizio (2) sull'angolo nord della casa medesima ed altresì nell'attiguo giardino, ora dell'Opera pia Milliavacca.

---

(1) I Della Rovere erano un ramo della famiglia procuratoria di Torino, che perciò si disse spesso *De civitate Taurini*, o Di Torino semplicemente. Ebbero anche la signoria di Vinovo. Il primo noto di questa famiglia che si chiamasse Della Rovere fu un Aimone, signore appunto di Viconovo, ossia Vinovo, verso la metà del sec. XII. I suoi discendenti presero da lui il cognome Della Rovere ed adottarono poi una rovere per arma. Il ramo principale si estinse nel 1692 con Carlo, figlio di un altro Carlo, marchese di Cercenasco e signore di Vinovo, di Rivalta e di Cinzano. Furono cardinali di S. R. Chiesa un Cristoforo, creato da Sisto IV nel 1477; Domenico, suo fratello, eletto dallo stesso Pontefice nel 1478, e Girolamo, creato da Sisto V nel 1586. Un altro Domenico fu vescovo d'Asti dal 1568 al 1587. Cfr. SAVIO, *La famiglia Della Rovere*, in *Giorn. arald.-geneal.-diplom.*, VIII, I-II, Pisa, luglio-agosto 1890.

(2) I Della Rovere d'Asti facevano per arma: D'azzurro, alla rovere sradicata d'oro, fruttata dello stesso, coi rami passati in doppia croce di S. Andrea. *Cimiero* : Una nave a vele spiegate d'argento. *Motto* : ATTIGIMUS PORTUM.

(Fɪɢ. 20) Scorcio del palazzo Della Rovere (ora Pia Opera Milliavacca)
verso via Giobert.

I resti che tuttora abbiamo di questo palazzo patrizio ne dimostrano l'antica robustezza. I bellissimi archi ogivali che tuttora si ammirano al portone d'ingresso e alle portine, ora soppresse, nonchè alle finestre bifore dei piani superiori, indicano l'epoca della costruzione, che senza dubbio è la seconda metà del secolo XIII.

L'angolo sud della casa fa parte della antica torre quadrata che sussisteva fin dall'epoca della costruzione del palazzo.

Detta torre doveva certamente essere una delle più eleganti, se si tien calcolo della bella finestra bifora che esiste tuttora al primo piano, e che probabilmente simili a questa dovevano essere quelle che sussistevano nei piani superiori.

Dalle porzioni che ne rimangono ancor oggi fino al piano dei tetti della casa, ho potuto rilevare le dimensioni di essa alla base del pian terreno: lunghezza interna, m. 5,45; larghezza, m. 4,55; grossezza dei muri, m. 1,10.

La rimanente parte della casa dà ancora attualmente una chiara idea della struttura murale dell'epoca, caratteristica e costante in tutte le costruzioni di quel tempo. Tale struttura è tuttora mirabile e porge un bell'esempio dell'arte muraria medievale.

Appartenente a questa famiglia dei Della Rovere fu il vescovo d'Asti F. Domenico, dell'ordine dei Predicatori. Fra le sue molte benemerenze vanno particolarmente ricordate l'erezione della confraternita della Misericordia nel 1572: la fondazione del Monte di Pietà a beneficio dei poveri, nel 1574, e quella del Seminario dei chierici, nel 1577.

Morì il vescovo Domenico Della Rovere il 19 marzo 1587, e venne sepolto nella chiesa della Maddalena, oggi distrutta (1), il sedime della quale, con i resti dell'antico convento soppresso e le sue adiacenze, appartiene ora al dottor Pietro Garola.

Il palazzo, di cui si è fin qui parlato, appartiene ora all'Opera Pia Milliavacca.

---

(1) Esistevano in quella chiesa, in memoria di quel vescovo benemerito, due lapidi con iscrizioni copiate dal Boatteri. Intorno a questa importante chiesa ed all'annesso convento pubblicherò un'apposita monografia prossimamente.

※*※

PALAZZO ASINARI-VERASIS DI COSTIGLIOLE. — Oltrepassata la
via Cattedrale, si incontrano a sinistra le case sul sedime delle
quali sorgevano un tempo le abitazioni degli Asinari-Verasis di
Costigliole, di cui si è già parlato trascorrendo la *via Natta*.

PALAZZO DEI FALLETTI. — Dirimpetto a tali case, ed attiguo al
palazzo Curbis di San Michele, di cui si è discorso percorrendo
la via Cattedrale, s'eleva un palazzo che certamente doveva
essere assai cospicuo nel Medio Evo. È quello ora di proprietà
del barone Alberto Montersino; e nei tempi di mezzo apparteneva alla nobile famiglia astigiana dei Falletti (1).

Per quanto le successive famiglie patrizie che possedettero
quel palazzo abbiano cambiato l'antico aspetto della casa con
ristauri e modificazioni che in grande parte ne distrussero il
primitivo carattere, tuttavia si scorge, anche dall'interno, che
nei secoli XII e XIII il palazzo era assai considerevole e ben
munito di opere forti. Senza dubbio esso doveva essere provvisto di torri e costituire una casa-forte, se nel 1303 vi prese
dimora Giovanni, marchese di Monferrato, allorquando col favore dei ghibellini entrò in Asti contro i Solari.

I Falletti, ramo degli Anscarici, si sparsero per tutte le
parti del Piemonte. Un Guidaccio Falletto appare nel 1150
come testimonio in un atto di donazione che si conserva nel-
l'archivio capitolare di questa città. Un altro Guidaccio e Gualla
erano consiglieri del Comune nel 1188. Opizzone intervenne
come teste nel 1210 all'atto di fedeltà che prestarono al Comune
d'Asti i marchesi d'Incisa.

I Falletti d'Asti s'iscrissero tra il popolo; onde Tomaso fu uno
dei sei popolari eletti dalla città nel 1358 ad andare incontro
alla moglie del marchese di Monferrato. Intorno a questo tempo
Godino Falletto di Asti diede al signor di Milano una forte torre
che aveva vicino a Portacomaro, della quale si impadronirono
poco più tardi gli Astigiani, che la distrussero poi nel 1372.

---

(1) I Falletti fanno per arma: D'azzurro, alla banda scaccata d'oro e di
rosso a tre file. *Cimiero*: Un'aquila di nero coronata dello stesso. *Motto*:
EN ESPERANCE.

È opinione che da questi nobili astigiani (1) siano derivati i Falletti che furono annoverati da Cesare Nostradamus fra i nobili provenzali; e coi medesimi ebbero rapporti anche i Falletti di Pinerolo, che diventarono presto famosi, non meno di quelli d'Asti, come « casanieri », o banchieri (2), e quelli di Alba, donde poi i signori di Pocapaglia, Villafalletto e Barolo (3).

GLI INCISA DI SAN STEFANO. — Qualche secolo dopo il palazzo dei Falletti passò ai marchesi Incisa di Santo Stefano (4), e non è improbabile che la bella porta che tuttora si ammira sia stata fatta eseguire da questi nuovi possessori del palazzo.

La modanatura e modellatura degli stipiti e dell'arco del portone d'ingresso, decorati con somma grazia ed abilità, presentano ancor oggi un elegantissimo esemplare dell'architettura decorativa del bel periodo del Rinascimento.

I CARLEVARIS DI SAN DAMIANO — Nel secolo XVIII il palazzo pervenne alla famiglia dei conti Carlevaris di San Damiano.

Carlo Giuseppe, dottore in leggi, essendo sindaco di San Damiano d'Asti nel 1722, fece in modo che ne ottenne l'investitura con la dignità comitale ; poi, rivoltosi contro Comune, gli intentò una famosa lite per levargli tutte le prerogative che godeva da tempo immemorabile. Il figlio di lui, conte Carlo Giuseppe, fu uditore generale di guerra, indi avvocato fiscale regio del consiglio supremo di Sardegna. Merita particolarmente

---

(1) Borgogno Falletti fu consigliere di Asti nel 1206; la medesima carica ebbe Oberto quindici anni dopo, e nel 1276 Obertino suo nipote. Raimondo Falletto, capo di sua famiglia, dovette come guelfo abbandonare Asti quando i Solari ne furono espulsi dai De Castello nel 1303, ma vi rientrò con essi, e lo stesso Raimondo fu uno dei quattro consoli che vennero dai Guelfi deputati al governo della città nel 1308.

(2) Sui Falletti di Pinerolo, anche come banchieri, cfr. DURANDO, *Casane e prestatori di denaro in Pinerolo nei secoli XIII e XIV*, in *Studi Pinerolesi*, 245 segg. (vol. I di questa *Bibl. Soc. Stor. Sub.*), e BARELLI, *I beni degli eredi di Rostagneto Falletti*, in *Bollett. stor.-bibliogr. subalp.*, VI, 169 segg. Notevole che uno statuto fiammingo del sec. XIII proibisce come ingiurioso di chiamar alcuno « Falletto o Scarampo », considerando i due nomi come equivalenti ad usuraio.

(3) Sui Falletti d'Alba, GABOTTO, *Ricerche e studi sulla storia di Bra*, I, 156 segg., Bra, 1892.

(4) Gli Incisa avevano anche altre case in altre parti della città, e ne diremo a loro luogo.

di essere ricordato il P. abate Giuseppe Maria, il laborioso autore della « Biblioteca Carlo Emanuella storica, nella quale si
dà notizia di libri tanto stampati che manoscritti, trattanti del-
l'istoria della Savoia, Piemonte, contado di Nizza, Monferrato,
e provincie di nuovo acquisto, sottoposte alla R. Maestà di Carlo
Emanuele III ». Si conservava manoscritta, e per quante lacune
essa abbia, era sempre lavoro pregevole, finchè venne a distrug-
gerla il doloroso incendio della Biblioteca Nazionale di Torino
del 26 gennaio 1904. Ad ogni modo, resta degno d'encomio quel-
l'abate, canonico regolare lateranense di santa Maria Nuova
d'Asti, il quale a' suoi giorni ebbe il felice disegno di gettare in
mezzo a difficoltà d'ogni specie i materiali e i fondamenti della
nostra bibliografia. L'abate Carlevaris morì « *casualmente e
per infausto accidente* (non sappiam quale) » il 26 luglio 1765 (1).

Presentemente l'antico palazzo dei Falletti appartiene al barone Alberto Montersino ed al fratello di lui cav. Mario (2).

**

Proseguendo verso il nord di questa via, troviamo al di là
della via Natta molti avanzi di palazzi nobili passati poi all'attiguo monastero delle rocchettine lateranensi, che occupavano
il locale detto della *grande Annunziata* (3) dove adesso sono
allogati il Tribunale, la Corte d'Assise, le Preture, etc.

---

(1) CLARETTA, *Sui principali storici piemontesi e particolarmente sugli
storiografi della R. Casa di Savoia*, p. 338, Torino, 1878; F. DANEO, *Il
Comune di San Damiano d'Asti*, p. 170, Torino, 1888-89; VASSALLO, *Sulla
biblioteca Carlo Emanuella*, p. 1, Torino, 1892 (estr. dagli *Atti della R.
Acc. Sc. di Tor.*, vol. XXVII).

(2) Umberto I, re d'Italia, con motu-proprio 18 dicembre 1884 concesse
al cav. Francesco Montersino il titolo di barone trasmessibile per primogenitura maschile. — Arma: Spaccato; nel 1° di rosso, all'aquila dal volo
abbassato di nero: nel 2° d'azzurro, a tre monti al naturale di verde, con le
cime ricoperte di neve: con la fascia d'argento attraversante sulla partizione.

(1) Per distinguerla dalla *piccola Annunziata*, che è la chiesuola isolata
con casa attigua, esistente sulla piazzetta omonima adiacente alla torre
detta *dell'Orologio*, acquistata testè dal Comizio Agrario d'Asti per essere
demolita a fine di costrurre sul sedime di essa un edificio *ad hoc* per publici uffici.

Nel muro che ora ricinge la cosidetta *Serra municipale dei fiori*, si vedono tuttora le impronte di detti palazzi nobili, archi di portoni e di porte gotiche con il solito impiego di laterizi alternati con pietra calcare. Intorno ai palazzi nobili che erano eretti in quella località non ho potuto trovare notizie degne di nota.

⁂

PALAZZO DEI BRIZÌ. — Di fronte al muro di cinta della sovraccennata *Serra municipale dei fiori* si innalzava il palazzo nobile dei conti Brizi (1), attualmente posseduto dal geom. Emanuele Marchia-Gianuccio, tesoriere del Comune d'Asti.

Questo palazzo conserva ancora qualche segno esteriore della sua antichità e si può agevolmente presumere che fosse un luogo forte.

I Brizì provengono dai signori di Sarmatorio, discendenti da quell'Alineo che verso l'870 accompagnò in Italia i figli del conte Oddone fuggiaschi di Francia nella contea di Auriate, dove avevano già possessi per l'eredità del duca Enrico della Marittima (2). In Asti si stabilirono sulla fine del secolo XII. Divisi in molti rami e sparsi in varie terre, si denominarono in grande parte dai loro feudi. E quindi si ebbero, oltre i Brizì consignori e poi signori di Salmor e Villarmairana, i Brizi-Falletti, conti del Castellazzo, baroni della Loggia: i Brizi d'Alba e di Asti, conti di Torre d'Assone, marchesi di Novello; i Brizi di Bra; i Brizì di Piazza; e finalmente i Brizi di Cherasco, conti della Veglia (3).

Sembra che dai Brizì d'Asti il palazzo sia passato ai Brizi

---

(1) Fanno per arma: Inquartato di nero e di rosso — *alias*: Inquartato d'argento e di rosso. *Cimiero*: La figura della Fortuna. *Motto*: IN ALTER-UTRA FORTUNA.

(2) GABOTTO, *Un amico di San Paolino*, nel volume miscellaneo in onore del santo, Perugia-Milano, 1905.

(3) Fra i personaggi più illustri di questa stirpe si ricordano Giacomo, vescovo di Aquino nel 1420, poi di Spoleto, e in ultimo di Carpentras; Fr. Paolo, vescovo d'Alba nel 1643 e scrittore eruditissimo degli *Annali Ecclesiastici Piemontesi*.

detti più propriamente di Salmor, e da questi, verso la metà del secolo XVIII, al colonnello D. Casimiro Gabaleone di Salmor (figlio del conte Francesco Giacinto), cavaliere Gran Croce dell'Ordine Mauriziano, governatore delle SS. AA. RR. i duchi d'Aosta e di Monferrato. Dal conte Casimiro di Salmor la proprietà del palazzo pare sia stata trasferita direttamente al prevosto D. Giovanni Francesco Testa fu Lorenzo, di Tigliole, che con istrumento 5 agosto 1771, rogato Lumello, ne fece dismessione a favore dei signori Secondo Giuseppe e prete D. Filippo, figli di Giuseppe Marchia-Gianuccio.

Il duca di Savoia Vittorio Amedeo II, con patenti del 5 Febbraio 1688, concedeva a favore di Giovanni Stefano Gianutio, cittadino d'Asti, e de' suoi eredi all'infinito per continuata linea retta mascolina, il diritto di fregiarsi di un'arma gentilizia per potersi « facilmente distinguere la famiglia dalle altre più comuni » (1).

Estintosi assai presto il ramo maschile della ragguardevole famiglia astigiana dei Gianutii, per ragioni ereditarie il cognome di essa venne congiunto a quello dei Marchia, che lo portano tuttora.

Da circa un secolo e mezzo il palazzo degli antichi Brizî è in proprietà ininterrotta della famiglia Marchia-Gianuccio.

7.

In Via Goltieri

(già SANT'ANASTASIO, da piazza del Duomo alla via Malabaila passando per via Asinari).

ALTRO PALAZZO NATTA. — Partendo dal corso Alfieri, a destra è l'antico monastero di sant'Anastasio di cui ho già parlato; ed a sinistra, dove ora è la casa dei signori fratelli Artom fu Alessandro, banchieri, era un altro palazzo dell'antichissima e nobile famiglia Natta. Nella seconda metà del secolo scorso esso conservava ancora assai bene l'impronta della sua costru-

---

(1) Arma: Di rosso a quattro pali d'oro. *Cimiero:* Elmo chiuso in profilo, ornato di pennoni e festoni del blasone. *Motto:* SE SUSTINET VIRTUS.

zione medievale; ma in questi ultimi anni venne completamente sistemato, e più nulla si vede dell'antico (1).

TORRE RAMELLI. — Attraversata la via delle Scuole, già del Vescovado, sull'angolo destro si innalzava una bella torre, già dei Ramelli di Celle, unita al palazzo ed alle case che sono ora della signorina Giuseppina Girio, in piazza del Duomo. La torre, mozzata fino al piano del tetto delle case attigue, appartiene ora ai signori avv. Adolfo, tenente Alberto e Giuseppina fratelli Bottini fu Carlo.

CASE ZOYA. — A sinistra, le case già appartenenti agli Zoya e poi ai Ramelli di Celle ed ora all'avv. cav. Taschero. E di essa ho già detto scorrendo la *via delle Scuole*.

───────────

(1) Nel marzo 1880, nell'occasione che il proprietario di questa casa sig. Alessandro Artom faceva eseguire restauri all'edificio, praticando alcuni scavi si è rinvenuto alla profondità di m. 3.30 un frammento di lapida romana, di *puddinga*, delle seguenti dimensioni: m. 0,44 $\times$ 0,37 $\times$ 0,07. Vi si leggevano con qualche stento le parole:

L LAIENO - T - F
...Q - CENTV - PRIM
...ONLEG - [H]ONORI - ET
.... - TESTAMENTO
[F]RATRIS

Tale frammento fu raccolto dal R. Ispettore degli scavi cav. geom. Giuseppe Fantaguzzi, che lo descrisse nelle *Notizie degli scavi di antichità*, ann. 1881, p. 150. Il Fabretti la publicò nel IV vol. degli *Atti della Società d'Archeologia e Belle Arti prov. Tor.*, p. 287. Ora il frammento si conserva nel civico Museo archeologico.

Un altro simile frammento di lapida pure di epoca romana, fu scoperto nel giugno 1880 alla profondità di m. 1,60 eseguendo uno scavo per la ricostruzione della casa della signora Delfina Brambilla sull'angolo della via Cattedrale e del corso Alfieri. Le dimensioni erano le seguenti: m. 0,40 $\times$ 0,34 $\times$ 0,14 e vi si leggevano le parole:

C - GEN.....
POL - PAT.....
C - GENVC...
POL

Anche questo fu descritto dal Fantaguzzi a pag. 151 delle anzidette *Notizie* e publicato dal Fabretti a pag. 287 dello stesso vol. IV degli *Atti* sovracitati.

Esso pure si conserva attualmente nel civico Museo archeologico.

8.

In Piazza della Cattedrale.

Sulla piazza del Duomo prospettano due soli antichi palazzi nobili.

PALAZZO AMICO DI CASTELLALFERO. — A levante di detta piazza è il palazzo, di recente costruzione, appartenente ora alla gentildonna Felicita Asinari di San Marzano, vedova del barone Vittorio Alessio di Castellero (1), che fu sindaco d'Asti dal gennaio 1841 all'aprile 1843. Questo palazzo apparteneva prima alla nobile famiglia Amico di Castellalfero (2): non ho dati per stabilire se anticamente sul sedime di esso sorgesse qualche palazzo nobile.

PALAZZO RAMELLI. — Poco oltre si incontra l'antica casa nobile appartenente già all'illustre famiglia dei Ramelli di Celle, di cui ebbi a parlare trascorrendo la *via Scuole*. Detta casa è ora della signorina Giuseppina Girio.

PALAZZO ZOYA. — Al di là della via Goltieri è l'altra casa nobile di pertinenza già della patrizia famiglia Zoya, che lo

---

(1) La linea si estinse col barone Vittorio. L'arma dei baroni Alessio è: Spaccato; al 1° d'azzurro al leone d'oro impugnante con la branca anteriore sinistra un ramo di palma al naturale in palo; al 2° fasciato di rosso e d'oro di quattro pezzi a tre stelle d'argento sulle fascie di rosso, due sulla superiore, una sull'inferiore.

(2) Alessandro Amico, controllore delle finanze, fece acquisto del feudo di Castellalfero dal referendario Germonio e ne fu investito il 18 aprile 1643. L'investitura si rinnovò poi successivamente nel 1677 a favore del referendario Bartolomeo Amico, figlio di Alessandro; nel 1699, a favore di Alessandro Ignazio Francesco, figlio del precedente; nel 1741, a favore di Bartolomeo Giuseppe, figlio di quest'ultimo, ed infine nel 1783, a favore di Paolo Gioacchino, figlio di Bartolomeo Giuseppe.

L'avv. Ignazio ebbe pure nel 1783 l'investitura di Torre Bormida; Tomaso fu nobilitato ed infeudato di Meane e di San Bartolomeo di Cherasco nel 1791.

Il conte D. Luigi Amico di Castellalfero, gentiluomo di camera del re di Sardegna, fu suo inviato straordinario alla corte imperiale di Vienna. Il conte Vincenzo Carlo Luigi Mario Paolo Gioacchino Amico, ciambellano della principessa Paolina sorella di Napoleone I venne da questo creato cavaliere il 13 maggio 1813.

possedeva ancora nel 1785. Poco più tardi passò in proprietà dei Ramelli di Celle predetti, ed ora è dell'avv. Taschero.

PALAZZO ASINARI DI GRESY. — Un altro palazzo nobile è quello che presentemente è della famiglia Borgnini, e anticamente era degli Asinari di Gresy. Ma di esse dirò parlando della via Azeglio, perchè detto palazzo, più che sulla piazza del Duomo, fronteggia su tale via che va fino alle R. Carceri, toccando la estremità ovest della piazza medesima.

Sulla piazza del Duomo era anticamente stabilito il mercato, come risulta da pergamene del 18 aprile 1230 e del 28 marzo 1253 esistenti nell'importantissimo archivio capitolare della Cattedrale (1) e che saranno publicate in uno dei prossimi volumi di questa *Biblioteca della Società storica subalpina*.

Nel 1781 sorse contesa fra il Capitolo del Duomo ed il Comune d'Asti circa la proprietà della piazza. La lite durò qualche anno, finchè nel 1785 ebbe termine lasciando che la città continuasse a goderne il pacifico possesso che sempre aveva goduto.

Risulta dagli atti di detta lite che senza verun consenso del Capitolo « *si è sempre praticato di fare sovra la detta piazza li pubblici balli, spettacoli e divertimenti, etc.* »

Anteriormente a quest'epoca la piazza medesima serviva di *piazza d'armi*.

Lungo il lato nord di questa piazza si eleva maestosa la Cattedrale, che è il più bell'esempio di architettura ogivale che si ammiri in questa città.

Il grandioso edificio, fin da 28 anni prima della nascita di Gesù Cristo, era un tempio pagano dedicato alla Dea Giunone. Verso la metà o la fine del quarto secolo dell'èra volgare fu convertito in chiesa del vero Dio.

Sul principio del secolo VIII, si racconta che una fazione di Ariani domiciliati nella borgata detta ancor oggi di Miravalle, in vicinanza di Portacomaro (*Curtis Comarii*), distrusse questo tempio eretto in Cattedrale. Il vescovo sant'Evasio sarebbe stato

---

(1) Ai tempi del vescovo Eilulfo, cioè forse nel 901, furono incendiati il tesoro e l'archivio della Cattedrale, e vi perirono molti preziosi ed antichi documenti e diplomi degli imperatori a favore dei vescovi e della Chiesa d'Asti.

costretto a ritirarsi in privato e vi avrebbe lasciato la vita. Altre tradizioni, però, pongono la persecuzione ariana a Casale, dove sarebbe morto il vescovo astigiano Evasio, venuto a predicarvi il cattolicismo (1).

Il tempio così rovinato risorse per opera del vescovo Audace (904-927), il quale fece pure costrurre i chiostri accanto alla Cattedrale, affinchè i suoi canonici potessero vivere in comune e con regolare osservanza.

I canonici abbandonarono poi la vita comune nel 1218 e divisero i beni in prebende. Da tempo esistevano però già le quattro dignità: prevosto, arcidiacono, arciprete, cantore.

Nell'anno 1083, sotto il vescovato di Ottone (1081-1088), rovinò per intero il tempio ristauratosi sull'antico di Giunone, e si rese fuori d'uso in modo che il predetto vescovo, nell'ordinare la riedificazione di un altro più spazioso, volendo provvedere alle funzioni ed al culto divino, ordinò al Capitolo di trasferirsi ad uffiziare nella chiesa di sant'Aniano nel vecchio Castello, dove già sin dal 928, come anteriormente ho detto, era stabilita la residenza del vescovo; e ciò finchè la nuova Cattedrale fosse riedificata. Cessò in tale epoca l'antico tempio di Giunone, e prese una forma nuova. Il locale venne ampliato e reso atto ad essere uffiziato nel 1092; e fu dal Pontefice Urbano II, ad istanza di san Brunone, vescovo di Segni, astigiano, consacrato il 7 luglio 1096 (2).

Pare che questa Cattedrale fosse di stile lombardo e costrutta in parte con materiali vecchi, onde durò poco più di due secoli.

---

(1) Cfr. GIACOMO D'ACQUI, *Chronicon Ymaginis mundi*, in *M. h. p.*, SS., III, 1475. Sulla questione evasiana sono a vedersi del resto il CIPOLLA, *Appunti sulla storia d'Asti dalla caduta dell'Impero romano al principio del X secolo*, pp. 60 segg., Venezia, 1891 (estr. *Atti R. Istit. ven. sc. e lett.*), che non è del tutto reciso a negare un vescovo Evasio dell'VIII secolo ed ammette l'Evasio del IV; il SAVIO, *Gli antichi vescovi d'Italia*, I, 117 segg., Torino, 1899, che esclude ogni Evasio dalla serie dei vescovi astesi, sebbene prima avesse del tutto ammesso quello del secolo IV (*Notizie storiche sopra la vita di sant'Evasio martire*, Torino, 1884), e l'ALESSIO, *I primordi del Cristianesimo in Piemonte*, pp. 88 segg., Pinerolo, 1905 (vol. XXXII di questa *Bibl. Soc. stor. subalp.*), che riprendendo a sostenere l'Evasio del IV secolo, sembra rigettare quello dell'VIII.

(2) BIMA, *Cenni sulla Cattedrale d'Asti*, pp. 6 seg., Asti, 1887.

Resta ancora l'antico refettorio dei canonici, ora ridotto a magazzino.

Nel 1323 il 20 marzo, giorno di quaresima, appena uscito il popolo dagli uffizi religiosi, cadde intieramente e rovinò la volta della navata di mezzo, senza però che ne sia seguito danno a persona.

Era allora vescovo d'Asti il beato Guido di Valperga, e tosto si diede premura di curare la pronta restaurazione del Duomo, ordinando intanto che sino al compimento della Cattedrale si officiasse nella chiesa di sant'Aniano in Castello, come già prima si praticava (1).

La Cattedrale fatta ricostrurre dal beato vescovo Guido di Valperga è quella che esiste tuttora.

.·.

A nord della chiesa Cattedrale, vicino a porta san Lorenzo (2), erano certamente le case dei Pallii, o Pallidi, antica famiglia

---

(1) Il campanile, eccetto l'ultimo piano, è di stile lombardo, come gli altri campanili delle nostre chiese romaniche o gotiche (collegiata di san Secondo, di santa Maria Nuova), ed appartiene al secondo Duomo. L'attuale campanile fu ricostrutto nel 1266, come risulta da una lapida murata in detto campanile verso la piazza e da una bolla di Clemente IV, del 14 luglio di detto anno, con cui concede al Capitolo astigiano un contributo di lire 1000 di astesi piccoli sulle restituzioni usurarie per la ricostruzione di detto campanile (Doc. in *Arch. Capit. Asti*, che sarà publicato dal Gabotto in un prossimo volume di questa *Bibl. Soc. Stor. Subalp.*). Parecchi scrittori sono d'avviso che il campanile nella sua forma primitiva dovesse terminare a guglia ottagonale. Nel 1525 fu rialzato di oltre sei metri sull'attuale sua altezza; ma verso la metà del secolo XVIII, d'ordine del governatore del Castello, venne ribassato sotto lo specioso pretesto che dalla sommità del medesimo si potevano spiare le operazioni che in detto castello si facevano e venne allora portato all'altezza dell'antica sua costruzione, quale cioè trovasi oggidì. (BIMA, *Op. cit.*, p. 8).

(2) Come fu già detto nelle pagine precedenti, la porta san Lorenzo si apriva presso le presenti carceri, e da essa usciva la via che di là tendeva a *Riva rupta*, cioè a Viatosto. La porta san Lorenzo era protetta dall'attiguo castello detto *Castelletto*, che, come è noto, si trovava fra il *Castello Vecchio* ed il *Castello dei Varroni*.

derivante dai signori di Romanisio e ch'ebbe poi gran parte nella fondazione di Fossano (1).

Invero un documento dell'Archivio capitolare astese, del 22 (o 23) maggio 1275, con cui Aicardo Carenzono vende al fratello Rodolfo « domum unam cum sedimine et edifficiis que est in Ast ad portam sancti laurencii coheret Bonefacius Donascus, ecclesia seu domus fratrum predicatorum et dictus

(1) Dell'antichità della famiglia dei Pallii fanno anche fede remotissime tradizioni, e non mancò chi pretese attribuirle il glorioso martire astigiano san Secondo, decapitato in Asti nell'anno di Cristo 119. Ma lasciando le favole, è indubitato che i Pallii, primitivamente detti Pallidi, sono una delle più antiche famiglie del patriziato astigiano, e che da essa sortì i natali la beata Macolda, monaca professa nel convento di sant'Anastasio d'Asti, morta nel 1192. Fu detto che i Pallidi nel 1228 tentarono di dare in mano del marchese di Monferrato la città d'Asti, e che, scoperti, per sottrarsi alla pena volontariamente siano esulati; ma ciò non è provato. Fin dal secolo XIII i Pallii erano in possesso dei due castelli di Rinco, nel Monferrato; nel 1469 acquistarono beni feudali in Cortandone; ed ebbero anche una parte della giurisdizione di Burio. Bonifacio di Daniele Pallido eresse nel 1318 un castello nel sobborgo di Montemarzo (Asti), espugnato dagli Angioini appena costrutto, mentre vi erano catturati il fondatore medesimo ed un figlio di Filippo Pallido, con due Guttuarî ed altri. Bernardino Pallido vestì dapprima l'abito dei Minori Osservanti, di cui fu ministro per la provincia di Roma e procuratore generale; passò poi (1534) fra i Cappuccini, dai quali fu eletto due volte ministro generale, e scrisse un pregiato libro di orazioni spirituali. Morì in Roma nel 1554. Domenico, in unione alla sua consorte della nobile famiglia dei Rocro, fece nel 1660 edificare l'attuale chiesa parrochiale di Rinco. Ottavio-Francesco fu investito del feudo di Rinco con titolo comitale il 26 settembre 1736 e della signoria di Castelcebro il 13 ottobre dello stesso anno. Il 20 dicembre 1775 ne fu investito il conte Carlo-Pietro, figlio primogenito del precedente, il quale morì senza prole il 6 settembre 1781, ed a lui successe il fratello conte Giuseppe (n. 1723) colonnello del reggimento di Pinerolo e scudiere della regina Maria Clotilde, investito della signoria di Castelcebro il 13 ottobre 1781 e della contea di Cortandone il 19 settembre 1793. Egli sposò nel 1792 Camilla San Martino d'Agliè dei marchesi della Morra, dalla quale ebbe il conte Carlo. Questi fu paggio del re di Sardegna e servì nelle milizie prendendo parte alla spedizione del Delfinato nel 1815; nel 1831 lasciò il servizio col grado di maggiore nel reggimento delle Guardie, ed entrato nel corpo decurionale di Torino, vi coprì variè cariche, fu sindaco della città nel 1835 e si sposò con Matilde Tapparelli d'Azeglio, sorella dell'illustre scrittore e uomo di Stato Massimo d'Azeglio. La famiglia dei Pallii si estinse nel 1896 con la morte del conte Ottavio-Giuseppe.

émptor », è « actum Ast sub porticu domus Palidorum in quo tenet cambium Jacobus Fusnellus », casa che doveva essere vicina a quella venduta.

La casa venduta era senza dubbio situata fra il luogo dove sorsero poi le presenti Carceri ed il recinto del Convento dei frati predicatori di San Domenico detti *della Maddalena* (ora dottore Garola) e più precisamente dove in questi ultimi anni per cura del Rev. sacerdote cav. D. Francesco Morra, curato della Cattedrale, si è edificata la sede dell'Opera dei Ricreatori festivi. Il *porticu domus Palidorum* credo si trovasse dirimpetto alla predetta casa, in via Gioachino Testa, e cioè fra la via Azeglio e la via Natta, in attiguità all'antico palazzo nobile della famiglia San Giovanni, di cui ho parlato a pagina 147.

9.

In via Guglielmo Massaja (1) (già VIA DEL BUON PASTORE).

PALAZZO MAZZOLA. — In questa brevissima via non vi ha che un solo palazzo nobile, che nel principio del 1500 passò alla famiglia dei conti Mazzola, o Maciola (2), ed occupava tutto l'isolato come al presente. Nella parete prospiciente alla via san Gottardo è tuttora incastrata una pietra su cui è scolpito lo stemma gentilizio, nel campo del quale sono incise le iniziali « FR. MA » (Francesco Mazzola). Un simile stemma era pure scolpito in un magnifico architrave, ora tolto di luogo.

Nel fregio di una finestra esterna, prospiciente in via Massaja, si legge ancora scolpito in pietra: « FRANC. P. F. MACIOLA

---

(1) Così intitolata dal nome dell'illustre nostro conterrazzano cardinale Guglielmo Massaja, nato in Piovà l'8 giugno 1809, e morto il 6 agosto 1889 nella villa Amarante in San Giorgio a Cremano presso Napoli. Sono assai celebrate le sue memorie stampate a Milano col titolo *I miei trent'anni di missione in Etiopia*.

(2) I Mazzola, consignori di Villadeati, facevano per arma: D'oro al leone di rosso coronato dello stesso, tenente con le zampe anteriori una mazza di armi al naturale. *Cimiero*: un leone nascente come nello scudo: *Motto*: DEUS FORTITUDO MEA.

JUR. CONS. » (Francesco Mazzola giuriconsulto), e nell'interno sopra un capitello l'anno « MDXVI » (1).

Il palazzo Mazzola ricorda il bel periodo del Rinascimento, e secondo l'autorevole opinione dell'erudito archeologo comm. ing. Riccardo Brayda, in detta casa si vedono riprodotte quelle forme architettoniche di decorazioni di alcuni palazzi romani e fiorentini, le quali sono prese a modello nelle migliori scuole di architettura. E simili forme di eccellente scalpello e di geniale composizione si riscontrano nei capitelli delle colonne nel cortile dello stesso palazzo Mazzola, pur troppo guasti dal tempo.

La casa durò in quella famiglia sino al 1710, quando il 4 aprile di detto anno Filippo Maciola, per istromento rogato De Ambrosiis, la legò, insieme con una cascina a Viatosto prossima alla chiesa, all'opera del Buon Pastore fondata nel 1693 dal capitano Renato Blagnac per le giovani pericolanti e partorienti.

10.

In via Azeglio

(già VIA ALFIERI, anche in prosecuzione nella attuale via Mazzini).

Partendo dal Corso Alfieri, a sinistra trovasi il monastero sotto il titolo *del Gesù*, istituito nel 1522 dal vescovo d'Asti Vasino II Malabayla; e dirimpetto sorgevano le case degli Alfieri addossate al patrizio palazzo di questa nobile ed antichissima famiglia.

Al posto di queste case e di una porzione del giardino an-

Di questa famiglia era probabilmente Guglielmo Mazzola, canonico della Cattedrale e vicario generale dei vescovi Vasino Malabaila, Ferdinando Serone ed Ambrogio Talento. Un Francesco Maciola era consigliere in Asti nel 1578.

(1) Il Boatteri riportò nella sua *Raccolta delle lapidi ed iscrizioni etc.* la seguente epigrafe come già esistente nella Cattedrale: « *Francis. Maciola | Iureconsultus aul. imp. comes cum post varios labores | quietem spretis amplissimis magistratibus elegisset | voto frustratus obiit anno salutis MDXXIII | IX kalend. novemb. en quo tandem* ». Del resto, nella stessa cattedrale i Maciola fin dal secolo antecedente avevano la loro sepoltura, come risulta dalla seguente iscrizione di una pietra sepolcrale: « *Hoc est sepulchrum domini Jacobi Maciolae et suorum heredum 1491* ».

nesso al predetto monastero, sorse nel 1903, come già si è detto parlando della via Maestra, la piazza attuale Umberto I fatta eseguire e donata dal sempre compianto benemerito concittadino conte Leonetto Ottolenghi, che l'adornò inoltre del bellissimo monumento equestre in memoria del re Umberto I, opera pregevolissima dello scultore Odoardo Tabacchi.

TORRE E PALAZZO CISA-ASINARI DI GRESY. – Oltre la via Scuole è il palazzo Zoya (poi Ramelli di Celle), di cui si è già discorso precedentemente; e di fronte ad esso è il palazzo Borgnini, che sul principio del secolo XIX apparteneva al francese Varambon. Nei secoli anteriori il presente palazzo Borgnini era della nobila famiglia Cisa-Asinari di Casasco e di Gresy: la sua costruzione era veramente antica, risalendo al Ducento.

Fin verso la fine del secolo XVIII il palazzo non si estendeva quanto si estende, oggidì e terminava pressoché dove ora termina il prospiciente muro di cinta dell'avv. cav. Domenico Taschero, cioè dove incomincia la piazza del Duomo. In quest'angolo terminale innalzavasi una torre di mediocre altezza, che nella carta del *Theatrum Statuum Sabaudiae* del 1700 è segnata come coronata di merlatura guelfa, cioè rettangolare.

Ciò lascierebbe credere che in origine detta torre appartenesse ad uno dei pochi membri della famiglia Asinari parteggianti per i Solari, che, come è noto, erano appunto guelfi. Gli altri Asinari erano ghibellini.

Circa nel 1700 il palazzo venne ridotto allo stile moderno dal marchese Asinari di Gresy, ed in quell'occasione è probabile siasi ampliato coll'edificazione del braccio che ora si estende fino ad incontrare la *via Cardinale Massaja*.

11.

In via Varroni

Ancora nel secolo XVIII si notavano in questa via molti e ragguardevoli avanzi di palazzi antichi, sui quali sorsero poi le modeste casette che si vedono oggidì.

PALAZZO DEI VARRONI. – Tutta quella parte di fabbricato che dall'adiacente vicolo Guglielmo Riva a sud si estende fino al prolungamento della via Scuole, dove è presentemente la casa dell'avv. prof. Canuto Borelli, parrebbe giacere sulle case che nei secoli più lontani appartenevano all'antichissima famiglia dei Varroni. Poco più di un secolo addietro se ne vedevano ancora notevoli porzioni rivelanti la loro età assai remota. L'antichità di questa casa e delle sue pertinenze è chiaramente dimostrata da importanti avanzi di vetuste costruzioni sotterranee che si riscontrano tuttora al di là del secondo cortile verso ponente dell'attuale casa Borelli. A tre e più metri sotto il piano di quel cortiletto esiste tuttora un corridoio (largo circa due metri, con grossa volta di muro massiccio) che viene a sboccare verso la presente via Varroni e che si protende verso l'alto terrapieno adiacente al contiguo bastione, detto di Calabiana, dove sorgeva l'antico castello dei Varroni con le sue torri, di cui ho già parlato a pp. 59 e 60 del presente libro. Sotto i piedritti dell'anzidetto corridoio si vedono tuttora notevoli porzioni di muri di più antica costruzione; ma la struttura della muratura e la qualità del materiale impiegato inducono nell'opinione che tale costruzione sotterranea sia dell'epoca medievale, sebbene siansi utilizzati alcuni laterizi di più remota età, provenienti senza dubbio dalle rovine di più antichi edifizî ivi esistenti.

È certo, intanto, che l'attuale casa Borelli, riedificata in gran parte in epoca recente, era una dipendenza del castello dei Varroni, ed ho fede che se si facessero scavi nel terrapieno anzidetto, secondo la direzione del corridoio avanti indicato, si troverebbero forse chissà quante notevoli vestigia, non soltanto dell'epoca medievale, ma pur anche dell'epoca romana (1).

Nell'anno 1893, nell'eseguire gli scavi opportuni per far luogo alla chiavica centrale di detta via Varroni, si rinvennero parecchie terrecotte romane, fra cui ricordo lacrimatori, lucernette, etc. Nello stesso anno, alla estremità nord della predetta casa Borelli, in coerenza della casa Giovanni Conti (ora della signora

---

(1) Sono grato alla cortesia del proprietario della casa, avv. prof. Canuto Borelli, il quale non solo mi permise di visitare a mio agio la località, ma volle accompagnarmi nella mia escursione e darmi tutte le indicazioni che mi abbisognavano, mettendo anzi a mia disposizione le sue larghe cognizioni archeologiche, nelle quali, come è noto, è assai competente.

Gastaldi vedova Baretta), nel fare lo scavo sotto il suolo della via per costrurre un pozzo nero, si è rinvenuto, come mi ha assicurato lo stesso signor avv. Borelli, una tomba romana formata dei caratteristici limbici in laterizî e contenente uno scheletro d'uomo di normale statura.

Da queste case forti, e dal castello appartenente pure ai Varroni e che sorgeva dietro le case stesse contro i bastioni della città, venne il nome alla via che lo porta tuttora.

Di questi Varroni già ho discorso parlando della *ria Maestra*.

.·.

Altro Palazzo Pelletta. Parlando della famiglia Pelletta e delle loro abitazioni trascorrendo la *via Natta*, mi occorse di accennare che il palazzo da essa posseduto nella via dei Varroni era il più antico di loro pertinenza.

È un palazzo, questo, che conserva tuttora all'interno ed all'esterno bellissimi segni della sua antichità e della sua fortezza, i quali stabiliscono che l'epoca approssimativa della costruzione di esso è la seconda metà del secolo XIII.

In detto palazzo si vedeva ancora pochi anni addietro lo stemma marmoreo dei Pelletta, il quale fu dalla proprietaria d'allora della casa, signora Deandreis-Calabiana, regalato al Museo civico d'archeologia.

Si dice che in questo palazzo avesse abitazione il prefetto Sapricio, e che quivi da lui siano stati condannati a morte san Calocero, mandato in Albenga, e san Secondo, martirizzato in Asti nell'anno 119, ambidue astigiani.

Il volgo, in Asti, chiama ancora adesso *Casa di Pilato* il presente palazzo Pelletta in via dei Varroni (1).

Questo palazzo con tutte le sue antiche adiacenze laterali ai

---

(1) Molte città sono dette patria di Ponzio Pilato, fra le quali Aosta, ove anche si mostra la sua casa. Gustavo Adolfo Müller, che publicò recentemente uno studio su Pilato, nota che alcuni lo vogliono tedesco, altri francese, etc.; mà non se ne sa nulla in modo assolutamente definitivo o certo. E per quanto concerne luoghi che prendono nome da lui, vedi Graf, *Un monte di Pilato in Italia*, in *Miti, leggende e superstizioni del Medio Evo*, II, 144 segg., Torino, 1893.

bastioni appartiene oggi alla nobile signora Giuseppina Nazari di Calabiana moglie del cav. Gianti, e nel 1798 vi era stato allogato il « Collegio reale delle scuole ».

In via Morelli (già via di SAN SILVESTRO)

PALAZZO TROYA E TORRE DELL'OROLOGIO — Percorrendo la via Morelli, poco prima della torre troyana detta *dell'Orologio*, è il presente fabbricato est dell'Ospedale di Carità, sorto sul locale dell'antica fiera stabilita a sua volta sulle demolizioni dell'antico palazzo Troya, di cui ho parlato trascorrendo la *via Cattedrale*.

ALTRO PALAZZO ALFIERI. — Attraversata la via Cattedrale, sull'angolo di via Morelli è la presente casa del signor Matteo Ballario edificata sul sedime di un altro palazzo degli Alfieri, come ho già riferito nella precedente pagina 114.

.˙.

PALAZZO.....DEI VISCONTI, ORA MAGGIORA-VERGANO — Altri palazzi nobili non si trovano in questa via se non quello immediatamente successivo alla chiesa parrochiale di san Silvestro, appartenente ora ai signori cav. Tomaso, maggiore dei RR. Carabinieri, e cav. dott. prof. Arnaldo, fratelli Maggiora-Vergano fu comm. Ernesto.

L'epoca della costruzione di questo palazzo risale alla fine del secolo XIII od al principio del XIV, e, per trovarsi esso quasi alle falde del promontorio su cui si ergeva l'antico castello, era una casa-forte di rilievo, ed apparteneva senza dubbio ad una delle famiglie nobili più ragguardevoli di quell'età.

Ciò appare assai agevolmente da parecchie traccie dell'antica costruzione tuttora esistenti nell'interno dell'edifizio e delle sue dipendenze. Anzi alcune parti del caseggiato hanno traccie di struttura più remota, e ciò spiega come la ricostruzione del secolo XIII sia soltanto stata parziale.

Da taluno si afferma che questo palazzo abbia appartenuto a Luchino Visconti, signore di Milano, e l'opinione non è improbabile; non già perchè nella parete della scala del palazzo sia incastrato lo stemma marmoreo di Luchino, giacchè questo fu ivi murato solo verso il 1870 dal proprietario della casa comm. Ernesto Maggiora-Vergano; ma perchè è verosimile che Luchino, il quale abitò il castello vecchio per qualche tempo, abbia anche avuto come casa-forte il palazzo di cui si tratta, assai utile per la sua posizione.

Giovanni Paleologo, marchese di Monferrato, cedendo alle assidue istanze dei De Castello, i quali gli premettevano la signoria della città d'Asti se li aiutasse a cacciarne i Solari, radunato un poderoso esercito, insieme coi ghibellini fuorusciti scese ai danni della città, della quale potè per assalto impadronirsi nell'anno 1339.

Ma poichè è più facile conquistare che conservare la cosa conquistata, non corse gran tempo ch'egli si avvide che le sue forze non bastavano a tenere in freno i guelfi da lui vinti; laonde nell'anno susseguente dovette consigliare agli Astesi di porre il loro Comune sotto la protezione del potente signore di Milano, Luchino Visconti (1).

Quantunque ai migliori cittadini dolesse grandemente quel mal passo che essi prevedevano doverli condurre a servitù, tuttavia le ire di parte poterono sugli animi assai più che la carità verso la patria, e piuttosto che stendere la mano verso i fratelli di parte diversa, amarono meglio curvare il collo al giogo, ed il partito posto da Giovanni fu vinto a grande maggioranza.

Nè andò molto che si fece palese come fossero nel vero i pochi, imperocchè Luchino, volendo trarre il più grande vantaggio della debolezza in cui era caduta la città, non istette contento al solo ufficio di protettore, ma pretese di essere riconosciuto assoluto padrone. E sebbene anche fra coloro stessi che avevano votato la proposta del marchese molti ne patissero vergogna e dolore grandissimo, nondimeno, crescendo i pericoli esterni, e pur rimanendo il Visconti irremovibile nel suo intento, dovettero gli Astigiani accettare la dura condizione, e Luchino nell'anno 1342 entrò in città come assoluto signore.

---

(1) E. Maggiora-Vergano, *Dominazione viscontea in Asti*, p. 7, Asti, 1878; Gabotto, *St. del Piem. nella prima metà del sec. XIV*, pp. 184 segg., e *L'età del Conte Verde in Piemonte*, 22 segg., Torino, 1895.

Morto Luchino nell'anno 1349, la città d'Asti spettò all'arcivescovo Giovanni fratello di lui; ma il marchese di Monferrato, che pure si era accorto tardi del danno che sarebbe toccato a' suoi dominî quando anche dalla parte di Asti essi fossero stati recinti dai possedimenti viscontei, volle rimediare all'errore commesso. Protestando pertanto come la dedizione fosse stata dal Comune fatta a Luchino solo personalmente, e così per il tempo in cui egli sarebbe durato in vita, si pose a capo dei ghibellini, che si erano con l'arcivescovo Giovanni adirati perchè aveva richiamato in città alcuni guelfi, ed occupò nuovamente Asti nell'anno 1356. Così riconosciuto per signore, ottenne da Carlo IV il vicariato imperiale della città.

I Visconti mal potevano sopportare sì grave ingiuria, e tanto si adoperarono, e coi guelfi che erano fuori della città, e coi ghibellini che erano dentro, che finalmente Gian Galeazzo, conte di Virtù, potè introdurvisi e costringere il marchese Secondotto, figlio di Giovanni di Monferrato, a cedergli il governo della medesima nell'anno 1378.

Stremato il Comune de' suoi cittadini più illustri per senno e per valore, disperse e consunte nelle lunghe ed accanite guerre fraterne le ricchezze, per le quali era salito in tanta potenza, null'altro restava ai cittadini che subire la legge del più forte. E il 27 marzo 1379 il podestà Lotario Rusconi, radunato il Consiglio generale proponeva: 1) che la città désse piena balia a Gian Galeazzo Visconti, ad Azzone figlio di lui ed a' suoi successori, incaricandone due sindaci; 2) che dai consiglieri e credendarî del Comune e da tutti gli uomini della città venisse prestato giuramento di fedeltà al Visconti; 3) che fosse fatta preghiera al conte di Virtù perchè non imponesse nuovi dazi e gabelle e prendesse la città sotto la sua protezione. Il Consiglio unanime adottò le tre proposte, nominò quali sindaci speciali per la esecuzione della prima proposta Alessandro Malabayla e Guglielmo Ventura, ed a sindaci per la terza proposta Bernabò dei Guttuarî e Gasparone Alione (1).

Il Visconti soleva nelle sue faccende camminare alla svelta,

---

(1) MAGGIORA-VERGANO, p. 9; GABOTTO, *L'età del Conte Verde*, pp. 170 segg., e 179.

e mentre egli era qui in città nel suo palazzo, dopo avere nello stesso giorno 27 marzo obbligati i cittadini ai tre atti sovra enunciati, il giorno successivo faceva dal podestà radunare nuovamente il Consiglio generale a fine di proporre la riforma degli Statuti nel senso della nuova forma di governo. Adottatasi la proposta, furono tosto nominati i comissari che dovevano riformare gli Statuti, i quali sono appunto quelli che, approvati poi da Gian Galeazzo in Pavia il 27 maggio 1381, ebbero forza di legge sino agli ultimi tempi. Questi Statuti, che sono in grande parte una riproduzione di quelli più antichi, si conservano nell'Archivio comunale e costituiscono un bel volume in pergamena, scritto in carattere gotico, privo di miniature, ma con iniziali e rubriche in rosso.

Tale volume è legato in legno con copertura in cuoio e borchie di ottone, e per mezzo di una catena di ferro, ancor oggi fermata alla legatura, era assicurato all'albo pretorio del civico palazzo ed al banco del giudice. Da ciò gli venne il nome di *Codice catenato*, che conserva tuttora (1).

È adunque probabile che il presente palazzo Maggiora-Vergano non solo abbia appartenuto a Luchino Visconti, ma altresì a Gian Galeazzo predetto quando costrinse gli Astigiani alla conchiusione degli atti sovraccennati.

---

(1) Di questi Statuti esiste un'edizione a stampa dell'anno 1534 eseguita « per *Franciscum Garonum de Liburno* », che fu il terzo tipografo astese. Tale volume contiene altresì tutti gli Statuti successivi dal 1379 al 1463. Il primo tipografo astigiano era stato l'Arduino, il quale nel 1479, come scrisse Iacopo Nano nel suo poema elegiaco sul palio d'Asti, aveva già impressa la Bibbia in quattro volumi ed insegnata l'arte tipografica a Francesco Silva (che fu il primo a publicare con le sue stampe la Cronaca latina di Benvenuto San Giorgio, ed il *Fior di Virtù* con la data del 1495) a cui successero i suoi figli tipografi, Francesco, il più celebre, Giovanni Angelo e Bernardino — contemporaneo, quest'ultimo, di Francesco Garrone anzidetto (BERLAN, *La introduzione della stampa in Savigliano, Saluzzo ed Asti nel secolo XV*, pp. 105 segg. Torino, 1887; GABIANI, *Asti e la stampa*, in *Gazzetta del Popolo della Domenica*, n. 28, Torino, 1900). Altri tipografi astigiani assai pregiati furono i Giangrandi, o Zangrandi, dei secoli XVI e XVII. Il barone Giuseppe Vernazza desiderando di avere notizie sulla famiglia dei tipografi Vallauri e Bodoni, faceva le opportune indagini, da cui risultava che il Vallauri, nato al Vernante presso Cuneo, era stato chiamato dal Comune di Saluzzo ad aprirvi tipografia nel 1669, e morendo nel 1696,

Riguardo allo stemma visconteo che si vede murato nella parete della scala di questo palazzo, il comm. Ernesto Maggiora-Vergano (1) così scrive: « Quando Luchino prese possesso dell'antico castello, vi fece collocare lo stemma della sua casa in segno di padronanza. Cessata la dominazione viscontea, quello stemma venne gettato in una cloaca del castello stesso, di dove fu estratto in sul principio di questo secolo (2). Visitando io da ragazzo il castello, lo vidi in un mucchio di macerie. Quando alcuni anni or sono (3) mi diedi a raccogliere oggetti antichi, essendomi ricordato di quello stemma, e trovatolo ancora, ne feci richiesta al mio amico causidico Pietro Rossi, proprietario del Castello, il quale gentilmente me ne fece dono, e conservo quel marmo incastrato nella parete della scala della mia casa : la forma della L che accosta il biscione toglie ogni dubbio sulla pertinenza dello stemma ».

Qualche anno addietro, gli attuali proprietari, nel ristorare la facciata di quel palazzo, misero allo scoperto le belle finestre in cotto ed in tufo che formavano la speciale prerogativa della costruzione locale sulla fine del secolo XIII e sul principio del XIV. Con encomiabile pensiero le decorazioni di talune di quelle finestre così scoperte non vennero più intonacate, ed ora esse si possono ammirare da quanti transitano per quella località.

Nel secolo XVIII la casa di cui si tratta apparteneva alla famiglia Festa, l'ultimo della quale, morendo, la lasciò ad una corporazione religiosa di donne. Nel periodo napoleonico, avvenuta la soppresione degli ordini monastici, la casa passò al demanio,

---

aveva lasciato una figliuola nubile, di nome Benedetta, che due anni dopo sposavasi a Giovan Domenico Bodone di Asti, a cui recò in dote la tipografia paterna. Di qui l'origine della famiglia dei Bodoni, di cui la celebrità è a tutti nota (CLARETTA, *Sui principali storici piemontesi* p. 409). Un altro tipografo astigiano in Saluzzo, ricordato con onore nel secolo precedente, fu Giacomo de Circhi, da San Damiano d'Asti, il quale nel 1507 aveva in quella città stampato l'*Opus regale* del Vivaldi (BERLAN, *Op. cit.*, 102; A. M., *Il Tesoretto di un Bibliofilo piemontese*, in *Curiosità e ricerche di storia subalpina*, p. 275, Torino, 1874). Cfr. anche GABOTTO, *Lo Stato sabaudo da Amedeo VIII ad Emanuel Filiberto*, III, 222, Torino, 1895.

(1) *Op. cit.*, p. 31.
(2) Cioè del secolo XIX.
(3) Il Maggiora-Vergano scriveva nel 1878.

e da questo al signor Luigi Porcellana fu Tomaso, che la possedeva già nel 1810. Verso il 1840 venne in proprietà del cav. Romano Maggiora, avo paterno degli attuali proprietarî.

In questo vetusto palazzo, dai fratelli Maggiora-Vergano anzidetti e dalla veneranda loro madre, si conserva con cura gelosa e con grande amore un grandissimo numero di preziosi cimeli interessanti la storia astigiana, raccolti con ammirevole diligenza e con vero intelletto d'amor patrio da quel valentuomo che fu il loro padre e marito comm. Ernesto Maggiora-Vergano (1).

(1) Il comm. Ernesto Maggiora-Vergano era nato a Refrancore, a pochi chilometri da Asti, nel marzo 1822. Studiò in questa città, e nel 1848 fu nominato notaio a Felizzano e poi in Asti, dove prese stabile dimora nel 1856; fu più volte sindaco di Refrancore e consigliere comunale di Asti. Si occupò con grande amore e con rara competenza di studî archeologici, e segnatamente di numismatica, ed in questa materia publicò numerosi lavori molto stimati in Italia ed all'Estero. Illustrò un grande numero di zecche e di monete inedite del Piemonte, descrisse cimeli preziosissimi rinvenuti nell'Astigiana, intorno ai quali non si possedeva alcuna notizia. Aiutandosi con le scoperte archeologiche e con lo studio dei vecchi codici, ricostrusse alcuni punti interessanti della storia astigiana, e scrisse la storia del Comune di Refrancore. Fra le antichità più pregevoli da lui scoperte meritano speciale ricordo una *coppa greca* inargentata, smaltata ed istoriata, che attualmente fa parte della raccolta del Museo di Antichità di Torino; un'altra coppa greca di vetro, di finissimo lavoro, sulla quale stava scritto in lettere greche: « *Ermione ha fatto questo lavoro: ricordatene, o compratore!* », cimelio, anche questo conservato ora in detto Museo di antichità; un elmo romano di bronzo giallo, di straordinario valore, che presentemente si trova nel Museo civico di Torino. Di questi tre oggetti, il primo e l'ultimo erano allora gli unici esemplari esistenti al mondo; il secondo era il più bello dei pochi conosciuti. Dei molti scritti del comm. Maggiora la maggior parte andò perduta: modestissimo e generoso d'animo come egli era li regalava volentieri a chi gliene chiedeva; per modo che della più parte dei medesimi non rimase a lui nè alla famiglia alcun esemplare. Per altro, tutti i lavori del Maggiora publicati sono di speciale e rilevante importanza. Egli fece inoltre una bellissima raccolta di monete e di medaglie, ed un'altra di oggetti di antichità. Insieme con il canonico teologo cav. Gio. Battista Longo, altro erudito astigiano, la memoria del quale sarà incancellabile ne' suoi concittadini, illustrò i principali monumenti antichi della città d'Asti. Insegnó per parecchi anni la storia nell'Istituto professionale di questa città; ed oltre all'essere valente archeologo, era anche abile legale e dotto e forbito scrittore tanto in prosa quanto in versi. Prese parte attiva ai rivolgimenti nazionali che portarono

Zona Meridionale

12.

In Piazza del « Santo ».

(Piazza di SAN SECONDO, già Piazza DEL MERCATO).

Questa piazza di forma quadrangolare, circondata di porticati all'infuori del lato della chiesa, non era certamente così all'epoca intorno a cui si aggira la presente esposizione. E per quanto su di essa fossero stabiliti molti palazzi nobili, tuttavia la piazza era quasi esclusivamente dedicata al commercio.

La chiesa detta del *Santo*, o collegiata di san Secondo, è ora senza dubbio la più antica della città. Sorse primamente pochi anni dopo il martirio del glorioso nostro patrono san Secondo (avvenuto il 30 marzo dell'anno 119), che ebbe luogo fuori delle mura della città (1): sul sito stesso del supplizio e del tumulo del *Santo* si edificò un altare, e scavatavi attorno una cripta, o cappella, chiamata anche *Scuròlo*, quivi si radunavano i primi fedeli astigiani a pregare ed a celebrare i divini misteri.

Come ho già avvertito nella prima parte di questo libro parlando delle antiche mura della città, la cripta anzidetta esiste tuttora sotto il presbiterio della presente collegiata, ed una delle pareti della cripta stessa, quella a nord, è formata da un tratto dell'antico bastione della città, il quale passando sotto la balaustrata dell'altar maggiore ed avanzandosi verso il campanile, serve di base a due delle colonne che sostengono la cupola della

la nostra patria a conseguire la libertà e l'indipendenza, e fu sempre pronto a soccorrere gl'indigenti. Era membro della R. Accademia delle Scienze, della Imperiale Società Archeologica di Berlino, della R. Deputazione di Storia patria di Torino e di molte altre accademie scientifiche e letterarie. Per le sue pubblicazioni *sulle monete di Francia*, l'imperatore Napoleone III gli donò una copia della storia di Giulio Cesare da lui scritta, con dedica autografa, e lo insigni della Legion d'onore. Morì nel settembre dell'anno 1879.

(1) Sul martirio di san Secondo cfr. VASSALLO, *La Chiesa dei Santi Apostoli*, pp. 8 segg.; BOSIO, *Storia della Chiesa d'Asti*, pp. 31 segg., Asti, 1894; e ALESSIO, *I primordi del Cristianesimo in Piem.*, pp. 110 segg.

chiesa, dal lato verso la presente piazza Alfieri, come ho già accennato (1).

La cripta, o *scuròlo* (FIGURA 21), è di forma rettangolare,

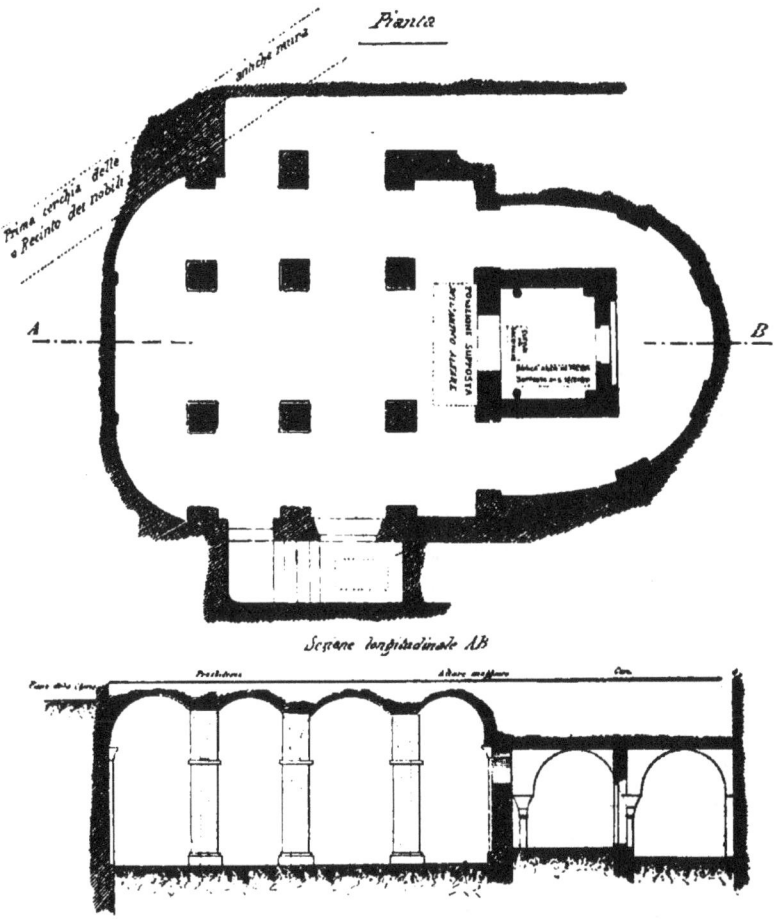

(FIG. 21) Cripta, o *scuròlo*, della Collegiata di San Secondo.

(2) Nei cosidetti chiostri della collegiata di san Secondo, o meglio nella via san Secondo, il 26 aprile 1889 fu scoperta una lapida di marmo (*stele*) dell'epoca romana, dedicata a Lucio Campio, delle seguenti dimensioni: 1,32 ✕ 0,45 ✕ 0,10. Essa porta questa iscrizione: « L - CAMPIO | L - F - POL | MANSVETO | PATRONO ET - SIBI | L - CAMPIVS | L - L - PAL | PRIVATVS | VF ». Detta lapida si trovava sotto il portone d'ingresso della trattoria del *Falcon Vecchio* nella casa dei fratelli Bogliazzini di Torino, e fu regalata al Municipio di Asti, che la collocò nel suo Museo archeologico.

divisa in tre piccole navate a volta, sostenute da sei colonne di pietra, ora però rivestite di mattoni a forma di pilastri, con abside semicircolare, dove a guisa di cameretta, o torretta quadrata, fra quattro bellissime colonnine di marmo, è deposto il sarcofago in pietra, nel quale, secondo la tradizione, sarebbe stato custodito in una cassa di piombo il corpo di san Secondo fino al 1597, in cui monsignor vescovo Ajazza lo collocò sotto l'altare maggiore della presente chiesa collegiata dove esiste tuttora.

Quando, poi, coi successivi editti degl'imperatori Galerio, già feroce persecutore dei Cristiani, e Costantino, degli anni 311 e 312, fu permesso ai Cristiani di adunarsi liberamente e di innalzare pubbliche chiese al loro culto, quella cripta sarebbe stata adornata, ampliata, trasformata in una piccola basilica sotterranea; finchè più non bastando per l'aumentarsi dei novelli credenti, una basilica esterna di maggiori proporzioni venne eretta sul primo sepolcro del nostro martire san Secondo, che fu sempre circondato da grande venerazione, talchè già nell'876 v'era destinato un collegio di sacerdoti per custodirlo.

Nei documenti di quest'epoca trovasi pure accoppiato il nome di san Secondo con quello di santa Maria per esprimere la chiesa o il vescovo astese; e questo doppio titolo per designare la chiesa vescovile getta molta luce sull'antichità e dignità della basilica di san Secondo (1).

Sul principio del secolo X la chiesa di san Secondo aveva già un proprio Capitolo distinto da quello della Cattedrale, ma nel 940 si trovava ancora nel suburbio, anzichè tra le mura. Forse è da ritenere che costituisse un'antica « pieve », distinta dalla « pieve » astigiana propriamente detta.

La basilica edificata da tempo antichissimo sul sepolcro di san Secondo non doveva essere delle dimensioni attuali, poichè nel 1256 il Capitolo deliberò di farla ampliare; e raccolti i mezzi necessari, sulla fine del secolo XIII si cominciò così ad erigere la presente chiesa collegiata, detta già *san Secondo del Mercato* per la sua posizione e per distinguerla da quella di san Secondo *de Turre rubea* (ora santa Caterina): attualmente è chia-

---

(1) Bosio, *Storia della Chiesa d'Asti*, pp. 365 segg.

mata per antonomasia *chiesa del « Santo »*. Essa, però, come narra il contemporaneo Secondino Ventura (1), non fu compiuta, almeno nella facciata, che nel 1462. La chiesa attuale è di architettura gotica; non così il campanile, il quale è di architettura romanico-bizantina, cioè lombarda, appartenente perciò all'antecedente basilica (2).

Palazzo del Comune. — A lato della chiesa del Santo, verso nord, sorge l'attuale palazzo comunale donato alla città di Asti dal duca di Savoia Emanuel Filiberto con patenti date in Bruxelles l'8 luglio 1558.

L'immissione del Municipio in possesso del palazzo ebbe luogo il 16 settembre dello stesso anno.

Per altro, nel secolo XIII il Comune aveva il suo palazzo proprio. Ciò si rileva dall'atto n. 257 (dell'8 aprile 1257) riportato nel *Codex Astensis* detto *De Malabayla*, publicato dal Sella; nel quale atto si legge « *Actum est Ast in palacio novo comunis Astensis* ». Ma in documenti posteriori, fra cui nel n. 405, è scritto: « *Actum est super voltis de sancto Iohanne ubi consilia celebrantur* », e questo atto porta la data del 18 ottobre 1280; onde risulta esplicitamente che quantunque il Comune avesse già un proprio palazzo, tuttavia il Consiglio continuava a radunarsi nelle chiese, come, ad esempio, nel Duomo, in san Secondo e, sovente, in san Giovanni (3).

L'espressione « *palacio novo Comunis* » del documento 1257 avanti accennato fa anzi pensare ad un altro palazzo del Comune anteriore a quello indicato nel predetto documento; e data la circostanza che ancora nel secolo X la chiesa di san Secondo era fuori delle mura, il primitivo palazzo del Comune va cercato verso la Cattedrale, e non verso la piazza del *Santo*. Da una carta, infatti, dell'*Archivio capitolare di Asti* risulta che l'8

---

(1) Nel suo *Memoriale de rebus Astensium*.

(2) L'atrio, o portichetto, costrutto sotto monsignor Ajassa nel 1600, ed antistante all'ingresso centrale nella facciata della chiesa della Collegiata di san Secondo, fu distrutto ed annullato nel 1870 in occasione della restaurazione della facciata stessa, dipinta com'è attualmente dal prof. Giovanni Bagnasco.

(3) *Cod. ast.*, II, 304 e 448; Vassallo, *Due scritti intorno alla storia astigiana*, p. 8., Torino, 1888 (estr. *Riv. stor. ital.*, vol. V., fasc. II).

novembre 1236 il giudice del podestà teneva udienza e pronunziava sentenze « *in canonica comunis astensis* », e questa « *canonica* », che è di nuovo ricordata in altra sentenza del giudice del Comune in data 25 maggio 1248, nello stesso *Archivio capitolare*, era certo il più antico palazzo del Comune. Ciò affermerebbe che questo fosse in quell'epoca presso la chiesa della Cattedrale; ed allora diventerebbe certezza la congettura che si ha riguardo alla primitiva casa del Comune, sulla quale sorse poi il palazzo Zoya (ora cav. avv. Domenico Taschero, in via Scuole) secondo la costruzione gotica tuttora esistente, mentre il primo palazzo del Comune doveva certamente essere di struttura romanica o lombarda.

Di qui risulta che il « *palacio novo* » del 1257, che sarebbe stata la seconda sede del Comune, era evidentemente un altro, e sembra che esso fosse il palazzo che sarebbe poi diventato dei De Catena (ora Vastapane-Gandolfo, in piazza del Tribunale), dove pare che nel secolo XV avessero dimora i duchi orleanesi ed i re di Francia, come ho già accennato parlando di quel palazzo trascorrendo la *via Cattedrale*; sebbene i re francesi abbiano anche dimorato nel palazzo Malabayla di via Mazzini (ora Defilippo). E si opina che nella circostanza predetta in cui i duchi d'Orleans ed i re di Francia stabilirono la loro abitazione nell'anzidetto palazzo Catena, il Comune trasportasse da questo luogo la sua residenza nel palazzo detto *del Podestà*, o *del Comune*, che fu quello il quale, secondo si crede, appartiene ora al dottor Camillo Olivero, estendentesi in quel tempo, con altro braccio ora scomparso, fino alla presente via Cavour, verso la piazza del *Santo*.

Nel braccio tuttora esistente verso la via Pellicciai sembra dimorasse il Podestà; e nel braccio trasversale, ora soppresso, che dal precedente arrivava fino alla via Cavour, sarebbe stato allogato il governo del Comune. L'abitazione del Podestà e gli uffici del Comune si chiamavano promiscuamente *Palazzo del Podestà*, o *Palazzo del Comune*, come ho già avvertito nelle pagine precedenti.

L'altissima torre che andava unita al palazzo del Podestà, o del Comune, doveva certamente trovarsi verso la presente piazza di san Secondo, o del *Santo*, nel braccio scomparso forse

sul principio del secolo XVI, perchè la manica dello stesso
palazzo, la quale tuttora esiste nella sua massiccia costruzione
dell'epoca, verso via Pellicciai, non conserva più traccia di
alcuna torre.

Vuolsi pertanto che nella torre del Comune, esistente verso
la piazza del *Santo* ancora nell'ultimo quarto del secolo XV,
fosse allogato il vecchio orologio comunale. Sembra che il nuovo
orologio del Comune fosse intanto stabilito nella torre Troyana;
ed in quell'epoca, come scrive il Gabotto, « non si usavano
ancora orologi dai privati: in tutta la città non v'era che quello
del Comune, il quale, nell'ultimo trentennio del secolo XV, ha
in Asti a dirittura tutta una storia ». Reputo opportuno riportare in nota le notizie che riguardo all'orologio del Comune di
quest'epoca ha publicato il Gabotto nella sua nota monografia
La vita in Asti al tempo di Giovan Giorgio Alione (1).

----

(1) Conferenza tenuta in Asti il 7 aprile 1899, con note illustrative e do-
cumentarie, Asti, Tip. Bianchi, 1899, pp. 91 segg.: « *Arch. Com. d'Asti,
Ordin.*, vol. II, ff. 20, 27-28, 86; III, f. 7; IV, ff. 26, 54; VI, ff. 9, 12; VIII,
f. 43 v.: 28 marzo 1470: Dinanzi al Consiglio dei Savî, « audita relacione
facta per nobiles Matheum Gardinum et Antonium de Curia, alias electos
una cum nobilibus Dominico Pelleta et Antonio Borgognono per Consilium
civitatis Ast pro aptacione orologij, in personam suorum sociorum, qui
retulerunt quod ipsi, pro execucione commissionis eorum, participarunt
consilium ma(g)iorem expertorum, et habito apparere ipsorum expertorum,
invenerunt quod si fenestre et apperture turris claudantur ita quod ventus
et aer non possit dare nocumentum funibus contrapeysij eiusdem orologij,
et caunapa orologij ponatur cum una capa super tecto dicte turris, ipsum
orologium conservabitur et melius audietur, et etiam quod illi de Botallis
obtulerunt se facturos semper per eos alias promissa et circa manutentionem ipsius orologij, itterum et de novo confirmarunt ipsos ellectos, et
eis potestatem dederunt faciendi illum orologium aptare iuxta promissa »;
11 maggio st. a.: Il Consiglio generale si occupa a lungo della questione
dell'orologio; 4 febbraio 1472: Essendo stato chiamato in Consiglio Obertino Botallo e richiesto « an vellit perseverare in aptando et conducendo
orologium, vel ne, iuxta solitum », risponde di non potervi attendere per
la morte del fratello; 6 aprile 1478: Il Sindaco propone dinanzi ai Savî
« quod cum hec Civitas pauperima sit de uno bono orologio, maxime
considerato quod campana orologij, qui est in hac Civitate, male auditur
et sit frusta (*sic*) et quasi fracta, et quod esset honor et comoditas huius
civitatis et totius reipublice providere de ipsius orologij (*manca il seguito*) »;
8 febbraio 1481: Luciano Claverio chiede gli si paghino tre genovine « pro

Scomparsa sul principio del secolo XVI la vecchia torre del Comune, rimase solo più il nuovo orologio comunale impiantato nella torre Troyana, che in quel turno di tempo era insieme col palazzo Troya passato alla Casa di Savoia. E ciò spiega la ragione per cui il duca sabaudo Emanuel Filiberto, come già riferii alle pagine 110 e 111 precedenti, allorquando nel 1560 donò al conte Federico Asinari il palazzo Troya, fece al Municipio riserva della torre, detta già fin d'allora *dell'Orologio*.

Ritorniamo ora alla presente sede comunale. Al palazzo donato dal duca di Savoia al Comune era annessa la cosidetta Ala, o meglio *Alla*, destinata alla vendita delle merci, specialmente delle granaglie, e queste non potevano, all'infuori che nell'Alla medesima, essere poste in commercio.

Sull'antistante piazza del *Santo*, e su quella adiacente detta delle *Erbe*, si esercitava il mercato di ogni altro genere: del vino, della legna, del fieno, ecc; ma poichè il commercio generale si esercitava più specialmente sulla piazza del *Santo* anche per l'attiguità dell'Alla, quest'ultima piazza aveva preso il nome di *san Secondo del Mercato*.

Il Comune, entrato in possesso del palazzo donato da Emanuel Filiberto, vi trasferì tosto i proprii uffici, che, tranne una breve interruzione avvenuta nel 1798, vi perdurano tuttora.

Il cronista Incisa, sotto la data del 25 dicembre 1798, martedì (5 nevoso), del suo *Giornale d'Asti*, riferisce così la notizia: « Non potendo la Municipalità tenere nel Palazzo Comunale « tutti gli uffizî necessarî già eretti, e che ancora si debbono « formare, ha giudicato di cercarsi altro palazzo più comodo, « e questo è il palazzo Roero di Settime (1), vicino a san Mar- « tino in capo a contrada Roero, dove vi è quanto basta per « detto ufficiodella Municipalità e per gli altri che (h)anno ancora

---

mercede laboris facti circa orologium »; 4 luglio 1482: nuove lagnanze perchè i due orologi vecchio e nuovo, « non laborant, que omnia tendunt ad dedecus... huius comunitatis »; 23 aprile 1483: Luciano Claverio chiede che gli si paghi ciò che altra volta gli fu promesso « pro certo labore alias per eum facto in aptando orologium », istanza che ripresenta, quale « rector orologij », il 26 maggio st. a.; 2 aprile 1494: si mandano pagare 6 fiorini di Savoia « magistro qui apportavit certum quid orologio ».

(1) È il presente palazzo Pogliani, dove è stabilita la Sotto-Prefettura.

« ad erigersi, e tenerli tutti uniti. Perciò fino da quest'oggi
« ha trasportato in detto palazzo la sua sede ed il corpo di
« guardia ».

Effettivamente, nell'epoca cui si riferisce il passo riportato
dall'Incisa, la parte utilizzabile del palazzo comunale propriamente detto era assai esigua, perchè all'infuori del fabbricato che
prospetta sulla piazza per la sola profondità dell'atrio a terreno
e del salone del primo piano, tutto il resto, dalla chiesa di san
Secondo alla via del Teatro Alfieri, faceva parte dell'Alla del
mercato, sulla quale venne nel 1865 edificata la manica est
dell'attuale palazzo.

Nel palazzo Roero il Comune tenne i suoi uffici assai breve
tempo; e ritornato alla sua sede anteriore, si allogò alla meglio,
fino a quando nell'anzidetto anno 1865 i locali furono notevolmente ampliati.

Il palazzo, così com'è attualmente, non conserva quasi più
traccie d'antichità, perchè scomparse nel 1741, allorchè l'illustre
architetto Benedetto Alfieri gli diede la decorazione e l'assetto
che si vedono tuttora.

Credo ora non inopportuno riportare qui per intiero le Patenti
8 luglio 1558 di Emanuel Filiberto.

« EMANUEL PHILIBERTUS Dei gratia Dux Sabaudiae, Chablaisij
« et Augustae, Sacri Romani Imperij Princeps Vicariusque per-
« petuus, Marchio in Italia, Princeps Pedemontium, Comes Ge-
« bennarum et Gebennesij, Baugiaci, Rotundimontis, Niciaeet Ast,
« ac Marchio Cevae, Baro Waudi, Gay, Foucigniaci, Bressiaeque
« Vercellarumque Dominus. Vt intelligat fidelissima civitas nostra
« Astensis, et illius exemplo caetera quoque que imperio nostro
« suppositae sunt civitates, et quae nobis debitam, veluti illa,
« prestiturae sunt fidem ac seruitutem, nos semper eius animi
« fuisse omnem quoad possumus in eam conferre gratiam et
« munificentiam, supplexque ipsa ciuitas nunc a nobis petierit,
« vt Praetorium nostrum, quod alias Praetores ipsius ciuitatis
« habitare solebant, et nunc cum vetustate tum calamitate tem-
« porum ruinam minatur, eidem donare dignaremur, Promit-
« tens suis sumptibus se illud adeo redificatura et restauratu-
« ram, ut non solum Praetores isthic habitare, et captiuos tute
« detineri, prout alias poterant et consueuerant, verum ipsi et

« Consilia sua tenere, et pro robus publicis gerendis conuenire
« possint, Petens insuper aream quandam plateae Sancti Secundi,
« quae templo ipsius coheret, vbi muli et equi nunc in non
« mediocre Diuini cultus vituperium alligari solent, vt apothe-
« cas in ea, dimisso tantum aditu stillicidij, aedificandi faculta-
« tem concederemus, Nos precibus dictae fidelissimae ciuitatis
« nostrae benigne annuentes, idem Praetorium, quod est in platea
« Sancti Secundi, cum curte et omnibus illius pertinentijs ei-
« dem ciuitati libere donamus et elargimur; ita tamen vt illud
« ita restauret, et suis stationibus et locis ita disponat, vt qui
« futuri sunt Praetores in eo comode habitare, et carceres prae-
« dicti ita constituantur, vt captiui tute detineri possint; Con-
« cessa eidem ciuitati facultate, Aulam in qua conueniant Con-
« siliarij pro administratione Reip^cae. et Archiua, quibus iura,
« priuilegia et quaecunque illorum scripta seruentur, in eodem
« Praetorio constituendi, et apothecas in predictam aream, qua
« pariter eidem ciuitati donamus, edificandi; Mandantes propte-
« rea Locuntenenti nostro generalj, Praesidi et Judicibus vltima-
« rum appellationum Guber^ri. ac Praetori dictae ciuitatis, coe-
« terisque officialibus nostris, vt hanc donationem nostram inuio-
« labiliter obseruent, et in eorum observantiam ipse Praetor
« eandem ciuitatem, seu pro ea agentes, in possessionem praedic-
« torum inducat, et inductam tueatur et defendat. Quoniam sic
« fieri nobis placuit, intuitu meritorum ipsius ciuitatis; et haec
« est nostra seria voluntas. Quia hoc nostro diplomate, manu
« nostra subscripto, et sigillo nostro munito, perpetuo testamur.
« Datum Bruxellis, Brabantiae oppido, die octauo mensis Julij,
« Anno Domini Millesimo quingentesimo quinquagesimo octauo ».

     « E. Philibert ».
  « V.^t Ioannes Franc. Osascus P. ».

.•.

PALAZZO.......FOASSA E DEL CORPO DI GUARDIA. — A destra
del palazzo comunale, al di là della via detta del *Palazzo di
città*, è la casa che nel secolo XVIII era dei Foassa, appartenente ora alle signore Ida e Adele sorelle Bertola fu avv. cav.
Giorgio, le quali l'ebbero in successione dalla madre Erminia
Adorni.

Questa casa ha il suo ingresso in *via del Palazzo di città* e prospetta sulla piazza con il breve porticato sotto cui erano e sono stabiliti gli orefici.

Ma risvoltava altresì in via Cavour, e comprendeva parimente la casa ora dei fratelli Mazzoleni.

Sulle facciate di questo palazzo stettero anticamente, per moltissimi anni, dipinte statue colossali di donne e di guerrieri tra le decorazioni architettoniche che ornavano particolarmente il piano cosidetto nobile.

La parte della casa corrispondente alla oreficeria Cortona verso via Cavour era, negli antichi tempi, arretrata rispetto all'altra parte; e questa, perciò, dove era stabilito il corpo di guardia, formava un notevole avancorpo.

Vi fu un tempo in cui questa casa appartenne al Comune, che vi aveva allogato il suo Corpo di guardia ; ma non ho potuto accertare a chi appartenesse nell'epoca medievale.

.•.

PALAZZO.......FAUTRIER. — Girando intorno alla piazza del *Santo*, si incontra al di là della *via Cavour* già chiamata di san Quirico, sull'angolo della via detta anticamente dei Cappellai, ora via Aliberti, il palazzo appartenente già un secolo addietro ai fratelli mercanti Fautrier, Benedetto, Giacomo e Clemente fu Felice, ed attualmente alle predette signore sorelle Bertola ed al coerente signor Tasso, cappellaio.

Ma si è già accennato che sul sedime di esso si protendeva dall'attiguo palazzo del Podestà, o del Comune (ora Olivero, in via Pellicciai) un braccio in cui erano allogati gli uffici del governo comunale e l'altissima torre con l'orologio del Comune.

.•.

PALAZZO DEI BERTALDI. — Dall'altra parte della stessa via già dei Cappellai, sull'angolo est prospiciente la piazza, era un'antica casa nobile che probabilmente negli antichi tempi apparteneva ai Bertaldi (1), confinando a sud con il palazzo e con la torre degli Scarampi-Bertramenghi.

(1) I Bertaldi astigiani facevano per arma: Palato d'oro e di rosso di dieci pezzi. Si ricordano con onore Paolo, consigliere in patria nel 1217;

Roberto e Niccolino Bertaldi, di parte ghibellina ed animosi guerrieri, furono nel 1310 scacciati dalla patria insieme con altri ghibellini, e le loro case passarono in mano dei Solari, guelfi, perchè a nome dei De Castello tenevano il castello di Masio, nè vollero rimetterlo al Comune d'Asti in conformità dei patti della pace stabilita poc'anzi tra le parti della città per opera del conte Amedeo di Savoia e di Filippo principe d'Acaia. Fu tale lo sdegno che allora ne prese il Principe anzidetto contro di esse, che egli li fece dipingere capovolti su tutte le porte della città, come perturbatori della publica quiete (1). La maggior parte dei loro beni fu confiscata, ed essi stessi dovettero andare in esilio. Tuttavia, più tardi, e cioè nel 1460, i Bertaldi, rientrati già da tempo in Asti, si imparentarono con gli Asinari e con altre famiglie nobili della città.

⁎ ⁎

TORRE E PALAZZO SCARAMPI. — Nel precedente capitolo IV, *Le costruzioni medievali*, ho già accennato al palazzo ed alla torre degli Scarampi. Questi avevano la loro abitazione sull'angolo della piazza del *Santo*, proprio dirimpetto alla facciata della chiesa patronale. Come ho indicato in quel luogo, la torre Scarampa e dei Bertramenghi (2) sorgeva sul sedime che fu già dei Crivelli (3), ed a questo proposito rimando il cortese lettore al predetto capitolo IV.

Raineri, detto Rossetto, che insieme con Ottina chiamata *Signora* e moglie di Robaldo della stessa famiglia Bertalda, vendette al Comune d'Asti nel 1264 parte del Castello di Calosso; Giovanni, che nel 1265 acquistò dai marchesi di Busca il castello della Rocchetta, il quale poi Oberto, suo figlio, vendette ad Asti nel 1280; Baldracco, Giacomo, Roberto e Rosso, consiglieri in patria nel 1276.

I Bertaldi furono pure signori di Bubbio e di Monastero; onde, Roberto figlio di Bonifacio, che ne era padrone, nel suo testamento (1384) permetteva a Robertino, suo figliuolo, di farne la vendita agli Scarampi consignori di Calosso.

(1) GRASSI. *Op. cit.*, II, 205.

(2) Dei Bertramenghi dirò quando parlerò della piazza delle Erbe.

(3) Erano i Crivelli originari di Milano e governavano il Comune quando la città si reggeva in tal modo. Di questa nobilissima famiglia si ricordano Ottobono, console in Asti nel 1161; Rolando, consigliere nel 1163, console

Dalla porzione che di questa torre degli Scarampi (1) rimane
tuttora in piedi (FIGURA 22) e che si vede ancor oggi innalzarsi

---

di giustizia nel 1189 e console nel 1190; Bonifacio, chiavaro della stessa città
nel 1207; Alberto, consigliere e chiavaro nel 1212; un altro Rolando, che
per salute dell'anima sua e di quella d'un suo figlio pure nomato Rolando,
dona nel 1252 alcuni beni alle monache di sant'Anna di questa città;
Ardizzone, sindaco di Asti nel 1254. Un Ambrogio Antonio Scarampi
Crivello, conte di Canelli e di Lomello, cavaliere di san Giacomo della
Spada in Ispagna, coprì per il duca Carlo Emanuele I di Savoia la carica
di governatore di Torino nel 1585. — I Crivelli facevano per arma: Di
rosso, al crivello d'oro; col capo d'oro all'aquila di nero coronata dello
stesso.

(1) Ebbero in feudo Vinchio, Montaldo e Mombercelli, nel 1329. Furono
inoltre feudatari di Bubbio, Cessole, Castelrocchero Torrione, Sessant,
Cortanze, Cisterna, Comino (1330), Torre d'Assone (1339), Castelletto d'Ussone (1379), Monale e Bastia (1389), Altare, Bruno, Brusaschetto, Gorrino,
Pontestura, Roccaverano, Olmo e Perletto, Cairo (1419), Redabue (1451),
Cortemilia 1496), Montanotte, Lavezzole (1520), Viale e Agliano (1524), Canelli
(1530), Cassinasco (1585), Vesme e Rocchetta di Belbo, Villanova, Borgo-
male, Borgo San Martino, Castel San Pietro, Solonghello, ecc. In seguito
vennero fregiati del titolo marchionale.

Facevano per arma: D'oro, a cinque pali di rosso. *Cimiero*: un porco
nascente tenente in bocca un ramo di quercia, fruttifero di tre pezzi al
naturale. *Motto*: Modus et Ordo.

Di questa famiglia parecchi si distinsero nella gerarchia ecclesiastica,
e sono i seguenti: Rolando, patriarca di Costantinopoli nel 1342, di cui le
opere latine si conservarono nel monastero di san Bartolomeo d'Azzano
e poi nella biblioteca del Seminario vescovile d'Asti stata manomessa
nel tempo del governo napoleonico. Un Lorenzo nel 1383 vestì l'abito della
sacra religione Gerolimitana, e dopo di lui molti altri della famiglia Scarampi
furono cavalieri di detto Ordine. Enrico, figlio di Oddonino signore di Cortemilia, fu direttore spirituale della beata Margherita di Savoia e vescovo
di Acqui nel 1395. Questo prelato godette la stima e la grazia di Teodoro
marchese di Monferrato, da cui gli furono affidati varî onorifici incarichi.
Papa Gregorio IX lo volle suo consigliere e segretario, promovendolo alla
sedia vescovile di Belluno nel 1405, ed a quella di Feltre nell'anno seguente.
A sedare le fazioni che nel 1408 infierivano in Milano, egli vi fu mandato a
governatore della città per i Ghibellini, unitamente ad Ugolino da Fano che
ebbe lo stesso ufficio per i Guelfi. L'imperatore Sigismondo, chiamatolo poscia
in Germania, lo fece assistere alla Dieta del 1414 ed al Concilio di Costanza,
dal quale fu mandato al pontefice Giovanni XXIII per averne la rinunzia al
papato. Sedette pure al Concilio come prelato elettore per la nazione
italiana. Il pontefice Martino V lo fece tesoriere della Camera apostolica,

sui tetti delle case d'angolo tra la piazza del *Santo* e la piazza delle *Erbe*, se ne desume la base di forma pressochè quadrata,

(Fig. 22). Avanzi della Torre scarampa-bertramenga in piazza del *Santo* (angolo piazza d' Erbe, o Statuto).

amministratore del patrimonio di San Pietro, governatore della Terra di Lavoro e delle Maremme. Morì in patria nel 1440, e la sua fama di dotto e di santo gli meritò il titolo di *Beato*. La famiglia Scarampi dette inoltre alla Chiesa: Lazzaro, vescovo di Como nel 1460; Antonio, vescovo di Noli nel 1563; Girolamo, vescovo di Compiègne in Francia; Giuseppe Francesco Mario Scarampi di Pruney, già governatore del Collegio delle provincie, riformatore, consigliere e poi limosiniere di S. M., che nel 1757 fu elevato alla sede vescovile di Vigevano. Fra gli Scarampi che si distinsero per altre onorifiche cariche sono ad annoverarsi: Guglielmo, podestà di Genova nel 1264; Filippo, zelante sostenitore dalla fazione ghibellina, uno degli eletti al governo di Asti nel 1303; Daniele e Bartolomeo, suoi figli, celebri giure-

misurando essa m. 8,15 di lunghezza esterna per m. 7,05 di larghezza.

La grossezza dei muri, come si possono misurare tuttora, è di m. 1,20 circa.

---

consulti, dei quali fino al principio del secolo XIX, cioè all'epoca della soppressione, vedevasi il sepolcro con la loro effigie in marmo avanti l'altare maggiore della chiesa di santa Maria Maddalena in Asti (ora proprietà del dottore Pietro Garola, presso il Castello Vecchio).

Veramente degna di essere segnalata è Camilla Scarampi, moglie di uno Scarampo Scarampi congiunto di lei e signore di alcuni castelli nell'Astigiana e nel Monferrato. Fu un tale modello di amor coniugale che pochi casi simili presenta la storia. Un amore così singolare pel proprio marito servì di argomento al celebre Matteo Bandello per una tenera narrazione (*Novelle*, I, 13, Torino, 1853).

Il caso pietoso avvenne negli ultimi anni del secolo XV. Insorta qualche differenza tra il predetto Scarampo Scarampi ed il marchese di Monferrato, questi venne ad assediarlo in uno de' suoi castelli; onde caduto lo Scarampi nelle mani di Celestino (o, meglio, Costantino) Aranite, governatore del Monferrato, fu tosto decapitato. Giunta questa infausta notizia all'orecchio della bella e virtuosa Camilla, cadde in ginocchio, e nel colmo della disperazione, alzando le braccia verso il cielo, esclamò: « *Signore Iddio, poichè mio consorte è morto, non mi lasciar più in vita* »; e fra l'angoscia e lo spasimo cadde tramortita, e spirò tra le braccia de' suoi congiunti.

Un'altra Camilla Scarampi, congiunta della precedente, sposata da un Guidoboni, è meritevole di essere annoverata fra le più chiare donne letterate del suo tempo. Fiorì essa nel primo quarto del secolo XVI, e coltivò le belle lettere e la poesia con grande onore. Si leggono di lei alcune rime stampate con quelle di Giovanni Mazzarelli ed alcune altre presso la Bergalli. La ricorda con lode il BANDELLO, *l. c.*

Un altro Daniele, dopo di essersi reso benemerito di Casa Savoia, fu creato governatore di Chivasso nel 1534; Antonio ebbe la medesima carica in Torino. La famiglia Scarampi ebbe anche un cavaliere dell'Ordine supremo della SS. Annunziata nella persona di Domenico Filippo Maria, marchese di Villanova, conte di Camino e di Castel San Pietro, morto l'11 aprile 1773.

Dalle varie linee cui fu divisa la casata Scarampi, rimangono soltanto: 1) gli Scarampi di Monale e Bastia, che ebbero investitura di questo feudo col titolo di signori il 9 settembre 1737; 2) gli Scarampi-Del Carretto, signori di Cairo-Vignarolo dal 1419, e di Cortemilia dal 1496, marchesi di Prunetto e Levice e signori di Scaletta-Altepino per successione della famiglia Del Carretto dal 1602; 3) gli Scarampi marchesi di Villanova, conti di Camino, di Brusaschetto, di Castel San Pietro e di Solonghello, baroni di Borgo San Martino e signori di Redabue.

La stessa base e la stessa grossezza dei muri si conservano fino alla sommità della parte tuttora esistente; e ciò lascia presumere che le stesse dimensioni si ripetessero fino alla copertura primitiva, come ho verificato per altre.

L'altezza complessiva della torre, dal suolo alla merlatura ghibellina, era di m. 36 circa, suddivisa in nove piani.

In quanto all'altezza, altre l'hanno superata. Certamente in origine la torre Scarampi-Bertramenghi era della medesima altezza delle più elevate; ma qualche altra famiglia nobile volle avere la supremazìa anche in fatto di torri, ed eresse le proprie ad un'altezza superiore a quella degli Scarampi (come ad esempio la torre detta dell'*Orologio*, quella di *San Bernardino* e quella detta dei *Tre Re*): e se così non fosse, non si saprebbe spiegare come gli *Statuti* della città, riformati nel 1379 sulla base di altri più antichi, facessero obbligo al podestà di non tollerare assolutamente che alcuno elevasse qualche torre ad altezza maggiore di quella della torre dei Bertramenghi e degli Scarampi. Ciò prova che in ogni tempo le leggi furono spesso deluse e che per i potenti, o per i protetti, vi sono sempre stati due pesi e due misure. Certo è che le tre torri anzidette furono elevate a quell'altezza che si volle, e ciò nonostanti gli Statuti, a meno che si voglia supporre che la torre scarampa-bertramenga fosse più alta delle tre predette, il che è molto improbabile.

Nella carta del *Theatrum Statuum sabaudiae* del 1700 appare ancora disegnata interamente in piedi la torre scarampa, e vi è munita della solita copertura a tetto ordinario, di epoca posteriore a quella della costruzione. L'altezza che vi si scorge è notevolmente inferiore a quella delle tre torri anzidette.

La torre Scarampa-bertramenga sembra costrutta nella seconda metà del secolo XIII con merlatura ghibellina e si vede tuttora la caratteristica costruzione dell'epoca nel lato di ovest, la cui parete non fu intonacata e che perciò lascia scorgere ancora, per chi osserva dalla piazza d'Erbe, il nudo muro e la centinatura di una delle finestre.

Il 2 maggio 1770, come scrive l'attendibilissimo cronista abate Incisa, la torre Scarampa fu colpita dal fulmine, il quale ne rovinò una parte; ed a quest'epoca la torre fu abbassata di 9 metri. Un altro abbassamento era stato fatto anteriormente, perchè all'epoca del fulmine la torre mancava già del solito finimento delle altre.

Per ragioni di sicurezza, ancora qualche anno dopo, e cioè il 2 ottobre 1774, la stessa torre fu nuovamente abbassata di due piani. Probabilmente nel 1815, all'epoca in cui scriveva l'abate Incisa, la torre era tuttavia più alta di quanto sia oggidì, poichè egli scrisse che essa si elevava ancora notevolmente sopra gli attigui palazzi che la cingevano all'est ed all'ovest. La Figura 23 rappresenta la torre Scarampa-bertramenga nel suo aspetto primitivo.

Negli ultimi secoli a noi più vicini il palazzo Scarampi, colla relativa torre, passò alla nobile famiglia Zoya, e da questa, per successione, ai nobili Ramelli di Celle (1), che lo possedevano ancora nel 1810.

Presentemente la torre Scarampa appartiene al comm. avv. Giuseppe Bocca, che, eletto sindaco d'Asti il 29 novembre

(1) A complemento delle notizie riferite alla precedente pagina 134 giova ricordare, fra i personaggi più segnalati della famiglia Ramelli, Agostino, matematico e capitano, ingegnere del re di Francia, che diede alle stampe in Parigi nel 1588 un volume in folio di disegni di macchine. Di lui rimaneva pure un codice manoscritto nella Biblioteca Nazionale (già Universitaria) di Torino, intitolato *Opusculum notis numericis constans ad invenienda festa nobilia, etc.* Ignoro se il volume sia ora tra i perduti o gli scampati al doloroso incendio del 1905. I Ramelli furono subinvestiti dalla Mensa d'Asti del feudo di Cellarengo. I feudi di Solbrito e di Celle, di cui ho già detto alla predetta pag. 134, passarono in quella famiglia il 20 marzo 1653 (*Solbrito*, dai Ricci) e il 25 agosto 1688 (*Celle*, dalla contessa Vittoria Tana). Nello stesso anno 1688 i Ramelli dalla medesima contessa Tana ebbero pure un terzo del feudo di Vaglierano d'Asti. Questo feudo, peraltro, con investitura del 1 settembre 1775, di Vittorio Amedeo III di Savoia, passò a Francesco Amedeo Ceca di Mombello, viceconservatore delle gabelle, con titolo di conte. Costui era figlio dell'avv. Domenico Enrico Ceca, investito il 6 giugno 1762 del feudo di Mombello della Frasca con titolo di signore. Da Domenico Antonio Ceca, figlio del precedente, consignore di Mombello e conte di Vaglierano, nacque il conte Ermenegildo Aniceto, padre dei viventi fratelli Ceca, Leone, Ottavio ed Ignazio. I Ceca sono originari di San Damiano d'Asti. I Ceca fanno per arma: Spaccato d'argento e d'azzurro al leone dell'uno all'altro, impugnante con la branca anteriore destra un ramoscello di pero, fruttato e fogliato d'un pezzo al naturale, e accompagnato in punta da tre stelle d'oro, disposte 2 e 1; alla divisa di rosso attraversante sul tutto.

ABBASSATA NEL 1770

ABBASSATA NEL 1774

(FIG. 23) Torre scarampa-bertramenga secondo il suo aspetto primitivo
(dalla piazza d'Erbe, o Statuto).

1900, venne riconfermato in tale carica il 1 settembre 1902 e si dimise poi volontariamente il 25 settembre 1904.

.•.

ALTRO PALAZZO DEI COMENTINA. — Sul quarto lato della piazza del *Santo* rivolto a nord, alla sinistra della chiesa, scorgonsi tuttora le vestigia di palazzi nobili e forti. Di quello estremo, verso la piazza delle Erbe, dirò quando parlerò di questa piazza. Dell'altro attiguo che si protende verso la via Garibaldi (già Turinetto), il quale conserva tuttora molti avanzi di fabbriche antiche, si può congetturare appartenesse alla antichissima e nobilissima famiglia dei Comentina. Questa, come ho già accennato parlando della torre Comentina detta di *san Bernardino*, aveva, oltre quel palazzo sulla via Maestra anche altre case sulla piazza del *Santo* e nel borgo di san Quirico.

Da un terrazzo dei Comentina verso la piazza del *Santo* l'imperatore Enrico VII arringò il popolo nel 1310. Ciò si apprende dal cronista contemporaneo Guglielmo Ventura, che nel capo LVIII della sua cronaca fa parlare l'Imperatore al popolo « *in mercato di sancto Secundo, super solarium illorum de Comentina* ».

Roberto d'Angiò, re di Napoli e conte di Provenza, nel 1308 intervenne a comporre in Asti la pace, dalla quale furono però esclusi i ghibellini De Castello, che la ottennero solo l'anno seguente per il compromesso di entrambe le fazioni in capo del principe d'Acaia e del conte Amedeo V di Savoia.

Non attennero i De Castello al principe Filippo la data parola di farlo signore d'Asti; e ciò produsse un'altra volta la loro espulsione dalla città.

Frattanto i Solari negoziavano per ottenere il patrocinio di re Roberto, che era di parte guelfa; e Roberto, intesa una lega contro di loro, recavasi egli medesimo con la sua consorte in questa città per confermarla.

Allora il Principe insieme con il conte di Savoia sollecitò la venuta dell'imperatore Enrico VII in Piemonte, il quale giunse in Asti il 10 di novembre 1310, facendovi entrare con sè tutti i fuorusciti, con grande rammarico dei Solari. E dopo aver

occupato con le sue truppe le fortezze della città, l'Imperatore
radunò sul terrazzo del Duomo il gran Consiglio, che gli prestò
giuramento di fedeltà; onde Enrico VII, in presenza di tutto il
popolo e dei soldati schierati sulla piazza del Duomo, confermò
alla città tutti i suoi privilegi. Non pago di ciò, l'Imperatore
chiamò il giorno dopo a parlamento il popolo sul mercato del
Santo, ed egli, dal terrazzo della casa dei Comentina, fece proporre la sottomissione della città al governo di un suo vicario.
Ma gli Astesi, fanatici della loro pretesa libertà, che in sostanza
a quei tempi era un generale disordine, per le persuasioni e
per l'opera dei Solari non assecondarono le buone intenzioni
dell'Imperatore, amante dell'ordine e della tranquillità civile,
imparziale e non inclinato ad alcuna fazione.

La resistenza degli Astigiani non fece che irritare Enrico VII,
il quale poco dopo, togliendosi per forza quel tanto che non
aveva potuto ottenere di buon grado, creò suo vicario imperiale Nicolò Bonsignore, impose nuove gravezze a carico specialmente dei Solari e di tutti i guelfi che avevano cooperato
alla conchiusione della lega col re Roberto, e il giorno 12 novembre lasciò la città.

La casa dei Comentina, che accolse l'Imperatore in un momento così grave, doveva naturalmente essere di notevole considerazione. Le mie ricerche non mi condussero a stabilire con
precisione quale delle case prospettanti sulla piazza del *Santo*
potesse a quell'epoca appartenere alla famiglia Comentina: tuttavia le indagini eseguite mi inducono a ritenere che la casa
anzidetta fosse, con tutta probabilità, quella che oggi appartiene
al banchiere signor cav. Giuseppe Edoardo Rabezzana; quella,
cioè, che dall'angolo dei portici detti dei Cestai, verso la piazza
delle Erbe, si protende verso l'angolo sud-est della chiesa del
Santo all'imbocco di via Garibaldi, o del Turinetto.

13.

In Piazza Statuto

(già PIAZZA DELLE ERBE e anticamente PIAZZA DEI GUTTUARII).

Questa piazza, notoriamente famosa per le vive lotte suscitate quivi dai Guttuari, che le diedero il nome perchè su di essa avevano le loro case e la loro torre, fu sempre divisa in due parti per mezzo di un gruppo di case destinate a botteghe specialmente dal lato di ovest (1).

Quella più prossima alla piazza del *Santo* si chiamava propriamente delle Erbe; e su di essa effettuavasi il mercato delle ortaglie e del fieno. L'altra (che in questi ultimi anni denominavasi del *Moro*, perchè su di essa si apriva l'albergo di tal nome) chiamavasi anticamente *dei porci*, ed anche del *vino* e delle *uve*, per la specialità del mercato che su di essa si esercitava.

PALAZZO BERTRAMENGHI O BELTRAMI. — Dalla piazza del *Santo* entrando in piazza Statuto, sull'angolo di destra, ergevasi la torre scarampa-bertramenga con l'annesso palazzo degli Scarampi, di cui ho già parlato nel paragrafo precedente.

Attiguo alla torre e al palazzo anzidetti era edificato il palazzo dei Bertramenghi che si estendeva fino all'estremo limite della piazza verso via Garretti.

I Bertramenghi, così chiamati nei documenti medievali, si denominarono poi Beltrami (2) nei secoli posteriori. Erano nel novero di coloro che nelle prime guerre civili di Asti pugnarono a danno dei Solari con gli altri ghibellini.

La casa dai Beltrami posseduta sulla piazza Statuto era molto forte e contava certamente fra quelle maggiormente munite di opere di difesa e di offesa.

---

(1) Quest'isolotto venne recentemente espropriato del Municipio, che vi eresse in suo luogo nel 1903 il cosidetto *mercato coperto* in cemento armato, con relativi sotterranei, per la vendita e per il deposito delle derrate alimentari.

(1) Questi nobili signori maneggiarono gli affari della loro patria allorchè reggevasi a Comune, e nel governo della cosa pubblica si distinsero fra gli altri Giacomo, che fu console della città nel 1163; Berardo, consigliere quando gli Astigiani (1190) convennero col marchese Guglielmo di Ceva; Ardizzone, console di giustizia nel 1196; Guglielmo, ambasciatore agli Alessandrini nel 1212, e delegato nel 1214 a ricevere a nome di Asti il giuramento di fedeltà dagli uomini di Masio, e nel 1223 a trattare col comune di Alba per la pretensione di Barbaresco; Anselmo, dottore fregiato del titolo di signore, e consigliere di Asti nel 1279. La famiglia dei Beltrami, possedendo a quest'epoca la maggior parte del castello di san Stefano Belbo, vendette le sue ragioni ai marchesi di Busca, loro consorti in quella giurisdizione. Antonio, Emanuello e Luigi furono decurioni di Asti nel 1290.

I Beltrami, o Bertramenghi, si estinsero assai presto, e la loró casa passò a proprietà diverse. Nella metà del secolo XVIII la casa stessa apparteneva ancora ai PP. Certosini, della nostra Certosa fuori porta san Pietro all'imbocco di Valmanera.

Sulla fronte di detta casa, verso la piazza delle Erbe, vi ha, di fatto, ancor oggi un dipinto, di discreta fattura, che rappresenta un frate certosino.

Presentemente la casa appartiene ai baroni Visconti d'Ornavasso dei Visconti di Milano e di Oleggio.

.•.

Dal palazzo bertramengo anzidetto volgendo verso il sud per un breve tratto, e susseguentemente verso ovest, non si trovano vestigie notevoli di costruzioni antiche.

ALTRO PALAZZO NATTA. — La casa, per altro, che conserva tuttora traccie della sua nobiltà e antichità, per quanto anche in questi ultimi anni il martello del muratore abbia fatto scempio delle vetuste memorie, è il fabbricato dove fino a pochissimi anni addietro veniva esercito l'albergo detto *del Moro*.

Questo palazzo apparteneva all'antichissima e nobilissima famiglia Natta, che, come ho già accennato altrove, aveva altro palazzo patrizio con relativa torre nella via che da quella famiglia prese appunto il nome di via Natta.

Lo abitavano i marchesi Natta e dall'angolo sud-est verso il cav. G. B. Gamba si estendeva fin sull'angolo della odierna via Sella, attraversando l'imbocco di via Bonzanigo mediante un portichetto od atrio, eretto su quattro colonne, il quale venne demolito solo verso il 1870 per ampliare l'imboccatura di via Sella.

Le colonne che sorreggevano il predetto portichetto portavano scolpita nel capitello l'arma dei Natta. Uno di questi capitelli è depositato nel Museo archeologico della città d'Asti (1), dove è registrato sotto l'erronea attribuzione di « stemma dei Della Rovere » (2).

---

(1) Trasportato nel 1903 nel palazzo Alfieri, che, come è noto, diventò, per generosa disposizione del compianto benemerito astigiano conte Leonetto Ottolenghi, sede di studi e di memorie patrie.

(2) Lo stemma dei Della Rovere era naturalmente differente da quello dei Natta; ed io li ho descritti entrambi a loro luogo.

.·.

PALAZZO BERGAGNI. — Il cronista abate Incisa afferma aver egli ancora veduto sul principio del secolo XIX, in una colonna di pietra grigia verso il portico rivolto a levante ed all'imbocco quasi di via Venti Settembre, un capitello portante l'arma dei Bergagni, famiglia nobile dal secolo XIV, perchè fra le sepolture dei nobili stabilite nei chiostri interni della chiesa e del convento di san Francesco era un'arma perfettamente simile con l'iscrizione seguente : « 1359 Sepulcrum nobilium de Bergagnis ». — Nella mia monografia *Intorno alla Chiesa di san Francesco in Asti*, publicata nel 1894 (1), ebbi io stesso a riportare, fra le iscrizioni ivi ancora esistenti al principio del 1800, l'epigrafe anzidetta, accompagnata dalla descrizione dello stemma: « D'azzurro con banda di rosso caricata di tre rosoni d'argento ». Nella stessa chiesa di san Francesco esisteva un'altra pietra sepolcrale del 1583 riferentesi al frate Ettore, minore conventuale, dottore in teologia, della stessa famiglia Bergagni.

Mi manca qualsiasi altra notizia relativa a quella casata: nondimeno, sulla fede dell'Incisa, presumo che la casa da lui designata come appartenente alla famiglia Bergagni sia quella attualmente posseduta dal cav. Gio. Bartolomeo Gamba in piazza Statuto.

.·.

PALAZZO E TORRE DEI GUTTUARII. — Dirimpetto al predetto palazzo Bergagni, cioè all'imboccatura della via Venti Settembre (già via Monte di Pietà, e più anticamente via Riva Carrera), tra la piazza Statuto e la via Cavour, innalzavasi il palazzo dei Guttuarî, che vi avevano pure la loro robustissima torre, una parte della quale si vede tuttora all'estremità sud della piazza dello Statuto donde si entra in via Venti Settembre.

---

(1) Negli *Atti della Società d'Archeologia e Belle Arti per la Provincia di Torino,* vol. V.

I Guttuarî (1), potente e numerosa famiglia, possedevano forse anche parte del residuo isolato dove sorge tuttora l'antica loro torre.

_____

(1) I Guttuarî facevano per arma: D'argento, all'aquila di nero.

La famiglia Guttuaria formava insieme, coll'Isnarda e la Turca, l'Ospizio dei De Castello, ed erano tutte e tre chiamate unitamente la « Casa trinaria » (*trinaria domus de Castello*). Dei tre casati, i Guttuarî erano anzi i più ricchi, e la loro ricchezza, come scrive il Ventura, fu causa precipua dell'odio dei Solari contro di loro.

A proposito di questa denominazione *trinaria domus de Castello* reputo conveniente riprodurre qui le tre iscrizioni esistenti nel castello della Montà, e trascritte dal Boatteri nel II volume della sua *Raccolta*.

Nel vòlto di una camera vicino alla sala:

ISNARDORUM DE CASTELLO DIGNITAS
VEL SCEPTRA VOCAT AD SUI TUTELAM
ACCITIS HINC E GERMANIA
HENRICO LUCEMBURGICO IMPERATORE
ILLINC A NEAPOLI CAROLO II REGE

PATRIAE RESTITUUNTUR INCOLUMITATI
EXPULSIS GUELFORUM DINASTIS.

In altra camera di detto castello:

JANUENSIBUS CONTRA TUNETARUM REGEM
STRENUE DIMICANTIBUS
THOMAS ISNARDUS DE CASTELLO
MARITIMAE CLASSIS
PRO ASTENSIBUS GENERALIS PRAEFECTUS
EX INCERTO DUBIOQUE CERTAMINE
CERTAM PEPERIT VICTORIAM
ANNO 1020.

In altra camera dello stesso castello:

TRINARIA DOMUS DE CASTELLO
EX ISNARDO GUTTUARIO TURCHO
FRATRIBUS
TER GEMINA BELLI FULMINA
REIPUBLICAE DATURA.
ASTENSI IN SOLO FELICITER AD LAUREAS
FIGIT RADICES.

Quest'ultima iscrizione allude ad una comune origine leggendaria delle tre famiglie dei Guttuarî, Isnardi e Turchi, non ammessa dalla critica moderna, a quel modo che la seconda contiene una notizia basata solo sui testi falsi della storia astigiana, e la prima confonde la parte effetti-

Le loro case, che si estendevano inoltre fin verso la piazza del *Santo,* furono distrutte nel 1304 per opera dei Solari.

---

vamente avuta dai De Castello nella spedizione di Enrico VII con una pretesa chiamata di Carlo II in Asti, che non ebbe luogo mai ed a cui certo non avrebbero in niun caso cooperato i ghibellinissimi Isnardi.

Guglielmo de Castello era nel 1216 padrone di una parte di Cossano, che teneva in feudo dai marchesi di Busca, dopo i quali trovansi diversi dei Guttuari aver posseduta detta parte, che poi, con un'altra di Santo Stefano, essi rimisero agli Astigiani nel 1280. I Guttuari più tardi (1360) possedettero anche Neviglie, Corticelle ed Agliano.

Questi nobili signori, dopo essere stati danneggiati nel 1304 per opera dei Solari e degli altri guelfi loro fautori, vedendo che per l'aderenza che questi ultimi avevano col re di Napoli e coi principi di Savoia, i quali parteggiavano per i guelfi, non potevano da se medesimi mantenersi, chiamarono ed introdussero nella città il marchese Giovanni di Monferrato. Se non che, ribellatisi da quest'ultimo si accostarono ai Visconti, coi quali si trovarono all'assedio della città d'Asti nel 1371, e due anni dopo tentarono indarno d'impadronirsene con le scale, tra la porta san Lorenzo e il Castello vecchio, per sottrarla dalle mani del marchese Secondotto, figlio dell'anzidetto Giovanni. Perciò costretti ad esulare per alcuni anni, rimpatriarono solo nel 1378, quando la città per la dappocaggine di Secondotto venne in potere di Galeazzo II signor di Milano.

Fra i principali personaggi di questa famiglia si notano Ruffino Guttuario, deputato nel 1260 a trattare una tregua col re Carlo di Napoli, e che nel 1282 coprì l'alta carica di podestà di Milano; Emanuele, che nel 1277 trattò pure una tregua a nome di Asti con lo stesso re di Napoli, e nel 1280 fu ambasciatore per i suoi ai Genovesi; Andrea e Daniele, parimenti ambasciatori a Genova nello stesso anno; Luigi, Giacomo ed Enrico, consiglieri in patria nel 1290.

Giovanni, Simonino, Roberto e Francesco furono tutti di grande valore, segnalatisi nelle guerre civili d'Asti del 1303; Antonio era chiavaro della città nella seconda metà del secolo XIV, e viene pure dal Corio annoverato fra i principali cavalieri che onorarono nel 1402 la sepoltura di Giovan Galeazzo duca di Milano. Baldrachino fu signore di Masio e cavaliere di Rodi nel 1387; Franzone, che fu vescovo, fioriva nel 1357; Alberto, vescovo d'Asti, nel 1410; Vasino, celebre giureconsulto, morì nel 1596 e venne sepolto nella chiesa della Maddalena, come appare da una lapida ivi copiata dal Boatteri e trascritta nel I volume della sua *Raccolta.*

Merita altresì di essere ricordata qui Lucrezia Prandone, pronipote di Matteo Prandone (l'eroico difensore di Asti nel 1526 contro Fabrizio Maramaldo) e moglie di Giovanni Guttuario morto avanti il 1625. Cfr. la bella *Nota* del VASSALLO, *Matteo Prandone difensore d'Asti nel 1526,* pp. 6 e 25 (estr. dagli *Atti R. Accad. Sc. Tor.,* vol. XXV), dove, per altro, fu omesso di accennare alla seguente iscrizione (esistente nella chiesa parrochiale

La superba torre dei Guttuari, che, come ho superiormente accennato, è quella che stà all'imbocco di via Venti Settembre verso la piazza d'Erbe, era fortissima e di notevole altezza. La sua costruzione risale indubbiamente al XIII secolo. È di base

---

di san Martino in Asti), che la ricorda e che fu anche trascritta dal Boatteri nel I volume della sua *Raccolta etc.*

IOANNI ANTONIO GUTTUARIO

VASINI. I. C. CLARISSIMI

LUCRETIAE PRANDONAE LECTISS. FOEMINAE F.

GENERIS ANTIQUITATE

MORUM PROBITATE CONSPICUO

QUI

BONIS COELESTIBUS INHIANS

SUA SEQ. IPSUM COLL. S. MARTINI

CERTISS. FOENORE SACERDOTEM ADDIXIT

CLER. REG. S. PAULI PERPETUO MEMORES

PERPETUAE BENEFICENTIAE

M. P.

M. DC. XXV.

Il Gabotto, nel suo studio *La vita in Asti al tempo di Giovan Giorgio Alione*, pp. 73 segg., riferendo intorno ai costumi ed ai provvedimenti di polizia in Asti sul principio del secolo XVI, soggiunge che « a compimento del quadro non mancano nemmeno le violenze alla Don Rodrigo; ed un caso che si potrebbe dire aver suggerito al Manzoni l'idea dei *Promessi Sposi*, se non fosse press'a poco certo che non l'ha conosciuto, è quello di certa Carenza, figliuola nubile di Matteo Di Succio, la quale, stando col padre in Agliano, ebbe la disgrazia di piacere al nobile Giovan Francesco Guttuario, dei signori del luogo, di antica e prepotente famiglia usa a voler soddisfare ad ogni capriccio. Costui, un giorno del giugno 1519, piomba co' suoi sgherani nella casa della fanciulla: tra gli altri, un Francesco, dal nome che potrebbe anche somigliare a quello di un *bravo* manzoniano. Matteo si prova invano a difender la figlia: egli è ferito di più colpi, e la ragazza portata via, alle voglie del feudatario. Contro il quale, però, fu dalla giustizia astese formato prontamente il processo; minacciato, indi spiccato il bando contro il Guttuario che ricusava di sottoporvisi; costrettolo finalmente a pagare ben 1260 lire astesi — somma ingente se ragguagliata alla moneta dei giorni nostri — ed ancora per grazia speciale del Lautrec, Luogotenente di Francesco I in Italia ». Il Gabotto prosegue narrando un altro caso simile per opera di « un Pelletta, che aveva pur egli rapita una fanciulla contro la volontà di lei, il quale fu a dirittura detenuto in carcere nella rocchetta della Cittadella, nè vi uscì, tranne sborsando una somma anche più grande, salvo ad appellarsi in seguito al Parlamento di Grenoble ».

quadrata con m. 5,80 di lato esterno, e m. 4,00 di lato interno, con muri che variano da m. 1,10 a m. 0.70 di spessore. Ma questi muri sono stati recentemente diminuiti di spessore, per poter dare una maggior ampiezza al vano del piano terreno, dove è presentemente un negozio da tabaccaio.

Fino a questi ultimi anni la detta torre era mozzata a piano inclinato da nord a sud, come si vede nella Fig. 24 ricavata da un bellissimo disegno eseguito circa il 1860 dal valente pittore astigiano Carlo Nogaro (1), da molti anni domiciliato a Parigi e che ne fu per parecchio tempo proprietario (2).

Nell'anno 1895 il signor avv. Aristide Pavese acquistò la torre dal pittore Nogaro insieme con le case attigue verso via Cavour, e nel 1898 la fece spianare e coronare della merlatura ghibellina, come si vede oggidì (Fig. 25).

Ho detto che le case dei Guttuari si protendevano fin verso la piazza del *Santo*: ciò è affermato dal Grassi. Queste case costituivano un braccio di fabbriche contigue alla torre presente, le quali occupando gran parte della piazza delle Erbe, si estendevano fin dove qualche anno addietro erano ancora le casette demolite nel 1903 per erigervi la presente tettoia per la vendita delle derrate alimentari.

Tali case furono distrutte nel 1304 per opera dei Solari, e fu fatto divieto ai Guttuari di riedificarle; e perchè la inibizione potesse avere più sicuro effetto, nei « capitoli » del 1322 della Società del Popolo, dovuti a Muzio di Montevecchio ed ai « capitolatori » suoi colleghi, si determinò un sito stabile per la vendita delle ortaglie, del pollame, del pane, dei formaggi e delle ferravecchia, sotto sembianza di ragioni d'igiene e di polizia;

---

(1) A questo egregio concittadino, distintissimo artista, mando i miei più vivi ringraziamenti per il bel disegno che a mia richiesta egli volle inviarmi dalla sua villa di Compiègne (Oise), dove egli risiede nella stagione invernale.

(2) La torre anzidetta sul principio del secolo scorso apparteneva già all'Opera Pia della Bussola dei poveri, forse per legato del precedente proprietario. Ne fece acquisto verso la metà del secolo predetto la madre del pittore Nogaro dall'Opera pia medesima. L'attigua casa, che si risvolta altresì in via Cavour, fu acquistata verso la fine del secolo XVIII dal signor Domenico Nogaro, avo paterno del pittore Carlo.

(FIG. 24) Avanzi della torre guttuaria (in piazza d'Erbe, o Statuto)
circa l'anno 1860.

ma l'aver stabilito quel sito proprio sulle rovine (*derocacio*) del palazzo dei Guttuari, non fu certo senza significato politico (1).

I Guttuari furono adunque costretti a stabilire altrove le loro dimore; e fra le altre località scelsero anche quella dove sorsero più tardi il convento di san Bernardino verso via Aliberti e l'attigua casa dell'avv. Pugliese, pure verso via Aliberti e verso via san Martino.

Cessate le lotte intestine, fu poi nei secoli posteriori nuovamente utilizzata una parte del sedime delle case dei Guttuari per dar luogo a quell'isolotto che stette in piedi nel bel mezzo della piazza Statuto fino al 1903 in cui per cura dell'on. Municipio fu demolito per far posto all'anzidetta tettoia in cemento armato detta *Mercato coperto* (2); ma la parte dell'antico sedime più attigua alla torre fu conservata a publico suolo come è tuttora.

14.

In via del Palazzo di Città (già via DELLA PIAZZA).

Ommetto di parlare dell'attigua via del Teatro Alfieri (detta già contrada dell'*Alla*) perchè all'infuori del palazzo detto degli *Spagnuoli*, di cui ho già parlato nei paragrafi precedenti, non si riscontrano più traccie di palazzi nobili fino all'angolo di detta via con quella demolita *della Piazza*, o del Palazzo di Città.

PALAZZO E TORRE.....MUSSI. — Chiamo con questo nome il palazzo situato all'angolo sud-est della via di cui si tratta, di fronte al fianco nord del palazzo comunale.

Sull'angolo stesso ergevasi un'alta torre, che era anche una delle più belle a giudicare dalla riproduzione che se ne fece

---

(1) F. GABOTTO, *Asti e la politica sabauda in Italia al tempo di Guglielmo Ventura*, p. 404, Pinerolo, 1904 (vol. XVIII di questa *Bibl. Soc. Stor. Sub.*), da una copia degli *Atti della Società del Popolo di Asti* da me posseduta, e che sarà presto integralmente publicata a cura del prof. Gabotto medesimo e di chi scrive.

(2) Questa costruzione, di stile cosidetto moderno, venne eseguita dalla ditta Carlo Visetti di Torino su disegno dell'ufficio tecnico municipale di Asti.

(FIG. 25) Avanzi della torre guttuaria (in piazza d'Erbe, o Statuto)
dopo la ristorazione del 1898.

nella carta del *Theatrum Statuum Sabaudiae* del 1700. Da questo documento si rileva che detta torre era ricoperta del solito. tetto comune a padiglione, ed aveva un discreto numero di piani fregiati di eleganti finestre bifore.

Essa si elevava nel punto dove adesso è la bottega della panetteria Scandolera.

Sebastiano Provenzale (1) nella sua *Asti sacra* racconta che il 19 febbraio dell'anno 1680 alle ore 22 è caduta questa torre attigua al Corpo di guardia (2) « su la piazza del *Santo* quale era dei fratelli Mussi, e si rovinò anche la casa della Città ove restava il Corpo di guardia e diverse altre; che tal caduta cagionò la morte a molte persone massime li Tedeschi che erano di guardia e Orefici: nella casa della città restava quel medemo quadro di legno che rappresenta e significa il Santissimo di Gesù, con gran carateri gotici a torno, il tutto di ottone dorato, qual resta ancora di presente al disopra del Corpo di guardia, cui è ancora una memoria di san Bernardino da Siena, che fece fare la città ad istanza di esso santo quando si fermò quivi a predicare, come suo pio costume, a introdurre in tutti i luoghi la divozione del Santissimo nome di Gesù. »

Presentemente, la casa dove esisteva la torre anzidetta appartiene all'on. avv. Edoardo Giovanelli, deputato al Parlamento nazionale; ma in essa casa non sono più traccie nè della torre caduta nè dell'annesso palazzo nobile.

---

(1) Morì in Asti il 19 maggio 1775 e fu sepolto nella chiesa della Misericordia, davanti la capella della B. V. Addolorata, da lui fatta costrurre. Nell'antecedente anno 1774 egli era stato promotore, insieme con Giovanni Tomaso Tessier, della stampa delle *Notizie storiche profane della città d'Asti* dell'avv. Gio. Ardesco Molina, dedicata al conte Giuseppe Ercole Cacherano Malabaila d'Osasco, figlio di quell'altro conte Carlo Gio. Battista (morto il 26 giugno 1769), il quale fu uno dei più diligenti e benemeriti raccoglitori di memorie storiche d'Asti.

L'originale di quest'*Asti Sacra*, assai scorretto di grammatica e di ortografia, era presso l'eruditissimo comm. prof. Abate Giambattista Adriani di Cherasco, morto or sono pochi mesi. Una copia manoscritta, eseguita dal compianto canonico prof. Carlo Vassallo, è presso di me.

(2) Era dove adesso è la bottega di oreficeria della signora vedova Brandone, sull'angolo sud-ovest della stessa *via del Palazzo di città*, verso la piazza.

Non ho potuto constatare a chi appartenessero negli antichi tempi la torre ed il palazzo.

15.

In via Cavour (già via SAN QUIRICO).

Nel brevissimo tratto che corre tra la via Maestra e la piazza del *Santo* si vedevano antichi avanzi di case nobili, di cui si ignora la remota proprietà, all'infuori della prima casa a destra, detta *il Falcone*, verso la via Maestra, la quale, come già dissi, apparteneva ai marchesi Mazzetti di Frinco.

Più a sud era la casa o palazzo Fautrier, di cui ho già parlato in occasione della piazza del *Santo*, dove si protendeva il braccio est dell'attiguo *Palazzo del Podestà*, o *del Comune*; e dalla parte opposta il palazzo Foassa del quale parimenti ho già discorso precedentemente.

TORRE.....FOASSA O MAZZOLENI. — Parte di questa casa appartiene ai signori fratelli Mazzoleni, ma con ingresso dalla via del Palazzo di città. In questa casa, verso la manica interna della bottega degli stessi signori Mazzoleni, era un'antica torre, di cui si vede ancora qualche avanzo nei sotterranei.

Nella carta del *Theatrum Statuum Sabaudiae* del 1700 la torre è segnata come ridotta a poco considerevole altezza.

I portici che fiancheggiano questo breve tratto di via, per quanto abbiano colonne antichissime, non sembra debbano risalire alla età medievale, ma ad epoca molto posteriore.

La *via Cavour*, dopo aver attraversata la piazza del *Santo*, e ripiegato a destra, ripiglia la sua direzione verso il borgo di san Quirico, fiancheggiando l'antica piazza dei Guttuarì, o *delle Erbe*.

PALAZZO..... DEI TRIBUNALI. — Sull'angolo sud-ovest della piazza del *Santo* verso la *piazza delle Erbe*, donde incominciano i portici detti dei Cestai, o della Remissa, s'innalzava e si estendeva fin verso la metà dei portici stessi un antichissimo palazzo con alto porticato e dall'aspetto piuttosto tetro. Si vuole che in esso fossero anticamente stabiliti i Tribunali, ed è probabile che vi fossero anche annesse le prigioni.

.˙.

PALAZZO ROERO DI CORTANZE. — Attiguo al precedente palazzo ergevasi un altro antico palazzo medievale, che si protendeva verso il vicolo detto della *Remissa* (ora via Giovan Battista Giuliani) ed apparteneva al marchese Roero di Cortanze, di uno dei tanti rami della molto estesa famiglia Rotaria, o dei Roero, la quale aveva la maggior parte delle sue case nobili nella via che da essa prese il nome.

Traccie dell'antica costruzione si vedono tuttora nei piani inferiori dell'edificio.

.˙.

Dopo la piazza delle Erbe, oltre i ruderi delle case della famiglia Guttuaria, si vedevano ancora sul finire del secolo XVIII parecchie porzioni di case nobili, prima di arrivare alla porta della cerchia dei nobili, la quale, come ho detto nel secondo capitolo, si innalzava attraverso la via san Quirico presso a poco dove sorge ora il campanile della chiesa di san Paolo. Al di là di questa porta incominciava il borgo di san Quirico, che era compreso nel Recinto dei Borghigiani, e di esso parlerò susseguentemente.

Ma di questi avanzi di case nobili non si hanno altre notizie, ed ora essi sono scomparsi sotto i recenti lavori di rimodernazione.

Accennerò però di sfuggita che sopra l'arco della porta anzidetta (denominata *Porta sancti Pauli*), verso sud, era un'antica immagine dipinta sul muro, completamente simile a quella che tuttora si vede e si venera nella chiesa detta del Portone (già porta di san Marco), con la sola differenza, che in quella alla destra della Vergine è san Marco, perchè tale porta dava l'accesso al borgo di san Marco, ed in questa alla destra di Maria Vergine era san Paolo, perchè essa dava l'accesso al borgo di san Paolo.

16.

In via Pellicciai (già contrada dei PELLIZZARI).

Prese tal nome dalle molte botteghe di venditori di Pelliccie (già esistenti nei passati tempi) quella via che dal corso Alfieri fa capo nella strada dei Cappellai ora via Aliberti.

TORRE E PALAZZO DEL PODESTÀ, O DEL COMUNE. — In questa brevissima strada erano notevoli avanzi di case-forti ed antiche. La più notevole è quella posta sull'angolo sud-est, verso via dei Cappellai e verso la piazza del *Santo*, attualmente del signor dottor Camillo Olivero. Nel 1810 apparteneva al signor Fautrier Pietro fu Ignazio Matteo; e dal braccio ovest di detta casa si protendeva un altro braccio ad est fino alla via Cavour, perpendicolare al precedente, fra la casa dell'orefice Levi e la piazza del *Santo*. Sull'estremità di questo braccio, verso la piazza anzidetta, doveva ergersi l'altissima torre del Comune, nella quale era collocato il primo orologio comunale, come ho già riferito precedentemente.

La casa attigua, in via Cappellai, fino all'angolo della piazza del *Santo*, era sul principio del secolo scorso di altri Fautrier (Benedetto, Giacomo e Clemente fratelli, fu Felice).

Il palazzo di cui si tratta è conosciuto sotto il nome di Palazzo del Podestà, o del Comune; e per quanto i muri siano stati, tutt'altro che opportunamente, ricoperti di intonaco, si scorge tuttora che esso è uno dei più begli esempi di case-forti e la sua ricostruzione risale alla seconda metà del secolo XIII.

Il grande salone esistente tuttora all'angolo sud-ovest del palazzo, al piano terreno, ha nel mezzo una grossa colonna di pietra che sorregge quattro volte di perfetto stile gotico, compartite a costoloni longitudinali e trasversali che terminano nel centro in angoli acuti, e dà una chiarissima idea della caratteristica costruzione dell'epoca.

In questa vasta sala, prima della rivoluzione del 1797, era stabilita la segreteria del Collegio dei Notai.

Ora vi sono stati allogati gli accenditori della publica illuminazione a gas ed un gabinetto di segnalazione del servizio fotometrico municipale.

Come ho già detto a pag. 183 del presente libro, prima che la sede del Comune si trasferisse in questo palazzo sembra fosse stabilita, secondo alcuni, nell'antico palazzo diventato poi dei De Catena (ora Vastapane-Gandolfo), in piazza del Tribunale, e, più anticamente, nel palazzo che fu poi degli Zoya (ora avv. Taschero in via Scuole).

PALAZZO PONTE. — A sinistra della stessa via, più verso la via Maestra, era il palazzo dei Ponte o De Ponte, nobilissimi ed antichissimi cittadini astigiani, che avevano altri palazzi di cui discorreremo a loro luogo.

Questo palazzo Ponte appartiene ora ai signori Debenedetti Vittorio e Donato fu Salvador.

17.

In via Aliberti (già contrada dei CAPPELLARI per un tratto,

e del TRINCOTTO e degli ISRAELITI per l'altro tratto).

Questo tratto di via che dalla piazza del *Santo* immette nella via Alberto Bruno, all'imbocco di via Israeliti, denominavasi via dei Cappellari; e prese nome di via Aliberti quando nel 1872 il Comune, deliberando la nuova denominazione delle vie, comprese sotto il titolo di via Aliberti quella detta dei Cappellai e quella detta degli Israeliti, già del Trincotto (1).

Parlando della piazza del *Santo*, ho accennato già ai due palazzi che vi facevano angolo protendendosi alquanto verso la via Cappellai, cioè a quello dei fratelli Benedetto, Giacomo e Clemente Fautrier, dove anticamente si protendeva un braccio dell'attiguo palazzo detto del Podestà con l'altissima torre del Comune, e a quello dei Bertaldi.

---

(1) GABIANI, *La chiesa ed il convento di san Bernardino*, p. 37.

.˙.

ALTRO PALAZZO ALFIERI. — Poco oltre si incontra, dirimpetto alla via dei Pellicciai, un antichissimo palazzo nobile che si estende fino in via Alberto Bruno, di proprietà attualmente dei signori Debenedetti Todros, Roberto ed Augusto fratelli fu Leone.

Questo palazzo apparteneva ad un ramo della famiglia Alfieri, e se ne ha una prova nelle due pietre scolpite che sono incastrate negli angoli estremi della casa e perfettamente simili a quelle esistenti nel palazzo detto degli *Spagnuoli* (ora Violini, in corso Alfieri) e nella casa prospiciente la torre dell'*Orologio*, in via Cattedrale (ora Ballario Matteo). Un'altra prova si ha nel capitello di una colonna in pietra esistente al piano terreno del cortile, alla sinistra entrando; nel quale capitello è scolpita l'aquila della nobilissima casata degli Alfieri.

Pochi anni addietro, e cioè verso il 1901, intorno a questo palazzo furono eseguite alcune opere di sistemazione; ed in quella occasione furono messe a nudo parecchie splendide decorazioni architettoniche che rendevano elegante e bellissimo il prospetto di quel vetusto edificio. Specialmente al primo piano, sopra gli ammezzati, furono scoperte sul balcone che prospetta la via Pellicciai, sotto l'intonaco, le stupende modanature di una grande porta-finestra ogivale; e fu davvero un grave peccato che non siasi approfittato di quella occasione per rimettere e lasciare in vista, come era stato suggerito, la splendida decorazione di quella finestra, che costituiva certamente uno dei più begli esemplari di architettura medievale.

La decorazione di quella finestra lascia supporre che la costruzione di quel palazzo risalga alla seconda metà del secolo XIII.

.˙.

Proseguendo per la via Aliberti, al di là di via Alberto Bruno, si incontrano parecchi avanzi di case nobili, ma non si hanno di queste sufficienti indizi per identificarle.

Così, ad esempio, la casa piantata sull'angolo con la via Ottolenghi (già di san Bernardino), ora di proprietà degli eredi del sig. Debenedetti Claudio, fu costrutta sulle rovine di un'antica casa medievale; ma non ho potuto rintracciare chi ne fosse l'antico possessore.

PALAZZO GARDINI. — L'unica casa che, per quel che ne rimane e per la sua importanza antica, meriti di essere particolarmente accennata è quella posta sull'angolo di via Balbo verso la piazza Roma, dove ora è allogata la bottega da macellaio del sig. Vittorio Manara.

Apparteneva esso all'antica famiglia Gardina, o dei Gardini, della quale dirò quando mi occuperò della piazza Roma, detta appunto anticamente *dei Gardini*.

.•.

PALAZZO GUTTUARIO. — Era così denominato il palazzo che fronteggia in via Aliberti sull'angolo di via san Martino, appartenente ora all'avv. Giuseppe Matassia Pugliese.

Venne senza dubbio edificato dopo il 1304, allorchè i Guttuari ebbero le loro case in piazza d'Erbe distrutte dai Solari, insieme con l'abbassamento della torre, con proibizione di riedificarle sullo stesso sedime, il quale, perciò, era stato decretato dovesse servire di mercato delle ortaglie, del pollame, dei foraggi, etc.

Quivi adunque avrebbero i Guttuari stabilite le loro dimore. Questo palazzo, dipartendosi dal recentissimo palazzo del sig. cav. Giovanni Gastaldi, si protendeva in via Aliberti fino all'angolo della via san Martino e rivoltando in questa andava a terminare dirimpetto al campanile della chiesa di san Michele.

Nel 1568 questo palazzo era causa di divergenze tra i nuovi proprietari Giovanni Antonio Malabayla ed Antonio Amedeo Ponte di Lombriasco; ma nel 1597 il predetto palazzo era già ritornato allo stesso casato dei Guttuari (1).

Più tardi questo palazzo passò in proprietà del Convento dei PP. di san Martino; e quando nel 1802 avvenne la soppressione del collegio dei Barnabiti di san Martino, gran parte dei beni di essi era già dall'anno antecedente pervenuta alla Nazione.

---

(1) GABIANI, *La chiesa ed il convento di san Bernardino*, p. 28.

che la cedette al Municipio di Torino. Questo palazzo ebbe ugual sorte; ma il Municipio di Torino poco dopo ne dismise la proprietà a favore di terzi.

18.

In via Garretti (già contrada Zoya).

Questa via è più comunemente, o volgarmente, chiamata *dei Gatti*; e si vuole da taluni che così fosse chiamata dalle molte famiglie di tal cognome che in essa dimoravano.

Io ritengo, invece, che l'espressione *dei Gatti*, non sia che un sincopato dell'altra espressione *dei Garretti*, e che abbia appunto preso il nome di via dei Garretti, o dei Gatti, da qualche ramo di questa casata che in quella strada avesse la sua dimora.

In questa via abitava pure qualche ramo della famiglia degli Zoya, che erano altri nobili astigiani degli antichi tempi, e da essi prese più anticamente il nome la predetta via. Ma successivamente, la via prese il nome da quello della cospicua famiglia dei Garretti (*Garretorum*, come si legge negli Statuti d'Asti) e lo conserva tuttora (1).

---

(1) I Garretti, conti di Ferrere, fanno per arma: Fasciato ondato d'oro e di rosso. *Cimiero*: un liocorno d'argento nascente. *Motto*: Noxia Pello ».
— Nel XII secolo ebbero dalla Chiesa d'Asti in feudo il luogo di Ferrere; e li troviamo pure possessori di beni in Lavezzole e nel Prato Bernardo. Quest'inclita famiglia sosteneva la sua nobiltà con ammirato valore nelle belliche imprese; e si dice che non pochi di essa, nel secondo sacco dato dall'imperatore Federico Barbarossa alla città d'Asti nel 1162, vi rimanessero sacrificati per volerla difendere.

Il Ventura, parlando dei Garretti, li chiama gente leale, valorosa e protettrice del povero e dell'orfano. Andrea *de Garretis* si trovò (1309) alla corte del nuovo re di Germania Enrico VII, che lo ebbe in molta stima e nominollo suo consigliere; anzi lo volle a compagno del viaggio che egli fece in Italia poco tempo dopo. Costui nel 1311 assistette coi prelati e coi principi dell'Impero al solenne omaggio prestato al predetto monarca dai vescovi di Lombardia nella città di Milano.

Quando gli Angioini ottennero la signoria di Asti i Garretti furono tra i primi ghibellini a riconoscerlo per signore, nella persona del principe

Palazzo e Torre Garretti. — Non mi è riuscito di poter stabilire con esattezza dove si innalzasse il palazzo dei Garretti; ma credo di non errare affermando che una delle case dei Garretti fosse ubicata presso a poco dove esiste quell'avancorpo che fronteggia la nuova via Ranco (1), aperta dietro la casa

_____

Filippo di Acaia per le loro castella, compresovi il luogo di Stuerda, e ne vennero da lui rinvestiti nel 1314.

Nella famosa giornata di Gamenario del 1345, che fu tanto fatale ai Provenzali, si distinsero in particolar modo i Garretti.

A quell'epoca i Garretti acquistarono i castelli di Cellarengo, Menabó e Cisterna; e come si riconosce dall'istrumento dotale di Valentina Visconti, riconobbero poi da essi Visconti i luoghi di Ferrere e di Cellarengo. Rodolfo dei Garretti nel 1379 era uno dei savî, che compilarono gli Statuti del Comune di Asti; Bartolomeo, sulla fine del secolo XIV, fece parlare molto di sè per le sue guerre coi Roero e per aver preso al suo servizio contro di essi il famoso condottiero Bertolino di Verona, donde insorsero poi nuove questioni tra il signore di Ferrere, il Comune di Chieri ed il principe di Acaia (GABOTTO, Gli ultimi principi di Acaia, pp. 330 segg., Pinerolo, 1897). Dipoi i Garretti, sino al secolo XVI, seguirono le vicende dell'Astigiana, che fu costretta a dividere i suoi destini tra i Milanesi, i Monferrini ed i Francesi.

In questi ultimi tempi illustrarono il casato dei Garretti di Ferrere il conte D. Filippo, gran mastro della Casa di S. M., e cavaliere dell'Ordine dell'Annunziata, ed il cavaliere D. Cesare, comandante generale del corpo dei veterani.

(1) Aperta nell'anno 1894. Con deliberazione del civico Consiglio del 1 febbraio 1896 venne intitolata dal nome dell'illustre astigiano comm. g. u. Luigi Ranco, celebre ingegnere, senatore del Regno, morto il 1 marzo 1887 in Torino. Nato in Asti nel 1813, fu scolaro del Plana e del Giulio, ed entrò nel corpo del Genio civile. Fu autore della ferrovia da Torino a Genova, che attraversa gli Apennini con la galleria dei Giovi: opera arditissima e difficilissima, perchè in grande pendenza ed in curva. Fu strenuo propugnatore del traforo del Cenisio, progettato dapprima dal valtellinese Piazza, che venne affatto dimenticato; poi da Giuseppe Medail, di Bardonecchia, che nel 1832 concepiva l'idea di trasforare il Frejus per un passaggio internazionale. Nel 1845 il Mans ed il Sismonda completavano l'idea del Medail con studî e proposte, e nel 1850 il Ranco era chiamato a coordinare quei disegni ed a proporre un tracciato per il traforo. Sette anni dopo, il 15 agosto 1858, promulgavasi la legge con cui il Governo era autorizzato ad intraprendere i lavori per la ferrovia Susa-Modane « a norma del progetto tecnico degli ingegneri Ranco, Grattoni, Sommeiller e Grandis, in data 15 maggio 1856 e 5 marzo 1857 ». La parte che ebbe il Ranco nei lavori del Moncenisio fu grandissima, come grandissima fu l'influenza

Ravone (ora Brignolo) fino ad incontrare la via Sella. In attiguità dell'avancorpo predetto ergevasi una torre, e se ne vede tuttora una porzione sopraelevarsi dai tetti delle case adiacenti: in essa ora è allogata la bottega da calderaio del signor Soggetti, dalla quale si passa in comunicazione con la parallela via Aliberti.

Questa torre, da quanto se ne può ancor oggi desumere sul posto, era di base rettangolare, avente metri 5,00 di larghezza per metri 6,60 circa di lunghezza. I muri perimetrali hanno spessore di m. 0.90, la quale dimensione lascia supporre che l'altezza della torre non fosse considerevole. Nella carta tipografica del *Theatrum Statuum Sabaudiae* del 1700 detta torre è riprodotta di mediocre altezza, con tetto ad un solo piovente verso via Garretti. I soffitti esistenti nei vari piani della torre sono tuttora a travettoni sagomati e sembrano ancora quelli della primitiva costruzione, cioè del secolo XIV.

Non potrebbe essere improbabile che la torre si sopraelevasse di tal forma soltanto dal primo piano in su e che fosse piantata sopra un arco ogivale aperto nel muro frontale del pian terreno, come si usava talvolta in pieno Medio Evo.

I Garretti costituivano una famiglia molto cospicua ed estesa; ed avevano perciò altre case in Asti, o in questa stessa via od in altri punti della città. Esse sono state distrutte dal popolo sul principio del secolo XIV.

A questo riguardo scrive il Gabotto (1) che nel 1320 « avendo i Garretti, nobili, percosso Rolando Riccardi, popolano, la *Società del popolo* si impegnava ad osservare e ad eseguire tutte le richieste dell'offeso e di suo fratello Giovanni contro gli offensori; e così ugualmente rispetto a Mainerio Cateruto, a Bartolomeo Bondì ed a Giacomo Orsi ».

---

spiegata presso il conte di Cavour nel deciderlo ad appoggiare quel progetto mazziniano sui primordi della sua carriera; seguì poi il Cavour, e nel primo Parlamento italiano fu eletto deputato e rimase tale fino all'82, quando fu nominato senatore. Favorì e propugnò il traforo del colle di Tenda e la ferrovia Cuneo-Ventimigla, e rese possibile la costruzione della ferrovia funicolare da Torino a Superga col sistema Agudio (*Annuario scientif. e industr.*, An. XXIV, p. 602, Milano, 1887-1888).

(1) *Asti e la politica sabauda*, pp. 402 segg.

« Dai capitoli formati nel proprio interesse dal Riccardi, accolti e fatti suoi dalla *Società del popolo*, chiaramente si scorge quanta e quale fosse la tensione degli animi fra nobili e popolani in Asti in quel momento. Tra le altre cose approvate dalla Società è notevole questa, che nessun *popolare* potesse d'allora in poi far più alcun lavoro per i Garretti: il *banno* della Società popolare astigiana era in sostanza il boicotaggio elevato al grado di publica istituzione. E sì che i beni del principale percussore erano già stati guastati e ridotti a gerbido, e la casa bruciata e distrutta dal popolo, mentre uno dei capitoli di quella Società vietava la ricostruzione di questa e la coltivazione di quelli in qualunque tempo, anche con le armi, all'occorrenza. Caratteristica pure la circostanza, che qualunque nuova offesa fosse fatta al Riccardi, di cui non si conoscesse l'autore, doveva presumersi opera dei Garretti, e chiunque ferisse od uccidesse alcuno di questi in atto di offendere il Riccardi od un suo figlio od un suo fratello, non sarebbe passibile di pena, ma anzi tenuto indenne dal Popolo contro chichessia, non esclusi gli uffiziali stessi del Comune e del Re, annullato ogni processo di questi contro di quelli. Più tardi fu estesa poi quest'ultima disposizione a qualunque offensore dei Garretti, contro cui il bando del popolo astigiano veniva ad essere più terribile del bando imperiale ».

⁂

PALAZZO.......AGNISETTA. — All'inizio di questa via, venendo da piazza Statuto, o *delle Erbe*, si incontra alla sinistra il cosidetto palazzo Ravone, ora del tipografo Giuseppe Brignolo.

Parrebbe dalla mole un'antica casa-forte, a simiglianza del palazzo detto degli *Spagnuoli*, ma mi mancano gli elementi per constatarlo. La costruzione, d'altronde, è recente, e non ho fonti per riconoscere chi fosse il proprietario dell'antico palazzo medievale. L'attuale edificio sul principio del secolo scorso apparteneva ancora, per altro, alla famiglia Agnisetta (1).

---

(1) Giuseppe Maria Agnisetta, dottore in legge, fiorì nella prima metà del secolo XVIII e si acquistò buona fama principalmente per la sua pratica e per il suo fine criterio. Morì in Torino nel 1756, lasciando alcune opere

***

Per tutto il resto di questa via vi erano altri avanzi di torri e di case-forti, come afferma il cronista abate Incisa; ma le case presenti sono così trasformate che difficilmente si può rintracciare qualche carattere di costruzione medievale.

Quella che fra le altre meglio conserva un aspetto vetusto si trova sull'angolo della via Garretti con la presente via Balbo, verso la quale ha la sua entrata; ma anche di essa si hanno pochissime notizie: tuttavia ne riparlerò quando trascorrerò di proposito la *via Balbo*.

***

Verso l'estremità est della via Garretti, poco oltre la traversa di via Balbo, esiste tuttora una casa modesta, di bell'aspetto, ma degna di menzione soltanto per una lapida che si vede tuttora incastrata nel muro di detta casa Rosina Antonio (già del dottore cav. Alessandro Liveriero), portante una iscrizione che attesta esservi stata una famiglia preservata dalla fiera pestilenza del 1630. Questa lapida, pertanto, ci fa supporre che quel contagio abbia menato tale una strage in questa città, che ciascuna famiglia abbia avuto da piangere qualche perdita, se il fatto di una di esse rimasta immune fu ritenuto come un miracolo e degno perciò di essere tramandato ai posteri con un ricordo marmoreo (1). L'iscrizione è così concepita:

PRO ICTO PESTIS CRUCEM ADEPTAM
HIC MAGIS INFIGI DOMUS ISTA
P. MAJORI MUNIMINE QUAM DELERE
IN SUA LIBERATIONE CURAVIT
MDCXXX.

---

inedite, fra cui un *Corso di Lezioni legali* che egli compose mentre era ripetitore di legge. Della stessa famiglia fu il notaio Giovanni Marco, sollecitatore del R. fisco nel Senato di Piemonte (1767), e quindi segretario criminale del Senato medesimo.

(1) GABIANI, *Notizie sulla Ferrassa*, pp. 122 segg.

.·.

TORRE E PALAZZO....ZOYA. — Immediatamente attigua alla
precedente era una casa che nei tempi di mezzo doveva essere
di qualche considerazione, perchè ancora nel 1700, come si
rileva dal *Theatrum Statuum Sabaudiae*, essa verso la via era munita di una torre, la quale, per altro, era già stata in quell'epoca
notevolmente abbassata. È probabile che questa casa con l'annessa torre appartenesse anticamente alla nobile famiglia Zoya,
di cui si è già discorso quando si disse degli altri suoi palazzi.

Ora sul sedime di questo antico palazzo si elevano mode-
stissime casette di nessun rilievo.

19.

In via Sella (già contrada del CARMINE

e più anticamente contrada BELSERIO o dei NATTA

e poi contrada della PRIGIONE VECCHIA).

Questa strada portò il nome di *Via Belserio* fin dopo la metà
del secolo XV, e non ne ho trovata la ragione. Nella seconda
metà dello stesso secolo, in un atto rogato nel 1489 da Giovanni
Guttuario De Castello, la via Belserio si denominava anche *via
dei Natta*, probabilmente perchè questa antica famiglia nobile
aveva le sue case che si estendevano dalla piazza Statuto per
un buon tratto nella presente via Sella.

Durante il periodo del governo francese, per ben controdi-
stinguerla dall'altra via Natta, di cui ho già parlato nelle pagine precedenti, le venne cambiata la denominazione, chiaman-
dola via *Cristiani*, dal nome del conte Cristiani, allora nostro
Sotto-prefetto; ma pochi anni dopo, lo stesso governo, nel rinnovare la denominazione delle vie, diede alla strada in questione
il nome di contrada del *Carmine*. Ultimamente aveva preso
nome di contrada delle *Caserme*.

Venne intitolata dal nome dell'illustre statista Quintino Sella
su proposta del consigliere comm. G. C. avv. Isacco Artom,
senatore del Regno, quando il civico Consiglio nella seduta del

25 maggio 1884 decretò la cittadinanza astigiana all'illustre biellese (1).

***

Torre.......Argo. — Al principio di via Sella, appena fuori dei portichetti detti di *Onesti*, prospicienti a sud sulla piazza Statuto, o *delle Erbe*, vi ha tuttora un avanzo di torre, che si eleva ancora di qualche metro sopra il tetto delle case attigue. A mala pena dall'aspetto esteriore si arguisce che sotto l'intonaco del fabbricato, ridotto ora a casa moderna, si nasconde un vetusto edificio sorto su rovine di costruzioni romane. Questa torre, di pianta perfettamente quadrata, misura in fondazione m. 4,10 di lato interno, con muri perimetrali di m. 1,00 di spessore. La sua edificazione può risalire al secolo XII, con reimpiego in essa di materiali di costruzioni più remote. Specialmente nei muri scoperti del sotterraneo si scorge tuttora l'impiego di alcuni caratteristici laterizî romani, disposti a talento degli operai muratori; ma per la maggior parte della costruzione, questa rivela l'uso di mattoni medievali.

Ora donde provenivano i laterizî romani adoperati nella esecuzione della torre? La spiegazione è in una lapida che era incastrata in uno dei muri sotterranei della torre e che sul finire dell'anno 1896 ne fu estratta dai proprietarî signori Perinciolo in occasione di alcuni ristauri che essi fecero eseguire in quei sotterranei. Il 2 aprile del successivo anno la vedova Perinciolo ne fece dono al Municipio di Asti, il quale ne fu gratissimo, e la fece riporre nel civico Museo archeologico stato istituito qualche anno prima.

Vada pertanto la dovuta lode ai signori Perinciolo, mercè dei quali si è venuti alla conoscenza di uno dei più importanti documenti dell'epoca romana, diventati ormai rarissimi in

---

(1) Quintino Sella nel 1876 ottenne, per la città d'Asti, in dono dall'Imperatore d'Austria-Ungheria il *Codex Astensis* detto *de Malabayla*, del quale conosceva l'esistenza nella Biblioteca imperiale di Vienna.

Fu merito speciale del Sella se la città di Asti potè ricuperare il più prezioso documento del suo glorioso passato e se ora gelosamente può custodirlo fra le più care patrie memorie.

questa città, che non ha la ventura di possedere in copia preziosi monumenti di quell'antichissima età.

La lapida, in arenaria, misura le seguenti dimensioni: m. 0,470 × 0,370 × 0,025, e vi è scolpita la iscrizione che qui trascrivo;

COLLEGIVM.
DENDROPHOR.
D. P. S. SCHOL. EXORN.
M. SEPTIMIV. S. ARGVS
LOCVM. DEDIT.

Il chiarissimo prof. Federico Eusebio della R. Università di Genova, con squisitissima cortesia me ne diede la seguente dottissima esplicazione (1):

« Il Collegio dei *Dendrophori* era una delle tante corporazioni, in cui si raccoglieva nell'età romana la popolazione specialmente *operaia, industriale*, etc. Qui si tratta dei *negozianti in legnami*, i quali come corporazione si chiamavano *dendrophori*, perchè nelle sacre processioni della *Magna Mater*, di Bacco e degli dei silvani portavano vette e rami di pino consecrati (δένδρον = *albero, pianta*; φέρω = *porto*) ».

« Questi *Collegia* avevano generalmente un proprio luogo per le adunanze, il quale per lo più era annesso a un tempio della divinità tutelare, quando a ciò non serviva il tempio stesso. Questo luogo prendeva, secondo le circostanze, varii nomi, fra cui *domus, curia, schola*...; il quale ultimo è quello che appare in forma abbreviata nella nostra iscrizione ».

« Dopo questi cenni preliminari basta all'intelligenza dell'epigrafe il riprodurre il testo in questa forma esplicata:

« Collegium dendrophor*(orum)* (1) d*(e)* p*(ecunia)* s*(ua)* schol*(am)* exorn*(avit)*; M. Septimius Argus locum dedit ».

« (Il collegio dei Dendrofori co' suoi fondi allestì la sede: M. Settimio Argo diede l'area) ».

« Un Collegio di *Dendrophori*, parlando di regioni nostre,

(1) Sono lietissimo di esprimere qui all'illustre professore F. Eusebio i miei più vivi e sinceri ringraziamenti.

(1) Si trova talvolta in forma più contratta: *dondrophorùm*.

appare anche a *Pollentia* da lapida registrata nel *C. I. L.*, vol.
V, n. 7017 ».

« Il gentilizio *Septimius* viene a far buon riscontro a una
Septumia (1) C(*ai*) F(*ilia*), che, unica per tutti i paesi nostri,
appariva in altra lapide d'Asti (*C. I. L.*, vol. V, 7508) come
avola d'un *A. Hostilius*... »

« Il cognome *Argus*, d'origine greca, fa sospettare un liberto.
In tutto il vol. V del *Corpus* non ha riscontro che in un *Argus
Aviliae* di lapide bresciana (n. 4530) ».

Dal nome di M. Settimio Argo, che fornì l'area per la sede
del Collegio dei *Dendrophori*, forse sul luogo stesso dove parecchi secoli dopo venne innalzata la torre di cui io parlo nel
presente paragrafo, mi sono fatto lecito di denominare la torre
medesima, perchè si richiami più presto alla memoria l'esistenza remotissima di quel Collegio.

Se il muro sotterraneo della torre, dove era incastrata la
lapida, fosse stato di completa costruzione romana, si sarebbe
potuto stabilire con probabile certezza che quello era un tratto
del muro originale dell'antica *schola dendrophororum*; ma,
come ho già avvertito, la struttura del muro anzidetto è di
epoca medievale, con impiego di qualche materiale di età romana; ma se il luogo dove si fondò la torre non è precisamente
sulle rovine dell'antico Collegio dei *dendrophori*, la sede di
questo doveva, per altro, essere poco lontana.

Comunque, la notizia dell'esistenza in Asti di una *schola dendrophororum* è cosa di rilevante importanza, ed è pur cosa
bellissima che mercè la cortesia della famiglia Perinciolo si
possa conservare nel civico Museo archeologico (2) il preziosissimo documento.

ALTRO PALAZZO NATTA. — Altro palazzo della nobilissima ed
antichissima famiglia Natta prospettava in piazza Statuto, o *delle*

---

(1) Così, in forma arcaica. — Lo stesso prof. Eusebio rilevò la sbada-
taggine dell'artefice della lapida, il quale tra SEPTIMIV e la s pose un
segno d'interpunzione che taglia fuori al nome la finale. Effettivamente,
l'epigrafe originale porta l'interpunzione suddetta, che nota, di fatto, la
troppo zelante punteggiatura.

(2) Trasferito nel Palazzo Alfieri nel 1903.

Erbe, e attraversando con un portichetto l'imbocco della presente via Bonzanigo, si estendeva non solo fino all'angolo di via Sella, ma risvoltando in questa via, vi si protendeva per un buon tratto, occupando le due prime case attuali, dei signori eredi di Rasero Pasquale fu Benedetto e del cav. Giovanni Gastaldi. Queste case sul principio del secolo XIX appartenevano rispettivamente al signor Vercelli Antonio ed all'avv. Giacinto Pallieri, presidente del Tribunale civile di Casale.

Questo palazzo era di notevole importanza e ben munito di opere di difesa.

Nella parte del palazzo più prossima alla piazza Statuto furono stabilite negli ultimi secoli le Carceri regie, e vi stettero fin verso la fine del secolo XVIII, allorchè esse furono trasportate nel luogo in cui si trovano oggidì, in via Gioachino Testa, dietro la Cattedrale, dove venne eretto l'edificio apposito su terreni propri della Cattedrale stessa.

Dopo tale trasporto, la via prese, presso il popolo, il titolo di contrada della *Prigione vecchia*.

PALAZZO CAVIGIOLI. — Dalla parte destra, dirimpetto al palazzo dei Natta, era un altro palazzo che aveva sembianza di essere appartenuto a qualche famiglia nobile. Nel secolo XVIII ne era proprietaria la famiglia Cavigioli, come ne faceva fede una lapida incastrata nel muro del cortile, a sinistra entrando.

L'iscrizione di detta lapida accennava ad un legato fatto ai Padri di san Francesco.

Sul principio dello scorso secolo questo palazzo era ridotto ad albergo « dei mulattieri e carrettieri sotto l'insegna *del Muletto* »; ed ora vi è allogato l'albergo del *Bue rosso*.

Una piccola parte di questa casa, a levante, venne demolita nel 1895 per dar luogo all'apertura della nuova via Ranco e per mettere in comunicazione la via Sella con la via Garretti.

PALAZZO DUSSIO. — Attiguo al palazzo Cavigioli, dalla stessa parte destra, era il palazzo della famiglia Dussio, che nella seconda metà del secolo XV fece acquisto di altre piccole case adiacenti, certamente per ingrandire la sua proprietà non solo verso la via, ma anche verso l'interno.

Il Grassi scrive che la famiglia Dussia era delle più rispettabili ed antiche. Sul finire del secolo XII, per i molti danni sofferti dalla nostra città, poco mancò che i Dussii si estinguessero, essendo sopravvissuto il solo Biagio; ma questi bastò a tenerla in piedi (1).

Nel 1468, Giovanni Biagio Dussio, notaio e segretario ducale, comprò da Tomaso Rabezzana, figlio emancipato dell'allora vivente Giorgio, « una casa in Asti con corte e sedime in via Belserio ».

Più tardi (1489), lo stesso Giovanni Biagio Dussio acquistò da Violanda (moglie in seconde nozze del nobile Giovanni Ludovico Annone) e dai figli di lei, Bernardino e Maria, nati dalle sue prime nozze con Tomaso Lupo (2), un'altra piccola casa in Asti posta pure in via Belserio, o dei Natta.

.•.

TORRE DE FERRARIS. — Adiacente a queste case così comprate dal Dussio esisteva una casa con torre, venduta (questa e quella) da Martino Cotto al dottore in leggi Giovan Giacomo De Ferraris, di Asti, il quale, con atto 15 dicembre 1498, rogato da Giovanni Antonio Masuero, dichiarava d'aver comprata la predetta casa con torre sita in Asti via Belserio, o dei Natta, « colla servitù perpetua di tenere chiuso e non poter praticare alcuna apertura in essa

---

(1) I Dussio facevano per arma: D'azzurro, al capriolo d'oro, accompagnato in capo da due stelle ed in punta da un dusio d'oro. *Cimiero*: Un dusio simile, col *motto*: IN TENEBRIS PERSPICAX.

(2) I Lupi erano di antica famiglia patrizia di Acqui, ma figurano già in Asti alla fine del secolo XV. A Baldassare Lupi indirizzò l'Alione la sua *Macharonea*, e di altri Lupi parlano il VASSALLO, *Un nuovo doc. su G. G. Alione*, p. 13, ed il GABOTTO, *La vita in Asti*, p. 38, n. 1. Alberto nel 1740 fu creato conte di Moirano. Il conte Alberto fu ministro sardo negli Stati Uniti d'America nel 1843. Nel 1837 ebbe il titolo di conte di Montalto per successione ad una sua cugina.

I Lupi fanno per arma: D'oro, al lupo al naturale, linguato di rosso, rampante.

torre dalla parte d'oriente e di settentrione verso le case di Giovanni Biagio Dussio, alla di cui richiesta conferma tale servitù e fece otturare con mattoni aperture in detta torre esistenti ».

Dunque la torre De Ferraris trovavasi a ponente delle case dei Dussii, e doveva naturalmente essere situata sulla destra della via per poter avere il suo prospetto di tramontana e di levante verso le case di Giovan Biagio Dussio.

Nella carta topografica del *Teatrum Statuum Sabaudiae* del 1700 figura ancora questa torre, di altezza abbastanza considerevole, munita di finestre bifore ai diversi piani dal lato di mezzodì, e ricoperta del solito tetto.

I De Ferraris erano originarî di Villanova d'Asti (1).

.•.

PALAZZO......BUSSA-CAMPINI. — Altro palazzo antichissimo è quello che formava la seconda metà del caseggiato attualmente posseduto dal signor avv. Giovanni Bussa (già avv. Federico

---

(1) I De Ferraris facevano per arma: D'oro, al leone di nero linguato, armato, ed inmaschito di rosso attraversante. *Cimiero*: un armellino. *Motto*: NE FOEDER MORIAR.

Giovanni Bartolomeo De Ferraris fu l'ultimo priore del priorato di santa Maria Nuova in Asti, e facendo la sua rinunzia nel 1472, fu il primo ad introdurre in questo monastero i canonici mortariensi. L'atto di rinuncia fu rogato dallo stesso Giovan Biagio dei Dussii, egli pure di Villanova d'Asti al pari dei De Ferraris (VASSALLO, *La chiesa dei santi Apostoli*, p. 160).

Un altro Giovanni De Ferraris fu parimenti priore di santa Maria Nuova dal 1437 al 1443. Un terzo Giovanni De Ferraris *de gradi* (forse fratello dello stesso priore Giovanni Bartolomeo) era nel 1472 maestro e dottore in arti ed in medicina e procuratore del P. Gerolamo di Neive, rettore generale della Congregazione Lateranense (VASSALLO, *Op. cit.*, p. 172).

Giacomo De Ferraris fu presidente del Senato di Torino nel 1639; Giovan Giacomo, presidente della Camera dei conti nel 1652, fece molte donazioni al convento dei Minori Osservanti di Villanova d'Asti. Per il matrimonio contratto da Giovan Domenico con Diana Cravetta i De Ferraris vennero in possesso di Genola, con titolo comitale. Giacomo Benedetto fu capitano dei dragoni e gentiluomo di camera. Giuseppe Francesco Mario, dottore collegiato della sacra facoltà ed oratore insigne, nel 1778 fu promosso alla sede vescovile di Susa.

Dettoni), coerente al palazzo Gazelli, appartenente sul principio del secolo XIX al signor Luigi Campini.

Verso la stessa epoca si vedeva ancora assai bene l'impronta caratteristica della costruzione medievale; ma non ho potuto accertare a quale famiglia nobile astigiana appartenesse. Il presente palazzo, per altro, è di costruzione affatto moderna, e non ha più nulla dell'antico.

***

TORRE.....MARANI. — Dirimpetto al palazzo Bussa, già Campini, s'innalzava una torre che nel 1700 era ancora in piedi, figurando essa nella Carta del *Theatrum Statuum Sabaudiae*, ma ridotta solo più a modesta altezza.

A chi appartenesse nell'epoca gloriosa di Asti republicana, non ho potuto rinvenire; ma a precisarne l'esatta posizione, dirò che detta torre sorgeva nella casa più a levante delle due presenti del signor Antonio Marani: in quella, cioè, che è coerente con la casa della signora Siravegna-Pasetti.

***

TORRE E PALAZZO PONTE DI CORVEGLIA E DI LOMBRIASCO, ORA GAZELLI DI ROSSANA. — Palazzo parimente antichissimo e di considerazione sorge sull'angolo della via san Martino, dove una superba torre (FIGURA 26) s'aderge tuttora maestosa per quanto non conservi più l'integrale sua altezza (1).

Palazzo e torre appartenevano alla antichissima famiglia dei Ponte (2), nobili astesi che presero il loro nome dall'insigne

(1) Colgo l'occasione per ringraziare sentitamente l'egregio e gentile nobiluomo cav. Marco Gazelli di Rossana, il quale con squisita cortesia mise a mia disposizione parecchi antichi documenti che mi diedero preziose notizie intorno a questo palazzo nobilissimo.

(2) I Ponte facevano per arma: D'argento, alla croce di sant'Andrea di rosso. *Cimiero:* Un becco nascente. *Motto:* EN ESPERANCE. Di questa famiglia ho già dato qualche notizia alle pagine 114 e 148 del presente libro. Costretti ad esulare dal Monferrato per la cacciata dell'illustre prosapia dei Cani ad opera del marchese Giovanni II, i Ponte, o Del Ponte, loro aderenti, vennero nel 1345 a stabilirsi definitivamente in Asti, donde si pro-

(FIG. 26) Avanzi della Torre Ponte di Lombriasco,
e della Torre Roero di Cortanze, in via Sella, angoli via san Martino.

castello di Pontestura (*de Asturia*) e che ebbero origine comune con quei di Casale.

I Ponte, che ebbero il titolo di conti di Scarnafigi, ebbero pure il feudo di Castellero ed il feudo ed il titolo di marchesi di Mioglie.

La famiglia Ponte, o Del Ponte, aveva, come ho detto nelle precedenti pagine, altre case in Asti; ma la vera casa patrizia è quella di cui si discorre in questo paragrafo.

Le pertinenze di detta casa si estendevano fino alla presente via Cotti Ceres, già *del Cagnasso*, ed alla via san Martino, e sul principio del secolo XVII i Ponte ne alienarono varie parti a parecchi proprietari, riscattandone poi alcune nella seconda metà del secolo stesso. Fra le porzioni alienate dai Ponte

---

pagarono nell'intero Piemonte. Nel 1372 Iacopo ed Antonio Del Ponte acquistarono dai Ferreri, nobili astigiani, il luogo ed il castello di Corveglia; nel 1382 lo stesso Antonio ottenne il feudo di Lombriasco da Clemente VII (antipapa residente in Avignone), e nel 1395, insieme col fratello Corradino, acquistò dagli Enganna di Barge la signoria di Scarnafigi.

Nel 1465 nasceva in Asti Petrino Ponte, il quale, appena fu atto a portare le armi, entrò nella milizia dei cavalieri gerosolimitani, e divenne col tempo gran maestro di tutto l'ordine, al quale rese segnalati, immensi servizî, salvando l'isola di Malta dal cadere nelle mani dei corsari. Morì nell'isola stessa in età di anni settanta.

Verso la fine del secolo XVI il conte Antonio ottenne con titolo di contado i feudi di Montanera e di Castelletto. Venne mandato da Carlo Emanuele I al cardinale di Richelieu nel 1629 e fu ambasciatore di Vittorio Amedeo I al re d'Inghilterra. Per rimunerarlo de' suoi servizî il duca di Savoia lo insignì del collare dell'Ordine supremo dell'Annunziata. Fu poi gran maestro della Casa della reggente duchessa Cristina.

Il figliuolo di lui, Giovan Francesco, fu gran croce e cancelliere dell'Ordine dei ss. Maurizio e Lazzaro, e quindi cavaliere dell'Annunziata: siccome personaggio sommamente esperto nelle cose diplomatiche, venne mandato ambasciatore a Londra, a Venezia, a Parigi, in Lorena ed altrove.

Niccolò, avvocato fiscale in Asti nel 1517, indi senatore, fu padre del celebre Amedeo. Questi, fu da prima professore di leggi nello Studio torinese, consigliere di Stato e senatore nel Senato di Asti, poi a Torino prefetto di Oltrepò, presidente del Contado d'Asti e marchesato di Ceva nel 1576, ed uditore generale della milizia. Nel 1577 fu nominato primo presidente del Magistrato della Camera per il Piemonte, e più tardi primo presidente del Senato di Torino. Nel 1578 ottenne il feudo di Casalgrasso con diritto di primogenitura.

vi furono quelle presso la torre, ed esse e la torre stessa sul finire del secolo XVII appartenevano alla signora Gianutia. I Gianutii, di cui ho già parlato a pagina 161 del presente libro, avevano acquistato allora anche il giardino al di là della via Sella, il quale ritornò poi al Collegio dei PP. di san Martino, che lo posseggono tuttora.

I COTTI DI CERES E DI SCURZOLENGO. — Fu in quest'epoca che la famiglia Cotti di Ceres e Scurzolengo si rese acquisitrice dell'antica torre e dell'annesso palazzo già dei Ponte, passati poi, come s'è detto, ai signori Gianutii. Successivamente acquistò le altre pertinenze del palazzo stesso mediante altrettante compere, eseguite prima dal medico Niccolò e dall'avvocato Pietro Francesco fratelli Cotti, poi dal vassallo Niccolò Cotti di Scurzolengo, per ultimo dal signor conte Leonardo Cotti di Scurzolengo e Ceres sul principio del secolo XVIII.

Le varie porzioni delle case dei Ponte di Castellero e di Lombriasco erano passate a Francesco Maria Mineri, all'avv. Ludovico Cagna, a Giovanni Stefano Roveda e a Lucia Innocenza Ezeni vedova di Vittorio Amedeo Boschetti; i quali tutti alla loro volta le dismisero alla famiglia Cotti come sovra si disse (1).

Il medico Niccolò Cotti nel 1622 fece acquisto del feudo di Scurzolengo: Leonardo ottenne Ceres nel 1724; e per entrambe queste signorie fu concesso il titolo comitale.

Un altro ramo di questa famiglia, in cui si distinse l'avvocato generale a Torino, Giovanni Ottavio, primo Presidente della Camera dei Conti, ebbe il feudo di Brusasco con titolo comitale, ed i suoi discendenti ebbero i feudi di Cavagnolo, Monteu da Po, Alice, etc.

Verso la metà del secolo XVIII, il valente architetto avvocato conte Benedetto Alfieri (2) aveva intrapreso a dare il disegno di riattamento, secondo i suoi gusti genialissimi, per

---

(1) I Cotti facevano per arma: Di rosso, al riccio di castagno d'oro fogliato di due foglie al naturale; col capo d'oro, all'aquila di nero, esso capo sostenuto da una riga di verde. *Cimiero*: Un uomo selvatico nascente. tenente in alto con la mano destra una clava. *Motto*: MELIORA LATENT.

(2) MINA, *Del Palazzo Reale di Alessandria e del suo architetto*, Alessandria, 1904. Cfr. anche PAROLETTI, *Vite e ritratti di sessanta Piemontesi illustri*, Torino, 1824.

alcune facciate dei più importanti editizì astesi publici e privati, ad intercessione dei rispettivi possessori. Egli allora era diventato di moda specialmente per la costruzione del bellissimo campanile eretto nella chiesa di san Carlo su disegno da lui eseguito per aderire al desiderio di una sua zia badessa nel monastero di sant'Anna (1); ond'è che anche la famiglia Cotti ricorse all'Alfieri per avere da lui il progetto di sistemazione delle loro case che prospettavano nell'allora via Natta (ora via Sella) e nella via della Lesa (ora via san Martino).

Benedetto Alfieri eseguì il progetto secondo il quale dovevano essere riattate con un disegno unico le due fronti verso via Sella e via san Martino; ma nell'esecuzione del progetto il disegno venne limitato alla sola fronte verso via san Martino ed a metà di quella verso via Sella. La seconda metà, quella cioè che si protende fin verso la casa già dell'avv. Federico Dettoni ed ora dell'avv. Giovanni Bussa, fu poi riattata posteriormente, abbandonandosi, non ne so la ragione, il disegno primitivo dell'Alfieri. In questa parte doveva essere riprodotto un secondo portone d'ingresso simile a quello eseguito vicino alla torre, per il quale si entra nell'atrio maestoso ed elegantissimo, che è il più bello di simile genere esistente nella nostra città.

Benedetto Alfieri estese la decorazione del palazzo anche sopra i due muri esterni della torre; e non so se questa dell'insigne architetto sia stata una idea geniale: certo essa dimostra che già fin d'allora andava disperdendosi il gusto conservatore di non alterare i bellissimi avanzi della severa architettura medievale; della quale da quel tempo ad oggi si fece e si continua a fare impunemente, e con così poco rispetto dei gloriosi ricordi artistici di un'età ormai tanto lontana, un vero scempio non soltanto in Asti, ma dovunque.

Ultimi della famiglia Cotti di Scurzolengo e di Ceres furono il conte Federico e le contesse Antonia e Francesca, figli del conte Carlo Emanuele (morto il giorno 8 marzo 1830) e della contessa Margherita Arese-Lucini (morta il 23 giugno 1828).

Il conte Federico, morto celibe in età di soli anni trenta, fu

(1) Era dove ora è il quartiere Carlo Alberto, e più precisamente dove è la chiesa detta ancora di san Carlo.

uomo altamente benefico ed insigne per carità cittadina e per
gentilezza di cuore. Si ammira di lui una bellissima e rassomi-
gliantissima statua del Dini collocata sotto il porticato del nostro
Ospedale Infermi, sul piedestallo della quale si legge la seguente
epigrafe, cioè sulla fronte anteriore: « AL GENEROSO DONATORE |
CONTE FEDERICO COTTI DI CERES | RICONOSCENTE L'OSPIZIO |
INNALZA L'ANNO 1855 », e sulla fronte posteriore: « NATO IL 4 GIUGNO
1819 | DELLA PATRIA DELL'ITALIA AMANTISSIMO | DELLE BELLE ARTI
CULTORE MECENATE | PADRE DEI POVERI COMPIANTO | DECEDEVA IL
2 MAGGIO 1849 | IL SUO NOME PERÒ VIVRÀ PERENNEMENTE BE-
NEDETTO. »

La contessa Antonietta morì undicenne il 14 maggio 1828.

I GAZELLI DI ROSSANA. — La contessa Francesca Cotti di Ceres
andò sposa nel 1841 al signor conte Callisto Gazelli di Rossana:
e in virtù di questo matrimonio tutte le sostanze dei Cotti passarono ai Gazelli, per cui i figli conte Alberto ed i cavalieri
Marco ed Augusto diventarono cittadini d'Asti.

L'illustre famiglia Gazelli (1) è originaria di Oneglia. Uno di
questa famiglia condusse in isposa la nipote di S. E. il cardinale
Gio. Battista Roero, arcivescovo di Torino, e questi diede allo
sposo il feudo di Rossana, che con titolo di vassallaggio apparteneva alla mensa vescovile di Torino. Il re Carlo Emanuele
nel 1772 innalzò questo feudo medesimo alla dignità comitale
a favore del conte Giambattista Luigi Gazelli e dei suoi discendenti
maschi all'infinito, in sostituzione del feudo comitale di Selva nel
Vercellese, di cui nel 1682 era stato investito il conte Niccolò
Gazelli, e sul quale n'era cessata la giurisdizione per essere
stato esso feudo riunito al Demanio.

Nella prima metà del secolo XVI viveva in Oneglia il nobile
Gian Maria Gazelli, dottore in medicina, tenuto in molta considerazione dal duca Carlo Emanuele I di Savoia. Egli era capo
della famiglia, che d'allora in poi andò sempre crescendo di
lustro per ottenuti feudi e per nobili alleanze, nonchè per

---

(1) Fa per arma: D'azzurro, al leone d'oro, con una stella dello stesso
nel punto destro del capo e la fascia di rosso attraversante. *Cimiero:* Un
becco selvatico d'oro nascente. *Motto:* FORTITUDINE ET CELERITADE.

cospicui impieghi sostenuti di padre in figlio con rara intelligenza e con sommo zelo (1).

Il figlio di lui, Francesco, si diede pure alla medicina ed ottenne così bella fama nella chimica che il duca Carlo Emanuele I lo volle suo archiatro: egli esercitò la pratica medicina per desiderio di essere utile all'umanità, e non per altro fine, essendo provato che egli prestava gratuitamente agli infermi l'opera sua.

Giovan Maria, figlio del precedente, in giovine età ebbe la carica di avvocato fiscale generale e patrimoniale regio nel principato di Oneglia, nel 1635: dipoi Carlo Emanuele II lo nominò prefetto e governatore di Oneglia nel 1649, e lo chiamò nel 1657 a Torino in qualità di consigliere ed avvocato patrimoniale generale dei principi Maurizio, Emanuel Filiberto ed Eugenio di Savoia. Nel 1670 ricevette l'investitura della giurisdizione del feudo di San Sebastiano (presso Casalborgone), e fu anche decurione di prima classe di Torino.

Il conte Nicolò, figliuolo del precedente, fu dottore in ambe leggi, ed eletto dal duca Carlo Emanuele II a sostenere la carica di suo inviato presso i Cantoni svizzeri. Egli compì con tanto zelo e sagacità tale missione, che venne poi spedito ministro a Roma ed a Napoli, e fu decorato dell'ordine e dell'abito dei ss. Maurizio e Lazzaro. Nel 1676 ebbe la nomina a consigliere e senatore ordinario per sedere nella Camera dei Conti; e nel 1682 fu creato consigliere di Stato.

Il figlio di lui, Francesco Antonio, pure laureato in leggi, fu nominato consigliere e senatore per la R. Camera dei Conti nel 1709, e consigliere ed assessore nel Consiglio presidiale di Madama Reale. Fu intendente generale della città e provincia di Casale e poi auditore di guerra nel 1715 e finalmente nel 1723 referendario e consigliere nel Consiglio dei memoriali. Ebbe varî figliuoli, il secondogenito dei quali fu quel Giambattista Luigi già sovra menzionato, che nel 1772 ebbe in titolo e dignità il feudo di Rossana.

Questo Giambattista Luigi abbracciò la professione delle armi e si segnalò combattendo contro i Francesi, per modo da meritarsi

(1) CASALIS, *Dizionario geog.-stor.-statist.-comm. degli Stati di S. M. il Re di Sardegna*, XVI. 616 segg., Torino, 1847.

sul campo di battaglia la croce di Savoia. Fu promosso tenente colonnello nel 1795, ed alla pace del 1796 fu destinato a maggiore in primo nella cittadella di Torino.

Per amore al suo sovrano ricusò di prender servizio durante il governo francese, ma all'epoca della Ristorazione politica (1814) ebbe il comando della cittadella di Torino e fu promosso a maggior generale nel 1815.

Andò a riposo nel 1821 e gli fu conferita la gran croce dei ss. Maurizio e Lazzaro e l'eminente carica di Gran Tesoriere dell'Ordine stesso. Lasciò tre figli: il conte Paolino ed i cavalieri Camillo e Vittorio.

Il cavaliere Camillo giunse al grado di maggior generale ed a quello di capo dello Stato maggiore in Genova: fu successivamente generale d'armi e governatore in Sardegna. Messo in aspettativa per suo desiderio, si adoperò con zelo nell'amministrazione di opere pie.

Il cavaliere Vittorio fece le ultime campagne di Francia e giunse egli pure al grado di maggior generale di cavalleria.

S. E. il conte Paolino Luigi Gazelli di Rossana e di San Sebastiano, nato nel 1782, era entrato nelle R. truppe di cavalleria, ma dopo la battaglia di Marenco lasciò il servizio militare, augurando il pronto ritorno dei sovrani di Savoia, e quando nel 1814 avvenne la Ristorazione, rientrò nel ristabilito reggimento di Savoia-cavalleria col grado di luogotenente: poco dopo fu promosso a capitano. Ma la Reale Famiglia che, a pieno conosceva la specchiata virtù di lui, lo destinò nel 1818 a maggiordomo della corte del duca del Genevese; e nello stesso anno fu eletto a membro del corpo decurionale di Torino.

Quando il duca del Genevese salì al trono col nome di re Carlo Felice, lo nominò suo mastro delle cerimonie ed introduttore degli ambasciatori; e ben vedendo che poteva adoperare la virtù ed il senno del conte Gazelli, non solo in servizio della Corte, ma eziandio a vantaggio dello Stato, lo elesse a membro del Magistrato della Riforma degli Studi e gli conferì la carica di Tesoriere in secondo dell'Ordine Supremo dell'Annunziata.

Il re Carlo Alberto, riputandolo degno di più grandi ricompenze, lo promosse alla carica di Gran Mastro di cerimonie e gli diede facoltà di rappresentare presso l'Ateneo di Torino il Presidente-capo, come anche di farne le veci, ed innalzollo quindi alla dignità di Presidente. Più tardi il Re lo elevava alla dignità di Grande di Corona e destinavalo poco dopo a consigliere e Gran Conservatore in secondo dell'Ordine Mauriziano. Quindi lo creava Gran Tesoriere dello stesso Ordine, carica che tornava tanto più gradita al conte Paolino in quanto era già stata meritamente occupata dal padre suo.

Il corpo decurionale di Torino lo elesse sindaco di prima classe a publica testimonianza del grandissimo conto in cui lo teneva.

Sposò nel 1806 la nobile Giuseppina Francesca Brucco di Ceresole, ultimo rampollo di eccelso lignaggio; e da questo matrimonio ebbe cinque figli, che nelle diverse professioni abbracciate si mostrarono veri eredi delle virtù e del senno rarissimo che tanto risplendettero nell'inclito suo padre.

Nella seconda metà del secolo XVIII un Ludovico della famiglia Gazelli fu canonico ed arcidiacono della Cattedrale di Torino, e tenuto in grandissima stima. Un altro della stessa famiglia abbracciò pure la professione ecclesiastica: vestì l'abito dei Teatini, e per gli alti suoi meriti divenne Generale dell'Ordine suo a Roma.

Un altro cavaliere Giovanni Giuseppe Maria Gazelli, pugnando valorosamente sul Tidone, venne insignito della croce mauriziana, e fu quindi promosso al grado di colonnello brigadiere di cavalleria; infine ebbe il comando della città e provincia di Vercelli (1).

Il conte Callisto Gazelli, che sposò, come ho già detto, la contessa Francesca Cotti di Scurzolengo e di Ceres, ebbe da questo matrimonio tre maschi e due femmine: la contessa Lidia (sposata al conte Eugenio della Chiesa di Cervignasco e di Trivero) ed Angelica Augusta (sposata al conte Federico Giuseppe Claretta); il conte Alberto, ed i cavalieri Marco ed Augusto, tutti tre dottori in leggi (2).

---

(1) CASALIS, *Op. cit.*, XVI, 621 segg.

(2) I discendenti del conte Callisto formano il ramo primogenito della prosapia, con i titoli di conti di Rossana e signori di San Sebastiano e di

La torre ed il palazzo nobile esistenti in via Sella, già dei conti Cotti di Scurzolengo e di Ceres, passò per divisione al predetto signor cav. Marco Gazelli di Rossana, consigliere comunale di Asti dall'anno 1879.

Nella ristaurazione che egli ha testè fatta alla facciata del palazzo, per rinnovare le tinteggiature e le coloriture, fu scoperta nel muro di facciata della torre, al piano della strada, una portina alta m. 2.35 e larga m. 1.00 certamente coeva della torre. Il bellissimo arco ogivale, a mattoni alternati col tufo locale, fu lasciato scoperto come ricordo dell'antichissima costruzione della torre, ed io ne do lode sincerissima al nobile proprietario. Altre simili portine esistono a sinistra dell'attuale portone padronale, ma sono ora ricoperte dall'intonaco.

La FIGURA 26 riproduce il palazzo Cotti ristaurato sul disegno di Benedetto Alfieri, e la torre come si trova attualmente.

La FIGURA 27 dà l'aspetto primitivo della torre all'epoca della sua costruzione e nei secoli successivi.

Questa torre, detta dei Ponte, era certamente una delle più forti e solide della città nostra, e la sua costruzione risale alla seconda metà del secolo XIII. — Fu abbassata all'altezza attuale sul finire del secolo XVII.

Essa torre ha base quadrata, con una larghezza esterna di m. 8.10 di lato, ed una larghezza interna di m. 5.65, con muri perimetrali di m. 1.60 di spessore; la qual grossezza spiega la notevole altezza di circa m. 36 che la torre aveva in origine.

Altre case avevano i Cotti nella nostra città: alcune, di poca importanza, in via Maestra, sotto la parrocchia del *Santo*; altre in via Testa, angolo via Milliavacca (appartenente in questi ultimi anni alla famiglia Beauregard), le quali ebbero in successione dallo zio canonico della Cattedrale Pietro Antonio Cotti, figlio del vassallo Niccolò Cotti di Scurzolengo; e tutto l'isolato detto di sant'Anastasio, il quale, nella prima metà dello scorso secolo, fu dal conte Federico Cotti ceduto al Municipio d'Asti per un prezzo eccezionalmente infimo.

Selve; il ramo secondogenito, discendente dal conte Maria Augusto Gazelli-Brucco, porta i titoli di conti di Ceresole e di Pralormo, dei conti di Rossana e dei signori di San Sebastiano e di Selve.

(Fig. 27) Torre Ponte di Lombriasco e Torre Roero di Cortanze,
secondo il loro aspetto primitivo (in via Sella, angolo via san Martino).

.•.
•.•

TORRE ROERO DI CORTANZE. — La parte destra della FIGURA
26 anzidetta riproduce la fronte nord dei due piani superstiti di
un'altra torre esistente sull'angolo di via Sella con via san
Martino, dirimpetto alla precedente torre Ponte, detta anche
dei Cotti di Ceres; ed era in origine, alta circa m. 35.

La base esterna di questa torre misura m. 7.45 di larghezza
per m. 7.50 di lunghezza. Il vuoto interno, alla base, è di m 4.70
per m. 5.00, ed i muri misurano una grossezza di m. 1.34.

Questa era senza dubbio una delle più belle ed eleganti torri
astigiane, come d'altronde erano tutte le torri dei Rotarii, o
Roeri; giacchè questa apparteneva appunto al ramo di Cortanze
di quella antichissima e potente prosapia.

Le belle finestre bifore e gli ornamenti degli stipiti interni
e degli archi accennano chiaramente all'epoca della erezione
della torre, la quale epoca deve essere probabilmente anteriore
al 1250, e cioè della prima metà del secolo XIII o della fine
del secolo precedente.

La FIGURA 27 rappresenta l'aspetto primitivo della torre
Roero di Cortanze, come era nel secolo XIII e nei susseguenti,
fino a che nel secolo XVIII si sentì l'opportunità o la necces-
sità di abbassarla a quell'altezza cui è ora ridotta.

Tutto il lato nord dell'isolato che da via san Martino va a
via Roero apparteneva alla stessa famiglia dei Roero di Cortanze; ma su questo lato non vi era alcun ingresso. Entrate
rustiche erano in via san Martino, dove sorgeva la casa-forte
di cui si vede tuttora un bellissimo avanzo (FIGURA 28): gli
ingressi nobili erano in via Roero, e parlerò dei rispettivi palazzi quando percorrerò quest'ultima strada.

.•.
•.•

PALAZZO CACHERANO DELLA ROCCA, già ROERO DI MONTICELLO.
— Proseguendo la via Sella, al di là di via Roero, sull'angolo
destro esistevano una torre ed una torrina appartenenti al palazzo dei Cacherano della Rocca, già dei Roero di Monticello e

(FIG. 28) Casa-forte ed avanzi della torre dei Roero di Cortanze,
in via san Martino, angolo via Sella.

e di Piea (ora Mussi-Isnardi), di cui la fronte principale era in
via Roero: di esso parlerò quando discorrerò di questa.

PALAZZO BUSCA DEL MANGO. — Successivamente, pure dal lato
destro, si incontra il palazzo dei marchesi Busca del Mango e
di Neviglie (ora Parigi), e ne parlerò percorrendo la *via Malabayla*, giacchè in questa via esso aveva il suo ingresso nobile.

. .

PALAZZO FACELLI DI CORTANDONE. — Poco prima di giungere
alla piazza Ventiquattro aprile (già del Carmine), a sinistra,

dirimpetto al palazzo Parigi (già Busca del Mango), si incontrano i resti di un antico palazzo nobile; e nella prima metà del secolo scorso si vedevano ancora segni notevoli della sua vetustà tanto all'interno quanto all'esterno.

Apparteneva esso alla famiglia dei Facelli di Cortandone (1), e sul principio del secolo scorso era del signor Carlo Francesco Rossi.

Ultimamente era del signor banchiere cav. Giovanni Berruti, il padre del quale, nel giardino di levante annesso al palazzo, stabilì i Bagni che portano tuttora il suo nome.

Attualmente il palazzo, per la morte del cav. Berruti predetto avvenuta lo scorso anno 1905, passò in eredità all'Ospedale Infermi di questa città.

20.

In piazza Ventiquattro Aprile (2) (già detta del CARMINE)

Veramente non dovrebbe prendere il nome di piazza, essendo essa unicamente la continuazione della via Sella; giacchè il largo che costituisce ciò che effettivamente sarebbe propriamente piazza era anticamente occupato dalla chiesa del Carmine, soppressa sul principio del secolo scorso. La parte che tuttora costituisce la piazza (già sedime della chiesa del Carmine) è annessa al Quartiere detto appunto « del Carmine » (3), e vi

---

(1) I Facelli avevano in feudo Cortandone e Monale con titolo comitale, e facevano per arma: D'azzurro, ad una fiamma al naturale nella campagna dello scudo, sormontata da tre stelle d'argento male ordinate. *Cimiero*: Un puttino d'argento. *Motto*: TENDENT AD SIDERA FACIES.

(2) Questa denominazione dovrebbe essere corretta in *Venticinque Aprile*, essendo il 25 aprile il giorno che si volle ricordare ad onore del nostro concittadino comandante Umberto Cagni.

(3) Con provvedimento in data 14 agosto 1905 dell'on. E. Pedotti, ministro della guerra, l'attuale caserma detta « del Carmine » venne denominata « *Caserma Carlo Emanuele I* ».

Le guerre combattute dal duca di Savoia Carlo Emanuele I contro gli Spagnuoli presso Asti diedero origine al famoso trattato d'Asti conchiuso nella Certosa il 21 giugno 1615, e fecero risplendere la fama ed il valore di Carlo Emanuele. Questi, in tale impresa, ebbe due cavalli uccisi sotto

stava assai bene davanti, fino a questi ultimi anni, in cui detto sedime, per essere proprietà privata, fu ridotto a giardino, continuando ciò nullameno ad essere di pertinenza del Quartiere medesimo.

Riteniamo adunque che a questo prolungamento di via Sella possa conservarsi il nome di piazza (1): su di essa, appena cessata la via Sella, in attiguità della casa Parigi, dirimpetto al vicolo Camilla Scarampi che discende verso il quartiere di San Giuseppe, si innalzava l'antico palazzo dei Cacherano, protendentesi fino alla via Malabayla verso l'imbocco di via Asinari. Appartiene ora al generale comm. g. u. Manfredo Cagni, come a questo appartiene altresì il successivo attiguo palazzo rimodernato che all'esterno non palesa più alcun che di antico: nell'interno, per altro, vi sono tuttora traccie della sua antica costruzione. Nei tempi medievali quest'ultimo era della nobile famiglia Bolla (2).

---

di sè, e combatté da prode soldato più di un'ora, a piedi, colla picca in mano, alla testa della sua fanteria. Per l'eco immensa ch'ebbero i fatti di Asti presso i contemporanei vedi GABOTTO, *Per la storia della poesia civile al tempo di Carlo Emanuele: la politica antispagnuola*, pp. 11 segg., Roma, 1894 (estr. dai *Rendic. R. Accad. Lincei*), e RUA, *Per la libertà d'Italia: pagine di letteratura politica del Seicento*, pp. 108 segg., Torino (Reggio Emilia), 1905.

Fin dal 1901 il Comune, in occasione della formazione del nuovo censimento, intitolò all'eroe sabaudo una delle sue vie nuove, quella aperta nei recenti sbocchi a nord, la quale da via Morelli va ad immettersi in via Arò, passando fuori delle vecchie mura, presso le quali ebbe luogo il combattimento che diede tanta fama al duca di Savoia.

(1) A questa piazza fu dato qualche anno addietro dal Consiglio comunale il nome di Piazza Ventiquattro Aprile, per ricordare l'intrepida impresa di S. A. R. il duca degli Abruzzi, Luigi di Savoia, di esplorare le regioni del Polo Nord. Principale coadiutore del principe sabaudo fu il comandante Umberto Cagni, astigiano, il quale il 25 aprile dell'anno 1900 toccò l'estrema latitudine nord di 86° 34' finora non mai raggiunta da altri esploratori. Umberto Cagni, figlio secondogenito del generale Manfredo, nacque appunto il 24 febbraio 1863 nell'avito palazzo prospiciente su detta piazza.

(2) I Bolla facevano per arma: Una banda d'oro in campo rosso accompagnata da due stelle dello stesso.

Parecchi di questa illustre schiatta dei Bolla soggiacquero all'ira di Federico Barbarossa nel 1162.

Estintasi la linea maschile del Bolla, il palazzo passò poi per via di donna alla nobile famiglia astigiana Casasco-Asinari di Gresy.

21.

In via Bonzanigo

(già contrada del CAGNASSO e poi via della CAMPANA)

Al tempo della dominazione francese questa via venne denominata *de la cloche*, a motivo che in essa era stabilito, alla destra (cioè nella casa del signor Vercelli Antonio, già palazzo della famiglia nobile dei Natta, il quale, insieme con il palazzo susseguente pure dei Natta e poi dell'avv. Giacinto Pallieri, si protendeva fino alla via Sella), l'albergo di tal nome, cioè *della Campana*. Anteriormente a questa denominazione si chiamava *contrada del Cagnasso*.

PALAZZI DEI NATTA. — Gli antichi palazzi dei Natta occupavano, oltrechè tutta la fronte est della piazza d'Erbe, o Statuto, dove fino a questi ultimi anni fu l'albergo *del Moro*, anche gli imbocchi delle vie Sella e Bonzanigo, riuniti fra di loro, come già si è detto, mediante un portichetto, sotto il quale si transitava per accedere dalla piazza d'Erbe alla via Bonzanigo.

CASEGGIATO DEL SOPPRESSO CONVENTO DI SANT'AGOSTINO, già PALAZZO ALFIERI. — Dirimpetto allo sbocco di via Balbo, fino al risvolto di via Solari, e da questa fino alla via Monte di Pietà, è il vasto caseggiato costituente già il convento di sant'Agostino, costrutto sulle primitive case della famiglia Alfieri. Dal principio del secolo XIX fino a questi ultimi anni appartenne alla famiglia Tinelli.

Leonardo Bolla era capitano dei fanti astigiani nella crociata del 1214. Ottone nel 1225 e Giacomino nel 1276 furono in Asti consiglieri della patria. Così Giacomo nel 1290.

I Bolla furono anche signori di Osasio (Pinerolo), dei quali un Giacomo fu vescovo di Betlemme nel 1445. Questo nobile casato si trasferì poi da Asti in Chieri, dove visse con grande nobiltà. Un ramo di questa famiglia si ridusse anche in Poirino, allorquando passò in potere di principi stranieri. Alcuni dei Bolla erano nel 1530 consiglieri di Montaldo.

22.

In via Cotti-Ceres

(già contrada della CAMPANA o del CAGNASSO).

Questo breve tratto di strada era la prosecuzione della via della *Campana*, già del *Cagnasso*. Fu intitolato nel 1873 dal nome della famiglia Cotti di Ceres e Scurzolengo in omaggio delle benemerenze di qualche membro di essa verso la città natale.

PALAZZI.....FASOLIS. — L'una dirimpetto all'altra, esistono due case appartenenti sul principio del secolo XIX alla famiglia Fasolis. Quella di destra, ora dei fratelli Giordano, aveva ancora recentemente un aspetto forte ed antico: era del canonico Pietro Paolo Maria Fasolis, tra quella d'angolo verso via Solari, dell'avv. Eugenio Montersino d'allora, e le case rustiche dei Cotti-Ceres e di Scurzolengo, dall'altro lato. La casa di sinistra era forse molto più antica, ed aveva il suo ingresso principale dall'opposta via Venti Settembre (già del Monte di Pietà). Appartiene ora al mercante signor Tedaldi, e sul principio del secolo XIX ne era possessore il signor Filippo Fasolis.

Nel 1531 sulla facciata di detta casa fu fatto dipingere un affresco rappresentante Maria Vergine, san Sebastiano, san Rocco ed altri santi. Tale dipinto, che portava la data di detto anno 1531, fu eseguito senza dubbio per ricordare qualche pestilenza avvenuta in quell'epoca od in quel turno. È noto, di fatto, che nell'anno 1527 fu tanta la strage prodotta dalla pestilenza che la campagna era deserta, ed i lupi venivano nelle strade a mangiar i cadaveri lasciativi insepolti (1).

23.

In via Ottolenghi (già contrada di SAN BERNARDINO).

Dopoché sulla presente piazza Roma venne edificato il convento di san Bernardino *intra muros* (nell'anno 1545), l'attuale

(1) GABIANI, *Notizie sulla Ferrazza*, p. 124,

via Ottolenghi prese il nome appunto di via san Bernardino, a cui fu sostituita la denominazione di Via Ottolenghi nel 1895 allorquando il civico Consiglio in sua seduta del 28 settembre decretò « *la patria benemerenza degli Ottolenghi fu Zaccaria* », mandando « *inscrivere nel libro aureo del Comune il loro illustre nome* » e a denominare via Ottolenghi quella di san Bernardino.

Per questa breve via poco havvi a dire. Dal lato sinistro, procedendo da via Maestra, al di là della chiesa israelitica, esisteva una casa veramente antica, che a metà della sua altezza aveva una bellissima fascia di laterizi sagomati, presso a poco simile a quella che si ammira tuttora nella casa già Zoppi-Bruno, ora Raggio, in via Venti settembre (FIGURA 3).

Il cronista abate Incisa asserisce che questa casa apparteneva all'antica famiglia Icardi, della quale non ho notizie particolareggiate (1).

***

PALAZZO GARDINI. — Altro palazzo che era certamente di origine antica è quello che termina a destra la via Ottolenghi.

Esso, con il resto delle case che formano l'isolato, apparteneva nei mezzi tempi ai nobili Gardini; e sul principio del XIX secolo era del Rizzola.

24.

In piazza Roma (già piazza dei COMENTINI

e dei GARDINI — piazza di SAN BERNARDINO,

piazza del TEATRO VECCHIO).

Fino all'anno 1591 la presente piazza Roma era ingombra di casupole che naturalmente la rendevano poco adatta ad uso di

---

(1) Nel civico Museo archeologico situato nel palazzo Alfieri, si conserva una lapida in marmo bianco, con stemma vescovile ed iscrizione latina relativa ad una cappella eretta da Giovanni Icardi ed ampliata da Francesco Bernardino Icardi, vicario generale capitolare nel 1721.

Un Francesco Bernardino Icardi, dottore collegiato d'ambe leggi, protonotario apostolico e canonico cantore della Cattedrale, era vicario generale di monsignor Giovanni Todone, che fu vescovo d'Asti dal 1727 al 1739. Nel 1733 stampò in Asti dal tip. Zangrandi un volumetto contenente le *Regole da osservarsi dai Chierici del Seminario d'Asti* (v. GABIANI, *La chiesa ed il Convento di san Bernardino in Asti*, p. 35).

piazza. In detto anno i Frati Minori Osservanti detti di *san Bernardino*, che, come è noto, avevano il loro convento e la loro chiesa *(intra muros)* prospicienti sulla piazza stessa — dal lato cioè dove nel 1898 venne ampliata con l'abbattimento del Teatro (detto *Vecchio*, e costrutto sul sedime della chiesa di san Bernardino) e riedificata in parte con il presente palazzo del senatore marchese Luigi Medici del Vascello —, comprarono parte di quelle casupole e le demolirono per eseguire una prima ampliazione della piazza davanti all'ingresso della loro chiesa (1).

Tale piazza, già chiamata *dei Comentini*, fu poi denominata *gardina, o dei Gardini* (2), dalla potente famiglia astigiana che

---

(1) Nell'anno 1797 venne trasportato su questa piazza il mercato della frutta, cominciando dal 15 luglio (giorno di sabato).

Il mercato del pollame e delle uova, che si fa pure su questa piazza, pare sia stato in essa stabilito nel 1830, in occasione del nuovo ampliamento della piazza.

(2) I Gardini erano signori di Mongardino e facevano per arma: D'oro a tre colonne d'azzurro, in tre pali, ciascuna sormontata in capo da una stella dello stesso.

I più antichi di questa cospicua casata risalgono ai tempi di Federico Barbarossa, da cui ottennero cariche ed onori.

Da essi discesero gli altri personaggi che si resero preclari nei secoli avvenire.

Robaldo Gardino fu console di Asti nel 1148 ed uno dei tre eletti dal Barbarossa a governarla nel 1159, secondo la tradizione; Niccolò, console del Comune nel 1196; Vermo, o Guglielmo, uno dei tre ambasciatori mandati a conchiudere la tregua tra il marchese di Monferrato e le città di Asti, Vercelli ed Alessandria nel 1199; Marco, consigliere nel 1204. Un altro Robaldo fu deputato nel 1214 a ricevere la fedeltà degli uomini di Masio; un altro Vermo, ambasciatore ai Milanesi nel 1227. Guglielmo, dottor di leggi, giurò una tregua col re Carlo di Napoli nel 1266, e nel 1280 fu uno dei quattro nobili incaricati di contrarre un imprestito di 35 mila lire dai Genovesi per redimere i prigionieri che erano in Provenza; finalmente fu podestà di Genova nel 1292. Un terzo Robaldo figura come credendario in una pace tra Asti ed Alba nel 1276.

I Gardini erano ghibellini; epperciò, come tali, seguirono i De Castello quando questi nel 1304 furono dai Solari cacciati dalla città. Allorchè nel 1339 la parte dei Solari, cioè dei guelfi, fu definitivamente abbattuta, i Gardini ritornarono a stabilirsi in città. Francesco fu rettore della nuova società nobile e cavalleresca nell'anno 1340, e Catalano era consigliere d'ospizio nell'anno 1374.

I Gardini permasero in Asti fino al 1451, nel qual'anno si trasferirono

aveva il suo palazzo e le sue case-forti nell'isolato che fronteggia la piazza dal lato di mezzogiorno; e conservò quella denominazione probabilmente fino al 1545, quando i frati di san Bernardino vennero a trasferirsi quivi nella loro nuova dimora. Da quell'epoca prese il nome di piazza di *san Bernardino*, che tenne fin verso il principio del secolo scorso, in cui venne denominata del *Teatro Vecchio*. Dal 1895, per deliberazione del Consiglio comunale, ha preso il nome di Piazza Roma.

Un secondo ampliamento della piazza venne poi eseguito nell'anno 1830 a cura ed a spese del Comune, che espropriò e demolì le casette che ancora ne ingombravano il suolo.

L'ultimo ampliamento venne iniziato nel 1897 e compiuto nel 1898 per la liberalità e generosità del benemerito cittadino conte Leonetto Ottolenghi, che fece abbellire la piazza designata col nome dell'eterna città di Roma, capitale d'Italia, sì e come presentemente si ammira, con nel mezzo il bel monumento dallo stesso conte Ottolenghi ideato ed eretto a ricordare l'Unità e l'Indipendenza d'Italia.

TORRE E PALAZZO DEI GARDINI. — Le case dei Gardini erano quelle ora possedute dal signor Artom Abramo e dal signor Orio Benvenuto dal lato sud della piazza, e che si protendono fin nella sottostante via Aliberti.

Dalla metà del secolo XV, in cui i Gardini si trasferirono in Provenza, le loro case ebbero molti possessori.

Si vede tuttora un bell'avanzo delle antiche case dei Gardini nella porzione prospiciente verso via Aliberti e verso via Balbo, dove adesso è il macello del signor Vittorio Manara. Questa costruzione era una casa-forte, edificata nella seconda metà del secolo XIII, a giudicarne dalle finestre ogivali tuttora visibili e dalla struttura murale.

Queste case dei Gardini erano munite di una torre che si innalzava sull'angolo della piazza con la via Balbo. Non se ne vede più alcuna traccia, perchè l'edificio attuale è posteriore alla demolizione della torre.

---

in Provenza in persona di Giorgio, mastro di casa e gentiluomo di Renato re di Napoli. Un altro Francesco andò nel 1450 a stabilirsi sul territorio di Cherasco e diede origine al ramo dei Gardini di Vigone.

Il prospetto principale e l'entrata di quest'antico palazzo dei Gardini erano a nord, cioè sulla piazza omonima.

Nel 1815 l'ingresso era nella via detta *dei Macelli*, ora via Balbo. Quest'antico palazzo pervenne sul principio dello scorso secolo alla contessa Alfieri di Castagnole, che lo diede in dote all'Opera delle fanciulle povere, sotto il nome di Opera Caissotti, (dal vescovo di questo nome che lo istituì), la quale non molto dopo lo alienò, pervenendo così agli attuali possessori.

Le case dei Gardini servivano come punto fisso a dividere la città in due parti, come lo provano i Capitoli e gli Statuti della Società nobile e cavalleresca della città d'Asti, composti ed ordinati nel 1339, mediante i quali la predetta società si divideva in due parti, vale a dire « che i membri d'essa abitanti al di là della casa dei Gardini stieno da una parte, e gli abitanti al di qua dall'altra ». Inoltre, i quattro rettori della stessa società dovevano eleggersi in guisa « che due di loro abitino dalla casa dei Gardini in su, e due da quella casa in giù (1) ».

.·.

PALAZZO DEI COMENTINI. — In principio di questo capitolo ho detto che la piazza Roma, già *Gardina*, si chiamava anche piazza dei *Comentini*. È probabile che questa denominazione abbia durato fin verso il 1381, nel quale anno sulle case dei Comentini si fondarono il monastero e la chiesa di santa Clara detta di santa Caterina.

A quanto pare, i Comentini erano di origine più antica dei Gardini (alcuni, anzi, li vogliono di origine romana), e le loro case, così quelle situate in via Cavour e in piazza del *Santo*, come le altre stabilite in piazza Roma, erano perciò di costruzione romanica o lombarda.

Queste ultime sorgevano dove fino al 1897 si vedeva ancora in piedi il Teatro (detto *Vecchio* per distinguerlo da quello nuovo, intitolato dal nome del grande trageda astigiano Vittorio Alfieri).

Come già dissi a suo luogo, per ragioni dotali e di successione

(1) GRASSI, *Storia della città d'Asti*, II, 29.

la famiglia dei Roero ebbe l'eredità della famiglia Di Comentina estintasi assai presto; e come il ramo dei Roero di Settime ritenne fino a questi ultimi tempi nell'ex feudo di Settime una possessione denominata *la Comentina* (perchè i Comentini erano stati alla loro volta feudatari del luogo di Settime), così è assai supponibile che le case su cui sorsero prima il convento e la chiesa di santa Clara detta di santa Caterina, e poi il convento e la chiesa di san Bernardino, fossero toccate in successione al ramo dei Roero di san Severino e di Sciolze, che più tardi ne avrebbe fatta la dismissione alla nobil donna Emilia vedova di Rosonino Asinari, fondatrice nel 1381 del convento e della chiesa di santa Clara predetta.

Da quest'epoca, scomparse le case dei Comentini, parrebbe che la piazza prendesse nome dai Gardini, che, come dissi poco più sopra, al pari dei Comentini avevano le loro abitazioni prospicienti sulla piazza anzidetta.

25.

In via Balbo (già contrada DEI MACELLI,

dalla piazza Roma alla via Bonzanigo).

Durante il governo francese la via Balbo aveva nome *Rue des Boucheries*. Anteriormente, da parecchio tempo le bestie da macello, bovine ed ovine, si macellavano da chiunque in qualunque luogo della città; ma l'amministrazione comunale, volendo disciplinare meglio il servizio della macelleria, deliberò nel 1807 di adibire a tale intento i locali del soppresso convento di san Bernardino per i macelli cosidetti di carne gentile (vitelli, agnelli e montoni), ed una parte del fabbricato dell'ospedale di Carità, verso via Morelli, per i macelli di carne grossa (buoi e vacche).

I macelli così trasferiti incominciarono a funzionare il 1 gennaio 1808, ed a quest'epoca risale indubbiamente la denominazione di via dei Macelli alla presente via Balbo da piazza Roma fino all'incontro di via Bonzanigo.

***

PALAZZO DEI GARDINI. — È quello di cui si è parlato nel precedente paragrafo, e che era prospiciente al convento dei Minori Osservanti di san Bernardino (ora Gastaldi cav. Giovanni), fino all'incontro di via Aliberti, detta già contrada del *Trincotto*.

***

PALAZZO DEI LEONI, O DEI PARATI. — Dalla stessa parte sinistra, venendo da piazza Statuto, si incontra, sull'angolo con la via Garretti, un palazzo veramente vetusto che porta sull'angolo nord-ovest, all'altezza di circa tre metri, incastrata una pietra con un leone in piedi scolpito sulle due faccie di essa. Parrebbe doversi attribuire a qualcuno delle antiche famiglie dei Leoni, o dei Parati, a quanto afferma il cronista abate Stefano Incisa, il quale avrebbe visto, nei chiostri del convento di san Francesco dei Minori Conventuali, in via Brofferio, ora demolito, un'arma quasi simile a quella dianzi dedescritta, e che portava per motto: *ad omnia paratus*.

Nella mia monografia *Intorno alla Chiesa di san Francesco in Asti* (1) ho trascritto tutte le iscrizioni, tutti gli stemmi, tutti i motti copiati dal vero da Gio. Pietro Boatteri (2) pochi anni prima che la chiesa ed il convento di san Francesco venissero demoliti: ma nella copia del Boatteri il motto superior-

_____

(1) Negli *Atti della Società d'Archeologia e Belle Arti per la provincia di Torino*, vol. V, Torino, 1894.

(2) Era nato in Asti il 1 Giugno 1747 e vi morì il 1 aprile 1807. Fu un appassionato raccoglitore di ogni patria memoria. Raccolse tutte le iscrizioni sopra le lapidi esistenti a' suoi tempi in Asti; ordinò una serie cronologica dei vescovi d'Asti, servendosi di un manoscritto di Sebastiano Provenzale, di cui fu esecutore testamentario; scrisse le *Memorie storiche del B. Enrico dei Comentini*; raccolse molte notizie intorno alle chiese ed ai conventi, ed in un apposito diario registrò tutti gli avvenimenti un po' curiosi accaduti in Asti. Dopo la sua morte, le sue carte furono cedute dal figlio sacerdote Giov. Battista all'abate Sotteri, allora rettore del convitto scolastico in Asti, raccoglitore egli pure di cose rare; e, quando il Sotteri alla sua volta venne a morire, i documenti e le memorie di lui furono acquistate in gran parte dalla R. Deputazione di Storia Patria di Torino e dal comm. abate G. B. Adriani di Cherasco, morto in questi ultimi mesi.

mente riferito non figura in alcun modo. Comunque, io do la notizia tal quale fu scritta dall'Incisa soggiungendo che non ho potuto riunire alcun ragguaglio intorno alla famiglia dei Leoni nè a quella dei Parati, oltre ciò che di questa è detto a pag. 71.

Detta casa, che nel 1810 era del signor Giuseppe Piano, appartiene ora alla signora Andreoli Maria vedova di Giuseppe Moretti.

.·.

Dalla via Sella alla via Bonzanigo esisteva qualche palazzo nobile, particolarmente dal lato destro, dove è il palazzo dell'avv. Giovanni Bussa (già Dettoni); ma questo venne, sul principio del secolo scorso, completamente ricostrutto sulle rovine di precedenti costruzioni moderne, il che fece disperdere qualsiasi traccia delle più antiche costruzioni.

26.

In via Solari (già contrada SAN FRANCESCO).

Al di là della via Bonzanigo, e precisamente all'estremità ovest dove questa finisce, incomincia la via Solari, così denominata perchè essa passa avanti ai luoghi dov'erano le case di questa potentissima ed antichissima famiglia astigiana.

A sinistra, entrando, si incontra subito il fianco ovest del grande caseggiato dell'ex convento di sant'Agostino, il quale toccava le tre vie Bonzanigo, Solari e Venti Settembre, fino alla chiesa di detto santo verso quest'ultima via. Convento e chiesa erano stati edificati sulle case degli Alfieri, che avevano quivi le loro abitazioni prima che possedessero il palazzo dove poi, alcuni secoli dopo, nacque il grande trageda Vittorio.

.·.

PALAZZO....GALLI, O GALLETTI. — Di fronte al braccio ovest dell'ex-convento di sant'Agostino è un antichissima casa, presentemente del signor Saletta, che l'Incisa opina possa essere stata della famiglia Galli, o Galletti, desumendo questa sua congettura da una pietra che era infissa sull'angolo nord-est, verso via Cotti-Ceres, all'altezza di circa metri tre, portante nelle due faccie un gallo in piedi. È probabile che in tempi più antichi la casa fosse dei Solari.

Sul principio del secolo XIX la predetta casa apparteneva al signor Francesco Silvano.

∴

PALAZZI SOLARI E ASINARI. — Proseguendo per la stessa via, al di là della traversa di via Venti Settembre (già via del Monte di Pietà o via Carrera), dove termina la parte più antica della presente casa Varvello, ergevasi la « *porta mercati* » di cui ho già discorso in principio di questo libro.

Tale porta collegavasi a sinistra con la predetta casa Varvello e a destra con la presente casa Vespa-Tesi; e dell'una appartenente già ai conti Solaro, e dell'altra appartenente agli Asinari, dirò più estesamente quando percorreremo la via Venti Settembre, giacchè in questa strada avevano il loro prospetto e il loro ingresso principale.

∴

Al di là delle due case precedenti termina la via detta dei Solari, sulla via Brofferio, proprio dirimpetto alla bellissima chiesa di san Francesco, annessa al convento dei Francescani Minori Conventuali (1).

La chiesa anzidetta si innalzava, con fronte verso ponente, nel luogo presente dove è la fabbrica da cera del signor Giacomo Solaro: e dinanzi alla fronte di detta chiesa, si stendeva una piazza di discreta ampiezza, dove adesso è l'asilo Anfossi. Il convento era edificato a levante della chiesa, dove fino a pochi anni addietro era impiantata la fabbrica di fiammiferi dei fratelli Boschiero, e dove ora è lo stabilimento bacologico del cav. uff. rag. Giuseppe Solaro.

---

(1) GABIANI, *Intorno alla chiesa di San Francesco in Asti*, p. 9.

27.

In via san Martino (già contrada DEI MORTI

già contrada DEL VALLE — già contrada DELLA LESA)

Questa via fin dai più remoti tempi si chiamava *dei Morti*, perchè tutti i defunti che non appartenevano alla contrada Roero dovevano passare per quella via nell'essere trasportati alla chiesa e venirvi sepolti. Era fatta eccezione per i feretri provenienti dalle case situate in via Roero, poichè per antichissima consuetudine e per privilegio accordato alle nobilissime famiglie dei Roero, o Rotarii, nessuna sepoltura di persone poteva transitare per essa via; il quale privilegio si è sempre fatto osservare fino a questi ultimi tempi.

Il nome di *contrada dei Morti* dura tuttora presso il popolo, per quanto sia andata in disuso la consuetudine di far passare per essa il trasporto dei feretri anzichè per la vicina via Roero.

Nel secolo XVII la via di san Martino veniva chiamata « *strada del Valle* », forse perchè l'isolato intercedente fra le vie Garretti e Sella apparteneva alla famiglia Valle, e tali designazioni appaiono in un tipo planimetrico esistente nell'archivio della chiesa parrochiale di san Martino.

Fin dal principio del secolo XVIII, per altro, tale strada denominavasi già « *contrada della Lesa* », ed il nome le venne da un publico divertimento che vi si era stabilito, e cioè di « sceligare nell'inverno sopra una lesa sul ghiaccio che si conservava a bella posta in questa contrada ». Tale divertimento fu poi proibito nel 1734 a motivo degli inconvenienti cui dava luogo (1); ma il nome perdurò fino al sopraggiungere della dominazione francese, durante la quale fu chiamata via Paolina (*rue Pauline*) dal nome della sorella del Buonaparte moglie del principe Camillo Borghese.

Nel 1814, dopo la ristorazione sabauda, fu cambiata la denominazione delle vie per togliere i nomi che ricordavano la dominazione francese e che erano stati dati nel 1810; epperciò la via anzidetta fu denominata *strada di san Martino*.

_____

(1) GABIANI, *La chiesa ed il convento di san Bernardino in Asti*, pp. 37 segg.

.*.

PALAZZI ROERO SAN SEVERINO E GABUTI DI BESTAGNO. — Sul principio di questa via. partendo dal Corso Alfieri, si incontrano, a sinistra, il palazzo dei marchesi Roero di Sciolze e di san Severino (ora dell'avv. Giuseppe Matassia Pugliese), e a destra il palazzo dei conti Gabuti di Bestagno (ora dei conti Ottolenghi): e dell'uno e dell'altro già ho parlato trascorrendo la *via Maestra*.

.*.

PALAZZO GUTTUARIO. — Attiguo al palazzo Roero, era il palazzo detto Guttuario, che nel secolo XVII passò in proprietà del convento dei Barnabiti di san Martino, come ho già narrato parlando della *via Aliberti*. Il prospetto di detto palazzo nella via san Martino era splendidamente dipinto: in esso erano state stabilite le publiche scuole secondarie ad istanza del Comune, tenute appunto dai Barnabiti.

Questo palazzo, allorchè pervenne in proprietà dei PP. Barnabiti, fu messo in comunicazione con il vicinissimo convento di san Martino mediante un corridoio sotterraneo, che attraversando la via giunge precisamente nei sotterranei del convento adibiti ora ad uso di cantine. Tale corridoio serve in grande parte per chiavica della via, e ricordo d'averlo io stesso percorso parecchi anni addietro, e d'avervi trovata la comunicazione che mi condusse appunto nelle cantine del convento di san Martino.

.*.

TORRE E PALAZZO DEI CRIVELLI DI LUMELLO. — Di fronte al predetto palazzo Guttuario (ora Pugliese). e cioè dall'angolo della piazza di san Martino fin contro il palazzo Gabuti di Bestagno (ora Ottolenghi), ergevasi il palazzo nobile dei conti Crivelli di Lumello (1). La torre annessa a tale palazzo serve

(1) I Crivelli avevano un altro palazzo nobile con torre in via Maestra sull'angolo della via Asinari, e di esso si è già parlato a pagina 65 del presente libro.

ora di campanile alla vicina chiesa dell'arciconfraternita di san Michele; la qual chiesa ancora nel secolo XVIII aveva il proprio campanile dietro di essa, verso l'interno del palazzo dei conti Ottolenghi.

La torre era di notevole altezza e dalla carta topografica del *Theatrum Statuum Sabaudiae* si rileva che essa nel 1700 era ancora di importanza considerevole e di aspetto leggiadro; e prima che servisse per la chiesa di san Michele, serviva di campanile alla chiesa di san Giuliano eretta sul palazzo anzidetto dei conti Crivelli, come dirò in seguito.

Più tardi fu nuovamente abbassata di qualche piano, fino al livello che si vede tuttora. Misura alla base una pianta di m. 5 di lato, con muri perimetrali della grossezza che varia da m. 1.45 a m. 0.90; il che lascia supporre che negli ultimi tempi uno dei muri perimetrali, e cioè quello verso il presente androne, sia stato tagliato. Del resto, la grossezza originaria dei muri stessi è prova che in costruzione l'altezza di detta torre doveva essere considerevole, e cioè come quella delle torri più ragguardevoli, da m. 34 a m. 37 circa.

Il palazzo Crivelli e la relativa torre costituivano un fabbricato notevole per ampiezza ed altezza, e si comprende come nel 1606 il proprietario conte Luigi Crivelli di Lumello abbia ritenuto assai conveniente l'alienazione che egli ne fece per stabilirvi l'ospedale dei Pellegrini di san Giuliano, come più ampiamente dirò in appresso.

Un ramo della nobilissima famiglia dei Crivelli di Milano era già stabilito in Asti nel secolo XII (1). L'illustre casato astigiano

I Crivelli del Piemonte, conti di Lumello, facevano per arma: Di rosso, al crivello d'oro, col capo d'oro all'aquila di nero coronata dello stesso.

I Crivelli di Lumello discendono dall'illustre ed antichissima famiglia milanese, di cui le prime memorie certe risalgono al secolo XI. Una tradizione vuole anzi che sant'Ansano, arcivescovo di Milano (566-568), appartenesse a questa stirpe. Una delle maggiori glorie di questa casa è di aver dato alla chiesa un pontefice nella persona di Uberto Crivelli, arcivescovo di Milano, poi papa (1185-1187) sotto il nome di Urbano III, celebre per le sue questioni col Barbarossa e per la protezione che egli accordò sempre ai Milanesi suoi concittadini contro l'imperatore.

(1) Rolando Ottobono dei Crivelli di Milano fu credendario d'Asti nel 1163 e quindi console di giustizia; Bonifacio ed Alberto vi furono chiavari, il

dei Crivelli di Lumello succedette anche per via di donne nel marchesato di Canelli agli astesi Scarampi, e tale ramo si estinse verso la fine del secolo XVIII nella marchesa Eleonora Cacherano-Scarampi-Crivelli-Provana, moglie del conte Bernardo Caveretto di Belvedere nobile casato di Moncalieri.

CHIESA ED OSPEDALE DEI PELLEGRINI DI SAN GIULIANO. — Il predetto ospedale con annessa la chiesa di san Giuliano dei Pellegrini è da distinguersi dall'altra chiesa detta pure di san Giuliano, già esistente in fondo della piazza del Carmine — ora Ventiquattro Aprile — dove esiste tuttora la piazzetta detta di san Giulianetto, fatta demolire sul principio del Settecento dal Capitolo della Cattedrale. L'anzidetto ospedale dei Pellegrini era sotto la direzione dell'Arciconfraternita di san Michele. La chiesa venne demolita nel 1791.

Il cronista del tempo, abate Stefano Incisa, così dà la notizia:

« Sebbene questo spedale si accorcia alquanto, pur con tutto ciò servirà per dodici letti per gli uomini come servì fin ora. Fu accorciato per fare alquanto di fabbrica abitabile per affittare e che già si principiò dalla piazzetta della chiesa medesima fin contro esso spedale all'altezza del secondo piano. La pittura che esiste sulla facciata sopra la porta è piuttosto buona, rappresenta la Pietà, san Giovanni Batt. e due disciplinanti da una parte, san Michele e due Pellegrini dall'altra; il non vedervisi alcun Martire rappresentante san Giuliano, e il riscontrarsi in essa due date diverse, una del 1613 e l'altra del 1616 fa supporre che prima questo spedale non fosse sotto il titolo di detto Santo (San Giuliano) tanto più che in una linea si legge che fosse sotto la direzione della Confraternita di san Michele. Nella porta laterale di questo spedale, la quale mette nella

---

primo nel 1207, il secondo nel 1212, ed Azzone vi era sindaco nel 1274. Le monache di sant'Anna in Asti ebbero donazioni di beni da un Robaldo nel 1272.

L'importante luogo di Canelli era stato dal Comune d'Asti infeudato agli Asinari di Vesme, dai quali nel 1377 passò agli Scarampi signori del Cairo. Da questi, con titolo di marchesato, cadde nel secolo XVI sotto il dominio di Alessandro Crivelli, milanese, signor di Lumello per via di maritaggio con Margherita figliuola del conte Luigi, dalla quale ebbe figli adottati nella casa Scarampi, donde venne una chiarissima posterità, che fiorì in Milano ed alla Corte dei Duchi di Savoia.

corte della detta Confraternita si vede una pittura cedente fatta non prima del 1760 rappresentante la Madonna, san Michele da una parte, e san Giuliano dall'altra, con alcuni Confratelli dalla parte di san Michele, e alcuni Pellegrini da quella di san Giuliano. Questa è opera del Pittore Secondo Giuseppe Pittarelli di questa città, la quale per essere una delle sue prime fatture non è molto elegante: vi si mise in tal occasione una iscrizione scritta col pennello sulla muraglia asciutta, la quale per l'intemperie si è quasi tutta cancellata ».

A maggior chiarimento di quanto lasciò scritto l'Incisa completerò la notizia servendomi del manoscritto del Provenzale, il quale nella sua *Asti sacra* disse che l'arciconfraternita di san Giuliano fu eretta dapprima nella chiesa detta la Casa di Dio, o *Cadè*, ufficiata dai Padri Umiliati, circa il secolo XII, nel borgo di san Marco. Nel secolo seguente, e cioè nel 1241, questi confratelli fecero acquisto d'un sedime e d'una casa vicino a san Giuliano, già esistente in principio di via Mazzini, tra la via Isnardi e la casa che ora è degli eredi del cav. Defilippo (già Novara), dove è la piazzetta chiamata di *san Giulianetto* fino a questi ultimi anni in cui venne poi denominata piazzetta *Montafia*.

Nell'anno 1350 gli stessi confratelli si portarono in una capella dedicata a san Giuliano, ampliandola poi notevolmente: essa era ubicata dove ancora verso la fine del secolo XVIII erano il cortile rustico e la libreria dei PP. del Carmine.

Un po' più tardi, i confratelli di san Giuliano, che si denominarono *Scoriatti*, fondarono l'ospedale per i poveri pellegrini; e questo era già eretto verso l'anno 1370, perchè se ne fa menzione dal Rettore in un libro dei conti del 1373. Nel 1478 si posero sotto il patrocinio di san Michele, e lasciarono il titolo di san Giuliano all'ospedale, come consta da un breve di Sisto IV e da un altro di Alessandro VI del 3 marzo 1495.

Ma il luogo dove sorgevano la chiesa e l'ospedale dei pellegrini di san Giuliano, come scrive il Provenzale, « era venuto abbandonato per mancanze delle genti, e lontananza delle case abbitate, ed era anche mal sano, e per cui li poveri Pellegrini arivati a notte stanchi avevano assai che fare a ritrovare l'albergo, e mancava anche il soccorso, però mosso dalli sudetti motivi il signor conte Luigi Crivelli di Lumello a venduto alli

Padri del Carmine di questa città un corpo di casa con torre, sedime, e orto, ed altre sue pertinenze, situati di rimpetto alla chiesa di S. Martino con dichiarazione e condizione però espressamente fatta per detto signor conte alienante che d'essa casa e pertinenza segua permutazione con questa compagnia per fare un ospedale in luogo di quello che possedono, che a questa permuteranno, e permuteranno detti Padri in cambio d'essa casa qual vendita e permuta fu fatto l'istesso giorno come si vede dal Intromento delli 12 agosto 1606 rogato al nottaio Bovarino ».

L'ospedale venne pertanto trasportato nel palazzo del conte Crivelli lo stesso anno 1606; e la chiesa venne trasferita nel 1612, dando così luogo alla presente chiesa dell'arciconfraternita di san Michele, che venne altresì munita del relativo campanile, dietro la chiesa stessa, e cioè verso il braccio interno del palazzo Ottolenghi.

Stabiliti nella nuova sede, i confratelli di san Giuliano posero ogni loro cura al nuovo Ospedale, munendolo di opportuna chiesa, al servizio della quale adibirono l'antica torre dei Crivelli, e successivamente nel 1744 diedero principio alla nuova chiesa dell'arciconfraternita di san Michele; ma per causa delle guerre la predetta chiesa fu convertita in magazzino di fieno, e non potè essere compiuta che nel 1749, con belle pitture, altare in marmo, coro e sacrestia.

Fu, senza dubbio, in occasione di tale ricostruzione che il campanile della prima chiesa di san Michele venne abbattuto e non più ricostrutto, usufruendosi quindi dell'antica torre dei Crivelli promiscuamente per campanile della chiesa e dell'Ospedale dei Pellegrini di san Giuliano e per campanile della nuova chiesa di san Michele; la quale ultima è quella che esiste tuttora.

La facciata dell'antico Ospedale, ossia della chiesa di san Giuliano dei Pellegrini, prospiciente verso il Collegio dei Barnabiti di san Martino, sull'angolo della via, fu demolita il 7 luglio 1791 per prolungare la nuova fabbrica (1). E da quest'e-

---

(1) Tale facciata aveva ai lati due pilastri dorici, e due altri, pure dorici, collocati nel mezzo di essa, alti solo la metà dei precedenti. Si accedeva alla porta mediante cinque gradini, e sull'architrave o fregio di detta porta era scritta la seguente leggenda: « PEREGRINE CVIVS FINIS CRISTVS

poca il campanile di san Giuliano, già torre Crivelli, serve unicamente per campanile della presente chiesa di san Michele, ma i piani di essa dal tetto dei fabbricati circostanti al suolo sono adibiti agli alloggi corrispondenti. L'avanzo di detta torre (ora campanile di san Michele) si vede tuttora prospiciente in via san Martino, a metà circa del tratto compreso fra la via Maestra e la piazza san Martino.

..

Al di là della via Aliberti, fino alla via Sella, di notevole non vi ha che il convento dei Barnabiti di san Martino. Nel braccio di questo fabbricato, che fronteggia la via san Martino verso gli sbocchi delle vie Aliberti e Garretti, erano stati stabiliti sul principio del secolo scorso l'abitazione dell'Intendente e il Tribunale dell'Intendenza.

Di fronte al braccio anzidetto, dove sono le case dell'avv. Antonino Spongati e di altri, tra l'imbocco della via Garretti e la via Sella, havvi un corpo di fabbricati che nel secolo XVII apparteneva alla famiglia Valle, la quale diede nome alla via in quell'epoca. Naturalmente, quei fabbricati erano di qualche rilievo, od i proprietarî signori Valle avevano titoli speciali, se la via san Martino venne chiamata dal nome di essi.

Oltre la via Sella, sull'angolo di questa con la via san Martino, si elevavano, a sinistra, la torre ed il palazzo Gazelli di Rossana, già dei Ponte e più tardi dei Gianutii; e a destra, la torre ed il palazzo dei Roero di Cortanze. Delle une e degli altri già dissi parlando della *via Sella*. Soggiungerò soltanto che nel resto dei palazzi Ponte e Roero, che si protendevano per un lungo tratto verso sud in questa via di san Martino, non erano che porte rustiche.

EST INGREDERE. 1616 ». Superiormente a tale architrave, un leggiero sfondo quadrato in cui era riprodotto l'affresco della Pietà (di cui si è parlato precedentemente), e ai due lati di esso due finestre rettangolari. Superiormente ai pilastri maggiori esisteva un altro fregio ricco di modanature, portante la seguente iscrizione: « HOSPITALE SODALITATIS SANCTI MICHAELIS ARCHANGELI. 1613 ». La facciata anzidetta era coronata da un frontone riangolare ornato di decorazioni doriche simili alle precedenti.

L'aspetto principale del palazzo Ponte era in via Sella; ed in via Roero quello del palazzo omonimo.

Le case dei Roero, nella via san Martino, si estendevano a destra fino all'imbocco della piazza san Giuseppe; dalla parte opposta, oltrepassata la via Cotti-Ceres (già della *Campana*, o del *Cagnasso*), fino quasi presso la piazza anzidetta non si trovano più vestigia di antichi palazzi nobili.

⁂

ALTRO PALAZZO PELLETTA. — Solo in fondo di detta via, al lato sinistro, si eleva un corpo di casa, un tempo assai forte e ben munito di opere di difesa e di offesa: è la presente casa Taglietti, prospiciente in piazza san Giuseppe e risvoltante in via Venti Settembre. Questa casa era un altro antico palazzo della nobilissima famiglia Pelletta, e più precisamente del ramo dei conti di Cortazzone.

Tale palazzo era posto all'avanguardia del Recinto dei Nobili nel quale si entrava dall'antica *Porta Sancti Martini*, che si apriva a pochi metri più a sud, all'imbocco di via Grassi, tra la casa dei fratelli Morando fu Giovanni e la parte posteriore della chiesa di san Rocco, dove havvi lo sbocco di via Venti Settembre.

28.

In via Roero.

Porta questo nome fin dai più remoti tempi per il numero considerevole delle case appartenenti alla patrizia famiglia dei Rotarii, o Roero, che l'occupavano quasi interamente con le proprie abitazioni, specialmente dalla piazza san Martino alla piazza san Giuseppe.

Era privilegio di questa via che in essa non si potessero far transitare i feretri che provenissero da qualunque altra via sottoposta alla giurisdizione della parrochia di san Martino, per portarli al seppellimento. Inoltre non era lecito passarvi con prigionieri, e nemmeno operarvi qualsiasi arresto,

Dopo la dominazione francese il trasporto dei feretri fu fatto liberamente; ed anche qualche anno prima, anzi, si transitò per detta via, come racconta il cronista abate Incisa, « con l'omicida di Moncaccone (1) tanto nel tradurlo nelle carceri, quanto nel menarlo al patibolo stato innalzato nel Borgo a poca distanza dal luogo del commesso delitto ».

.•.

TORRI....QUARTERO E DE REGIBUS. — Al principio di questa via verso il Corso Alfieri si trovano, a sinistra la torre (FIGURA 5), che io ho denominato Quartero dal nome di uno degli ultimi possessori che la tennero a lungo, e a destra la torre ottagonale dei Re o De-Regibus, delle quali ho già discorso percorrendo la *via Maestra* (FIGURA 11).

Da questo punto alla piazza san Martino erano altri palazzi nobili, di cui però si sono perdute le traccie.

.•.

I ROTARII, O ROERO. — Dalla piazza san Martino incominciano i palazzi della famiglia dei Roero (1).

Questa illustre famiglia astigiana, detta anticamente dei Rotarii, vanta origini remotissime; il Casalis la designa quale originaria della Germania, e non mancarono genealogisti ardimentosi che vollero farla discendere dal longobardo Rotari, ed altri che la dissero già preesistente a questo re. Lasciando, per altro, in disparte le favole, i Roero possono accontentarsi dell'antichità che loro assegna la storia. Infatti, se non è certo che un Guilione, ossia Guglielmone, Rotario sia stato alla prima crociata di Terrasanta nel 1098, non è dubbio che un Odonnino Rotario partecipò a quella del 1204 sotto le insegne del conte Federico di Biandrate e del marchese Giorgio di Ceva. — Da Tomaso,

---

(1) Moncacone è una delle tre borgate del comune di Isola d'Asti: l'omicida aveva ucciso il conte Favale ed un pastore.

(1) I Roero fanno per arma: Di rosso, a tre ruote d'argento, due ed una — *Cimiero:* un selvaggio al naturale, impugnante con la destra un'alabarda. *Motto:* À BON RENDRE.

potente capo dei ghibellini in Asti nel 1160, discendono tutti i Roero dei vari rami estinti e fiorenti (1).

Questa famiglia sostenne accanite lotte coi Solaro, capi della famiglia guelfa, e prese parte attiva al reggimento della republica astese. Possedette in vari tempi un gran numero di feudi, molti dei quali avevano movenza dal vescovo d'Asti. Basta menzionare Monteu-Roero, Santo Stefano-Roero e Castagnito (2 novembre 1299), San Gillio (1366), Poirino (1372), Ceresole (1374), Monticello (16 giugno 1376), Sommariva del Bosco (1378), Guarene (1398), Pralormo (1399), Sanfrè e Sommariva-Perno (3 giugno 1399), Vezza (1401), Piobesi (1410), Castagneto (1430), Bra (1444), Borgone (1455), Agliano (1511), Magliano (1578), Mombarone (1592), Montaldo-Roero, Piea, Bauna, Carisio, Carpenea, Casasco, Ternavasio, Cornegliano, Cisterna, Montegrosso, Marmorito, Corsione, Serravalle, Balangero, Revigliasco, Torre di Valgorrera, Crevacuore, Burio, Borgo Sant'Agata, Castelvecchio d'Oneglia, etc. Ebbero inoltre i feudi di Frassinello (1610) e di San Marzanotto (1737) con titolo baronale; di Canale (1379), di Monticello (1376-1423), di Sciolze (1569), di Valleandona (1640), di Revello (1682), di Mombarone (1734), di Calosso (1739), di Guarene (1772), ed altri con titolo comitale, ed i marchesati di Cortanze e di Vèrel.

---

(1) Fra i personaggi degni di memoria accenneremo Aleramo, che nell'anno 1198 si dice sia stato fatto nobile d'ospizio per il valore da lui dimostrato nella battaglia di Tonco contro il marchese di Monferrato; Corradino, che fu nel 1339 uno dei savi che approvarono i capitoli della nuova società dei militi, o baronale; Appiano-Bonifacio, che nel 1358 fondò sul Rocciamelone un santuario e una casa di rifugio (detta « Cà d'Asti ») per sciogliere un voto da lui fatto durante la sua cattività presso gl'Infedeli; Giovanni, tesoriere del duca d'Orléans per Asti nel 1420; Teodoro, senatore e consigliere del duca di Milano nel 1488; Manfrino, governatore di Asti nel 1532; la beata Felicita, clarissa nel monastero del Gesù in Asti, morta il 27 novembre 1546; Marchiotto, scudiere di Lodovico marchese di Saluzzo; Francesco, gran ciambellano di Francesco I re di Francia; Conreno, primo gentiluomo di camera del duca Carlo Emanuele I di Savoia; Ercole-Tomaso, generale di battaglia nel 1711, governatore di Biella nel 1717, generale d'artiglieria e governatore di Alessandria nel 1727, e vicerè di Sardegna nello stesso anno; Renato-Ignazio, tenente generale di cavalleria, indi governatore della città e provincia di Saluzzo, morto nel 1765; Gennaro, vicerè di Sardegna nel 1823-1824. — Molti illustri prelati uscirono da questa

Questa chiarissima famiglia godeva negli antichi tempi di privilegi speciali, come quello di dare a tre giusdiziandi la vita e la libertà, che si pretende concesso ai Roero dall'imperatore Enrico VII; e l'altro, concesso dall'imperatore Carlo V, che faceva del loro palazzo in Asti luogo d'asilo inviolabile ad ogni persona: privilegi che i duchi di Savoia confermarono ad essi.

Si divisero i Roero in molti rami, dei quali fioriscono tuttora i Roero marchesi di Cortanze, derivati da Oddone che il 3 maggio 1287 acquistò un palazzo ed altri beni dai signori di Marcilengo, e che furono investiti della contea di Calosso e della signoria di Crevacuore l'8 agosto 1739; ed i Roero di Monticello e di Piea, discendenti da un Percivalle che acquistò appunto Monticello ed altri luoghi dal cardinal Roberto di Ginevra (poi papa Clemente VII), in qualità di legato pontificio, il 16 giugno 1376 (1). I conti Roero, signori di Guarene, di Castagneto, di Piobesi e di Vezza, diramati nel secolo XV dai conti di Monticello, ed i Roero di Settime e di Mombarone si estinsero in linea maschile in questi ultimi anni.

---

famiglia: Filippo-Baudono, Scipione, Paolo-Vincenzo e Alberto furono vescovi d'Asti, e l'ultimo fu traslato alla sede arcivescovile di Pisa nel 1568; Giovanni era arcivescovo di Tarantasia nel 1565; Giuseppe, vescovo di Alba nel 1697; Bernardino-Ignazio e Severino-Ignazio, vescovi di Novara, il primo nel 1741, l'altro nel 1748; Giambattista, già vescovo di Acqui, traslato alla sede arcivescovile di Torino nel 1744, e quindi creato Cardinale di S. R. Chiesa. Costui fu cavaliere dell'Ordine supremo della SS. Annunziata, e cinque altri personaggi di questa famiglia ebbero il collare dello stesso ordine. Gaspare vestì nel 1463 l'abito dell'Ordine gerosilimitano, nel quale entrarono poi molti altri, conseguendo anche nell'Ordine stesso eminenti dignità.

Notevoli le relazioni bancarie dei Roero colla Casa di Savoia nel secolo XIV, intorno a cui SELLA e VAYRA, Del Codice d'Asti, pp. CCXLVII seg. Di molti altri Roero, poi, troviamo che furono ambasciatori ai duchi di Orléans e di Milano e coprirono alti uffici in Asti nel secolo XV, su cui GABOTTO, Asti e il Piemonte al tempo di Carlo d'Orléans (1407-1417), Alessandria, 1899; Contributo alla storia delle relazioni fra Amedeo VIII e Filippo Maria Visconti (1417-1422), Pavia, 1904, e La vita in Asti, passim. Dalle questioni dei Roeri di Sommariva-Bosco trassero origine le ostilità fra Claudio di Racconigi e Carlo I duca di Savoia (GABOTTO, Lo Stato sabaudo, II, 327 segg.). Nell'Arch. del castello di Monticello i più antichi documenti dei Roero risalgono al 1259.

(1) Monticello fu eretto in contea per Oddone Roero, del fu Percivalle, con bolla di Martino V del 18 febbraio 1423.

.·.

PALAZZO E TORRE ROERO DI SETTIME E DI MOMBARONE. — D fronte alla piazza san Martino si innalzano maestosi i resti tuttora cospicui del palazzo Pogliani, dove adesso sono allogati gli uffici della Sotto-prefettura e di pubblica sicurezza. Esso appartenne sin verso la fine del secolo XVIII ai Roero conti di Settime e di Mombarone (1) che lo avevano dismesso al conte Enrico Guidobono Cavalchini, da cui passò poi ai fratelli Pogliani.

Dagli avanzi che tuttora ne rimangono si arguisce agevolmente che questo palazzo era una delle case forti meglio guernite di opere di difesa e di offesa, la costruzione del quale risale indubbiamente al secolo XIII. Tale palazzo ha la sua fronte maggiore in via Roero, ma risvolta per un buon tratto in via Malabayla per congiungersi all'antico palazzo di tale famiglia nobilissima che oggi appartiene esso pure alla stessa famiglia Pogliani, compreso il successivo risvolto in via Asinari, dove innalzavasi una superba torre.

Munito di torre era parimente il predetto palazzo dei conti Roero di Settime e di Mombarone: essa ergevasi alla destra dell'attuale portone d'ingresso dirimpetto la piazza san Martino, e venne demolita nel secolo XVIII, dopo essere già stata abbassata alquanto nei secoli anteriori, poichè nella carta topografica del *Theatrum Statuum Sabaudiae* del 1700 si vede riprodotta la torre solo più di mediocre altezza, terminante con il solito tetto ordinario.

Questa torre, come si rileva tuttora dai muri intatti del piano terreno, aveva una base interna di m. 3,40 di lato: i muri misurano ancor oggi una grossezza che varia da m. 1,20 a a m. 1,35, i quali assicurano che la torre era di notevole altezza, cioè come quella delle altre torri dei Roero, di m. 35 a 37 circa.

––––––––––

(1) Il ramo dei Roero di Settime si estinse in linea maschile nel 1896 con la morte del conte Eugenio generale di cavalleria.

L'ampio e bel castello antico di Settime appartiene ora all'on. marchese Luigi Borsarelli dei baroni di Rifreddo, deputato al Parlamento.

***

PALAZZO E TORRE DEI ROERO DI MONTEU. — La più elegante ed una delle più alte torri esistenti fino al principio del secolo XIX era quella che si innalzava, superba e maestosa, nel palazzo che sta quasi di fronte al precedente, appartenente ora alla famiglia del notaio cav. Giuseppe Pia, e che sin verso la fine del secolo XVIII fu dei Roero di Monteu (1).

La FIGURA 29 rappresenta gli avanzi della torre tale e quale si trovava prima dell'abbassamento all'altezza presente, avvenuto nell'anno 1814 per ragioni di sicurezza.

Le ampie finestre bifore a tutti i piani, ornati della ricca e geniale decorazione di cotto e di tufo, davano un aspetto assai leggiadro alla torre, che si può tuttora ammirare nei piani che non furono abbassati e che ora si vedono ancora a far bellissima mostra di sè nel prospetto della casa rivolto a ponente verso la via Roero.

Nel timpano delle finestre anzidette, superiormente alla colonnina centrale, era riprodotto in rilievo lo stemma della famiglia.

I piani superstiti di questa torre, che al principio del secolo XIX era dai contemporanei considerata come la più bella di quante altre erano ancora in piedi in quell'epoca, sono stati ridotti ad uso di abitazione, e le belle finestre subirono trasfor-

---

(1) Monteu Roero (comune del mandamento di Canale nel circondario d'Alba) denominavasi MONS ACUTUS ROTARIUS, ed apparteneva per eredità di Anscario II, marchese d'Ivrea, ai conti di Biandrate, suoi discendenti, a cui venne confermato nel 1238 dall'imperatore Federico II in persona del conte Guido. Questo luogo fu tolto dagli Astigiani ad Emanuele di Biandrate, il quale per vendicarsene si collegò con Tomaso II di Savoia, poi con Carlo I d'Angiò, ed infine con Guglielmo VII di Monferrato, occupando varie altre loro terre e devastando altresì alcuni paesi dai medesimi posseduti. Ma essendo nel 1290 riuscite a male le imprese di Emanuele contro gli Astigiani, egli fu costretto a vendere ai Rotarii il luogo di Montacuto insieme con parecchi altri villaggi.

Il castello di Montacuto, dopochè pervenne ai Rotarii, o Roeri, servì sempre loro di abitazione; ed i personaggi di questa potente famiglia, i quali ebbero feudi e signorie nell'Astigiana, nelle divisioni tra loro fatte si riserbarono tutti una parte di giurisdizione su questo castello, il quale perciò fu distinto col nome di Monteu-Roero (G. CASALIS, *Op. cit.*, vol. XI).

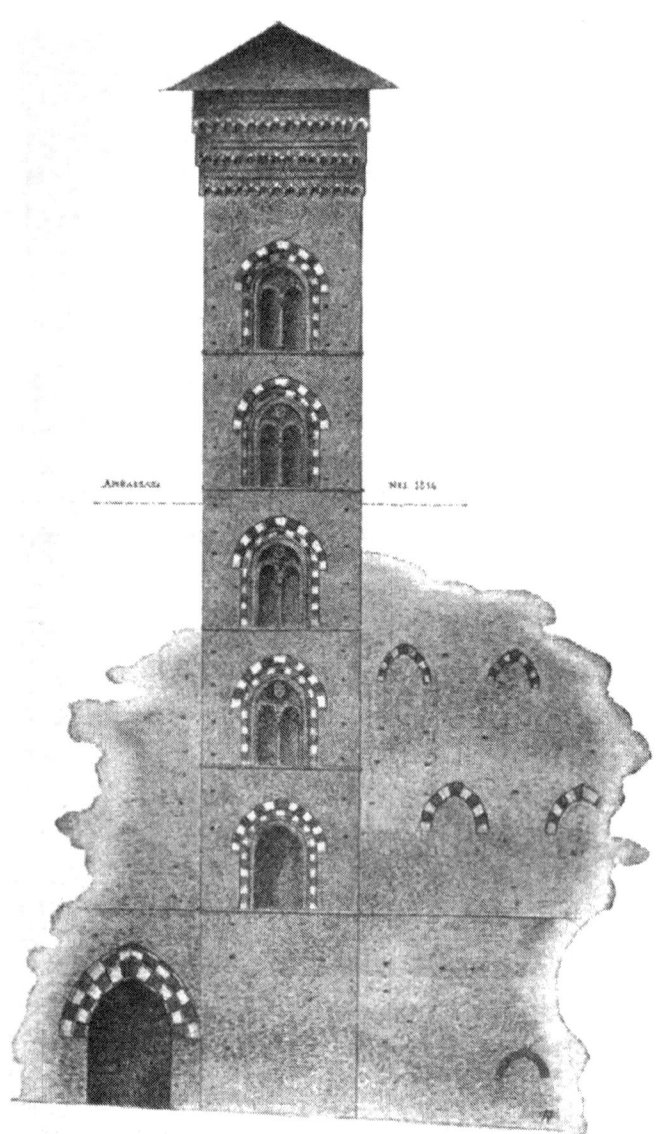

(FIG. 29) Torre Roero di Monteu, secondo il suo aspetto primitivo, in via Roero.

mazioni che deturparono in modo quasi irriconoscibile la genialità di quelle decorazioni.

La FIG. 30 riproduce l'aspetto della torre com'è attualmente, ridotta ad altezza alquanto maggiore di quella delle case adiacenti.

A destra della torre, si vede la porta d'ingresso ornata di un bell'arco ogivale di cotto e di tufo. Essa era l'entrata rustica del palazzo per accedere alle adiacenze della torre ed ai piani terreni nell'interno dell'isolato. E dico isolato, perchè l'edifizio del palazzo Roero di Monteu era affatto disgiunto dalle dipendenze dell'attigua chiesa di san Martino mediante una ristretta via publica che dall'adiacente piazza tramediava la chiesa ed il palazzo Roero risvoltando subito ad angolo retto, appena oltrepassato lo stesso palazzo dei Roero, per ricongiungersi alla via Roero dirimpetto al presente palazzo Mussi-Isnardi, dividendo cioè l'attuale palazzo Pia (già Roero) dall'attiguo giardino che si estende fin verso la via Sella e che apparteneva agli stessi Roero di Monteu, conti di Montegrosso, di Monticello e di Piea.

Il predetto palazzo Roero, di pianta rettangolare, aveva il suo giardino sulla piazza fino all'incontro della via, che prolungandosi dalla via Aliberti, va ad incontrare la via Roero percorrendo il lato di ponente della cosidetta piazza, giacchè la vera ed unica piazza detta di san Martino si limitava alla sola facciata della primitiva chiesa e serviva altresi di cimitero di detta parrochia.

L'ingresso signorile era sulla piazza, dove l'edifizio aveva il suo prospetto principale in fondo al giardino che gli antistava.

L'altezza della torre di questo palazzo, fino alla decorazione terminale sotto la gronda del tetto, era di m. 37 circa.

La fronte verso via Roero è larga m. 7.50, ed il fianco attiguo è pure di m. 7.50, con una base interna perfettamente quadrata di m. 5.15 di lato e con muri perimetrali della grossezza di m. 1.15.

Questo antico palazzo dei Roero di Monteu, con relativa torre, pervenne poi in eredità alla Sacrestia della Cattedrale, che indi lo vendette al Collegio dei Padri Barnabiti detti di san Martino.

Dopo la soppressione dei Corpi religiosi avvenuta sul principio del secolo scorso, il palazzo e la torre passarono al Governo, che vi stabilì la Prefettura e l'abitazione del Prefetto.

(Fig. 30) Avanzi della Torre Roero di Monteu (ora Pia),
in via Roero.

Ora, come ho già detto, ne sono proprietarî gli eredi del cav. uff. notaio Giuseppe Pia.

In questo palazzo ospitò il Pontefice Pio VII, allorchè il 12 novembre 1804 transitò per Asti per recarsi a Parigi ad incoronare Napoleone, imperatore dei Francesi (1).

⁖

PALAZZO E TORRE ROERO DI MONTICELLO E DI PIEA. — Attraversata la via Malabayla che fa capo in via Roero proprio dirimpetto alla bellissima torre (ora abbassata) dei Roero di Monteu, si incontra alla destra un antichissimo palazzo nobile che si estende fino alla via Sella, risvoltando in questa per un buon tratto, come pure per un buon tratto risvolta nella precedente via Malabayla.

È questo il palazzo ora posseduto dalla famiglia Mussi-Isnardi.

L'abate Incisa scrive che esso era anticamente dei Roero. A qual ramo esso appartenesse non ha detto; ma soggiunge che passò poi ai conti Cacherano della Rocca. Però in un tipo planimetrico del secolo XVII esistente nell'archivio della parrochia di san Martino è scritto che questo palazzo era dei conti Roero di Monticello e di Piea. A questi appartenne fino al secolo XVIII, nella qual'epoca passò ai Cacherano della Rocca, che lo tennero fino al principio del secolo XIX, quando pervenne al procuratore Gardini.

Questo palazzo conserva ancora all'interno qualche traccia di antichità, per quanto sul principio del secolo scorso sia stato fatto ricostrurre in gran parte, secondo i desiderî od i bisogni del nuovo possessore l'anzidetto signor Gardini.

Sull'angolo sud-est del palazzo, dove questo risvolta in via Sella, s'innalzava una bella torre quadrata con una torrina rotonda adiacente in via Sella. La torre era elegante, munita di finestre bifore a tutti i piani, come la precedente torre dei Roero di Monteu (ora Pia). Era di larga base, ma di essa non si vede più alcuna traccia, essendone stati demoliti anche gli ultimi avanzi un secolo addietro.

_____

(1) GABIANI, *Il passaggio per Asti di Pio VII e di Napoleone I*, p. 15. Alessandria, 1902.

Della torrina rotonda, ricostrutta in parte negli ultimi tempi, si conosce agevolmente la presenza anche guardando dall'esterno; e la si vede a far capo nel risalto del palazzo che si inoltra per la via Sella.

La torre e la torrina, che si vedono riprodotte nella carta topografica del *Theatrum Statuum Sabaudiae* del 1700, dimostrano quindi l'eccezionale importanza dell'edificio, ben guernito di opere forti, atte tanto a difendere quanto ad offendere. La posizione stessa del palazzo indica che la torre e la torrina furono stabilite in quel luogo con particolare missione da compiere in quel periodo turbolento in cui guelfi e ghibellini non si davano mai tregua, intenti soli a sopraffarsi ed a far trionfare la preponderanza or degli uni or degli altri.

.·.

PALAZZI ROERO DI CALOSSO E DI CORTANZE. — Questi palazzi occupavano una grande area, compresa, come ho già detto, fra la via Roero, la via Sella e la via san Martino. Tra le fronti dei palazzi prospettanti in via Sella ed in via san Martino il corpo principale dei fabbricati che costituivano le abitazioni dei Roero marchesi di Cortanze, intercedeva, come intercede tuttora, un'ampia superficie destinata a cortili ed a giardino. Quest'ultimo anticamente serviva pur esso di cortile per il fabbricato rustico, prospiciente in via san Martino, dove erano gli ingressi per il servizio della torre che si innalzava sull'angolo di via Sella con via san Martino, e delle case inerenti.

Il fabbricato principale, la fronte del quale è rivolta verso il cortile civile di via Roero, non conserva più alcun segno d'antichità; ma era certamente uno dei più bei palazzi nobili della città.

Esso fu rimodernato e ridotto allo stato presente verso la fine del secolo XVIII, allorchè dal marchese di Cortanze passò in proprietà del canonico Francesco Orazio Cagna, e poco dopo, cioè verso il 1814, del medico Bruno.

I predetti palazzi appartennero ai Roero del ramo dei conti di Calosso.

Il conte Ercole Tomaso Roero, che fu luogotenente maresciallo e vicerè di Sardegna, fu investito del feudo di Cortanze con titolo marchionale, e da quell'epoca anche i palazzi dei Roero di Calosso presero il nome di *Cortanze*.

**

ALTRO PALAZZO E TORRE ROERO DI MONTICELLO E DI PIEA. — Attiguo al palazzo dei Roero di Calosso e di Cortanze sorge un altro antico palazzo dei Roero conti di Monticello, di cui il conte Carlo, figlio di Filippo Felice, fu investito nel 1758 del feudo di Piea con titolo comitale (1). I Roero di Monticello e di Piea, signori di Monteu, possedevano altresì, come ho già precedentemente riferito, il palazzo che ora è della famiglia del notaio Pia, quello che ora appartiene alla famiglia Mussi-Isnardi e quello dove ora è la chiesa dell'Ospizio di santa Chiara. Anche il palazzo di cui si discorre nel presente paragrafo, come il precedente palazzo di Cortanze, era molto esteso, non solo verso via Roero, ma altresì verso via san Martino, dove erano gli ingressi rustici. Il braccio di ponente era collegato con quello di levante per mezzo di un terzo braccio trasversale munito di torre che si vede ancora riprodotta nella carta topografica del *Theatrum Statuum Sabaudiae*. Ciò fa supporre che anticamente in questo luogo una strada congiungesse via Roero con via san Martino e su di essa fronteggiasse la detta torre, che è ora completamente scomparsa.

Alcune traccie esterne dell'antichità di questo palazzo si vedono nei muri coerenti all'attiguo precedente palazzo dei Roero di Cortanze; ma nell'interno è perduta ogni vestigia delle antiche costruzioni, per le rimodernazioni state introdotte nel secolo XVIII.

Verso la fine di detto secolo, estinguendosi la linea maschile di questo ramo dei Roero e di Piea, il palazzo passò in dote alla marchesa Faussone, per via della quale anche il feudo di Piea pervenne al marchese Annibale Faussone di Cravesana.

Sul principio del secolo XIX, in questo palazzo, appartenente

(1) Non che Piea fosse acquistata dai Roero soltanto a quest'epoca, perchè loro apparteneva già dal secolo XV: nel 1758 ne ebbero solo titolo comitale.

allora a Melchiorre Faussone, abitava ancora una monaca madre badessa in Chieri, probabilmente ultimo rampollo dei Roero di Piea.

Il palazzo passò in seguito alla famiglia Piano, che lo tenne per parecchi anni, finchè verso il finire del secolo scorso pervenne al Rev. canonico cav. D. Luigi Garberoglio, ed ora ai signori Picena, eredi di lui.

**

PALAZZO ROERO E TOMATIS DI CHIUSAVECCHIA. — Di fronte al palazzo di Cortanze ed a quello di Piea, era un altro importante palazzo appartenente esso pure alla famiglia Roera, ma ignoro a qual ramo di essa.

Pervenne nel secolo XVIII ai conti Tomatis di Chiusavecchia, originarî di Caravonica. Sul principio del secolo XIX passò per ragioni dotali alla contessa Luisa di Robilant nata Tomatis di Chiusavecchia.

Ora il palazzo, ridotto a costruzione moderna, appartiene agli eredi della signora Maddalena Sgarabogio, vedova del benemerito astigiano comm. Giuseppe Anfossi.

Ma esso è soltanto una parte dell'antico palazzo originario, perchè l'attigua maggior porzione estendentesi a sud fin verso la piazza di san Giuseppe, dove nel 1660 vennero eretti il convento e la chiesa dei Teresiani Carmelitani Scalzi sotto il titolo di san Giuseppe (1) — da un secolo appartenenti al Governo, che vi stabilì il panificio per i militari, ed al presente adibiti a quartiere dei Veterani ed Invalidi sotto la denominazione di Caserma di san Giuseppe (2) —, apparteneva essa pure agli stessi Roero.

---

(1) I PP. Carmelitani Scalzi aprirono la loro prima chiesa ed il convento nel luogo sovraddetto, nel palazzo concesso loro da S. A. R. Carlo Emanuele II. La predetta chiesa fu poi ampliata ed abbellita nel 1693.

(2) Con provvedimento del 14 agosto 1905 il generale E. Pedotti, ministro della Guerra, dispose che da quell'epoca l'anzidetta caserma di san Giuseppe prendesse la denominazione di *Caserma Oddone Roero*. — Nelle guerre combattute dal duca di Savoia Carlo Emanuele I contro gli Spagnuoli presso Asti nel 1615, delle quali già si è detto a p. 240 n., il nobile Oddone Roero, conte di Monticello, giovanissimo, venne chiamato al comando di quattro compagnie, insieme con il colonnello Arlot, per difendere il castello di Castiglione, sulla sinistra del torrente Versa. Nello

La punta estrema delle case di questa via, a sud, all'imbocco di via san Martino, era della famiglia Lazzarino.

29.

In piazza San Martino.

Alla sinistra, entrandovi da via Aliberti, si incontra il convento dei chierici regolari di san Paolo, detti Barnabiti di san Martino, con l'attigua chiesa parrochiale di stile corinzio, costrutta nel 1696, nel qual'anno venne demolita la vecchia chiesa gotica dell'antica parrochia e collegiata di san Martino, che per antichità e dignità, al dire del Bosio (1), veniva subito dopo quella di san Secondo. Ma per ampiezza e per eleganza l'antica chiesa gotica di san Martino cedeva il passo alla chiesa di san Francesco dei Minori Conventuali, demolita nel dicembre 1805 (2).

L'antica chiesa gotica di san Martino era a tre navate, con facciata rivolta a ponente, cioè verso l'attiguo palazzo degli eredi del notaio cav. Pia, e con piccolo portico a colonne con cinque arcate verso nord, cioè verso la piazza. Questa era di pertinenza della chiesa, che se ne serviva anche come cimitero parrochiale, ed era delimitata dal prolungamento della via Aliberti fino avanti al giardino antistante all'antico palazzo dei Roero di Monteu (ora Pia), dove si congiungeva con la via Roero.

Ad ovest, dinanzi alla facciata dell'antica chiesa di san Martino, era la publica via che la separava dall'anzidetto palazzo Roero di Monteu, come se ne vede tuttora lo spazio interce-

---

scontro seguitone con le truppe nemiche, Oddone Roero ebbe sotto di sè il cavallo ucciso. Sollecitato ad arrendersi, rispose immergendo la sua spada nel petto di colui che lo voleva costringere. Ferito di nuovo in una coscia, seguitò a combattere; ma obbligato a tenersi ginocchione, cadde presto estinto, trapassato da una picca tra il bracciale e la corazza (C. Di SALUZZO, *Ricordi militari degli Stati sardi*, 227, Torino, 1859; A. Di SALUZZO, *Histoire militaire du Piémont*, III, 156 segg., Torino, 1818; GRASSI, *Storia della Città d'Asti*, II, 146).

(1) *Storia della Chiesa d'Asti*, p. 393.

(2) GABIANI, *Intorno alla chiesa di san Francesco*, p. 28.

dente tra il fianco della nuova chiesa ed il palazzo Pia, chiuso verso la piazza solo da un breve tratto di muro di cinta per il quale si accede all'interno dello stesso palazzo Pia. La detta via, all'estremità sud del palazzo Roero di Monteu risvoltava, assai più ristretta, ed andava ad immettersi in via Roero, avanti il palazzo ora dei signori Mussi-Isnardi, separando così il patrizio palazzo dei conti Roero di Monteu dall'antistante giardino ed orto allora di pertinenza dei Roero di Monticello e di Piea, i quali, come si è detto, possedevano il palazzo Mussi-Isnardi dianzi accennato.

Dirimpetto al Collegio della nuova chiesa di san Martino era la chiesa di san Giuliano, con annesso ospedale dei Pellegrini, dove ora è il fabbricato dell'Ufficio del Registro, amministrato dall'Ospedale Infermi. Questa chiesa di san Giuliano non è da confondersi con la più antica chiesa dello stesso nome eretta dove ora è la piazzetta Montafia, detta di *san Giulianetto*, alla estremità nord-ovest della piazza del Carmine, o Ventiquattro Aprile. Più a ponente è la chiesa dell'arciconfraternita di san Michele, che non ha nulla a fare con l'antica parrocchia di san Michele, già esistente nel secolo XI sotto il Castello, a destra, presso le mura.

Su questa piazza di san Martino non erano che due palazzi nobili: quello a sinistra, al di là della chiesa di san Martino, verso via Roero, degli eredi del notaio cav. uff. Pia, già appartenente all'antica famiglia dei Roero di Monteu, di cui ho parlato nelle pagine precedenti, e quello a destra, del generale Sismondo, già dell'antichissima famiglia dei Cacherano della Rocca.

**

PALAZZO CACHERANO DELLA ROCCA. — Di fronte al predetto palazzo dei Roero di Monteu, dall'altro lato della piazza, dove ora è la casa della famiglia Sismondo, ergevasi l'antichissimo palazzo dei conti Cacherano della Rocca (1).

---

1 I Cacherani facevano per arma: Inquartato; nel 1º e nel 4º d'oro all'aquila di nero, coronata dello stesso; nel 2º e nel 3º di rosso a tre monticelli d'argento sostenuti da una fascia in divisa dello stesso, caricata del *motto* MIT ZEIT di nero, e cimati ciascuno da una pianta di sempreprivo

I Cacherani possedevano un altro antico palazzo patrizio, e questo era ubicato in corso Alfieri, o via Maestra, fra gli attuali portici Anfossi ed il presente palazzo Violini. Esso fu da gran tempo demolito, ed ora non ne rimane più alcuna vestigia; ma i Cacherani possedevano ancora l'anzidetto antico palazzo verso la metà del secolo XIV, ed è probabile che lo abbiano tenuto fino al principio del secolo seguente, allorquando si trasferirono a Torino al servizio di Casa Savoia, da cui di tempo in tempo ottennero gli impieghi primarî di Gran Maresciallo, di Gran Cancelliere e di Vicerè. Ond'è probabile che dopo il secolo XV e fino al secolo XVII i Cacherani abbiano solo più tenuto il presente palazzo Sismondo; dopo la qual'epoca, avendolo alienato ai conti Roberti, acquistarono dai Roero di Monticello e di Piea l'attuale palazzo Mussi-Isnardi, che tennero fino al principio del secolo XIX.

L'illustre famiglia dei Cacherani era numerosissima e si divise perciò in più rami, alcuni dei quali andarono a stabilirsi altrove, ma il principale rimase in Asti, dove si mantenne fino al principio del secolo XV.

Da Manfredo Cacherano, vivente ancora nel 1162, discendono tutti i Cacherani, annoverati nella nobiltà *de Hospitio* di Asti come di antica nobiltà e signori di molti feudi. Ebbero anche cittadinanza in Genova e furono ascritti al libro d'oro di quella città. Conseguirono inoltre la nobiltà in Milano, ed alcuni furono insigniti della dignità di vicarî perpetui del S. R. Impero ed ebbero il privilegio di battere moneta nella Rocca di Arazzo.

Erano infeudati di Coazzolo fin dal secolo XIII, e più tardi di Antignano, Balangero, Pralormo ed altre terre. Ebbero titolo di signori di Bricherasio e di Osasco; di conti di Rocca d'Arazzo, di Envie, di Cavallerleone, di Mombello, di Cornegliano, di

---

fiorito al naturale. Sul tutto fasciato innestato nebuloso d'argento e di nero.

Lo stemma anzi descritto serve per i Cacherano-Malabayla (nome d'uso: *Cacherano d'Osasco*), conti di Rocca d'Arazzo.

I Cacherani, conti di Bricherasio, fanno per arma: fasciato, investito, nebuloso d'argento e di nero. *Cimiero*: Una regina, nascente, tenente con la mano destra una colonna d'argento, la base ed il capitello d'oro. *Motto*: SURETÈ.

Villafranca d'Asti e di Cantarana; di marchesi di Lanzo, di Revigliasco e di Lovazzolo (1).

_____

(1) Nel 1209 un Guglielmo Cacherano era capitano generale delle truppe astigiane; nel 1218, podestà di Genova. Beltramo Cacherano fu podestà di Vercelli nel 1292; Roberto, consigliere e magnate in patria; Cavalerio, Giorgio, Oberto e Bernardo si trovano compresi come ghibellini nella nota dei ribelli inserta nel trattato solenne del 1313, con cui gli Astigiani si sottoposero al re Roberto. Bartolomeo fu uno dei savi che approvarono i capitoli della società cavalleresca istituitasi nel 1339; Raimondo era comandante al servizio della republica veneta. — Il 4 marzo 1360, Amedeo VI, conte di Savoia, investì Giorgio Cacherano, cittadino d'Asti, del castello, villa, territorio, fini e mandamento di Bricherasio, con mero e misto imperio, totale giurisdizione, uomini, omaggi, feudi e retrofeudi nobili ed ignobili, enfiteusi, redditi, censi, taglie, caccia, pesca, forni, molini, battitoi, alvei od acque, decorsi d'acque, terre, prati, vigne, curaie e gabelle, peso, laudemi, terze vendite ed ogni altro diritto annesso, mediante l'introggio di 10000 fiorini d'oro. Giorgio Cacherano fu pure, in quello stesso anno, infeudato della terra e giurisdizione di Osasco. — Del ramo di Mombello, detto della Consolata, furono Carlo, consigliere di Stato e presidente della Camera dei Conti di Torino, e Filiberto, conservatore dell'Università di Torino, creato conte di Cavallerleone l'11 marzo 1646 e conte di Mombello il 25 settembre 1660. — Un altro ramo, che aggiunse per successione il cognome Crivelli-Scarampi, fu illustrato da un Carlo, governatore d'Alba e poi di Chieri. Alessandro-Pio Cacherano-Crivelli-Scarampi fu investito per patenti 1 giugno 1735 del feudo di Villafranca d'Asti con Belotto, con titolo comitale per maschi e femmine. Il 2 giugno dello stesso anno egli ottenne, con titolo marchionale per maschi e femmine, il feudo di Lovazzolo, Denio e Montaldo-Scarampi, colla signoria di Castelletto d'Ussone e Saleggio; nonchè un terzo di Cantarana con titolo comitale. Questo ramo si estinse nel 1758. — Al ramo d'Envie, che ebbe infeudazione dal principe d'Acaia nel 1412 e il titolo comitale nel 1634, oltre ad una parte della giurisdizione di Pralormo che godeva sin dal 1399, appartennero Gian-Cristoforo, valente giureconsulto, e Carlo-Vittorio, gentiluomo di camera del duca Carlo-Emanuele II. — Gian-Martino Cacherano fu lo stipite del ramo della Rocca, dal quale uscirono Carlo, paggio d'onore del duca di Savoia e primo feudatario della Rocca d'Arazzo nel 1655; Carlo-Emanuele, cavaliere della SS. Annunziata; Giuseppe-Ottaviano, luogotenente colonnello, gentiluomo di camera, investito del feudo di Lanzo, con titolo di marchese, mediante patenti 1 luglio 1725. — Ottaviano fu investito del feudo di Coazzolo il 9 ottobre 1627, e formò un nuovo ramo, illustrato da Giambattista, rettore dell'Università di Torino e riformatore delle scuole di Asti, e da Carlo-Vittorio, maresciallo di alloggio delle guardie reali. — Il ramo di Osasco, che diede il gran cancelliere di Savoia Ottaviano, e all'ordine di Malta molti cavalieri, fra cui Ottavio-Maria e Francesco-Maria nel 1738, Vittorio nel 1740,

Il palazzo dei Cacherani, ora Sismondo, di cui si discorre, risvoltava per un tratto in via Roero verso la via Maestra, ed era una delle più belle costruzioni medievali.

I successivi riattamenti che ebbe a subire tolsero al palazzo ogni aspetto di antichità.

I Roberti di Castelvero. — Negli ultimi secoli l'antico palazzo Cacherano passò ai conti Roberti di Castelvero (1). Questa

Carlo-Timoteo nel 1751, Luigi nel 1753, Felice nel 1766, Policarpo nel 1768, ed Evaristo-Paolo nel 1755, assunse il cognome di Malabayla per il matrimonio di Giuseppe-Antonio Cacherano con Ninfa-Rosa-Marianna di Baldoino Malabayla, contessa di Cantarana. Carlo-Giambattista-Evasio Cacherano, signore di Osasco, figlio del precedente, ereditò dalla madre la contea di Cantarana, della quale ebbe solenne investitura il 6 marzo 1750 insieme con 16 punti della giurisdizione di Bricherasio e con la signoria di Coazzolo. A questo ramo appartenne il conte Carlo Giovanni -Battista, che fu studiosissimo raccoglitore di documenti e memorie sulla storia di Asti: a lui si devono una copia del *Libro Verde della Chiesa d'Asti* (Cfr. As-SANDRIA, *Il « Libro Verde » della Chiesa d'Asti*, p. XIV, Pinerolo, 1904, vol. XXV di questa *Bibl. Soc. Stor. Subalp.*), un'altra delle cronache di Guglielmo e Secondino Ventura da un codice ora perduto; un'altra dei frammenti allora noti del *Codex Astensis* e di altri docc. astigiani; *etc.* — Al ramo dei Cacherano di Bricherasio appartennero Giuseppe, generale dell'ordine degli Agostiniani; Giambattista, colonnello nel reggimento *Regina*, investito della contea di Bricherasio il 2 marzo 1737, vincitore dei Francesi all'Assietta il 19 luglio 1747, poi viceré di Sardegna dal 1751 al 1755 e cavaliere della SS. Annunziata; e Spirito-Maria-Luigi, maggiore di fanteria, cavaliere di Malta e dell'Ordine di san Luigi di Francia, creato cavaliere dell'Impero francese il 5 agosto 1812. — I due rami d'Osasco e di Bricherasio sono i soli tuttora fiorenti.

(1) Facevano per arma: Inquartato: al primo, d'oro all'aquila bicipite di nero, coronata su caduna testa dello stesso; al secondo e terzo, d'oro a tre sbarre di azzurro; al quarto, di rosso al bordone o bastone da pellegrino d'argento sormontato da due rami di palma di verde addossati, e decussati contro una corona ducale d'oro; e sul tutto una fascia d'argento carica di una biscia di verde, ondeggiante in palo, essa fascia attraversante. Un Giovan Battista fu consigliere generale del Monferrato e riformatore degli studi dell'Università di Mantova. Fu inviato dal duca di Mantova alla Corte cesarea nel 1651, e alla dieta di Ratisbona nel 1653. Il Duca, in ricompensa degli alti servizi da lui prestati allo Stato, lo creò senatore di Casale nel 1657.

Francesco Maria fu dal governatore di Monferrato prescelto a generale comandante della milizia di Acqui, e nel 1680 riebbe in feudo Castelvero in premio del valore con cui difese le fortezze del Monferrato.

famiglia ebbe in feudo il luogo di Castelvero (ora Castel Boglione) nel mandamento di Nizza Monferrato, dopochè quel Comune fu assoggettato ai marchesi di Monferrato per opera dell'imperatore Sigismondo (1414). La famiglia Roberti era già illustre in San Damiano d'Asti, e nel 1564 si era stabilita in Acqui nella persona di Bartolomeo consignore di Carpeneto.

Nel 1784 l'antico palazzo dei Cacherano fu dal conte Roberti di Castelvero venduto al marchese Incisa della Rocchetta.

GLI INCISA DELLA ROCCHETTA. — La linea dei marchesi Incisa della Rocchetta incominciò per un Pagano ed un Manfredo, figliuoli di Alberto, che parteciparono alla divisione del marchesato d'Incisa stipulatasi nel 1203, con atto solenne, mediante il quale quel marchesato veniva diviso tra Guglielmo, Enrico, Raimondo, Giacomo, Pagano e Manfredo. Ai quattro primi toccarono Incisa, Castelnuovo, Bergamasco, Carentino, Cerreto, Vaglio, parte di Malamorte ed il cambio di Seccardina: gli altri due ebbero la Rocchetta e Montaldo, con condizione che se non avessero potuto ricuperare questi due luoghi dagli Astigiani, o che loro venissero ritolti, potessero tutti e due ritornare nella primiera comunione con gli altri fratelli, e con Enrico, loro nipote *ex fratre*, e pretendere la loro porzione così del feudo particolare d'Incisa, come delle altre terre del marchesato.

Stabilitisi nel 1203 alla Rocchetta, non poterono i due marchesi Pagano e Manfredo rimaner tranquilli nel possedimento di Montaldo e di Rocchetta stessa, perocchè il marchese di Monferrato rinnovò su quei luoghi le sue pretensioni, a cui egli aveva rinunziato, vendendo le sue ragioni al Comune d'Asti, in forza di trattato nell'11 aprile 1193. Si ruppe perciò la guerra, ingaggiossi un fiero combattimento dagli Astesi alleati degli Incisa, ed il marchese monferrino, che fu vinto, si trovò costretto a cedere un'altra volta le sue ragioni. Allora (1210) il Comune d'Asti ne investì Manfredo e Pagano, i quali come vassalli gli giurarono fedeltà (1).

_____

(1) Nel 1257 Enrico, marchese della Rocchetta, figliuolo di Manfredo, rinnovò il giuramento di fedeltà al Comune di Asti, e lo stesso faceva un Giacomo dei medesimi marchesi nelle mani di Guglielmo Caccia, podestà di Asti. Albertino, figliuolo del suddetto Enrico, fece la stessa sottomissione

Carlo, marchese della Rocchetta, dopo la metà del secolo XVIII trasportò il suo domicilio a Milano, e verso la fine dello stesso secolo si trasferì in Asti, come ho già detto.

Il palazzo appartiene ora al senatore comm. g. u. Felice Sismondo, tenente generale a riposo, già comandante dell'arma dei RR. Carabinieri.

30.

In via Venti Settembre

(già via MONTE DI PIETÀ — già via RIVA-CARRERA)

Il cronista abate Stefano Incisa nel suo diario del 1815 così scrisse riguardo a questa via: « La contrada presentemente *Carrera* prima d'ora comunemente si chiamava *Riva-Carrera* forse perchè qui vi fossero parecchi rami di queste due famiglie. Essendosi poi osservato che i francesi nella denominazione delle contrade questa la dissero *Rue Carrera* e cioè *strada Carrera* nell'anno 1810, e sapendosi anche che in questa città più volte siamo stati sotto i Francesi, può essere nella loro partenza dal popolo siasi corrottamente cambiata la parola *Rue* in Riva e in questa maniera sia poi stata sempre denominata non solo dal popolo, ma ancora negli atti pubblici ».

---

nel 1269. Il podestà d'Asti, due anni dopo, profferiva una sentenza contro i signori e gli abitanti della Rocchetta e di Montaldo, perchè non avevano presentato nel tempo prescritto la quota di grano ed un certo numero di armati loro imposti dalla città d'Asti, ed essi furono perciò condannati a pagare 150 lire astesi. Nel 1291 Pagano, marchese della Rocchetta, figlio ed erede del marchese Enrico, dopo aver giurato fedeltà al Comune d'Asti, venne investito di questo feudo dal podestà Enrico Segantini. Baldovino marchese della Rocchetta è menzionato in un diploma del 1372 dato dal marchese di Monferrato a favore di Trino. — Matteo, che floriva verso la fine del secolo XV, fu cavaliere aureato, e consigliere del principe monferrino Giovanni; Antonio Francesco, valente capitano, militò sotto i vessilli di Carlo V; Giovanni Antonio, dottore di leggi, fu consigliere del duca di Milano, da cui ottenne la conferma de' suoi feudi nel 1496; Ferrando con suo testamento del 1589 lasciò erede de' suoi beni il convento dei Carmelitani d'Incisa, con obbligo di fondarne uno dello stesso ordine nel luogo della Rocchetta.

L'arguto poeta astigiano Giovan Giorgio Alione, nella sua famosa *Macheronea* (1) accenna a tale contrada col noto verso

« *Certa servenia galoisa in rua carrera....* »

il che è prova che già fin dal secolo XV quella via denominavasi *Carrera*, e la parola *rua* sarebbe facilmente spiegabile come un francesismo (*rue*) pensando che ai tempi dell'Alione Asti era prettamente francese, come quella che era soggetta a Luigi duca d'Orleans che fu poi re di Francia col nome di Luigi XII, se il riscontro della *ruca de Sancto Mauricio o ruca merdosa* (scusate il vocabolo, ma è nei documenti) fin dal secolo XII in Ivrea (2) non ci accertasse della perfetta subalpinità della parola stessa.

Per quanto si sappia essere esistita in Asti un'antica famiglia Carena (3), che potrebbe aver avuto in questa via le sue case, e quindi averle dato il nome, è dunque più probabile che il nome primitivo fosse proprio *Carrera*, ma non per averlo tolto da una famiglia omonima, bensì dalla circostanza ch'era carreggiabile (*carraia, carrera*).

Del resto, io opino che nei secoli di mezzo questa via fosse una delle due strade denominate Solare, giacchè questa numerosissima stirpe aveva quasi esclusivamente in questa via le sue molte abitazioni.

Il nome di via Solara a questa strada scomparve assai presto, forse a motivo dell'abbandono quasi completo che i molteplici rami di quell'illustre e potente prosapia fecero della loro patria fin da parecchi secoli addietro (4).

La denominazione di via Solari data a quella che lo porta ancora oggidì, risale solo al 1873.

---

(1) *Macheronee di cinque poeti italiani del secolo XV*, p. 80, Milano, Daelli, 1864; *Poesie francesi* di G. G. ALIONE, aggiuntavi la *Macheronea* dello stesso, p. 152, Milano, Daelli, 1864.

(2) *Bibl. Soc. Stor. Subalp.*, voll. IV, V, VIII e IX, *passim*.

(3) I Carena possedevano parte di Lanerio, Montelevejo e San Marzano, e diedero parecchi magistrati alla patria.

(4) Non ho potuto rintracciare quale sia stata la seconda via che portava pure il nome dei Solari, ma è probabile che fosse quella che ancora oggi porta tale denominazione.

Può darsi, come si è detto, che i Carena abbiano avuto anche le loro case in questa via, e così pure la famiglia Ripa, o Riva (1): però dove fossero quelle dei primi e quelle della seconda io non saprei precisare.

Comunque sia la cosa, la denominazione di via Carrera, ed anche di via Riva-Carrera, fu conservata fino al 1873, nel quale anno essa venne cambiata col nome di via Monte di Pietà, perchè in essa è situato il pio Istituto di tal nome.

Il Consiglio comunale, poi, il 1 febbraio 1896, la denominò via Venti Settembre per ricordare che il 20 settembre del 1870 l'eterna città di Roma fu unita al regno d'Italia sotto lo scettro dei re della Casa di Savoia.

Tutte le case di sinistra di questa via sono addossate al bastione formante già l'antico *Recinto dei nobili*, e, quasi tutte, attraversando il predetto bastione, si estesero poi fino alla sottostante via Brofferio, detta già dei *Tessitori*, e dei *Filanti*; per modo che le case medesime hanno quasi tutte due ingressi, nelle due vie, cioè nella via Venti Settembre, che è la principale, e nella via Brofferio, dove prospettava il rustico nel *Recinto dei Borghigiani*.

.˙.

PALAZZI E TORRI DEI SOLARI. — Le case di questa via che più di ogni altra conservarono fino a questi ultimi tempi le vestigia della loro antichità, fra le altre, sono quelle presentemente appartenenti ai signori Valente (già Goria), Gianoglio, Fea, Raggio (già Zoppi-Bruno), Cerruti (già Quirico), Varvello, Vespa-Tesi, Opera Pia Tellini, Rustichelli, tutte alla sinistra procedendo dalla piazza Statuto; ed ai signori Borelli, avv. Fassio, Chiola,

---

(5) I Riva, o Della Riva, originari di Riva presso Chieri e che da quel luogo presero il nome, costituivano una delle più nobili ed antiche famiglie di Asti, e fra essi si ricordano Ruffino, dottore in leggi, che nel 1203 fu mandato da' suoi con alcuni altri a giurare una lega con i Pavesi; Bonifacio, dottore anch'egli, deputato nel 1260 a trattare con Carlo d'Angiò una tregua, la quale, a nome della patria, ebbe poi anche a confermare sei anni più tardi; Giovanni, che con titolo di signore trovasi consigliere d'Asti in una lega del 1270 fra quella città ed i marchesi Del Carretto; Antonio, Uberto e Ruffinetto, i quali leggonsi credendari d'Asti in una seduta tenuta in questa città nel 1279.

Taglietti, avv. cav. Garino, ed al Monte di Pietà, tutte alla destra.

Il primo dei palazzi appartenenti alla famiglia Solaro è quello già del signor Giovanni Giuseppe Goria ed ora del signor cav. avv. Giacinto Valente, alla sinistra, poco oltre la chiesa di san Paolo. Era munito di forte ed alta torre a larga base, demolita probabilmente nel secolo XIV.

Dove nel 1574 venne istituito ed eretto il Sacro Monte di Pietà a beneficio dei poveri, ad iniziativa del vescovo d'Asti monsignor F. Domenico Della Rovere di questa città, sorgeva un altro dei palazzo dei Solari; e la nuova destinazione del locale fece cambiare sostanzialmente l'aspetto antico del vetusto fabbricato.

Le due case contigue, dei signori Cerruti (già Quirico) e Varvello, presso la via che ora porta il nome dei Solari, appartenevano esse pure alla famiglia Solara. Le medesime vennero rimodernate nel XVIII secolo; ed anche la casa d'angolo, del signor Varvello, la quale conserva più dell'altra l'impronta di antichità, fu ristorata nel Settecento secondo il gusto dell'epoca. Essa aveva la sua principale entrata nel risvolto della presente via Solari (già via san Francesco), proprio vicino alla *Porta Mercati*, che, come ho già detto, e come d'altronde è noto, si innalzava attraverso la via Solari, tra la casa Varvello e la prospiciente casa Vespa-Tesi. Dopo il ristauro del Settecento, l'ingresso civile venne trasportato verso la via Venti settembre.

La casa Cerruti (già Quirico) verso la metà del secolo XVIII era del signor Casalino, al decesso del quale pervenne in eredità all'Ospedale dei poveri di questa città; ma sul principio del secolo scorso ritornò alla famiglia Solaro, che la dismise poco dopo.

La presente casa Varvello era nel secolo XVIII pervenuta ai Ferrari, da cui passò sul principio del secolo XIX al procuratore Massa.

Ma probabilmente il palazzo più cospicuo della famiglia Solara era quello al di là della via Solari, a sinistra sull'angolo nord di questa strada con via Venti Settembre: quello, cioè, attualmente posseduto dalla signora Vespa-Tesi.

I cambiamenti subiti da questo palazzo lo rendono affatto irriconoscibile; nè parimenti vi esiste ancora traccia di un'altra superba torre che si innalzava slanciata verso il cielo dall'an-

golo anzidetto, quasi a difesa della *Porta Mercati* che si apriva
lì presso. Il vasto palazzo, ben guernito di opere di difesa e
di offesa, si estendeva per un lungo tratto sulla via Venti Settembre, e risvoltando nella via Solaro, proseguiva poi con un
altro braccio in via Brofferio.

Tutti questi palazzi passarono ben presto dalle mani dei Solari ad altri possessori, allorchè essi esularono dalla patria.
Quanto all'ultimo palazzo, esso pervenne nel secolo XVII in
proprietà della famiglia Pinelli, da cui passò per eredità alla
famiglia dei conti Peres, dalla quale, anche per eredità, venne
poi agli Asinari di Gresy. Mancano le notizie sulle due prime
famiglie: della seconda, per altro, si conosce una lapida che già
esisteva lì vicino, nella soppressa chiesa di san Francesco, e che
era del seguente tenore: « D. O. M. | HIC SITUS EST COMES PIUS
SECUNDUS PERES | CARITATE IN DEUM | IN PAUPERES LIBERALITATE MULTUS | CRISTINA MARCHIONIS GRESY UXOR | PARENTEM
OPTIMUM ET AVITUM GENUS | LUGENS, PACEM EI PRECATUR | ET
MONUMENTUM PONI JUBET | ANNO REPARATIONE SALUTIS MDCCLXX |
VIXIT ANNOS LXXX (1) ».

Sul principio del secolo scorso questo palazzo era del signor
Giovanni Biglione, ed attualmente appartiene alla signora Vespa,
sposatasi alcuni anni addietro al signor tenente Garibaldo Tesi.
È probabile che anche agli antichi Solari appartenessero le
case che ora sono dell'avv. Carlo Fassio e del signor Saletta,
prospicienti in via Solari a destra della via Venti Settembre.

I Solari di Asti vennero dall'erudizione umanistica riattaccati
ai Soleri d'Ivrea, a cui non soltanto il Galizia (2) si studiò di
attribuire l'onore di essere del sangue del gran vescovo di Novara san Gaudenzio, perchè già in un ordinato della città di Novara dell'anno 1567, presentato da' suoi deputati a monsignor
Giampietro Solaro in occasione del suo avvenimento alla sede
vescovile di Vercelli, i 60 decurioni componenti il Consiglio dichiaravano « aver san Gaudenzio, primo vescovo di Novara,
avuta sua origine nella città di Ivrea dalla nobilissima famiglia
dei Solari, e ottenuta questa sede episcopale nell'anno di G. C.

---

(1) GABIANI, *Intorno alla Chiesa di S. Francesco in Asti*, p. 23.
(2) *Atti dei santi e beati che fiorirono nei domini della reale Casa di
Savoia*, vol. I, Torino, 1815.

391, mentre dominavano Arcadio nell'oriente, Onorio nell'occidente, per conseguenza la prefata famiglia de' Solari essere antichissima e nobilissima; su che consentiva per tradizione la comune opinione e fama ».

I Solari di Asti, però, non hanno da far nulla coi Soleri d'Ivrea; e ciò non si deduce soltanto dalla differenza dello stemma (1) che di per sè solo non basterebbe, data la tardità relativa dell'uso generale degli stemmi (sec. XIII), ad escludere un'origine comune. Gli è che l'origine di entrambe le famiglie è ben nota. I Soleri d'Ivrea sono un ramo dei procuratori-visconti della città, di cui altri rami si denominarono appunto *De Ipporigio* o *De civitate Ipporigie* e più tardi *Di Ivrea* semplicemente, come altri si chiamarono *De Mercato*, *De Porta*, *De Ruca*, Dalpozzo, Grassi, Talliandi, Gionatasii, Caldera, etc. (2). I Solari di Asti, invece, sono un ramo dei signori di Govone, come riesce evidente dai documenti del *Codex Astensis* e del *Libro Verde della Chiesa d'Asti* (3). Cadono quindi tutte le favole che il Molina (4), l'Angius (5) ed altri spacciarono, desumendole dal *Memoriale* del falso Raimondo Turco e dalle altre falsificazioni di storia astigiana, sui Solari mandati dal Comune d'Asti in soccorso della Regina di Neustria Fredegonda o della regina di Napoli Cunegonda, od altre sifatte, che la critica moderna non può più registrare.

Ma, anche senza di ciò, la potenza della casa Solara in Asti fu tanta, che meno nel paragone valevano le altre più potenti

---

(1) Lo stemma dei Solari è il seguente: « Bandato di tre pezzi scaccati a tre file d'oro e di rosso a tre pezzi d'azzurro. *Cimiero*: Un liocorno nascente. *Motto*: CEL FIERT QUI NE TUE PAS ». Esso si vedeva passo passo figurato nelle case che essi abitavano in Asti, e queste erano tante, che per ragion del numero delle medesime furono come ho già detto, cognominate *Solare* due delle principali vie della Città; e parimenti nelle colonne del frontispizio del gran presbiterio della Cattedrale, all'erezione della quale pare che i Solari abbiano contribuito in misura considerevole.

(2) GABOTTO, *Un millennio di storia eporediese*, in questa *Bibl. Soc. Stor. Subalp.*, IV, 55, Pinerolo, 1900.

(3) Cfr. anche F. GUASCO DI BISIO, *Dizion. feudale del Piem.*, II, 824, in corso di stampa in questa stessa *Bibl. Soc. Stor. Subalp.*

(4) *Notizie storico-profane della città d'Asti*, pp. 138 seg., Asti, 1776.

(5) ANGIUS, *Fam. nob. del Piem.*, vol. I, Torino, 1845.

famiglie. Nel territorio della città essi possedevano ventiquattro castella, tra le quali era quello di Solere, così appellato dai possessori; e dalla famiglia che lo possedeva vuolsi uscisse il santissimo Bruno o Brunone, vescovo di Segni nell'XI secolo, benemerito della Chiesa universale, che meravigliò con i costumi, illuminò e difese con le dotte sue opere. Tra gli altri castelli ricorderò Dogliani, Moretta, Macello, Torre San Giorgio, Monasterolo, Govone, Borgo San Dalmazzo, La Chiusa, Montalto, Villanova Solaro, Cantogno, Casalgrasso, Val di Chiusa, Stupinigi, Caraglio, Ozegna, Breglio, Monale, Piea, Favria, Baldissero, etc. Ebbero i Solari in feudo anche Perosa Argentina ed il suo territorio, già proprietà dei duchi di Savoia.

I Solari, come capi del partito guelfo, dominarono la città per circa mezzo secolo e furono, secondo il Grassi (1) « sulla linea dei Visconti, dei Torriani, degli Scaligeri e de' Medici, i quali tutti di privati diventarono principi ». A torto però soggiunge lo storico astigiano che « essi, a dir vero, non fecero altrettanto, ma ciò non fu per difetto d'opportunità, bensì di prudenza ed ardimento. Se fra loro sorgeva un uomo eguale a Galeazzo Visconti, a Can della Scala, a Lorenzo de' Medici, avrebbe il supremo potere non men di loro ottenuto ». Uomini di senno e di ardimento non mancarono infatti tra i Solari, e la figura di Catalano Solaro nel tentativo fatto da Filippo di Acaia per farsi signore d'Asti ha, pur nelle rozze pagine del Ventura, qualcosa della grandiosità del Farinata dantesco (2).

Quando i cittadini d'Asti si divisero nelle due fazioni guelfa e ghibellina, i Solari, potentissimi, diventarono capi dei Guelfi, ed ottennero i primi onori nella città.

Invidiosi i Ghibellini dell'autorità dei Solari, tentarono nel 1265 di far signore della città il marchese Oberto Pelavicino, e vi sarebbero riusciti se opportunamente non avesse troncato le loro macchinazioni l'ardimento di Guglielmo Alfieri.

Si accentuavano intanto le ragioni della funesta discordia tra i Solari ed i De Castello. Essendo avvenuto che Bonifacio

---

(1) *Storia della città d'Asti*, II, 230.
(2) GABOTTO, *Hasta vetus*, Asti, 1899.

Solaro fosse ferito in un trambusto da Robaldo Catena, signore di Mombercelli e genero di Ruffino Guttuario, Bonifacio Solaro ne giurò la vendetta, e, colto il destro, uccise il suo feritore. Si aprì allora la guerra, e la città si divise nelle due anzidette fazioni, i Guelfi aderendo ai Solaro, i Ghibellini ai De Castello.

In questo tempo erano in tanto numero le famiglie dei Solari, tanta la quantità degli uomini, che nella guerra contro i Ghibellini astigiani alleati ai marchesi di Monferrato e di Saluzzo, i Solari armarono molte centinaia di fanti e di cavalli (una volta dicesi 500 fanti e 400 cavalli) e li mantennero a proprie spese finchè durò sifatta contesa. Questi guerrieri erano condotti e governati da' Solari, i quali forse nello stesso principio furono annoverati fino a Trecento, come attesta Antonio Astesano con i seguenti versi:

> « Illo tanta fuit Solaria tempore proles
> Ut nulla Astensi major in urbe foret:
> Ex qua tercentum sunt uno tempore eodem
> Armati ex tanta nobilitate viri.
> Talis erat Fabium domus anguissima Romae
> Ex qua tercenti succubuere simul.....
> Tantum idcirco ferox erat haec domus atque superba
> Ut vellet cives suppeditare suos.....
> Verum sola potens soboles Solaria quemquam
> Noluit in signis participare suis;
> Nec mutare suum voluit nec frangere nomen.
> Tantum magnanima sive superba fuit ».

Le famiglie che massimamente patirono nelle lotte dal 1261 al 1271 furono, dopo i Solari, quelle dei Falletti, Malabayla, Ricci, Damiani, Perla, Layoli, Ponti (giacchè Benedetto Ponti, figlio unico d'Isnardo Ponti, recedendo dal partito già seguito da suo padre, erasi dopo il 1260 collegato ai Solari, ed aveva sposata la causa guelfa); nell'altra parte molti danni soffrirono i Guttuari, i Turchi, gli Isnardi, gli Asinari, i Testa, gli Scarampi, i Carena, i Gardini, i Bergognini, gli Alfieri, alcuni dei Layoli e dei Pelletta, ed altre delle famiglie dette « nobili d'Albergo ».

Nell'anno 1270 negli atti di un consiglio generale tenuto dal Comune di Asti sono sottoscritti ben 17 capi di casa del nome Solaro.

Gli sforzi fatti dai Solari nella ostinata fiera tenzone contro i Ghibellini non valsero sempre a mantenere la loro dominazione sopra la città; perchè gli avversari, cresciuti di possanza, li soperchiarono e li obbligarono ad uscire dalla città.

Nel 1302 Emanuele Solaro fu ucciso dentro la stessa città da uno dei Turchi, e questa uccisione fu il segno d'una guerra micidiale. I Solari adunarono intorno a sè tutti i loro fautori, i Malabayla, i Garretti, i Cacherani, i Damiani, etc. e li indussero alla strage; e quelli dei De Castello avendo similmente domandate le armi ai loro aderenti, Scarampi, Alfieri, Asinari, Rotarii, ecc. risposero con furore al furore degli avversari. Ma nella contesa prevalendo i Solari, avvenne che i De Castello per non essere oppressi, implorassero la protezione dei marchesi di Monferrato e di Saluzzo. Soccorsero questi, e ricevuti nella città usarono tutta la loro potenza per domare i Solari, i quali dopo aver vanamente tentato di ricacciar fuori gli stranieri, dovettero cedere alla forza prepotente dei loro nemici e ritirarsi vinti, altri in Alba, altri in Chieri.

I Ghibellini, ottenuta l'autorità, ne abusarono in mal modo. Tutti i partigiani dei Solari furono indegnamente vessati. Ma i Solari non restarono inerti, abbandonandosi alla mala sorte: con gran sollecitudine si conciliarono alleati e procacciarono buone armi per poter vincere la resistenza degli emuli e cacciarli dalla città.

Nel 1304, come ho già detto in altra parte del libro, i Solari mossero verso Asti coll'aiuto degli alleati, e nel buio della notte assalirono e rioccuparono la città.

Senza ripetere le cose già dette più volte, basti ricordar qui che i Solari furono i precipui autori della dedizione di Asti al re Roberto nel 1312 e che sotto di lui, col favore del popolo, a cui lasciarono per necessità di parte acquistare maggior forza del conveniente, spadroneggiarono fino al 1339, nel qual anno furono cacciati dai Roeri in unione col marchese Giovanni II di Monferrato spalleggiato da Luchino Visconti, ed uscì quindi dal Comune il fatale decreto che portò ai Solari gravissimo irreparabile danno: tutti i Solari di qualunque famiglia dovettero andare in perpetuo bando dalla città e dal territorio, solo eccettuati quelli del ramo di Govone.

Più tardi, Galeazzo Visconti, al quale dopo la morte di suo zio era toccata in parte Asti, lasciò di nuovo rientrare in città i Solari che da parecchi anni ne erano banditi ; ma ciò sollevò la gelosia dei De Castello, i quali introdussero nuovamente in Asti nel 1356 il marchese Giovanni di Monferrato, che ne ritenne il governo per tutta la vita.

Di qui seguì il volontario esilio dei Solari, che diedero quindi origine ai seguenti rami : Solari di Govone — Solari di Monasterolo — Solari di Chieri, signori di Moncucco — Solari di Francia — Solari di Macello e della Torre — Solari conti di Ozegna — Solari di Mondovì, conti della Margherita — Solari di Moretta, Casalgrasso, ecc. — Solari di Moretta e di Conta in Lorena — Solari di Osasio e Baldissero — Solari di Stupinigi — Solari di Villanova, di Caraglio etc. — Solari marchesi del Borgo — Solari marchesi della Chiusa — Solari marchesi di Battifollo — Solari marchesi di Breglio e di Favria — Solari marchesi di Dogliani, Borgo S. Dalmazzo, etc.

Molti insigni personaggi di questa antichissima stirpe si segnalarono per cariche politiche e diplomatiche; altri molti nella prelatura, fra cui, oltre il prelodato san Brunone vescovo di Segni, sono da notarsi Uberto, vescovo di Ivrea nel 1332; Agostino, vescovo di Fossano nel 1621; Maurizio, vescovo di Mondovì nel 1642: Giacinto, vescovo di Nizza Marittima nel 1659, e Giovanni Pietro, vescovo di Vercelli nel 1743.

Il Crollalanza (1) scrive che ben 27 personaggi di questa famiglia vestirono l'abito dell'Ordine di Malta dal 1433 al 1700, e che 15 furono insigniti dell'Ordine Supremo della SS. Annunziata dal 1618 al 1788.

∴

ALTRO PALAZZO CATENA. — Poco oltre il fabbricato dove ha sede il sacro Monte di Pietà, dalla parte opposta, è il palazzo presentemente del signor Serafino Raggio di Genova, che fino a questi ultimi anni era di proprietà dell'avv. Zoppi-Bruno. Esso apparteneva nei secoli di mezzo all'antichissima famiglia dei Catena (FIGURA 31) e vuolsi da taluno che in esso dal secolo

(1) *Dizionario storico-blasonico*, II, 540.

(FIG. 31) Antico palazzo dei Catena (ora Raggio, già Zoppi-Bruno)
in Via Venti Settembre.

X al XV avessero dimora i vescovi d'Asti. Ma ho già riferito doversi ritenere che in quest'epoca la residenza dei vescovi era stabilita nell'altro palazzo dei Catena, ora Gandolfo-Vastapane, in piazza del Tribunale (1).

In questa casa, deturpata da parecchio tempo nella facciata al piano terreno, ed in questi ultimi anni anche al primo piano, si riconoscono tuttora la posizione e la conformazione delle antiche aperture, mentre si ammirano quelle lasciate intatte che rivelano la grandiosità degli ornamenti, particolare prerogativa della decorazione delle case civili in quest'epoca caratteristica.

Sarebbe veramente opera altamente encomiabile se l'attuale proprietario restituisse, se non l'intera facciata, le parti principali di essa, o qualcuna almeno, all'antico splendore.

La robusta struttura dell'edifizio è un bellissimo esempio, essa pure, delle costruzioni medievali tanto copiose nel Piemonte in generale ed in questa città in particolare.

Fra le bellezze che si ammirano nel prospetto di questo palazzo è certamente da segnalarsi la elegantissima cornice o fregio in terra cotta che serve di separazione dal primo al secondo piano (FIGURA 3).

Questa cornice dai buonissimi profili, come scrive il dotto comm. ing. R. Brayda, ci svela il talento degli architetti del Quattrocento nel comporre decorazioni geniali con materiale molto semplice e duraturo.

L'interno del piano terreno è tuttora mirabile, permettendo esso di vedere nella sua genuina costruzione originaria le bellissime volte a sesto acuto, adorne delle caratteristiche nervature a rinforzo degli archi delle volte nel loro centro dove la la chiave o serraglio è formata da una pietra circolare a guisa di rosone pendente, entro cui è riprodotto lo stemma.

L'epoca in cui questo palazzo sarebbe stato costrutto, è, a mio avviso, verso la fine del secolo XIV.

La tradizione pone in questo palazzo Catena l'abitazione di *Iginia d'Asti* assunta da Silvio Pellico come protagonista della sua tragedia omonima. Come è noto, nell'anno 1831 il Pellico fu per qualche giorno in Asti (2), intrattenendosi più a lungo nel

---

(1) Di questa famiglia ho già parlato lungamente a pp. 142 e segg.

(2) *Curiosità e ricerche di storia subalpina*, fasc. II, Torino, 1874.

vicino castello di Camerano (che ora è di pertinenza dei vescovi d'Asti) (1); e nulla di più probabile che durante questo soggiorno abbia avuta l'ispirazione della sua tragedia *Iginia* (2). Ma Iginia d'Asti, figlia del console Evrardo, è personaggio fantastico. Consoli di nome Evrardo non si conoscono. Si trova un Everardo teste in Isola d'Asti il 5 novembre 1088 (3), della famiglia *De Civitate*, ossia dei *curatores* (cioè *signori*) di Asti. È da ciò probabile che consoli di tal nome vi siano stati; ma la tradizione sulla realtà del personaggio di Iginia, e sulla conseguente di lei abitazione nell'anzidetto palazzo Catena, è destituita da ogni fondamento.

PALAZZO MONTE O DE MONTE. — È quello appartenente alla famiglia Gianoglio, sin contro la casa attuale del signor Bresso,

---

(1) Dei tanti beni stabili, già posseduti dal vescovado d'Asti, ora non gli rimangono che un palazzo con annesso giardino, in città, il qual palazzo serve di stanza al Vescovo ed agli uffici della Curia vescovile, almeno dal principio del secolo XVI, ed un castello con piccola vigna sull'amena collina di Camerano, poco distante da Asti, ad uso di villeggiatura. Questo castello, però, non è un antico possesso della mensa vescovile, ma venne comprato, a spese di essa, solamente il 23 agosto 1842 da monsignor Artico. Apparteneva anticamente alla nobilissima famiglia astigiana Asinari di Camerano; e nella prima metà del secolo scorso, come è noto, all'illustre storico conte Cesare Balbo, il quale, essendo stato colà confinato per motivi politici, vi fece dimora qualche anno con la famiglia e vi ospitò celebri personaggi, tra i quali Silvio Pellico (Bosio, *Storia della Chiesa d'Asti*, 176).

(2) Il Pellico, dopo le due sue prime tragedie *Francesca da Rimini* ed *Eufemio da Messina*, aveva disegnato di dipingere il Medio Evo nell'Alta Italia, con una serie di poemetti da lui attribuiti ad un trovatore saluzzese del Ducento, e parecchie altre tragedie aveva meditate, tutte d'argomento nazionale, quando, arrestato come carbonaro il 13 ottobre 1820, venne condannato a morte, quindi ebbe la pena tramutata in venti anni di carcere duro. Dopo dieci anni graziato, potè tornare in patria, ma affranto di salute, l'ingegno tuttavia non era spento, sebbene privo dell'ardore giovanile e dell'ardimento manifestato nelle sue prime opere. Pubblicò altre sei tragedie, in tre delle quali, cioè *Iginia d'Asti*, *Leoniero da Dertona*, *Gismonda da Mendrisio*, descrive ancora il Medio Evo italiano, continuando l'idea nazionale dell'*Eufemio* ed imprecando contro le discordie e le ambizioni a danno della patria.

(3) GABOTTO, *Le carte dell'Arch. Capit. di Asti*, n. 188 (vol. XXVIII di questa *Bibl. Soc. Stor. Subalp.*).

da una parte, e contro la casa Raggio (già Zoppi-Bruno), dall'altra; prospiciente cioè al fabbricato del sacro Monte di Pietà.

Questo palazzo, per quanto fosse uno dei più antichi, non conserva più alcuna traccia della sua remota costruzione, essendo esso negli ultimi secoli stato completamente rimodernato.

I Monte, o De Monte (1), nel secolo XII si chiamavano *De Viglano,* o Vigliani, ed ebbero origine da Azzone di Vigliano, che nel 1135 sottomise tal luogo al Comune d'Asti.

La genealogia certa dei De Monte incomincia da Guglielmo sposato ad una Roero, che testò il 18 maggio 1277 e successe nella signoria di Vigliano a Giacomo. Questo Guglielmo fu il primo ad assumere il cognome di *De Monte,* e come i Vigliani siano poi stati chiamati De Monte consta dagli Statuti antichi della città d'Asti, ed anche per sentenza del 14 ottobre 1337, rogata Moraglia, in cui fu dichiarato che i Vigliani e i De Monte *sunt unum et idem* (2).

_____

(1) Facevano per arma: D'argento all'aquila di nero, coronata dello stesso, linguato di rosso, caricata in cuore da uno scudetto d'oro, a tre bande di nero. *Cimiero*: Un selvaggio nascente con le braccia aperte, tenente con la destra un bastone nodoso di verde. *Motto*: OMNIA CUM TEMPORE. »

(2) Al Guglielmo predetto succedette il vassallo Enrico (marito di Filippina figlia del conte Romis De Regibus), al quale il Comune d'Asti concesse di battere moneta con atto 21 settembre 1305 rogato Guglielmo De Gregorio. Petrino De Monte, notaio in Asti, ottenne la riconferma delle investiture e dei privilegi di tutti i suoi antenati (1347) e sposò una Solaro. Così pure Lorenzo, anch'egli notaio, marito di Giustina De Catena, il quale testò nel 1374. Gli successe Petrino II, del pari notaio, sposatosi ad una cugina De Monte, che lo fece padre di dodici figli. A Sibaldo, pure notaio, sposatosi a Bartolomea figlia del conte e tenente generale De Laurentiis, successe Marcello, dottore in ambe leggi e marito di Antonia, figlia del conte Balbo. Il vassallo Marchetto fu conte palatino con molti privilegi; procuratore e notaio fiscale nel 1485, e consigliere di Stato. Testò nel 1515. Figlio di Marchetto fu Rainaldo (sposato ad una Camilla figlia del conte Citramontes, tenente generale), giudice delle reve per il duca di Milano, avvocato fiscale di Pavia e di Asti per il re Francesco I, e che testò nel 1534. Giovanni Giorgio, marito di Anna figliuola del conte Cacherano d'Osasco e Rocca d'Arazzo, fu signore di Vigliano e di Paruzone e consignore di Agliano e di Castelnuovo Calcea (1554). Fu creato conte palatino, egli ed i suoi successori in perpetuo, dall'imperatore Carlo V, con conferma ed ampliazione dell'arma gentilizia; cavaliere dello sperone d'oro;

.•.

ALTRO PALAZZO ALFIERI. — Dirimpetto al precedente dei
Catena, dove adesso è il grande caseggiato del signor Borelli
(già Tinelli), risvoltando per via Solari fino alla via Bonzanigo,
sorgeva l'antico palazzo degli Alfieri; i quali, come già ho riferito precedentemente, avevano più anticamente le loro case
nel fabbricato in cui è ora allogato il Caffè « Alfieri » sulla
via Maestra e sulla via Carlo Leone Grandi.

L'attuale palazzo Borelli non conserva più nulla di antico: esso
fu ridotto a forma moderna nel 1655, allorquando, sulle antiche
case degli Alfieri, si edificò il convento di sant'Agostino annesso
alla chiesa dello stesso nome, la quale sorgeva nell'attigua casa
della signora Luigia Nicola vedova Prette, verso la via Venti
Settembre.

In questo antico palazzo degli Alfieri si stipulò un atto di
grandissima importanza, cioè la dedizione al re Roberto di
Napoli fatta dai procuratori del Comune nelle mani del siniscalco di lui Ugo Del Balzo, che appunto abitava in quel
palazzo. L'instrumento fu rogato il 17 aprile del 1312 dal notaio
Bartolomeo Candela: « *Actum in civitate Astensi in domibus
Alferiorum, in quibus moratur potestas* ». Esso fu publicato dal
Promis, ma senza la lunga nota degli esiliati, cui i Solari, allora
tenentes, chiesero al Re fossero sempre *forenses*, cioè esclusi

---

conte lateranense con facoltà di crear notai e giudici per tutto il romano
Impero. Annibale, dottore in leggi, fu marito di Susanna Alfieri figliuola
del conte e signore di Magliano. Un altro Rainaldo, figliuolo del precedente, professor di leggi, sposò Angela, figliuola del conte Mazzetti, e fu
gentiluomo di bocca del duca Carlo Emanuele I di Savoia (1624). Un altro
Annibale, conte palatino, cavaliere aureato, era marito di Laura Margherita figliuola del conte Veglio, e capitano per la duchessa di Savoia (1645).
Teodoro (sposato a Francesca Benedetta, figliuola del conte Fay) fu sindaco di Asti con lettere di particolar gradimento di Vittorio Amedeo II (1717).
Carlo Ignazio (marito di Marianna Innocenza, figliuola del comandante
capitano Ghiga) è ricordato come tesoriere della città d'Asti nel 1732.
Giovanni Teodoro (marito di Luigia, figliuola del conte Tarini) fu comandante capitano con patenti 1795. Al precedente succedette la figliuola Felicita (sposata al cavaliere capitano Eugenio Roasenda).

dalla città natia; la qual nota, già riassunta dal Grassi (1), è ora data per intero dal Gabotto (2).

Nel testo latino si legge: « *Nomina quorum bannitorum, rebellium et forensitorum sunt haec* »; e si aggiunge talora: « *singuli masculi et mulieres.......omnes ascendentes et descendentes* ». Ed è cosa che stringe il cuore di pietà lo scorgere quella rovina di tanta parte della cittadinanza (3). Erano insomma cacciati i Ghibellini, e tali erano per lo più gli Alfieri; e pure devono essersi governati con moderazione e prudenza, poichè nessuno di essi si legge fra gli sbandeggiati, anzi il loro palazzo era dimora del Podestà (4).

In questo palazzo Alfieri nacque (probabilmente nel 1315) il beato Enrico Alfieri, dell'ordine dei Minori Conventuali, Ministro Provinciale e Vicario Apostolico, Generale (nel 1387) del suo Ordine, che egli resse e governò con esemplarissima pietà. Morì l'anno 1405 in Ravenna in fama di santità, e fu sepolto in quella chiesa dei Francescani.

Più tardi, come ho già detto in altra parte del libro, gli Alfieri si trasferirono nel presente palazzo omonimo, dove nacque il sommo poeta Vittorio.

.·.

ALTRO PALAZZO PELLETTA. — All'estremità ovest, dal lato nord della presente via, sull'angolo di piazza san Giuseppe, dove è l'odierno palazzo Taglietti, ergesi l'antichissimo palazzo dei Pelletta del ramo di Cortazzone, di cui ho già parlato precedentemente.

Di fronte all'anzidetto palazzo, sulla via Venti Settembre, dietro

---

(1) *St. d'Asti*, I, 267.

(2) *Asti e la polit. sab.*, pp. 297 segg., n. 5 (vol. XVIII di questa *Bibl. Soc. Stor. Subalp.*).

(3) VASSALLO, *Il beato Enrico Alfieri*, p. 18, Asti, 1890.

(4) La dimora del podestà in questo antico palazzo degli Alfieri doveva essere unicamente temporanea, e forse soltanto nel periodo del fervore più accanito delle lotte intestine; perchè altrove ho già accennato (pag. 180) che il podestà aveva la sua residenza nel *palazzo del Comune*, o *del Podestà*, il quale palazzo fu trasferito in più luoghi, come ho detto nel corso della presente narrazione.

la confraternita di san Rocco, si innalzava un antico quartiere, che prese poi il nome di san Rocco dopochè nel 1660 si eresse la chiesa che tuttora sussiste. Detto quartiere era stato edificato sulle rovine di un'antica casa-forte di cui ignoro l'antico proprietario. Sul principio del secolo scorso il predetto quartiere era di proprietà del Municipio d'Asti, e conserva ancora traccie delle antiche costruzioni.

31.

In via Malabayla

Al principio di questa via, entrando da via Roero, si incontrano, alla sinistra, il palazzo dei Roero di Monticello e di Piea che fu poi dei Cacherano della Rocca, ed alla destra, il palazzo dei Roero di Settime e di Mombarone, dell'uno e dell'altro dei quali ho già discorso percorrendo la *via Roero*.

PALAZZO BUSCA DEL MANGO. — Dopo il palazzo dei Cacherano, è l'antico palazzo dei marchesi Busca del Mango e di Neviglie.

Il Grassi (1) afferma che la famiglia dei marchesi di Busca non si trasferì in Asti che dopo il 1400; epperciò il palazzo abitato per varî secoli dai predetti marchesi in questa via, apparteneva, nell'epoca della maggior potenza della città d'Asti, ad altri patrizî che non so designare.

La famiglia dei marchesi Busca è una delle più illustri, come quella che discende da Bonifacio marchese di Savona e del Vasto.

Il suo terzogenito Guglielmo fu l'iniziatore della linea dei marchesi di Busca, e da questo discendono i marchesi del Mango, di Rocchetta Belbo, di Neviglie, di Trezzo e di Cossano Belbo.

Manfredo I, primogenito del predetto Guglielmo e di Alice di Savoia, portò il soprannome di Lancia nella sua famiglia per essere stato lancifero di Federico I imperatore, e fu padre della famosa Bianca d'Agliano (sposa dell'imperatore Federico II e madre di Manfredi re di Napoli e di Sicilia) e di Manfredo II e di Federico. Per la guerra con gli Astesi dovette cedere nel 1206 il contado di Loreto da lui acquistato, e Castagnole, da

---

(1) *Op. cit.*, I, 206.

lui poi detto delle Lancie, o Lanze, a Guglielmo marchese di Monferrato che li rimise immediatamente agli Astigiani.

Manfredo II fu lancifero di Federico II imperatore, onde il soprannome di Lancia si estese anche a Federico suo fratello germano ed agli uterini Giordano e Galvagno conti d'Agliano, non che allo stesso re Manfredi.

Da Berengario I, fratello di Manfredo I Lancia, discendono direttamente i marchesi di Cossano, da cui nel 1394 per via del marchese Ermete si forma il ramo dei signori di Cossano, poi marchesi del Mango, Rocchetta e Neviglie, estinti nel 1820 (1).

Il palazzo Busca del Mango tal quale si vede oggidì non conserva più grandi traccie della sua antichità: i moderni ristauri hanno tolto gran parte dei caratteri vetusti della sua costruzione. Verso la via Sella non aveva alcun ingresso: questo era invece verso la via Malabayla, dove ora si apre nel muro di cinta che chiude il cortile; ma è probabile che anche dove si apre adesso il portone carraio si innalzasse un altro braccio del palazzo, il quale si univa al rimanente caseggiato che oggi ha l'aspetto di rustico, e che, per altro, il cortile attuale servisse ai due bracci di mezzodì e di tramontana.

Vuolsi che sia in questo palazzo che avvenne la morte di monsignor Panigarola vescovo d'Asti (2): e si soggiunse che la morte abbia avuto luogo per cagion di veleno. Ma questo genere di morte pare sia escluso dall'atto di decesso che si legge nel libro dei defunti della Cattedrale, al foglio 21.

« L'anno sud° (cioè 1594) et alli 30 di maggio giorno secondo della Pentecoste morse alle 23 hore in casa di Mons.ᵣ di Neviglie

---

(1) I Busca facevano per arma: D'oro a quattro pali di rosso. Cimiero: un leone nascente d'oro, linguato di rosso, tenente in bocca il *motto*: NULLA FORTITUDO SINE DEO.

(2) Monsignor Panigarola fu uno dei vescovi più insigni della nostra diocesi. Era milanese di nascita e Minore Osservante. Si fece religioso in Firenze, dove si rese dottissimo nella filosofia. Fu uomo assai versato nella sacra e profana erudizione ed uno dei più eloquenti predicatori. San Carlo Borromeo udiva con grande diletto le prediche di lui, e Sisto V per la di lui dottrina lo fece vescovo crisopolitano, indi vescovo d'Asti nel 1587. Le molte pregevolissime opere da lui scritte fecero maggiormente rifulgere l'immenso suo sapere, e grande fu il vantaggio che esse arrecarono alla religione cristiana.

il M. Ill. e Rev.^{mo} Mons. frate Francesco Panigarola vescovo di questa città d'anni 47 sopragionto di morte subitanea per un cattaro, qual celebrò il giorno avanti, et fu sepolto al domo alle cui esequie si trovò mons. Vitia vescovo di Vercelli con tutto il clero alli 2 di giugno a hore 2 di notte ».

Nel libro od elenco ms. dei Confratelli e delle Consorelle della Ven. compagnia del SS. Sacramento nell'insigne Collegiata di San Secondo si legge: « Al 30 di magio 1594 il segondo giorno di Pentecoste a ore 22 morse mons. Panigarola veschovo nostro et fu sepulto nel domo a li 2 giugno 1594 et a farli le esequie fu il sig. Marco Antonio Divizia di Ast veschovo di Vercelli et morse di.......». Seguono indi alcune parole cancellate con una linea d'inchiostro. Le poche parole cancellate sono le seguenti: « et morse di morte subitanea in casa di Mons. di Neville ».

Il Bima (1) afferma senz'altro che monsignor Panigarola « morì avvelenato in età di soli 46 anni ».

Assai più esplicito fu il Boatteri (2), che dopo aver narrato che una nobile persona, entrata in sospetto che il vescovo in una certa sua predica aveva fatto allusione a colpe od a vizî di lei, decise di vendicarsi del prelato col toglierlo di vita, « come appunto fece mediante un mortifero veleno, che con armata mano, fè tracannare all'innocente e pio vescovo nella sua istessa camera, in cui sotto pretesto di visita avevalo trovato ».

Il Boatteri riferì il fatto servendosi della narrazione lasciata manoscritta da Sebastiano Provenzale (3), e poichè questi narra l'avvenimento con la sua solita forma ingenua, ma nello stesso tempo piena di calore, riproduco il racconto nella sua testuale semplicità (4):

---

(1) P. BIMA, Serie cronologica dei Romani Pontefici e degli Arcivescovi e Vescovi di tutti gli Stati di Terraferma etc., p. 110, Torino, 1842.

(2) BOATTERI, Serie cronologica-storica dei vescovi della chiesa d'Asti, p. 110 segg.

(3) Morto in Asti il 19 maggio 1775 e sepolto nella chiesa della Misericordia. Fu appassionato raccoglitore delle memorie sacre della sua patria. L'illustre abate comm. G. B. Adriani, di Cherasco (morto novantenne, il 16 maggio 1905), che possedeva il manoscritto del Provenzale, lo intitolò Asti Sacra.

(4) Dalla copia presso di me esistente, fatta di mano del can. prof. Carlo Vassallo.

« Era pio costume del nostro bon vescovo di portarsi nella chiesa Cattedrale e di San Sisto (1), ed ivi far la Dottrina a' suoi Diocesani: ritrovandosi una volta alla Cattedrale, a fare tale Santo Esercizio non saprei di qual capo, o commandamento del Decalogo ragionasse, ed essendovi a caso tra quella grande moltitudine di gente che là stavano per ascoltarlo, un certo Nobile Astigiano, il quale di un tal Vizio era tocco, o trasgredito avesse quel comandamento, pensò che il bon vescovo, a bella posta sopra di quella materia avesse preso a ragionare, ma falsamente si pensò, per due maniere facilmente si può conoscere se solamente ognun, che queste cose legge e la probità del vescovo consideri, quale ne era ornato, e la poca prudenza del Cavaliere, il quale secondato la sua malnata passione di voler prender vedetta, dopo alcun tempo pensato all'affronto seppur affronto si dee chiamare, ma begnigna corezione, accicato dalle passioni del Demonio, risolsse di andarlo a trovare, con volersi vendicare con proponerli due morti, una di veleno, altra d'uno stilo, e così dell'uno e dell'altro micidiale stromento provisto si portò al palazzo vescovile ascende il scalone e penetra nella Camera dove si ritrova l'Innocente vescovo con audacia bestiale disse; Sappi che grande fu l'ingiuria che da te o ricevuto allor ad alta voce in piena chiesa facendo la tua Dottrina il mio fallo annunziasti, e che però piena vendeta ne voglio, se più ti aggradisci il bere questo veleno, oppure che io ti trapassi con questo stile, l'uno dei due irremissibilmente sceglierti. Chi sa le bone parole che avrà fatto il vescovo ma in niuna maniera poter sfugire il micidiale, si scelse il veleno, e lo bevette pensando forse il bon Pastore con questo meso o di aver scampo a chiamar il controveleno, o che Iddio risguardando alla sua Innocenza nulla gli avrebbe offeso, ed in caso ne l'orore della morte, pensando, che lo avrebbe tratenuto ancor vivo qualche poco di tempo per potersi raccomandare al signore Iddio, quando per lo contrario si fosse risolto di morire di stilo, l'uccisore tosto li avrebbe fatto penetrare il stilo nel

_____

(1) Questa chiesa sorgeva sulla piazza del Seminario, di fronte al presente ingresso del Seminario medesimo. Essendo ridotta in cattivo stato, monsignor Tomati la fece demolire verso il 1690.

Core che avere avuto campo di porgere al sommo Iddio la sua
vita pertanto bevete il veleno. Il perfido Cavaliere veduto eseguito la sua barbarie volontà, tosto se ne uscì di camera, e
dentro chiuse l'angonizzante Francesco. Li Domestici di Casa
passando un certo spassio di tempo, e ore solite a dimandare
andorono alla Camera, e la videro chiusa, crederono che chiu-
sato fosse per qualche affare di segretto, ma vedendo poi l'ora
esser tarda fuor d'ogni misura, i Domestici cominciorono a parlare dicendo che non sapevano cosa dire di tal ritirateza, si
cominciò a divolgare la voce che non si ritrovava il bon Vescovo, e che la camera restava chiusa, alla fine con intervento
di molte persone deliberarono di gettare a tera la porta, e questo eseguito, entrati nella camera videro il spetacolo, ma nel
medemo tempo recava allegressa il bon Vescovo ai piedi del
Ginocchiatoio con il Crocefisso in mano tutto freddo, a tal su-
cesso non sapevano in quell'istantè a qual cagione attribuire
la morte, ma Iddio, che non volle permetere, che un sì nefando
malfattore si andasse oculto, fè in maniera, che per varie con-
ghietture scoperto, come ogniuno facilmente può imaginare, e nel
considerare il vaso dove vi era stato il veleno, che pur si trovò
nella camera, e per la fuga del malnatto e sacrilego micidiale.
In somma si venne in chiaro, che da quello era stata datta la
morte al nostro Pastore; imperocchè un gravissimo processo ne
fu formatoi ed il nostro Vescovo rese la sua Benedeta anima
al Signore li 31 (1) maggio in giorno di lunedì alle ore 22 circa,
l'anno del Signore 1594. Fu tenuto esposto nella chiesa di S.
Sisto per due giorni indi fu portato con funebre processione
alla Cattedrale con intervento a questa fonzione, assieme al Capitolo e Clero con numeroso Popolo; intervenne a fare l'Esequie D. Marco Devicia vescovo di Vercelli. Fu sepolto nel Pre-
sbitero vicino alla Callona della Capella a parte dell'Epistola (2) ».

La verità intorno a questa morte misteriosa non si è mai conosciuta in modo chiaro e preciso.

_____

(1) Morì invece il giorno 30.

(2) Nella colonna della cupola *e cornu epistolae*, sopra una piccola lapi-
dina di marmo bianco, si legge tuttora la seguente epigrafe: *Hic iacet | F.
Franciscus Panigarola | Episcopus Astensis | cuius anima in benedictione
sit | Obiit anno MDLXXXXIIII | mense Maii | aetatis suae XXXXVI* ».

Ho riportato avanti le parole precise che furono scritte, contemporaneamente alla morte, sui registri della Cattedrale e della Collegiata di S. Secondo; e quei documenti sincroni mi sembrano degni di fede; e se tacciono forse a bella posta riguardo al genere di morte, sono per altro concordi nell'asserire che il vescovo Panigarola morì in casa del signor di Neviglie.

Il Provenzale scriveva circa duecento anni dopo il fatto, ed è probabile che sia incorso in errore, se non in quanto al fatto principale, in quanto al luogo dell'avvenimento. È così pure il Boatteri che scriveva oltre due secoli dopo.

È presso di me un foglio scritto di mano del canonico teol. Gio. Batt. Longo sotto la data dell'8 giugno 1868, contenente la seguente notizia:

« Nel registro dei defunti della parrocchia di san Martino d'Asti si leggono le seguenti dichiarazioni:

« Li 25 ottobre 1609 — La sig. Andronica Buscha moglie del S. Conte di Niviglie essendosi confessata et ricevuta l'estrema untione fu depositata in S. Martino a hore 3 di notte nel sepolcro delli innocenti, et alli 3 di Xbre fu fatto il suo funerale con magnificenza con lumi 200 nella nostra chiesa di S. Martino. »

« 1622-2 Febbraio — L'ill^{mo} sig. Alfonso Busca conte di Niviglie, ricevuti in Turino i santiss. sacramenti della Confess. ed Estrema Untione n. ha^{ndo} potuto ricevere p. imped^{to} di un cattarro la S. Co^{ione} morì alli 2 feb. e a di 6 fu sep.^{to} in Santo Martino. »

A queste dichiarazioni il teol. Longo fece seguire di suo pugno la seguente osservazione:

« E questo sig Alfonso è forse quel Mons. di Neviglie presso cui morì Mons. Vesc. Panigarola: era dunque parrochiano di S. Martino, e conferma la voce, che la sua casa fosse quella che ora è di proprietà del sig. Notaio Giovanni Parigi (già Mangiardi) ».

Il canonico teologo Longo, di sempre veneratissima memoria, era troppo diligente e troppo prudente nelle sue minuziose ricerche per non credere egli pure che la morte del vescovo Panigarola sia avvenuta altrove che non nel palazzo del conte di Neviglie, che sarebbe precisamente quello di cui ho più sopra parlato, appartenente ora ai fratelli Parigi del fu notaio Giovanni.

.˙.

PALAZZO MALABAYLA. — Di fronte al precedente palazzo dei
Busca del Mango e di Neviglie è il palazzo già appartenente
alla nobilissima famiglia dei Malabayla dei conti di Antignano (1).

---

(1) I Malabayla, di sangue anscarico, già prima del 1200 erano ascritti
alla nobiltà astigiana e facevano per arma: Spaccato inchiavato di rosso su
argento. *Cimiero*: Un leone di rosso uscente. *Motto*: FORTITUDINE AC PRU-
DENTIA.

Al sorgere delle fazioni parteggiarono per la guelfa. Possedevano, fra
gli altri feudi, Antignano, Canale, Castellinaldo, Cantarana, Montà, Monale,
Cellarengo, Celle, Cercenasco, Pocapaglia, Valgorrera, Bellotto, Magliano,
Roccasusella, Palazzo, etc.

Vuolsi che il cognome, o piuttosto l'agnome antico di questa famiglia,
fosse *De Abellonio*, probabilmente derivato dal nome di Abellonio frequentissimo tra i personaggi di questa famiglia; poi, circa il 1200, ebbero il
nome di Malabayla che finalmente prevalse all'altro nell'uso.

Narrasi che Baudraccono fosse fatto arrestare nel 1164 dall'imperatore Federico I, insieme con altri gentiluomini astesi, per rifiuto a prestargli adesione. Corrado, consigliere del Comune, intervenne nel trattato con cui Asti
fece lega con i Del Carretto marchesi di Savona contro la città di Alba,
ed alla stipulazione della pace del 1290 tra Asti ed i conti di Biandrate,
e fu uno dei quattro sapienti eletti da Asti per la pace del 1292 con i
marchesi di Incisa. Rolando di Corrado Malabayla, valoroso guerriero, nel
1322 condusse e mantenne una truppa di cavalleria al servizio di papa
Giovanni XXII contro Matteo Visconti, signore di Milano. Baldracco, vescovo d'Asti nel 1348, fece compilare la collezione di documenti riguardanti
l'episcopato astese, conosciuta sotto il nome di *Libro Verde*. Giovanni
fu suo successore immediato nello stesso vescovato d'Asti; Vasino tenne
la stessa dignità nel 1473. Nel frattempo, non è a dimenticare quel Petrino
che, dopo aver usurpato il dominio di Bene, Sant'Albano e Trinità a
danno dei vescovi d'Asti, ricusò poi nel 1387 di rimetter quei luoghi al
duca Luigi di Turonia, sposo di Valentina Visconti, o di prestargli omaggio od aderenza per i medesimi, preferendo cederli ad Amedeo di Savoia, principe di Acaia; onde nacque una grossa guerra che insanguinò
per circa due anni il Piemonte. Dipoi Emanuele ebbe fama di valente
giureconsulto e nel 1477 portò un'asta del baldacchino nell'ingresso del
duca d'Orleans. Alessandro fu consigliere e ciambellano del re Luigi XII,
da cui venne creato governatore di Alessandria. Filippo, figliuolo di Tomaso, cavaliere aureato, capitano e coppiere della Regina di Francia,
acquistò parte del castello di Burio. Un altro Vasino (II), vescovo di Piacenza nel 1509, cambiò questa sede con quella d'Asti nel 1519. Agostino
era generale dei frati Agostiniani nel 1519; Bernardino, intendente generale

A metà circa della fronte dei fabbricati di destra, fra via Roero e via Asinari, si distaccava dall'attiguo palazzo dei Roero di Settime (ora Pogliani) il palazzo dei Malabayla, che si estendeva fin circa la metà dell'adiacente via Asinari, sulla quale era la maggior fronte delle loro abitazioni con annessa torre ed ingresso rustico.

Il palazzo Malabayla ha tuttora aspetto vetusto, e per quanto non si abbiano manifesti segni di remota antichità, tuttavia si arguisce che la sua costruzione risale al Medio Evo, specialmente nella parte interiore, per quanto anch'essa rimodernata secondo i gusti degli ultimi tempi. Il suo ingresso era verso

---

del predetto re Luigi e fu poi tesoriere del re Francesco I in Asti almeno dal 1517 al 1521: lo troviamo più di una volta menzionato negli scritti di Giovan Giorgio Alione. Meritano pure di essere segnalati Filippo, abate cisterciense, di cui si è già discorso alle pp. 88, 115 e 150 del presente libro; e Guido-Antonio, autore del *Compendio historiale della città d'Asti*.

Nel 1571 i Malabayla ebbero la contea della Montà. Daniele ottenne nel 1604 la contea di Canale, che trasmise ai suoi discendenti. Nel 1619 entrarono in possesso della contea di Cantarana, che passò poi ai Cacherano per il matrimonio di Ninfa-Rosa di Baldovino Malabayla con Giuseppe-Antonio Cacherano d'Osasco.

Ottennero la nobiltà del S. R. I. per diploma 14 aprile 1640 dell'imperatore Ferdinando III; Leopoldo I li creò cavalieri del S. R. I. il 24 luglio 1672. I fratelli Girolamo-Luigi e Giuseppe-Onorato Malabayla acquistarono dai Della Rovere, nel 1689, il feudo di Cercenasco, in quel di Pinerolo, e ne furono investiti il 29 aprile 1715. Per il matrimonio del conte Carlo-Gerolamo Malabayla di Canale con Anna-Gerolamo Buneo, signora di Monale e Bastia, i Malabayla vennero in possesso anche di questo feudo nel 1736. Dal conte Giacomo-Ignazio, figlio del precedente, nacque Gerolamo-Luigi, conte di Canale e Cercenasco, che fu gran-croce dei SS. Maurizio e Lazzaro e ministro plenipotenziario a Vienna, presso l'Imperatore, il quale lo creò conte del S. R. I. nel 1769. Egli sposò la contessa Maria-Anna de Palffy, e morì il 18 luglio 1773. Pier-Giovanni Malabayla fu investito di un ottavo del feudo di Castellinaldo con patenti 19 giugno 1790 e col titolo di signore per maschi.

Nei secoli del Medio Evo i Malabayla furono grossi banchieri (SELLA e VAYRA, *Op. cit.*, p. ccxxxviii), e studi recenti hanno messo in chiaro che vi fu un momento (1351-1360) in cui si può dire ch'essi ebbero il predominio quasi assoluto del movimento del denaro alla Corte pontificia di Avignone, presso cui, del resto, tenevano già come banchieri un alto posto da parecchi anni (ARIAS, *Per la storia economica del secolo XIV*, in *Arch. R. Soc. rom. st. patria*, XXVIII, 308 segg., 327 segg.).

questa via, che prese da molto tempo il nome di Malabayla, appunto dal nome della famiglia che qui ebbe per molti secoli sua stabile dimora.

Nel secolo XVIII la casa passò a mani di parecchi proprietarî; ma sul principio del secolo XIX ritornò agli antichi possessori.

Attualmente pur essa appartiene alla stessa famiglia Pogliani che acquistò l'attiguo palazzo dei Roero di Settime.

.·.

ALTRO PALAZZO CACHERANO. — Dirimpetto allo sbocco di via Asinari, in contiguità del palazzo dei Busca del Mango e di Neviglie, ora Parigi, si incontra un altro palazzo dei Cacherano, i quali, come si è detto, possedevano anticamente il palazzo attiguo a quello detto *degli Spagnuoli* in via Maestra, e quello ora del generale Sismondo in piazza san Martino, e negli ultimi secoli il presente palazzo Mussi-Isnardi.

Questo palazzo Cacherano si estendeva, come si estende tuttora, fino all'incontro di via Sella, dove ha principio il vicolo Camilla Scarampi che discende verso il quartiere di san Giuseppe.

Il palazzo ha cambiato aspetto esteriore, ma la struttura interna è ancora quella dell'antica costruzione.

Ora appartiene al generale comm. Manfredo Cagni.

.·.

PALAZZO ASINARI DI GRESY. — Anche il successivo palazzo è di pertinenza del generale Cagni; ma fra l'uno e l'altro esisteva un viottolo, ora chiuso, comunicante già da via Malabayla alla piazza del Carmine, ora Ventiquattro Aprile.

Detto palazzo, che si estende dalla via Malabayla alla piazza medesima, apparteneva alla nobile famiglia degli Asinari di Gresy. Il braccio prospiciente la piazza, denominato sul principio del secolo XIX palazzo Bolla, è di costruzione moderna; ma il braccio nord, verso la via Malabayla, chiamato un secolo addietro *Palazzo Berlarone*, conserva ancora le traccie della sua vetustà, per quanto anch'esso sia stato riattato secondo i gusti degli ultimi tempi.

.•.

ALTRO PALAZZO PONTE. — Tornando indietro di qualche passo, troviamo sull'angolo di via Malabayla con la via Asinari un vetusto palazzo, rimodernato sullo stile del Rinascimento, già appartenente alla famiglia nobile dei Ponte conti di Castellero e di Lombriasco, e che incorporato più tardi col fabbricato del monastero di sant'Agnese, è tuttora una pertinenza dell'Ospizio detto dei Cronici di santa Chiara, che possiede tutto l'isolato. Queste case dei Ponte si estendevano probabilmente da via Asinari fino a via Mazzini, occupando la parte meridionale dell'isolato detto di sant'Agnese, che, come abbiamo già detto era tramezzato da una via parallela alla via Malabayla, già soppressa nel 1742.

.•.

TORRE.....MALABAYLA. — Il lato sinistro della via Malabayla terminava con una torre che era ancora in piedi nel 1700, maestosa nella sua considerevole altezza, coronata alla sua sommità da una merlatura rettangolare, la quale prova che la famiglia che ne era proprietaria apparteneva alla fazione guelfa, faciente capo, come è noto, ai Solaro. Doveva adunque essere, se non dei Solaro, di una famiglia loro aderente, e cioè dei Garretti, dei Casseni, dei Caze, dei De-Curia, dei Falletti, etc., od anche dei Malabayla o di qualche personaggio dei Layoli o dei Rotarii (Roero) che, individualmente, aderisse ai Solaro.

Dà quanto si rileva dalla carta del *Theatrum Statuum Sabaudiae*, la torre, munita di finestra per ogni piano, si innalzava sull'angolo di via Malabayla con via Mazzini.

Non ho dati per accertare chi ne fossero i primi proprietarì, ma è probabile che detta torre fosse dei Malabayla, famiglia molto estesa e che aveva anche un altro palazzo di fronte, dall'altra parte di via Mazzini (casa Novara, ora degli eredi del cav. Defilippo).

Senza dubbio, questa torre era già completamente demolita nel 1775, poichè l'abate Incisa, che incominciò il suo *Diario* appunto in quest'anno, non ne fa più menzione.

Sul principio del secolo XIX la casa ricostrutta sul sedime di essa torre apparteneva a Ghirio Tomaso, ed ora è dei signori Arbarello.

32.

In via Mazzini (già VIA CASERME — già VIA ALFIERI)

La presente via Mazzini prese probabilmente il nome di via Alfieri dacchè questa famiglia trasportò le sue abitazioni nell'attuale palazzo Alfieri e nel palazzo Desderi in fondo alla piazza del Carmine, o Ventiquattro Aprile.

Dopochè sul principio dello scorso secolo furono soppressi la chiesa ed il convento del Carmine, esistenti dove adesso è la parte della caserma detta del Carmine, testè denominata Caserma Carlo Emanuele I, prospiciente la piazza Ventiquattro Aprile, la presente via Mazzini ebbe nome di via delle Caserme, conservando la denominazione di via Alfieri alla restante parte che dalla via Maestra mette in piazza del Duomo, cioè alla parte denominata ora via Azeglio.

.•.

ALTRO PALAZZO MALABAYLA. — Di fronte alla precedente supposta torre dei Malabayla, esistente già sull'angolo di via Malabayla con via Mazzini, era l'antica chiesa parrochiale detta di san Giuliano (1); e, procedendo verso nord, attiguo alla predetta chiesa era un altro palazzo dei conti Malabayla, il

---

(1) Questa chiesa era situata nel terreno, ora ridotto a giardino e ad orto, di proprietà degli eredi del cav. Enrico De Filippo (già Novara), presso la via Isnardi, in capo alla piazza del Carmine.

Detta chiesa esisteva già nel secolo XII, e fu parrochia fin verso il 1565, nel quale anno, per l'esiguo numero delle anime atte alla comunione nella giurisdizione di essa, fu dispensata dalla cura pastorale ed annessa alla cappella dei Putti della Cattedrale. In questa condizione, la chiesa di san Giuliano durò fino al 1700; ma in quest'epoca, abbisognando essa di gravi riparazioni, fu fatta demolire dal Capitolo della Cattedrale. Gli ultimi muri perimetrali furono abbattuti nel 1766, ed il materiale venne impiegato nel prolungamento del Duomo. — Avanti il fianco sud della chiesa di san Giuliano eravi una piazzetta che esiste tuttora, denominata fino al 1901 piazza di san Giulianetto, e da quell'anno, intitolata dal nome della famiglia Montafia, che aveva le proprie case lì presso.

quale, per quanto rimodernato sullo stile del Rinascimento, conserva ancora qualche traccia della sua antichità.

Il dotto prof. ing. comm. Riccardo Brayda, parlando di alcune costruzioni astigiane che illustrano il bel periodo del Rinascimento, così si esprime a proposito di questo palazzo: « Composizione architettonica di molto pregio per eleganza di particolari e per masse ben disposte ed equilibrate, ma guasta alquanto dal tempo, e per il cattivo materiale impiegato, è la porta d'ingresso alla casa sita in via Mazzini che già appartenne ai conti Malabayla d'Asti, d'Antignano e di Canale, come risulta dai due stemmi che vi sovrastanno. Le candelabre scolpite nello scomparto delle lesene sono talmente aggraziate nella loro modellatura, da ricordare quelle dei migliori esemplari di monumenti di quell'aureo periodo. »

Prima delle ultime ristorazioni portate al palazzo si vedevano ancora nei soffitti, specialmente del piano terreno, l'impronta dell'antichità medievale.

Nella seconda metà del secolo XVIII, in detto palazzo erasi stabilito il quartiere « di una compagnia di soldati di Savoia ».

Alessandro Malabayla (1), consigliere e ciambellano del re di Francia Luigi XII, fu da questo sovrano nominato governatore di Alessandria, indi creato suo ciambellano, maestro di camera e referendario. Ebbe l'onore di ospitare in questo suo palazzo l'anzidetto Monarca, quando nel 1509 questi venne da Milano ad Asti portando seco in segno di vittoria il leone marmoreo che egli aveva tolto ai Cremonesi (2). In questa occasione Alessandro Malabayla fu dal re Luigi XII creato cavaliere e luogotenente del governo d'Asti.

---

(1) Il vescovo Baldracco Malabayla erasi adoperato per il completamento del Duomo lasciato interrotto per la morte del suo antecessore Arnaldo di Roseto; ma venuto egli pure a morire lasciando incompleto il fianco destro verso il campanile, vi supplì nell'anno 1502 il conte Alessandro Malabayla, riformando la cappella di sant'Agnese, che ricostrusse sotto il titolo dell'*Ascensione*, detta oggidì della *Madonnina*, come fa fede l'iscrizione incassata nella parete esteriore di detta cappella. — Il conte Alessandro Malabayla, aveva, per altro, anche acquistati i feudi di Bassignana, Campopavone e Campolestro. Fu sepolto nella Cattedrale d'Asti.

(2) G. G. ALIONE, *Poesie francesi*, p. 82, Milano, Daelli, 1864.

Verso la metà del secolo scorso, al di sopra della porta di questo palazzo si vedevano ancora scolpiti in pietra i tre gigli, che, come è noto, formavano lo stemma dei re di Francia.

Prima della soppressione del vicino convento del Carmine (1802), si vedeva nella capella della Madonna del Carmine eretta nella grande chiesa un quadro rappresentante l'andata di Luigi XII dal palazzo del conte Alessandro Malabayla alla chiesa del Carmine. Il re e tutto il suo corteo erano rappresentati in abito spagnuolo. Si vedevano i frati del Carmine schierati alla porta della chiesa in atto di ricevere il re (1).

Da taluni si afferma che questo palazzo abbia appartenuto agli Orléans durante il periodo della loro dominazione in Asti ed il cronista abate Incisa scrisse che in detto palazzo dei Malabayla fu pure ospitato Francesco I re di Francia (2).

Nel 1782 l'anzidetto palazzo fu dal conte Malabayla di Canale venduto al signor Valpreda, e attualmente ne sono possessori gli eredi del cav. Enrico Defilippo.

TORRE E PALAZZO DEI MONTAFIA. — Quasi di fronte all'attuale portone d'ingresso del precedente palazzo Malabayla si apriva la via (di cui ho già parlato antecedentemente) che in senso parallelo alla via Malabayla andava ad immettersi in via Asinari, press'a poco innanzi alla porzione di torre che tuttora si vede in detta via Asinari, ed appartenente pur essa alla famiglia Malabayla.

In questa via, già soppressa, come dissi, nel 1742, prospettavano, verso nord, le case con relativa torre dei Ponte, le quali si protendevano fino alla via Malabayla: e verso sud, le case dei Montafia, ad ovest, e quelle dei Crivelli di Canelli, a est.

---

(1) ALIONE, *Op. cit.*, p. VII. Questo quadro ricordava uno dei fatti storici interessanti per Asti, ed era un prezioso monumento di quell'epoca. Corse la sorte di tutti gli altri monumenti che si perdettero nella fatale rivoluzione del Piemonte.

(2) Probabilmente nell'occasione in cui il re Francesco I ritornava dalla battaglia di Marignano. L'Alione, difatto, ci tramandò in versi il discorso che una donzella di Asti doveva pronunciare in tale circostanza (*Op. cit.*, p. 81).

Al di là di questa via ora soppressa, prospicienti sulla via Mazzini, dirimpetto al giardino sud del palazzo Valpreda, (ora Ottolino) si innalzavano la torre ed il palazzo dei signori di Montafia (1). La torre era dirimpetto al palazzo Malabayla, e le case si protendevano verso via Maestra fino all'incontro delle case dei Roero di Piea, che come già dissi, erano situate, con relativa torre, sull'angolo della via Maestra.

(1) La famiglia dei signori di Montafia appartiene a quello stesso ramo dei Manfredingi (discendenti di Manfredo, conte del sacro palazzo in Francia nel secolo VIII), da cui provengono i Cocconato, i Montiglio ed i Visconti di Milano: da essa discesero alla loro volta gli Avvocati di Moncucco, i Vagnoni di Troffarello, etc. Ebbe feudi importanti e contò valorosi e preclari personaggi che seppero essere di cospicuo ornamento alle congregazioni cui appartennero, fra le quali all'ordine Gerosolimitano, segnalatosi cotanto nei tempi di mezzo a tutela della religione, e per conseguenza della civiltà europea.

I Montafia, un ramo dei quali fu detto dei Variselli, erano signori di Varisella, Montafia, Tigliole, Roatto, Maretto, Piovà, Ceretto, Castelvecchio e Solbrito. Si divisero poi in due altri rami, di cui uno restò in Asti ed in Montafia, mentre l'altro, trasferitosi a Carignano, vi si estinse circa il 1400. Il ramo d'Asti si estinse nel 1577 con la morte del conte Lodovico, assassinato ad Aix.

Ancora sul principio del secolo scorso il loro stemma si vedeva riprodotto nei timpani delle finestre bifore del loro palazzo in via Mazzini, dietro la chiesa di sant'Agnese. I Montafia avevano la loro sepoltura in Asti nella chiesa di san Domenico (ora casa dal dottore Pietro Garola, presso le mura, vicino al castello).

Guglielmo, vivente nel 1208, signore di Montafia, è il primo di cui si hanno notizie precise con questo cognome. Meritano poi di essere segnalati: Ruffino, suo figlio, che col fratello Ottone fu investito nel 1268 di Montafia; Giacomo ed Ottone, che nel 1319 intervennero al parlamento convocato in Chivasso dal marchese Teodoro Paleologo e furono quotati a provvedere un cavaliere all'esercito monferrino. Più tardi troviamo i signori di Montafia che parteggiano per gli Angioini, e nella famosa giornata di Gamenario, nel 1345, li vediamo combattere colle schiere della regina Giovanna di Napoli e del partito guelfo condotte dal siniscalco Reforza d'Agoult contro Asti. Anzi in quel combattimento un Obertone di Montafia diede tali prove di valore, che nella nota canzone francese su quell'avvenimento fu onorevolmente menzionato subito dopo Martino di Castellinaldo coi versi:

> et Martin de chastel Haynault
> et Oberton de Montafie
> ou Renforsa forment se fye

La posizione dell'antica torre dei Montafia è segnata in una pianta dimostrativa della città disegnata dallo stesso cronista abate Incisa verso il 1802; ma essa era già abbattuta nel 1700, poichè nella carta del *Theatrum Statuum Sabaudiae* non è più stata riprodotta. Per altro, dal 1802 in qua scomparvero anche le ulteriori vestigia della posizione di questa torre, non essendovi ora al suo posto altro che un muro di cinta. Però, per essere detta torre appartenuta ad una delle più illu-

---

Da quel tempo i Montafia legarono le loro sorti a quella della dominazione e del partito francese in Piemonte. Il 4 giugno del 1417, Antonio e Baldovino di Montafia facevano aderenza e si sottomettevano al duca d'Orleans, diventato signore d'Asti, pei loro castelli di Roatto e di Maretto; sottomissione che venne rinnovata l'11 agosto 1448 (P. VAYRA, *Avanzi di antichi castelli e di antichi monasteri raccolti nel museo civico di Torino.* in *Atti Soc. d'Archeol. e Belle Arti per la prov. di Tor.*, I, 332, Torino, 1877). Goffredo di Montafia fu capitano di Cherasco, e Stefano podestà di tal luogo per il duca d'Orleans nel 1470. Giorgio, già morto nel 1487, era cavaliere gran croce e maresciallo dell'ordine di San Giovanni di Gerusalemme. Obertino fu prevosto della casa di Dio, o *Cadè*, in Asti; Antonio dei conti di Varisella, cavaliere aureato, scudiere del re Francia (1532).

Fra le gentildonne di casa Montafia merita singolare menzione Caterina, della quale LODOVICO DOMENICHI, *Della nobiltà delle donne*, p. 270. Venetia, Gabriel Giolito de Ferrari e fratelli, 1551, così si esprime: « Ha finalmente la città d'Hasti la signora Caterina Montafia, vedova, giovane delle belle et valorose gentildonne et magnifiche signore, d'opre et di sangue illustre, quanto hoggi vegga il mondo ».

A rendere più stretti i nodi della soggezione francese, i Montafia militarono in Francia: Giorgio fu capitano d'uomini d'armi pei Francesi e testò nel 1571, e il figlio di lui, Lodovico, che fu l'ultimo del casato dei Montafia, nel 1574 faceva aderenza e si sottometteva ad Enrico III re di Francia, sotto le bandiere del quale era salito in fama. Pervenuto ad alta carica in quella Corte, toglieva moglie da un gran casato francese, lasciando due figlie, cui sarà accennato più innanzi.

Antonia di Montafia, sorella del Lodovico anzidetto, si sposò a Giovanni Tomaso Langosco conte di Stroppiana, gran cancelliere di Savoia, e fu madre di quella Beatrice da cui Emanuel Filiberto, duca di Savoia, ebbe Matilde, sposa poi di Carlo di Simiane, gran cancelliere della Monarchia di Savoia, marchese di Pianezza, di Montafia, etc.

Su questa famiglia è a vedere in ispecial modo, oltre il già citato scritto del Vayra, quello di G. CLARETTA, *I signori di Montafia, Tigliole, Roatto, Varisella e Maretto*, Pisa, 1883 (estr. dal *Giorn. arald.-geneal.-diplom.* del Crollalanza), accompagnato da un bell'albero genealogico dal 1208 e da copiosi documenti.

stri antiche famiglie astigiane, possiamo arguire che essa fosse
assai considerevole per altezza e per vetustà; e ciò possiamo
anche argomentare da una porzione del palazzo Montafia tuttora conservata assai bene e che palesa la maestosità delle case
che formavano l'abitazione di tale famiglia.

La FIGURA 32 riproduce l'anzidetta posizione delle antiche
case dei Montafia, nelle quali si vede la bellissima decorazione
del secolo XIII.

La parte tuttora rimasta in piedi di dette case in attiguità
alla presente chiesa, non è certo delle più antiche abitazioni
dei Montafia, che erano già fiorenti e potenti anche nei secoli
anteriori; e la torre attigua era senza dubbio di epoca anteriore a quella degli avanzi che ancora oggidì si ammirano.

Questo palazzo Montafia, al pari di molti altri, come, ad
esempio, quelli tuttora visibili dei Catena, dei Roero di Cortanze, dei Crivelli di Canelli, dei Roero di Monteu, degli Zoya-
Ramelli, dei Verasis, etc., dà un bell'esempio delle abitazioni
civili in Asti nel secolo XIII, delle quali sono parti importanti
le eleganti finestre bifore del primo piano; per quanto talune
di esse (come ad esempio, quelle delle case Zoya-Ramelli,
Roero di Monteu, Verasis, etc.) siano state guastate, coll'aspor-
tazione delle colonnine che le dividevano in due.

Si trova intatta questa forma di figura nel piano superiore
del palazzo Montafia in via Mazzini (FIGURA 8), e nel primo
piano del palazzo Roero di Cortanze in via Sella (FIG. 26) ed
in via San Martino (FIG. 28), nelle quali, come ha rilevato il
prelodato comm. ing. R. Brayda, « intravedesi ancora la decorazione pittorica del timpano dell'arcata, cioè in quella superficie piana che sovrasta la colonnina centrale ».

Le anzidette case dei Montafia appartenevano sul principio
del secolo XVIII alla famiglia Fulcheris, estinta sul principio
del secolo successivo.

La vicinanza di queste antiche case o palazzi dei Montafia
alla piazzetta di san Giulianetto spiega la ragione per cui a
questa fu dal Municipio d'Asti data nel 1901 la denominazione
di « piazzetta Montafia ».

I Montafia d'Asti e di Carignano avevano per antico blasone
il seguente stemma secondo la descrizione datane da monsignor

(Fig. 32) Avanzi dell'antico palazzo dei Montafia, in via Mazzini.

Francesco Agostino Della Chiesa: « Una stella di cinque raggi, rossa, caricata d'un crescente d'argento in campo dello stesso (1).

Nel Museo civico di Torino si conserva uno stemma dei Montafia tagliato in arenaria, il quale campeggiava una volta superbo sul castello di Montafia (2).

Nella parte inferiore di detto stemma è incisa la seguente iscrizione:

. M^{CI} . AC . GNOSI . D . GEORGII

VARISELLE . COITIS . AC . MON

TAFIE . TEGLOLARVM . MELLETI

ET . C . DNI . INSIGNIA.

nella quale vien data questa esplicazione: *Magnifici ac generosi Domini Georgii Variselle comitis ac Montafie, Teglolarum. Melleti etc. Domini Insignia.*

L'anzidetto stemma, adunque, era di Giorgio conte di Varisella e signore di Montafia, Tigliole e Maretto. Questo conte Giorgio era figlio di Lodovico, sposatosi con Margherita Solaro di Villanova; ebbe un figlio, di nome pure Lodovico, e tre figlie (3), e fu il penultimo dei conti di Montafia. Il Vayra accenna a due

---

(1) Il conte Alessandro Franchi Verney della Valletta, con maggior precisione così lo descrive: d'argento alla stella di rosso carica di un crescente montante, del campo; *Cimiero*: un basilisco al naturale; *Motto*: SIC FORTIS IN FIDE.

(2) VAYRA, *Avanzi di antichi castelli*, pp. 328 seg. Tale stemma, per altro, presenta alcune differenze dall'antico: così si trova la ruota sostituita al crescente sulla stella, e manca il motto SIC FORTIS *etc.* Ma la differenza, secondo i dotti di araldica, è facilmente spiegabile. L'antico blasone dei Montafia era una semplice stella, non rivoltata, come nello stemma che si conserva in quel Museo, ma diritta, ed il crescente, di cui fu *caricata* od anche, secondo altri esempî, sormontata, non doveva appartenere all'arma primitiva, ma essere stata una spezzatura per indicare una linea speciale. Il cambiamento di spezzatura non indicherebbe perciò altro che una linea speciale della stessa famiglia e la ruota sostituita al crescente ci indicherebbe una linea alleata probabilmente ai Roero che portavano appunto per arma le ruote d'argento in campo rosso.

(3) Le tre figliuole, Antonia, Lodovica e Bianca, sposarono, la prima Giovanni Tomaso Langosco, conte di Stroppiana; la seconda, il signor di Moysé, e la terza, Giovanni Francesco Provana di Leyni.

atti che lo riguardano: una donazione fattagli da suo zio paterno Antonio nel 1532, ed il suo testamento del 6 agosto 1571. Nel primo il conte Giorgio è qualificato « magnifico e potente cav. aureato G. di Mont[a f i a] detto il Colonnello dei cento nobili del Re Cristianissimo di Francia. » Nel secondo è insignito dei titoli che stanno sotto l'arma avanti descritta. Esso abitava in Carignano, ma però lascia di essere sepolto nella chiesa della Maddalena d'Asti, « nel tumulo dove suoi antecessori sono stati soliti seppellirsi ». Doveva essere amante del fasto, giacchè ordina che alla sua sepoltura intervengano tutti i religiosi della città.

Quantunque siano trascorsi oltre trecent'anni dagli ultimi giorni della sua vita, si può facilmente affermare che quello stemma che egli aveva fatto scolpire era un eloquente oggetto del suo amore e della sua ambizione, in cui vedeva riflettersi superbo il nome del suo casato nella interminabile successione del futuro. Infatti egli consegnava nel suo testamento, che qualora suo figlio Lodovico venisse a morire senza discendenti, vi si sostituissero i figli delle figlie, « i quali saranno tenuti tuor il sovranome et *arme* della sua casa sì et come veri discendenti et successori ». Egli era lontano in quel momento dal pensare che quel Lodovico sarebbe stato l'ultimo a portare il suo nome ed il suo stemma (1), e che dopo di lui, devoluto il feudo alla

---

(1) Il conte Lodovico stringevasi in matrimonio a Parigi colla damigella di Couesme nel 1574. Il conte di Montafia — « Messir Ludovic », come dice l'atto di matrimonio — era « hault et puissant seigneur de Rohat et Mellet chevalier de l'ordre du Roy, gentilhomme ordinaire de sa chambre », e la sua sposa « Jehanne de Couesme fille de feu hault et puissant seigneur messir Lois de Couesme en son vivant seigneur du lieu de Luce et de Bonnestable aussy chevalier de l'ordre du Roy cappitaine de cinquante hommes d'armes de ses ordonnances ».

Tre anni dopo il conte Lodovico Montafia è ad Aix alla testa d'una compagnia di cavalli; ai titoli delle signorie del Piemonte aveva aggiunti quelli di barone di Luce e di signore di Bonnestable e altre terre, ed era luogotenente della compagnia del Gran Priore di Francia. Traeva seco un seguito principesco: l'accompagnavano un segretario, un maestro di casa, palafreniere, maresciallo, cuoco, valletti di camera, paggi, ragazzi di stalla oltre i suoi uomini d'arme. Il 6 ottobre di quell'anno, 1577, era sceso all'albergo della Campana in Aix e, dato sesto alla sua gente, era salito a mensa con parecchi cavalieri della sua compagnia, ma giunti alle frutta,

Chiesa di Torino, il marchese di Montafia sarebbe stato un Francesco Sfrondato, nipote di Gregorio XIV.

---

ecco sopravvenire un capitano di San Martino della stessa compagnia del Gran Priore, il quale, entrato con alcuni uomini armati nella sala, senza dir motto, assale il conte Lodovico Montafia a colpi di spada e di pistola. Non ebbe egli pur tempo di levarsi da tavola, ma fra gli altri cavalieri non tardò ad ingaggiarsi una fiera mischia. In quella camera, ch'era stata sbarrata perchè i servitori di Lodovico non potessero accorrere in aiuto, si fece ben presto un lago di sangue: all'assalitore San Martino fu subito spaccata in due la testa, nè proferì più verbo; altri cavalieri vennero mortalmente feriti. Quando fu aperto, il conte di Montafia giaceva per terra intriso di sangue, coperto di ferite, con una pistolettata al fianco; la sua morte, ordinata dallo stesso Gran Priore di cui guidava la compagnia, era inevitabile. Pochi momenti dopo fu attorniato da' suoi col notaio per ricevere in consegna le ultime volontà di lui. Il povero Montafia era in uno stato da muovere a pietà: un cavalier Grimaldi, suo parente, che militava con lui, lo assisteva amorosamente, ma egli non potè neppur più firmare il testamento « *pour ne pouvoyr, causant sadite malladye et blessure* (come dichiarò il notaio), *le regardant de se dresser et remuer sa personne* ».

Fu largo di centinaia e centinaia di scudi ai famigli che l'accompagnarono, rivolse un mesto e desioso pensiero alla lontana patria che racchiudeva le ossa de' suoi padri e decretò di essere seppellito accanto ad essi nella cappella di santa Maddalena in Asti; ma dovette straziargli più crudelmente il cuore il pensiero che corse alla moglie ed alle due sue bambine: a questo punto la sua mente vacillò. Infatti egli indicava l'una col nome d'Enrichetta, e riguardo all'altra il notaio scriveva « *et une sienne autre fille le non de laquelle ne scait pour estre née des son despart.* » Dagli atti posteriori risulta che queste due figliuole si chiamavano l'una Urbana (morta forse in tenera età) e l'altra Anna, della quale si è parlato più sopra.

I drammatici particolari della morte dell'ultimo dei Montafia ed i travagli sofferti ed i pericoli corsi dai famigli che con affettuosa devozione adempirono la volontà del padrone, di essere sepolto coi suoi maggiori, furono raccontati da un suo fedel servitore in una rozza, ma per la sua semplicità, toccante relazione, così intitolata: « *La mort pitoiable de tresilustre Seigneur Ludoviyc de Montaffie, Chevalier de l'Ordre du Roy, Lieutenant de la Compagnie de Monseigneur le Grand Prieur de France Conte dudit Montaffie, Seigneur de Thiolle, Roat, Marè en Piemont, Baron de Luce, Seigneur de Bonnestable et autres terres* ». Così il Vayra finisce le memorie storiche che ricorda lo stemma dei Montafia; memorie che dipingono alla mente un tempo oltremodo caratteristico. Un barone che muore complacendosi nell'orgoglio di mandare a traverso ai secoli il suo blasone unito al suo nome; un cavaliere che lascia la patria, e va a cercar ventura nelle fazioni e nei torbidi di Francia, e quando ha raggiunto alto grado cade uc-

Il predetto conte Lodovico, come è noto, morì assassinato ad Aix nel 1577. Ebbe due figliuole : Urbana ed Anna. Quest'ultima sposò nel 1601 Carlo di Borbone, conte di Soisson, duca di Enghien, figlio di Lodovico principe di Condè. Da questo matrimonio nacque nel 1606 la principessa Maria, la quale nel 1625 andò sposa a Tomaso Francesco di Savoia, quartogenito di Carlo Emanuele I, stipite del ramo di Savoia-Carignano, donde discende l'attuale nostro sovrano felicemente regnante.

La casa dei Montafia finì così toccando l'apice della sua grandezza, imparentata coi reali di Francia e di Savoia.

٭٭

Torre e palazzo Roero di Piea, — In attiguità del palazzo dei Montafia, dove ora è la chiesa dell'ospizio detto dei cronici di santa Chiara, ricostrutta sul locale destinato a politeama e costrutto pochi anni addietro sulla ex-chiesa di sant'Agnese a cura ed a spese del proprietario prof. Sebastiano Porcelli, sorgevano le case dei conti Roero di Piea, con relativa torre sull'angolo della via Mazzini con la via Maestra : ma delle une e dell'altra ho già parlato trascorrendo il *corso Alfieri*.

٭٭

Palazzo Capra d'Azzano ora Ottolino. — Prospiciente al precedente palazzo è quello che apparteneva già ai nobili Capra, conti d'Azzano, e che per circa un secolo fu in proprietà della famiglia Valpreda, da cui passò, in questi ultimi mesi al sig. Ottolino Enrico. Ma anche di questo palazzo ho già detto parlando della *via Maestra*.

33.

In via Asinari (già via sant'Anastasio)

Questa via si denominò di sant'Anastasio fino al 1873, nel quale anno per voto del Consiglio comunale venne intitolata

---

ciso assassinato; la fedeltà del servo che non abbandona il suo signore finchè non ne abbia adagiate le ossa nella sepoltura de' suoi avi; tutto ciò è un ultimo anelito del Medio Evo cavalleresco che si dilegua (Vayra. *Op. cit.*, 337).

via Asinari, dal nome di questa antichissima e nobilissima famiglia astigiana.

Come ho già accennato (1), si dice che molti degli Asinari (2)

_____

(1) Vedi sopra, p. 103.

(2) A complemento delle notizie già date (pp. 100, 103, 111, 138, 170) sulla famiglia Asinari, aggiungo le seguenti:

Rodolfo Asinari, signore di Camerano, assisteva nel 1195 all'alleanza dei signori di Casasco con quel Comune. Nel 1200, Oggero, del ramo degli Asinari d'Asti (o della Città) intervenne alla divisione di Mombercelli fatta da Enrico tra i suoi figli. Giovanni, nella qualità di consigliere del Comune, trovasi nominato in una convenzione coi Ceva signori di Niella, ed in una transazione tra il vescovo Giacomo e la città nel 1221. Guglielmo, all'epoca stessa, fu il capostipite del ramo degli Asinari di Casasco; Bongiovanni del ramo di Costigliole, nel 1297; Giorgio, del ramo di Camerano, nel 1307, ed Everardo, del ramo di Spigno, nel 1491. — Opizzone assistette nel 1226 alla rinuncia di Malamorte fatta dal marchese di Monferrato al Comune d'Asti. Raimondo intervenne nel 1226 alla transazione del Comune col marchese di Busca Manfredi II Lancia, dal quale in nome dell'Imperatore fu investito nel 1250, come già dissi a p. 103, del castello e della terra di Dusino. Fedele perciò alla fazione imperiale, unitamente ai suoi fratelli ed ai Guttuari (1261), diventò uno dei capi della parte avversa ai Solari. Nel 1266 fu deputato per la tregua del Comune con Carlo di Angiò. Chieri lo ebbe a podestà nel 1274. — Tomaso intervenne alla pace del 1276 fra Asti ed Alba, e fu consigliere del Comune insieme con Folchetto, Oberto e Melano, i quali ne trattarono l'alleanza coi marchesi del Carretto. Detto Folchetto si trovò procuratore con Ogerio Alfieri per l'acquisto di Cossano, nel 1277. — Bartolomeo fu sindaco d'Asti nel 1280. Muzio figlio di Raimondo, intervenne nel 1290, con Giorgio e con Folchetto, al celebre trattato fatto dagli Astigiani coi conti di Biandrate. Trovandosi egli pure, con Giorgio e con Valeriano, al servizio del principe Filippo d'Acaja, furono tutti e tre compresi nella pace da lui conchiusa col marchese di Saluzzo nel 1307. Nel 1339 Oddonino, Enrico, Giorgio, Raimondo e Benentino Asinari fecero quell'alleanza col marchese di Monferrato, per la quale i Solari vennero messi al bando della città. Bonifacio, insieme con i suoi nipoti Pietrino ed Antonio, per una parte, e per l'altra i fratelli Corrado, Matteo e Razone, assistettero all'atto di acquisto del feudo di Costigliole fatto dal nobile Giorgio Asinari per vendita del Comune di Asti con atti solenni del 24 e 27 aprile 1341, e ne ebbe piena balia col mero e misto impero. Antonio fu il primo a riconoscere la signoria dell'augusta Casa di Savoia ed insieme a suo figlio Secondino fece ad Amedeo VI la ricognizione per Costigliole, San Marzano, Agliano, Balangero, Canelli, Montechiaro, Castagnole delle Lanze, Camerano, Casasco, Cartosio e Soglio il 2 aprile 1382 in Rivoli, alla presenza di Ibleto di Challant, cancelliere di Savoia. Giovan Pietro ed altri fratelli Asinari, possessori del castello e della villa di Ca-

siano periti nel sacco del 1162. Poco più tardi però essi rifiorirono, talchè nel 1195, Guglielmo Pusterla, podestà di Asti, aveva un atto solenne in *solario Asinariorum*, cioè nella loggia superiore del loro palazzo.

---

sasco, furono tenuti a rendere omaggio al duca Luigi di Turonia (poi duca d'Orlèans), in occasione delle sue nozze con Valentina Visconti, nel 1387. I discendenti di Michele Asinari, vissuto intorno al 1400, conchiusero tra loro un patto di famiglia, in forza del quale ogni alienazione di beni fatta da loro ad altri, fuorchè a quelli dell'agnazione, doveva riguardarsi come nulla e di nessun effetto. — Giorgio Asinari di Camerano fu consigliere d'Asti nel 1480 e consignore di Casasco, Valdichiesa, Dusino, Agliano, Monale e Bastia. Per il figlio di lui, Gianfrancesco, l'imperatore Carlo V eresse in contea il feudo di Camerano nell'anno 1530. Lo stesso Gianfrancesco sposò Lucrezia Torelli, discendente dal famoso Salinguerra Torello che nel secolo XII fu assoluto signore di Ferrara, e fu padre del conte Federico, del quale si è già parlato nelle precedenti pp. 108 e 111. — Giovan Michele, consignore di Virle, comandante di Cuneo, venne infeudato il 23 aprile 1751 della signoria di Burio, ed il 30 agosto dello stesso anno ne fu investito con titolo comitale. Egli fu cavaliere della SS. Annunziata, come furono pure Carlo-Gabriele Asinari di Mombercelli e Filippo-Valentino Asinari di San Marzano. Questa nobile e chiara stirpe, come ho già detto (cfr. p. 103), trovasi attualmente divisa nelle due linee di San Marzano e di Bernezzo.

Del ramo di San Marzano meritano di essere segnalati l'anzidetto Filippo-Valentino che fu investito il 29 luglio 1741 di un quarto della signoria di Castelletto d'Erro, e da Carlo Emanuele III, re di Sardegna, inviato nel 1751 al re di Spagna; in seguito generale di cavalleria, governatore di Nizza e di Torino, gran ciambellano, etc. Egli fu il primo marchese di San Marzano, essendo questa signoria stata eretta in marchesato il 13 dicembre 1771. Fu poi infeudato il 25 gennaio 1772 di Caraglio, ed il 29 febbraio successivo ne fu investito col titolo di marchese. — Il marchese Filippo-Antonio-Maria, figlio del precedente, consigliere di Stato, fu dall'imperatore Napoleone I inviato ambasciatore a Berlino, poi nominato conte dell'Impero (1808), senatore (1813) e reggente del Piemonte (1814). Al congresso di Vienna, del quale scrisse un prezioso diario recentemente pubblicato (RINIERI, *Corrispondenza inedita dei cardinali Consalvi e Pacca nel tempo del Congresso di Vienna* pp. XLVII segg., Torino, 1903), ottenne in favore del suo re larghe ed importanti concessioni, ed al suo ritorno nel regno ebbe la reggenza degli affari della guerra e molti altri importanti uffizi, nei quali dimostrò la sua rara perizia. Un figlio di lui fu tra i promotori della Rivoluzione del 1821 e più tardi coprì anch'egli alte cariche nello Stato. Apparteneva a questo ramo il tenente generale Alessandro, comandante in capo l'esercito italiano che fugò il re Giovanni di Abissinia, cavaliere dell'Ordine supremo dell'Annunziata e primo segretario

Dove fosse questo palazzo non si è potuto accertare : certo non era quello già noto sotto la denominazione di *palazzo degli Spagnuoli* (dove ora esiste il Caffè Alfieri, in via Maestra), giacchè tale palazzo pervenne agli Asinari solo verso il finire del Trecento, ed anteriormente esso apparteneva agli Alfieri (1).

È più probabile che questo antichissimo palazzo degli Asinari fosse quello posto sull'angolo della via Maestra con la via Scuole, del quale ebbi già pure a discorrere in precedenza (2).

∴

TORRE E PALAZZO DEI CRIVELLI DI CANELLI. — Sull'angolo destro di questa via innalzavasi l'antica torre annessa al palazzo dei Crivelli di Canelli, il quale, come ho già detto parlando della *via Maestra*, si protendeva per un buon tratto in questa e nella adiacente via Asinari. In questa strada si vedono ancora assai bene le traccie della bella costruzione medievale, quasi completamente ricoperta dall'intonaco.

CASE DEI DE REGIBUS. — Di fronte al precedente palazzo erano le case dei Re, o De Regibus; ed anche di queste ho già detto precedentemente.

∴

TORRE E PALAZZO MALABAYLA. — Attiguo alle case dei De Regibus sorge l'antico palazzo dei Malabayla, munito di un'alta

---

di S. M. per il Gran Magistero dell'Ordine Mauriziano, deceduto solo qualche mese addietro.

Il feudo di Bernezzo rimase fino alla metà del secolo XVIII nella nobile famiglia dei Rossillon, estintasi negli Asinari di Clavesana. Nel 1752 ne fu infeudato Carlo-Francesco-Antonio Asinari, che ne ottenne investitura con titolo marchionale trasmissibile per primogenitura maschile, ed in mancanza di maschi, ad una femmina per una sola volta. Lo stesso marchese fu investito di Clavesana nel 1778 con titolo parimente marchionale trasmissibile per primogenitura maschile. Egli sposò la nobile Enrichetta Blancardi, ereditiera della signoria di Briga nella contea di Nizza. Il marchese Giuseppe-Maria-Giacomo-Saverio fu creato barone dell'Impero francese nel 1810. Dal suo matrimonio con la nobile Rosa Brizio dei conti di Castellazzo ebbe il marchese Giuseppe e cinque femmine, delle quali Margherita Felicita andò sposa a Vittorio Colli, marchese di Felizzano, e Carmela si sposò a Carlo Gabuti, conte di Bestagno.

(1) Vedi sopra, p. 70.
(2) Cfr. sopra, p. 100.

torre (FIGURA 33), che ora si vede abbassata quasi all'altezza dei tetti adiacenti, poco prima di giungere alla via Malabayla. Pare che la costruzione di detta torre risalga al secolo XIII, e che l'abbassamento sia avvenuto nel secolo XVII, perchè nella carta topografica del *Theatrum Statuum Sabaudiae* del 1700 si vedono riprodotti solo più gli avanzi di essa, dove si scorgono le doppie finestre dal lato di levante, delle quali, per altro, non v'è più ora alcuna traccia.

Ha una base interna di m. 4,20, e 4,60, di lato con muri perimetrali di m. 1,00 a 1,10 di grossezza.

Questo palazzo Malabayla si estendeva a destra ed a sinistra della torre verso la via, avendo pure tre bracci interni perpendicolari alle fronti stradali. Il braccio estremo a sud risvolta in via Malabayla fino a raggiungere l'attiguo palazzo dei Roero di Settime.

.·.

ALTRO PALAZZO E TORRE PONTE. — Quasi di fronte alla predetta torre Malabayla si apriva, come ho già detto, una strada che da via Asinari immetteva in via Mazzini correndo parallelamente alla via Malabayla.

Sull'angolo sinistro dell'imbocco di questa strada, ora soppressa, sorgeva il palazzo dei conti Ponte, o De Ponte, di Castellero e di Lombriasco, protendentesi fino alla via Malabayla e risvoltante in questa verso via Mazzini, occupando così tutta l'area compresa fra le vie Mazzini, Malabayla, Asinari e la detta strada soppressa, verso la quale, a poca distanza dalla via Asinari, innalzavasi una torre, che, a giudicare dal disegno che se ne vede nella carta topografica del *Theatrum Statuum Sabaudiae*, era assai elegante.

Essa era di larga base, a finestre bifore nei vari piani, ricoperta con il solito tetto a padiglione; e per quanto il disegno la riproduca di limitata altezza, questa, in origine doveva essere certamente assai più considerevole.

Essa probabilmente sarà stata demolita verso la metà del secolo XVIII, per utilizzarne il materiale per nuove costruzioni nell'attiguo monastero di sant'Agnese, che aveva incorporato al

(FIG. 33) Avanzi dell'antica torre dei Malabayla di Antignano, in via Asinari.

suo isolato anche quello al di là della strada soppressa, il quale, come si è detto, apparteneva ai Ponte.

Dall'altro lato - il destro - della predetta via soppressa, in attiguità cioè del palazzo dei Crivelli di Canelli, esisteva la chiesa detta di sant'Andrea, di patronato della nobile casa dei Cacherano. La detta chiesa con le annesse adiacenze fu incorporata al monastero di sant'Agnese nel 1715, e di essa non si scorge più alcuna traccia.

Più tardi il detto monastero acquistò anche le case dei Ponte, e sopprimendo la via che disgiungeva il monastero dalle medesime, formò un isolato unico, come si vede tuttora.

34.

In Via Isnardi.

ALTRO PALAZZO E TORRE MALABAYLA. — Prima di abbandonare il Recinto detto dei Nobili, mi corre l'obbligo di accennare all'esistenza di un edifizio con annessa torre che si vedono riprodotti nella carta del *Theatrum Statuum Sabaudiae* del 1700.

In questo disegno topografico appare esistente nella via Isnardi, poco prima della via delle Isnardine, procedendo dal santuario della B. V. del Portone, un elegante edifizio, con annessa elegantissima torre a finestre bifore, terminante a guglia con pinnacolo su ciascuno dei quattro angoli.

Dall'aspetto di questa torre si potrebbe desumere esser la medesima, più che torre gentilizia, una torre campanaria annessa a qualche chiesa. Ed invero, in quelle vicinanze esisteva anticamente la chiesa parrochiale di sant'Adriano; ma oltre che l'ubicazione di questa era differente, e cioè tra gli odierni palazzi Adorni e Valpreda, separati un tempo da una via ora soppressa, la predetta chiesa di sant'Adriano era già nel 1585 quasi completamente distrutta, e di essa più non restava in piedi che un sol muro (1). Perciò la riproduzione della carta del *Theatrum* si riferisce ad altra cosa. Nè si può supporre

_____

(1) G. Bosio, *Storia della Chiesa d'Asti*, p. 354.

che dopo quell'epoca la chiesa sia stata riedificata sullo stesso sito o poco lontano, cioè nel sito designato dalla predetta carta topografica, verso la via Isnardi, perchè dopo quell'anno più non si incontra memoria alcuna di sant'Adriano; la qual cosa induce a credere che in quel tempo quest'antica chiesa sia stata demolita completamente. Nè, parimente, la predetta chiesa fu ricostrutta sotto altra denominazione, perchè non si hanno altre notizie posteriori che ciò affermino o lascino presumere.

È probabile, quindi, che la torre e l'attiguo edifizio riprodotti dalla carta topografica del *Theatrum* appartenessero a qualche antica famiglia nobile; ma non ho trovato alcun documento che mi abbia chiarito il dubbio. Tale edificio, dall'aspetto civile, si collegava per mezzo di un lungo braccio trasversale con il palazzo dei Malabayla di Canale prospiciente sulla via Mazzini; il che forse potrebbe essere un indizio per supporre che la torre ed il palazzo di cui si tratta appartenessero alla stessa famiglia Malabayla o ad un altro ramo di quell'illustre stirpe.

Di queste antiche costruzioni esistono ancora traccie notevoli, per quanto esse siano state in questi ultimi tempi rimodernate.

II.

NEL RECINTO DEI BORGHIGIANI

1.

In Borgo San Quirico

Ho già precedentemente accennato che nel Recinto dei Borghigiani non esistevano né torri, né palazzi nobili, né case-forti. Tuttavia non posso esimermi dal riferire qui qualche notizia che parmi non assolutamente inutile.

ABITAZIONE DEL PRIMO VESCOVO D'ASTI, SANT'EVASIO — Appena varcata l'antica *Porta Sancti Pauli*, che, come accennai sin da principio, si ergeva in via Cavour, attraversando questa strada presso a poco dove è il campanile attuale della chiesa parrochiale di san Paolo, a sinistra della via che conduce dalla porta anzidetta al Borgo di san Quirico, esisteva l'avanzo di un antico palazzo, alla metà dell'altezza del quale spiccava elegantemente una grande cornice di stile medievale, presso a poco come quella che ancora si ammira nell'antico palazzo Catena di via Venti Settembre (ora del signor Raggio, già Zoppi-Bruno). Ma la decorazione medievale anzidetta pare sia stata eseguita sopra una costruzione più antica.

Le bellissime finestre di quest'antica casa erano di stile gotico e riccamente ornate di terrecotte rappresentanti putti e fogliami. La decorazione di una di queste belle finestre fu raccolta dall'egregio cav. geom. Giuseppe Fantaguzzi, R. Ispettore degli Scavi e Monumenti, e donata al Municipio d'Asti nel 1887, dopo che la casa stessa, appartenente al signor Orio Benvenuto, era stata demolita nel 1884 per essere ricostrutta secondo il disegno che si vede oggidì.

Tale decorazione antica è ora murata in una parete del Museo archeologico stabilito nel palazzo Alfieri.

Stando a quanto riferiscono il cronista abate Stefano Incisa (1)

---

(1) *Giornale d'Asti*, ms. che si conserva nella Biblioteca del Seminario vescovile d'Asti.

e lo storico sacerdote Fedele Savio (1), vuolsi che in tale anti-chissima casa abbia avuto luogo la sua prima abitazione sant'Eva-sio, che fu il primo vescovo d'Asti. Questa casa corrisponde a quella dove adesso è allogato il negozio di turaccioli della signora vedova Parola, al numero civico 18, di proprietà dei fratelli Guani.

Il chiarissimo teol. D. Felice Alessio in un dotto recentissimo suo scritto (2) così scrive a proposito di questo sant'Evasio:

« Debbo agli illustri vescovi di questo secolo (IV) unire san-t'Evasio, vescovo d'Asti, e agli altri santi Natale prete, Proietto diacono, Magliano suddiacono, compagni di Evasio e con lui martirizzati presso Casale Monferrato, il 1 dicembre del 362, secondo quanto narra l'Irico, per quanto siano strane le circo-stanze della loro vita e del loro martirio tramandateci dalla leggenda e dagli agiografi ».

« Il Savio, che aveva scritta una succosa vita di questo ve-scovo e martire, finì per confutare e disapprovare la stessa sua opera; e sebbene non neghi assolutamente l'esistenza del Santo nel IV secolo, notando solo che mancano fino al presente " ar-gomenti perentori sì per la sentenza affermante, come per la negante ,, pure trova di niun valore la leggenda di lui, e che difettano i documenti che valgano a dare prova del suo culto prima di Liutprando ».

« Cercò il Bosio di assodare l'esistenza di Evasio, e conviene riconoscere, con erudizione copiosa, avendo fatte lunghe e mi-nuziose ricerche per mettere in evidenza la verità; ma pur troppo non tutte le ragioni che produce sono concludenti per modo da distruggere le obbiezioni che alla sua narrazione an-che il prudente critico dovrebbe fare ».

« L'Irico stesso, che lavorò due anni per assodare che vi fu-rono due Evasi, uno al tempo di Giuliano l'Apostata, vescovo e martire, ed un secondo, solo vescovo, al tempo di Liutprando, e che parve aver fatto lavoro tale da indurre al silenzio quanti ancora avessero voluto depennare il suo santo eroe dal numero

---

(1) *Notizie storiche sopra sant'Evasio martire, primo vescovo d'Asti e patrono di Casal Monferrato*, p. 36, Torino, 1884.

(2) I *primordi del Cristianesimo in Piemonte*, pp. 88 segg. (vol. XXXII di questa *Bibl. Soc. Stor. Subalp.*).

dei vescovi d'Asti del secolo quarto, non riuscì a pieno nel suo intento (1) ».

« Si adoperò eziandio a dipanare l'arruffata matassa della leggenda di sant'Evasio il prof. Cipolla; senonchè neppur egli, con tanto corredo di erudizione, riuscì a dirci chiaro se Evasio fu davvero eletto vescovo di Asti, come narra il Grassi, nel 265. Egli si contenta farci saggiamente riflettere che « gli atti del martirio di S. Evasio......sebbene alterati assai, tuttavia non si possono riguardare come privi di base storica ».

« È poi inutile, dopo questi campioni, far passare in rassegna gli altri storici e agiografi, che in vario senso scrissero dell'Evasio astese; e neanco confutare quelli che vollero persino cinque Evasi a pontificare in Asti. Checchè ne sia delle ragioni pro' e contro addotte, confesso che non mi paiono inventati di sana pianta l'Evasio martire del IV secolo ed i suoi compagni. Per quanto piena di anacronismi e di incongruenze, credo che la leggenda evasiana contenga un fondo di vero; basti cioè ad affermare la loro esistenza ed il loro martirio, al tempo forse di Giuliano l'Apostata, di cui sotto il breve regno riconosce anche il Negri che contro i cattolici " qualche atto di violenza è avvenuto „. A confermare questa mia opinione ha grande valore il fatto che nei messali antichi di rito eusebiano, i quali si conservano nell'archivio della cattedrale di Vercelli, il nome di sant'Evasio, in un'orazione del canone della messa, precede quello del grande sant'Eusebio ».

« La tradizione vuole rispetto; e se si pone in relazione questo dato della preferenza di Evasio ad Eusebio nella diocesi vercellese, che aveva ogni utile nell'anteporre il suo celebre santo a quello di Asti, insieme coll'affermazione di G. F. Felissano, vescovo di Asti, che il culto a sant'Evasio vige ab immemorabili in essa diocesi, egli è certo che vengono meno le ragioni per mettere in dubbio l'esistenza del martire vescovo astese. Specialmente ancora se si considera che " in Asti non v'ha traccia o memoria di culto professato ad altro S. Evasio distinto dal martire „ ».

---

(1) Della questione dei due Evasii, entrambi vescovi d'Asti, ho già toccato sopra, p. 165 n.

« Mi auguro io pure si scoprano nuovi documenti per meglio assodare tale verità; ma temo forte, dopo le diligenti ricerche dell'Irico, del Bosio, del Savio, del Cipolla, in Casale, Vercelli, Asti, che essi siano " forsan adversis antiquorum temporum casibus consumpta ,,. Infatti avendo io pregato il cortesissimo presidente della nostra *Società Storica Subalpina*, prof. Gabotto. di fare nuove ricerche negli archivi d'Asti, mentre trascriveva le più antiche pergamene che publicò, mi rispose null'altro aver trovato se non questa tardiva notizia, in un necrologio del secolo XIV, sotto il 1 dicembre: " Sancti evasii episcopi et martyris R [eliquie] eius sunt in altare sancti ypoliti ,, ».

Opino, perciò, anch'io come l'Alessio, il quale conclude dicendo che « ad ogni modo, contro la tradizione che afferma, occorrono prove per ismentirla, e prove non pure negative, sì bene positive. I particolari di un fatto possono essere falsi, come nel caso nostro, ma non è questo motivo che basti per negare il fatto stesso, quando una lunga tradizione ed un culto antico si fanno di esso mallevadori (1) ».

---

(1) Anche accettando pienamente le conchiusioni dell'Alessio, sebbene si potrebbe forse ritardar veramente l'epoca di sant'Evasio al secolo VIII ed ai tempi di re Liutprando, (in cui non è da *escludersi a priori* che non potesse più esservi un duca longobardo ariano a Casale, anche dopo la conversione della maggior parte del popolo al cattolicismo), non mi pare inutile riportare un riassunto degli *Atti* di sant'Evasio, qualunque ne sia il valore, quale è dato dal Bosio, *Storia della Chiesa d'Asti*, pp. 78 segg : « In un giorno di grande festività, stava il beato Evasio in Benevento, e predicava dinanzi alla porta del palazzo ove riposa il corpo di san Bartolomeo. Molti andavano a lui per essere istruiti nella fede e battezzati. Divinamente ispirato, Evasio si partì di là con Natale suo collega ed andò a Roma; quivi gli si presentarono con lettere coloro che erano della città d'Asti e lo accolsero con festa. A quei giorni vi era il nobile re Liutprando, il quale lo fece consacrare dal sommo pontefice nella chiesa del beato Pietro apostolo, vicino all'altare del medesimo apostolo, e consacrato che fu, uscì da Roma accompagnato da una turba di popolo e dai ministri che erano andati da Asti. Quando fu vicino a questa città, uscirongli incontro i sacerdoti e ministri della chiesa con una parte di popolo, onorevolmente ricevendolo con grandi lodi. Fu poi il Beatissimo Evasio vescovo in Asti per 28 anni (nel codice vercellese è scritto 38) e degnamente sostenne l'alta carica, fortemente reggendo e governando la santa chiesa. Vennero anche gli Ariani per cacciarlo dalla cattedra episcopale, sollevandogli contro una moltitudine di popolo a proromper audacemente contro di lui; il che fu

CHIESA ED OSPEDALE DEI PELLEGRINI DI SANT'EVASIO. — Gli Astigiani non tardarono a praticare il culto del predetto mar-

fatto. Uscito dalla città, Evasio andò nel luogo detto volgarmente Volusano, dove già stanco si pose a riposare. Quand'ecco gli fu riferito che gli Ariani suoi persecutori tenevangli dietro con grandi minaccie. Procedendo adunque nel suo cammino sino al luogo chiamato anticamente Ariano, s'accostò alla selva che porta il nome di Cornea dove, in compagnia del sacerdote Natale e del diacono Proietto, pose la sua dimora in un vasto ed ameno sito. E colà abitando, Evasio, amante della vera fede, cultore della norma cattolica ed invittissimo atleta di Cristo, guadagnò a Dio una grande moltitudine di popolo, predicando spesso in una chiesa che egli stesso aveva fatta costrurre e dedicata in onore del gloriosissimo martire S. Lorenzo. Avendo poi, col conferirle il battesimo, liberata da grave infermità una donzella, unica figlia di un tal Diogenio di Fabiano, divulgatasi per tutta la provincia la fama di questa guarigione, una folla innumerevole di uomini e donne accorreva ad ascoltare la dottrina del santo Vescovo, affrettandosi a convertirsi a Cristo, in cui battezzati fedelmente credevano. In quel dì abitava a Sedula un cotal duce di nome Attubolo, il quale, vedendo molti per opera di Evasio confessar Cristo e credere nell'unigenito figliuolo di Dio, eccitato da diabolico zelo fece chiamare innanzi a sè il santo personaggio e rimproveratolo che illuminasse il popolo con magici inganni, senz'altro comandò ai suoi sgherri che lo legassero e lo gettassero nell'ergastolo. Nel dì seguente richiamatolo a sè, e tentata invano la via delle lusinghe e delle minaccie per piegarlo ad adorare gli idoli, comandò che fosse trafitto di spada dai littori. I quali, afferrando Evasio e conducendolo innanzi alla porta del beato Lorenzo, lo uccisero. Il venerando campione di Cristo ricevette la corona del martirio il 1 dicembre, alla prima ora di un giorno di domenica. Con lui furono pure martirizzati il levita Proietto ed altre centoquarantacinque persone. — Or avvenne che dopo la gloriosissima morte di questi martiri, tutta quella turba di malvagi, che vi avevano cooperato, fosse colpita dal flagello del divino castigo con varii mali, dai quali però non tardarono ad essere liberati coll'accorrere al sepolcro del martire Evasio ad implorarne la protezione. Per questi prodigi si convertirono alla fede cristiana e furono battezzati Attubolo con la sua famiglia, ed un grande numero di uomini e di donne. — Dopo la morte del beato Evasio, e defunto pure Attubolo, a tanto di malvagità giunsero gli Ariani, che col loro duce Gaunio, il quale erasi ribellato contro il suo re, andarono alla città di Sedula, e, presala, l'atterrarono al suolo, ne uccisero i cittadini, dopo aver fatto indarno ricerca del sacro corpo di sant'Evasio per darlo alle fiamme. Frattanto si dichiarò la guerra tra Gaunio e Liutprando, e stando questo re in ansia sull'esito delle armi, gli apparve in sogno Evasio con-

tire sant'Evasio e nel borgo, dove il santo aveva la sua abitazione e dove cercò rifugio allorchè venne perseguitato dagli Ariani, eressero una chiesa con Ospedale dei Pellegrini. La

---

fortandolo e promettendogli la vittoria contro gli Ariani. Liutprando svegliatosi si partì tutto lieto, combattè e vinse; e ritornando al sepolcro di sant'Evasio, comandò che la chiesa fosse ampliata e mirabilmente edificata, e fatta la dedicazione, venisse chiamata col nome del Santo. L'arricchì inoltre di molti doni, onori ed estesissime terre, le regalò un suo palazzo che era là presso, con tutti i privilegi ad esso congiunti, vi pose un numero sufficiente di Canonici, e vi istituì un ospizio pei pellegrini con famigli, che sotto la vigilanza dei Canonici, avessero cura dei poveri ». Non giova tuttavia dissimulare che a tale riassunto il Bosio fa seguire queste osservazioni: « Chi s'accinse ad intraprendere un vero esame critico degli *Atti* di sant'Evasio, fu Giovanni Andrea Irico, teologo e giureconsulto di Trino, dottore della Biblioteca ambrosiana di Milano ed infine canonico prevosto nella sua nativa città, allorchè nel 1746, per compiacere i Casalesi che erano a lui ricorsi, ed aiutarli affine di ottenere dalla Santa Sede l'Ufficio proprio del loro santo Patrono, che imploravano sin dal 1731, pose mano alla dotta dissertazione storico-critica *De Sancto Evasio Astensium primo Episcopo et Martyre, Casalensis urbis Patrono*, che gli costò due anni di ricerche e fatiche. In essa, rispondendo ai dubbi ed alle obbiezioni del Promotore della Fede, che allora era il dottissimo cardinal Valenti, provò dapprima come non un solo, ma due fossero stati gli Evasii vescovi d'Asti, l'uno martire e l'altro confessore, non potendosi supporre che il re Liutprando avesse eretto una chiesa in onore di quello, che non solo fu suo contemporaneo, ma gli sopravvisse, secondochè risultava da un diploma di donazione, fatto dall'imperatore Carlo Magno a favore del monastero della Novalesa, a cui, tra gli altri testi, sottoscrisse pure *Evasius Astensis Episcopus*; e come al primo solamente, ossia al martire, potessero e dovessero applicarsi gli *Atti* di sant'Evasio. Esaminando poscia questi *Atti* in ordine specialmente alla cronologia, rilevò come e quando fossero stati corrotti per ignoranza dei copisti, col sostituire il nome del re Liutprando a quello dell'imperatore Costantino, che prima doveva leggersi là ove è narrata la elezione di S. Evasio a vescovo d'Asti, e coll'aggiungere la parte riguardante gli avvenimenti posteriori alla conversione d'Attubolo; e dopo averli emendati dalle interpolazini, ne mise in luce la vetustà e la credibilità. Posti infine in armonia colla storia ecclesiastica tutti i fatti contenuti negli stessi *Atti*, da essi dedusse, con sottili indagini, che sant' Evasio era stato consacrato a vescovo d'Asti dal pontefice san Silvestro [1],

---

(1) La gratitudine verso questo santo Papa forse fu quella che spinse gli Astigiani a dedicargli una delle più antiche chiese parrocchiali della città (San Silvestro). Dicesi che essa fosse consacrata da papa Urbano II nel 1096 in occasione del suo passaggio in Asti. La presente chiesa di San Silvestro è di costruzione recente (1809), eseguita però sul sedime stesso della primitiva chiesa.

chiesa venne eretta dove adesso è quella denominata *della SS. Trinità*, e l'Ospedale fu edificato attiguo alla chiesa medesima,

---

per istanza di Costantino Magno, nel 325; cacciato dalla sua sede, per odio degli Ariani divenuti potenti per la protezione dell'imperatore Costanzo, verso il 355, e martirizzato in Sedula, il 1 dicembre del 362, nella persecuzione mossa ai Cristiani, durante il regno di Giuliano l'Apostata ».

« Queste conclusioni vennero accolte con grande favore dai dotti e furono quasi totalmente accettate da quanti s'applicarono poscia a scrivere la vita del grande Patrono di Casale, finchè la cronologia del Santo dimostrata con tanta copia e forza di ragioni dall'Irico, fu riconosciuta come vera ed accettata dalla Santa Sede verso il 1825, quando approvò e concesse ad Asti, a Casale e ad altre diocesi subalpine la vigente Ufficiatura in cui, colle stesse parole usate dall'Irico, si asserisce che sant'Evasio andò a Roma, *imperante Costantino Magno*, e colà fu consacrato dal papa San Silvestro a primo vescovo d'Asti, donde poi fu cacciato, *exorta sub Costantio Augusto Arianorum fautore tempestate*, e finalmente subì il martirio a Sedula, *impiissimo apostata Iuliano imperante* ».

« È noto come Costanzo, succeduto al padre Costantino, dopo d'aver riunito, nel 353, sotto di sè solo tutto l'Impero romano, finì col dichiararsi protettore ardente dell'eresia ariana, che negava la divinità di Gesù Cristo, benchè condannata poco prima dal concilio generale di Nicea, perseguitando apertamente quelli che ripudiavano tale errore. Il papa Liberio ed i più insigni tra i vescovi cattolici, come Eusebio di Vercelli, Dionigi di Milano, Lucifero di Cagliari, Ilario di Poitiers, Atanasio d'Alessandria ed altri invitti difensori della fede ortodossa, furono cacciati in esilio spogliati dei loro beni ed incarcerati. Gli Ariani, poi, protetti dal favore imperiale, s'aggiravano per le città a far propaganda delle loro dottrine e ad eccitare il popolo contro i vescovi cattolici, per cacciarli dalle loro sedi, ed intruderne, se fosse possibile, altri della loro setta. Ora gli *Atti* raccontano che " anche in Asti vennero gli Ariani per cacciare Evasio dalla sua Cattedra vescovile, aizzando una moltitudine di popolo ad avventarsi audacemente contro di lui; il che fu fatto „. Il santo vescovo, non potendo resistere alla violenza, abbandonò la sua sede, e sappiamo pure che gli Ariani, non contenti d'averlo espulso dalla città, lo inseguirono per un buon tratto di strada, con grandi minaccie, per impedirgli il ritorno. Questa cacciata, per la quale sant'Evasio meritò il glorioso titolo di Confessore, avvenne probabilmente poco dopo il 355, in cui si celebrò il concilio di Milano, nel quale Costanzo voleva obbligare i vescovi cattolici ad accettare l'arianesimo, e dopo d'averne cacciati molti in esilio, mandò ad intimare agli altri di accettare l'editto imperiale o di aspettarsi carceri, esigli e confische, come leggesi negli *Atti* del detto concilio ».

« Morto l'imperatore Costanzo nel novembre del 361, gli succedette Giuliano, conosciuto nella storia sotto il nome d'Apostata, per aver rinnegato il Cristianesimo e fatto ritorno al Paganesimo, cui voleva stoltamente ri-

dove è la presente casa del cav. Pietro Bosia, sull'angolo di via Cavour con via Brofferio.

---

staurare. A questo periodo di tempo possiamo dunque con tutta verisimiglianza riferire quanto ci raccontano gli *Atti*, che cioè, mentre sant'Evasio con grande zelo e frutto diffondeva la luce del Vangelo tra le popolazioni dei dintorni di Sedula, in gran parte ancor pagane, dimorava nella stessa città un duce di nome Attubolo — forse uno dei comandanti di presidî militari, lasciati da Giuliano con molta autorità alla difesa d'Italia, prima della sua partenza per la guerra contro i Persiani —, il quale, idolatra qual era, vedendo di mal occhio una moltitudine di persone confessar Cristo, *invidia tactus diaboli*, chiamò a sè il santo vescovo, e tentatane invano la fede, prima col carcere e poi con le promesse, lo fece infine uccidere insieme col diacono Proietto e con cento quarantacinque di quei novelli convertiti ».

« Sì enorme strage, comandata impunemente da un duce d'esercito contro pacifici cittadini perchè cristiani, in un tempo certamente posteriore all'impero di Costantino Magno, come ne è prova il fatto che allora già eran predominanti gli Ariani nelle nostre regioni, non potè aver luogo che nell'ultima persecuzione del Paganesimo contro il Cristianesimo, mossa di soppiatto dall'apostata Giuliano, che regnò dal 361 al 368. Il non aver posto mente a questa persecuzione o l'averla dimenticata fu la vera causa per cui errarono quelli che collocarono la morte di S. Evasio nel III o nell' VIII secolo ».

« Gli *Atti* ci tramandarono il mese, il giorno e persino l'ora di questo glorioso martirio, notando essere avvenuto nelle calende di dicembre all'ora prima di un giorno di Domenica. Da quest'ultima indicazione l'Irico ne dedusse anche l'anno, che fissò nel 362, poichè in esso, secondo le tavole pasquali publicate dal Ricciolio, il giorno primo di dicembre occorreva appunto in Domenica, sotto la lettera Domenicale F. ».

« Sant'Evasio avrebbe adunque riportata la palma di martire della fede cristiana il primo dicembre del 362, anno secondo del regno di Giuliano Apostata, undecimo del pontificato di Papa Liberio, ed un anno prima del ritorno di sant'Eusebio alla sua chiesa di Vercelli dall'esilio di Scitopoli. Con questa data, ritenuta come certa, e col numero degli anni passati nel governo della chiesa d'Asti, che sarebbero stati 28, secondo i codici di Casale e Quargnento, o 38, giusta quello di Vercelli, l'Irico e il Deconti vollero anche determinare con esattezza l'anno in cui sant'Evasio fu consacrato vescovo, e quello in cui venne cacciato dalla sua sede dagli Ariani. A noi basta averne fissato, sulle traccie degli stessi scrittori, il tempo approssimativo, mettendo in armonia gli *Atti* del Martirio colla storia civile ed ecclesiastica, per poter conchiudere che la sede vescovile d'Asti fu eretta nella prima metà del IV secolo, e probabilmente negli ultimi anni di Costantino Magno, tra il 325 ed il 335, poichè in questo frattempo ne venne verisimilmente eletto vescovo sant'Evasio ».

Il Provenzale nel manoscritto della sua *Asti sacra* afferma che per le guerre e per i contagi sofferti dalla città d'Asti, i documenti antichi di questa chiesa andarono smarriti, e l'amministrazione dell'anzidetto Ospedale passò poi ai confratelli della SS. Trinità. Soggiunse il Provenzale che in progresso di tempo molti devoti di sant'Evasio si infervorarono con tanta passione da sentire il bisogno di unirsi in confraternita, istituendo così circa il secolo XIV una compagnia denominata dei *disciplinanti di sant'Evasio*, intervenendo, per le sacre funzioni, nella predetta chiesa, e proseguendo l'opera pietosa di soccorrere i passeggieri poveri. L'ospedale fu conservato e mantenuto ben provvisto di letti e di ogni occorrente fino all'anno 1724 circa, nella qual'epoca essendo Rettore D. Ferrari, questi fece disfare l'ospedale, allora prospiciente verso la via di san Quirico (ora via Cavour), alienando i letti di ferro all'Ospedale dei Pellegrini di san Giuliano (1).

Di lì a qualche tempo lo stesso D. Ferrari fece ricostrurre un altro Ospedale più piccolo dietro al precedente, verso la via del beato Enrico. Questo nuovo Ospedale, più modesto, venne bensì ultimato per ciò che riguardava l'edifizio, ma non relativamente ai mobili; ed ai poveri pellegrini, in cambio del letto e della cibaria, venivano somministrate pochissime monete (cinque soldi). E per giunta, questa esigua elemosina, che sul principio della riforma di questo Ospedale era data a tutti i pellegrini indistintamente, da ultimo ben pochi di questi riuscivano ad avere, sotto pretesto, per alcuni, che gli atti costitutivi dell'Ospedale non erano validi per questo nuovo genere di elemosina, e, per altri, che quella non era strada di passaggio per loro; onde poco a poco andò scomparendo questo ospizio, che nei tempi più lontani era assai fiorente e riconosciuto come un'opera di carità veramente provvidenziale.

Nell'anno 1761 fu ultimata la ristaurazione della attigua chiesa della SS. Trinità, che venne trasformata in un tempio elegante, adorno di belle pitture, di altare di marmo, di stucchi dorati, e provvisto di ogni sorta di magnifici mobili. Concorsero in questa rimodernazione della chiesa il benefattore Gaspare Pa-

---

(1) Cfr. sopra, p. 255.

gliano, speziale, e la maggior parte dei redditi dell'antico Ospedale dei Pellegrini di sant'Evasio.

Di questi giorni il cav. Pietro Bosia, proprietario dell'antica casa già adibita al primitivo Ospedale dei Pellegrini di sant'Evasio, fece ristaurare la facciata di essa verso via Cavour, ed i muratori, nello scrostarne l'intonaco, misero a nudo parti dei vecchi muri dell'antica costruzione, e così si scopersero gli archi e le modanature di due finestre di perfetta architettura medievale. Quegli archi e quelle modanature, state sepolte sotto l'intonaco degli ultimi tempi, risalgono ad un'epoca assai remota, non posteriore certo alla prima metà del secolo XIII: gli uni e le altre sono di architettura romanico-lombarda assai bene conservata. Il cav. Bosia, con sentimento altamente encomiabile, ha disposto che quei bellissimi cimeli d'architettura medievale astigiana fossero non solo lasciati allo scoperto, ma ripuliti per modo che assumano perfettamente l'antico carattere dell'epoca, e si può arguire che la costruzione di quell'edifizio risalga al secolo XII, epoca in cui fu riedificata la maggior parte delle nostre case medievali.

Sia adunque dato il meritato plauso al cav. Pietro Bosia, augurando che molti altri in Asti, dove fioriscono numerosissimi gli esempî di bellissima architettura medievale nascosta sotto i moderni intonachi, abbiano vivo il sentimento per l'antica arte astigiana così bella e gloriosa per il nostro paese.

∴

Dirimpetto alla chiesa della SS. Trinità, o di sant'Evasio, dove è adesso il palazzo Artom, eravi negli antichi tempi un mulino servito dalla *bealera* che scorreva lì presso venendo da via Brofferio, e sull'incontro di questa con via Cavour vi sono ancor oggi, sotto il suolo, notevoli traccie di tale bealera, che nel secolo XVIII era stata in gran parte incanalata.

Asti, data in dote a Valentina Visconti quando andò sposa a Luigi d'Orlèans, passò a costoro, che ne presero possesso nel 1387 (1). L'Orleans si diede tosto a riorganizzare le publiche

---

(1) JARRY, *La vie politique de Louis d'Orléans*, pp. 30 segg., Parigi, 1889. Cfr. anche DE CIRCOURT, *Le duc Louis d'Orléans*, in *Revue des questions historiques*, XLI, 14 segg., e CAMUS *La venue en France de Valentine Visconti*, in *Miscell. st. ital.*, XXXVI, 12 segg.

cose della città, per risarcirla dei danni sofferti e per ridurla
nello stato della primiera floridezza. Ma delle principali risorse
della città nel 1396 erano le manifatture di seta, lana, tele, etc.
le quali, secondo l'abate Filippo Malabayla, oltrepassavano le
ottocento (1). Tali manifatture si trovavano, in quell'epoca, in
istato di decadenza, per esser state le materie prime sottoposte
nel loro ingresso in città a dazî esorbitanti; onde il duca orleanese esentò per tre anni tali materie dal pagamento di qualsiasi dazio, e quelle manifatture rifiorirono tosto con gran vantaggio dei cittadini, che ascendevano (dicesi) a novantamila.
Dipoi nell'anno 1397, il duca d'Orlèans stabilì il riordinamento
del moleggio, e per mandare ad effetto così utile provvedimento
fece aprire un canale fuori della città, derivando l'acqua dal
Borbore ed introducendola nel Recinto dei Borghigiani, obbli-
gando i cittadini, di cui i fondi erano confinanti col sito sul
quale l'acqua doveva passare nell'interno della città, a prose-
guire il canale predetto (2).

PALAZZO ARTOM. — Dove ancora due secoli addietro esisteva
il mulino, accennato poco più sopra, sorge adesso, come già dissi,
il sontuoso palazzo appartenente alla spettabile famiglia dei signori comm. Vittorio, comm. prof. ing. Alessandro, comm. avv.
Ernesto deputato al Parlamento nazionale, fratelli Artom fu
cav. uff. Israel.

Il palazzo è di recente costruzione, ma mi occorre di farne
ugualmente menzione perchè nelle pertinenze di esso, il 26 marzo
1892, fu rinvenuta dallo scalpellino Gamba Rocco Francesco una
lapida in marmo portante la iscrizione che ricorda il soggiorno
in Asti di Carlo VIII re di Francia.

La lapida in origine non fu certamente collocata in quel luogo:

---

(1) GRASSI, II, 65.

(2) « Oltre ai confinanti ammise a godere dei frutti del prelodato stabilimento qualunque cittadino che avesse voluto concorrervi, in ragione
della somma contribuita, riservandosi il riscatto dopo anni quindici mediante il rimborso dell'esposto; proibì di divertir l'acqua dalla bealera di
cui sopra, ordinò che gli edificj stabiliti sulla medesima, cioè mulini, mar-
tinetti, gualchiere, fabbriche d'armi e resiga fossero rispetto alli cittadini
e terrazzani d'Asti bannali, unitamente ad altri mulini da stabilirsi sul
fiume Tanaro dal porto di Belangero sino ad Azzano, con ordine ai particolari possidenti alcun edificio per quel tratto di trasportarlo altrove..... »

essa apparteneva alla chiesa ed al convento dei Domenicani di santa Maria Maddalena, i quali, come è noto e come ho più volte accennato in questa esposizione, dimoravano nel sito dove adesso è l'abitazione del dottore Pietro Garola, presso le mura, a sinistra dell'antico castello.

Sul principio del secolo scorso, soppressi gli ordini religiosi dal Governo napoleonico, anche il convento dei Domenicani di Asti dovette subire la sorte degli altri monasteri; ed il 5 settembre 1802 venne l'intimazione di soppressione ai Padri della **Maddalena** (1). I monaci domenicani dovettero perciò abbandonare il loro antichissimo cenobio; i loro beni passarono alla Nazione, mentre furono concessi in proprietà i mobili, ed in usufrutto vitalizio gli stabili, ai Religiosi restituiti liberi.

Demoliti qualche anno dopo la chiesa e parte del convento, il materiale ricavato venne impiegato in nuove costruzioni, ed anche per riedificare le case dove adesso è il palazzo Artom, di cui si tratta, rimodernato ed abbellito sfarzosamente dagli attuali proprietari.

Insieme con il materiale di demolizione della **Maddalena**, quivi trasportato, era anche la lapida avanti accennata, la quale, come cosa inservibile nel reimpiego, venne lasciata in disparte fino a che fu rinvenuta qualche anno fa, come più sopra ho detto.

Tale lapida, che ora si conserva nel civico Museo archeologico, misura le seguenti dimensioni: 0,62 $\times$ 0,48 $\times$ 0,065, e porta questa epigrafe:

CAROLVS VIII

FRANCORVM REX

HABITAVIT CONVENTVM ISTVM

QVEM SVA SALVA GVARDIA

MVNITVM VOLVIT

1490.

Sotto la data dell'anno sono scolpiti i tre gigli di Francia.

La data di questa iscrizione è evidentemente erronea, perchè è notorio che il re Carlo VIII di Francia non venne in Asti prima del 1494, e nel 1490 egli era ancora lontano dal vagheggiare la fatale conquista del regno di Napoli.

---

(1) GABIANI, *La chiesa ed il convento di san Bernardino in Asti*, p. 47.

Carlo VIII soggiornò in Asti, e precisamente nel convento dei Domenicani, nel 1494; tornò a soggiornare in questa città nel 1495, ed allora come si spiega l'erroneità della data trascritta nella epigrafe?

Pietro Giovanni Boatteri, che copiò per la sua *Raccolta* tutte le iscrizioni esistenti nelle chiese e nei monasteri prima della soppressione degli ordini religiosi, e Sebastiano Provenzale che scrisse la sua *Asti sacra* prima del 1775, anno in cui morì, riportano entrambi l'iscrizione in un testo quasi perfettamente identico (quello del Provenzale ha qualche sgrammaticatura di più), ma differente da quella che si legge sulla lapida trovata nella casa Artom. Essi, invero, dànno l'epigrafe in questo modo:

ANNO DNI 1495 DIE 9 7BRIS
CAROLUS D. G. FRANCORUM REX
VENIT AST ET HABITAVIT IN CONVENTUM
ISTUM QUEM PRO SUA SALVAGUARDIA
ESSE VOLUIT.

Il Provenzale soggiunge che Carlo VIII soggiornò in Asti fino al 6 ottobre 1495 « per ristorare dalla fattica del viaggio il suo Esercito, e concesse la Salvaguardia a questo Convento in ricompensa del incomodo recato come consta da Documento del medemo anno, e dalla Inscrizione posta sopra la porta del Convento ».

Ma anche la data del 1495 è inesatta, poichè Carlo VIII soggiornò in Asti soli pochissimi giorni nel luglio del 1495, alloggiando, probabilmente, di nuovo in casa del nobile Giovanni Roero, e non nel convento dei Domenicani, dove invece prese certamente dimora nel 1494, dopo aver prima alloggiato in casa del Roero anzidetto, allorquando si trattenne in Asti dal 9 settembre al 6 ottobre, come sono d'accordo gli storici che scrissero dell'impresa di Carlo VIII in Italia.

Ma intanto come conciliare l'erroneità delle due date nei due differenti testi dell'epigrafe?

Io opino che due effettivamente fossero le lapidi: quella rinvenuta nel palazzo Artom, e quella da cui il Provenzale ed il Boatteri trascrissero il testo avanti riportato. Reputo anzi che quest'ultima sia quella che esisteva di fatto sopra la porta del convento; e che la prima esistesse bensì nel convento stesso, ma riposta fra le cose fuori uso, in qualche luogo rimoto fuori della vista del publico.

Di un'altra cosa sono convinto: che nessuna delle due lapidi sia coeva al fatto che con esse si è voluto ricordare. L'iscrizione della lapida rinvenuta nel palazzo Artom è di caratteri affatto moderni, e la data in cifre arabiche; come in cifre arabiche è pure la data dell'altra iscrizione copiata dal Provenzale e dal Boatteri. Ciò mi lascia supporre che, l'una e l'altra lapida siano state eseguite, non sul finire del secolo XV, o sul principio del secolo XVI, ma bensì in epoca assai più vicina a noi. Ritengo perciò che entrambe le lapidi siano opera del secolo XVIII. Se le due lapidi fossero state eseguite in epoca prossima all'avvenimento che i Padri Domenicani volevano ricordare ad onore del loro convento, essi avrebbero certamente avuta più esatta notizia del giorno, del mese e dell'anno in cui il monarca francese era stato loro ospite per parecchi giorni, e non sarebbero senza dubbio incorsi nell'errore avanti indicato. È quindi assai probabile che negli ultimi tempi dell'esistenza del convento quei Padri Domenicani abbiano sentito il desiderio di ricordare, con un documento marmoreo in vista del publico, l'atto deferente di quel sovrano, non forse prima d'allora segnalato alla memoria delle genti di quell'epoca e dei posteri. Perciò i monaci della *Maddalena* avrebbero verso la metà del secolo XVIII fatta eseguire la lapida, trovata poi in casa Artom, dettando l'epigrafe avanti riportata con la data del 1490, senza per altro aver attinto alle esatte fonti la notizia da eternare nel marmo con precisione, ma forse dando vita alla notizia stessa unicamente per ciò che ne riferiva la tradizione.

Avvertita l'erroneità della data trascritta su quella prima lapida, avrebbero rimossa questa, già forse collocata sopra la porta del convento, sostituendola con la seconda lapida, copiata poi dal Provenzale e dal Boatteri, nella quale la data è meno inesatta, senza che però la nuova lapida dèsse neppure stavolta notizia del fatto colla dovuta precisione. E ciò lascia supporre che mancassero in convento i documenti sincroni, o fossero indecifrabili, o tali da far nascere nei buoni monaci confusione e dubbio sulla vera epoca in cui Carlo VIII fece il suo più lungo soggiorno in Asti e su quella in cui il re prese alloggio in quel monastero.

Comunque sia la cosa, Carlo VIII fu in Asti nel 1494 e nel 1495, ma nel convento dei Domenicani inquisitori di santa Maria Maddalena fece dimora solo nel settembre del 1494.

Alla spedizione di Carlo VIII nel 1494, per la riconquista del regno di Napoli, si dà una grande importanza, perchè la si considera come il prologo di quel dramma doloroso che straziò per tanti anni l'Italia; ma, considerata in se stessa, non fu altro che una pazza scorreria che produsse forse più male alla Francia che all'Italia. Da quella spedizione i Francesi non riportarono insomma che l'ingrato ricordo d'una fuga precipitosa, per quanto resa onorata da un'insperata vittoria: avevano appreso una volta di più che se in Italia era facile entrare, era difficile stabilirvisi ed uscirne con guadagno. Per quanto Carlo VIII, ritirandosi alla fine del 1495, strepitasse di volervi ritornare e si affannasse realmente ad apparecchiare una nuova spedizione, non trovò più nessuno fra i suoi consiglieri che volesse assecondarlo. Il periodo delle guerre serie e disastrose s'apre nel 1499, e non nel 1494, e ne fu causa, non la sterile spedizione di Napoli, ma la rivendicazione che Luigi XII, successore di Carlo VIII, intese fare de' suoi diritti sulla Lombardia, dopo la quale veniva anche, ma in seconda linea, la conquista del regno di Napoli, non perchè il re volesse vendicare l'insuccesso toccato al suo antecessore, ma perchè non intendeva rinunziare alle ragioni che a suo credere gli spettavano, ragioni che avevano origine ben più remota che non la discesa di Carlo VIII. Onde può dirsi che tra l'una e l'altra guerra non esiste legame di sorta, e che anche senza quella del 1494 i destini d'Italia non sarebbero stati per niun modo diversi (1).

Asti, città che apparteneva ad un principe francese, Luigi d'Orléans, veniva naturalmente indicata al re Carlo come punto di concentramento e base delle sue future operazioni: era, per così dire, l'ultimo caposaldo dal quale doveva prender l'abbrivio per correr l'avventura attraverso l'Italia. Era quindi ovvio che, per attendere agli ultimi apparecchi, egli stabilisse di farvi un

---

(1) USSEGLIO, *Bianca di Monferrato duchessa di Savoia*, p. 245, Torino, 1892,

lungo soggiorno, che dovette poi protrarre anche oltre la sua intenzione a causa della malattia da cui fu colpito. In Asti prese alloggio nella casa di Giovanni Roero (1), e poi si trasportò nel convento dei Domenicani detti della Maddalena.

Carlo VIII, venendo da Torino, giunse in Asti il 9 settembre dell'anno 1494, secondo la maggior parte degli storici (2), ovvero, secondo altri, il giorno 11 (3). Il caldo ancora intenso in quell'epoca aveva affaticate le sue genti; i vini, in quell'anno assai acidi, loro riuscivano molesti; già della spedizione si era quasi annoiati, e molti, fra i quali il De Comines, storico assai notabile al seguito del Re, stimavano tuttavia incerta quell'impresa.

In Asti, per altro, accadevano cose che accrebbero il coraggio del re, il quale dal suo canto non mancava di fermezza ne' suoi disegni, la quale, al dir del Guicciardini, degenerava in ostinazione. Infatti, in Asti giunsero a Carlo buone notizie, cioè quelle della vittoria di suo cugino Luigi d'Orléans, signore d'Asti, riportata a Rapallo sulla flotta aragonese; il che servì per i Francesi di lieto augurio. Inoltre, ad incoraggiare Carlo nella già cominciata impresa giungeva il duca di Bari, accorso a complimentare il Re insieme con la moglie e col duca di Ferrara.

Lodovico *il Moro* e sua moglie Beatrice d'Este, che risiedevano nel vicino castello d'Annone, pertinenza del ducato di Milano, da nulla rifuggirono che potesse acquistar loro il favore del sovrano, e si fecero accompagnare da un seguito bril-

---

(1) USSEGLIO, *Op. cit.* 255.

(2) SANUTO, *La spedizione di Carlo VIII in Italia*, pp. 80 segg., Venezia, 1873; DE COMINES, *Memoires*, pp. 683 segg., Bruxelles, 1714; GUICCIARDINI, *Storia d'Italia*, I, 103, Torino, 1874; AMMIRATO, *Istorie fiorentine*, VI, 128 segg., Torino, 1853; GODEFROY, *Histoire de Charles VIII*, Parigi, 1684; DE SÉGUR, *Histoire de Charles VIII*, pp. 298 segg., Parigi, 1838; CAMPIGLIO, *Lodovico il Moro*, pp. 107 segg., Milano, 1847; TODIÈRE, *Histoire de Charles VIII roi de France*, pp. 176 segg., Tours, 1853; DE CHERRIER, *Histoire de Charles VIII*, I, 408 segg.; II, 5 segg., Parigi, 1868; GORRINI, *Il Comune astigiano e la sua storiografia*, 258, Firenze, 1884; DELABORDE, *L'expedition de Charles VIII en Italie*, pp. 399 segg., Parigi, 1888.

(3) DOMENICHI, *Il fatto d'arme del Turro*, p. 75, Venetia, 1549; P. VERRI, *Storia di Milano*, II, 250, Milano, 1850; CIBRARIO, *Delle Storie di Chieri*, II, 518, Torino, 1827. Lodovico Antonio Muratori, lasciò indecisa la data fra il 9 e l'11 settembre (*Annali d'Italia*, XLV, 200, Venezia, 1833).

lante di molto leggiadre gentildonne (1), destinate a dargli
miglior opinione della bellezza che non della castità delle italiane (2). Carlo VIII si cavò il berretto e le baciò tutte l'una
dopo l'altra, a cominciare dalla duchessa Beatrice. Il Re, cre-
sciuto al fianco di sua sorella Anna di Francia, stata reggente,
ed educato nella petulanza muliebre, come si esprime il Corio,
non tardò molto a dar saggi del suo umore scherzoso; e con
varie dame si mostrò tosto assai vivace e galante, obliando la
propria dignità. Egli fu da varie di esse molto bene corrisposto;
poichè l'eminenza del grado faceva loro dimenticare i torti che
la natura faceva pesare sulla persona del giovane monarca (3).

« Nella sete di godimento onde Asti era invasa sul finir del
Quattro e sugli inizi del Cinquecento, nulla di più naturale che
ivi, come in tutto il rimanente d'Italia, i costumi fossero pro-

---

(1) Da appunti datimi in comunicazione dal Gabotto risulta che le dame
erano ottanta, milanesi, alessandrine ed astigiane.

(2) Usseglio, *Op. cit.*, p. 255.

(3) Lodovico *il Moro* era stato informato assai bene dell'umore del re di
Francia, e della sua propensione fortissima per il bel sesso e pei sollazzi.
Carlo era allora giovine di soli ventidue anni, ma brutto, piccolo, di salute
malferma, e contraffatto anzichè no della persona, notevole per una forte
sproporzione delle sue membra; ma l'aria del comando e le ricche vesti
davangli una certa qual dignità, e l'occhio suo brillava di una vivacità
non ordinaria. I gentiluomini del suo séguito vestivano con eleganza ed
assai riccamente. Altrettanto quelli del séguito di Lodovico *il Moro*. Beatrice, moglie di questo, mostrossi abbigliata in modo eccessivamente
sfarzoso; le sue dame si distinguevano per la bellezza, e molte erano
rimarchevoli per il loro spirito. Chi era addentro ne' segreti della galan-
teria dei tempi, poteva dagli abbigliamenti delle dame scoprire, in parte
almeno, i loro sentimenti. Imperocchè la moda, sempre ministra dell'amore,
aveva allora messo in uso un muto linguaggio, onde i vari colori a cui
le gentildonne davano la preferenza nei loro abiti erano loquaci e spie-
gavano le interne loro inclinazioni: questo alludeva alla speranza che la-
sciavano alla persona a cui mostravansi; quello equivaleva ad una dichiarazione d'amore; e, come si esprime un poeta milanese di quei tempi,
molto si poteva sapere intorno al grado dei loro affetti e dei loro capricci
conoscendo

    che significa il verde, il bianco, il giallo,
      morello, e negro, e perso, e colorito;
      chè spesse volte chi il colore intende
      del pensier dell'amato assai comprende.

fondamente corrotti, unite anzi all'intima corruzione italica le
geniali esteriorità della corruzione francese, come, ad esempio,
il bacio publico fra uomini e donne, onde poi sorgevano più
segreti e meno onesti rapporti (1) ».

Si fu in quest'occasione che si volle da taluno attribuire la
passione del re Carlo per una donzella astigiana di casa Solaro.
Ma è ormai accertato che il fatto, se vero, sarebbe avvenuto
a Chieri, e non in Asti, e nel successivo anno 1495, non nel
1494 (2). Alcuni, tratti in errore dal risapere che i Solari sono
nobili antichi d'Asti, narrarono come accaduto in questa città
l'idillio regale; ma, come è noto, i Solari fin dalla metà del

(1) GABOTTO, *La vita in Asti al tempo di G. G. Alione*, 67. Non soltanto
le Lombarde, ma bensì anche le Astigiane e quante altre gentildonne
trovavansi allora in Asti, « cedevano alle lusinghe di quei Francesi sempre pronti alle giostre d'amore, benchè soventi ne fossero abbandonate o
dovessero arrossire in publico per l'improntitudine dei non saggi amatori.
Ma se i Francesi cooperavano al lavorio di disgregazione morale e famigliare, questo avveniva anche all'infuori di essi (GABOTTO, *Op. cit.*, p. 68) ».

(2) Carlo VIII, prima di giungere in Asti, erasi soffermato in Chieri, dove
il 6 settembre del 1494, all'arrivo di lui, venne salutato alla porta della
città, con un complimento in versi francesi, da Leonetta, fanciulla di
molta bellezza e figliuola di Bartolomeo Tana, gentiluomo chierese. Nel
successivo anno, di ritorno dall'impresa di Napoli, re Carlo arrivò a Torino il 30 di luglio, e durante la permanenza che egli fece in questa città
si portava frequentemente a Chieri. A motivo di queste continue visite
corse voce fra il popolo che fosse preso da fiamme amorose verso una
gentildonna. Alcuni vollero indicare come oggetto dei suoi desideri la
figliuola del suo ospite Giovanni Solaro, di nome Margherita, « siccome
quella che alla venustà della persona accoppiava singolare cultura di spirito e squisita gentilezza di modi, la quale recitò alla presenza del re una
latina orazione con istraordinaria franchezza, la quale fu rapportata nel
libro *Des louanges du mariage par Pierre Lesnaudetie* ». Così il Bosio
nella sua memoria *Sul passaggio in Piemonte di Carlo VIII re di Francia*,
in *Miscell. di storia ital.*, IX, 871. Torino, 1870, il quale prosegue: « Ma sembra improbabile che una fanciulla di non ancora compiti undici anni,
come si vuole, dovesse in quel sovrano destare impuri amori, i quali, se
vi furono dovettero ardere per altra gentildonna. Gli autori francesi scrissero con desinenza propria della loro lingua il nome di quella damigella
De Solier, invece di Solaro, e la nominarono Anna; così pure la denominò
il Giovio; ma si conosce dalle tavole genealogiche che la figlia di Giovannino Solaro si chiamava Margherita, la quale sposò Giovanni Francesco
Scaravelli, nobile torinese, signore d'Altessano ». Orbene, è ammessibile

secolo XIV avevano dovuto abbandonare la patria, e alcuni di essi si erano recati a Chieri e vi avevano preso stanza (1).

Ho precedentemente accennato che Carlo VIII, giunto in Asti il 9 settembre 1494, prese alloggio nel palazzo del nobile Giovanni Roero. Dove fosse questo palazzo non è detto; ma io credo di non errare supponendo che esso sia tuttora quello dove adesso sono allogati gli uffici della sottoprefettura, cioè il palazzo Pogliani, in via Roero, il quale, come si è riferito a suo luogo, apparteneva ai Roero di Settime e di Mombarone.

Da informazioni comunicatemi dal Gabotto risulta che il re Carlo si ammalò in Asti il 13 settembre, cioè pochissimi giorni dopo il suo arrivo. Si ritiene che il re, caduto ammalato, abbia desiderato essere ospitato nel Convento dei Domenicani, e che quivi pertanto abbia preso dimora.

Il giorno 17 la malattia fu riconosciuta per vaiuolo benigno (2), e dopo quattordici giorni lasciò perfettamente guarito l'augusto monarca, il quale, il 6 del mese di ottobre, partì da Asti, dirigendosi a Casale Monferrato, donde, dopo tre giorni, proseguì per Pavia, ove lo attendeva *il Moro*.

Nel successivo anno, 1495, dopo la sconfitta di Fornuovo, Carlo VIII, fiaccamente inseguito dall'esercito nemico, proseguì la sua ritirata e giunse il 15 luglio ad Asti, « la sentinella avanzata che sembrava stendergli le braccia, a chiamarlo e a proteggerlo. Carlo, accolto festosamente dagli Astigiani, ossequiato dai messaggeri che Bianca, duchessa di Savoia, s'affrettava a mandargli la notte stessa del suo arrivo, sentì di poter trarre libero il respiro, e stette dodici giorni a riposarsi dalle fatiche e dalle emozioni subite (3) ».

---

che il re avesse un'amante a Chieri, ma questa non potè essere Margherita Solaro, per l'età tenerissima di costei: piuttosto, « se vogliamo cercar l'amante di Carlo nella famiglia del suo ospite, dovremo fissarci su Anna Solaro, moglie di Giovanni e madre di Margherita (UsSEGLIO, *Op. cit.*, 269) ».

(1) Nell'archivio Biscaretti si trova un atto in cui è menzione di un Franceschino de Solario di Asti, abitante in Chieri con la moglie Margherita già fin dal 1363.

(2) Qualcuno vuole che tale malattia fosse conseguenza delle sue sregolatezze. Le sue truppe importarono in Italia il terribile *mal francese*, da esse, peraltro, detto *napoletano*.

(3) UsSEGLIO, *Op. cit.* 268.

Da Asti il Re si portò per tre giorni a Chieri, dove fu ospite di casa Solaro; poi, il 30 luglio, stanco ed in cattive condizioni di salute, giunse a Torino, dove si trattenne fino ai primi di settembre, alternando quel suo soggiorno con frequentissime gite a Chieri, dove aveva concepita la passione amorosa, naturalmente corrisposta, della quale si è discorso precedentemente.

Il 10 settembre il re si risolse ad abbandonare le delizie di Chieri, e si portò in mezzo al suo esercito. Publicata la pace tra Francia e Milano, i Francesi cominciarono la loro ritirata; « Carlo fu ancora una volta di passaggio a Torino, andò a Chieri, forse a dare un estremo saluto alla sua bella, ed il 23 ottobre valicò le Alpi, lasciando dietro sè tutto un mondo d'illusioni svanite e di gloriosi sogni incompiuti (1) ».

Ritornando ora al quesito della lapida già esistente nel convento dei Domenicani in Asti, secondo la trascrizione del Provenzale e del Boatteri, conviene affermare che effettivamente essa si riferisce all'anno 1494, perchè Carlo VIII nel successivo anno. allontanandosi da Torino e da Chieri dopo il 10 settembre per le ragioni già dette, non fece posteriormente alcun altro soggiorno nella città d'Asti, nè poteva perciò far alcuna dimora nel convento dei Domenicani e prenderlo sotto la sua salvaguardia.

La iscrizione riportata dal Provenzale, e dal Boatteri copiata, fu, senza dubbio, trascritta dal Provenzale medesimo con l'errore dell'anno, errore che venne poi ripetuto dal Boatteri.

L'erroneità, poi, della data della lapida rinvenuta nel palazzo che ora è dei signori fratelli Artom, in via Cavour, è più grave, e toglie, naturalmente, importanza, pregio e valore alla lapida stessa, la quale, per altro, serve — non foss'altro — a dimostrare i buoni intendimenti di quei monaci, che sentirono, forse un po' troppo tardivamente, il bisogno di segnalare la loro riconoscenza alla memoria del monarca francese che .li aveva presi sotto la sua protezione.

∴

LA CASA DEL B. ENRICO COMENTINA. — L'antichissima e nobile

---

(1) USSEGLIO. *Op. cit.*, 275.

famiglia dei Comentini possedeva, oltre quelle di cui ho parlato (1), anche un'altra casa nel borgo di san Quirico.

Il Boatteri scrive che una delle abitazioni dei Comentini è la casa in cui nacque il beato Enrico, la quale, stando ad antichissima tradizione, doveva essere « la prima a parte sinistra entrando dalla Porta san Quirico ». Al tempo in cui scriveva il Boatteri, la prima casa anzidetta, entrando da porta san Quirico, era quella che oggi è occupata dallo stabilimento di noleggio di cavalli e vetture di Lodovico Tirone, in via Cavour (2).

Vuolsi che entrando il corpo del Beato Enrico in città, fosse fatto passare per la via dietro la medesima casa per trasportarlo alla vicina chiesa di san Francesco; il che diede motivo a denominarlo *Via del beato Enrico Comentina*, nome che conserva tuttora (3).

Quasi di fronte alla casa Tirone anzidetta sorgeva la chiesa di san Quirico (che negli antichissimi tempi era uffiziata dai Benedettini e poi dagli Umiliati), la quale sul principio del secolo scorso era eretta in Commenda dedicata allo stesso santo. Detta chiesa fu intitolata a san Quirico, uno dei pretesi soldati della Legione tebea, come scrive il cronista Incisa (4), e fu demolita nel primo quarto del secolo scorso.

---

(1) Cfr. sopra, pp. 94 e 196.

(2) Ritengo erronea l'affermazione del Boatteri; giacchè i Comentini avevano le loro abitazioni nel Recinto dei Nobili, come ho riferito a suo luogo, e non in quello dei Borghigiani: la casa anzidetta appartenne forse, anzi senza dubbio, alla famiglia Comentina; ma era probabilmente null'altro che una casa rustica.

(3) BOATTERI, *Memorie storiche sulla vita del Beato Enrico Comentina*, p. 55; GABIANI, *Intorno alla chiesa di san Francesco in Asti*, p. 15, e *La leggenda del beato Enrico Comentina*, p. 5, Roma, 1894.

(4) Il cronista Incisa soggiunge: « Ma non trovandosi detto Santo in tale qualità nel Martirologio Romano, se ne fissò la festa alli 16 di Giugno, giorno in cui cade il martirio di san Quirico ragazzo, e Giulitta sua madre; sotto tale forma si venera intagliato in pietra molle, che tiene per mano sua madre, ed altri quattro Santi pure incavati in pietra simile, e serve per Incona dell'altar maggiore. Ed ecco il perchè in questa nostra Diocesi certi santi sono venerati, non come se ne ha la vera storia, ma come si trova nel Martirologio Romano qualche santo ben diverso dal nostro, col quale concorda è vero il nome, e sovente non il grado, e non

Alla chiesetta di san Quirico era annesso l'antico monastero degli Umiliati, che occupava il luogo dove adesso è l'albergo del *Leon d'oro*; nello stesso modo che alla vicina chiesa dell'Arciconfraternita della SS. Trinità era unito l'antico Ospedale per i Pellegrini sotto il titolo di sant'Evasio.

Alla sinistra del borgo di san Quirico, a metà circa della via dei Filanti, o delle Filature (via Brofferio, dalla piazza della Libertà alla via Cavour), esiste tuttora una Cappella (tra le case dei signori fratelli Artom fu cav. uff. Israel e del signor Lamberto Goria) dedicata a Maria Vergine, detta dei Tribolati (oggidì Chiesa della Madonnina), spettante già ad un beneficio semplice di giuspatronato della nobile famiglia Roero di Settime.

Dall'altra parte del borgo di san Quirico, verso il borgo di san Rocco, di notevole non eranvi che il convento e la chiesa di san Francesco (del secolo XIII) dei Minori Conventuali, ubicati verso la via dei Tessitori (Via Brofferio, dalla via Cavour alla via Grassi, in borgo san Rocco), dove adesso sono lo stabilimento serico del sig. cav. uff. rag. Giuseppe Solaro e la fabbrica di cera del sig. Solaro Giacomo.

2.

In Borgo san Rocco.

Dall'antica chiesa di san Francesco, demolita sul principio del secolo scorso, al borgo di san Marco, o di santa Caterina, presso il santuario della Madonna del Portone, non vi è da far menzione che dell'antico Quartiere, detto poi di san Rocco dopo l'edificazione di questa chiesa, esistente quasi all'estremità nord-ovest della via Brofferio, o dei Tessitori, il quale da questa via, situata nel Recinto dei Borghigiani, si estendeva alla via Venti Settembre, o Via Carrera, nel Recinto dei Nobili, presso l'imbocco della piazza san Giuseppe.

Sul principio del secolo scorso il locale di detto quartiere

mai la patria ». Che in realtà san Quirico non appartenga affatto alla Legione tebea vedi ALESSIO, *I martiri tebei*, in *Miscell. Valdost.*, pp. 41 seg., Pinerolo, 1903 (vol. XVII di questa *Bibl. Soc. Stor. Subalp.*).

apparteneva al sig. Gio. Battista Comune, dell'antica famiglia astigiana dei Comune, bisavolo paterno del cav. Francesco Maria, presentemente segretario-capo dell'Intendenza di Finanza della provincia di Novara, amoroso cultore delle antiche memorie del suo paese natio ed autore di un recente libro sulla sua famiglia (1).

Attiguo al predetto quartiere sorse nel 1663 l'attuale chiesa dell'Arciconfraternita di san Rocco, che prima era unita alla Collegiata di san Secondo.

Poco più a ovest, dicesi che nell'anno 591 la regina Teodolinda ergesse la chiesa ed il monastero di sant'Anna, sulle rovine della quale si edificò l'attuale caserma di sant'Anna, annessa poi alla caserma Carlo Alberto ed alla caserma di san Carlo (2).

Nella prima metà del secolo XVIII reggeva questo monastero una zia dell'insigne architetto Benedetto Alfieri. La badessa, compiacendosi dei disegni che il nipote schiccherava nelle ore d'ozio, fu invogliata a richiederne uno per il coro del suo monastero ed un altro per il campanile. Aderì il giovine architetto, riscotendo universali encomi.

Il campanile venne demolito circa un secolo dopo la sua costruzione per far luogo all'accennata caserma di sant'Anna: ed il giudizio dei contemporanei fu che il campanile era magnifico.

Nell'anno 1579 la chiesa di sant'Anna fu consacrata e dedicata sotto il titolo di santo Spirito e di sant'Anna da monsignor Domenico della Rovere, vescovo d'Asti. Ma nel 1570 già erano state unite alle monache benedettine del monastero di sant'Anna le altre monache benedettine del monastero cistercense di santo Spirito, eretto nel 1215 al di là del Borbore, vivendo il vescovo Guidotto.

Ma le monache di santo Spirito (3) avevano abbandonato nel 1528, per cagione delle guerre, il loro antico monastero, ed erano

---

(1) *Una famiglia astese nei secoli XVII e XVIII*, Asti, 1905.

(2) Con provvedimento del Ministro della Guerra on. E. Pedotti (10 agosto 1905) le tre caserme anzidette presero la denominazione unica di *Caserma Carlo Alberto*.

(3) La località detta di santo Spirito (*San Sprit*), al di là dell'attuale Camposanto urbano, sul poggetto destro che precede il cavalcavia che dà accesso a Vallarone, prese quel nome dall'esistenza ivi di quel monastero *extra muros* prima che le monache di santo Spirito si trasferissero in città.

venute ad abitare quello delle Umiliate presso la Casa di Dio in città. Era desso stabilito presso il luogo dove poi sorse il santuario della Madonna del Portone; e qui si trattennero fino all'anzidetto anno 1570, allorchè si unirono alle predette monache di sant'Anna.

Il monastero di sant'Anna e di santo Spirito venne soppresso sul principio del secolo scorso ed unito alla parrochia di san Martino.

Prima di lasciare il Borgo di san Rocco conviene accennare ancora che appena varcata l'antica *Porta sancti Martini,* la quale separava il borgo stesso dalla immediata piazza di san Giuseppe, innalzasi un antico edificio ora appartenente ai fratelli Secondo e Vittorio Morando (angolo via Grassi e piazza san Giuseppe). Esso era unito alla porta anzidetta ed ai contigui bastioni, che formavano le mura della cerchia dei Nobili, di lì tendente a santa Caterina. Un'antichissima pietra scolpita, incastrata nel muro a circa quattro metri dal suolo, verso la piazza medesima, gli archi e la bella struttura dei muri perimetrali della casa, pur troppo ricoperti dall'intonaco, provano che l'epoca della costruzione di essa risale al secolo XIII. Certamente, tale edificio per la sua posizione a ridosso della porta detta di san Martino, all'ingresso della città, doveva essere una casa-forte ed appartenere senza dubbio a qualcuna delle famiglie nobili più cospicue (1).

3.

In Borgo san Marco o di santa Caterina.

Dal Santuario della Madonna del Portone, o *Porta Paradisi,* alla porta Sant'Antonio, o *Porta Furum,* o porta Torino, si estendeva il borgo detto di san Marco; ed in questo nulla era

---

(1) Il borgo di san Rocco, che prese tal nome dopo l'edificazione della chiesa di detto santo, chiamavasi prima borgo di san Martino, dal titolare della parrochia di detto borgo, e poi anche borgo di san Secondo, da un'antica immagine già esistente sopra un muro in fondo del borgo medesimo.

di ragguardevole se non l'antichissimo beneficio sotto il titolo di *Casa di Dio*, detto comunemente *La Cadè* (1).

Sorgeva essa fin dal secolo XII nell'orto ora del rev.^{do} D. Carlo Necco, vicino alla bealera Alfieri (ora Colli di Felizzano), dirimpetto alla facciata del nuovo santuario della B. V. del Portone, in corso di costruzione su disegno dell'egregio architetto bolognese ing. Giuseppe Gualandi.

Tale beneficio fu soppresso ed unito sul finire del secolo XVIII alla parrochia di santa Caterina.

4.

Nei Borghi di santa Maria Nuova e di san Pietro.

Questi due borghi, già distintamente separati, negli ultimi secoli si riunirono quasi in uno solo, partendo da piazza Alfieri fino alla porta di san Pietro.

Nel primo di esso, detto di santa Maria Nuova, che si estende dai portici Pogliani, o piazza Alfieri, fino alla via chiusa o vicolo di san Pietro in Consavia, dirimpetto al quartiere Colli, già della Mussa (2), va segnalata l'esistenza del convento degli

---

(1) Un'altra *Casa di Dio* doveva sorgere al di là del Borbore, dove poi sorse il monastero di santo Spirito, per legato del benefattore Giacomo Carocio. Ma a quella chiesa, cui era unito un ospedale per ricevervi i poveri ed i passeggeri, affinchè non ve ne fossero due di ugual nome, essendovi già quella detta la *Casa di Dio* in città, si diede il titolo della SS. Trinità, per comprendervi anche il nome di Dio secondo la mente del predetto benefattore; ed allorquando nel 1215 il vescovo Guidotto vi introdusse le monache cistercensi, prese il nome di santo Spirito.

La chiesa della SS. Trinità, tuttora esistente in via Cavour, nel borgo di san Quirico, venne così denominata posteriormente.

(2) Ebbe il nome di quartiere della Mussa fin da qualche secolo addietro, e se ne ignora la ragione. Ultimamente, e cioè con provvedimento del Ministro della Guerra on. C. di San Martino in data 29 maggio 1901, detto quartiere prese la denominazione di *Caserma Colli*.

È noto che la nobildonna Marianna Cristina, figliuola del conte Giacinto Canalis di Cumiana e di Giulia Alfieri (sorella del nostro sommo Poeta Vittorio), andò sposa al nobiluomo D. Luigi Leonardo Colli Ricci, marchese di Felizzano, conte di Solbrito, generale di Divisione dell'esercito francese.

Da questo matrimonio nacque un solo figliuolo, il marchese Vittorio, valorosissimo generale egli pure, che fu, a sua volta, padre di tre prodi soldati, Carlo, Corrado e Giuseppe, tutti e tre generali.

Agostiniani Osservanti, della chiesa della Confraternita della piccola Annunziata e del convento propriamente detto di santa Maria Nuova.

La chiesa, che fu poi unita al convento degli Agostiniani, sarebbe stata eretta, se prestassimo fede ai pretesi annali di Secondo Parutia riportati dal Malabayla, nell'anno 741, sotto il titolo di sant'Antonio (1): certo, era situata vicina alle mura della città, entro i due recinti dei Nobili e dei Borghigiani, nella regione di Monte Rainero (*Monrinè*). Più precisamente, detta chiesa sorgeva dove è ora il vicolo Gambini, verso via Arò, tra la via Fontana e la cosidetta *Botanica*, o vivaio del defunto cav. Giovanni Berruti, banchiere.

I Padri eremitani vennero messi in possesso di questa chiesa nel 1288, sotto il titolo di sant'Agostino, e come ordine di Agostiniani Eremitani o Conventuali. Si dice per tradizione che sia stata la famiglia Isnardi, grande benefattrice, quella che procurò a questi monaci la predetta chiesa di sant'Antonio ed il relativo convento. Questi Agostiniani conventuali vanno distinti dagli Agostiniani *de observantia*, o *delle Grazie*, che vennero in Asti nell'anno 1517, e nel 1655, essendo il loro convento *delle Grazie* diventato inabitabile a motivo delle guerre e delle pestilenze, si trasportarono nel recinto dei Nobili, edificando il nuovo convento e la nuova chiesa (che fu poi dipinta dal celebre pittore astigiano Aliberti) sul luogo delle rustiche abitazioni degli Alfieri (ora Borelli, già Tinelli) in via Venti Settembre, già Monte di Pietà, o Via Carrera o Riva Carrera (2).

Poco lungi da quella prima dimora degli Agostiniani conventuali, adunque, fin dal 1386 era stata eretta la chiesa con la confraternita della SS. Annunziata, chiamata *piccola Annunziata* (3) per distinguerla dall'altra chiesa detta *Annunziata grande*, esistente in piazza Vittorio Emanuele II ed annessa al caseggiato sorto verso il 1500 per le monache Canonichesse

---

(1) S. PROVENZALE, *Asti Sacra*, ms. cit.

(2) VASSALLO, F. *Maramaldo e gli Agostiniani in Asti*, in *Miscell. st. ital.*, XXVIII, 192, segg.

(3) *Nunciá petita*, come viene chiamata dall'Alione (I, 373), il quale la fece teatro delle contese fra i Disciplinati ed i frati di sant'Agostino che le stavano vicino, ed oggetto degli scherzi delle sue famose *Cantioni*.

Lateranensi, dove ora sono allogati gli uffizî del Tribunale, Corte d'Assise, Pretura, Conciliatore, Archivio notarile, etc. I padri Agostiniani servirono per molti anni da cappellani a questa Confraternita, la quale dovette poi trasportare altrove la sua sede a cagione delle guerre che l'avevano ridotta a mal partito, diroccandone i muri. Ed il 1 aprile 1641 si deliberò di trasportarla in città, sulla piazza della Torre dell'Orologio; per il che, ottenuto il consenso del duca di Savoia e del Municipio d'Asti, monsignor Broglia, vescovo, ne benedisse il 21 giugno dello stesso anno la prima pietra, la quale fu collocata nella fondazione del secondo pilastro a destra. La chiesa di questa Confraternita detta della *piccola Annunziata* esiste tuttora sulla piazzetta antistante alla Torre troyana detta dell'Orologio; ma sembra destinata a scomparire quanto prima per far luogo ad una sistemazione generale della piazza.

La presente chiesa parrochiale di santa Maria, detta *Nuova* per distinguerla dall'altra detta di santa Maria *del Vescovado*, o *del Duomo*, o *Santa Maria Maggiore*, sorse anteriormente al Mille, e sul principio del secolo XII diventò un priorato dei Canonici Regolari di Mortara, i quali ne assunsero personalmente la cura parrochiale. Accanto alla chiesa eravi un ospedale chiamato pure di santa Maria Nuova, diretto e probabilmente fondato dagli stessi canonici mortaresi: venne soppresso e concentrato insieme con altri sei della città in quello di santa Marta, nel 1455, dal vescovo Filippo Baudone Rovero.

Poco più tardi, il priorato di santa Maria Nuova cominciò a decadere ; e nel 1472 più non rimaneva che un canonico, il priore Gio. Bartolomeo De Ferrari, per iniziativa del quale vi furono stabiliti i Canonici Lateranensi, che nel 1561 vennero riuniti in abazia, occupando sempre l'antico monastero annesso alla chiesa. Ma nel 1591 eressero dalle fondamenta il magnifico monastero che ora è Ospedale degli Infermi. I Lateranensi, o Rocchettini, amministrarono la parrochia di santa Maria Nuova fino al 1798, nel qual anno furono soppressi da Pio VI ad istanza del re Carlo Emanuele IV, per applicarne i possedimenti a vantaggio del publico erario. Il monastero stette chiuso fino al 1810, in cui fu ceduto dal Governo francese al Municipio per essere destinato a nuova sede dell'Ospedale degli Infermi sotto il titolo di *Santa Maria Scala Coeli* fondato sin dal 1681 da D. Pietro Bocca, curato della Collegiata di san Secondo, nella casa dove è ora la tipografia Vinassa, in Corso Vittorio Alfieri, e passato sotto l'amministrazione municipale nel 1688 (1).

La presente chiesa parrochiale conserva ancora qualche traccia della sua seconda costruzione del secolo XIV; ma nella prima metà del secolo XVIII subì le trasformazioni che si vedono tuttora.

Nel monastero di santa Maria Nuova prese alloggio il famoso duca di Vendôme nel 1703, dopochè alla porta di san Pietro gli furono rimesse le chiavi della città dall'Amministrazione comunale. In detto monastero furono sottoscritti gli importanti Capitoli che portano la data del 7 novembre 1703.

Nella carta topografica del *Theatrum Statuum Sabaudiae* la presente piazza di santa Maria Nuova è indicata come incorporata alla chiesa a guisa di cortile e giardino racchiusi da muro di cinta. La formazione della piazza avrà avuto luogo probabilmente allorquando il Municipio si rese acquisitore del monastero per destinarlo a sede dell'Ospedale Infermi, nel 1810.

.•.

Attigue alla più antica chiesa di sant'Agostino ed alla confraternita della *piccola Annunziata* presso le mura, tra il rivo Valbrenta e Monte Rainero, erano le case degli Alioni (2), dai

_____

(1) G. Bosio, *Op. cit.*, pp. 429.

(2) Gli Alioni erano un antico e nobile casato astigiano, sebbene non delle principalissime famiglie. Fin dal 1250 un Guglielmo Alione appare come sigurtà nel *Codex Astensis*, e due anni dopo come credendario ossia membro del consiglio di Credenza, della città di Asti. Dipoi troviamo un Bonifacio Alione rettore nel 1271; uno Scarampo ed un Pagano credendari, e parecchi altri rettori e credendari fino al 1311. In una seduta del Consiglio d'Asti dell'anno 1379 prese la parola un Gasparone Alione, e nel *Cartolario della Chiesa d'Asti* troviamo un testamento di Margherita, moglie di Francesco Alione, che mostra assai ricca la famiglia (GABOTTO E BARELLA, *La poesia macaronica e la storia in Piemonte sulla fine del secolo XV*, 77, Torino, 1888). Un Tomaso Alione fu anche ambasciatore a Filippo Maria Visconti nel 1422. Gli Alioni erano nobili, non *de hospitio*, ma *de populo*, come è notato dal GORRINI, *Il Comune astigiano e la sua storiografia*, p. 261, ed è confermato dallo stesso *Codex Astensis*, che ci presenta alcuni membri di quella famiglia come « *rectores quatuor societatum* » le

quali uscì il famoso poeta Giovan Giorgio. Ma non è detto che queste case fossero le vere abitazioni patrizie della famiglia; anzi io ritengo che gli Alioni pure, come le altre famiglie nobili della città, avessero più di una casa, e particolarmente nel Recinto dei Nobili, in ispecial modo nei secoli anteriori al XV. Perciò le anzidette case, ubicate nel borgo di santa Maria Nuova, pare siano pervenute in proprietà degli Alioni in tempi posteriori, e destinate forse a scopi secondari e ad usi rustici, poichè gli Alioni, lì vicino, cioè presso la località detta oggi ancora del Fortino, al di là delle mura, possedevano terreni, aggregati forse alle loro case del borgo di santa Maria Nuova.

Successivamente, queste ultime case sarebbero state destinate anche ad abitazione, forse a cominciare dal poeta Giovan Giorgio. Questi « amava certo il lieto vivere, arguto e grasso anche talvolta, come e più che portassero i tempi. Ed Asti era una città di « solazzo », dove si viveva meglio e più allegramente che in ogni altra città di Lombardia, dove le donne sfoggiavano un lusso talvolta anche ridicolo, e le « cose magre » non avevano « sapore di carnovale (1) ». Queste case degli Alioni erano in posizione salubre, ridente, fuori di ogni obbligo di etichetta, talchè in quell'epoca di costumi poco severi, la località che dal rivo Valbrenta tende a Monte Rainero aveva preso il nome di borgo del *Caralon*, o *Caralaz,* ora mutato in quello di *Scizzera*, per indicare che in quei dintorni si viveva liberamente senza badare gran fatto alle prescrizioni dell'igiene e della polizia urbana.

Nel governo di Asti, ai principi italiani erano, da circa un secolo, succeduti gli Orleanesi, la signoria dei quali fu così mite e benevola che gli Astigiani se le conservarono sempre fedeli (2).

---

quali erano popolari. Lo stesso si legge in principio degli Statuti d'Asti riformati nel 1379, dove fra i sei « *sapientes de populo* » appare « Chatalanus Alionus » (VASSALLO, *Un nuovo documento intorno a Giovan Giorgio Alione*, p. 5, Torino, 1890).

(1) GABOTTO E BARELLA, *Op. cit.*, p. 70.

(2) Veggansi al riguardo gli accordi stipulati con Filippo Maria Visconti nel 1422 (Cfr. GABOTTO, *Contributo alla storia delle relazioni fra Amedeo e Filippo Maria Visconti*, Pavia, 1903, estr. dal *Bollett. par. st. patrio*) e con Francesco Sforza nel 1438 (GABOTTO, *La neutralità astese nella guerra fra Genova e Milano e la signoria di Francesco Sforza in Asti secondo nuovi documenti*, Spezia, 1901, estr. dal *Giorn. stor.-letter. Lig.*).

Essi portarono norme di amministrazione più severe e più regolate, finirono di disarmare la città coll'intromettervi un loro presidio, e per mezzo dei loro magistrati ed ufficiali trasformarono alle abitudini francesi il loro nuovo acquisto (1). Così Asti diventò sempre più una città francese, talchè il giorno che Carlo VIII vi pose la sua dimora, potè davvero credere di trovarsi ancora sul suolo di Francia.

Secondo il Gorrini (2), « per Asti i tempi eransi rapidamente mutati sotto l'impulso che le veniva da un paese vicino, giovane e vigoroso, che sulle rovine del feudalismo finiva di ricomporre le lacerate membra di nazione. È stato sempre privilegio della Francia quello d'imporre con la più grande facilità le proprie abitudini: per quel suo carattere di *universalità* che le viene dal trovarsi la naturale mediatrice fra le più grandi potenze dell'Europa, e direttamente inclinata e trascinata in tutte le loro crisi; per la sua lingua svelta, elegante, universale; per il carattere geniale e facile de' suoi abitanti, essa potè sempre trasfondere una parte della propria vitalità alle regioni alle quali si sovrappose. Ed Asti in verità fu di quelle che la ricevettero meglio e più prestamente di ogni altra, perchè le affinità di razza, di lingua e di costumi erano moltissime, e di più gli Astigiani già fin dal secolo X avevano mantenuto colla Francia un attivissimo commercio ».

Il Gabotto (3) dice che « ogni occasione di festeggiamenti e di spassi pareva buona agli Astigiani della seconda metà del Quattrocento e del primo ventennio del Cinquecento: ingressi di vescovi, venute di principi, vittorie di sovrani ed altri millanta fatti che sarebbe troppo lungo enumerare. Di carnovale erano frequenti e numerose le maschere (*barbore*), le quali di sera non andavano certo attorno tutte « per offrir candele »,

---

(1) GABOTTO, *Francesismo ed antifrancesismo in due poeti del Quattrocento* (*P. Sassi e G. Giorgio Alione*), Modena, 1888 (estr. dalla *Rass. Emiliana*). Il mutamento quasi non si scorge che negli ultimi anni del governo di Carlo d'Orléans, e soprattutto nel suo fastoso ingresso in città nel 1447, descrittoci da Secondino Ventura come una cosa straordinaria, che eccitò vivamente tutta la popolazione.

(2) *Il Comune astigiano*, pp. 254 segg.

(3) *La vita in Asti*, pp. 56 segg.

ma si divertivano a far scherzi non sempre gentili alle donne.
E queste pure andavano in maschera, anzi gli stessi reggitori
del Comune astese tolleravano che così praticassero le loro mogli,
onde il poeta ne li riprendeva, avvertendoli che potrebbero
quelle esser svergognate per istrada da qualche « lecoira » vestito da frate, gente di cui le facezie oggi non si potrebbero
neppur raccontare. Si rappresentavano spesso « comedie e istorie de substancia » ossia di tipo classico, ed anche sacre rappresentazioni; ma accanto ad esse, le farse alionesche ed altre
cosifatte, o all'aperto (*in tribunal*), od in sale, dove bisognava
raccomandare — sembra soprattutto alle donne —, non soltanto
il silenzio, ma fin la decenza. Or gli attori di queste « farse » e
probabilmente anche dei Misteri e delle Sacre Rappresentazioni,
forse fin delle commedie classiche, erano i componenti la « Società dei pazzi » — forse istituzione importata di Francia in
Piemonte —; nè mancano le ragioni per ritenere che questi fossero gli stessi che di mattina si battevano le spalle come pii
« Disciplinati ».

In tale ambiente storico nasceva il poeta astigiano Giovan
Giorgio Alione, secondo le più probabili congetture, intorno
all'anno 1460: scrisse al tempo dell'invasione francese, e forse
sopravvisse al 1521.

L'Alione « proveniva dal seno di quella parte della cittadinanza astigiana che s'era fatta ardente sostenitrice dei Francesi
e propagatrice delle idee, dei costumi e della coltura d'oltr'Alpe;
ed egli stesso spinse il suo zelo fino all'insulto mordace e vitu-
peroso di quanti, pensandola diversamente, non partecipavano
alla gioia ed alla esultanza della nobiltà. Quello dell'Alione era
un vero apostolato a favore della Francia; e tanto vi si adoperò
colla sua vena facile ed abbondante, col suo ingenuo vivace
e bizzarro, colla sua indole faceta e senza scrupoli, che la tradizione ci dipinse il poeta come un uomo che ebbe a risentire
in se stesso l'altalena della fortuna delle armi francesi (1) ».

L'Alione è certamente la figura più splendida di scrittore che
campeggi nel quadro della vita astigiana al tempo dell'invasione
francese; ma non è certo l'unica. Fu scritto già che molti illustri

---

(1) GORRINI, *Op. cit.*, p. 262. Cfr. GABOTTO, *Francesismo ed antifrancesismo*,
pp. 22 segg., e *La vita in Asti*, pp. 16 segg., 34 segg.

personaggi convenissero nella sua casa a leggervi i proprii componimenti, a vedervi rappresentare le commedie, oppure a sentirvi declamare i versi del bizzarro poeta: ciò non risulta chiaramente provato. In compenso però, vi sono altri dati più sicuri.

Presso le sovraccennate case degli Alioni esistevano, come già ho detto, il più antico convento di Agostiniani conventuali e la confraternita della piccola Annunziata; e pare che sotto gli auspici del poeta, come affermano il Gabotto ed il Barella, si fosse dai Disciplinati di quella confraternita costituita, ad immagine di quella di Francia e di altre regioni, una compagnia *joyeuse* o di *sots*, o *sottie*, sebbene qualcuno abbia messo in dubbio che quei disciplinati o « battuti » si fossero mutati in una società di persone per recitare le farse dell'Alione (1).

L'Alione, benchè poco amico di quei frati agostiniani, scrisse in principio della prima *Cantione* che gli Agostiniani litigarono contro i disciplinati *non za senza rason* (2). Del resto, il poeta

---

(1) COTRONEI, *Le farse di G. G. Alione poeta astigiano della fine del secolo XV*, Reggio Calabria, 1889.

(2) L'Alione, è vero, ammette che forse nel campo giuridico i frati non avevano torto; seppure anche questo non è detto per ironia (GABOTTO, *La vita in Asti*, p. 31), come sembra accennare il finale della *Cantione*:

> Chi de bon coeur la canta
> Per piazza e and i canton
> Del bon frà Zan Maria
> N'avrà l'absolution,

o quello dell'altra:

> Ben poon regracier biausiri
> Lor frà pover mendicant
> Gli Alioin, chi de possanza,
> Gli han fag tut, e durà o stant
> De mettir la cosa in rima,
> Che si vada publicant
> Pr'and i borg e anver Messine
> Tra coi chi han rason de cant.

Con il nome di *Messine* si deve intendere il luogo scelto per confinarvi le meretrici; e nella nostra città si hanno documenti secondo i quali già nel 1468 si era destinata una speciale località per simile commercio. Esiste di fatto un decreto col quale fu creata una balia o commissione in tale anno. Esso è registrato nell'elenco municipale del 1826 sotto la lettera I, al n. 28, col titolo « *Instromento di deputazione in capo*

partecipava con poesie vernacole alla lotta che acerbamente si combatteva tra i frati di sant'Agostino, da una parte, e i « Disciplinati » dell'Annunziata, dall'altra. Oggetto del litigio, la piccola chiesa onde i « Battuti » pigliavan nome, situata nel borgo del *Cavalon*, o *Cavallazzo*, cioè nell'odierna località denominata la « *Svizzera* », vicina al convento degli Agostiniani ed alle case degli Alioni. « Il dissidio sembra abbia avuto termine con una transazione, pagando i " Battuti „ 100 ducati agli Agostiniani; ma questa è cosa d'importanza mediocre: ben più interessa vedere come autorità ed opinione publica fossero contro i frati, e l'Alione, incominciando l'opera sua di portavoce della coscienza cittadina, si schierì per i Disciplinati scrivendo quelle due argute *Cantioni*, in cui deride l'avarizia, la crapula ed il mal costume di « fra Zoan Maria », di « preve

---

del signor Sindaco per i luoghi sulle fini di Brondello ». Ma chi vi legge dentro bene vede non trattarsi di *Brondello*, ma di *bordello*.

Quando gli Agostiniani *de observantia* (da non confondersi con quelli *Conventuali*, che avevano, come si è detto, il loro monastero e la loro chiesa entro le mura, fra Monte Rainero ed il rivo Valbrenta), i quali sul principio del secolo XVI dimoravano nel sobborgo di san Lazzaro e per la venuta del Maramaldo dovettero sloggiare dalla loro abitazione, non ancora completamente ultimata, per trapiantarsi in luogo più sicuro, fu loro offerta una località tra la via san Quirico, ora via Cavour, e la piazza del « Santo », o piazza di san Secondo (Cfr. VASSALLO, *Fabrizio Maramaldo*, pp. 177 segg.). Questa località era un viluppo di casupole (*domunculae*) addossate all'antica cittadella ed abitate da gente di mala vita (*locus infamie in quo habitant meretrices*), e vi serpeggiavano per entro certi vicoli stretti ed oscuri, di cui restano ancora le traccie nel presente vicolo delle Grazie che dà sulla via Cavour, e nell'angiporto della *Madonnina*, che si diparte dalla via Brofferio, come ne restavano pure altre traccie pochi anni addietro in un vicolo così brutto ed orrido che si meritò un appellativo degno di sè, cioè di vicolo *dell'Orso*, sul posto del quale una decina di anni addietro venne aperta la nuova e bella via *Pelletta*; nonchè in un altro vicolo lì vicino, che per ironia venne chiamato *del Sole* ed ora, sistemato in parte, ha preso il nome dall'arguto poeta tigliolese *Odoardo Cocchis*.

In questo rione erano adunque le *domunculae Messinarum* e le loro abitatrici, e ciò facilmente spiega il passo della poesia dell'Alione riportata in principio della presente nota. Cfr. del resto sulla prostituzione in Asti ai tempi dell'Alione e sul postribolo in quanto ha rapporto cogli scritti del poeta, GABOTTO, *La vita in Asti*, 101 segg.

Rafel ,, e di tutta la " religione ,, ossia ordine degli Agostiniani conventuali, pur non senza scherzare parecchio sul conto anche dei loro avversarî, ai quali però si rivolge come compagno, come uno della " brigata ,, (1) ».

Il Vassallo (2), seguendo il Gabotto ed il Barella (3), è d'opinione che nemmeno nella Confraternita, nè nelle case degli Alioni, si radunasse una vera accademia, come scrissero l'Aluffi (4) ed il Vallauri (5). Si saranno fatte adunanze di begli umori, questo è probabile; ma da queste ad una vera accademia corre un bel tratto, sebbene non si possa negare, ad esempio, che la gloriosa Accademia della Crusca abbia avuto origine dalla retrobottega dello speziale Grazzini, detto il *Lasca*.

« La coltura astigiana », scrive il Gabotto (6), « si risente in ogni sua parte dello sviluppo storico-politico della città, e presenta quindi caratteri affatto peculiari. Essa è sovrattutto pratica, quale si addice ad un popolo di mercanti, banchieri e soldati; il suo ideale è soltanto nella ricchezza publica e nella grandezza della patria. Non in Asti si cercherebbe alcuna eco della poesia occitanica; non in Asti, dove la natura cavalleresca di quella poesia non si affaceva punto alla vita comunale ed alle tendenze proprie della città; nè prima del secolo XVI vi si ritrova esempio di scritture volgari italiane, disdegnosi troppo gli Astigiani di allora dell'Italia e della sua letteratura. In Asti, la cultura dell'età angioina e dell'età orleanese si riattacca direttamente alla tradizione letteraria dell'alto Medio Evo, quando, nella tenebria del secolo XI, fra i non molti scrittori subalpini di quei tempi si ricordano come astigiani — remoti precursori d'illustri posteri — un grammatico, un retore ed un favolista. Ma una serie notevole di cronisti — annali brevi ed anonimi, Ogerio Alfieri, Guglielmo e Secondino Ventura, l'autore della

---

(1) Gabotto, *La vita in Asti*, p. 30.

(2) *Un nuovo documento intorno a Gian Giorgio Alione*, p. 13, Torino, 1890 (estr. *Atti R. Acc. Sc.*).

(3) *La poesia macaron.*, pp. 58 segg.

(4) *Memoria letta in occasione del solenne aprimento dell'Accademia Filarmonica scientifico-letteraria della città d'Asti il 9 maggio 1835*, p. 8, Asti, 1835.

(5) *Delle società letterarie in Piemonte*, p. 44, Torino, 1834.

(6) *La vita in Asti*, pp. 46 segg.

Chronica illorum de Solario —; qualche poesia latina di argomento pure storico, come il catalogo delle famiglie astesi del
principio del Quattrocento; le stesse numerose falsificazioni che
troveranno poi il massimo sviluppo nel preteso *Memoriale* di
Raimondo Turco; soprattutto il ricco bagaglio umanistico di
Antonio Astesano — rappresentano la lenta, ma costante e regolare trasformazione della coltura latina medievale in coltura
umanistica, trasformazione di cui formano come i punti salienti.
Principalmente il secondo dei Ventura, Antonio Astesano e
Nicolò, di lui fratello, ci conducono fino ai tempi dell'Alione,
che forse conobbe ancora il primo, più probabilmente il secondo,
con assoluta certezza l'ultimo di quei tre uomini insigni. Nei
primi decenni del Cinquecento ecco in Asti tutta una fioritura
di giureconsulti poeti come Alberto Bruni, oratori come Mar-
cantonio Natta, poligrafi bizzarri come Giovanni Nevizzano,
l'autore della *Sylva nuptialis*, un figlio del quale tradurrà poi
l'*Iliade*; ecco, accanto a questi uomini, parecchie donne letterate, quali, se non Margherita Solaro (1), certo Camilla Sca-
rampi-Guidoboni, Livia Riccio-Scarampi e due altre Margherite,
cioè un'Asinari moglie del conte Guido Valperga di Masino, ed
una Pelletta sposa del conte Lodovico Tizzoni di Dezana. Intorno
a queste gentildonne si formano naturalmente, se non un'accademia in senso stretto, veri circoli di conversazione geniale
e pressochè costantemente letteraria, nei quali ci introduce
quella lingua ingenuamente pettegola del buon Matteo Bandello,
novellatore nato, più tardi — a tempo perso e per godersi i
redditi — vescovo d'Agen, in Guascogna. Il Bandello fu in Asti
probabilmente nel carnevale del 1515, essendo « governatore
della città per Massimiliano Cesare », come egli dice, il conte
Giovan Bartolomeo Tizzoni; ed in casa di questi potè assistere
ai ragionari di quell'eletta brigata, degni in tutto della vita
italiana di quella età. Proposta questione « se piuttosto uccida
un uomo la gioia o il dolore », Giovanni Roero (2), di nobile
famiglia astese, racconta un caso, che tosto il Bandello racco-

---

(1) Ho già detto precedentemente che questa Margherita, anzichè astigiana, era chierese.

(2) Forse lo stesso che nel 1494 ospitò in casa sua Carlo VIII.

glie e manderà poi in iscritto a Camilla Scarampa, che altrove chiamerà più di una volta « novella Saffo, dotta, copiosa, leggiadra », come sua nipote Margherita Pelletta. La Scarampa saluta egli altrove quale uno dei « due gran lumi della lingua italiana » nell'età sua — l'altra sarebbe Cecilia Gallerana, milanese, ex-amante di Lodovico il Moro. Anche la " bella e virtuosa „ figliuola di Camilla traeva a sè ed alla madre molti vogliosi di ascoltarla a suonare; e così di Livia Scarampi-Riccio tornerà a ritesser le lodi l'inesauribile encomiator delle donne e produttore di poemi cavallereschi, Lodovico Domenichi ».

« Ma non a questa società partecipava, se non forse casualmente, l'Alione: diversa la sua vita, diversi i suoi gusti, diverse le sue tendenze. Per quanto nobile, l'Alione viveva assai più della vita del popolo, e questa ritrasse nell'opera sua letteraria ».

Dopo il 1509 la fortuna francese cominciò a declinare: i Francesi vengono cacciati d'Italia, ed Asti è occupata dal marchese di Monferrato Guglielmo IX. « Ma forse anche per l'Alione venne la volta dei travagli, quando nel 1515, coll'ingresso degli Svizzeri e degli Spagnuoli in Asti, si scatenarono vendette, violenze e rapine sopra tutti gli amici di Francia. L'Alione, ch'era già stato credendario della sua città dal 1511 al 1515, riappare in tale ufficio nel 1517, ed in questo turno tornavano a gara i fuorusciti, e specialmente la famiglia Malabayla, tanto perseguitata dopo la prima espulsione dei Francesi. Il poeta divide le sorti dei vincitori: il suo francesismo ottiene una splendida ricompensa ». Sorgeva a settentrione di Asti il castello del Monte Raineri, di cui rimangono ancora avanzi di mura (al di là della via Arò sull'altura dove adesso è la villa del signor Metzger Davide) ed il nome, deturpato in bocca del popolo, di *Monrinè* o *Morinè*. « Di questo castello — il più antico della città — avevano già avuto il capitanato, onoratine ed onorandolo, Antonio Astesano, il poeta latino, e Nicolò, il calligrafo, fratello di lui, entrambi segretari dei duchi orleanesi: or regie patenti di Francesco I, il vincitore di Marignano, lo conferivano il 12 marzo 1518 all'Alione, che lo tenne almeno fino al 31 gennaio 1521. È questa l'ultima notizia che si abbia di lui, perchè rimane incerto se vivesse ancora il 12 marzo di quell'anno quando uscì la prima edizione delle sue *Opere* coi tipi illustri di Francesco Silva, forse il primo stampatore della città (1) ».

.•.

Nel Borgo detto di san Pietro di notevole non vi ha che la chiesa parrochiale di quel nome, l'annesso magnifico vetusto battistero ed il tempio votivo detto della *Vittoria*, o di *san Secondo in Vittoria*.

CHIESA DI SAN PIETRO CONZAVIA. — La parrochia di san Pietro Conzavia si compone più precisamente di due chiese, l'una quadra e l'altra rotonda, attigue e comunicanti fra di loro.

La chiesa quadra, secondo il Provenzale (2), sarebbe stata edificata dai cavalieri Gerosolimitani; ma egli non ne indica l'epoca. Il Vassallo (3) scrisse di aver trovato in alcune memorie che essa fu costrutta nel 1410, mentre le *Carte Meana* (4) ne attribuiscono la costruzione al priore frate Giorgio di Valperga, morto nel 1467. Certo, gli ornati delle stupende finestre a sesto acuto e della cornice di coronamento alla gronda non possono essere che opera del secolo XV. Gli ampliamenti fatti e le cappelle aggiuntevi sul principio del secolo scorso ne deturparono notevolmente la primitiva bellezza, di cui si hanno però ancora magnifiche traccie dal lato di levante, verso la porta daziaria di san Pietro.

Una più antica chiesa di san Pietro *de Strata* esisteva già nell'anno 886, ma essa era ubicata in tutt'altra parte della città, cioè vicino a sant'Anastasio, in via Goltieri, dove adesso sono le case del signor Luigi Fascio e dei fratelli Artom fu Alessandro, e fu soppressa verso la fine del secolo XVI.

La primitiva chiesa di san Pietro Conzavia (chiamata un tempo anche del *Santo Sepolcro*), a quanto si legge nella *Esortazione alli cittadini d'Asti* del P. Filippo Malabayla, parrebbe già esistente intorno all'anno mille; ma il Provenzale ne pone invece la edificazione dopo quella del monastero di santa Serafia, avvenuta circa due secoli e mezzo più tardi, e cioè nel

---

(1) GABOTTO, *La vita in Asti*, pp. 43 seg.

(2) *Asti sacra*, ms. p. 70.

(3) *Due scritti intorno alla storia astigiana*, 9, Torino, 1888.

(4) Vol. III, nell'*Archivio storico municipale di Asti*.

1237. Essa non fu dedicata al principe degli Apostoli, ma sibbene a san Pietro della famiglia Conzavia, o Conciavia, come narra la leggenda scritta nel 1644 dallo stesso P. Malabayla (1).

BATTISTERO DI SAN PIETRO CONZAVIA. — Di detta chiesa rotonda, invece, che vien detta la chiesa vecchia, od il battistero, perchè nel mezzo sorge il fonte battesimale, si è incerti nello stabilire l'epoca dell'erezione. Il bel tempietto, di circa quattordici metri di diametro, con cupola ottagonale nel centro, sostenuta da otto colonne nane di mattoni e di tufo alternati, con capitelli cubici ed archi a ferro di cavallo costrutti intieramente di tufo, costituisce una delle più belle opere architettoniche che si ammirino in Asti. Benchè concordi nel ripudiare le fiabe di coloro che vollero farne un'opera gentilesca (tempio di Diana), illustri conoscitori della storia delle belle arti, i quali studiarono questo monumento, e cioè l'Osten, il Lopez, il Mothes, concordano nell'affermare che almeno l'erezione dell'edicola interna sostenuta dalle otto colonne va attribuita all'età langobardica (568-774), mentre altri valenti storici e cultori dell'arte, quali il Klugel e il Lübke, inclinano a credere il tempietto opera del secolo XI o XII (FIGURA 34).

Il cerchio interiore, riputato più antico, è fatto in parte di

---

(1) « Ed acciocchè il nome di san Pietro non desse occasione di credere ch'essa chiesa fosse al Principe degli Apostoli dedicata, nell'Ancona dell'Altar maggiore dipinsero a man destra l'istesso san Pietro apostolo ed alla sinistra il suo compagno San Paolo, ed in mezzo d'essi il nostro san Pietro Conciavia al naturale ed in abito di villa con una zappa in mano: e questo perchè fra li suoi miracoli si racconta che fabbricandosi il monastero di santa Serafia, doppo aver cavato più pozzi per trovarvi aqua ricorsero alle sue orazioni, ed egli doppo quelle percotendo con quell'instromento la terra la fece scaturire in modo che se ne formò quel pozzo che anche oggidì si dice di san Pietro, la cui aqua si prova ottima così cruda per gli infermi, et a molti conferisce prontamente la salute. Rinchiusero di più nelle sue casse il capo, et un braccio di lui, perchè in certi giorni si dessero a basciare al Popolo, qual frequente vi concorreva ».

Il monastero di santa Serafia, che fu poi detto di sant'Agnese (anche prima che venisse trasportato più tardi dove adesso è l'Ospizio di santa Chiara, dirimpetto al presente palazzo Alfieri), sorgeva dove pochi anni addietro venne eretto l'edificio scolastico detto del sestiere di san Pietro, vicino al tempio votivo della Vittoria. Tale monastero fu eretto nell'anno 1237, secondochè afferma il Provenzale (Ms. cit., p. 110).

(Fɪɢ. 34) Antico Battistero detto di San Pietro.

mattoni, ma in parte anche di tufo bianco; il qual genere di
costruzione non può certamente condurre a tempi pagani, e forse
nemmeno ai primi secoli del Medio Evo. Sono a questo modo
fabbricati il Duomo, la chiesa di san Secondo (*del Mercato*) e la
parte superiore della torre di santa Caterina (anticamente chiamata san Secondo *de Turre rubea*), mentre la parte inferiore di

questa è tutta di mattoni, e probabilmente romana, come la porta palatina di Torino, alla quale è molto somigliante. Anzi nelle restaurazioni fatte nell'anno 1887 alle vòlte del Duomo per riparare i guasti cagionati dal terremòto, sotto l'intonaco di cui esse furono coperte per dipingerle sulla fine del secolo XVII, si scoprì che gli archi erano anch'essi costrutti alternativamente di mattoni e di tufo bianco. Ma il Duomo presente fu cominciato nel 1309, e San Secondo e la parte superiore di Santa Caterina sono più facilmente posteriori che anteriori a quel tempo (1). Si deve poi ritenere che non si possa dare una remota antichità alla calotta esterna della cupola, il cornicione della quale, coi sottostanti archetti, ha troppi altri esempi in Asti, da non potersi assolutamente supporre del secolo X, come da qualche storico si vorrebbe, facendola risalire ai tempi del vescovo Audace (2).

Comunque sia la cosa, questo tempietto resta pur sempre uno dei più notevoli e vetusti monumenti cristiani del Piemonte e il miglior tipo rimasto fra noi d'architettura longobarda (3).

------

(1) VASSALLO, *Op. cit.*, pp. 8 seg.

(2) Veggasi a questo riguardo la lunga trattazione, con tutti i rinvii bibliografici, del CIPOLLA, *Appunti sulla storia d'Asti*, pp. 105 segg.

(1) « È noto che i battisteri edificati nei primi secoli dopo la pace costantiniana sorgevano isolati ed interamente separati dalle chiese, formando edifizî a parte di forma ordinariamente ottagona e rotonda e di una certa ampiezza, che dalla loro destinazione venivano chiamati chiese battesimali o basiliche del battistero. Erano però ad esse vicinissimi, dovendo significare che il battesimo è la parte per la quale l'uomo entra nella chiesa di Dio ».

« Tale appunto presentasi il tempietto rotondo di san Pietro, ora annesso, ma anticamente staccato dalla chiesa propriamente detta, come si può dedurre dalla diversa posizione, forma e costruzione dei due edifizî »

« Ciò potrebbe indurci a credere che esso sia stato edificato ad uso di battistero, come da tempo immemorabile serve a questo ufficio, e che sotto la cupola, ove s'eleva tuttora il fonte battesimale, s'aprisse a livello del pavimento la vasca dell'acqua per il battesimo, che, secondo l'antica disciplina, s'amministrava ordinariamente per immersione ».

« In tale ipotesi, la sua costruzione non sarebbe posteriore al secolo VI, poichè, secondo l'autorevole testimonianza di san Gregorio di Tours, l'uso di erigere il battistero fuori della chiesa durò solamente sino a quel tempo, dopo il quale si cominciò a trasportarlo, dapprima nel nartece o vestibolo, e finalmente nell'interno della chiesa ».

.˙.

TEMPIO DELLA VITTORIA. — Nel novembre del 1526 Fabrizio
Maramaldo, capitano di Carlo V, cinse d'assedio la città di Asti,
allo scopo di impadronirsene e far lauto bottino delle ricchezze
dei cittadini. I soldati ed i cannoni del Maramaldo erano radunati fuori porta san Pietro ed avevano preso a bombardare
la città.

Matteo Prandone si mise alla testa degli Astigiani, e ani-
mandoli con la parola e con l'esempio, diè luogo ai più urgenti
provvedimenti della difesa. Dopo aver resistito per una setti-
mana, i cittadini respinsero un furioso assalto, facendo molti
prigionieri dell'oste nemica; e furono a ciò incorati prima dagli
atti di valore, e poi dalla gloriosa morte del Prandone stesso,
ucciso da una cannonata mentre sull'alto delle mura dava gli
ultimi ordini per la difesa. Poco prima di sè, Matteo Prandone
si vide cadere innanzi il figlio primogenito ferito a morte, senza
che perciò egli piegasse l'animo invitto e si ritraesse dalla difesa della patria adottiva (1).

Dopo la vittoria riportata dagli Astigiani sulle truppe del Maramaldo, il Comune di Asti decretò l'erezione di un tempio
votivo, che venne, per altro, costrutto assai più tardi, cioè nel-
l'anno 1591, sotto la denominazione di *san Secondo in Vittoria* (2).

« Senonchè ad ammettere che già esistesse un battistero in san Pietro
in quei remotissimi tempi s'oppongono gravissime difficoltà, sapendosi che
v'era allora un solo battistero per ogni città vescovile, quello cioè della
Cattedrale, e solamente nel VI secolo si cominciò a concederlo alle par-
rochie rurali, e molto più tardi, probabilmente non prima del Mille, a
quelle urbane. E poichè il battesimo in Asti si amministrava nelle feste
di Pasqua e di Pentecoste, rimane ancora in Asti, come in altre città,
l'uso, anzi la prescrizione, che nelle ottave delle due predette solennità
tutti i battesimi si conferiscano nel battistero della Cattedrale » (Bosio,
Op. cit., pp. 432 segg.; VASSALLO, *Op. cit.*, p. 8).

(1) Matteo Prandone, di famiglia nobile oriunda di Piacenza, era per altro
cittadino di Asti, avendo eletta questa città a sua patria d'adozione. Veggasi su di lui il citato lavoro del VASSALLO, *Matteo Prandone difensore
d'Asti* etc.

(2) Pochi anni addietro, in occasione dell'esecuzione di taluni restauri al
tetto ed alle fondamenta del tempietto votivo della *Vittoria*, l'amministrazione comunale di Asti aveva pensato di far collocare contro il muro

Questo tempietto sorse sul luogo stesso dove dal Maramaldo fu aperta la breccia, e cioè sull'angolo sud-est delle mura del borgo di san Pietro, allora più comunemente chiamato di santa Maria Nuova. Ivi, fino al 1839, le mura erano altissime, ed il luogo assai solingo; ma ora, col mozzamento delle mura e col piantamento del viale della *Vittoria*, è divenuto il più bel luogo di passeggio della città.

----

esterno di quella chiesetta una lapida in marmo od in bronzo che ricordasse con opportuna epigrafe i nomi gloriosi di Matteo Prandone e degli altri eroici difensori di Asti; ma poi si soprassedette. Ci auguriamo che la lapida di cui si tratta venga deliberata e collocata al più presto a maggior gloria di quei generosi che, fortemente pugnando, versarono il sangue a difesa delle patrie mura.

Dal nome di Matteo Prandone, intanto, venne in questi ultimi anni intitolata la via già denominata della Fonderia.

III.

FAMIGLIE ILLUSTRI E NOBILI ASTIGIANE
NEL MEDIO EVO.

Serafino Grassi in fine della sua pregiata *Storia della città d'Asti* discorre particolarmente delle seguenti famiglie illustri e nobili astigiane:

Abelloni — Alioni — Aynaldi — Alberti — Alfieri — Antignani — Arazzi — Asinari — Balbi — Balzani — Beccari — Beltrami — Bergognini — Bertaldi — Bolla — Brogli — Bruni — Bunei — Burzi — Busca — Cacherani — Calcagni — Calori — Carena — Carretti — Carrocci — Casalupa — Cassani — Casaschi — Casseni — Castelli — Catena — Cavazzoni — Caze — Chiesa — Ciza — Comentini — Cortesi — Cortiselli — Cottizani — Crivelli — Damiani — De Curia — Deati — Durnasi — Dussii — Falletti — Farina — Fantini — Ferrari — Forni — Frosenghi — Fossati — Gardini — Garretti — Gomondi — Guttuarî — Isnardi — Ippoliti — Josberti — Layoli — Loreti — Lorenzi — Lucii — Lumelli — Magliani — Malabayla — Marucchi — Macaruffi — Mignani — Monaci — Malavia — Magistri — Mescherini — Monti — Montani — Montafia — Mulazzi — Natta — Ottini — Pallidi o Pallii — Pavesi — Pelletta — Peyla — Pervenghi — Piazza — Ponte — Porta — Puglienti — Ralvenghi — Riva — Ramuti — Roatti — Ricci — Rota — Rotarii o Roero — Re o Deregibus — Salvatici — Scarampi — Sibonenghi — San Giovanni — Sbarati — Sicardi — Spelta — Soldani — Siboni — Solari — Testa — Torselli — Turelli — Troya — Tomati — Turchi — Vaschi — Vecchi — Vayri — Vermenghi — Voglietti — Vezzi.

.•.

Giova pure ricordare un poemetto in ventisei distici latini, nei quali si rammentano per ordine alfabetico ventisei tra le più illustri famiglie astigiane, fiorenti sul principio del secolo XV.

L'autore rimane ignoto, ma siamo certi che egli scrisse in Asti nell'anno 1409, giacchè egli appose in fine dello scritto le parole: « *Datum Astae* 1409 ». I versi sono piuttosto rozzi, e non hanno altra importanza che quella d'un esercizio retorico nel quale si ripetono di ciascuna. famiglia le medesime cose con diverse parole; ma nondimeno sono tutt'altro che dispregevoli in quanto servono a dimostrare come si mantenesse intatta la tradizione dellè antiche famiglie astigiane (1).

Il Grassi publicò il poemetto nella sua *Storia*, ed io reputo non inutile riprodurlo qui in appresso;

> *Si cupis antiqua claros ex stirpe, benigne*
> *lector, scire viros Ast, tibi dico, lege;*
> *et melius menti ut possis mandare perinde,*
> *hoc Alphabetum dat tibi nempe modum.*
> *Idcirco Alpheriana domus ex stipite ab annis*
> *innumeris claro nobilis orta viget.*
> *Nobilior nec esse potest Asinaria proles,*
> *sed sua clara tibi, Ast, dicere gesta licet.*
> *Antignana domus etiam pernobilis exstat:*
> *virtute et semper praedita nempe fuit.*
> *Bunea clara domus, dico, est a tempore multo;*
> *nam potuit vitam degere nobiliter.*
> *Ut sol, clara viget fulgens Cacherana propago,*
> *excellens armis, pollet et ingenio;*
> *estque Catena domus clara antiquissima proles:*
> *vexillum merito nobile digna gerit.*
> *Nobilium in medio Damiana propago virorum*
> *ponitur et nostro et tempore praeterito.*
> *Inter digna viros claros Gutuaria fulsit*
> *quampraeclara domus, clarior inque dies.*
> *Sic et Garretta extat felicissima proles:*
> *nobilis antiqua est, nec magis esse potest.*
> *Sic etiam Isnardae praeclara propagini almae*
> *insignia urbis non minus esse patent.*

---

(1) GORRINI, *Il Comune astigiano* etc., p. 278.

Lajolam minus et praeclaram dicere prolem
iam cunctis notam nec (michi crede) licet.
Æquari his potuit semper Malabayla propago,
cum nempe excellat nobilitate pari.
Montafia domus notum est quae gesserit alta,
tanta digna quidem nobilitate sua.
Sic de Ponte domus, germen tam nobile, semper
consilio atque armis et valet et valuit.
Pelletta innumeris ab avis stirps nobile nomen
duxit, quod clarum provida servat adhuc.
Nobilibus dictis aequatur Pallida proles,
et merito nomen nobilitatis habet.
Rotariana domus clara est. Si pergis ad urbem,
insignia in vicos picta ubicumqne vides.
Riccia stirps etiam a cunctis illustris habetur,
et fuit antiquo tempore perspicua.
Inter et hos numeros proles de Regibus alma
est, et semper erit moribus aucta probis.
Estque Scarampa domus, qua non antiquior ulla
aut fuit aut nostro tempore nobilior.
Candida vivit adhuc felix Solaria proles:
praeclaros et avos enumerare valet.
Turcaque stirps mundo semper clarissima vixit,
et sole splendidior tempus in omne palet.
Vascha sed illustris demum praeclara propago
nobilium decus est, quos tenet Asta virum.
Adde istis Nattas, de Buschis atque Falettos:
sed forsan plures tum reperire queas.

Datum Astae 1409.

Chiudo il presente libro col riportare per ultimo la « *Nota delle famiglie nobili della Città d'Asti tanto esistenti quanto estinte nel 1662* (1) compilata da Alfonso Gerolamo Natta, conte d'Isola e di Tonco:

---

(1) Questa nota fu già da me pubblicata nel 1895 nel *Giornale araldico-genealogico-diplomatico* (XXIII, nn. v e vi). Ne esistono due copie: una conservasi nella Biblioteca di S. M. il Re in Torino (Misc. XXXVI, 17 bis) e fu di nuovo collazionata per la presente edizione; l'altra è nell'Archivio torico del Municipio di Asti (Guard. I).

UBIQUE TERRARUM

Corona civica all'Ill.ma città d'Asti Colonia Reggia Romana,
de' suoi nobilissimi figlij tanto esistenti che di quelli che
gloriosi riposano in grembo all'Eternità, alle di cui Glorie
dedica e consacra come devotissimo suo Cittadino.

A. G. Natta (1).

Questa Città è sempre stata un fonte indeficiente di nobilissime famiglie sì per la loro antichissima origine, che per li
loro fatti gloriosi in Lettere et in armi che le rendono note
alla fama, et illustri all'Eternità, avendo sempre per continuati
secoli somministrato alle Maggiori Corone dell'Europa, e doppo
alla Corona dell'Altezza Reale di Savoia, un Seminario di Nobiltà che lucidissime gemme e da' loro natali e dalle loro vir-
tuosissime e gloriosissime attioni in quella vivamente risplendono.
Nè si ponno desiderare di nobiltà e chiarezza di sangue maggiore essendo discese da Progenitori i più illustri dell'Universo
che erano gl'Invittissimi Romani Monarchi. Poscia che fatta
questa città colonia Regia fu unita con la Cittadinanza Romana,
com'erano tutte le Cittadi che fortunate dall'Armi Vittoriose
de' Romani erano rese Colonie come chiaramente vi vien dimostrato da Giusto Lipsio con le seguenti parole : « Ita quod
ex illo apparet diffusum late aut undique iam hoc beneficium,
et Cives Romani facti quicumque in orbe Romano essent ex
Constitutione Inperatoris Antonini. Excluduntur ergo soli Servi
et Barbari. Quo sensu Sidonius scripsit, et appellauit Romam
Verticem Mundi, Patriam libertatis in qua(m) unicam totius
Mundi Civitate(m) soli Barbari et Servi peregrinantur.

> Fecisti Patriam diversis gentibus unam
> Profuit iniustis te dominante capi
> Denique offers victis te proprij consortia viris
> Urbem fecisti quod prius orbis erat.

---

(1) Così ha la copia astese ; la torinese reca invece : « *Nota delle famiglie
Nobili della Ill.ma Città d'Asti cioè tanto delle hoggidì esistenti, che di quelle
che sono estinte* ».

E descrivendo il medemo Autore la Potenza Romana viene a fare un calcolo delle Colonie che erano state legittime parti de' suoi trionfi come qui sotto vien a dimostrare con la seguente spiegazione. « In Italiam solam centumquinquaginta fuisse reperio; in Africam circiter sexaginta; et in Hyspanijs ad triginta; paulo minus in Galijs, et idem judica de reliquio orbe. hoc senecq (*sic*; *l.*: scireque) tibi sufficeret Popolus Romanus quot Colonias in omnes Provincias misit. Ubicumque Romanus vicit, habitat. Et Claudianus;

> Haec est in gremium victos quae sola recepit,
> Humanumque genus communi nomine fovit,
> Matris, non dominae ritu Civesque vocavit
> Quos domuit, nexuque pio longiquo revinxit.
>
> (CLAUD.. *De Stil. laud*, 61 *segg.*).

Del medemo Governo politico che in quei secoli osservavano gli Astegiani si può chiaramente riconoscerli per veri figlij di quella gloriosissima Monarchia, e Concittadini dell'invitissima Patria Romana. Perciocchè con assoluto dominio si governarono da se medesimi per alcun tempo per mezo de' Consoli, e Rettori, e dopo con quello di Consoli et Podestà, dividendo li suoi nobili in due ordini, e separandogli dalla Plebe, cioè in Patrizio et Equestre. La dignità del sud.° Podestà era di pari autorità di quella dei Dittatori Romani; perchè con la partecipazione de' Consoli risolveva qualsivoglia grave affare tanto spettante alla Città, che quello concerneva a tutto il suo dominio, sì per quello risguardava l'administrazione della giustizia a Cittadini che per l'appellationi che avanti al suo Tribunale erano introdotte da tutti il Dominio sudetto et suoi Vassalli. L'auttorità e potenza de' suoi Consoli e Consiglieri si può riconoscer dalli suoi ordinati et Statuti dell'anno 1323 da me in parte riportate nelle memorie d'essa Città. Di d.° ordine patrizio et equestre si prova con scritture authentiche che sino a' quei tempi erano nobili et poco dopo il milesimo di nostra Redentione si trova ch'erano signori di molte ville e castelli col mero e misto Imperio et omnimoda giurisdizione.

Quanto sii sempre stata stimata et honorata questa Patria da que' primi Cesari si può riconoscere dalle generose restaurationi di Pompeo il Magno, e dalli insigni benefizii et prime leggi (*sic; l.*: privilegii) di Ottaviano, et in oltre da Giulio Cesare, come dalla qui registrata inscrizione si può benissimo comprendere, quale si trovava stabilita in una lapide che si trovava nella torre del Castello Vecchio della Città.

C. Iul. Ces. C. F. De Gallis et.
Allobrogibus Triumphatori.
Asten. Benefactori pio.
Invicto Divo Astens. let.
Et grati animi Erg. P. P.
L. D. D.

Non solo vengono gli Asteggiani a risplender et a conseguir dalla fama e dalla muta facondia de' marmi panegirici di gloria, ma parimente da più gravi e celebri autori del nostro secolo ne hanno riportato gloriosi Elogij del lor valore come si racoglie dal Baronio, mentre narra la quinta volta che Federico venne inferito alla totale depressione della Lombardia con le seguenti parole:

« Anno quintodecimo Pontificatus Alexandri Papae Federicus Imperator dictus ad sugestionem Papiensium et Marchionis de Montisferrato quinta vice in Lombardiam remeavit; transivit per Montem Sinusium, et in multitudine grandi descendens in planitiem castrame(n)tatus est iuxta Sicusiam. Altera autem die conceptum furorem occultare non valens in primo detestabilium operum suorum civitatem ipsam combussit, et exinde acies suas versus Astensem Civitatem ad exercenda reliqua mala direxit. Habebat enim circa multitudinem copiosam barbaricae gentis homines assuetos bellicis actibus, viros nequissimos, rapaces et disperatos, quos de Flandria, et alijs circumpositis locis eligerat. Et quia neminem amantem amat nemo, Lombardi in uno spiritu et in una voluntate coniuncti, quoniam ipsius redita a longe praeviderant Civitates suas et Arces munierant, et ad resistendum ipsi in faciem tanquam viri bellicosi et potentes intrepidi existebant, et mittebant in subventionem Astensium qui secum iamdiu confederati fuerant, viros industriosos in Concilio valde providos, et in Armis probatos, quatenus eosdem Astenses contra impetum supervenientis hostis animosiores redderent ».

Famiglie nobili esistenti
Nobili Patrizii.

Pallia — Pelletta — Asinara — Busca — Rovera — Cache-
rana — Isnarda — Falletta — Solara — Alfera — Bunea —
Ponte — Scarampa — Montafia — Mazzetta — Natta — Pos-
savina — Crivella — Capra — Malabayla — Rizza — Garretta
— Guttuera — Damiana — Incisa — Coconato — Magiolina
— Sburlata.

Famiglie antiche ed honorevoli
Nobili equestri.

Casascha — Mazzola — Roretta — Durnasa — Bolla —
Dusia — Gianuzza — Facella — Binelli — Zolla — Gioia — Monte
— Forna — Rovere — Luppi.

Famiglie nobili estinte.

Alipranda — Catena — Layola — Ventura — Turca — Troia
— Castigliona — Capella — Cigliona — Cortasona — Consom-
brada (sic) — Vitia — Agliana — Calocera — Macalufa — Ber-
gagna — Bayvera — Zoila — Asprazana — Pagana — Gorzana
— Silvatica — Bertanda (sic) — Bergognina — Re — Com-
mentina — Anniana — Consavia — Bigognona (sic; l.: Bergo-
gnona) — Emilia — Aziana — Ottobona — Ciana — Veluta
— Guarletta — Gardina — Giardina — Ottina — Antignana
— Valarea — Stella — Quartiera — Tuirazza — Torre — Pa-
lazuola — Penina — Cavagnola — Mandella — Media — Umara
— Mondona — Ripa — Monaca — Calvina — Malabecha —
Minalda — Abellona — Chiesa — Zerba — Ferraris — Vasca
— Montagna — Cassena — Piana — Corrata (sic; l.: Cerrata)
— Sarracena — Mulazza — Albertenga — Baudrana — Bari-
risana — Balangera — Maggiora — Porri — Genta — Cava-
zona — Moriena — Mora — Curia — Della Sala — Rocha —
Madia — Ponzana — Ringalda — Rastella — Bordina — Monte(de)
— Rocha — Turella — Zabotta — Vallabrenni — Testona —
Spayera — Viala — Almana — Ruscona — Aliona — Galli —
Gomberzetta — Ferri — Pavia — Pomeria — Tanarella —
Prometta — Mayna — Cremona — Folla — Sassi — Almina

Bellona — Odomonte — Antiata — Cagnorella — Gavazzona — Novella — Pelissara — Marsenascha — Valpiana — Masina — Oranda — Cortesi — Aimerica — Viana — Cornienga — Berri — Gandulfa — Clavaria — Aburata — Auzata — Marenga — Martella — Gualfreda — Germana — Veglietta (*sic. l.*; Voglietta) — Tuberona — Pateria — Cecinia — Alamaria — Cotia — Cina — Cagha - Mandella — Blautina — Astesana — Barbuta — Vaya — Longa — Bianchi — Mombella — Negra — Montenegri — Bruna — Nevizana — Prandona — Biraga — Liege — Albana — Diana — Teutonica — Cerchij — Chierica — Cercosia — Mercandina — Cantona — Caricia — Olisia — Lauri — Ozicia — Bertramengha — Bertranda — Malamorte — Cortanzera — Neive — Corriera — Castella — Ingelberga — Mazzavienga — Fossata — Bertrama — Govona — Marziana — Cella — Variglie — Vaglirana — Magliana — Falzona — Piazza — Valfenera — Bressigna — Beccaria — Aimanda — Basta — Pranga — Gabiana — Collini — Burcha — Roberti — Albertana — Campofregosa — Masia — Grangia — Lorenza — Rozata — Annona — Gilardengha — Bassa — Torriana — Rorengha — Guota — Grossa — Borgesa — Raggia -- Vallevita — Buonfazoni — Montinella — Strazata — Albericha — Bertauda — Brina — Gribalda — Gammunda — Tretia — Deati — Conrella — Nazella — Pazzi — Mazza — Valle Camina — Argauda — La Cotta — Vallevita — Monterossone — Morenzenga — Pila — Rochalla — Galamana — Savarina — Caresona — Gualda -- Yracia (*sic*) — Salvana — Fizeria — Fusnella — Marini — Giffa — Richa — Marocha -- Ranzina — Storabona — Candia — Caldara — Riberta — Bottonota - Cotta — Vilmerchata — Costigliuola — Boscha — Romana — Baudina — Lombarda — Pia — Glactanea — Baldina — Maclazia — Gazona — Arbirolia — Garzoni — Frassinata — Facina — Cittina — Pugliesia — Curtia — Carbona — Valle — Viscontina — Partita — Macella.

*Ill.*mo *Conseglio et Città d'Asti.*

Ecco Ill.mi Signori, una corona delle più preziose gemme delle quali l'Europa si preggia d'esserne coronata. Le ho ritrovate e raccolte la maggior parte di esse tra le ceneri di cipressi, e fisse nei sepolcri; L'immortalità dei loro splendori anche in quelle involte m'ha insegnato il loro lucidissimo sentiere per indi manifestarle a questa invitissima Patria per Legittime figlie delle indeficienti sue glorie. Ho voluto dico rammemorare i nomi di tanti illustri Heroi, non per proprio fasto di una penna tarpata dalla debolezza del mio talento, ma bensì come suo concittadino vederne ad onta del tempo (ch' il tutto voracemente ruode e consuma) con scarpello d'immortal Gloria registrati i suo honoratissimi prezzi, sopra il frontispizio di Diamante dell'Eternità. Supplico dunque Loro Signori ad aggradire con la solita loro gentilezza questa Corona Civica che l'immutabile mio affetto, e devota osservanza lealmente gli dedica e consacra, all'ultimo respiro d'esser di questa invitissima mia Patria figlio, et di questo

Ill.mo et prudent.mo Consiglio

Devot.mo et certiss.mo Servitore
ALFONSO GEROLAMO NATTA.

Asti, 7 9mbre 1662

AVVERTENZA

Tutti i *clichés* per la riproduzione delle figure e delle tavole del presente libro sono opera dello stabilimento di Fotoincisioni meccaniche della Ditta Nebiolo e C.ᵃ di Torino, ad eccezione di quelli indicati alle figure 4, 9 e 34 ed alla Tavola III.

Tutte le fotografie da cui si trassero i *clichés* riprodotti nel libro, sono dello stabilimento fotografico di Vittorio Ecclesia di Asti, ad eccezione di quelle indicate alle figure 4 e 16.

I disegni da cui si ricavarono i *clichés* riprodotti nelle figure 15, 21, 23, 27 e 29 sono stati eseguiti dal signor geometra Cesare Zandrino di Asti, al quale mando un particolare sentito ringraziamento.

CORREZIONI ED AGGIUNTE

P. 7, l. 2 n.: *Maretto* Pisa, *corr.*: *Maretto*, Pisa.

» 10, » 4 n.: 23, *M. h. p.*, »   23, in *M. h. p.*,

» »   » 5 n.: *d'Asti.* cit.), »   *d'Asti*, loco cit.),

» »   » 24 n.: avvennero »   si fecero

» 50, » 31 : Guglielmo Turco per mano di alcuno dei Solari *corr.*: Manuello Solaro per mano di Guglielmo Turco

» 88, » 18 n.: storica fu   *corr.*: storica, fu

» 97, » 3 n.: Bernardino, *op. cit.* pag. *corr.*: Bernardino, p.

» 103, » 2 : 1300   *corr.* : 1400

» 111, » 21 n.: *Sc.*, Torino, *corr.*: *Sc. Tor.*,

» 120, » 1 n.: 1898 *corr.*: 1898

» 135, » 10 n.: *annor*   *corr.*: *annos*

» 139, » 11 : elevasi   *corr.*: elevavasi

» 145, » 5 n.: d'azzurro, Pelletta da cui coronato *corr.*: d'azzurro, coronato

» 192, » 20 n.: sposata da *corr.*: sposata ad

» »   » 32 n.: Dalle varie *corr.*: Delle varie

» 196, » 2 : 1904. *Agg.*: Rieletto poi sindaco con unanime votazione in seduta del 15 marzo 1906, il comm. Bocca non credette dapprima di accettare la carica per i motivi enunciati in quell'adunanza: però, non essendosi nella seduta successiva del 23 dello stesso mese nominata altra persona all'alto ufficio, egli consentì ad accettare la carica di assessore anziano e di prosindaco che a tutt'oggi conserva (30 aprile 1906).

» 222, » 3 n.: *dondrophorium. corr.: dendrophorium.*

» 241, » 22 n.: soggiacquero all'ira *corr.*: soggiacquero, si dice, all'ira

» 254, » 1 n. e 3 n.: Lunello *corr.*: Lomello

» 305, » 8 n.: Malabayla, aveva, *corr.*: Malabayla aveva,

» 316, » 33 n.: *Vienna* pp. *corr.*: Vienna, pp.

INDICE

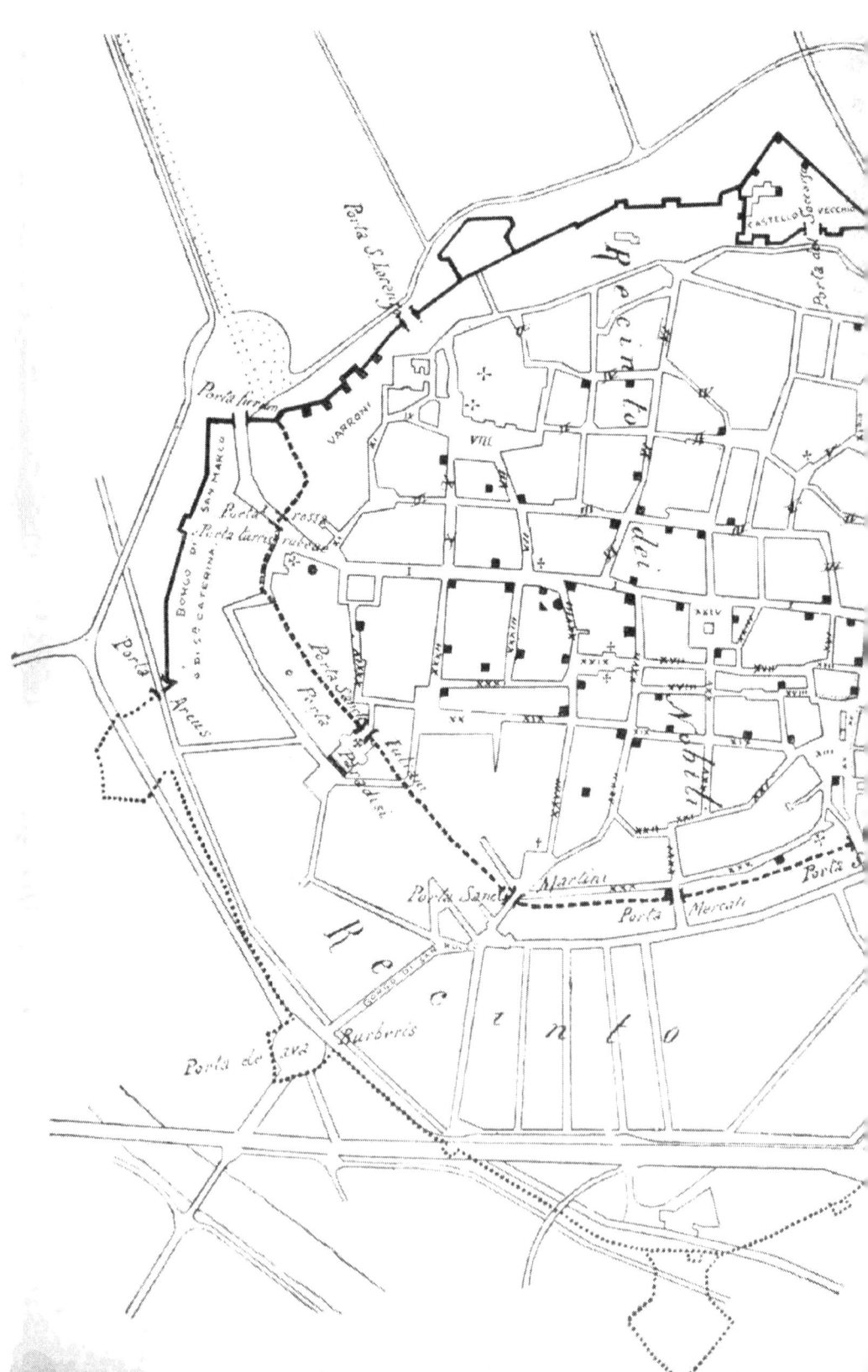

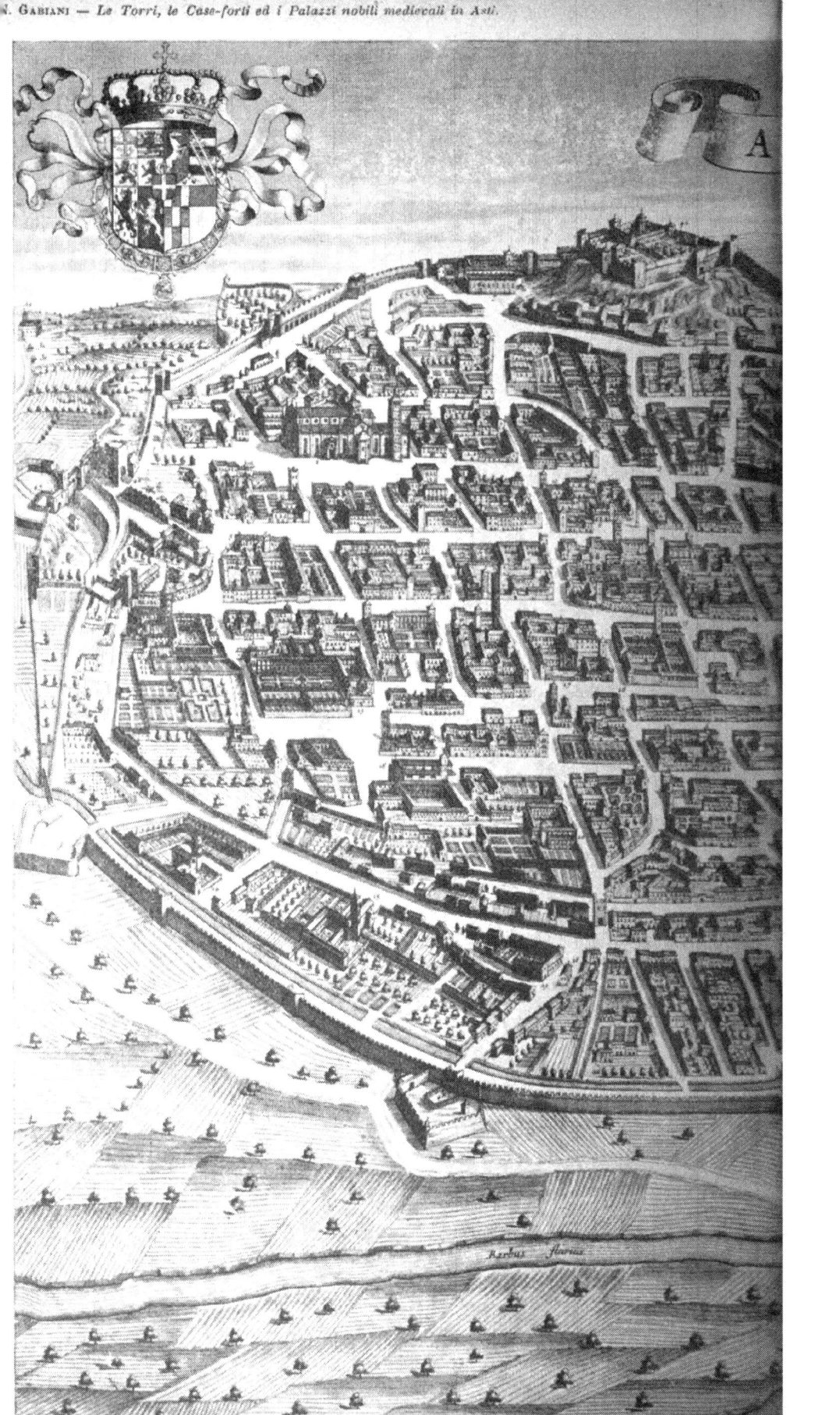

— Pianta della città d'Asti secondo il *Theatrum Statuum Sabaudiae* del 1700

ASTI
NOBILISSIMA CITA DEL PIEMON

1 · Cappella gia Abbatia d'SS·Apostoli   10 · Martire e Catedrale   20 · Orfanell
2 · Porta d'S·Antonio   11 · S·Hilario del Seminario   21 · S·Bernard
3 · Castello o sia Torri delli Varroni   12 · S·Anastasio di Monache Benedettine 22 · Spedale d
4 · Il Giesu di Suore dell'osseruanza   13 · Il Vescouado   23 · S·Martino
5 · Il Duomo   14 · S·Sisto   24 · Il Carme
6 · Battisterio e Chiostro delli Canonici 15 · L'Annonciata di Monache Lateranensi 25 · S·Secondo
7 · Porta di S·Lorenzo   16 · La Consolata delli Monaci di S·Bernardo 26 · Casa di
8 · La Maddalena d·PP·Dominicani   17 · Palazzo di S·A·R   27 · S·Spirito
9 · Castello gia detto uechio   18 · La Fiera   28 · Goabrid
     Tempio gia d'Idola poi di S·Antonio   19 · Syluestro   Imperial

TAV. III. Pianta della Città d'Asti secondo il Laurus, del 1639.

Forte di S. Pietro

Luogo della nuoua Cittadella

I. Laurus Cú Priuileg. Summi Pontiff. 1639

trasportarsi per essa defunti
29. S. Francesco
30. S. Paolo
31. Spedal di S. Paolo
32. S. Quirico
...erina M. 33. Le Grotte de PP. Agostiniani d'Lombardia
34. La Cittadella Vechia
...S. Bernardo 35. Il Santo
Preuilegio 36. Spedal di S. Maria
...no ne 37. S. Agostino

38. Anonciata
39. S. Maria noua Abbatia de Canonici
     Lateranensi
40. S. Agnese di Suore Conuentuali
41. S. Vittoria ad honore delle apparitioni
     di S. Secondo
42. S. Pietro Gran priorato di Lombardia
43. Pilastri antichi

F. GABOTTO e N. GABIANI

GLI
ATTI DELLA SOCIETÀ DEL POPOLO
DI ASTI

DAL 1312 AL 1323

E GLI

STATUTI DELLA SOCIETÀ DEI MILITI

DEL 1339

INTRODUZIONE

Non soltanto Firenze vide in altri secoli il violento contrasto di magnati e di popolani, e il popolo maggiore - che noi diremmo adesso borghesia - sorgere a riscossa contro la vecchia nobiltà comunale, ed opprimerla a poco a poco a sua volta; indi levarsi, contro la borghesia industriale e bancaria, il popolo minuto degli artieri ed operai, fino alla crisi suprema del tumulto dei Ciompi. Anche il Piemonte ebbe le sue battaglie di nobiltà e di popolo, di borghesia e di plebe, e nella patria futura di Vittorio Alfieri furono lotte vivaci di classe, tanto più degne di studio in quanto appartengono a regione finora erroneamente ritenuta come la rocca diuturna del feudalesimo nell'Italia Superiore (1).

Già sul finire del secolo XII e sul principio del XIII un vento gagliardo di novità era soffiato, come il rovaio alpino, per le valli e per i piani ondulati del Piemonte, e nell'arduinica Ivrea e nella dotta Vercelli, così come a Torino, a Chieri, a Tortona, in Asti, in Alba, il « Popolo » si era costituito ed affermato di fronte al « Comune »: fenomeno nuovo di contro ad un fenomeno perfettamente feudale. Precorrevano gli Statuti albesi del « Popolo » del 1222 gli *Ordinamenti di giustizia* di Firenze ed i *Sacratissimi ordinamenti* di Bologna, come Rolando di Morozzo - anch'egli un magnate agitatore di popolani - anticipava di settant'anni Giano della Bella e l'opera sua (2). In Asti

....

(1) Un parallelo fra Asti e Firenze, ma in altro senso, fu istituito già dall'amico G. GORRINI, *Il Comune astigiano e la sua storiografia*, specialmente pp. 64 segg., Firenze, 1884. Ma, per es., ciò che scrive a pp. 40 segg. sui Comuni piemontesi non potrebbe più venir oggi accettato.

(2) Cfr. PATRUCCO, *L'avvenimento del « Popolo »*, in *Bollett. stor.-bibliogr. subalp.*, VIII, 151 segg.

si forma da principio la « società di San Secondo », primo
segnacolo di riscossa borghese contro la nobiltà; ma di alta
borghesia, e forse essenzialmente di nuova nobiltà « aggregata »,
contro le più vecchie famiglie « comunali » (1). A quel movimento, infatti, che avviene nelle città e nei luoghi antichi, si
accompagna e corrisponde un altro movimento della nobiltà
minore di campagna contro le famiglie marchionali e comitali,
che tentano strapparla alla dipendenza immediata dell'Impero
e sottometterla a sè, convertendone in feudi i dominî allodiali.
Quest'altro movimento si manifesta in ispecie come reazione ai
marchesi aleramici di Monferrato e di Saluzzo, e da esso hanno
origine le « ville nuove » di Alessandria, Cuneo, Mondovì, che
la leggenda colorirà più tardi come prodotto d'insurrezioni di
« popolo » (2). È l'eterno poema delle onde che si formano in
alto mare, e poi s'innalzano, s'incalzano l'una l'altra, finchè
vengono a frangersi agli scogli od a morire lentamente sulla
spiaggia nell'arena letèa.

Il succedersi dei varî strati sociali nella lotta di quello che
sta sotto contro quello che sta sopra, si riscontra assai bene
nella circostanza che, in Asti ed altrove in Piemonte, le « società
del Santo », sorte contro il « primo Comune » di ogni città,
finiscono per diventare, se non vere « società di militi », ossia
di magnati, a difesa del « Comune » contro il « Popolo », almeno società-cuscinetti tra le nuove associazioni popolari e quelle
dei nobili, che si formano per bisogno naturale di resistenza

---

(1) La « societas sancti Secundi » compare la prima volta in un doc. del
2 aprile 1250, con due rettori, accanto ad una « societas militum civitatis
astensis », che ne ha quattro (*Codex ast.*, n. 970); ma sì l'una che l'altra
erano certo più antiche. Sul carattere della « societas sancti Secundi »
si devono cfrtare insieme il GORRINI, *Op. cit.*, 390, ed il PATRUCCO, 158. La
divergenza proviene dal vario modo di leggere ed interpretare il doc. 28
ottobre 1288 (*Cod. ast.*, 788) e qui mi pare abbia ragione il Patrucco, poichè
altrimenti resterebbe esclusa la vera « societas militum » o « societas
baronie militum », com'è detta altre volte (*Cod. ast.*, nn. 677 e 842). Ma
nel cittadinatico di Vignale del 20 agosto 1290 (*ib.*, n. 757) si parla veramente dei « rectores militum sancti Secundi ».

(2) Cfr. il mio lavoro *Il « Comune » a Cuneo nel secolo XIII e le origini comunali in Piemonte*, in *Bollett. stor.-bibliogr. subalp.*, V, 19 segg.,
cfrtato con *Storia di Cuneo*, 18 segg., Cuneo, 1898.

dei magnati di fronte all'avvenimento del « Popolo » (1). Anche
il nuovo movimento popolare del secolo XIII, veramente borghese — per quanto sempre vi siano elementi magnatizî, ambi-
ziosi o malcontenti, frammisti al popolo o a dirittura a capeg-
giarlo — antecede la corrente analoga che si produrrà qualche
tempo dopo nell'Italia centrale, e se riesce a creare il « capitano
del popolo » di contro al podestà, come capo riconosciuto del
« Popolo » stesso a fianco del capo del « Comune » (2), è spesso
effimero nelle sue vittorie, come il trionfo del « Primo Popolo »
a Firenze. Però il « Comune » si compenetra sempre più di
elementi nuovi, di nobiltà aggregata e minore e di alta borghesia, tantochè, sul finire del secolo, il vecchio organismo,
sotto l'affluenza di tanto altro sangue, non rappresenta omai
più la sola classe magnatizia, ma costituisce quasi un terreno
neutro in cui le classi combattenti trovano una ragione di tregua negl'interessi comuni, che sussistono per tutti i cittadini
di una terra accanto agl'interessi discordanti delle parti. La
formazione delle « società dei militi » proviene da questo stato
di cose, mentre ad un tempo lo affretta e lo consolida effica-
cemente (3).

Fino a questo momento, in Piemonte, i nomi di Guelfi e di
Ghibellini designano sì i fautori della Chiesa e dell'Impero, ma
nell'interno di ciascuna città non esiste ancora, se non per
eccezione — come, ad esempio, in Tortona (4) —, la cancrena di
una fazione ghibellina e di una guelfa; anzi gli stessi luoghi

---

(1) Cfr. sopra, p. 395, n. 2.

(2) In Asti, la prima menzione di un « capitano del popolo » che finora
si abbia è del 1274, in persona di Oberto Spinola (*Cod. ast.*, n. 448) e si
può forse collegare colla guerra contro gli Angioini. Ma già il 21 febbraio
1260, nella prima tregua con Carlo di Angiò, accanto al signor Ruggiero
Giorgi « potestas Ast » era « dominus Julianus potestas societatis sancti
Secundi » (*ib.*, n. 944).

(3) Naturalmente, il fenomeno avviene in qualche luogo prima, in altri
dopo (Cfr. il mio scritto *Dalle origini del Comune a quelle della Signoria*,
Roma, 1906, estr. *Atti Congr. Intern. Roma 1903*, vol. II). In Asti si è già
veduto che la « società dei militi » è anteriore al 1250.

(4) Cfr. il mio scritto *Del reggimento e dei rivolgimenti interni di Tortona
dal 1156 al 1213*, 20 segg., Tortona, 1905 (estr. *Bollett. Soc. st., econ. ed
arte Torton.*, n, **7**).

tengono ora per l'una parte, ora per l'altra, secondo il contrasto delle loro rivalità esteriori, e queste sono determinate da interessi economici e locali anziché dei grandi fattori politici della storia medievale. Perchè Alessandria — memore di essere sorta con protesta di vassi regi che il Barbarossa aveva troppo compiacentemente assoggettati a Guglielmo di Monferrato (1) — tendeva naturalmente al guelfismo, Asti era di solito ghibellina; e perciò a sua volta era guelfa Alba, rivale di Asti, salvo a mettersi sotto la protezione di Federico II quando l'Imperatore fu tratto ad osteggiare l'invadenza astigiana. Ma venga Carlo d'Angiò a minacciare ben più seriamente e irreparabilmente la potenza e l'indipendenza di Asti, e la città intera, senza distinzione di parti, sorgerà come un sol uomo a combatterne la signoria subalpina, ed a Roccavione il limpido Gesso canterà nella gioia delle sue spume iridescenti la cacciata dello straniero (2).

In Asti, le parti si formano — ve n'è un accenno nel cronista Guglielmo Ventura (3) — per « gelosia di ricchezze », com'egli si esprime, vale a dire per la lotta vitale di due formidabili gruppi bancari che si sono venuti costituendo, l'uno intorno ai Solari - sangue anscarico dei signori di Govone -, l'altro intorno ai Guttuari, suffragati dalla nobiltà robaldina dei Turchi e degl'Isnardi, che si chiamano collettivamente « De Castello ». La ricchezza dà l'arroganza, e l'arroganza spinge a violenze e a delitti, che provocano reazione di altre violenze uguali, se non peggiori, dove già ferve l'odio nel contrasto economico. Alla fine del secolo XIII, la lotta sostenuta un cent'anni prima dalla nobiltà di second'ordine contro i marchesi di Monferrato e di

---

(1) La vera storia delle origini di Alessandria non è ancora stata scritta. Essa abbraccia due fasi: nella prima (1155), Federico Barbarossa amplia Rovereto in « Cesaria » in odio ad Asti; nella seconda, dieci anni dopo, i « signori » assoggettati dall'Imperatore al marchese di Monferrato fanno capo allo stesso luogo per convertirlo in un baluardo della loro libertà contro entrambi. Ma di ciò meglio in altra occasione.

(2) Cfr. i miei scritti *Storia di Cuneo*, 26 segg., e *Asti e la politica sabauda in Italia al tempo di G. Ventura*, 91, Pinerolo, 1903 (vol. XVIII di questa *Bibl. Soc. Stor. Subalp.*).

(3) In *M. h. p., SS.*, III, 762 (c. 48).

Saluzzo, in mezzo alle nuove condizioni del Piemonte è non soltanto cessata, ma obliata: i marchesi, però, per un complesso di ragioni che qui non giova indagare od esporre, pur tanto tempo dopo la morte di Federico II sono rimasti di regola ghibellini. Perchè nuovi interessi, anche questi essenzialmente di natura economica, avvicinano i De Castello ai marchesi aleramici, e quindi al ghibellinismo, i Solari, che poco prima hanno avuto larga parte nella resistenza all'Angioino, diventano guelfi. Con Savoia, che non ha altra parte fuorchè la propria e quella che il suo vantaggio le fa sposare volta a volta, Solari e De Castello conservano ugualmente rapporti, sebbene ora più stretti gli uni, ora gli altri: entrambi i gruppi bancari si dividono infatti l'appalto delle « casane » negli Stati sabaudi al tempo di Amedeo V e nei primi anni di Filippo di Acaia (1295-1300) (1).

La divisione della nobiltà non trascinò in Asti la divisione del « Popolo », che — fatte sempre le dovute eccezioni — si tenne unito, come a Firenze, quasi terza parte di fronte ad ambedue le altre; ma, come a Firenze, il « Popolo » trovò più spesso occasione d'intesa coi Guelfi che coi Ghibellini (2). La ragione generica di questo fatto è la stessa: la parte che si mette colla Chiesa accetta di necessità da essa la tendenza democratica che questa conserva ancora pur sotto il papato di Bonifacio VIII, in quanto la teocrazia pontificia non può trovare che rivalità ed ostacolo, così nelle aristocrazie locali, come nella monarchia, sia sveva o capetingia. Inoltre la Chiesa è ancora a quel tempo — fino ad un certo punto — la protettrice del diritto contro la forza, del debole contro il potente, se non per altro, almeno per interesse di primazia su tutti. È sempre la vecchia storia dei tiranni, che, per dominare su tutti, carezzano i piccoli, difendendoli dai grandi, per aver modo di opprimer questi sotto colore di giustizia; e la Chiesa ha di più degl'ideali spirituali che collimano in tutto ciò coi suoi interessi mondani. Così quando i De Castello, coll'aiuto dei marchesi, cacciano i Solari nel 1303, il popolo se ne duole per bocca del suo cronista popolano - il

---

(1) *Asti e la polit. sab.*, 120 segg.

(2) Cfr. per Firenze il noto libro del SALVEMINI, *Magnati e popolani a Firenze*, Firenze, 1899.

Ventura (1) -, ed al loro *ritorno* li accoglie entusiasticamente,
li aiuta anzi a rientrare in città ed a cacciare gli avversarî,
salvo ad accorgersi subito dopo — ed è ancora il Ventura che
ne fa espressa confessione con parole vibrate — che l'una parte
val l'altra, e che i nobili guelfi, vincitori, incrudeliscono contro
i vinti ed opprimono il popolo non meno di quanto abbiano
fatto i De Castello durante il loro predominio (2). A questo
punto, il « Popolo » comincia a pensare a premunirsi seriamente contro tutta la nobiltà, così guelfa come ghibellina, ed
affila le armi, in attesa che il séguito delle lotte dei magnati
fra di loro gli dia occasione di rivendicare con efficacia i proprii
interessi, vendendo la sua alleanza a caro prezzo (3).

---

(1) C. 20.

(2) CC. 33 e 48.

(3) Molto scarse sono le notizie intorno all'organizzazione popolare in
Asti prima del 1312 (Cfr. al riguardo GORRINI, *Op. cit.*, 391 segg.). Nel già
cit. doc. 28 ottobre 1288 figurano già i « rectores quatuor societatum »
(*Cod. ast.*, n. 788); anzi queste compaiono in azione come un sol corpo fin
dal 1282 (*ib.*, n. 1025): in quel momento le « quattuor societates » ricor-
rono però amichevolmente alla « societas sancti Secundi » affinchè appoggi
un loro reclamo presso il « Comune ». Assai più istruttivo per la conoscenza degli ordinamenti e dello sviluppo delle « quattro società » è il
cittadinatico di Vignale del 20 agosto 1290, in cui si legge: « Item quod
dominus capitaneus populi et omnes rectores quatuor societatum et ipsi
de ipsis societatibus recipiant et recipere debeant in eorum societatibus
omnes homines Vignalis qui in ipsis societatibus intrare et de ipsis esse
voluerint, vel in aliis societatibus civitatis astensis quae sunt vel fient vel
renovarentur seu de novo fierent de populo seu popularibus, et eos tenere
et habere et tractare, manutenere et defendere, sicut alios de ipsis societatibus et tamquam homines quatuor societatum etiam habitantium in
civitate vel burgis civitatis » (*ib.*, n. 757). Un altro documento del 1292
c'informa più precisamente come le « quattro società » costituissero
un'associazione unica, sebbene divisa in quattro sezioni, e dà i nomi di
queste, cioè « societas Alborum », « societas Vayrorum », « societas Burgi »
e « societas Vermegeorum » (*ib.*, n. 533). Erano dunque la stessa cosa che
la « societas populi » di altro atto del 1290 (*ib.*, n. 1035) ed il « populus »,
di cui i « vicarii » o « rectores » tengono luogo del capitano Lamba d'Oria
nel 1295 a fianco di Pietro Solaro, « rector societatis baronie militum »
(*ib.*, n. 677), e nello stesso anno, col podestà e quattro savî del Comune,
hanno generale balìa « in aquirendo terram et amicos nomine et vice
dicti Comunis eis concessam per cons(c)ilium cc et rectorum minutorum

La rottura definitiva tra Solari e De Castello, ossia tra Guelfi
e Ghibellini astesi, sebbene preceduta da grosse scaramuccie e
da molte violenze individuali, avvenne solo circa l'anno 1300:
ciò spiega perchè il fenomeno dell'ascendenza popolare, inco-
minciato tanto più presto in Piemonte che in Toscana, ad Asti
che a Firenze, raggiunge il momento critico più tardi in quella
città che in questa. Ma il fenomeno è generale e parallelo;
non proviene menomamente da influssi di un luogo sull'altro,
o reciproci.

In questo periodo della sua vita, il cronista Guglielmo Ventura partecipò forse alla vita publica, non solo incidentalmente,
ma alla Dino Compagni. Egli non appare uomo di grandissima
energia, un agitatore violento come il Pecora fiorentino o come
qualche anno più tardi, in Asti medesima, Caterinoto Cateruto:
è un animo buono, che vede il male della sua città, e del popolo in specie, desidera porvi riparo e vi si adopera con quei
modi che il suo carattere dabbene, ma esitante, gli consente.
La letteratura libellistica, profetica, apocalittica, è segno certo
e palese di momenti agitati, di convulsioni civili; ed ecco il
Ventura lanciar fuori una supposta lettera di Filippo Gardini
a suo padre, dall'Inferno, in cui sono parole roventi per i nobili ghibellini che hanno oppresso il popolo (1); eccolo inviare
a dirittura a Filippo di Savoia-Acaia, « capitano d'armi » della
città, un altro « sermone » sul tema: « I Solari ingrati ed
ignoranti resteranno soli fra poco » (2). Un giorno, mancando

---

populi astensis » (ib., n. 675). Dai documenti ora citati risulta pure che
tanto la « societas baronie militum » e la « societas sancti Secundi »,
quanto la « societas populi », ossiano le « quattuor societates », avevano
già fra il 1282 ed il 1295 i rispettivi « libri » di « Statuta » o « Capitula »
(nn. 675, 677, 757, 1025, 1035), non arrivati, pur troppo! fino a noi (Cfr.
GORRINI, 377 seg.). Ma non si può accettare ciò che lo stesso GORRINI, 391
seg., dice del carattere di « arti e corporazioni industriali » rispetto alle
« quattro società », che sono invece divisioni meramente topografiche del
« popolo », sebbene sia vero che il grosso delle medesime si componesse
di artigiani (Cod. ast., n. 1025); nè, tanto meno, tener buono il riassunto
e l'interpretazione che di quest'ultimo documento dà il MASI, Asti e gli Alfieri, 167, Firenze, 1903.

(1) C. 50.
(2) C. 49.

il capitano del popolo, è chiamato a farne le veci, e come tale dirige una spedizione militare mediocremente fortunata, ma senza riuscire a provvedere con successo al vettovagliamento; onde subito allora si leva contro di lui lo scherno degli eroi di Omero a Tersite. Si mormora, narra egli stesso, il buon speziale: « Che fa costui, che affama gli Astigiani? Torni a vendere il suo pepe ed i suoi baratoli » (1). « Ma », esclama altrove, « per quante persecuzioni abbia sofferto, per quanto odio sia contro di me ed i miei figli perchè non ho taciuto i vecchi ed i nuovi misfatti degl'intrinseci e dei fuorusciti, io non tacerò finchè viva, perchè sta scritto: Temete solo colui che può mandare il corpo e l'anima nell'Abisso; ed in Matteo: Beati coloro che soffrono per la giustizia, perchè di loro è il regno dei cieli » (2). Fra il cronista fiorentino e l'astigiano è dunque più di un punto di contatto: l'animo è uguale in entrambi, ma entrambi nella schiettezza del carattere non trovano forza sufficiente all'azione quando le circostanze richiedano per questa eccezionale vigoria.

Il popolo astese sperò forse in Filippo di Acaia, pensando, nè a torto, che la dominazione di un solo avrebbe tenuto a segno i nobili, a qualunque fazione appartenessero: sotto questo punto di vista, oltre l'invio del sermone fattogli dal Ventura, non è senza significato la circostanza che Raimondino da Terzago, il « capitano del popolo » del 1306, favorì caldamente il tentativo del Principe per ottenere la signoria della città. Ma il bel gesto di Catalano (o, meglio, Sinibaldo) Solaro, e più quello di un popolano di cui il Ventura ha voluto per prudenza tacere il nome, incutendo a Filippo il timore d'incontrar la sorte di Guglielmo VII in Alessandria, fecero mancare il disegno, ed il cronista continua a registrare gli assassini, le spogliazioni e gli altri misfatti di Solari contro popolani, in orribile gara con quanto avevano prima operato i De Castello.

---

(1) C. 38. Il GORRINI, 185 n., considera questo racconto come una « storiella » interpolata, forse per aver creduto che il Ventura venisse detto « capitano del popolo » (cosa impossibile), mentre vi appare soltanto come suo luogotenente. Nulla, invece, di più autentico e caratteristico, se si guarda dal punto di vista esatto.

(2) C. 49.

Cresce così il malcontento del popolo: se una parte della borghesia — la più elevata, quella unitasi alla nobiltà nelle grandi speculazioni commerciali e bancarie — divide i rancori e le parti magnatizie, il rimanente della classe popolana del piccolo commercio e dei « maestri d'arte », o padroni di bottega, seguita dal ceto operaio e spalleggiata nel territorio dai contadini proprietari o grandi fittavoli di terreni, si restringe nella « Società », che comincia ad alzare il capo contro gli oppressori. Vi sarà stato ancora, come nel secolo antecedente, quel fattore di dissidenza religiosa ch'ebbe certo larga parte nei movimenti popolari subalpini del Ducento? Di « eretici » in Asti non mancano traccie (1), e le nuove eresie del Trecento spesso non sono divise dal cattolicismo che da qualche sottile questione particolare; onde non dovrebbe più essere fra i loro seguaci ed i fautori della Chiesa quell'antagonismo politico unito alla divergenza dottrinale che caratterizza i Catari ed i Valdesi. Tuttavia l'alleanza del popolo colla nobiltà guelfa rende meno probabile. un'azione di qualche importanza di quest'elemento di dissidenza religiosa negli avvenimenti interni di Asti della prima metà del secolo XIV, quantunque esso riappaia poi nelle ultime forme di resistenza popolare in altre città del Piemonte prima della fine del Medio Evo.

Le notizie finora rintracciate non permettono di stabilire se la pacificazione temporanea dei Solari e dei De Castello nel 1309 sia dovuta anche a timori dei magnati di parte guelfa dinanzi al nuovo atteggiamento del popolo (2): la storia di queste lotte fra magnati e popolani è dovunque, e specialmente in Asti, come un fuoco vivo. ma che brilla solo di luce intermittente.

---

(1) Cfr. BOFFITO, *Gli eretici di Cuneo*, nel mio *Bollett. stor.-bibliogr. subalp.*, I, 328 segg.

(2) È certo che al primo momento della venuta di Enrico VII vi furono elementi popolari che favorirono il re dei Romani, come quel Guglielmo di Vayo che propose fossero dati al medesimo i più larghi poteri. Il Ventura (c. 58) parla con disprezzo del Di Vayo (« quidam formagiarius *etc.* »), ma già il GORRINI, 171 n., ha rilevato com'egli fosse un uomo influente, credendario del Comune nel 1309 (*Cod. ast.*, n. 1039) e savio nel 1311 (*ib.*, n. 1042). Ricordisi pure che una delle « quattro società » era detta nel 1292 « societas Vayrorum ».

Ad ogni modo, l'interesse economico fu più forte di ogni considerazione politica, perchè i Guttuari non tardarono ad esser di nuovo cacciati, sebbene seguiti da pochi altri cittadini, e non rientrarono da capo se non insieme con Enrico VII di Lussemburgo.

Il re dei Romani auspicato dall'Alighieri veniva in Italia con ben più pure intenzioni di paciere che il lupo di Valois in Firenze; ma, colle idee di altri tempi, la sua opera di conciliazione fra Guelfi e Ghibellini implicava fatalmente, dove riusciva — anche solo per qualche mese, come in Asti —, la riscossa dell'elemento nobiliare, colla compressione del popolo. La « Società popolare » in Asti non sembra essere stata abolita in diritto, ma nel fatto, sebbene qualche « popolare » avesse da principio favorito l'avvento del Re (1), fu ridotta a poco più che nulla. I magnati ghibellini, all'ombra del vessillo imperiale, affidati alla dura energia dei vicari di Enrico, ricominciarono sùbito le antiche violenze; nè ammaestrati del passato, colpirono soltanto i rivali guelfi, ma gravarono la mano anche sul popolo. Accadde anzi che, temendo i Solari ed i nobili di parte loro di venir cacciati dalla città dai De Castello, ricorsero alle blandizie ed ottennero pel momento mercè, abbandonando la borghesia alle vendette dei corrucciati Ghibellini e degli ufficiali enriciani. Fu allora che cinque popolani, dei più considerevoli, furono condannati dal vicario in 200 lire imperiali a testa, sotto la pena orrenda del taglio di un piede a chi non pagasse; onde, col sussidio di amici, sborsarono le 1000 lire al « Comune ». Altri popolani furono banditi; dei magnati non venne punito alcuno (2). Ancora una volta il vaso di creta andava a pezzi nel cozzo dei vasi di ferro; ma a poco a poco anche la creta induriva, e venne il giorno in cui apparve trasformata in macigno infrangibile.

Trascorsi appena pochi giorni, i De Castello si apparecchiavano da capo a scacciare i Solari, che era noto aver promesso in precedenza di dar Asti a Roberto di Angiò. Anche in questa circostanza magnati guelfi e popolani si trovarono d'accordo; ma il popolo mise le sue condizioni, e nel giorno della vittoria bisognò contare con esso.

---

(1) Cfr. n. precedente.
(2) G. VENTURA, c. 68.

Espulsi i De Castello e sottomessa Asti al re di Napoli, nei patti deditizî fu stabilito il mantenimento, così della « Società dei militi », come di quella « del popolo »: la società-cuscinetto « di San Secondo » era già scomparsa, o non se ne teneva più conto. Ma la « Società popolare », ossia il « Popolo », come talvolta senz'altro s'intitola, riordinandosi e quasi costituendosi *ex-novo*, assunse tosto un carattere deciso di preponderanza nella vita publica e privata della città. Ora tace, pur troppo! il Ventura delle cose interne astigiane; ma rimangono i nuovi *Statuti* della « Società del popolo » del 1312 e gli atti della medesima negli anni successivi, fino al 1323 (1). È l'applicazione degli *Ordinamenti di giustizia* di Firenze e dei *Sacratissimi ordinamenti* di Bologna, probabilmente senza conoscere nè gli uni nè gli altri se non forse per fama, ma per effetto delle stesse cause, con un rigore via via sempre più grande.

L'organizzazione della « Società » è formidabile : la sua condizione rispetto al Comune è veramente quella di uno Stato nello Stato, se non a dirittura di uno Stato accanto ad un altro, talvolta in lotta con esso. Nel nuovo « Comune », infatti, entrano ugualmente popolani e magnati : la sua funzione è quella appunto di accogliere insieme gli uni e gli altri, di provvedere a quanto interessa l'universalità dei cittadini senza distinzione di classe, sebbene nei publici trattati accanto al « Comune » si nomini espressamente il « Popolo » di Asti.

La « Società del popolo » (2), al pari del Comune, ha i suoi magistrati, i suoi Consigli, i suoi libri, persino il suo sigillo. La governano il « Capitano » (3), eletto annualmente tre mesi

(1) Del codice che li contiene sarà parola qui appresso. Il testo segue alla presente « Introduzione ».

(2) In questa maggiore unità del « Popolo » appare subito uno dei caratteri che differenzia lo stato di cose del 1312 da quello dei tempi precedenti. Rimane però una suddivisione topografica in quattro sezioni, per così dirle, che si riconnette ancora al momento anteriore delle « quattro società ».

(3) Le funzioni del « capitano », come appaiono da questi atti, costringono a respingere le considerazioni del GORRINI, 385 segg., che d'altronde ha confuso il « capitaneus populi » col « capitaneus armorum », sul che cfr. il mio scritto *Intorno a due libri di storia medievale subalpina*, 5 seg., Torino, 1894 (estr. dalla *Riv. stor. ital.*, XI, 269).

prima della scadenza del predecessore, ovvero quattro « Rettori grossi », — uno per quartiere — eletti ogni bimestre, quindici giorni prima che escano quelli che sono in ufficio. Per maggiore democrazia, è posto « divieto » di un anno. Assistono il « Capitano », od i « Rettori grossi », un « Consiglio » di 24 « anziani », o « Rettori minuti », con due notai, che si rinnova di quattro in quattro mesi, ed una « Credenza » annua di 200 membri, 50 per quartiere. Tutti gl'iscritti alla « Società » sono registrati in un libro tenuto in triplice copia, cioè nella sacristia dei frati minori, in quella dei frati predicatori e presso il « Capitano » od i « Rettori »: i due primi esemplari devono essere suggellati col sigillo del « Popolo ». Chi non sia iscritto in questi libri, non verrà in niun caso considerato come appartenente alla « Società », fatta eccezione pei figli dei soci sotto i quindici anni, i quali saranno pur essi ritenuti per tali. A quindici anni, nessuno potrà più venir iscritto se non dalla « Credenza », con intervento almeno di due terzi dei « credendari », e mediante voto favorevole di tre quarti dei presenti, a fave bianche e nere. Ogni altra maniera d'iscrizione non sarà tenuta valevole. Però, per una prima volta — e questo è appunto il segno del recente rinnovamento — fu domandato ai « Rettori » in carica di scegliere nello spazio di tre giorni una o due persone per quartiere ad iscrivere tutti i popolani nei tre libri. I « Rettori » sotto cui furono compilati e promulgati i nuovi *Statuti*, erano — giova prenderne nota — Tomaso Roero, Guglielmo Rasparello, Roberto D'Ambrosio e Guglielmo Ferrero, il primo dei quali apparteneva certo alla maggiore borghesia, seppur non era a dirittura un nobile minore fattosi popolano per la circostanza, un altro Giano della Bella subalpino come il Morozzo albese di un secolo avanti.

Così disposto il meccanismo, si trovava pronto a funzionare. Qualunque offesa a persona appartenente alla « Società del popolo » dev'essere punita severamente; anzi la protezione della « Società si estende anche ai beni dei soci. Se qualcuno non iscritto alla « Società » percuota o ferisca altri appartenente ad essa, incorre nell'ira di tutto il sodalizio: il « Capitano » od i « Rettori » sono tenuti a far vendetta a volontà dell'offeso; in caso di morte, la pena consiste nel guasto completo dei beni dell'uccisore. Ai parenti dell'ucciso, o del percosso o ferito che non possa parlare, è data facoltà di « presumere » contro chi sembri loro colpevole, senz'altra prova che il giuramento, e il « Capitano » od i « Rettori » devono eseguir la vendetta sotto pena di cinquanta lire di multa ad essi. In ugual modo si procede contro chi macchini danni alla « Società » od a qualche socio in particolare. In caso di rissa fra persone della « Società » ed estranei, il « Capitano » od i « Rettori » sono tenuti ad accorrere e chiamare i soci in soccorso di quelle, e perseguitar gli estranei offensori di soci e pigliarli dove si rifuggino, con chi dia loro rifugio, e scampando essi fuori di Asti, distruggerne le case e disperderne i beni. Altre disposizioni completano la *Statuto*, fra cui notevole, più che le solite pene a chi rilevi qualche segreto della « Società », o la partecipazione a certe feste religiose, la provvista da farsi di 500 balestre da distribuirsi fra i soci in occasione di « stremità ».

Sifatti ordinamenti non hanno bisogno di spiegazione. Ma, come sempre accade nei momenti critici, o i nuovi *Statuti* non furono sùbito applicati, ovvero, ad onta di essi, i mali a cui con quelli si voleva provvedere non trovarono rimedio sufficiente. La natura tracotante dei Solari e, più, l'abitudine inveterata degli altri nobili guelfi rimasti con essi in città, non potevano trovare immediato ritegno: d'altronde era molta la fiducia nella repressione del « Popolo » da parte degli ufficiali angioini venuti a regger Asti, è probabile con qualche accompagnamento di truppe. Passati appena quattro anni, nel 1316, noi assistiamo ad una riforma o, piuttosto, ad un ampliamento dei capitoli della « Società » popolare, che rappresenta davvero una nuova rivoluzione, od almeno una nuova fase di un unico movimento continuato. La lega dei signori ghibellini formatasi nell'Italia Superiore dopo la morte di Enrico VII andava sgretolando in quel momento la compagine della dominazione provenzale in Piemonte, ed era agevole prevedere che la sua piena vittoria avrebbe fin d'allora segnato, come avvenne infatti più tardi, il trionfo non solo dei De Castello sui Solari, ma della nobiltà comunale sul popolo. Di qui la necessità od almeno il desiderio di quest'ultimo, di comprimere i suoi nemici interni: e, da parte dei Solari, una condiscendenza più o meno forzosa, al riguardo, per comunanza dei maggiori interessi che induceva al sacrificio dei minori (1).

Sotto la doppia pressione interna ed esterna, anche gli ufficiali del Re, non esclusi i due siniscalchi di Piemonte e di Provenza — Ugo Del Balzo e Riccardo Gambatesa — dovettero per minor male apporre il loro beneplacito a questo nuovo movimento popolare. Così una solenne assemblea della « Credenza » della « Società del Popolo », con intervento di quasi tutti i credendari, fu tenuta il 23 settembre sulle volte di San Secondo, dove solevano riunirsi i Consigli del Comune, ed approvò in blocco una serie di nuovi *statuti*, già preparati sopra un foglio dagli agitatori nella loro veste legale di « Rettori » e di « Anziani »: il « Capitano » Rolando di Grottanova li ratificò e promulgò poi l'anno seguente 1317. Questi nuovi ordinamenti ricordano anzitutto le violenze esercitate nei tempi trascorsi dai magnati sul popolo, di cui molti erano stati « morti, feriti o percossi » senza che ne fosse fatta vendetta alcuna od imposta pena di sorta. Perciò, « radunato il Popolo per difendersi », provvede coi presenti capitoli, che ci permettono di ricostruire una scena anche più viva di quella che narra il Compagni quando racconta il guasto delle case dei Caligai.

Dinanzi al « Capitano » compare un uomo contristato insieme e fremente: forse lo accompagna una donna o un fanciullo in lagrime. Egli domanda vendetta, ed un capitolo impone al « Capitano » od ai « Rettori » l'obbligo di accogliere qualunque richiesta consimile da parte di uno del « Popolo » contro un non popolano, aiutandolo « colle armi e col fuoco ». Secondo il giuramento prestato, il « Capitano » si leva tosto, e colla sua « famiglia » trae alla casa dell'offeso, « per saper da lui, o da' suoi amici, o parenti, o vicini », « per indizi, per voce o per fama », chi siano quegli o quelli che lo hanno percosso e ferito. Inteso il nome, od i nomi, subito si chiama a « stremita » il popolo, e si fa « gridare » per la città di Asti e pei borghi che ogni popolano si armi, e così armato si rechi alla casa del « Capitano ». Intanto il popolano offeso è spirato

(1) Per i rapporti fra gli avvenimenti interni ed esterni di Asti in questo periodo cfr. il citato libro *Asti e la polit. sab.*, 340 segg.

pei colpi ricevuti; ed allora, secondo un'altra delle nuove disposizioni, il cadavere dell'ucciso è portato sul « mercato del Santo » — l'attuale piazza del Municipio —, e vien lasciato ivi esposto finchè la vendetta sia compiuta. Parimenti, fino al compimento di essa, sono chiuse le botteghe e tolti i banchi e le tende dal mercato, lasciando questo « spazzato », cioè vuoto: nel frattempo, ogni commercio è proibito.

Poichè una multa di 5 lire e l'espulsione dalla « Società » colpiscono il « popolare » che non si rechi in armi alla « stremita », il « Popolo » è presto radunato dinanzi al palazzo del « Capitano » o sulla piazza del Santo, donde muove alla casa dell'omicida. Se questi è colto, subirà il taglione, cioè, in questo caso, la pena di morte. Ma egli è fuggito altrove: la vendetta, quindi, colpisce soltanto i suoi beni. La casa è invasa; ogni avere, dilapidato; la costruzione, abbattuta a furia d'uomini dalle fondamenta. Nessuna pietà è possibile: uno statuto vieta al « Capitano » od ai « Rettori » di dar ascolto a chi voglia « parlare contro qualche vendetta »; un altro li ammonisce che, omettendo di compiere il loro dovere di vendicatori, incorrerebbero nella perdita dell'intero stipendio ed in una multa di mille lire, metà a favore della Società, e metà del popolano offeso; ossia, poichè egli è morto, della sua famiglia. Si cercano poi anche i fautori dell'assassino per far loro subire il taglio del capo, distruggerne le case, confiscarne gli altri beni a vantaggio della Camera regia e del Comune astese.

Per arrivare a tal segno di reazione popolare contro i magnati, bisognava fosse in Asti in quel momento una sovraeccitazione nervosa veramente patologica. Nondimeno, i capitoli del 1316 non parvero ancora sufficienti; il che se può essere un indizio non venissero di fatto osservati a tutto rigore, dimostra però, in tutti i casi, che, passato lo spavento delle minaccie esteriori, la nobiltà non desisteva dai suoi modi consueti di brutale malvagità: ond'è fino ad un certo punto giustificato il contegno della « Società » popolare. Nel 1318 la « Società » rimane tranquilla: i suoi « capitolatori » si occupano piuttosto di polizia e d'igiene; ma già l'anno seguente essa accennava di nuovo a ben altra azione con misure di carattere economico e politico, quali, da una parte, il divieto ai mugnai di prender più che il sedicesimo della moltura sotto pena di tre lire astesi, e, dall'altra, l'ingiunzione al « Capitano » di rimettere con giudizio sommario e quindi mantenere i popolani nel possesso di quei beni di cui fossero stati indebitamente spogliati. È anzi a rilevare come persino in occasione di un provvedimento di carattere fuori dubbio non politico, sebbene forse di grande interesse economico per il « Popolo » (o, meglio, per qualcuno del « Popolo »), si ricorresse alla minaccia di astensione del « capitano » e di tutti i « popolari » dai Consigli del « Comune », cioè ad una forma vera e propria di ostruzionismo.

Fra i « capitolatori » incontriamo allora quel Caterinoto Cateruto, che riveste il medesimo ufficio anche nei due anni successivi, partecipando alla redazione di tutta una nuova serie di provvedimenti contro i magnati. Egli dovette essere uno dei più energici capipopolo astigiani di quel tempo: e forse non gli era secondo Manuele Follo, suo collega nelle gravissime disposizioni del 1320 e del 1321. Fu allora infatti che venne ingiunto al « Capitano » od ai « Rettori » della « Società » popolare di non tollerare che venisse imposto « fodro o taglia o milizia o altra tassa qualsiasi », se non fosse prima votata dal « Consiglio » della « Società », nè venissero pagate dal « Comune » spese superiori a 50 lire astigiane senza l'approvazione preventiva del « Consiglio generale del popolo ». Era l'ingerenza diretta della « Società » popolare, come tale, nelle cose del « Comune », vale a dire un altro passo, molto importante, verso il predominio assoluto, se non esclusivo, di esso. Questa tendenza è segnata anche da un altro ordinamento di quei giorni, cioè che rappresentanti delle ville del territorio dovessero prestare una volta all'anno solenne giuramento di mantenere e difendere il « Popolo » della città.

Fu ancora nel 1320 che, avendo i Garretti, nobili, percosso Rolando Riccardi, popolano, la « Società del popolo » non solo bruciò e distrusse la casa del percussore principale, e ne guastò e ridusse a gerbido i beni, ma s'impegnò formalmente ad osservare e ad eseguire tutte le « richieste » dell'offeso e di suo fratello Giovanni contro gli offensori. Ci rimangono i « capitoli » formati nel proprio interesse dal Riccardi, accolti e fatti suoi

dalla « Società », e da essi chiaramente si scorge quale e quanta
fosse la tensione degli animi fra nobili e popolani in Asti in
quel momento. Tra le altre cose approvate dalla « Società » è
notevole quella che nessun « popolare » potesse d'allora in poi
far più alcun lavoro per i Garretti: il « banno » della « Società
del popolo » di Asti era in sostanza il boicotaggio elevato al
grado di publico istituto. La casa distrutta del percussore principale del Riccardi non doveva in niun tempo venir riedificata,
nè coltivati i beni, adoperandosi all'occorrenza le armi contro
i riottosi a questa disposizione. Non meno caratteristica la circostanza che qualunque nuova offesa venisse fatta al Riccardi,
della quale non si conoscesse l'autore, doveva « presumersi »
opera dei Garretti; chiunque, per contro, ferisse od uccidesse
uno di questi in atto di offendere il Riccardi od un suo figlio
o fratello, non sarebbe passibile di pena, ma anzi tenuto indenne
dal « Popolo » contro chicchessia, non esclusi gli ufficiali stessi
del Comune e del Re, annullato ogni processo di questi ufficiali
contro di quello. Tale disposto fu poi esteso a qualunque offensore dei Garretti, contro cui il bando del « Popolo » astigiano
veniva ad essere più terribile del bando imperiale.

Il 20 maggio 1321, in occasione dell'assassinio di Guglielmo
Rocca, detto altrimenti Sala, da parte di Giovannino, figlio di
Oberto, della stessa famiglia, un « Consiglio generale » del
« Popolo » prometteva assistenza ai figli dell'ucciso ed a tutti
i membri della « Società » contro chi non appartenesse alla
medesima. È chiaro, pertanto, che nella stessa famiglia vi erano
persone ascritte alla « Società », ed altre no, fautrici dei « grandi »
o rilegate fra i proletari, fuori di cui si svolgevano le lotte fra
nobiltà e borghesia e che talvolta potevano esser tratti da interessi o da gelosia, non sempre ingiusta, a parteggiare piuttosto per l'una che per l'altra. Questa condizione di cose non
vuol essere dimenticata, perchè concorre a spiegare la debolezza relativa del « Popolo » di fronte ai magnati, e quindi la
necessità per esso di ricorrere a misure sempre più gravi per
mantenersi.

Quell'anno stesso, infatti, fu esteso in genere a tutte le case
distrutte ed a tutti i beni rovinati il divieto di ricostruire ed
abitar quelle e di coltivar questi; e venne pure stabilito che i

figli e gli abbiatici di un membro della « Società del popolo » fossero in avvenire considerati come iscritti alla medesima, ancorchè non tali di fatto. In ugual maniera fu proibito ai « popolari » di cedere od alienare ad estranei alla « Società » i diritti eventualmente acquisiti contro un altro socio, sotto pena di venticinque lire astesi e di espulsione dalla « Società ». ed esteso il boicotaggio contro chiunque non « popolare » turbasse o molestasse qualche popolare nel possesso di beni o diritti. Qui è ad avvertire che per « molestare o turbare » non s'intende la violenza, ma la via giudiziaria! La pena, in tal caso, era di cento soldi, di cui un terzo all'accusatore, il quale veniva tenuto segreto. Infine, se alcun « popolare » venisse cacciato — legalmente s'intende — da una casa o bottega, di cui avesse pagato sempre regolarmente il fitto, era interdetto ad ogni altro di affittar quella casa o bottega, o comechessia dimorarvi, senza permesso dell'espulso, sotto pena di lire venticinque e della radiazione dalla « Società » per lui e per tutti i suoi figli ed eredi. In questa eventualità, agli altri « popolari » era persino vietato di dar assistenza in qualsiasi bisogno al radiato, senza consenso di quel tale ch'era stato cacciato dalla casa o bottega indi occupata dal nuovo inquilino senza l'assentimento di lui.

Numerosi nelle famiglie magnatizie i bastardi, maschi e femmine: quelli diventavano per lo più uomini d'arme: queste erano sposate a popolani, col vantaggio per i loro nobili genitori e fratelli legittimi di crearsi così una clientela di parenti ed aderenti nel popolo, e nella « Società » popolare in ispecie, scotendone la compagine e minandone l'esistenza in tempo più o meno remoto. Per ovviare a questo pericolo, nel 1322 fu fatto dalla « Società del popolo » uno statuto che proibiva ai membri di essa di fidanzare o condurre in moglie la figlia di un non « popolare », la quale non fosse legittima e nata di legittimo matrimonio, sotto pena di espulsione dalla « Società » del contravventore e suoi discendenti fino alla quarta generazione, e dell'applicazione, all'occorrenza, a lui ed a' suoi discendenti, dei capitoli contro i non « popolari ». Ugualmente fu vietato ai « popolari » di nominar loro procuratori contro altri popolani magnati, ossia persone « di ospizio », fuorchè giudici, giurisperiti e notai professanti normalmente l'arte loro. Vennero inoltre imposte balestre ed altre armi, con relative mostre, ed approvate disposizioni a tutela di quelle « ville » o di quegli uomini delle « ville » che facessero « sequela » al « Popolo », mentre lo stabilimento di un mercato sulle rovine delle case dei Guttuari non può esser stato senza un significato politico odioso.

Già precedentemente, i « popolari » che facessero parte dei Consigli del Comune dovevano uscirne quando ne uscissero il « Capitano » od i « Rettori » della Società: nel 1323 fu stabilito che nei publici Consigli ogni « popolare » dovesse votare come votavano quelli. La perdita degli atti successivi a questo momento culminante avvolge in una bruma serotina la lotta fra magnati e popolani in Asti: tratto tratto, però, qualche raggio di sole squarcia ancora il velame, e ci mostra il cammino fatale del « Popolo » astigiano nella sua città. Man mano che, fallito irreparabilmente il supremo tentativo pontificio-angioino contro i Visconti, la dominazione provenzale in Piemonte si allenta e si sfibra, le autonomie locali riprendono vigore di fronte all'autorità regia, ed al Comune astese spetta naturalmente una parte ogni giorno maggiore nella direzione della politica non solo interna, ma esterna, dello Stato subalpino di Angiò. A sua volta, nel Comune astese propondera sempre più la « Società del popolo », di cui i « Rettori » ricevono ed inviano ambasciate, partecipando largamente all'indirizzo delle relazioni esteriori di tutto intero lo Stato (1).

Dinanzi a questa invadenza dell'elemento popolare, il Governo regio si prova a ricorrere alla rinconciliazione dei magnati, e nel 1332 riammette i nobili fuorusciti. La gelosia dei Solari contro i Guttuari, sebbene depressi nell'esilio, ricaccia questi da capo, ma con pochi seguaci. Il grosso nella nobiltà, così guelfa come ghibellina, rimane in Asti in uno stato di ostilità contro il « Popolo », a volte sorda, a volte divampante. Intanto l'esempio vicino di Chieri, dove il popolo minuto, se non ancora il vero proletariato, si drizza ostile all'alta borghesia non meno che ai magnati, fa apparire sull'orizzonte politico e sociale di Asti un nembo minace. La paurosa meteora e la trascendenza della « Società del popolo » determinano i nobili

---

(1) Cfr. *Asti e la polit. sub. in It.*, 537, testo e n. 1.

astigiani all'azione. Se i Solari, chiusi nei loro particolari interessi, rimangono fidi all'insegna del re Roberto e soffrono,
pur di malanimo, la nuova oltracotanza popolare, tutti gli altri
magnati — intrinseci ed estrinseci — s'intendono per mettervi
riparo, abbattendo il governo che non ha saputo e non sa con-
tenerla. Roeri e Pelletta, nuovi rivali bancari dei Solari, orga-
nizzano la trama cogli esuli e col marchese di Monferrato (1):
il 26 settembre 1339 Giovanni II Paleologo ed i Guttuari vengono di sorpresa introdotti nella città, donde, fatta vana prova
di resistenza, sono espulsi alla loro volta i Solari e forse parecchi
dei maggiorenti del « Popolo » (2).

Appartiene a questo momento la riorganizzazione della « Società dei militi », non soppressa, ma rimasta senza autorità e
senza forza nel periodo della dominazione angioina; ed è un
riscontro perfetto, in senso inverso, di quanto era avvenuto
nel 1312 alla cacciata della nobiltà ghibellina. Nei suoi *Statuti*
del 1339 (3), approvati definitivamente in principio del seguente
anno, la « Società della baronia dei militi » — è il titolo uffi-
ciale che prende — invoca il patronato delle stesse persone ce-
lesti che invocava a suo tempo la « Società del popolo »: Iddio,
la Vergine, gli apostoli Pietro e Paolo, san Secondo e tutta
la Corte divina. Ogni tre mesi vengono eletti quattro « Rettori »,
due per ciascuna delle parti in cui è divisa al riguardo la
città, con « divieto » di un anno e coll'assistenza di sedici
« Anziani », pur essi trimestrali, e di settanta « Credendari »
scelti ogni anno in tutti gli « ospizi » od « alberghi » nobiliari.
Anche in questa riorganizzazione della « Società dei militi »,
ha luogo una prima volta la delega ad una o due persone d'i-
scrivere tutti coloro che dovranno esser tenuti per soci in doppio
registro, da conservarsi, una copia nella sacristia del Duomo,
e l'altra presso i « Rettori » della « Società ».

Determinato il giuramento da prestarsi dai « Rettori » e dai
semplici soci, si afferma il dovere di quelli di assistere ognuno

---

(1) Azario, *Chron.*, 88; G. Villani, XI, 104; Astesano, VI, 8.

(2) *Chron. ill. de Solario*, in *Miscell. st. ital.*, IX, 168: « Bannivit illos
de Solario *et eorum sequentes* a ciuitate astensi ». La notizia è posta erroneamente sotto l'anno 1345, ma si riferisce certo ai fatti del 1339.

(3) Vedi infra, p. 424.

di questi, con che però la domanda sia presentata per iscritto
ed esaminata prima dai « Rettori » e dagli « Anziani », indi ap-
provata dal Consiglio di Credenza ». In riscontro ai deliberati
della « Società del popolo », a tutti i membri della « Società
dei militi » che appartengano ai « Consigli del Comune » è
fatto obbligo di uscire dai medesimi quante volte sia loro ingiunto dai propri « Rettori », e di votare come votino essi.
Così la « Società dei militi » ed i suoi « Rettori » non debbano permettere che s'imponga in Asti « milizia, taglia, prestito
o coltella », o si faccia dal « Comune » spesa superiore alle
cinquanta lire astesi, senza previa approvazione della « Credenza », ossia del « Consiglio generale » della « Società Baronale ».

In avvenire, « metà degli uffici e dei benefizi » doveva spet-
tare ai soci di questa « Società », nè si sarebbe potuto far
nulla da « podestà, vicari o consoli » senza esame e parere
favorevole dei « Rettori » di essa. Speciali capitoli, poi, si pre-
occupano di eliminare ogni discordia passata e futura fra i
soci, e stabiliscono un'eguaglianza assoluta fra le due « Società »
dei « militi » e del « Popolo » di fronte al « Comune », « affinchè non venga oppresso ingiustamente nessuno ». Queste
saggie disposizioni e motivazione costituiscono senza dubbio
una concessione da parte dei vincitori verso i vinti ; e se pur si
vuole che valgano a vantaggio di coloro che appartengano
alla « Società dei militi » tutti gli Statuti fatti dalla « Società
popolare » a favore dei suoi membri, « verbis revolutis », si
aggiunge però tosto che i « Rettori » dei « militi » dovranno
procurare coi « Rettori del popolo » l'abolizione di tali Statuti
« ingiusti ed iniqui » e la loro riduzione « al debito ed all'onesto »,
sicchè nessun innocente venga punito in luogo del colpevole, nè
si proceda per presunzione, com'è detto nei « capitoli del Popolo », ma si bene secondo verità ; onde sia colpito colui che abbia
misfatto, non altri. La ritorsione, infatti, si osservi soltanto finchè
i « Rettori » della « Società » popolare non abbiano provveduto
nel senso sovraindicato riguardo a detti Statuti. Si cerca dunque
su tutta la linea un temperamento, una maniera di togliere i
contrasti troppo vivi e stridenti, salvo a tener forbite le armi
ove l'accordo non sia possibile per la protervia degli avversarî. L'esperienza, stavolta, non era stata inutile affatto.

Ma, nelle nuove condizioni di Asti, la lotta fra popolani e
magnati non poteva ormai durar più. Sebbene lo *Statuto* della
« Società dei militi » ordinasse ai medesimi di non tollerare
che la città venisse data ad un « signore », in realtà il marchese
di Monferrato era già ben più che un semplice alleato, nè alla
protezione del Paleologo doveva tardare a succedere la vera
signoria di Luchino Visconti. Sotto il nuovo reggimento, che
nella tendenza - sia pure inconscia - alla formazione dello Stato
moderno, comprime tutte le violenze così di « grandi » come
di « popolani », le opposte « Società », ancora sussistenti di
nome, perdono la loro ragione di essere. La turbolenta libertà
astigiana è finita, e come più tardi a Firenze, dopo la reazione
contro i Ciompi, così mezzo secolo prima si esauriscono in Asti
gli sforzi del popolo per la conquista della preponderanza civile (1). L'alta borghesia si eleva fino alla nobiltà, e con questa
ripiglia lo sfruttamento e la conculcazione dei minori. I tentativi,
anzi, del popolo per soverchiare i magnati, ed il loro effimero
trionfo, forse appunto perchè oltrepassarono la giusta misura
di riscossa, convertendosi in altra peggiore oppressione, ebbero
quest'esito doloroso, che la nuova nobiltà, risultante dalla fu-
sione dell'antica coll'alta borghesia commerciale e bancaria, a
poco a poco finì per gravare la mano sugli umili e sui mediocri,
ebbe più vizî e minori virtù (2).

---

(1) La fine, se non delle « società », almeno della loro influenza, è segnata da una disposizione degli *Statuti* del 1379 (I, 18) e da un decreto del
signore di Milano e di Asti, inserto nei medesimi (I, 49), già rilevati dal
GORRINI, 394.

(2) Da quanto precede, risulta chiaro quanto poco accettabili siano oggi
le parole dello SCLOPIS, *St. dell'ant. legisl. del Piem.*, 155, Torino, 1833:
« In Piemonte sembra che fossero minori le ire che tanto ardevano nelle
altre parti d'Italia », e quelle del GORRINI, 393: « Le associazioni astigiane...
nelle lotte che agitarono la loro patria non giunsero fino all'estremo, come
avvenne in quasi tutti gli altri Comuni ». Sarebbe a desiderare che l'amico
Gorrini, che col suo libro diede tanto impulso agli studî di storia astigiana,
lo rifacesse ora, a distanza di circa un quarto di secolo, secondo i nuovi
documenti e risultamenti, giacchè le necessità degli studî indurranno a
ciò qualcun altro se non vi provvede il benemerito autore.

.•.

Tale, nelle sue linee essenziali, la storia delle relazioni fra popolani e magnati in Asti: storia oscura anche oggi nelle sue origini e nelle sue vicende prima del 1300; illuminata appena da sprazzi per il periodo 1312-1323 e per il 1339 grazie a due fonti preziosissime: gli *Atti della Società del popolo* per il momento 1312-1323 e gli *Statuti della Società dei militi* per il 1339. La prima di queste fonti era fin qui inedita, e fu sconosciuta, si può dire, fino a ieri (1). Ne trovò ed acquistò il ms. presso un rigattiere l'amico Niccola Gabiani, che ora mi è compagno nella edizione di questi testi. Il ms. è cartaceo, degli ultimi anni del secolo XV o dei primissimi del XVI, con guardia in pergamena, su cui una mano del secolo XVI inoltrato ha scritto: « 1323 Registro   1323 Jnditione v. die primo may/ Pacta Jnter Regem Robertum et Comune astense ». Questa guardia membranacea è per se stessa un documento di qualche interesse; ma qui basta riprodurne il principio: « Roolle de la monstre veue des pyonniers et charpentiers faicte par nous guy de lonziere cheualier seigneur de la chapelle et chambellan du Roy nostre seigneur et maistre de son artillerie es Jours par les villes et lieux cy apres declarez pour le temps et au feur quilz ont seruiz durant vingtsix jours entiers commencent le xxj^e Jours daoust et finissent le xv^e. Jour de septembre ensuiuant ledit Jour Jnclud Jcelle monstre seruant alaquit de bernardin de malebayle commis par monseigneur le cardinal damboise conte de sartiranne lieutenant general du Roy nostre seigneur de ca le mons a tenir le compte et fere le paiement des fraiz extraordinaires de lartillerie de larmee dicelluy seigneur en son duche de milan. Les noms des quelz pyonniers et charpentiers cy apres sensiuuent *etc*. ». Della provenienza del ms. l'unico indizio è un foglietto staccato, di mano del secolo XVII, contenente una « Nota delli Autori Historici che desidero conseguire dalla gentilezza del Marchese et Cons.°

---

(1) Ne ho dato io la prima notizia in varî punti del citato libro *Asti e la polit. sub.*, e poi ne ho discorso in un articolo della *Nuova antol.*, 16 giugno 1905, rifuso in questa *Introduzione*.

Baldassare fassati cioè qualcheduno d'essi et conforme sarà di sodisfattione d'essi (*sic*) Signore », che farebbe supporre che il nostro codice fosse almeno per un certo tempo appartenuto alla biblioteca dei marchesi Fassati, in Crescentino od in qualche altro loro possesso. Ma l'indizio è assai vago, nulla escludendo che il foglietto accennato sia stato messo nel ms. senza che il medesimo sia stato mai dei Fassati: non si può quindi affermar niente al riguardo.

Il ms. misura cm. 29×21 ed era originariamente formato di tre grossi fascicoli, il primo dei quali di fogli 22, il secondo di fogli 24 ed il terzo almeno di 10, ma forse di più. Rimane un pezzo in bianco del f. 1, a cui risponde naturalmente il f. 22; rimane pure un pezzo, col frammento sinistro di sei righe nel *recto* e di nove righe nel *verso*, del f. 2, a cui risponde il f. 21; il f. 20 fu tagliato prima di esser scritto. Tutti gli altri fogli ci sono pervenuti fino al 46 inchiuso; dopo di cui non vi è più che l'angolo superiore sinistro, nel tratto in bianco, di altri 10 fogli.

Di questi tre fascicoli, il primo contiene tutto quanto una copia dell'atto di dedizione di Asti a Roberto di Angiò, re di Napoli, del maggio 1312 (1), colla conferma del Re stesso in data 4 marzo 1314. Il documento non è ignoto nè inedito: non se ne conosce però altro esemplare fuorchè quello inserto nel

---

(1) Comunemente (cfr. i miei libri *St. del Piem. nella prima metà del secolo XVI*, 68 seg., Torino, 1894, e *Asti e la politica sabauda*, 297), si pone l'atto di dedizione di Asti a Roberto di Angiò il 17 aprile 1312. E che l'anno sia il 1312, non il 1313, omai non vi può più esser dubbio. Ma basta leggere l'atto stesso, che viene qui appresso, per vedere com'esso non possa essere anteriore all'8 maggio, data dell'istrumento di procura del sindaco Pietro Laurenti (o Lorenzi) per stipulare la dedizione stessa. Il 17 aprile sarebbe invece, secondo il testo che segue, il giorno in cui fu creata la balìa che stipulò poi i patti dedizii. Notisi pure che il 17 aprile 1312 non era di lunedì, come vien detto nell'atto che segue, ma bensì di martedì. Però questa data « XVII mensis aprilis » può essere una svista grafica per « XVI mensis aprilis », che è il vero giorno in cui fu creata la balìa secondo il VASSALLO, *Op. cit. infra*, p. 7. Il Vassallo dice che di tale atto esiste copia nell'*Arch. municip. di Asti*; ma ivi lo cercò invano di questi giorni il Gabiani per la presente nota. Non dubitiamo tuttavia dell'affermazione del Vassallo e speriamo di ritrovare quandochessia il documento.

Chronicon illorum de Solario edito prima dal Pasini, Berta e Rivautella (1) e poi dal Promis (2). Ora sebbene il Promis parli di altre due copie (una a sue mani, e l'altra nella Biblioteca di S. M. il Re, in Torino) del *Chronicon* predetto, egli stesso c'informa che queste provengono da quella che servì alla stampa del Pasini e colleghi e che già mancava nella Biblioteca Nazionale di Torino anteriormente all'incendio del 1904. È chiaro come già per questo soltanto sia importante il nuovo testo dell'atto del maggio 1312; ma un raffronto, anche solo superficiale, di questo nuovo testo (che chiamerò B) coll'edizione del Promis (che denominerò C, trascurando come inutile l'edizione pasiniana già adoperata per l'altra posteriore) ci mostra come valga a migliorare di molto il testo conosciuto, pur avendo qua e là a giovarsi a sua volta di questo. A tal riguardo sono necessarie alcune osservazioni. Dovendo ripublicar qui il documento del maggio 1312 ho preso a base B, ma non senza preferirvi C quando mi parve evidentemente meglio per il senso e per la grammatica, salvo a dar sempre in nota la variante non accolta. Ho però dovuto fare delle eccezioni. Alcune volte la lezione di C è fuor di dubbio l'originale; ma non si tratta in B di una svista, bensì certamente di un'alterazione voluta. Anzitutto B divide l'atto in una serie di capitoli (i primi nove numerati), a cui premette un titolo più o meno lungo: divisione ed intitolazione che certo non era in A (designando, al solito, con tal nome, l'originale del documento). Ma vi è di più. Per citare un esempio solo, ma caratteristico, C reca al c. 15: « Item quod societates militum et populi civitatis Ast sint et remaneant firmæ prout esse consueverunt et quod possint capitaneos et rectores et alios officiales eligere prout eligere consueverunt dum tamen de terra regia propria et idonea eligantur ad voluntatem senescalchi *ad cuius voluntatem sive sententiam teneantur ipsi rectores et alii officiales predicti iurare honorem regium conservare* etc. ». Orbene, se giustamente B reca « proprii ed Jdonei » invece di « propria et idonea », che cosa dire della variante « ad quod volendum senescallus teneatur

(1) *Cat. codd. mss. R. Bibl. taurin.*, II, 144 segg., Torino, 1749.

(2) In *Miscell. st. ital.*, I, 133 segg.

Jpsis rectoribus, capitaneo et alijs officialibus predictis Jurantibus honorem regium conservare *etc.* » al posto delle parole dianzi stampate in corsivo? Paragonando i due testi, si capisce che l'originale è quello di C, non quello di B: il tardo *Chronicon illorum de Solario* non aveva alcun interesse ad attribuire al siniscalco la facoltà di approvare il capitano od i rettori della « Società del popolo », con obbligo a questi di giurare la conservazione dell'onore del Re ad arbitrio del siniscalco medesimo, mentre si spiega che in un testo dei patti del maggio 1312 premesso agli atti della Società medesima, e quindi in servizio evidente di essa, siasi sostituita alla disposizione primitiva — tutta a vantaggio dell'autorità del siniscalco — una nuova redazione obbligante quest'ultimo ad approvare l'elezione del Capitano o dei Rettori solo con che sia da loro prestato spontaneamente il dovuto giuramento. Naturalmente, considerando che il documento del 1312 è preposto agli atti della Società popolare appunto in vista degl'interessi di questa, e che l'edizione che si dà qui di esso è solo in quanto precisamente tale documento apre, per così dire, la serie degli atti accennati, io ho creduto dover mantenere la divisione in capitoli, mettendo la numerazione (fra parentesi quadre) anche dove mancava (cioè dal c. 10 in poi), salvo a dare i titoli in corsivo; e nei casi come quello del c. 15 ho mantenuto la lezione di B anche quando il testo originale portava certamente quella di C (data solo in nota). Non si avrà dunque, e non si è voluto dare, il vero testo ristabilito della convenzione deditizia del 1312, di cui è sperabile che si troverà quandochessia un originale od un buon apografo su cui dovrà esser condotta l'edizione della convenzione stessa per sè; ma si avrà, come si è voluto dare, il testo del documento come venne addattato ai bisogni ed agli scopi della « Società del popolo », corretti solo gli errori materiali evidenti e presumibilmente involontarî.

Il confronto fra B e C è riuscito molto minuto: ma da esso non è solo un vantaggio pel documento del 1312, bensì anche per i susseguenti atti della « Società del popolo », di cui B è testo unico. Che B sia una copia (e perciò ho designato appunto con questa lettera il ms. ora posseduto del cav. Gabiani) basta a toglierci ogni dubbio l'età del codicetto: quindi per quanto riguarda la predetta convenzione, non è supponibile che B stesso sia un apografo, sebbene alterato, giacchè non è probabile che il copista della fine del secolo XV o degl'inizi del XVI pensasse a premettere la medesima agli atti della Società popolare, e tanto meno ad alterarla a pro' di un'istituzione tramontata. Rimane, invece, il dubbio per gli « atti » propriamenti detti. Qui il confronto fra B e C per il documento del 1312 è assai istruttivo anche per quanto riguarda la rimanente parte di B: esso c'insegna, oltre quello che potremmo giudicare direttamente, che il testo degli atti della « Società del popolo » quale ci è dato da B è tutt'altro che corretto; onde se pure B sia un apografo (giacchè non ci è dato affermar nulla), è innegabile che il copista lesse male sovente e fu spesso distratto: in un punto, al foglio 41 r. del ms., vi è persino una lacuna, che si è tentato di supplire meglio che si è potuto, ma senza la certezza (si comprende) di aver colto nel segno. Ho cercato di correggere gli errori più evidenti, segnando in nota la lezione di B, ma è certo che la scoperta di un altro codice migliore porterebbe a molti ritocchi (e non soltanto grafici o di poco rilievo nel testo). Però essendo B un ms. unico, dobbiamo rallegrarci che tanta parte, e così notevole, di storia astigiana sia a noi pervenuta, anche se in condizioni di testo poco favorevoli. Avvertasi poi ancora che qui pure, come nell'atto del maggio 1312, ho stampato in corsivo i titoli dei capitoli, sebbene trattandosi di documenti statutari, siano probabilmente originari. Ma questi titoli nei codici originari erano per lo più in rosso (onde il nome di rubriche), e nelle edizioni più antiche di Statuti sono di solito in corsivo, od almeno in carattere diverso da quello del testo, e perciò ho creduto bene conformarmi all'uso.

L'ultima riga del foglio 46 contiene appunto l'intestazione (forse completa) di un nuovo capitolo, che sarebbe stato molto interessante avere integralmente: quello che riguarda l'obbligo dei membri della « Società del popolo » di votare sempre allo stesso modo del « Capitano » e dei « Rettori ». Nei fogli mancanti, a giudicare dalla proporzione, non si andava forse fino alla caduta della dominazione angioina (settembre 1339), a meno che gli « atti » fossero più rari o più brevi assai: nondimeno, siccome i fogli mancanti sono forse più di 10, non possiamo affermar nulla di certo al riguardo. È tuttavia a rilevare la singolarità di quel « 1323 » segnato due volte da mano del secolo XVI inoltrato sulla prima pagina della pergamena di guardia: esso può significare che tutti i rimanenti fogli del codice contenessero solo atti di tal anno, come può indicare che già quando fu scritta sulla guardia questa data « 1223 », erano avvenute le lacerazioni constatate. Entrambe le ipotesi sono ammissibili, mentre non è da escludersi la possibilità di qualche altra spiegazione che ora non si offre alla mente.

Qualche parola anche sulla seconda fonte, cioè sugli *Statuti della società dei militi* del 1339. Essa non è inedita: la publicò il Pasini nel *Catalogus codicum manuscriptorum R. Bibliothecae laurinensis* come tratta dal codice latino 1177 segnato к. I. 1 13, codice che non fu però mai ritrovato nella Nazionale di Torino prima dell'incendio, per quanto ricercato con cura dallo scrivente e dai bibliotecarì, e quindi evidentemente uno di quelli di materia storica astigiana che il Pasini e colleghi segnalarono nel loro catalogo come esistenti in quella Biblioteca, ma che in realtà, se vi dovevano entrare, non vi entrarono mai (2). Non per questo fu messa mai in dubbio, nè si può mettere, l'autenticità del documento: solamente si è costretti a ristampare puramente e semplicemente il testo pasiniano colla sua grafia rammodernata e probabilmente con qualche errore, non però tale in modo così certo che convenga correggerlo, o così grave che della correzione valga la pena (3). Potrebbe quindi obbiettarsi l'opportunità della ristampa, se non fosse visibile la convenienza di recare questo testo vicino a quello degli *Atti della società del popolo dal 1312 al 1323* per gli eventuali ed utili riscontri e per diffondere e facilitare la co-

---

(1) Per esempio, nel primo capitolo degli *Statuti* della « Società del popolo » del 1312 si trova « conuenciones Jnitas Jnter dominum nostrum Regem *etc.* », e nel secondo « conuenciones habitas Jnter maiestatem regiam *etc.* »: probabilmente in entrambi i casi vi era « Jnitas et habitas ». Numerosi altri esempî vedi nelle note al testo.

(2) Per altri codici astigiani nelle stesse condizioni cfr. VASSALLO, *Il « Comune astig. e la sua storiogr. »* di G. *Gorr.*, 13 segg., 1884 (estr. *Arch. stor. ital.*, IV, XIV).

(3) Per es. *libre e solidi* « *astenses* » per « *astensium* ».

noscenza e la consultazione diretta di una fonte che si può dire sperduta in un'opera di grande mole, di carattere diverso e che inoltre comincia a diventar costosa e rara fuori delle grandi biblioteche.

Mi resta a ringraziare l'amico cav. uff. Niccola Gabiani, attuale proprietario del prezioso ms. degli *Atti della società del popolo di Asti dal 1312 al 1323* e compagno a me nel lavoro dell'edizione di essi e degli *Statuti della società dei militi* del 1339, ed a levare una volta ancora alto e solenne il plauso sincero in un colle più vive espressioni di riconoscenza della *Società Storica Subalpina* e degli studiosi tutti della patria storia alla patriottica ed intelligente Amministrazione municipale di Asti che, prosindaco il comm. avv. Giuseppe Bocca, ha dato un largo concorso alla presente publicazione. Asti sente la grandezza del suo passato che le ispira fiducia sicura nell'avvenire, e nella coscienza della dignità della sua storia è faro ed esempio luminoso all'intero Piemonte.

Agosto 1906.

FERDINANDO GABOTTO.

I.

Gli Atti della Società del Popolo di Asti dal 1312 al 1323.

In nomine s[anctissime trinitatis videlicet Dei]
   patris et filij et spiritus sa[ncti necnon et]
   eiusdem trinitatis genitr[icis Marie que tegit]
   Regias et comune A[men] (1).

Ad honorem omn[ium sanctorum Jhesu Xpisti domini nostri
et] Beatiss[ime (2) Marie Virginis eius matris ac beatorum
apostolorum Petri et Pauli et beati Secundi martyris patroni
aduocati et defensoris ciuitatis Astensis et districtus et ad honorem reuerentiam et exaltationem sacrosancte Romane ecclesie
Summi pontificis et eius statuum ac Serenissimi principis domini Roberti dei gratia Jerusalem et Sicilie regis illustris ducatus Apulie principatus Capue Provintie et Forcalquerii ac
Pedemontis comitatus et communis Astensis et omnium fide-
lium amicorum eorumdem.

Hec sunt pacta et conuentiones habita et habite inita et inite
inter virum nobilem et strenuum dominum Vgonem de Baucio
militem regni Sicilie et comitatus Pedemontis senescalcum nomine et vice prefati domini regis ex parte una et nobiles et
prouidos viros dominos Philippum de Vialis iurisperitum Cat-
telanum Cazo de Solario Salimbenum Cassenum et Guilielmum
de Rodello quatuor sapientes ciuitatis Astensis et districtus
habentes bayliam generalem et prouidum (3) ac discretum virum Petru]m laurentium [notarium sindicum communis] astensis
ad Jnfrascripta (4) specialiter [constitutum et ordinatum] nomine
et vice Jpsius comunis [vniuersitatis et districtus] ex parte altera de quorum [baylia et potestate patet per pu]blicum Jnstrumentum Jnde [confectum manu Bartholomei C]andelle (5)
notarij hoc eodem [anno currente Millesimo Tercentesim]o duodecimo decima [Jndictione die lune XVII mensis apri]l]s et de

---

(1) C: In nomine Domini nostri Iesu Christi amen.   (2) C: Ad honorem eiusdem et Beate   (3) *Qui doveva incominciare in B il foylio 2 r.*

sindicatu [dicti petri patet per publicum instrumentum in]de
confectum |per me dictum Bartolomeum notarium hoc eodem
anno indictione et die lune octaua mensis madii.

Cum per dominum Lanzarotum (6) de Nigrono iurisperitum
ianuensem auctoritate Serenissimi domini Henrici Dei gratia
Romanorum regis nuncium et imbaxatorem specialem ordinatum esset una cum illis de Castello et eorum sequentibus et
coadiutoribus destructoribus et dissipatoribus ac depopulatoribus
ciuitatis Astensis de ipsa ciuitate partem guelfam que pars de
Solario nominatur expellere et etiam vniuersum populum
quod manifeste apparuit quia ipse gentem extraneam fecit cum
predictis de Castello Ast nomine dicti Romanorum regis conuo-
care et congregare et de ipsa gente ipse et predicti de Castello
castrum episcopale et ecclesiam predicatorum et alias quam-
plures fortericias munierunt batifreda (7) baterias et alias
fortaricias in ipsa ciuitate facientes et etiam predictos de Sc-
lario et populum et partem| (8) eorum semel bis et ter Jnsul-
tantes (9) cum balistis et alijs offendibilibus (10) armis tam
|pede| quam equo (11) taliter |quod| si gratia domini nostri
yhesu xpisti omnipotentis saluatoris (12) predictis de solario et
parti guelfe (13) non Jnteruenisset eo quod Ipsius gratia fauente
vir venerabilis et egregius (14) dominus vgo de baucio Miles
Regni s(c)icilie et comitatus pedemontium honorabilis senescallus (15) Jn ciuitate astensi (16) cum gente regia eiusdem comi-
tatus Jn suc|c|urs(s)u et auxilio predicte (17) partis guelf(f)e
et predictorum de solario ap|p|licuit honorifice societas Cuius
domini senescalli (18) et gentis sue presidijs (19) vigore valore
et probitate prenominatus dominus lanzarotus (20) cum predictis de Castello et eorum sequacibus de parte gebelina (21)
conflicti fuerunt et expulsi de ciuitate predicta quibus (22) de
Jpsa ciuitate expulsis (23) Jpsi ciues (24) pos(s)uerunt se rebelles
et cum domino philipo de sabaudia et gente (25) comit(t)atus
sabaudie et alijs eorum coadiutoribus (26) super terram astensem [h]ostiliter as[c]enderunt villas et castra eiusdem (27) pro-

---

(4) C: ista   (5) C: Candela   (6) C: Lanzaretum   (7) C: batifredis
(8) F. 3 r.   (9) C: citra insultauerunt   (10) C: offensilibus   (11)
C agg.: et   (12) In C manca omnipotentis salvatoris   (13) In C manca
guelfe   (14) C: gratia vir nobilis et strenuus   (15) C: senescalcus
(16) C: Ast   (17) C: eiusdem   (18) C: senescalchi   (19) In C manca
presidijs   (20) C: Lanzaretus   (21) C: gibellina   (22) C agg.: expulsis   (23) In C manca expulsis   (24) B: ciuitatis   (25) C: gentibus

dicionaliter et fraudulenter occupantes (28) et cum per comuno
astense (16) et partem nunc regentem in ciuitate astensi (16)
per se vel alios nunc (29) sequaces ciuitas astensis et eius districtus (30) et Jura ipsius comunis (31) deffendi non possint
nec tenerj (32) propter potenciam dicti domini philipi de sabaudia et aliorum Jnimicorum dicti (33) comunis et partis
guelf(f)e (34) predicte et quia magnates de (35) hospicijs dicte
ciuitatis qui remanserunt nullas expensas seu sumptus (36) facere volunt (37) nec etiam apparatum aliquod (38) propter quod
deffensio aliqua nec etiam offensio contra Jnimicos (39) Jpsius (40)
ciuitatis et partis guelf(f)e fieri possit (41) et multis varijs (42)
et diuersis modis et vijs perquisitis et examinatis quibus deffensio ciuitatis et offensio Jnimicorum fierj posset (43) et nullo
alio modo seu via Jnuentis quibus predicta fierj possint (44)
nisi modo Jnfrascripto videlicet (45) submittendj (46) subiugandi (47) et supponendi Jpsam ciuitatem et villas et (48) castra
et Jurisdicionem (49) Jpsius ciuitatis dominio et (48) protectioni
et tuicioni (50) et segnorie serenissimi principis domini Roberti
dei gratia Jerusalem et s(c)icilie regis (51) Jllustris ducatus apulie
principatus capue prouincie et forcalquerij (52) et pedemontis
comit(t)is (53) qui benignus et potens est super omnes alios
dominos ad deffensionem ciuitatis et districtus Ast[ensis] (54)
et offensionem Jnimicorum faciendam: Jdcirco nobiles et pro-
uidi virj domini philipus de vialo Jurisperitus cathalanus (55)
[Cazo de Solario Salimbenus Cassenus et Guillelmus de Rodello
quatuor quibus per generale consilium ciuitatis Astensis eiusdem ciuitatis et districtus et vniuersorum negotiorum eiusdem
ciuitatis est baylia et potestas generaliter attributa et prouidus
et discretus vir Petrus Laurentius notarius sindicus communis
Ast ad Jnfrascripta (56) specialiter constitutus auctoritate pote-

---

(26) B: quoadiutoribus   (27) *In B manca* civitatis   (28) C: proditionaliter
occupantes   (29) C: eorum   (30) C: civitatem et eius districtum   (31)
C: ipsius communis iura   (32) C: non possit defendi ac tueri   (33) B:
dictis; *ma la s finale è cancellata*   (34) *In C manca* guelffe   (35) B:
et   (36) *In C manca* seu sumptus   (37) C: voluerunt   (38) C: aliquem
(39) *In B manca* Jnimicos   (40) *Segue cancellato:* p   (41) C: inimicos
suos fieri posset   (42) *In C manca* varijs   (43) B: possent   (44) C:
possent   (45) *In C manca* videlicet   (46) F. 3 r.   (47) *In C manca*
subiugandi   (48) *In C manca* et   (49) C: iurisditiones   (50) *In C
manca* et tuicioni   (51) *In B manca* regis   (52) B: furchanquent   (53)
C: ac pedemontium comitatus   (54) *In B manca* ciuitatis et districtus
Ast[ensis]   (55) *Quanto segue fra* [ ] *manca in B, dove il rimanente del
f. 3 r. è in bianco.*   (56) C: instrumenta; *ma la correzione è certa.*   (57) C:

statis et baylie eisdem date et concesse (57) a communi predicto et omni alio iure et modo quibus melius et efficacius po-
tuerunt eorum propriis nominibus necnon et vice communis
Ast et pro ipso communi dederunt cesserunt et tradiderunt
viro nobili et egregio domino Vgoni de Baucio militi prefati
domini regis senescallo (58) ipsius domini regis et heredum
suorum masculorum ex se ex (59) legitimo matrimonio descen-
dentium vice et nomine recipienti et stipulanti et per eum
eidem domino regi et heredibus et in eundem dominum senescallum iamdicto nomine recipientem et per eum in dictum
dominum regem et heredes pleno iure transtulerunt ciuitatem
Ast castra villas et loca feuda et vassallos eiusdem ciuitatis
et omnem iurisdictionem ciuilem criminalem merum et mix·
tum imperium eiusdem ciuitatis et districtus fructus redditus
et godias bampna prouentus pertinencias et obuentiones quascumque dicte ciuitatis et districtus pactis et conuentionibus
infrascriptis prout in infrascriptis capitulis plenius continetur.]

(60) *Quod dominus Rex et eius filij ex Jpso ex legitimo matri-*
monio nas[c]ituri sit et sint perpetui domini ciuitatis astensis
et districtus et eidem vel eius vicario omnes astenses habitan-
tes fidelitatem facere teneantur. C. I

Primo enim (61) supradicti quattuor bayliam habentes et sindicus supradictus volunt quod Jpse dominus Rex et eius heredes
masculi et legitimi ab Jpso ex legitimo matrimonio des[c]en-
dentes sit dominus perpetuus Ciuitatis Astensis et districtus ac
(59) Jurisdicionis eiusdem et Jbidem dominium perpetuum et
omnimodam Jurisdicionem ciuilem et criminalem et (62) merum
ac (59) mixtum Jmperium habeat et omnia et singula Jnfrascripta pactis et conuentionibus Jnfrascriptis et quod eidem domino regi homines dicte ciuitatis Jurisdicionis et districtus tamquam vero domino fidelitatem facere teneantur.

Quod homines ciuitatis Astensis et districtus Jpsius pro Jpso
domino Rege et heredibus pacem et guerram exercitus et ca-
ualchatas Jm perpetuum facere teneantur rt Jnfra. C. IJ

Jtem quod comune et homines ciuitatis astensis et districtus
teneantur et debeant dicto domino Regi et heredibus facere exercitus et caualcatas pacem et guerram comuniter et diuis(s)im
omnibus Jnimicis et rebellibus dicti domini Regis et heredum

datis et concessis   (58) C: senescalco   (59) C: et   (60) F. 3 r. *Questo*
r tutti i seguenti titoli di capitoli mancano in C, come si è già avvertito nel-
l'Introduzione.   (61) B: cum   (62) C: ac   (63) *In C manca* subditi

suorum et omnibus ciuitatibus nobilibus vel hominibus secundum quod boni et fideles subditi siue (63) subiecti facere debent pro domino suo preter quam contra Romanam ecclesiam Jn circuitu dicte ciuitatis longe per triginta (64) miliaria ab Jpsa ciuitate (65) versus albam et cuneum tantum quantum terra dicti domini Regis extenditur Jn partibus lombardie et locis circumstantibus dicte terre Remanentibus tamen (66) semper Jn dicta ciuitate et districtu tot hominibus qui sufficiant (67) ad custodiam Jpsius ciuitatis et districtus (68) [quos exercitus et cavalcatas dictum commune et homines ciuitatis Astensis et districtus non teneantur facere ultra xx dies in anno.]

[*De iurisdictione exercenda per dominum Regem in ciuitate Ast. C. iij.*]

[Jtem quod dictus dominus Rex per se et suos heredes habeat et habere debeat in ciuitate Ast et iurisdictione (69) merum et mixtum imperium et omnem iurisdictionem ciuilem et criminalem perpetuo exercendam in dicta ciuitate et iurisdictione per se vel suos vicarios iudices et milites ipsius vicarii eligendos ut infra prout in sequenti capitulo continetur. Jta tamen quod ipse vicarius iudices et milites ipsius teneantur et debeant per se et suos famulos dictam iurisdictionem ciuilem et criminalem exercere et executioni mandare in dicta ciuitate Ast et non alibi secundum formam statutorum faciendorum per commune Ast et homines de Ast seu illos qui auctoritatem inde habuerint a communi ipso que statuta fieri quidem et emendari possint semper et quandocumque ante exitum cuiuslibet regiminis vel semel in anno prout placuerit dicto communi. Qui vicarius iudices et milites et alii officiales ipsius teneantur et debeant super statuta ipsius communis (70) iurare ipsa statuta attendere et obseruare et secundum ipsa procedere et dictam iurisdictionem exercere et executioni mandare. Et si predicta non obseruauerint facta per eum vel eos contra dictam formam nullum sortiantur effectum excepto in crimine lese maiestatis in quo vicarius in cognoscendo diffiniendo et puniendo seruet iura ciuilia et in crimine falsi sacrilegii peculatus heresis repe(c)tundarum concussionis et aliis publicis iudiciis procedatur secundum formam statutorum que hodie sunt in volumine

---

siue   (64) C: viginta   (65) C *agg.*: supra   (66) C: tantum   (67) B: sufficiantur   (68) *Qui finisce, a metà di riga, il f. 4 r. Il f. 4 v. è interamente in bianco, e col f. 5 r., come vedremo, si passa subito all'intestazione del c. iv. Quanto segue fra [ ] è perciò soltanto in C.*   (69) C: iurisdictionem

statutorum ciuitatis Ast loquentium de predictis ita quod pene ipsorum statutorum minui non possint.]

(71) *De modo et forma elligendi vicarium siue Regimen ciuitatis Ast.* C. IIIJ

Jtem quod per comune Astense (16) seu cons(c)ilium generale dicte ciuitatis (72) el(l)igatur vicarius qui regat et regimen faciat Jn Jpsa ciuitate secundum formam conuentionum predictarum et Jnfrascriptarum et (73) capitulorum dicte ciuitatis videlicet hoc modo quod de terra regia el(l)igantur seu nominentur tres quos voluerint qui tres debeant in scriptis (74) dari et consignarj dicto domino regi(j) vel eius senescallo (38) de quibus tribus Jpse dominus Rex vel eius senescallus (15) el(l)igat vnum ex hijs (75) quem voluerit Jn vicarium dicte ciuitatis pro vno anno tantum et non vltra et quem voluerit et el(l)egerit sit vicarius et esse debeat pro Jllo anno tantum Jta quod nullo modo vltra annum possit quis vicariam (76) vel officium vicarie (77) exercere per se vel alium nullo modo et sic singulis annis seruetur Jn electione vicarij predicti. Qui vicarius habeat et teneat Jn dicto Regimine semper et continue Jpso Regimine durante (78) quinque bonos Jurisperitos et sufficientes duos milites siue socios sex doncellos sex scutif(f)eros et vnum (79) coquum decem clientes siue beruarios (80) armis sufficientibus duodecim equos quorum quatuor sint destrarij et alij parafredj (81) et Roncini quorum roncinorum duos habeat semper preparatos (82) pro duobus trombatoribus (83) quociens equitabitur (84) pro comuni qui duo (85) trombatores expensis camere (86) Regie habeantur et teneantur semper et continue Jn dicta ciuitate Qui vicarius cum tota familia sua (87) moretur et stet Jn ciuitate astensi (16) Jn vna bona et sufficienti (88) domo ad vnum panem et vnum (89) vinum simul et qui vicarius Juret officium suum exercere bene (90) et legaliter et bona fide secundum formam convencionum predictarum et Jnfrascriptarum et (91) capitulorum ciuitatis Astensis (16) Jn publica concione antequam des[c]endat de (92) equo vel quam (93) suum Regimen Jncipiat exercere

(70) C: communi   (71) F. 5 r.   (72) *In C manca* dicte ciuitatis   (73) B: Jn   (74) C: infrascripti   (75) C: ipsis   (76) C: aliquis vicariatum (77) C: vicarii   (78) *In C manca* Jpso regimine durante   (79) *In B segue cancellato:* qu   (80) C: birruarios   (81) C: pallafredij   (82) C: paratos (83) C: tubatoribus   (84) C: quoties equitabunt   (85) B: duos   (86) C: curie   (87) C: sua familia   (88) C: conuenienti   (89) *In C manca* vnum   (90) C *agg.:* fideliter   (91) *In C manca* et   (92) *In C manca* de   (93) C: vel antequam   (94) C: incipiat regimen suum exercere

(94) Qui vicarius teneatur et debeat stare cum tota familia sua (87) ad sindicatum et omnibus respondere de se et familia sua conquerentibus secundum (95) formam statutorum ciuitatis Astensis de sindicatu vicarii seu potestatis loquencium

Quod dominus Rex vel eius senescallus tabelliones seu notarios de collegio notariorum ciuitatis Ast pro officijs Jn Jpsa ciuitate exercendis ponat tantum (96) et non aliunde saluo Jn officio mal(l)eficiorum Jn quo medietatem pro Jpso officio exercendo ponere possit vndecumque voluerit pro suo libito voluntatis caput vᵒ (sic)

Jtem quod dictus dominus Rex seu eius senescallus (15) habeat et ponat notarios (97) pro officijs exercendis qui necessarij fuerint Jn officijs que exercentur Jn curia comunis astensis (16) de collegio notariorum (98) ciuitatis Ast tantum saluo quod Jn officio mal(l)eficiorum et criminalium dominus rex seu eius senescallus (15) possit ponere medietatem notariorum necessariorum dicto officio de extra civitatem Ast ita quod officiales ipsi faciant officium maleficiorum (99) et alia ad Jpsum officium pertinencia vt consuetum est et non aliter capiendo Jpsi notarii et recipiendo soluciones (100) scripturarum quas facient (101) seu fecerint (102) secundum formam statutorum ciuitatis astensis

De penis [et] *bannis Jnter comune Astense et dominum Regem comuniter parciendis siue diuidendis* [C. vj.]

Jtem volunt predicti sapientes et sindicus nomine dicti comunis et dant ac (62) concedunt dicto domino regi et heredibus suis (103) omnia banna (104) et condempnaciones penas et mulctas (105) cuiuscumque condicionis existant que fient et dabuntur secundum formam statutorum ciuitatis astensis (16) vel secundum Jura ciuilia in casibus supra exceptatis in quibus procedi potest secundum Jura ciuilia (106) per suos vicarios et Judices ipsius *(sic)* exercendo Jpsam Jurisdicionem saluo quod (107) comune astense (16) habeat et habere debeat et Jn Jpsum comune perueniat medietas seu pars (108) dimidia omnium predictorum bannorum condempnacionum penarum et mulctarum que excucientur Jn totum vel Jn (109) partem seu pro parte (110) quam

---

(95) F. 5 r.   (96) B tn   (97) B: notarium   (98) B: notarij   (99) *In* B *manca tutto il tratto da* dicto officio de extra *a* maleficiorum   (100) C: solucionem   (101) C: fecerunt   (102) *In* C *manca* et fecerint   (103) C: eius heredibus   (104) C: bampna   (105) C: multas   (106) *In* B *manca il tratto da* in casibus *a* ciuilia   (107) *In* B *segue cancellato* coet   (108) pars *è in* B *corretto su* partes   (109) C: per   (110) *In* C *manca* seu

medietatem seu partem dimidiam (111) clauarius vel officialis
domini Regis consignare teneatur et dare comuni astensi seu
(112) clauario Jpsius comunis Jncontinenti quando excussa fuerint sine aliqua diminucione et si Jmponerentur per comune
astense (16) aliqua fodra dacita vel collecte seu talee vel alie
Jmpos(s)iciones et (113) honera quocumque (114) modo appellentur et quia (115) non essent ad terminum persoluta (116) Jn-
grauarentur (117) vel alie pene Jmponerentur Jpsius pene vel
penarum medietas perueniat et soluatur predicto (118) comuni
astensi vel clauario nomine Jpsius comunis et alia medietas Jn
dictum dominum Regem perueniat quarum condempnacionum
penarum et bannorum vicarius qui per tempora (119) fuerit Jpsis
lectis et publicatis ponere seu poni et consignarj facere teneatur Jn sacristia penes notarium sacristie vbi alie scripture comunis (120) ponuntur.

Conceduntur domino regi et eius heredi seu heredibus om-
nes redditus et prouentus ciuitatis astensis et districtus excep-
tis molegijs vt Jnfra. C. vij°

Jtem volunt Jpsum dominum regem et eius heredes (121) habere omnia pedagia que colliguntur et colligentur seu (122) colligi consueuerunt per comune Astense (123) Jn ciuitate astensi
(16) et posse et (124) omnes et singulos redditus et prouentus
ciuitatis astensis (16) et districtus eo modo et forma et Jn ea
quantitate quo et qua nunc colliguntur Jn ciuitate astensi et
districtu seu colligi debent aut colligi debuerunt (125) et potue-
runt per dominum Jacobum malabaylam et Alianum (126) ca-
cheyranum seu alios officiales ad Jpsos redditus colligendos per
dictum comune deputatos excepto molegio et molendinis (127)
ciuitatis astensis (16) et villarum et locorum eiusdem ciuitatis
Quod molegium et molendina vna cum medietate predictarum
condempnacionum bannorum penarum et mulctarum dicto comuni astensi (16) remaneant pleno Jure pro emendandis furtis
Jncendiis seu vuastis (128) Si qua (129) fierent et equis mor-
tuis (130) seu mangagnatis (131) Jn servicijs (132) comunis asten-

---

pro parte   (111) B: dimidia   (112) F. 6 r.   (113) C: vel   (144) quocumque *è corretto in* B *su* quomodocumque   (115) C: que   (116) C:
soluta ad terminum   (117) B: Jnquartarentur   (118) C: vel   (119) C:
pro tempore   (120) C: solito   (121) B: et heredibus eius   (122) *In*
C *manca* colligentur seu   (123) B: pro comuni   (124) *In* C *manca*
et   (125) B: voluerunt   (126) B: alium   (127) R: molandinis   (128)
C: guastibus   (129) C: qui   (130) B: mortis   (131) *In* B *manca* seu

sis (16) emendandis et alijs quampluribus expensis dicto comuni necessarijs faciendis Qui redditus et prouentus sunt hij (133) qui secuntur (134)

(135) *Hij sunt redditus et prouentus concessi domino regi a comuni Astensi per supradictos bayliam habentes*

Primo pedagium grossum (136) somarum

pedagium calocij (137)

pedagium lauretj (138)

pedagium montisbersarij

pedagium et venacio Malemortis (139)

pedagium Noni (140)

pedagium maxij

pedagium felizani

pedagium cerri (141)

pedagium villefranche

pedagium (142) canalium

pedagium ceresolarum

pedagium Sommerippe (143) de boscho et de (144) perno

pedagium Brayde

pedagium cababerij (145) maioris

gabella salis pensum comunis e[t] sextaria vini

mensura alne et rax (146)

officium datarum

malatolta fornacum (147)

ludus ciuitatis et villarum

Cas(s)ane

Census (148) villarum novi et veteres (149)

Fodrum villarum vet[e]rum (150)

officium dacionis (151) Jn solutum

denarij quatuor qui colliguntur pro libra de dotibus (152) Jn ciuitate astensi et villis

---

mangagnatis (132) C: servicio (133) C: ii (134) *In* C *manca* qui secuntur (135) F. 6 *v.* (136) B: grossarum (137) C: Callosii (138) C: Laurenti (139) B: Jn alemortis; C: Pedagium de Urnano male metito (140) C: Novi (141) C: cerrii (142) C *agg.*: Ville (143) C: Summe Ripe (144) *In* C *manca* de (145) B: gabalerij; C: Cabalari (146) *In* C *manca il tratto da* pensum *a* rax (147) B: malatota fornacum; C: Malatolta fornachium / Mensura alne et raxii / Pondus communis stariorum vini / Pondus lini / Signum mensurarum (148) B: Censum (149) B, C: veteris. *Inoltre* C *unisce insieme come una cosa sola* Casane census villarum novi et veteris (150) *In* C *manca* Fodrum villarum vet[e]rum (151) C: damnacionis (152) C: qui relinquuntur / Libra de datibus (153)

denarij sex qui colliguntur (153) pro libra de quibuscumque
vendicionibus permutacionibus obligacionibus et alienacionibus
quibuscumque Jn ciuitate et villis (154)

Et generaliter (155) omnia pedagia tam grossa quam minuta (156)
vinaticum (157) sive pedagium vini

sextarium (158) grani (159)

De po[te]*starijs villarum comunis astensis per dominum regem seu eius senescallum concedendis.* C. VIIJ

Jtem quod dictus dominus rex et eius senescallus (15) debeat omnes potestarias villarum comunis Astensis que darj consueuerunt
ad breuia per commune Ast (160) seu Jn consilio comunis astensis
dare concedere et dispensare hominibus et Jnter homines ciuitatis Astensis seu Burgorum dicte ciuitatis (161) coherencium ad
voluntatem Jpsorum domini regis seu senescalli (18) Jta tamen
quod medietas Jpsarum potestariarum sit Jn magnatibus et
alia (162) nedietas Jn populo et quod (163) nulli simul et semel
possint nisi solam concedere potestariam eo tamen saluo quod
per Jpsos (164) potestates villarum vel aliquem Jpsorum (165)
Jn Jpsis villis seu locis seu aliquo Jpsorum Jus reddi non possit (166) nisi Jn ea quantitate que Jn statutis ciuitatis astensis
(16) continetur

*Quod domnus rex annualim habeat et percipiat a quolibet
capite fochi Jn ciuitate astensi habitante vt Jnfra* C° VIIIJ°

Jtem quod dominus rex et heredes sui habeant et percipiant
an[n]uatim (167) mense septembris a quolibet capite fochi seu
familie ciuitatis astensis (16) et districtus videlicet de maiore
solidos tres astensium minutorum a mediocri seu mediano (168)
solidos duos a minore solidum vnum astensem (169) monete
currentis Jn dicta ciuitate Ast (170) seu equipollentis et maior
Jntelligatur qui fuerit Jn regesto vel (171) extimo comunis Asten-

---

C: relinquuntur   (154) C: quibuscumque in omnibus villis   (155) C
generatim   (156) C *agg.*: fodrum villarum veterum   (157) C: venationis
(158) B: Sextariticum   (159) *Tutto quest'elenco è in B disposto su due
colonne, rappresentanti un testo primitivo su quattro; onde ci parve dover
seguir la prima colonna fino a* pedagium maxii, *poi la seconda fino a* pedagium brayde, *quindi tutto il resto della prima, ed infine il resto della:
seconda colonna. In C non vi sono che disordine e spropositi, com'è facile
rilevare dalle note precedenti. Ivi i tratti obbliqui / rappresentano gli alinea
di B.*   (160) *In* B *manca* per commune Ast   (161) C: civitatis   (162)
In C *manca* alia   (163) F. 7 r.   (164) B *agg.*: et   (165) B: Jpsarum
(166) B: possint   (167) C: annatim   (168) C: mediocre, *mancando* seu
mediano   (169) *In* C *manca* astensem   (170) *In* B *manca* Ast   (171)

sis (172) Jn libris sexcentis et vltra et minor Jn libris trecentis
et Jnfra.

Quid ipse dominus rex facere habeat Jpsi ciuilali ast pro su-
predictis redditibus el godijs sibi concessis [C. X.]

Pro quibus omnibus et singulis Redditibus bannis condempna-
tionibus et godijs eidem domino regi datis et concessis (173) per
dictum comune Jntendunt et volunt dicti sapientes et sindicus
nomine dicti comunis et Jpsum comune quod dictus dominus rex
et heredes sui faciant et facere debeant omnes expensas dicti
comunis videlicet pontes tanagrj et Jpsos manutenere (174) bene
aptatos et bonos quando op(p)us fuerit et si destruerentur Jn totum vel Jn partem Jpsos bene ref(f)icere eo modo quo Jn proxime (175) sequenti capitulo continetur et omnes alios pontes
ciuitatis Ast (170) Jntus et extra quos comune ast (176) hodie
habet et manutenet et omnes portas ciuitatis et burgorum bene
copertas (177) ap(p)tatas et ap(p)tas (178) ad ap(p)eriendum et
claudendum et palacia et domus comunis (179) in quibus consilia comunis celebrantur et portichus Jn quibus Jus redditur in
ipsa ciuitate (180) manutenere bene copertas et ref(f)icere suis
proprijs sumptibus et (181) expensis prout op(p)us fuerit et banchas et omnia alix necessaria pro predictis (182) consilijs faciendis et Jure reddendo Jn palacijs domibus et porticibus supradictis et campanas pulsarj facere prout comune Astense (16)
pulsarj facere consueuit et Castra turres et domos castrorum
comunis astensis (16) manutenere deffendere et tenere bene ap-
tata (183) et ap(p)tatas et ref(f)icere sicut opus fuerit et Jpsa castra et turres custodirj (184) facere suis proprijs expensis per
homines ciuitatis (185) astensis sufficientes et Jdoneos eligendos (186) per Jpsum dominum regem seu eius senescal[l]um (187)
Jta quod predicta castra turres et domus (188) perueniant (189)
Jn Jpsum dominum regem et heredes eius (190) Jta tamen quod
omnis iurisdicio ciuilis et criminalis exerceatur Jn ciuitate a-
stensi (16) per vicarios et alios officiales domini regis secundum
quod fierj consueuit et etiam omnia alia vniuersa et singula

C: et   (172) *In* B *manca* Astensis   (173) *In* B *manca* et concessis   (174)
B: manutenerj   (175) *In* B *manca* proxime; C: proximo   (176) C: astense
(177) B: ocoptas   (178) C: aptas et arctatas, *mancando inrece* aptatas
(179) F. 7 r.   (180) *In* B *manca* in ipsa ciuitate   (181) *In* B *manca*
sumptibus et   (182) B: dictis   (183) B: appata   (184) C: custodire
(185) C: communis   (186) B: colligendos   (187) C: senescalcum   (188)
B; domo   (189) *In* C *manca* perueniant   (190) C: regem perveniant et

castra (191) villas et loca (192) domos redditus seu prouentus
que et quos (193) desijt habere seu possidere si recuperentur
per Jpsum dominum regem seu per (194) comune astense perueniant et peruenire debeant Jn Jpsum dominum regem et heredes ac successores suos modo quo supra salua terra quam (195)
nunc tenet dominus rex que penes Jpsum et heredes suos Remaneat vt nunc est Juribus cuiuslibet persone de Ast et districtu
astensi (196) semper saluis et omnibus ambaxatoribus mittendis
alio quam ad dominum regem et nuncijs qui Jbunt et mittentur
per dictum comune ad quascumque (197) partes secundum quod
Jn capitulis (198) comunis astensis continebitur soluere teneatur
(199) et generaliter omnes alias expensas necessarias dicto comuni et quas facere non recus(s)ent soluendo prius Jpse dominus
rex siue eius officiales creditoribus comunis astensis (200) castellanis et torresanis (201) de omni et toto eo quod habere et
recipere (202) deberent (203) a comuni aliqua occaxione vel
causa prout continetur Jn eorum Jnstrumentis super Jpsis redditibus pedagijs malatoltis et alijs redditibus qui(bus) Jpsi redditus (204) creditoribus sunt pignori obligati Jta quod nullo
modo Jpsa pedagia malatolta redditus vel prouentus (205) castra seu turres eis aufferrj turbarj vel Jmpedirj possint per
Jpsum dominum regem vel eius officiales seu per aliam personam nisi eisdem satisfactum fuerit prius (206) de omni et toto
eo quod habere debent a dicto comuni occaxione dictorum castrorum turrium (207) reddituum et prouentuum prout Jn Jnstrumentis Jnde confectis continetur dum tamen publico appareat Jnstrumento (208) vel scriptura publica vel alio modo legitimo Jpsos esse communis (209) creditores siue habeant redditus
obligatos vel alio modo saluo quod redditus venditi per comune
astense (16) hominibus de Ast ad certum tempus non possint
Jpsis (210) aufferrj ante tempus vendicionis secundum formam
Jnstrumentorum Jnde factorum per comune

*Quod per comune Astense duo(s) pontes fiant super tana-
grum quibus factis dominus rex eos manutenere teneatur* [C.XI.]

---

eius heredes   (191) B *agg.*: et   (192) *In* B *manca* loca   (193) B: quas
(194) *In* C *manca* per   (195) B: que   (196) *In* C *manca* astensi   (197)
C: aliquas   (198) C: cauis   (199) *In* C *manca* soluere teneatur   (200)
In B *manca* astensis   (201) C: cortexanis   (202) F. 8 *r*.   (203) C: debent   (204) B: redditibus   (205) C: malatota vel redditus   (206) C: plus
(207) *In* B *manca* turrium   (208) B, C: publicum appareat Jnstrumentum
(209) *In* B *manca* communis   (210) *In* C *manca* Jpsis   (211) C: per exper-

*

Jtem quod per comune Astense (16) et expensis (211) Jpsius
comunis fiant duo (212) pontes super flumen (213) tanagri unus
videlicet a rocha schauina (214) vsque ad sanctum bartholomeum et alius a belingerio (215) vsque ad premex (216) super
columpnis aut super muribus (217) Jbi vbi melius videbitur sapientibus communis (218) astensis (16) quibus factis dictus dominus rex et eius curia et comune astense (16) comuniter perpetuo manutenere teneantur (219) Jn eo statu Jn quo facti fuerint soluendo Jpse dominus rex et eius heredes medietatem
omnium expensarum que fierent ad manutenendum et ref(f)i-
ciendum (220) pontes supradictos et quemlibet ipsorum et comune (221) astense (16) aliam medietatem

(222) *Quod dominus rex et eius heredes Jndempne (223) conseruare teneantur comune astense ab omnibus vendicionibus
quorumcumque reddituum factis Jn aliquem e.r forensecis seu
etiam Jn dominum philipum de sabaudia* [C. XII.]

Jtem quod dominus rex et heredes sui debeant conseruare
Jndempne (223) comune Astense (16) ab omnibus vendicionibus
et obligacionibus factis de redditibus et godijs comunis astensis (16) per Jpsum comune rebellibus et foresitis (224) dicte ciuitatis et ab omnibus obligacionibus factis Jn eos per dictum
comune et ab (225) omnibus habentibus causam ab eius vel (226)
aliquo eorum et ab omnibus et singulis obligacionibus et promissionibus factis per comune astense (16) seu habentes bayliam
ab ipso comuni domino philipo de sabaudia et domino guillelmo
de montebello (227) militi Jta quod dictum comune sit et Jntelligatur absolutum ab eis et per eos vel aliquem Jpsorum seu
habentem causam ab eis vel aliquo eorum molestarj vel appellarj non possit Jta quod ad gratiam suam non possint redduci
Jpsi vel aliquis Jpsorum nisi prius comune astense (16) absolue-
rint et absolutum fecerint (228) de predictis

*Quod dominus rex Jn consuetudinem nitatur deducere (229)
quod agnati (230) malefuctorum pro Jpsorum maleficijs nullum
dampnum paciantur si dixerint se nullo modo eis velle patro-
cinarj (231) vel aliquo suf[f]ragarj* [C. XIII.]

---

tos   (212) C: duos   (213) B: flumine   (214) C: Schauiuo   (215) C:
Balangerio   (216) C: in Premelio   (217) B: manibus   (218) B: cinitatis
(219) B: teneatur   (220) C: manutenendos et reficiendos   (221) C: com-
munis   (222) F. 8 r.   (223) B: Jndempne   (224) C: foruscitis   (225)
Jn B segue cancellato: h   (226) C agg.: ab   (227) B: monsbello   (228)
C: Ast absolvere fecerit   (229) B: duducere   (230) B: assignati   (231)

Jtem quod placeat domino regi reducere Jn ciuitate (232) a-
stensi (16) Jn consuetudinem et ordinari facere (233) et manutenere et deffendere per se et suos offlciales quod si aliquis de
ast vel districtu fecerit homicidium ferutam (234) vel aliquam
aliam lesionem (235) offensionem seu Jniuriam alicui ciui astensi
(quod) propterea agnati ipsius homicide vel malefactoris qui dixerint (236) se nolle dare auxilium dicto (237) malefactori coram vicario seu offlciali dicti domini regis et exinde apparebit
publica scriptura nullum Jnde dampnum percipiant (238) vel
substineant seu substinere vel percipere (239) debeant a dicto
offenso vel Jniuriato vel ab amicis seu parentibus Jpsius Jniuriati vel offensi seu (240) mortui et quod vicarius et alij offlciales
teneantur et debeant compellere Jpsum Jniuriatum vel offensum
filios vel agnatos omnes Jpsius Jniuriati vel offensi seu (241)
mortui ad dandam et faciendam bonam et Jdoneam securitatem
et securam (242) de non offendendo agnatos Jpsius offensoris vel
homicide qui dixerint vel (62) protestati fuerint se nolle dare
dicto malefactorj auxilium vel (62) fauorem et si predicti agnati
offensoris vel aliquis eorum contra promissionem et protestacionem vt supra fecerint puniantur Jn libris Centum astensium (243) pro quolibet et (244) qualibet vice vltra penas Jn
statutis contentas et ab Jnde (245) Jn antea sint perinde ac si (246)
nullam protestacionem vel (62) promissionem fecissent et si filij.
vel (247) agnati predicti offensi vel aliquis eorum offenderint
aliquem agnatum predicti offensoris qui dictam promissionem
fecissent puniantur in (248) pena premissa et vltra Jn penis contentis Jn statutis comunis astensis (16) et Juris comunis (249)

*Quod per comune Astense Co|n|silia celebrentur quando-
cumque Jpsi comuni videbitur expedire* [C. XIV.]

Jtem quod per comune astense fieri possint consilia generalia
publica et priuata tociens quociens opportunum fuerit pro factis
et negocijs dicti comunis faciendis dummodo Jpsa consilia non
fiant vel sint (250) contra honorem regium (251) nec contra con-

---

B: pacionicarj   (232) C: reducere civitatem   (233) B: ordinare facere;
C: ordinare faciat   (234) C: feritam   (235) *In C manca* lesionem   (236)
B: dixerit   (237) F. 9 r.   (238) B: percipiat   (239) C: percipere vel
substinere   (240) *In B manca* offensi seu   (241) *In C manca* offensi
seu   (242) C: securum   (243) C: astensis   (244) *In B manca* quolibet et   (245) C: et hinc   (246) C: antea fuit, et si   (247) C: seu
(248) *In B manca* in   (249) C: iure communi   (250) C: non possint   (251)
C: regis   (252) *In C manca* et suprascriptas   (253) C: tamen vicarii

uenciones Jnfrascriptas et suprascriptas (252) cum voluntate
vicarij tantum (253)

(254) *Quod societates populi et etiam militum Jn ciuitate
astensi sint et stent et esse possint vt hactenus consueuerunt*
[C. xv.]

Jtem quod societates militum et populi ciuitatis astensis (16)
stent (255) et remaneant firme prout esse consueuerunt et quod
possint capitaneos et rectores et alios officiales eligere (256) prout
el(l)igere consueuerunt dum tamen de terra regia proprii (257)
et Jdoney (258) el(l)igantur ad voluntatem senescalli ad quod
volendum senescallus teneatur Jpsis rectoribus capitaneo et alijs
officialibus predictis Jurantibus (259) honorem regium conseruare
et eius (260) fidelitatem et pacta et conuenciones suprascriptas
et Jnfrascriptas Sine eo quod (261) dominus rex et eius heredes
Jn dictis rectoribus officialibus seu capitaneis aliquid de suo ponere vel (247) expendere tenea[n]tur cassatis (262) omnibus aliis
societatibus dicte ciuitatis retenta tamen voluntate domini regis
aut domini senescalli (18)./

*De cambiis et reprehensaliis concessis alicui ciui ast contra
aliquem vel aliquos qui non essent de terra regia* [C. xvi.]

Jtem quod quilibet homo ciuitatis astensis (16) et districtus
qui habet habuit vel habebit aliqua Jura contra aliquam ciuitatem marchionem collegium vel vniuersitatem Castrum vel villam vel contra aliquos homines vel personas alicuius ciuitatis
castrj vel (263) ville vel loci occaxione alicuius debiti vel con-
tractus siue laudis vel possessionum (264) vel (265) represalia-
rum vel aliqua alia occaxione possit Jlla Jura et Jllis Juribus
Vti eo modo et forma quo et qua posset (266) in ciuitate astensi
(16) Jn tota terra domini regis et que tenetur per Jpsum Jta
quod officiales terre dicti (267) domini regis vbicumque sint Jllum vel Jllos de ast audiant et petita per Jpsum vel Jpsos ef-
fectui demandare summarie teneantur non obstantibus aliquibus

---

(254) F. 5 r.   (255) C: sint   (256) *In* B *manca* eligere   (257) B, C:
propria   (258) C: idonea   (259) C: ad cuius voluntatem sive sententiam
teneantur ipsi rectores, capitanei et alii officiales predicti iurare. *La variante, come si vede, qui è gravissima, e certo, per le ragioni esposte nella
prefazione, il testo primitivo dev'essere quello di C, non quello di B. Ma
per il « Libro degli Statuti e Ordinati » della « Società del Popolo » il testo
di C fu appositamente alterato, e sostituito quello di B.*   (260) C: eorum
(261) C: sive eo modo quod   (262) C: cessatis   (262) *In* C *manca* vel
(264) B: possessionem   (265) *In* B *manca* vel   (266) C: possit   (267)

statutis vel (263) consuetudinibus seu (268) ordinamentis in contrarium loquentibus hoc addito quod predicta non vendicent (269) sibi locum Jn cambiis et reprehensalijs (270) concessis aliquibus contra (271) terram regiam seu contra aliquos de dicta (272) terra regia et quod dictus senescallus (273) cum predictis sapientibus et sindico debea(n)t superesse super quibuscumque cambiis et reprehensalijs (274) concessis aliquibus de terra regia contra Ast et (275) astenses et astensibus contra aliquos de terra regia ad concordiam et pacem et bonum statum reducendis quam cicius poterit (276) bona fide

Quod dominus rex tempore pacis equites pro Justicia roboranda habere debeat |C. XVII.|

Jtem quod dictus dominus rex et heredes sui pro suo honore et vtilitate comunis astensis (16) et populi ast Cum sint eorum redditibus denudati et pro Justicia ciuitatis et Jurisdicione eidem manutenenda augenda et deffendenda (277) et ad manutenendum et defendendum honorem (278) Jpsius domini regis (279) et eius vicarij et Justiciam teneatur et debeat habere et tenere continuo (280) suis expensis Jn ciuitate astensi milites xxv extraneos qui non sint de ciuitate ast vel districtu armigeros et plures sicut eidem (281) placuerit et Regie maiestati tempore pacis videbitur (282) expedire (283) tempore vero guerre habeat et habere debeat Jllos quos voluerit et quos crediderit conuenire Regie maiestati et negociis occurrentibus vltra Jllos xxv siue (284) vltra numerum xxv predictorum (285)

Quod dominus Rex et eius homines astenses et districtuales comunis astensis contra quascumque personas perpetuo toto eorum posse manutenere et eorum Jurisdicionem deffendere teneantur |C. XVIII.|

Jtem quod Jpse dominus Rex et heredes sui (286) perpetuo manutenebunt et deffendent ciuitatem astensem (16) Jurisdicionem et districtum et omnes homines et personas dicte ciuitatis (287) et districtus (288) Jn omni eorum Jure et (289) Jurisdi-

---

In C *manca* dicti (268) C: ed (269) C: vindicent (270) F. 10 *r.* (271) C: per (272) *In* C *manca* dicta (273) C: senescalchus tunc (274) C: represaliis (275) *In* B *manca* Ast et (276) B: potuerit (277) C: iurisdictionis eiusdem manutenende augende et deffendende (278) *In* B *manca il tratto da* et ad manutenendum *ad* honorem (279) B: regi (280) *In* B *manca* continuo (281) C: secundum (282) C: et videbitur regie maiestati tempore pacis (283) *In* C *manca* expedire (284) *In* C *manca* vltra Jllos xxv siue (285) C: ultra predictum numerum vigintiquinque (286) C: sui heredes (287) C: communitatis (288) C

cione et honore contra quascumque ciuitates et loca et contra
quoscumque marchiones comites et barones et (118) contra quascumque personas (288) vniuersitates (290) et loca et quod (291)
pro eisdem recuperabunt (292) omnia Castra loca (293) et Jura
et res immobiles (294) comunis astensis et hominum specialium
et (289) quorumlibet ciuium vel vassal[l]orum ciuitatis astensis
vbicumque sint Jn partibus lombardie suo posse et bona fide et
ea que essent comunis Jn se retinebunt modo quo supra ut
de (295) aliis dictum est (296) et que essent singularium personarum reddent (297) singularibus personis Jta quod Jlli qui recuperabunt faciant (298) fidelitatem dicto domino Regi et heredibus suis de dictis terris recuperatis si recuperabuntur per
dictum dominum regem et heredes suos (299) vel gentem suam
vel per comune astense (16) seu alios quoscumque et hoc facient (300) dictus dominus rex et heredes sui (301) quando poterunt bono modo de hijs autem de quibus esset contentio Jnter
homines astenses et districtus fiat Justicia per vicarium astensem et si comune astense (16) voluntate generalis consilij vel
maioris partis recuperarerent vel recuperare attentarent (302) aliquod castrum vel villam seu alium locum (et) de hijs que sua fuerint (303) vel eorum ciuium (304) seu vassallorum vel etiam (305)
Jn quibus Jus haberent (306) et exJnde (307) vel Jpsa occaxione
moueretur eis guerra quod dominus rex et heredes eius Juua-
bunt et deffendent Jpsos de dicta guerra (308) et (63) predicta
locum habeant (309) Jn obedientibus (310) mandatis domini regis
et partis nunc (311) regentis Jn ciuitate astensi (16)

*Quod dominus rex vel Jpsius heredes non possint modo aliquo
donacionem Jpsi regi a dicto comuni factam Jn alium seu
alios transferre seu alij vel alijs donacionem vel gratiam Jn
totum vel etiam Jn partem facere alicui quoquo casu* (sic)
*quin Jn Jpsum dominum regem et heredes Remaneat Jn per-
petuum* [C. XIX.]

agg.: et   (289) *In* C *manca* et   (290) F. 10 *v.*   (291) C: que   (292)
C: occupabunt   (293) *In* C *manca* loca   (294) B: res nobiles   (295)
C: in   (296) *In* C *manca* est   (297) B, C: reddere   (298) B: facient
(299) C: eius   (300) C: faciant   (301) *In* B *manca* sui   (302) *Sic in*
B, *considerando* comune *come plurale*; C: recuperet vel recuperare poterit
(303) C: forent   (304) B: ciuium   (305) *In* C *manca* etiam   (306)
C: habeant   (307) C: et eo modo   (308) *In* C *manca il tratto da* quod
dominus *a* guerra   (309) C: loca haberent   (310) *In* C *manca* obedientibus   (311) C: tunc   (312) C: heredes sui   (313) C: alienam conces-

Jtem quod dictus dominus Rex vel sui heredes (312) nullam alienacionem obligacionem concessionem (313) gratiam aliquam vel commodatum (314) facia[n]t aliquatenus de comuni vel (62) hominibus ciuitatis astensis (16) vel districtus nec de aliquibus eisdem datis per comune astense (16) seu concessis totaliter vel (315) particulariter nec honorem seu Jurisdicionem astensem (316) Jn toto vel Jn parte nec (317) de aliquo Jure Jpsius comunis astensis (318) alicui (319) persone vel vniuersitati nec aliquid de Jpsis diminuent (320) sed potius ea (321) augebunt suo posse vel aliquo modo vel Jngenio seu causa (322) que dici vel excogitarj possint (223) transferent seu (324) transferant per obligacionem seu aliquo alio alienacionis titulo nec alio modo concedent (325) alicui persone collegio vel vniuersitati Jn toto vel Jn parte aliquid sibi datum concessum vel accensitum a comuni (326) astensi (16) seu per comune astense nec illud (327) concedere possint totaliter vel (263) Jn parte (328) ad habendum tenendum vel obligandum aliquo modo vel Jngenio sub specie vicarie gastaldie vel alio modo seu titulo alicui marchioni capitaneo comit(t)i (329) vavasori seu baroni seu alicui (330) ciui astensi sed Jllud perpetuo habeant et teneant (331) totaliter sine aliqua diminucione et si contra facerent Jllud Jn quo contrafactum esset (332) Jpso Jure perueniat et permaneat (333) et (63) peruenire (334) et remanere debeat Jpsi comuni astensi (335)

Quod dominus rex frodum (sic) *aliquod taliam mutuum seu prestum comuni astensi nullo modo Jmponere possit* [C. xx.]

Jtem quod dictus dominus rex et heredes sui seu eorum officiales non possint nec debeant Jmponere vel (336) Jmponi permittere de nouo hominibus ciuitatis astensis et districtus aliquod fodrum collectam mutuum nec aliquam aliam exactionem vel anariam (337) quocumque nomine appelletur ad vtilitatem suam vel suorum.

Quod omnes cause et questiones quecumque cuiuscumque

sionem   (314) C: gratiam vel commodatum aliquam   (315) C: concessis communitati vel   (316) C: particulariter iure honoris iurisdictionis astensis   (317) C: aut   (318) *In B manca* astensis   (319) F. 11 r.   (320) C: diminuere   (321) *In C manca* ea   (322) B: casu   (323) C: posset (324) C: transferet et   (325) C: seu aliquo alio modo, titulo, nec alio concedant   (326) B: comune   (327) C: non id   (328) B: partem (329) *In C manca* comit(t)i   (330) C: seu alii   (331) C: illud proprio habeatur et teneatur   (332) C: illud in opus non factum esse   (333) C: iure permaneat et remaneat   (334) C: permanere   (335) *In B manca* astensi   (336) C: nec   (337) B: anariam   (338) C: appellationes

generis existant Jnter ciues astenses et districtuales vertentes
Jn ciuitate Astensi terminentur et non alibi [C. XXI.]

Jtem quod omnes cause questiones et lites principales et appellationum (338) cuiuscumque condicionis existant ciuiles et criminales que vertuntur seu verti possent Jnter homines et personas ciuitatis astensis et districtus (339) seu Jnter (340) curiam regiam et (341) homines astenses vel alios quoscumque cognoscantur et (289) terminentur et deffiniantur et cognosci et terminari debeant (342) Jn ciuitate astensi secundum formam statutorum astensium (16) Jta quod aliquis de ast vel districtu trahi vel appellarj non possit extra ciuitatem astensem occaxione alicuius questionis cause vel litis criminalis vel (62) ciuilis saluo quod dictus (343) dominus rex et (118) heredes sui seu (344) senescallus vel vicarius eorum qui per tempora (345) fuerint possint (346) Jllos de ciuitate astensi (16) qui comitterent contra fidelitatem Regiam (347) vel contra statum presentem (348) ciuitatis et partem (349) nunc regentem vel qui Jnfamati vel suspecti essent debita suspicione tradicione seu prodicione (350) vel contra fidelitatem regiam et bonum statum ciuitatis astensis (16) trahere et ponere ad confinia et punire corrigere (351) et condempnare valeant (352) prout delicti qualitas exigerit ad suam liberam voluntatem

Quod Jpse dominus rex et heredes Jn ciuitate astensi vltra
Jd quod sibi datum est supra et concessum aliquid habere
[non] *possint* [C. XXII.]

Jtem quod dictus (343) dominus rex et heredes sui non possint accipere vel habere per se vel per alium nec capere (352) Jn ciuitate astensi (16) vel districtu aliquod Jus Jurisdicionem seu redditum seu aliud aliquid (353) quod (354) dici vel excogitarj possit vltra ea que eis data et (113) concessa sunt per comune astense (16) seu per dictos bayliam habentes a dicto comuni secundum quod superius (355) continetur a dicto comuni vel ab aliquo (356) pro Jpso comuni nec de voluntate Jpsius

---

(339) C: ciuitatis et districtus astensis   (340) C: intra   (341) F. 11 r.
(342) *In* C *manca* et cognosci et terminari debeant   (343) *In* B *manca* dictus   (344) C *agg.:* eius   (345) B: pro tempore   (346) B *agg.:* contra   (347) *In* C *manca* Regiam   (348) C: contra factum presidentem   (349) C: personam   (350) C: traditione vel tractorie   (351) *In* C *manca* valeant *e si agg. invece:* et   (352) C: sui perpetuo manutenebunt et deffendent per se vel per aliam personam capacem   (353) C: iurisdictionis vel redituum seu aliquod aliud   (354) B: que   (355) C:

vel (265) hominum tacita vel expressa nec ab (357) aliqua parte
que sit vel esset Jn dicta ciuitate nec contra predicta facere
seu fierj facere nec permittere fierj per consilium vel arengum
vel aliquam gentem de dicta (358) ciuitate et si contra facerent
vel venirent ex nunc Jllud sit cassum et Jrritum et nullius valoris

(359) *Quod dominus rex et heredes omnes amicos comunis*
astensis et partis guelfe Jn Jpsa ciuitate nunc regentis teneat
et habeat pro amicis [C. XXIII.]

Jtem quod dictus dominus rex et heredes sui habeant et trac-
tent pro eorum amicis omnes amicos comunis astensis et partis
nunc regentis in ciuitate astensi (16) que appellatur pars guelfa
seu pars Jllorum de solario et sequentium Jpsorum vbique locorum sint extra districtum astensem si predicti voluerint venire ad amiciciam dicti domini regis et heredum suorum et quod
habebunt et tenebunt et tractabunt (360) omnes inimicos (361)
dicti comunis et dicte partis nunc regentis pro inimicis (362)
suis (363) exceptis hominibus regis (364) et vassallis

Jn donacione seu concessione supradicta domino regi facta
modo quo supra nequaquam uie publice platee glarea burburis
seu tanagrj et alueum et Jnsula Jpsi[us] *tanagrj Jntelligantur*
Jmo omnino sint excepta et Jn Jpso comuni remaneant pleno
Jure [C. XXIV.]

Jtem quod in predicta concessione (365) et donacione dictorum
Jurium et bonorum non Jntelligantur vie publice nec platee alique comunis vel singularium personarum tam dicte ciuitatis
quam extra (366) nec glarea burburis nec alueum et Jnsula tanagrj siue teneantur per aliquem siue non siue occupate vel
possesse per aliquos de ciuitate astensi (367) vel districtu siue
non siue de quibus aliquid soluatur (368) siue (118) non et omnia
fossata et barbachane comunis (369) ac rip(p)e bealium (370) et
cerche (371) comunis que remaneant et remansisse (372) Jntelligantur Jn comuni astensi (373) Jn dispos(s)icione et dominio Jpsius
comunis et quod eius vicarij (374) qui pro temporibus (375)

---

supra   (356) B: nec aliquo   (357) *In* B *manca* ab   (358) C: ipsa
(359) F. 12 r.   (360) C: tractabunt et tenebunt   (361) B: amicos   (362)
B: amicis   (363) C: comunis   (364) B: regijs   (365) B: quod supradicta occaxione   (366) C quam districtus   (367) B dicte ciuitatis
astensis   (368) C siue aliquid soluant   (369) *In* B *manca* comunis
(370) B: boalium; C: bralvini   (371) C: aroagia   (372) B: remansisse;
C: remanere   (373) C: commune astense   (374) F. 12 v.   (375) C:
per tempora   (376) C: discernere consentientibus   (377) C: exthrui

*

essent Jn ciuitate astensi teneantur Jpsas et Jpsa Jnquirere et
Jnquiri facere de nouo et dicernere consortibus (376) Jn ciuitate
astensi (16) et extrahi (377) facere et curare quod deueniant Jn
comuni saluo cuilibet persone omnj Jure suo si quod habet (378)

*Quod homines astenses et districtuales comunis astensis li-
berj sint et Jmmunes ab vniuersis et singulis pedagijs theloneis
gabellis et malato[l]tis vbicumque locorum per totam terram regiam* [C. xxv.]

Jtem quod dictus dominus rex et eius heredes faciat et faciant
comune et homines ciuitatis astensis (16) et districtus nunc dicto
comuni et parti nunc regenti Jn Jpsa ciuitate obedientes liberos
et (289) absolutos et (289) Jmmunes et Jmmunitatem concedant
ab omnibus pedagijs theloneis malato[l]tis cura[r]ijs (379) et gabellis vbicumque (380) locorum Jn terra propria Jnmediate Jpsius domini regis de Jure curiam regiam contingentibus (381) et eos
Jn eorum libertate manuteneant et conseruent possint etiam (382)
omnes ciues astenses (16) et districtuales et vassalli et (383) obedientes dicto comuni et parti nunc regenti stare et habitare Jre
et redire (384) conuersari et marchandiam (385) facere et alia
eis necessaria libere et secure Jn auere (386) equaliter et personis per vniuersam terram propriam Jnmediate regiam (387)
vbique locorum sit Jpsa terra regia exerere (388) non obstantibus
aliquibus cambiis vel represalijs aliquibus concessis vel concedendis nec aliquibus aliis causis dum tamen predicti ciues districtuales et (389) vassalli sint et (390) essent obedientes dicto domino
regi et heredibus secundum formam predictorum pactorum et
Jnfrascriptorum (391) pactorum et conuencionum

*Quod dominus rex et heredes recuperare terram que olim
fuit (392) comunis astensis toto eorum posse nitantur a quocumque delineatur qua recuperata in dictum regem proueniat*
(sic) *quemadmodum aliam* [C. xxvi.]

Jtem (393) quod dictus dominus rex et heredes eius teneantur
et debeant facere viuam guerram exercitus et caualcatas de tota
eorum terra quam habent (394) Jn partibus lombardie et citra
montes et que Jn futurum fuerit Jpsorum Jn Jpsis partibus pro

---

(378) C: iure quod est   (379) C: malatores curais   (380) C: ubique
(381) B: contingentes; C: contingentem   (382) C: passim et   (383) C:
vassalos   (384) C *agg.*: et   (385) C: marcandias   (386) B: Jnaure
(387) C: regia   (388) C: exercere   (389) C: cives districtus   (390) *In*
C *manca* sint et   (391) C: et instrumentum   (392) B: *fuit fuit.* Dopo
il primo *fuit* com. il f. 13 *r.*   (393) C: Ita   (394) C: habet   (395) C:

comuni astensi ad recuperandum castra et loca dicte ciuitatis que tenentur occupata per bannitos et (289) rebelles seu forensitos (395) dicte ciuitatis et per dominum philipum de sabaudia et per marchiones (396) hencisie (397) vel aliquem ipsorum vel per aliquas alias personas quam cicius poterint (398) bona fide quibus recuperatis (399) Jn Jpsum dominum regem perueniant ut supra (400)

Quod Jnfrascripti perpetuo banniti et forensiti a ciuitate astensi sint et teneantur cum heredibus eorumdem [C. XXVII.]

Jtem quod dictus dominus rex et eius (401) heredes teneantur et debeant (402) precise et sine tenore expulsos et forensitos (395) tenere de ciuitate astensi (16) et (289) posse et districtu et de tota eorum terra ubicumque (380) locorum Jpsam habeant et teneant omnes et singulos Jnfrascriptos bannitos forensitos (395) et (289) expulsos seu rebelles ciuitatis astensis (16) et districtus et heredes eorum (403) as[c]endentes et descendentes (404) ab eis et quolibet (405) Jpsorum et eorum et cuiuslibet (406) eorum familias tali modo quod (407) Jn perpetuum (408) Jpsi vel aliquis ipsorum seu (409) eorum vel alicuius (410) eorum familie ad ciuitatem astensem (16) vel posse redire non possint seu Jn eorum bonis vel alicuius (410) Jpsorum restitui per se vel per alium aliquo modo vel Jngenio quod dici vel excogitari possit (411). Et quod ipse dominus rex seu eius heredes vel eorum senescalcus vel quiuis alius eorum officialis modo aliquo vel ingenio (412) publice vel occulte non tractabunt consencient seu procurabunt nec etiam proponent seu (118) proponj (413) permittent (414) modo aliquo vel Jngenio Jn aliquo (415) arengo seu concione consilio publico vel priuato vel alibi quod Jnfrascripti rebelles seu forensiti dicte (416) ciuitatis astensis (16) et districtus vel aliquis Jpsorum seu familie Jpsorum vel alicuius eorum (417) redeant (118) vel red(d)ire possint ad ciuitatem astensem vel posse seu districtum (419) seu feudos vel terram vas-

---

forestatos   (396) *In* B *segue cancellato:* hensie   (397) C: Incisie
(398) B: poterit   (399) C: recuperandis   (400) *In* B *manca* ut supra
(401) *In* B *manca* eius   (402) *In* C *manca* et debeant   (403) C: et
eorum heredes   (404) C: descendentes et ascendentes   (405) C: quilibet
(406) C: cuilibet   (407) B: modo et   (408) B *agg.:* quod   (409) *In*
B *manca* ipsorum seu   (410) C: alieni   (411) *In* B *manca* quod dici
vel excogitari possit   (412) *In* B *manca il tratto da* Et quod ipse *ad*
ingenio   (413) C *agg.:* vel proponentes   (414) C: permittere; B *agg.:*
vel patirj   (415) F. 13 r.   (416) C: forestati   (417) C: ipsorum
(418) B: reddant; C: reddeant   (419) C: posse districtus   (420) C *agg.:*

sallorum seu (420) Jn eorum bonis Jn totum vel Jn partem (421)
et si quid factum esset pro predictis vel aliquo (422) eorum seu
Jn fauorem (423) Jpsorum vel alicuius Jpsorum (424) non valeat
nec teneat Jmo ex nunc (384) prout ex tunc cassum sit et Jrritum et nullius omnino momenti et pro Jnfecto (425) penitus
habeatur.

Nomina quorum bannitorum Rebellium et forensitorum et
eorum familie Jnferius describuntur (426).Jacobus guttuarius (427)
et Filij. fredericus guttuarius. Guttuarius (428) de guttuariis et
filij. Branchazonus guttuarius. Franceschinus guttuarius et filij
omnes. gulliermus guttuarius et filij. Rofflnetus guttuarius. qua-
gleta guttuarius. filij omnes legitimi et naturales loysij guttuarii.
filij omnes amedey guttuarii. filij omnes danielis guttuarii. dominicus guttuarius. Vbertetus guttuarius. filij Vasini guttuarii.
flliol *(sic)* bertholonj guttuarii. nicolinus guttuarius. petrinus guttuarius et filij. paganinus guttuarius et filij. filij philipini guttuarii omnes. filij omnes henrieti guttuarii. Thomas guttuarius
filius anthonij. Johanninus guttuarius. secundinus guttuarius. gul-
lierminus guttuarius. filij andriete guttuarii condam et omnes
fratres et filij Jpsorum. Michael guttuarius (428). filius Simonis
guttuarii naturalis et omnes et singuli masculini sexus et feme-
nini e(t) proienie seu hospicio guttuariorum (429) et assendentes
(sic) et des[s]endentes ab eis et quolibet Jpsorum ex linea masculina. Jacobus palidus et filij. daniel palidus et filij. gulliermus
palidus et filij et fratres. Viualdus palidus et filij (430). Franceschinus palidus guarcius *(sic)*. Nepotes etiam filij philipini palidi condam. Beraudus (431) palidus. filij azoni palidi. garraxinus
palidus. Johanninus palidus. Raymondus palidus et omnes as-
[s]endentes et des[s]endentes a predictis et quolibet Jpsorum ex
linea masculina. Odonus assinarius. Rogerius assinarius. Ber-

---

quod   (421) C : vel pro parte   (422) C : per predictos vel aliquem
(423) C: fauore   (424) *In* B *manca* vel alicuius Jpsorum   (425) B : et
Jnfacto   (426) C: forensitorum sunt hec....*Manca quindi in* C *tutto l'e-
lenco seguente, sostituito da una nota che dà solo, nè sempre esattamente,
i nomi delle famiglie. L'elenco, invece, fu già dato con qualche svista, che
ora si corregge, nel vol.* XVIII, 298 *segg., n., di questa* Bibl. Soc. Stor.
Subalp. *In* B *l'elenco è su due colonne. Per chiarezza, ad ogni a capo di*
(B *si mette punto nella presente edizione.*   (427) B: genta, *e così sempre*
428) *Qui, per eccezione,* B *ha la forma esatta. Sembrerebbe quindi che il*
genta, gente, *invece di* guttuarius, guttuarii, *non sia un errore grafico
di* B, *ma una vera mutazione di nome rispondente forse ad un fatto reale
o noi d'altronde sconosciuto.*   (429) B: gente   (430) F. 14 r.   (431)

recta (432) assinarius. Fulchetus assinarius et filij et omnes des-
[s]endentes ab eis et quolibet Jpsorum ex linea masculina. Mar-
chetus Jsnardus et filij. gulliermus Jsnardus et filij. Jacobinus
Jsnardus. Matheus Jsnardus. Thomas Jsnardus. filij domine borine
fratres et filij Jpsorum. Filij omnes maynfredinj (433) Jsnardi (434)
condam cui dicebatur rubeus. Johannes Jsnardus. Alegrinus Jsnardus. loysius Jsnardj et filij. gulliermotus Jsnardus naturalis gener
Jacobj Siluanj. Et omnes assendentes [et dessendentes] (435) ab
eis et quolibet Jpsorum ex linea masculina. gulliermus tur-
chus (436) et filij et nepotes et filij filiorum et tota eorum pro-
genies et stantes et habitantes cum eis et quolibet Jpsorum.
Fredericus vegletus. Johanninus vegletus eius filius. Rolinus
vegletus gulliermus vegletus leo vegletus cannagrinus vegletus
philipinus vegletus fratres. et omnes et singuli de proyenie ve-
gletorum et assendentes et dessendentes ab eis et quolibet Jpsorum ex linea masculina exceptis filijs Jacobi vegleti et louoto
vegleto et fratribus. Manuel thomas et filij. Filij Rollandi (437)
thome condam. perrotus thomas. Roffinus Thomas. Andallo Thomas et frater. Et omnes de eorum proienie et des[s]endentes
ab eis ex linea masculina. Doniotus bulla et filij. Antonius bulla.
Michael bulla. leo bulla (438). prehensalius filius (439) dicti le-
onis. Johannes bulla berga. Nicolinus de cherio et filij. lauren-
cius de cherio. Johannotus bulla bastardus. loysius bulla et omnes
as[s]endentes et des[s]endentes ab eis et quolibet Jpsorum. georgius diues. prepossitus diues. Richetus diues. galuagnus diues.
bartholomeus diues. Et omnes de eorum progenie et assendentes
et des[s]endentes ab eis. Viualdus testa. Jacobus testa bartholomeus testa [et] filius. galuagnus testa. bartholomeus de sancto
Johanne et frater. philipinus de sancto Johanne. aynuntus (sic)
de sancto Johanne et omnes de eorum proienie et as[s]endentes
et des[s]endentes ab eis et Jpsorum quolibet ex linea masculina.
Bombertus bertaudus et filij. Bonifacius bertaudus et filij. dominus Johannes bertaudus Judex. Raymondus bertaudus et fratres. Nicolinus bertaudus et filij. philipinus bertaudus (440) et
filij. obertus bertaudus et filij. pe[re]grinus bertaudus et filij.
perrotus bertaudus de cabalerio et fratres et omnes as[s]endentes
et des[s]endentes ab eis et quolibet Jpsorum ex linea masculina.

B: Berandus   (432) B: Bereca   (433) Segue cancellato: de Sam   (434)
B: Jsanardj   (435) La necessità di quest'aggiunta è evidente.   (436) B:
tonchus   (437) B: Rolle   (438) F. 14 r.   (439) B: plus salius filij
(440) B: bertautus   (441) La j è corretta su una o.   (442) Sic in B;

Jacobus de catena et filij. gauceronus de catena [et] albertonus de catena ambo filij carandj (441) de catena. Rubeus de catena et omnes assendentes et des[s]endentes ab eis ex linea masculina. Caualerius chacheyranus filius francisci notarij. obertonus chacheyranus et des[s]endentes ab eisdem. Facinus de occhis et fratres et des[s]endentes ab eis. Johannes scarampus et filij. secundinus scarampus. menre (442) scara(ra)mpus eius frater et fratres eorum et des[s]endentes ab eis. Johannes bergogninus et des[s]endentes ab eo. Andreas layolius et omnes filij et de[s]-sendentes ab eis et quolibet eorum. Astexanus curletus de malamorte et filij. Raymondus de ferra de malamorte et filij. filij omnes et heredes domini bertrami de comentina condam (443). Et omnes des[s]endentes ab eis. perrotus becharius bastardus. henricus machaluffus et filij. Et des[s]endentes ab eis. oddonus de platea. Jordanus de platea de cabalerio. Et omnes alij de platea de cabalerio et ab eis des[s]endentes. Antoninus de sorbrito et filij et des[s]endentes ab eo. Meyllanus pella et filij et des[s]endentes ab eis. Raymondus calchaneus. Jacomacius calchaneus. bonusetbellus calchaneus et des[s]endentes ab eis. gulliermus de vayo et filij omnes. ogerinus de vayo. bartholomeus de vayo. petrinus de vayo et filij. Johanninus de vayo bocia et omnes des[s]endentes ab eis. Jacobus morandus et filij. petrus morandus et filij. et omnes ab eis des[s]endentes. obertus gambarellus et omnes ab eo des[s]endentes. Jalneus de poncio et filij et omnes des[s]endentes ab eis. Thomas bellonus et filij et omnes ab eis de[s]-sendentes. manuel geniper et omnes ab eo des[s]endentes. dominicus de alaxio. Jacobus acarinus. Roffinus boxia. gulliermus de platea. arnaldonus gallina de guardia. minus crecha. georgius de montegrosso notarius et filij et filij filiorum ac filij et fratres (444). Minotus de portis et fratres. Rometus tonditor. gulliermus dolchanus. gulliermus branotus. petrus de archu. Jacobus longus notarius. persauallus barberius et filij. Raneta peliparius et filius. commotus de monlucio formaiarius et filij. Jacobus specialis copus (sic). benentinus eius frater. sfeironus manesserius notarius et filij. henricus fusnellus et consanguiney. Thomas rex de montebersario. Raymondinus de lanerijs. et omnes freppi de Sancto marciano. clericus de bertolotis et omnes et singuli de[s]-sendentes a predictis et quolibet (445) predictorum ex linea masculina et cuiuslibet eorum familia.

---

forse uietus o menfre[dus]   (443) F. 15 r.   (444) *Sic in* B; *ma forse*
filii ex fratre *(o ex fratribus)*   (445) B: qualibet   (446) F. 15 r.   (447)

(446) *Quod dominus rex bona omnium predictorum banni-*
torum habeat et percipiat [C. xxviii.]

Et quod dictus (343) dominus rex et eius heredes habeant et
habere debeant omnes terras et possessiones et bona supradic-
torum bannitorum rebel[*l*]ium et forensitorum (447) ciuitatis
astensis (16) et Jn eos perueniant pleno Jure saluo Jure omnium
personarum obediencium dicto domino regi et parti nunc regenti Jn ciuitate (448) astensi (16) Jus habencium Jn Jpsis bonis
et rebus vel aliquibus eorum et earum (449)' alios autem bannitos seu rebelles et forensitos (395) ciuitatis predicte reddire
et restituere possit dictus dominus rex et eius heredes ad ciuitatem astensem (16) et districtum et (289) Jn eorum bonis restituere (450) cum consciencia (451) tamen (452) et voluntate cc-
munis astensis (16) et partis nunc regentis Jn ciuitate astensi (16)
seu generalis consilij Jpsius ciuitatis astensis (453) totius (454)
vel trium partium dicti consilij ad minus hoc addito (455) quod
in mulieribus maritatis Jllis qui mandatis dicti (456) domini regis
et dicti (457) comunis astensis (16) obediunt predicta non vindicent sibi locum

Quod dominus rex omnes bannitos forensitos [et] *rebelles*
comunis astensis pro suis rebellibus bannitis et Jnimicis ha-
beat et teneat per totam suam terram vbicumque [C. xxix.]

(458) Jtem quod dictus dominus rex et eius heredes teneantur
et debeant omnes Jnimicos bannitos forensitos et rebelles ciuitatis astensis et districtus habere et tenere pro Jnimicis foren-
sibus et rebellibus suis et omnium terrarum suarum Jta quod
modo (quod) Jpsos et quemlibet Jpsorum teneantur et debeant
capere (459) detinere et arrestare Jn auere et personis et Jpsos
et quemlibet Jpsorum dis[*s*]ipare et dis[*s*]iparj facere toto posse

Quod dominus rex non possit fierj facere monetam Jn ci-
uitate astensi vel posse comuni tamen faciente (460) *quando*
voluerit [C. xxx.]

(461) Jtem quod dictus dominus rex et eius heredes non possint facere seu fierj facere aliquam monetam Jn ciuitate A-
stensi (16) seu districtu sed dictum comune astense possit (462)

C: forestatorum   (448) C: regenti civitatem   (449) *In* B *manca* et
earum   (450) *In* C *manca* restituere   (451) C: sciencia   (452) B:
tantum   (453) C: Ast; *in* B *segue cancellato:* et districtum   (454) B:
totam   (455) B: adito   (456) *In* B *manca* dicti   (457) *In* C *manca*
dicti   (458) *Tutto questo alinea, o capo 28, manca in* C.   (459) B:
capare   (460) B: facere   (461) F. 16 *r.*   (462) C: sed dicti Astenses

facere et fierj facere Jn dicta ciuitate et posse monetam et monetas et monetam et monetas expendere et expendi facere Jn
Jpsa ciuitate posse et districtu ad Jpsius comunis liberam voluntatem dummodo non fiat deterior moneta Jn Ast quam modo
sit vel expendatur (463)

*Quod dictum comune Astense capitulare possit et capitula
facere et facta corrigere et emendare et Jpsi ad[d]ere et diminuere ad Jpsius comunis liberam voluntatem* [C. XXXI.]

Jtem quod dictum comune possit capitulare et capitula con-
dere statuere reformare (464) et (465) prouidere et (465) ordinare capitula et in capitulis ordinamentis (164) reformacionibus,
prouicionibus (466) et ordinacionibus corrigere ad[d]ere et diminuere quocienscumque dicto comuni placuerit et sicut placuerit dicto comuni ad quorum obseruanciam (467) dictus dominus rex et eius heredes et eorum officiales teneantur saluis
pactis et conuencionibus superius et (468) Jnferius contentis (469)
et honore regio et fidelitate regia et heredum suorum

*Quod dominus rex curare debeat et (470) toto suo posse
nitatur quod omnia castra ville et fortalicie (471) que olim
erant comunis astensis a quocumque detineantur perueniant
Jn forciam dicti domini regis et comunis* [C. XXXII.]

Jtem quod dictus dominus (472) rex et eius heredes teneantur
toto eorum exforcio facere et curare quod omnia castra ville (473)
fortaricie (474) dominia et segnorie detenta et detente per comune astense (16) per aliquod tempus a vigintiquinque (475)
annis citra vbicumque sint et per quoscumque detineantur
nunc (476) vel detinebuntur Jn futurum (477) perueniant Jn forciam et bayliam (478) dicti comunis (479) et dicti domini regis
et heredum et contra omnes Jpsas et Jpsa (480) detinentes viuam guerram facere ad voluntatem curie regie et dicti comunis
quousque Jn forciam (481) dicti domini regis et (118) heredum
suorum peruenissent vt supra et locum mustiole (482) reflcere
ad voluntatem dicti comunis salua terra quam tenet nunc dominus noster rex que penes ipsum et heredes suos remaneat

possint (463) C: que modo fit seu expenditur (464) B: et refirmare
(465) *In* B *manca* et (466) B: promissionibus (467) B: conseruan-
ciam; C: observationem (468) *In* B *manca* superius et (469) B:
conuentis (470) B: *a*/ (471) B: *fortancie* (472) *In* B *manca* dominus (473) *In* C *manca* ville (474) C: fortaritia (475) C: a
triginta (476) C: nunc detineantur (477) F. 16 r. (478) C: fortia
et baylia (479) *In* C *manca* dicti comunis (480) C: ipsa et ipsas
(481) C: fortia (482) C: Murtiole (483) C: remaneat ex nunc (484)

vt est nunc (483) et saluo eo quod si castrum vignalis recupe-
raretur (484) seu alia castra que comune astense (16) tenuit Jn
monteferrato quod Jbi possit ponere dictus dominus (472) rex
vel eius senescallus (15) castellanos de Ast vel (485) districtu
seu de prouincia

Si aliqui de terris vel familia domini regis vel suorum
officialium maleficium aliquod comisserit (sic) *Jn ciuitate a-*
stensi vel posse eandem penam paciantur quam paterentur
si Jpsi malefactores essent de ciuitate [C. XXXIII.]

Jtem quod si aliqui (486) de familia vel de terris dicti domini
regis vel officialium suorum aliquod maleficium Jn ciuitate a-
stensi (16) vel districtu comis(s)erint (487) eandem (488) penam (489)
paciantur quam pateretur ciuis (490) astensis (16) qui simile (491)
maleficium comis(s)isset et per vicarium ciuitatis astensis (16) puniatur hoc ad[d]ito quod si familiares regis (492) et domini senescalli (493) et stipendiarij (494) regij per dominum senescallum (495) Jn ciuitate astensi (16) modo premisso puniantur (496)

Jn quo loco quis maleficium comis(s)erit ciuis silicet vel di-
strictualis Astensis Jn loco et non alibi puniri possit et mule-
tari et de dicto loco solummodo bannirj [C. XXXIV.]

Jtem (497) si contingeret (498) quod aliquis ciuis astensis (16)
vassallus vel districtualis Jpsius ciuitatis vel aliquis (499) de posse
et districtu dicte ciuitatis aliquod maleficium comitteret Jn terra
predicti domini regis vel Jn qua Jpse dominus rex Jus haberet (500) quod Jlle qui maleficium comitteret solummodo (501)
puniri possit (502) et puniatur (503) Jn loco Jn quo maleficium (504) comis(s)isset (505) et Jbi capi et alibi non et de dicto
loco Jn quo maleficium comissis(s)et possit banniri et non de alia
terra dicti domini regis sed Jn ea libere et secure (506) stare
possit non obstante quod dictum maleficium comissis(s)et

Omnia acta et Jnstrumenta et alie conuenciones quecumque

C: recuperaret   (485) B: videlicet   (486) C: aliquis   (487) C: co-
miteret   (488) C: eidem   (489) B: pena   (490) C: paterentur cives
(491) C: similem   (492) B: regij   (493) C: et dominus senescalcus
(494) C: stipendiati   (495) C: senescalcum   (496) *A questo alinea segue*
in C un altro alinea che manca in B: Jtem quod omnes uniones et lige,
promissiones et obligationes cuiuscumque tenoris existant hodie retro facte
et inite inter partes predictas, sint ipso iure remisse et casse, et irrite et
nullius valoris   (497) B *agg.*: quod   (498) *In B l'ultima e di* contingeret *è corretta su* i   (499) B: aliquos   (500) C: habet   (501)
C: comittet solo modo   (502) C: possit puniri   (503) *In C manca et*
puniatur   (504) F. 17 r.   (505) C: comisit   (506) C: suave   (507(

facta et facie eo tempore quo Jlli de solario erant extra ci-
uitatem astensem cassa et casse sint omnino [C. XXXV.]

Jtem quod omnia Jnstrumenta pacta et conuenciones et omnia
acta facta tempore (507) quo Jlli Solario erant extra ciuitatem
Ast (508) vel per aliquos tunc habentes bayliam a (509) comuni
astensi (16) sint cassa et nullius valoris

Quod Jpse dominus Rex teneatur toto suo posse Juuare et
manutenere quemlibet ciuem et districtualem astensem si
forte per aliquem potentem dominum aliquando Realiter et
personaliter conti(n)g[er]it Jmpediri Jn Jpsius potentis domini
terra vel districtu et eidem sic Jmpedito opem et operam ad
Jpsum deliberandum efficaciter Jmpertiri [C. XXXVI.]

Jtem (497) si contingeret (510) quod absit quod dominus comes
sabaudie seu dominus philipus (511) de sabaudia aut dominus (512)
dalphinus vi[e]nnensis (513) vel quivis alius dominus (472) citra-
montanus vel vltramontanus pro predictis pactis et conuencionibus vel occaxione Jpsorum vel Jpsarum (514) alicui ciui vel
districtuali (515) ciuitatis astensis (16) aliquam Jniuriam vel (516)
faceret Jn persona (517) vel rebus seu aliquem ciuem vel districtualem ciuitatis astensis (16) Jn persona (518) vel rebus mobilibus et Jnmobilibus (519) caperet detineret vel arestaret (519)
vel aliquo alio (520) modo Jmpediret quin (521) Jpsi ciues et
quilibet Jpsorum de Jpsis bonis et rebus possint vti (522) et facere prout facere et vti (523) consueuerunt quod tunc et Jn Jllum (524) casum et euentum dominus rex et eius heredes et
quicumque eorum officiales teneantur et debeant efficaciter predictos ciues et districtuales Juuare ad (525) Jus eorum habendum et consequendum contra omnes et singulos qui (526) Jpsos
Astenses (527) et districtuales occaxione predicta caperent (164)
detinerent seu arrestarent (528) Jta et taliter quod Jpsi ciues
et districtuales taliter detenti et arrestati possint et eis liceat
quoscumque (529) ciues uel aliquem Jpsorum ceperint detinue-

C: tempore facta   (508) *In* B *manca* Ast   (509) C: pro   (510) C:
contingerit   (511) C: Filippus   (512) *In* C *manca* aut dominus   (513)
C: dalfinus, Ianuenses   (514) *In* B *manca* vel Jpsarum; C *agg. anche:* et
(515) B: districtualis   (516) C: seu   (517) B: personam   (518) B:
rebus et mobilibus   (519) C: caperent detinerent seu arestarent   (520)
In B *manca* alio; *in* C *manca* aliquo   (521) C: impedirent, cum   (522)
C: ut possint   (523) *In* B *manca* prout facere et vti   (524) C: et nullum
(525) B: et Et. *Fra i due et comincia il f.* 17 *v.*   (526) C: quod   (527)
In B *manca* Astenses   (528) C: caperet, detineret seu arrestaret   (529)

rint seu arrestauerint (530) et omnes et singulos eorum sub-
di(c)tos et vassallos et omnes et singulos qui Jn eorum terris (531)
vel aliqua (532) Jpsarum starent seu habitarent capere detinere
seu (62) arrestare Jn auere equaliter et personis per vniuersam
terram Regiam et vbique locorum Jn quibus dictus (343) dominus rex et eius heredes haberent (533) seu habuerint (534) potestatem aliquam seu bayliam usque ad Jntegram solucionem et
(535) restitucionem omnium eorum (536) que predictis (537) ciuibus et districtualibus seu alicui eorum (164) occaxione predicta
caperentur arrestarentur seu detinerentur ad eorum et cuiuslibet Jpsorum (538) liberam voluntatem contradicione (539) cuiuscumque senescalli seu (540) vicarii (541) presidis et officialis
dicti domini regis et heredum et cuiuscumque (542) alterius persone non obstante Actum est etiam quod dictus dominus rex
seu heredes aliquam compos(s)icionem (543) facere non possint
(544) vllo modo cum aliquo ex predictis qui predictos ciues et
(289) districtuales vel aliquem Jpsorum caperent detinerent vel
arrestarent vt supra nec Jpsos vel aliquem Jpsorum ad eorum
graciam reducere quousque omnia ea que predictis ciuibus et districtualibus vel alicui eorum cepissent detinuissent seu arrestas-
sent Jntegraliter restituerint ad eorum liberam voluntatem

*Quod petrus bochonus et eius heredes per successionem per-
petuo sint precones ciuitatis astensis* [C. XXXVII.]

Jtem quod petrus bochonus nuncius et preco (545) comunis
astensis (16) et eius heredes masculi et des[s]endentes ab eo
stent et remaneant Jn dicto officio et dictum officium exerce-
ant sicut hactenus consueuit dictus petrus habendo et perci-
piendo a dicto domino rege et (546) heredibus seu eorum curia
tantum salarium quantum nunc habet et habere consueuit a
comuni astensi (16) Quod salarium eidem petro et heredibus per
clauarium curie regie astensis sine aliqua diminucione persoluatur

*Quod dominus Rex et eius senescallus toto eorum posse
curare teneantur quod caraschonus de solario et eius socii*

C *agg.:* qui   (530) B: caperit detinueret seu arrestaret; C: caperet detineret seu arrestaret   (531) C: terra   (532) B: aliquam   (533) C:
habent   (534) B: habitaret; C: habuerunt   (535) *In* C *manca* solucionem et   (536) *In* B *manca* eorum   (537) C: omnium eorumque predictorum   (538) C: eorum   (539) B: contradicere   (540) C: uniuscumque
senescalcus   (541) B: vicario   (542) C: uniuscumque   (543) C: com-
pensationem seu unionem   (544) B: possit   (545) C: nuncius et trom-
bator   (546) F. 18 r.   (547) B: *absides*   (548) B: *de manibus de manibus*

obsides (547) *domini philipi de sabaudia de manibus* (548)
eius libere relaxentur [C. XXXVIII.]

Jtem quod dictus dominus rex et eius senescallus (15) et
quicumque eius officiales et fidel(l)es comit(t)atus pedemontis
teneantur eorum posse et bona fide facere et curare quod cla-
raschonus filius pilochi de solario quondam. filius Lexete de
Solario (549). filius roffineti caço cignaschi (550), filius Sin-
baudi (551) de solario. filius Raymondini mignanj (552) et (463)
filius aymerici caço omnes de hospicio Jllorum de solario qui
dati fuerunt Jn manibus et forcia domini gulliermi (553) de
montebello militis pro hostagijs et confinibus tenendis et qui
per dominum philipum (554) de sabaudia detinentur captiui (555)
expediantur et rel(l)axentur de manibus et forcia predictorum
domini philipi (556) et gulliermi (553) et cuiuslibet eorum libere
et expedite (384) sine aliquibus sumptibus seu redemptione quam
cicius poterint bona fide et si predicti et quilibet (557) predictorum expediti non fuerint per predictos et quemlibet predictorum et libere (558) relaxati sine aliqua redemptione seu (118)
sumptibus quod (559) tunc et (465) Jn Jllum casum et (560)
euentum dictus dominus rex non possit Jpsos dominos (561) philipum (554) et gulliermum (562) nec (118) aliquem Jpsorum ad
suam graciam recipere vel retinere (563) nisi prius dictis (564)
pueris et Juuenibus relaxatis et expeditis modo premissis. Actum
etiam (565) est expresse quod dominus senescallus regius (566)
teneatur quociens (567) dicta pacta per dictum dominum regem (568) fuerint confirmata seu (569) quociens (570) ab Jllis
de solario seu aliqui[*bu*]s Jpsorum fuerit requisitus requirere
et monere predictos dominos philipum (554) et gulliermum (562)
et quemlibet Jpsorum per literas vel alio modo quod Jnfra
mensem vnum predictos Juuenes et quemlibet Jpsorum libere
et expedite modo premisso quo supra (571) debeant restituere
et relaxare (572) Quod si non fecerint predicti de solario et
quilibet Jpsorum per se et quoscumque voluerint possint et eis

(549) *In* B *manca* quondam. filius Lexete de Solario   (550) C: Roffinetti
Cazo, Aguachi   (551) C: Sinibaudi   (552) B: magnani; C: Raumundini Mi-
gnavi   (553) C: Guglielmi   (554) C: Filippum   (555) B: capturi   (556)
C: Filippi   (557) *In* B quilibet *è corretto su* quodlibet   (558) *In* C *manca*
libere   (559) C: ex   (560) B: vel   (561) C: ipsum dominum   (562) C:
Guglielmum   (563) *In* B *manca* vel retinere   (564) C: predictis   (565)
In C *manca* etiam   (566) C: regius senescalcus   (567) C: quoties   (568)
In B *manca* per dictum dominum regem   (569) *In* B *ed in* C *manca* seu
(570) C *agg.*: inde   (571) C: expedite eos   (572) C: relaxare et restituere;

liceat auctoritate regia predictos dominos philipum (554) et gulliermum (562) et quemlibet eorum et eorum (573) et cuiuslibet eorum homines subdi(c)tos et vassallos et quoscumque alios stantes et (516) habitantes Jn terra (574) et locis Jpsorum et cuiuslibet Jpsorum Jn auere equaliter et personis vbicumque (380) locorum Jn terra dicti domini regis et alibi vbicumque capere detinere et arrestare et captos (164) detentos et arrestatos detinere ad eorum liberam voluntatem quousque predicti Juuenes (575) cum expensis quas facerent ob hanc causam fuerint restituti Jntegraliter et ad (576) predicta facienda predictus (577) dominus senescallus (15) presens et futuri et quicumque alij fidel(l)es regis (492) teneantur predictis de solario dare forciam et virtutem (578) hoc eodem modo et forma fiat et obseruetur pro filio petri rasparelli (579) qui per bayliuum val[l]is secuxie Jn carceribus detinetur contra dominum comit(t)em sabaudie et terram suam et homines et subdi(c)tos suos (580)

Quod raciones Castellanorum seu eorum qui castra comunis hactenus custodierunt et sunt de parte nunc regente fiant per raxonerios comunis quibus factis Jnfra tres menses soluatur eisdem [C. XXXIX.]

Jtem quod raciones castellanorum seu Jllorum qui castra comunis astensis (16) hinc retro custodierunt et qui sunt de parte nunc regente Jn ciuitate astensi (16) siue de parte Jllorum de solario fia[n]t et fierj debea[n]t per raxonerios comunis astensis (581) de omni et toto eo quod Jpsi castellani seu aliquis Jpsorum habere debent et recipere occaxione custodie facte seu guardie dictorum castrorum vel alicuius eorum seu occaxione aliquarum expensarum quas Jpsi (582) seu aliquis Jpsorum fecissent pro Jnforciamento (583) et deffensione Jpsorum castrorum qua racione facta Jpsis castellanis et cuilibet Jpsorum soluatur et solucio fiat de omni et toto eo quod habere debuerint occaxionibus supradictis et qualibet earum Jnfra tres menses proximos subsequentes per comune astense (16) non obstantibus aliquibus supradictis Et (584) si predicta castra seu aliquod Jpsorum Jnfra dicta tempora (585) recuperarentur seu haberentur

B: f. 18 r.   (573) *Sic in B ed in* C.   (574) C: territorio   (575) *In* B *segue cancellato*: qı   (576) C: integraliter restituti, contra   (577) *In* B *manca* predictus   (578) C: valorem   (579) B: rasparali   (580) *In* C *manca il tratto da* hoc eodem *a* suos   (581) *In* C *manca il tratto da* siue de parte *ad* astensis   (582) B: Jpse   (583) C: inforciando   (584) B: Quod   (585) F. 19 r.   (586) *In* C *manca il tratto da* vel aliquem ciuem *ad* asten-

per dictum dominum regem seu eius curiam vel gentem suam
seu per comune astense (16) vel aliquem ciuem seu districtualem astensem (586) Jllud quod captum esset seu Jn forciam (587)
dicti domini regis vel alicuius (588) predictorum peruenire (589)
Jn manibus et forcia Jllius qui predictum castrum custodie-
bat (590) eo tempore quo Romanorum rex Ast ap[p]licuit detur
et restituatur (591) et Jpsum teneat et habeat quousque Jn Jn-
tegrum (592) habuerit solutionem (593) de omni et toto eo quod
habere debuerit occaxione custodie dicti castri et (465) expensarum factarum per Jpsum (594) Jn Jpso castro modo premisso

*Quod libertates aliquibus hactenus concesse siue per dictum
comune siue per Romanorum regem casse sint et nullius
valoris* [C. XL.]

Jtem quod omnes libertates et franchisie retro concesse aliquibus ciuibus astensibus (595) seu districtualibus Jpsius ciuitatis per comune astense (16) vel aliquem seu aliquos habentem
seu (596) habentes bayliam a dicto comuni seu per dominum
romanorum regem sint casse Jrrite et nullius valoris Jta quod
dictus dominus rex siue (516) eius heredes vel aliquis eorum
officialis (597) ad earum (598) [obseruantiam] minime teneantur

*Quod Jpse dominus rex et eius heredes dare teneantur
auxilium et Juuamen catalano caço (599) ad Jus Jpsius prosequendum contra Jacobum de mercato de eo quod apparebit
Jpsum habere debere ab eodem* [C. XLI.]

Jtem quod dictus dominus Rex et heredes et eorum senescallus (15) et officiales teneantur dare forciam et virtutem catha-
lano caço (599) de solario ad omne Jus suum prosequendum
contra Jacobum de mercato et alios de mercato (600) de omni
et toto eo quod apparebit Jpsum cathalanum Jus habere contra
eos (601) per aliquam cartam siue (516) scripturam vel alio
modo et ad exigendum habendum et (465) excuciendum omnia
predicta a predictis (602) de mercato omni (603) Jure et modo
quibus melius poterint (604) et quam cicius poterint (605) bona
fide cum omnibus expensis dampnis et Jnteresse factis et faciendis per predictum cathalanum (606) pro predictis vel eo-

sem   (587) B: forcia   (588) *In* B *manca* alicuius   (589) C: peruenient
(590) C: custodiebant   (591) C: restituetur   (592) C: quousque integre
(593) C: solutum   (594) C: eum   (595) B: civitatis Ast   (596) *In* C
manca habenten seu   (597) B: officiales   (598) B: eorum   (599) B: *caco*
(600) *In* B *manca* et alios de mercato   (601) B: enm   (602) C: predicto
(603) C: de   (604) B: poterit   (605) *In* B *manca* et quam cicius poterint

rum (607) occaxione et dictum cathalanum manutenere et deffendere Jn possessione (608) et tenuta omnium et singularum
terrarum et possessionum que fuerunt (609) predictorum de
mercato Jn quibus Jpse cathalanus pos(s)itus esset aut ponerc-
tur (610) Jn futurum per aliquem potestatem vicarium seu pre-
sidem ciuitatis astensis (16) Jn possessione aliqua occaxione
predicta

*Quod Jpse dominus rex et eius senescallus teneatur et de-
beat* (611) *quam cicius poterit Jnforciarj facere ciuitatem
astensem et burgos* [C. XLII.]

Jtem quod dictus dominus rex et eius senescallus (612) teneatur et debeat precis(s)e et sine tenore omnibus modis quibus
poterit et quam cicius poterit (613) Jnforciare (614) et Jnforciarj facere ciuitatem astensem (16) et burgos coherentes ciui-
tatj (615) spaldis muris (384) fossatis et alijs quibuscumque for-
taricijs prout Jpsi domino senescallo (58) et sapientibus ciuitatis astensis (16) videbitur et per Jpsos ordinatum fuerit et
prouis(s)um

*Quod Jpse dominus rex et quicumque Jpsius officiales te-
neantur omnes paces et concordias quorumcumque ciuium
et districtualium ciuitatis astensis hactenus factas perpetuo
facere obseruarj* [C. XLIII.]

Jtem teneantur (616) dictus dominus rex et eius heredes et
quicumque eorum senescallus (13) et officiales tam presentes
quam futuri attendere et obseruare et firmas tenere et attendj
et obseruarj et firmas teneri facere perpetuo et cum effectu
omnes et singulas paces et concordias hinc retro factas et habitas Jnter quascumque personas ciuitatis astensis (16) et districtus Jn (617) omnibus et per omnia et sicut (618) Jn Jnstrumentis de Jpsis (619) pacibus et concordijs plenius continetur
et scriptum est

*De debito domini perciuallis de solario cui dicebatur vespa
persolui faciendo* [C. XLIV.]

Jtem quod dictus (620) dominus (621) senescallus (13) et quicumque alij officiales curie regie ciuitatis astensis (16) tam presentes quam futurj teneantur et debeant precis(s)e et sine tenore

---

(606) *In* C *manca* cathalanum   (607) C: earum   (608) F. 19 r.   (609) C:
fuerint   (610) C: ponetur   (611) *Segue cancellato*: precise   (612) C: Item
quod dictus dominus senescalcus   (613) *In* B *manca* poterit   (614) B:
Jnforciarj   (615) C: civitatis   (616) C: teneatur   (617) *In* C *manca* Jn
(618) C: prout   (619) C: de quibus   (620) *In* B *manca* dictus   (621) *In*

sic facere et curare cum effectu quod per comune astense (16)
et de peccunia et auere comunis ast soluatur et solucio fiat Jn
denariis numeratis perciualo (622) de solario cui dicitur vespa
de libris IJᴹCCC (623) astensium (16) quas dictus perciual-
lus (624) recipere (622) et habere debet (626) a comuni supradicto (627) et que (628) eidem per dictum comune solui debe-
bant (629) certis terminis Jamdiu elapsis prout Jn Jnstrumentis
publicis Jnde factis (630) plenius continetur cum dampnis et
Jnteresse que dictus perciualus substinuit eo (62) quod sibi solutum non fuit de debito predicto terminis ordinatis per comune
supradictum que dampna et Jnteresse sint Jn arbitrio (631) et
dispos(s)icione dicti domini senescalli (18) que solucio tam dicte quantitatis (632) quam dampna expense ac (633) Jnteresse
predictorum fiat et fieri debeat dicto perciualo per comune a-
stense (16) Jnfra (634) menses tres proxime (635) venturos
vel (636) per dictum comune Jnueniatur (637) modus et via
Jnfra (638) dictum terminum talis (639) et taliter quod dictus
perciualus contentus existat ad eius liberam voluntatem

Dominus senescallus teneatur auxiliari et Juuare domi-
num Rubaldum mignanum (640) et socios contra marchio-
nem saluciarum [C. XLV.]

Jtem quod dictus (641) dominus senescallus (15) et quicumque
alij offciales regij et omnes (642) et singuli de terra regia co-
mit(t)atus pedemontis teneantur et debeant modis omnibus quibus melius poterint (643) dare forciam et (644) virtutem consilium auxilium et fauorem domino robaldo (645) mignano et
aliis mignanis (646) conrado bocio (647) et fratribus et mayn-
fredo (648) caço (599) ad omne Jus suum consequendum et habendum contra dominum marchionem saluciarum occaxione
questionis quam predicti habent cum predicto marchione (649)
occaxione castri reuelli et alia occaxione quacumque

C *manca* dominus   (622) B: persaualo; C: persivalo   (623) C: 2400
(624) B: persauallus   (625) B: recepere   (626) *Qui finisce il f. 19 r. Il*
f. 20 fu tagliato prima di esser scritto: comincia quindi il f. 21 r.   (627)
C: a dicto comuni   (628) C: quod   (629) C: debeant   (630) C: iam factis
(631) B: albitrio   (632) C: tantum dicte quantum   (633) B: dampnum et
expense ac; C: damna et   (634) B: Jnfras; *ma la s è cancellata*   (635) C:
proximos   (636) C *agg.*: quod   (637) B: Jnueniaturi   (638) C: inter
(639) *In C manca* talis   (640) B: *magnanum. Ma cfr. infra.*   (641) C:
predictus   (642) *In C manca* et omnes   (643) B: potuerit   (644) *Segue*
cancellato: f.   (645) C: Robando   (646) *In B manca* et aliis mignanis
(647) C: Conrado.......   (648) C: Maynfredino   (649) *In B manca il tratto*
da saluciarum *a* marchione   (650) *In C manca* quod e *si agg.* teneantur

*Quod dominus senescallus et procurator regius teneantur
sic facere et curare quod dominus* [rex] *premissa confirmet*
[C. XLVI.]

Jtem quod (650) dictus dominus senescallus (15) et procurator
regius teneantur (651) facere et curare cum effectu et (289)
quam cicius poterunt (652) omni fraude remota quod dictus (653)
dominus rex per se et heredes suos predicta omnia et singula
rat(t)ificabit confirmabit et ap|*p*|robabit (384) per se vel per
alium ex parte Jpsius legitime constitutum et ordinatum prout (654) Jurata fuerunt (655) de qua confirmacione et approba-
cione patebit seu (656) apparebit per (657) publicum Jnstrumentum bullatum bulla aurea dicti domini regis quam predicto comuni expensis propriis dicti domini regis (658) Jn ciuitate a-
stensi (16) dare et tradere promis(s)erunt

(659) *Juramentum prestatum super premissis per prefatos
sindicos et sapientes ut Jnfra* [C. XLVII.]

Que quidem omnia et singula supradicta predicti quatuor et
sindicus nomine et vice comunis astensis (16) promis(s)erunt et
conuenerunt prenominato (660) domino senescallo (58) Jamdicti
domini regis et heredum suorum nomine (661) recipienti et Jn
eius manibus tactis sacrosanctis scripturis corporaliter ad sancta
dey euangelia Jurauerunt attendere et obseruare et firma tenere
et obseruarj et firma tenerj (662) facere cum effectu per comune
astense (16) et omnes et singulos districtuales et vassallos eiusdem ciuitatis perpetuo et nullo tempore contra facere vel
venire nec (118) alicui contrauenienti aliquo modo consentire
de Jure vel de facto

*Conclusio omnium premissorum conuencionum per Jam-
dictos sindicum et sapientes nomine dicti comunis* [C. XLVIII.]

Jnsuper prenominati quatuor et sindicus eorum proprijs nominibus et nomine et vice comunis astensis et tocius vniuersi-
tatis (663) eiusdem ciuitatis et omnium et singulorum districtualium et vassallorum dicte ciuitatis sacramentum fidelitatis (664)
prestantes Jn manibus (665) Jamdicti domini senescalli (666)
sepedicti domini regis et heredum nomine stipulantis et (465)

---

(651) *In C manca* teneantur   (652) C: poterit   (653) C: prefatus   (654)
In C manca prout   (655) C: fuerint   (656) *In C manca* patebit seu
(657) *In B ed in C manca* per   (658) *In B manca il tratto da* quam pre-
dicto *a* regis   (659) F. 21 r.   (660) C: prenominata : iam dicto   (661)
B *agg.:* Jpsorum   (662) C: attendere   (663) C: universitatis totius   (664)
C: fidelitatis sacramentum   (665) *In C manca* Jn manibus   (666) C:

recipientis nomine quo supra promis(s)erunt et Jurauerunt corporaliter vt supra sese et (465) vniuersos et singulos de ciuitate
Ast (667) et posse et districtu et vassallos eiusdem ciuitatis a-
stensis (668) a modo et Jn perpetuum esse fideles homines et
vassallos eiusdem domini regis et heredum suorum et eos manutenere et deffendere et Juuare (669) contra omnes personas
excepto (670) contra Romanam ecclesiam et omnia eorum Jura
et bona vbique locorum conseruare et augere (671) pro posse
et quod aliqua que sint vel veniant contra Jpsum dominum regem et heredes vel nuncios suos vel aliquid aliud Jn eorum vel
alicuius (672) eorum seu terre Jpsius domini regis quam nunc
tenet seu tenebit preiudicium vel grauamen nullatenus (673)
consencient vel procurabunt Jmo si qua sciuerint aut senserint
per aliquam (674) personam fierj vel procurarj contra honorem
Jpsius domini regis et heredum vel Jn Jpsorum vel eorum terre
preiudicium vel grauamen ea omnia totis viribus deffendent (675)
vel si non possent deffendere prout poterunt Jmpediunt seu
disturbabunt (676) et ea omnia Jpsi (677) domino regi et heredibus aut eorum nuncijs per sese vel alium quam cicius poterunt reuelabunt et generaliter omnia alia et singula facient et
Jmplebunt que boni et fidel(l)es homines et vassalli pro suo
bono et vero domino facere tenentur et debent et que (628) Jn
singulis capitulis de (45) vsu feudorum continentur et perpe-
tualiter obseruabunt et omnia alia que Jn nova et veteri (678)
forma fidelitatis continentur

*Similiter dictus dominus senescallus premissa per domi-
num regem ratificarj et ap[p]robarj promis(s)it [C. XLVIII.]*

Versa vice prenominatus dominus senescallus (15) promis(s)it
et conuenit supradictis dominis quatuor et sindico bona fide
totis viribus sic facere et curare cum effectu (679) quod dominus
rex supradictus (680) predicta omnia et singula rat(t)if(f)icabit
confirmabit et ap[p]robabit Jn omnibus et per omnia et prout
et sicut superius continetur et scriptum est (681)

(682) Et de predictis omnibus et singulis michi bartholomeo

---

iam dicto domino senescalco   (667) B: dicte ciuitatis   (668 *In C manca
astensis*   (669) C: curare   (670) C: exceptis   (671) C: diligere   (672)
C: alicui   (673) F. 22 r.   (674) *In B manca* aut senserint per aliquam
(675) C: deffendere   (676) *In C manca il tratto da* vel si a disturbabunt
(677) C: ipso   (678) *In C manca* et veteri   (679) B: curare predicta omnia
(680) C: supradictus dominus rex   (681) *In B manca* et scriptum est
(682) B *inserisce qui*: Et de premissis omnibus preceptum fuit fierj publi-

candel(l)e publico (164) Jmperiali auctoritate notario (164) curie comunis astensis (16) scribe (683) et amico prefati domini senescalli (15) notario duo publica Jnstrumenta eiusdem tamen tenoris fierj sunt precepta et (684) tociens quociens (685) fuerit (686) opportunum (687) et per partes predictas vel aliquam earum fuerint requisita (688) Actum Jn ciuitate astensi (16) Jn domibus alferiorum Jn quibus moratur prefatus dominus senescallus (15) presentibus testibus ad hec (689) specialiter vocatis et rogatis (690) nobilibus et discretis viris domino Johanne michaele (691) maiore Judice comitatus pedemontis domino gandulfo (692) eiusdem comit(t)atus regio procuratore et viris nobilibus domino Johanne conteno dicto gene guillelmo de curte militibus et Jacobino de solario dicto minoterio

Littere confirmacionis [et] approbacionis pactorum et conuencionum predictarum

Robertus dey gratia Jerusalem et s(c)icilie [rex] ducatus apulie principatus capue prouincie forcarquerij ac pedemontis comes tenore presencium notum facimus quod nos pridem conuenciones habitas per vgonem de baucio militem regni nostri s(c)icilie et comit(t)atus pedemontis senescallum consiliarium familiarem et fidel(l)em nostrum nomine nostro ex parte vna et comune ciuitatis astensis harum serie de certa nostra sciencia confirmamus has nostras litteras nostre maiestatis sigillo munitas Jn huius rei testimonium concedentes data Neapoli per bartholomeum de capua militem logothetam et prothonotarium regni s(c)icilie anno domini millesimo tricentes(s)imo quartodecimo die quarto marcij duodecime Jndicionis regnorum nostrorum anno quinto (693)

Jn nomine summe et Jndiuidue trinitatis patris et filij et spiritus sancti

Ad honorem et laudem eiusdem summe trinitatis patris et filij et spiritus sancti beate marie beatique secundi martiris protectoris et gubernatoris ciuitatis astensis et populi eiusdem ciuitatis et ad honorem et gloriam sacrosancte Romane et vniuersalis ecclesie beatorum apostolorum petri et pauli et omnium

---

cum Jnstrumentum vnum et plura per bartholomeum candellam vt Jnfra apparet (683) B, C: *scriba* (684) *In B ed in C manca* et (685) C: *toties quoties* (686) B: *fuit* (687) C: *opportunum fuerit* (688) C: *fuerit requisitum* (689) C: *hoc* (690) *Qui finisce* C. (691) *Segue cancellato:* regio procuratore (692) F. 22 r. (693) *Il rimanente del f. 22 v. è in bianco. Indi comincia il f. 23 r.* (694) B: Jn eo (695) F. 23 r. (696) *Segue cancellato:*

sanctorum et sanctarum dey Summi pontificis et eius fratrum
Et ad honorem exaltacionem magnificenciam et prosperum statum ac victoriam serenissimi principis et domini domini nostri
Roberti dey gratia Jerusalem et s(c)icilie regis Jllustris et ad
refformacionem et bonum statum et pacificum populi et tocius
ciuitatis astensis et omnium amicorum dicti populi et ciuitatis
eiusdem amen

Prologus siue prefacio supra dicta capitula continens per
quos fuerint Jpsa capitula compilata

Hec sunt capitula statuta et ordinamenta populi siue societatis
populi populi *(sic)* et ciuitatis astensis (et) facta et ordinata per
dominos gullielmum maritanum petrum laurentum gilardum
textorem et leonem siluanum ad hoc ellectos Jn anno domini
millesimo cccxıɉ Jndicione xᵃ tempore rectorie thome rouectorij
gullielmi rasparelli rolandi ambroxij et bolleri ferrerij rectorum
di[ct]e societatis populi

De Juramento dictorum dominorum capitanej siue recto-
rum societatis populi ciuitatis astensis faciendo vt Jnfra

Ego capitaneus siue rector societatis populi ciuitatis astensis
Juro ad sancta dey euangelia saluare regere et gubernare societatem populi supradicti et omnes et singulos de dicta societate
Jn omni suo bono statu equalitate et comunancia et ciuitatem
astensem villas et loca subdi(c)tas et subdi(c)ta dicte ciuitatis
manutenere deffendere et conseruare meo (694) posse toto tempore mei regiminis (695) ad honorem et utilitatem domini (696)
nostri regis et heredum suorum et comunis astensis et populi
supradicti et conuenciones Jnitas Jnter dominum nostrum Regem ex parte vna et comune astense ex altera attendere et firmas tenere prout Jn eis continetur et quod non paciam vel
consenciam quod perueniat Jn aliam personam segnoriam seu
protectionem vel quod ad aliam Jurisdicionem sumatur quam
prenominati domini domini nostri regis et heredum suorum et
si contra predicta vel aliquod predictorum fecero (697) seu venero aut contra fierj consenciam vel permittam ex nunc prout
ex tunc voco me et teneo periurium et Jnfamem proditorem
rebellem et malum hominem dicti domini regis et heredum
suorum comunis et populj astensis et fateor me penam lese maiestatis Jncurrisse

De Juramento omnium hominum de societate populi ciui-
tatis astensis faciendo (698) vt Jnfra/

---

regis   (697) B: faceto   (698) B: *faciendo*   (699) F. 24 *r*.   (700) B: absaluo

Ego de societate populi ciuitatis astensis Juro ad sancta dey
euangelia bona fide [et] sine fraude remoto omni malo Jngenio
et Jntellectu ciuitatis astensis posse et districtum eiusdem ciuitatis manutenere deffendere custodire et saluare ad opus vtilitatem et honorem domini nostri regis et heredum suorum atque
comunis et populi ciuitatis astensis et conuenciones habitas Jnter
maiestatem regiam ex vna parte et comune asten se ex altera
attendere et obseruare et firmas tenere perpetuo prout Jn eis
continetur ac etiam saluare custodire manutenere et firma[m]
tenere dictam societatem et deffendere omnes et singulos de
dicta societate Jn auere et personis et dare forciam et virtutem modis omnibus quibus potero quod Jpsa societas et homines
Jpsius societatis permaneant Jn bono et tranquil[l]o statu et bona
vnitate atque firmitate et quod non tractabo per me vel per
alium nec forciam vel virtutem dabo siue consilium quod predicta societas minuatur vel peioretur nec faciam tentabo vel
consenciam aliquam Juram promissionem societatem vel colloquium vel machinacionem vel aliquod aliud Jn fraudem dicte
socie[ta]tis cum aliqua persona vel personis comuni vel vni-
uersitate (699) quod sit vel venire possit contra predictam societatem seu Jllos de dicta societate Jn auere vel personis et
si aliquam societatem vel colloquium vel promissionem fecissem
Jn fraudem cum aliquibus personis que non essent de Jpsa societate quod Jllam remitto et absoluo (700) omni modo et quod
Jpsa vel Jpsis non vtar de cetero nec Jnsimul me ponam vt
supra nec consilium publicum vel priuatum faciam saluo quod
si sum de burgo sancte marie noue vel tribus burghis (quod)
pro custodia (701) Jpsorum burgorum possim conuenire cum
alijs vicinis qui sunt de dicta societate et non alia occaxione
vel causa Jnsuper Jnfrascripta capitula [et] omnia et singula
que Jn Jpsis capitulis continentur attendam et obseruabo Jnuiolabiliter toto meo posse et bona fide nec contra ea vel aliquod eorum veniam vel faciam nec consenciam fierj vel tractarj
et si contrafecero me sponte obligo ad penam librarum centum
astensium pro qualibet vice et Jpsam penam tibo notario tamquam persone publice recipienti nomine dicte societatis soluere
et subire promitto et contra ea vel aliquod eorum nihil exponam
seu dicam de Jure vel de facto renunciando omni Juri pro me
Jntroducto et Jnsuper me voco malum perfidum et proditorem

---

(701) B: per custodiam   (702) B: persoluen   (703) F. 24 v.   (704) *Segue*

hominem Jpsius societatis et de Jpsa societate bannitum et expulsum et rebellem Jpsius societatis taliter quod perpetuo de
Jpsa societate nec a me des[s]endentes esse reuerti et recipi
non possimus donec penam predictam persoluerimus (702) societati predicte populi supradicti /

Qualiter societas populi diuidatur et scribatur per quatuor
quarteria et Jnfra

Jtem quod dicta societas dicti populi sit [*diuisa*] atque facta
per quatuor quarteria videlicet quod omnes homines de dicta
societate habitantes Jn burgo sancte marie noue sint et esse
debeant et Jntelligantur pro vno quarterio Jlli de tribus burgis
videlicet sancti pauli sancti martini et santi marchi qui sunt de
Jpsa societate sint et esse debeant pro alio quarterio Jlli vero
qui (703) sunt de dicta societate (704) de ciuitate astensi qui
morantur a volta gardinorum super sint et esse debeant pro
alio quarterio Jlli vero qui sunt de dicta societate stantes a
dicta volta Jnferius Jn ciuitate sint et esse debeant pro alio
quarterio tali modo quod quicumque Juerit ad standum et habitauerit Jn aliquo de predictis quarterijs sit et esse debeat et
Jntelligatur de Jllo quarterio Jn quo habitauerit tempore quo
Jlli[c] steterit et habitauerit tali modo quod de omnibus offitijs
et officialibus ad Jpsam societatem spectantibus et pertinentibus
quodlibet quarterium habeat quartam partem

De capitaneo siue rectoribus populi el(l)igendis et Jnfra

Jtem quod quociens contigerit dictam societatem (705) regi
per capitaneum Jpse capitaneus el(l)igatur per generale cons(e)i-
lium dicte societatis eo modo et forma quibus dicto consilio toti
vel maiorj parti videbitur qui capitaneus teneatur et debeat per
tres menses ante finitum tempus sui regiminis ponere ad generale cons(e)ilium dicti populi et Jpsi cons(e)ilio solum (706)
proponere quo modo et qualiter regi volunt post finitum tempus regiminis Jpsius capitaney aut per rectores aut per capitaneum et secundum quod cons(e)ilio magis placuerit (707) fiat
et quociens contigerit dictum populum se velle regere per rectores et non per capitaneum tunc per dictum cons(e)ilium
el(l)igantur quatuor rectores grossi vnus videlicet de quolibet
quarterio qui rectores stent et stare debeant Jn Jpso offilcio
rectorie per duos menses et singulis duobus mensibus el(l)igan-
tur per dictum cons(e)ilium rectores supradicti et quicumque

---

cancellato: stantes a dicta   (705) B: ciuitatem   (706) *Sic in* B; *ma forse:*

fuerit rector grossus dicti populi non possit Jn Jpso officio seu Jn Jpsa rectoria esse seu Jpsam rectoriam vel officium exercere finito dicto officio Jnde ad vnum annum subsequentem et Jpsos rectores teneantur et debeant quicumque rectores fuerint dicte societatis (708) populi el(l)igere seu el(l)igi facere per quindecim dies ante exitum sui regiminis et sic singulis duobus mensibus fiat semper et obseruetur

De rectoribus minutis siue ancianis el(l)igendis

Jtem teneantur rectores et capitaney dicti populi [el(l)igi] facere singulis quatuor mensibus Jn cons(c)ilio dicte societatis ad breuia vel ad vocem seu aliter prout cons(c)ilio magis placuerit XXIIIJ^{or}. rectores minutos qui anciani appellarj consueuerunt videlicet sex pro quolibet quarterio dicte societatis per quos XXIIIJ^{or}. seu duas partes Jpsorum ad minus fiant et fierj debeant ea que per ancianos fierj consueuerunt qui rectores el(l)igantur semper per quindecim dies ante exitum (709) aliorum rectorum predictorum

De el(l)igendis notarijs societatis populi

Jtem quod singulis quatuor mensibus quociens rectores minuti eligentur duo notarij (710) eligantur qui Jn officio notarie dicti populi stent prout consuetum est habendo a comuni astensi tantum salarium quantum soliti sunt habere videlicet libras quatuor astensium pro quolibet Jpsorum quatuor mensibus

De ducentis credendarijs el(l)igendis

Jtem teneantur et debeant quicumque capitaneus siue rector[es] dicti populi omni anno per octo dies ante festum anni noui celebrare generale cons(c)ilium dicti populi et Jn Jpso proponere et el(l)igi facere ad breuia vel alio modo prout cons(c)ilio magis placuerit ducentos credendarios de dicta societate populi videlicet quinquaginta de quolibet quarterio per quos ducentos credendarios fiant et fierj possint et debeant (et) singula facta et negocia dicti populi prout hactenus per Consilium dicti populi fierj consueuit /.

Qualiter non obedientes capitaneo et rectoribus societatis Jpsius populi puniantur

Jtem statutum et ordinatum est quod omnes (711) et singuli de dicta societate (712) populi et de villis teneantur obedire preceptis et mandatis domini capitaney et rectorum qui nunc

---

solempniter   (707) *Segue cancellato*: fient   (708) F. 25 r.   (709) B: existum   (710) B: natarij   (711) B: omnino   (712) F. 25 v.   (713) *Lo*

sunt aut pro temporibus fuerint Jn regimine dicti populi Jta
quod dominus capitaneus et eius Judices et milites possint Jmponere cuilibet de dicta societate ed de villis penam vsque Jn
solidos centum astensium ad eorum et cuiuslibet eorum liberam
voluntatem (pro) quacumque occaxione vel causa Jnspecta qualitate facti et persone et pro quacumque acauiglata seu rixa Jn
aliquo cons(e)ilio publico vel priuato vel alibi Jn eorum vel
alicuius eorum presentia possint Jmponere et auferre vsque Jn
libris xxv astensium Jnspecta tamen qualitate facti et persone/.

De rindictis faciendis

Jtem statutum et ordinatum est quod si aliqua persona que
non sit de dicta societate populi a modo percus[s]erit aut vul-
nerauerit vel per capillos acceperit vel aliquo modo alio offensionem aliquam fecerit vel percutj vulnerarj aut alio modo
offendj fecerit Jn personam aliquam que sit de dicta societate
teneantur dominus capitaneus et rectores qui nunc sunt et per
tempora fuerint Jn regimine dicte societatis et omnes et singuli
de dicta societate populi vindicare et vindictam facere Jn personam Jllius vel Jllorum qui percussis[s]et vel percussixent (*sic*)
vulncrasset vel vuleras[s]ent vel aliter offendissent vel percutj
vel vulnerarj vel aliter offendi fecissent vt superius continetur
ad voluntatem percus[s]i vulnerati vel aliter offensi vt superius
est expressum et si contingerit quod aliqua persona vel persone que non sint de dicta societate Jnterficerent s i u e (713)
Jnterficeret (714) aliquem de dicta societate vel Jnterfici facerent seu faceret vel Jnterficientj dederint axilium consilium vel
fauorem vel reductum quod dominus capitaneus et rectores presentes et futurj Jn regimine dicte societatis nunc et per tempora existentes et omnes et singuli de dicta societate teneantur
precis(s)e vinculo Juramenti Jnterfectorem et Jnterfectores et
Jnterfici facientes et dantem seu dantes auxilium consilium fauorem vel reductum Jnterfectorj seu Jnterfectoribus [*punire et*]
corum bona penitus dis[s]ipare et de(s)tinere Jncontinentj ad voluntatem parentum et amicorum Jnterfecti vel occixi Jnsuper
quod Jlle (715) de societate predicta qui vulneratus vel percussus
siue (716) offensus fuerit vt supra possit presumere contra quemcumque et quoscumque voluerit qui non sit siue sint de dicta
societate (et) quod dictam percussionem vulneracionem vel offensionem fecerit siue fecerint et si aliquis esset vulneratus vel

spaziato è in sopralinea, su seu cancellato. (714) B: Jnterfici facerent
(715) B: Jlli (716) F. 26 r. (717) *Segue cancellato*: consilis (718)

offensus Jn persona taliter quod loqui non posset siue esset
Jnterfectus quod parentes eius et amici possint presumere contra
quemcumque et quoscumque voluerint qui non sit siue sint de
dicta societate Jta et tali modo quod dicta presumptio cum sacramento predicti offensi vel parentum seu amicorum offensi
vel occixi vt supra habeatur pro vera et legitima probacione
ac si legitime probatum esset Jllam personam contra quam su-
spicaretur predictum maleficium comis(s)isse seu fecisse aut fierj
fecisse vel facienti dedisse(t) cons(c)ilium fauorem auxilium vel
reductum sic et tali modo quod dominus capitaneus et rectores
presentes et futurj et alij capitaney et rectores per tempora Jn
regimine dicte societatis existentes teneantur sub vinculo Juramenti et sub pena quinquaginta librarum astensium et expulsionis regiminis ad dictam vindictam faciendam ex predicta
presumptione procedere contra Jllum vel Jllos quem vel quos
presumptum fuerit vt supra fecisse dictum maleficium vel fierj
fecisse seu facienti dedisse auxilium (717) consilium fauorem vel
reductum secundum formam presentis capituli sine eo quod
aliqua alia probacio vel Judicium siue coniectura reperiatur (718)
per capitaneum vel rectores predictos a predicto offenso vel ab
amicis Jnterfectj

*Qualiter puniantur dantes consilium auxilium vel fauo-
rem alicui offendenti* [aliquem] *de dicta societate*

Jtem statutum et ordinatum est quod aliquis de dicta societate
non audeat vel presumat modo aliquo vel Jngenio dare consilium auxilium fauorem vel reductum alicui qui non sit de dicta
societate ad Jnterficiendum percuciendum vulnerandum vel alio
modo Jn persona[m] alicuius de dicta societate offendendum et
si aliquis de dicta societate daret cons(c)ilium auxilium vel fauorem aut red(d)uctum alicui qui non sit de dicta societate qui
percuteret vulneraret (719) oc[c]ideret vel alio modo offenderet
aliquem de dicta societate puniatur et contra eum procedatur
et eius res et bona in omnia et per omnia per capitaneum et
rectores tunc (720) pro tempore existentes Jn regimine dicte
societatis secundum [quod] Jn capitulo proxime precedenti continetur et quemadmodum procederetur contra Jllos qui non
sunt de societate predicta ex forma precedentis capituli qui
predicta facerent si vero aliquis de predicta societate offenderet
aliquem de dicta societate ad postulacionem siue requisicionem

(718) *Sic in* B; *ma forse meglio* requiratur   (719) F. 26 r.   (720) B: nunc

vel Jnstanciam vel Jnstigacionem alicuius qui non esset de dicta
societate quod predicta (721) ex forma procedatur contra Jpsum
et de Jpso vindicta fiat et bona Jpsius destruantur taliter quod
procederetur et fieret et procedi deberet contra eum et res et
bona qui non esset de societate predicta qui predictas offen-
siones vel aliquam Jpsarum fecisset ad voluntatem offensi vel
amicorum Jnterfecti /.

*Qualiter succurrantur et Juuent[ur] Jlli de societate populi
si fuerint Jn Rixa cum aliquo qui non sit de dicta societate*

Jtem statutum et ordinatum est quod si aliquis vel aliqui qui
non sit vel sint de societate populi predicta fecerit vel fecerint
vel mouerint aliquam rixam siue acauiglatam (722) contra aliquem seu aliquos qui sit vel sint de dicta societate vel contra
Jpsum vel Jpsos Jnsultum fecerit Jn consilio ciuitatis astensis
vel Jn ciuitate astensi seu burgis vel alibi et posse et districtu
astensi siue Jn aliquo exercitu vel caualcata comunis astensis
tenea[n]tur capitaneus et rectores quicumque Jn regimine dicte
societatis existentes et omnes alij de dicta societate qui predicte
rixe Jnteressent siue qui predictam rixam aut Jnsultum vide-
rent Jre Jncontinenti ad dictam rixam siue Jnsultum cum armis
et sine armis et Jllum vel Jllos de dicta societate adiuuare et
deffendere pro posse et bona fide et si per Jllum vel Jllos qui
non esset vel essent de dicta societate Jn dicta rixa Jlli seu
Jllis de dicta societate offensio fieret teneantur Jlli omnes et
singuli de dicta societate qui ad dictam rixam currerent dare
forciam et virtutem eorum posse Jlli seu Jllis cui vel quibus
dicta offensio facta esset vt supra vt se vindicet seu vindicent
et Jllum seu Jllos Juuare pro posse ad vindicandum se et si
forte (723) Jn dicta rixa aliquis de dicta societate occis(s)us siue
grauiter vulneratus fuerit et Jbi vindictam fierj non poterit eo
quod Jpse offensor aufugerit seu auf(f)ugisset ad domum siue
domos propriam siue proprias seu alienas tunc Jncontinenti
teneantur capitaneus et rectores dicte societatis presentes et
futuri et omnes et singuli de dicta societate populi ad voluntatem Jllius seu Jllorum cui vel quibus offensio facta esset sine
aliquo consilio publico vel priuato super hijs faciendo vel recipiendo Jre cum armis ad domum propriam siue domos proprias
vel alienas Jn qua vel quibus Jlle malefactor vel [*Jlli*] malefactores se reduxisset vel reduxissent et Jbidem tantum stare

---

(721) B: predicto   (722) B: acauiglutam; *e cosi sempre.*   (723) F. 27 *r.*

quod taliter offendentem vel offendentes cepissent et de Jpso
vel Jpsis vindictam fecissent et si Jpsum vel Jpsos aliqua
occaxione capere non possent eo quod recessisset vel recessis-
sent de domo propria vel proprijs Jpsam domum seu domos
propriam vel proprias teneantur capitaneus et rectores et alij
de dicta societate fonditus extirpare dir(r)uere et distruere et
cetera alia bona Jpsius vel Jpsorum taliter offendentis vel of-
fendencium dis[s]ipare et si aliquis vel aliqui Jn quorum vel
cuius domo vel domibus predicti offendentes vel offendens se
reduxissent vel reduxisset prohiberent capitaneo vel rectoribus
et alijs de dicta societate quominus Jpsum offendentem vel offendentes non traderent (724) vt de Jpsis offendenti vel offen-
dentibus vindictam sumerent dum tamen vere et manifeste
predicti offendentes vel offendens essent vel esset Jn domo vel
domibus eius vel eorum qui eum vel eos reduxissent vel reduxisset teneantur dicti capitaneus et rectores et alij de dicta
societate Jpsam domum siue domos dir(r)uere et distruere et
fonditus extirpare et si aliquis vel aliqui de dicta societate con-
dempnaretur vel banniretur vel aliquo alio modo lederetur per
potestatem astensem vel per alium magistratum comunis astensis
qui[a] predicta fecissent vel fecisset pro deffensione et vindicta
alicuius de Jpsa societate vt supra (725) est expressum per
capitaneum et rectores presentes et futuros et alios rectores
Jn regimine dicte societatis existentes et per alios de dicta societate Jndempnes Jpsi et eorum bona modis (726) omnibus debeant conseruarj et de bannis comunis astensis quibus Jncur-
rissent occaxione predicta exirj (727) et extray et si quis vel
si qui de dicta societate non facerent et obseruarent vel non
faceret vel non obseruaret [omnia et singula predicta] et suos
rectores non sequere[n]tur vel si non obedirent occaxione predictorum (728) amittant (729) et amit[t]ere debea[n]t pro quolibet eorum libras L. astensium vltra alias penas Jn capitulis
dicte societatis expressas et specificatas contra inobedientes capitaneo et rectoribus suis et Jpsam penam seu penas ab Jpsis
contrafacentibus et quolibet eorum dicti capitaneus et rectores
vinculo Juramenti modis omnibus exigere teneantur et si dictas
penas soluere nollent aut non possent de Jpsa societate tamquam preditores protinus expellantur et banniti de Jpsa socie-

---

(724) *Sic in* B; *ma forse meglio* caperent   (725) B: Jpsius   (726) F. 27 v.
(727) B: exirij   (728) B: predictarum   (729) B: ammitas   (730) B: et

tate populi perpetuo teneantur quousque penam predictam Jn
denarijs numeratis persoluerint

Qualiter manuteneantur et deffendantur Jn eorum posses-
sione Jlli de dicta societate

Jtem tenea[n]tur capitaneus et alij rectores dicti populi nunc
et (730) per tempora Jn Regimine dicti populi existentes et
omnes alij et singuli de dicta societate populi deffendere et manutenere quemlibet de dicta societate (et) Jn possessione et
tenuta rerum et bonorum quas et que Jpse tenet et possidet
vel visus est tenere et possidere et si aliquis qui non sit de
dicta societate populi expulerit seu expelli fecerit aut consen-
serit aliquem de dicta societate populi de possessione alicuius
rey quam tenet vel possidet (expelli) vel aliter Jn Jpsa possessione vel tenuta Jpsum de dicta societate perturbauerit vel mo-
lestauerit teneantur dicti capitaneus et rectores et quilibet
Jpsorum et omnes et singuli de dicta societate Jpsum reponere
siue Jnducere et restituire ac etiam manutenere et deffendere
Jn possessionem dicte rey et Jpsum taliter reductum siue re-
positum aut restitutum manutenere et deffendere modis omnibus Jn dicta possessione et tenuta prout erat antequam Jnde
expulsus vel aliqualiter perturbatus fuisset Jn possessione vero
seu tenuta esse Jntelligatur Jlle qui hoc ostenderit per Jnstrumentum siue cum vno teste vel per duos testes qui Jurent de
fama quod (731) predictus expulsus esset Jn possessione et tenuta

Qualiter debeant Jn tribus libris scribi Jlli qui sunt de
dicta societate

Jtem quod omnes et singuli qui sunt de dicta societate populi
et omnes alij et singuli qui a modo recipientur Jn Jpsa societate secundum formam Jpsius societatis scribantur et scribi debeant Jn tribus libris siue cartularijs vnus quorum sit et esse
debeat et permaneat Jn sacrestia fratrum minorum alius Jn
secrestia (*sic*) fratrum predicatorum (et) sigillati sigillo populi
astensis tercius sit et permaneat Jn manibus capitaney vel rectorum societatis populi predicti. omnes Jlli et singuli qui Jn Jpsis
tribus libris vel cartularijs scripti (732) [*sunt*] et reperiuntur
sint et esse debeant et Jntelligantur esse de societate predicta
alij vero qui Jn Jpsis tribus libris et quolibet Jpsorum scripti
non erunt nec reperientur non sint nec esse possint nec esse
Jntelligantur de dicta societate populi predicti quamuis Jn vno

nunc   (731) F. 28 r.   (732) B: scriptum   (733) B : capitaney   (734)

vel duobus ex Jpsis libris scripti essent saluo quod presente
capitulo non obstante filij Jllorum qui sunt de societate predicta sint et esse Jntelligantur de predicta societate et capitaneus (733) et rectores per tempora existentes Jn regimine dicte
societatis teneantur vinculo Juramenti facere Jurare Jpsos Jn
pleno cons(c)ilio dicte societatis quandocumque fuerint aut fuerit
requisiti seu requisitus et postquam ad etatem quindecim annorum peruenerint Ad[d]itum quod aliquis a modo Jn dicta societate recipi non possit nisi Jn consilio publico societatis predicte
Jn quo sint ad minus numero due partes credendariorum dicte
societatis et Jn consilio ad minus tres partes sint Jn concordia
(734) dando duas fabas vnam albam et aliam nigram cuilibet
|Jn| dicto consilio per quas declaretur voluntas dictorum cre-
dendariorum que fabe Jn Jpso consilio Jn presencia dicti domini
capitaney siue rectorum (735) numerentur et si aliquis contra
predictam formam aliter quam superius continetur (736) Jn
dicta societate reperiretur aut scriberetur Jncontinenti de Jpsa
societate expellatur et expulsus perpetuo teneatur Jta quod
perpetuo (737) careat auxilio (738) consilio et adiutorio dicte
societatis tali modo quod non possit per aliquem capitaneum
siue per aliquos rectores poni ad aliquod consilium dicte societatis quod aliquis recipiatur (739) Jn dicta societate qui sit de
hospicio vel habeat aliquam discordiam sub pena predicta

Vt vnus vel duo el(l)igantur per rectores qui nunc sunt per
quarterium qui reducant Jn scriptis Jllos de dicta societate

Jtem quod rectores presentes teneantur et debeant Jnfra
tercium diem el(l)igere vnum vel duos per quarterium qui ponant et reducant et poni et reduci faciant Jn scriptis omnes et
singulos et Jpsos poni et reduci faciant Jn tribus cartularijs
siue libris predictis prout Jn proximo precedenti capitulo expressum est et continetur

Quod omnes de dicta societate de consilio comunis recedant
semper et quandocumque eis preceptum fuerit per rectores
siue capitaneum societatis predicte

Jtem quod omnes de dicta societate populi qui fuerint (per
capitaneum vel rectores) de cons(c)ilio comunis teneantur et
debeant recedere de Jpso consilio semper et quandocumque eis
preceptum fuerit per capitaneum vel rectores quod recedant de

---

B: concordiam, *ma la m è cancellata*.   (735) *Segue cancellato* num   (736)
Segue cancellato: re   (737) *Segue cancellato*: teneat   (738) B: caueat, *cui*

dicto consilio cum dicto capitaneo vel rectoribus et Jn hoc attendere precepta capitaney siue rectorum et si quis contrafecerit amittat pro pena libras x astensium pro quolibet et qualibet vice quam penam dicti capitaneus et rectores excutere teneantur/.

De pena eorum qui secretum consilium reuelabunt seu palam fecerint quod erat priuatum

Jtem quod si aliquis de dicta societate propalauerit seu palam fecerit aliquod consilium priuatum siue quod preceptum fuerit aliquando (740) esse priuatum et Jnde reprobatus fuerit confessus vel conuictus perdat pro pena libras xxv astensium et vltra careat (741) officio et beneficio dicte societatis nec esse possit de consilio aliquo dicte societatis Jnde ad decem annos quam penam xxv librarum dicti capitaneus siue rectores excutere teneantur Jnfra octo dies postquam dictam credenciam propalauerit

Quomodo et qualiter dampnum datum alicui de dicta societate emendetur

Jtem si aliquod dampnum datum fuerit vel guastum factum alicui vel aliquibus de dicta societate Jn aliquibus eorum rebus que habeant Jn aliquo loco seu villa que sit Jn posse vel districtu astensi vel Jn posse Jpsorum locorum et villarum vel alicuius earum teneantur capitaneus et rectores dicte societatis [et] omnes et singuli de dicta societate precis(s)e dictum dampnum datum vel guastum factum facere emendarj Jlli vel Jllis cui vel quibus dictum dampnum datum fuerit siue guastum factum per comune et homines ville seu loci Jn cuius posse dictum dampnum datum fuerit seu guastum factum tantum quantum probare poterunt Jlle vel Jlli cui vel quibus dictum dampnum seu guastum datum vel factum fuerit se (742) dampnum substinuisse occaxione dicti dampni siue guasti et hoc Jnfra dies quindecim postquam probauerit dictum dampnum ei (742) factum fuisse si nescietur facientes dampnum quam restitucionem et emendam dicti dampni siue guasti quando casus euenerit teneantur precis(s)e dicti capitaneus et rectores solucionem fierj facere a predictis comunibus Jpsarum villarum et locorum vel alicuius eorum Jn quo vel quibus dictum dampnum siue guastum datum vel factum esset Jn den(er)arijs numeratis nulla exceptione obstante tam equitando cum toto populo quam quomodocumque alio modo quo[d] predicti qui damnum seu guastum

segue cancellato axilio, *poi riene* auxilio *in altro inchiostro: quindi comincia il f.* 28 *r.* (739) B: recipiutur (740) B: aliquod (741) F. 29 *r.* (742)

substinerunt el(l)egerint et voluerint ad eorum liberam voluntatem

*Qualiter dicentes verba Jniurios(s)a coram domino capi-
taneo vel rectoribus* (743) *puniantur*

Jtem si quis dixerit Jniuriam aliquam seu aliqua verba Jniu-
rios(s)a (744) alicui Jn presencia domini capitaney vel eius
Judicis seu militis vel rectorum societatis predicte amittat pro
pena libras x astensium pro quolibet et qualibet vice quam
penam Jpsi capitaneus et rectores teneantur et debeant excutere
ab Jllo qui dictam Jniuriam seu verba Jniurios(s)a dixerit Jnfra
xv dies postquam Jniuriam predictam dixerit et hoc Jn denarijs
numeratis ad opus et vtilitatem dicte societatis populi conuer-
tendam /

*De pena dicencium Jniuriam domino capitaneo vel eius
familie siue rectoribus vel alicui eorum*

Jtem si quis dixerit Jniuriam seu verba Jniurios(s)a domino
capitaneo vel eius Judici aut militi(bus) aut alicui Jpsorum vel
rectoribus aut presidentibus negocijs aut regimini dicte societatis vel alicui Jpsorum amittat pro pena libras v astensium
pro qualibet vice quam penam capitaneus et rectores teneantur
precise vinculo Juramenti excutere Jn denarijs numeratis ad
opus et vtilitatem dicte societatis ab Jllo qui dictam Jniuriam
seu verba Jniurios(s)a dixerit Jnfra quindecim dies postquam
Jpsam dixerit Jniuriam et hoc non obstante aliquo capitulo facto
vel faciendo seu quo[d] fieri possit et si quis dixerit Jniuriam
alicui de familia capitaney amittat pro quolibet et qualibet vice
solidos xx astensium Jn denarijs numeratis

*Vt cons(c)ilium dicte societatis detur cuicumque de dicta
societate Jpsum cons(c)ilium postulanti*

Jtem teneantur capitaneus et rectores dicte societatis omnes
et singuli nunc et per tempora existentes Jn regimine dicte
societatis populi dare et congregare seu congregarj facere generale consilium dicte societatis quociens et quandocumque Jnde
ab aliquo seu ab aliquibus de dicta societate populi fuerint requisiti [et] peticione et requisicione prius Jn scriptis oblata et
tradita domino capitaneo siue rectoribus Jpse capitaneus seu
rectores teneantur et debeant Jpsam peticionem siue requisicionem Jnter diem et crastinam ponere et legi facere de verbo
ad verbum coram rectoribus minutis dicti populi et secundum

quod per Jpsos rectores (745) vel maiorem partem Jpsorum
videbitur teneantur capitaneus et rectores ponere ad generale
consilium dicti populi Jnter diem et crastinam postquam termi-
natum et prouis(s)um (746) fuerit per dictos rectores minutos
Jpsam peticionem seu requisicionem vel aliquod aliud poni debere ad dictum cons(c)ilium generale prout de requirentis aut
requirentium processerit voluntate ad quod cons(c)ilium Jlle seu
Jlli (747) qui dictum consilium requisierit seu requisierint non
possit seu possint vllo modo Jnteresse seu stare

De reformacionibus cons(c)iliorum attendendis et Jnuiola-
biliter obseruandis et Jnfra

Jtem teneantur capitaneus et rectores dicte societatis et omnes
et singuli de dicta societate attendere et obseruare attendi et
obseruarj facere cum effectu omnes et singulas reformaciones
cons(c)iliorum et cons(c)ilia dicti populi Jn omnibus et per omnia
prout et sicut Jn (748) Jpsis reformacionibus continebitur aut
contingerit contineri

De consilijs faciendis pro festiuitatibus beate Marie Virgi-
nis de medio augusto

Jtem teneantur capitaneus et rectores proponere ad cons(c)i-
lium quando eis placuerit ante festum beate Marie de augusto
et proponere Jn consilio dicti populi si volunt facere honorem
cum cereis et candel(l)is beate marie de augusto et qualiter et
quomodo volunt dictum honorem facere Jllud Jdem et eodem
modo fiat et obseruetur Jn festo beati Secundi martiris patroni
ciuitatis astensis et protectoris

De quingentis balistis Jn ciuitate ast et burgis Jmponendis

Jtem statutum et ordinatum |est| quod rectores de dicta so-
cietate populi presentes et futuri teneantur et debeant modis
omnibus sic facere et curare cum effectu quod Jmponantur et
taglentur Jn ciuitate astensi et burgis coherentibus ciuitati quin-
gente baliste tam magnatibus quam popularibus dicte ciuitatis
et burgorum Jta et taliter quod Jlli omnes (749) et singuli quibus
Jmposite et taglate fuerint baliste supradicte teneantur Jpsas
habere preparatas tociens quociens fuerit opportunum et predicta facere teneantur dicti rectores precis(s)e et sine [*tenore*]
vinculo Juramenti quam cicius poterint bona fide

De fidelitate domino nostro regi facienda et Jnfra

Jtem statutum est et ordinatum quod proxime futurus capi-

---

promissum   (747) B: Jlli seu Jllis   (748) B: Jn Jn   (749) F. 30 c.

taneus populi dicte societatis teneatur precis(s)e et sine tenore
vinculo Juramenti et sub pena periurij et Jnfamie et remocionis
officij capitaneatus dicte societatis Jnfra octo dies post Jntroytum sui regiminis facere publice preconarj per ciuitatem astensem et burgos (et) coherentes ciuitati quod omnes et singuli de
societate populi ciuitatis astensis qui non fecerint fidelitatem
domino nostro regi debeant Jpsam fidelitatem fecisse Jn manibus Jllorum qui ad Jpsas fidelitates recipiendas fuerint per dominum senescallum deputati(s) Jnfra octo dies post dictam preconacionem factam Jlli qui presentes fuerint Jn ciuitate astensi
seu burgis (750) absentes vero Jpsam fidelitatem facere teneantur Jnfra octo dies postquam venerint ad ciuitatem astensem
siue (751) burgos et quicumque de dicta societate (qui) dictam fidelitatem non fecerit aut facere recus(s)auerit vt prescribitur Jpso
Jure et facto ex (752) eo quod dictam fidelitatem non fecisset
sit et esse censeatur expulsus et exemptus de societate populi
supradicta Jta et taliter quod omni auxilio cons(c)ilio et fauore
et officio et beneficio ac etiam protectione dicti domini regis
heredum et officialium suorum et societatis populi predicti careat omnino et vltra per se vel per alium in ciuitate astensi
non audiatur Jn aliqua causa siue questione ciuili vel criminali
etiam si percus[s]io aliqua (753) vulnus vel homicidium vel aliquod maleficium Jn eius persona vel rebus suis per aliquem
comitteretur Jta quod per aliquem vicarium regium ciuitatis
astensis vel eius Judicem vel familias Jn aliqua causa ciuili uel
criminali non (754) audeatur seu Jntelligatur aliquis qui dictam
fidelitatem non fecerit termino (755) seu terminis supradictis
per se vel per alium vllo modo seu pocius ab agendo et deffen-
dendo Jn quacumque causa penitus excludatur si uero Judex
fuerit notarius vel aduocatus ab officio Judicandi consulendi pro-
curandj et scribendj penitus eiciatur et exemptus sit Jta quod
eius sententia et consilium procura aduocacio seu scriptura Jn
ciuitate astensi per aliquem vicarium regium Judicem seu pre-
sidem vel aliquem alium officialem regium curie comunis vel
populi ciuitatis astensis nullatenus audiatur seu recipiatur nec
ei fides aliqua adhibeatur. teneatur etiam dictus dominus capitaneus Jnfra octo dies post Jntroytum sui regiminis precis(s)e
et sine tenore facere fierj et ordinarj simile seu forcius capi-

---

*

tulum prout melius et forcius dictarj poterit per generalem
consilium ciuitatis astensis quod apponatur Jn libro capitulorum
ciuitatis astensis contra omnes et singulos de dicta societate cuiuscumque condicionis et status e[.r]istant qui dictam fidelitatem
non fecerint ad cuius obseruanciam teneantur omnes et singuli
vicarij regij ciuitatis astensis et eorum Judices et familie et
omnes et singuli de dicta ciuitate quibuscumque Juribus legibus
canonibus et consuetudinibus et exceptionibus quibuscumque
Juris et facti predictis vel alicui predictorum declinatorijs seu
derogatorijs non obstantibus

Jn nomine domini nostri yhesu xpisti et beatissime virginis
marie matris eius et tocius curie celestis

Quia materia Jta se habet quod ab amaritudine sumpsit ex-
ordium nec dolorosa possunt secundum animi perturbacionem
monstrarj Jdcirco dum dominus rolandus de caneuanoua populi
et societatis ciuitatis astensis capitaneus anno Domini [M]ccccxvɪɪ
[mense   (756) die] dicti mensis super Jnfrascriptis capitulis
statutis et ordinamentis que tunc temporis eidem domino capitaneo [fuerunt presentata] Jn quodam (757) papiro Jn forma
cuiusdam notule scripte et notate per ceteros sapientes habentes
bayliam super predictis a magnificis et discretis viris domino
ricardo de gambates(i)a senescallo prouincie (758) [et] Hugone
de baucio pedemontium senescallo et aliarum partium lombardie
vicario ac etiam ap[p]robata ᴍᴄᴄᴄxvɪ die Jouis xxɪɪɪ septembris per ancianos et quatuor dicti populi Jn consilio magno dicti
populi super voltis sancti secundi voce preconis et sono cam-
panarum more solito congregato Jn quo quidem consilio due
partes et quasi omnes consiliarij assistebant consilium petijt (759)
sibi darj si dictam notulam vel scripturam pro capitulis haberi (760) volebant et teneri et si super Jpsa aliquid ad[d]ere minuere vel esse (sic) placuit namque dictis (761) consiliarijs ne-
mine discrepante quod dicta scriptura seu notula prout Jnferius
denotatur pro capitulis et ordinamentis habeatur et teneatur ac
perpetuo pro statutis et ordinamentis Jurari debeat Jn presenti cons(c)ilio ad quod sequentes similiter teneantur

*De Vindicta facienda Jllius de societate populi qui ab aliquo
vel aliquibus qui non sit vel sint de dicta so ietate fuerit vulneratus vel occis(s)us*

giorno non possono essere supplili.   (757) B: quedam   (758) F. 31 r.
(759) B: petere   (760) B: vel capitulis habere   (761) B: dominis

Cum per tempora preterita multi homines de populo per magnatos et alias gentes qui non sunt de populo mortui et percus[s]i
fuerint et vulnerati ex quibus nulla vindicta facta fuit nec penam aliquam portauerunt et populus coadunatus sit simul pro
se deffendere a magnatibus uolentes (762) Jndempnitati eorum
prouidere v(l)tilitate eorum pensata voluerunt statuerunt et ordinauerunt quod si aliquis de populo a modo Jn antea percus[s]us
vulneratus vel occisus erit vel fuerit per aliquem qui non sit
de populo quod capitaneus presens et futurj et rectores quicumque Jn regimine dicti populi existentes teneantur precis[s]e
vinculo Juramenti Jre ad domum Jllius de populo vulnerati percus[s]i vel occis(s)i et Jncontinentj et sine [*mora scire*] ab (763)
Jllo de populo vel ab amicis vel (764) parentibus eius vel a vicinis
vel per Judicia vel per vocem vel famam qui si(n)t vel erit (765)
Jlle qui Jllum de populo percussit vulnerauit vel occisit et scito
vel Jntellecto vere vel per vocem vel per famam continuo dare
vel facere ad stremitam populi et (766) facere preconicarj per
ciuitatem Astensem et burgos quod quilibet homo de populo
debeat se munire equis et armis et venire ad domum capitaney
vel rectorum et Jpse dominus capitaneus vel rectores adunato
dicto populo ad domum suam vel Jn mercato de sancto Jre ad
domum Jllius qui percussisset vel percuteret occidisset vel occideret aliquem de populo vel vbi se reduceret vel ad domum
Jllius qui eidem daret vel dedisset ad premissa aliqua consilium
auxilium vel fauorem et Jpsum capere per personam si haberi
poterit vel Jnuenirj et si haberi non poterit quod teneantur
dir(r)uere domum Jn qua se reduceret vel reduxisset post maleficium vsque ad fondamenta et perpetuo debeat diruta [*remanere*] Et si Jn aliquo casu vel tempore Jllum talem (*sic*) qui
offenderet vel occideret aliquem de populo haberi poterit puniatur ad mortem si Jlle de populo mortuus esset et si non esset
mortuus puniatur tali modo et forma quo et qua Jlle de populo
percussus esset et si Jpse capitaneus vel rectores predicta omnia
et singula non attenderent et obseruarent cadant a regimine
Jpsius populi et totum eorum salarium quod habere deberent
perdant et penam librarum mille astensium Jncurrant quam
penam dare et soluere teneantur pro medietate dicte societati
populi et pro alia medietate Jlli de populo cui offensio facta

(762) B: uelentes   (763) *Segue cancellato*: Jp   (764) *Segue cancellato*
procuratoribus   (765) erit *è corretto su* erint   (266) F. 32 *r*.   (767)

fuisset et si rectores essent cadant a rectoria predicta et penam
predictam Jncurrant que pena diuidatur et diuidi debeat modo
predicto et predicta statuta sunt attendi et obseruari debere
perpetuo per totam vniuersitatem dicti populi et quod quilibet
de populo vinculo sacramenti teneatur venire quocienscumque
aliquis casus predictus euenerit cum armis ad Jpsum dominum
capitaneum vel rectores et Jre cum Jpso vel Jpsis cum armis
ad mandata dicti domini capitaney vel rectorum et si quis de
populo predicta non obseruaret et non attenderet penam librarum quinquaginta astensium Jpso facto Jncurrat cuius pene medietas sit capitaney vel rectorum et alia societatis dicti populi
Jta quod ex ea appellary non possit vel cognitor peti vel darj

   (767) *De eodem*

Ad[d]etur capitulo quod est sub rubrica de vindictis faciendis
quod si Jlle qui offensus fuerit non poterit siue voluerit petere
fierj vindictam de offensione sibi facta per aliquem qui non esset
de dicta societate (quod) dominus capitaneus [vel rectores] qui
nunc sunt vel per tempora erunt Jn regimine dicte societatis ex
officio suo teneantur et debeant ea die qua dictum maleficium esset
comissum facere vna cum dicto populo vindictam de Jpso male-
ficio comisso in persona alicuius de dicta societate contra Jllum
qui maleficium comisisset (768) et contra omnes qui dedissent
auxilium [*consilium*] vel fauorem ad dictum maleficium comit-
tendum et contra omnes et singulos qui reducerent vel reduxissent Jpsum malefactorem cum armis et Jgne hoc modo videlicet quod si aliquis qui non sit de dicta societate populi
[*maleficium comiserit*] et omnes et singuli qui ad dictum maleficium si fierj contingeret dederint (769) auxilium consilium
vel fauorem seu [*malefactorem*] reduxerint puniatur et puniantur ad mortem Jta quod decapitentur et eorum bona discipentur
(*sic*) et publicentur regie camere et comuni (770) astensi et si
Jlle seu Jlli qui maleficium comis(s)erint vel comis(s)issent haberj vel Jnuenirj non poterint quod dominus capitaneus et
rectores predicti teneantur et debeant de predictis maleficijs
facere vindictam Jn personam et rebus propinquiorum et proximiorum parentum Jpsius offendentis sicut fecissent Jn persona[m] et rebus Jllarum personarum qui (*sic*) ad predicta faciendum darent auxilium consilium seu fauorem

F. 32 r.   (768) B: comissum   (769) B: dederunt   (770) B: comune

Jtem de eodem

Jtem si contingeret quod aliquis qui non sit de dicta societate percuteret seu percuti faceret aliquem de dicta societate populi quocumque modo dicta percucio fieret quod dictus dominus capitaneus et rectores tam presentes quam futurj teneantur Jn ea die ex offlcio suo facere vindicta[m] de dicta percuxíone Jn personam Jllius et Jllorum qui predicta facerent seu fieri farerent seu consilium auxilium vel fauorem darent vel reductum hoc modo quod teneantur amputarj facere manum destram Jlli qui predictum maleficium comitteret vel comis(s)isset seu comitti faceret vel fecisset vltra hoc omnia bona sua dis[s]ipare (771) et dir(r)uere et postmodum perueniant Jpsa bona comuni astensi et camere regie et si Jlle seu Jlli qui predicta facerent seu fecissent vel fierj fecissent haberj vel Jnueniri vt supra non poterint quod dominus capitaneus et rectores predicti teneantur de predictis maleficijs facere vindictam Jn personam et rebus propinquiorum et proximiorum parentum Jpsius offendentis et offendi facientis et Jn personam et rebus Jllorum qui ad predicta facienda et comittenda darent cons(c)ilium auxilium vel fauorem [et] Jn personam et rebus Jllorum qui reducerent predictos malefactores Que omnia et singula suprascripta et Jnfrascripta dictus dominus capitaneus et rectores dicti populi qui nunc sunt vel per tempora fuerint in regimine dicte societatis teneantur et debeant vinculo Juramenti et Jnfamie et sub pena librarum quingentarum astensium de suo salario et expulsionis regiminis dicti populi predicta attendere et obseruare et execucioni mandare et attendi et obseruarj facere prout scriptum est Jta quod si penam soluere non poterit capite puniatur seu puniantur

Jtem de eodem

Jtem statutum et ordinatum est quod dominus capitaneus et rectores dicti populi qui nunc sunt vel per tempora fuerint Jn regimine dicti populi teneantur vinculo Juramenti ap[p]ortarj facere corpus Jllius de dicta societate qui fuerit Jnterfectus Jncontinenti Jn mercato de sancto et Jpsum corpus tantum tenere et tenerj facere quousque Jnde vindicta(m) vt supra scriptum est facta fuerit cum effectu

Jtem de eodem

Jtem statutum et ordinatum est quod donec vindicta facta

---

(771) F. 33 r.   (772) B: Jtem   (773) F. 33 v.   (774) B: domini   (774 bis)

fuerit vt supra (quod) omnes et singuli de dicto populo teneantur vinculo Juramenti et sub pena librarum xxv astensium ap[p]licanda societati populi claudere et clausas tenere apothecas eorum et rizolios et tol[l]ere banchas et staciones de mercato et mercatum tenere spaciatum Jta (772) quod per aliquem de dicto populo Jn mercato predicto aliquod vendi non possit et nullum misterium vti (non) possit aliquo officio suj misterij nec aliquis alius de dicto populo facere aliquod opus vel misterium Jn ciuitate astensi vel burgis donec (773) dicta vindicta facta fuerit cum effectu sed semper et continue stare cum armis Jn dicto mercato vel vbi voluerint dicti dominus (774) capitaneus siue rectores

Jtem de eodem

Jtem statutum et ordinatum est quod omnes et singuli de dicta societate populi teneantur et debeant vinculo Juramenti et sub pena expulsionis dicte societatis et librarum v astensium venire cum armis ad dictam vindictam faciendam quandocumque pulsabitur ad stremitam et Jbi stare continue cum dicto domino capitaneo et rectoribus ad voluntatem Jpsius domini capitaney et rectorum etc (*sic*)

Jtem de eodem

Jtem statutum et ordinatum est quod si contingerit fierj aliqua vindicta de aliqua offensione facta alicui de populo predicto et [*offensus*] habere volueri(n)t societatem de hominibus dicti populi (quod) eidem detur secundum qualitatem persone offensi et parentum Jnterfecti et secundum qualitatem facti ad predicta fierj et effectualiter exequenda [*facere*] (774 bis) teneantur dominus capitaneus et rectores qui per tempora fuerint vinculo Juramenti (facere) sub penis et bannis per Jpsum dominum capitaneum et rectores Jmponendis et auferendis arbitrio dicti domini capitaney et rectorum/.

Jtem de eodem

Jtem statutum et ordinatum est quod omne Jd quod factum fuerit seu ordinatum reformatum seu statutum per consilium populi predicti vel maiorem partem Jpsius valeat et teneat et Jnuiolabiliter obseruetur ac si factum ordinatum seu statutum esset per totum populum et societatem populi et Jpsi de dicta societate vtantur et vti possint et debeant omnibus honoribus consuetudinibus officijs et beneficijs quibuscumque tam comuni

---

Questo facere, che qui manca, si trova un po' più sotto, donde va

astensi quam alibi qui vtebantur et uti consueuerunt hinc retro
quatuor societates populi ciuitatis astensis ad honorem regie
maiestatis et comunis et societatis populi astensis

Jtem de eodem

Jtem statutum et ordinatum est quod per dominum capitaneum et rectores predictos qui nunc sunt vel per tempora fuerint Jn regimine dicti populi teneantur et (775) debeant (*sic*) vinculo Juramenti non dare aliquam audenciam Jn aliquo casu alicui
qui diceret seu dicere vellet contra vindictam seu vindictas predictas faciendas et contra capitula de vindictis predictis sed omnis
audiencia denegetur Jn omnibus alijs dicentibus vel allegantibus
seu opponentibus pro predictis culpatis seu malefactoribus contra
quos procederetur vel processum esset ad dictam vindictam
faciendam

De becharijs et alijs volentibus rendere carnes

Primo enim (776) statuerunt et ordinauerunt quod dominus
capitaneus et quicumque alij capitaney et rectores per tempora
existentes Jn regimine dicti populi teneantur et debeant vinculo
Juramenti facere scribi et Jn scriptis reducere nomina omnium
bechariorum et omnium aliorum volentium vendere carnes et
Jnter eos singulis tribus mensibus facere proici et dari sortes
locorum vbi quis Jpsorum vendere debebit Jpsas carnes et
quod (777) aliquis Jpsorum non possit modo aliquo cambiare
locum qui sibi euenerit ad sortem Jn locum alterius nec super
banchas alterius vendere aliquas carnes et qui contrafecerit perdat pro pena solidos xx astensium et si capitaneus predicta facere neglexerit penam librarum x astensium Jncurrat Jpso facto
et quod de predictis non possit petere parabolam vel absoltum
et tenere viam Jta latam sicut eis et quilibet Jpsorum fuerit
designata per dictum dominum capitaneum sub pena predicta/.

*Quod aliquis becharius vel aliquis alius rendens carnes non
possit plantare vel habere palos vel perticas Jn merchato de
sancto/.*

Jtem quod (778) aliquis becharius vel aliquis alius [*rendens
carnes*] non possit vel debeat modo aliquo plantare aliqua ligna
seu pal(l)os vel perticas [*seu*] staciones Jn mercato de sancto
videlicet Jn terra nec aliquas banchas tenere plantatas vel Jn-
cathenatas sub pena solidorum xx pro quolibet qui contrafaceret

---

espunto. (775) F. 34 *r.* (776) B: cum (777) *Seque cancellato:* ro
(778) B: Jtem si (779) F. 34 *r.* (780) B: *aliquis* (781) B: *rendere*

et si qui vel si que sint eas auferre teneantur Jnfra tercium
diem post preconacionem factam de predictis sub pena predicta
et nichilominus teneantur Jpsas banchas et palos seu perticas
auferre/.

(779) *Quod nullus becharius vel alius* (780) *quisuis carnes
porchinas vendens* (781) (*non*) *possit eas occidere* (sic) *nisi prius
fuerint vise per officiales ad hoc deputatos*

Jtem quod aliquis becharius vel vendens carnes recentes non
possit modo aliquo (782) aliquas carnes porchinas recentes vendere (783) nisi prius duo ellecti fuerint per dictum dominum
capitaneum qui Jpsos porchos viuos viderit occidere et si quis
Jnuentus fuerit vendere vel ven[*di*]derit aliquas carnes porchinas que per dictos officiales prius vis(s)e non fuerint perdat pro
pena solidos xx astensium et vltra penam predictam carnes
predicte et banche Jgne comburantur

*Quod quilibet carnes vendens vendere possit dummodo suf-
ficientes venda(n)t et bona[s]*

Jtem quod quilibet qui voluerit occidere et vendere carnes
possit et ey liceat vendere et occidere carnes bonas et sufficientes et quod quilibet excoriator teneatur et debeat volenti
occidere et vendere carnes Jpsas bestias excoriare et occidere
pro Jllo precio quo[*d*] ab alijs becharijs soliti sunt habere pro
Jpsis diligenter aptare et hoc sub pena solidorum v pro qualibet bestia

*Quod nullus excoriator bestiarum Jpsas bestias debeat
Jnflare*

Jtem quod quilibet excoriator teneatur et debeat vinculo Juramenti non Jnflare aliquas bestias suffo vel aura seu ponctu-
ram aliquam facere propter quam maculetur suffo vel aura nec
ea(s) facere in Rognonis et eas taliter excoriare quod coria seu
pelles Jpsarum bestiarum quas excoriabunt non sint Jncis(s)e
vel aliqualiter peiorate et si quis becharius vel excoriator contrafecerit amittat pro pena solidos v pro qualibet bestia et si
excoriator penam soluere non posset quod Jlle cuius erit bestia
taliter excoriata Jnflata vel falcita dictam penam soluere teneatur ac si predicta vel aliquod predictorum fecisset/.

(784) *Quod Capitaneus siue rectores teneantur omni ebdemoda Jnquiri facere becharias*

Jtem quod dictus dominus capitaneus siue rectores teneantur

---

(782) *Segue cancellato* : ali   (783) B : occidere   (784) F. 35 r.   (785)

et debeant vinculo Juramenti Jnquirere vel Jnquiri facere per familiam suam omnes becharias (*sic*) et vendentes carnes recentes omni ebdemoda ter ad minus et pro tribus diuersis diebus et omnes et singulos qui Jnuenti fuerint culpabiles de supradictis punire et condempnare secundum formam superius scriptam

De carnibus ouinis (785) *arietinis caprinis et troinis cum alijs non tenendis*

Jtem quod aliquis becharius seu aliqua alia persona non audeat vel presumat vendere seu vendi facere tenere seu tenerj facere ad eorum banchas tabulos vel specios (*sic*) vbi vendent seu vendi facient vel habebunt seu tenebunt carnes bouinas vel porchinas aliquas carnes arieti vel bechi troye burie (*sic*) vel ouis (786) et si quis contrafecerit amittat pro pena solidos xx pro qualibet vice carnes vero arietis bechi troye bucie vel ouis (786) vendere possint a puteo Jnfra et deuersus portam sancti pauli et qui contrafecerit perdat pro qualibet vice solidos v astensium

De morticinis carnibus et bestiis grignolosis non vendendis nisi vt Jnfra

Jtem quod aliquis non possit audeat vel presumat vendere nec vendi facere aliquas carnes grignolos(s)as seu morticinas nisi ad portas ciuitatis vel burgorum et si qui contrafecerit amittat pro pena libras tres astensium pro qualibet vice et vltra dictam penam carnes et tabulum super quo Jnuente fuerint Jgne Jncontinenti comburantur

De coreis bestiarum non peiorandis vt Jnfra

Jtem statuerunt et ordinauerunt quod ad videndum coria et pelles bestiarum que a modo excoriabuntur duo boni homines et legal(l)es eligantur per dominum capitaneum siue rectores qui debeant cognossere (*sic*) Jpsas pelles si bene fuerint excoriate et Jlla coria siue pelles que fuerint reprobata seu reprobate per predictos officiales el(l)igendos vt supra quod Jlle (*sic*) cuius erunt dicta coria siue pelles si fuerint de (787) bestia bouina amittat pro pena solidos v pro qualibet vice si vero fuerint alterius bestie amittat pro pena pro qualibet vice solidos IJ quarum penarum contentarum Jn presentibus capitulis tercia pars sit accusatoris (788) alia tercia dictorum officialium et alia dicti domini capitaney et dictis officialibus credatur suo sacramento

---

B: *omnibus*   (786) B: oues   (787) F. 35 v.   (788) B: acintoris

De agnis et capretis non Jnflandis

Jtem quod aliquis non audeat vel presumat vendere seu vendi facere aliquos agnellos seu capretos Jnflatos suflo vel aura vel ponctura aliqua propter quam Jnfletur nec Jpsos farcire Jn rognonibus vel aliquid ponere Jn Jpsis rognonibus vel supra Jpsos rognones et si quis contrafecerit amittat agnellum vel capretum

Quod becharij dimittant Jn qualibet parte bestie dimidium partem virge

Jtem quod quilibet becharius et quicumque alius vendens carnes recentes teneantur et debeant dimittere medietatem virge cuiuslibet porci et castronis Jn qualibet gamba saluo de bestijs bouinis et qui contrafecerit amittat pro pena pro qualibet vice solidos iij astensium

Quod aliquis becharius carnes occis(s)as nisi de die Jn crastinum seruet

Jtem statuerunt et ordinauerunt quod aliquis becharius seu aliqua alia persona vendens carnes recentes a kalendis Junij vsque Jn kalendas octobris non possit audeat vel presumat vendere seu vendi facere seu tenere Jn becharia seu Jn locis qui designabuntur per dominum capitaneum aliquas carnes quas occiderit nisi ea die et crastina (789) qua occis(s)e fuerint et qui contrafecerit amittat pro pena solidos x astensium pro quolibet et qualibet vice et vltra penam predicte (790) carnes comburantur

Quod aliquis becharius non possit spacium longiorem tenere quam banchum

Jtem quod aliquis becharius seu aliquis alius vendens carnes non possit tenere spacium magis longum quam bancham seu banchas super quibus vendunt carnes

(791) *Quod aliquis sepelitor mortuorum bestias occidere nec excoriare possit*

Jtem quod aliquis sepelitor mortuorum non possit audeat vel presumat occidere aliquas bestias nec eas excoriare et si Jnuentus fuerit occidere vel excoriare aliquas bestias amittet becharius cuius esset bestia quam excoriaret solidos x astensium pro qualibet bestia

Quod capitaneus habeat bayliam condempnandi et procedendi secundum formam capitulorum predictorum talem qualem haberet consilium generale

---

(789) *Segue cancellato:* q̄a   (790) B: predictas   (791) F. 36 r.   (792)

Jtem statuerunt et ordinauerunt quod dominus capitaneus
presens et quicumque alij capitaneus et rectores nunc et per
tempora existentes Jn regimine dicti populi teneantur et debeant Jnde bayliam potestatem et auctoritatem et liberum ar-
bitrium tantam et talem habere quantam et qualem haberet
consilium generale comunis procedendi et puniendj et condemp-
nandj secundum formam dictorum capitulorum omnes et singulos
qui venerint et fecerint contra formam dictorum capitulorum

De publicatione capitulorum predictorum

Lecta et publicata fuerunt suprascripta capitula Jn consilio
generalis populi ciuitatis astensis anno domini Mcccxviiij Jndicione prima die martis primo mensis augusti

*Titulus capitulorum factorum per dominum Jacobum de
rialo et socios anno sequenti*

Jn nomine domini amen hec sunt statuta et ordinamenta facta
per dominum Jacobum de vialo Jurisperitum ca(n)ter[i]notum
ca(u)terutum peregrinum de bubriis et Rollandum ferrarium
quatuor capitulatores populi ciuitatis astensis ad hoc ellectos per
rectores et ancianos dicti populi anno domini Mcccxviiij Jndicione secunda

Pro clusa burburis siue bealis.

Jn primis pro euidenti utilitate et Jm[m]inenti necessitate comunis et populi ciuitatis astensis prouiderunt statuerunt et ordinauerunt quod futurus capitaneus teneatur et debeat vinculo
sacramenti (792) curare modis omnibus et vijs cum effectu quod
clusa burburis fiat et fieri debeat Jn Jllo loco siue Jn Jlla parte
burburis vbi videbitur sapientibus ciuitatis astensis Jta et taliter
quod bealeria cur[r]at siue fluatur Jta quod molendina sancti
(793) sixti porte turris (794) porte sancti martini et porte
sancti pauli possint molere et hoc citra festum natiuitatis domini proxime venturum requirendo Jnde dominum senescallum
et dominum vicarium et sapientes ciuitatis astensis et consilium
generale dicte ciuitatis et si contingeret quod dicta clusa Jnfra
dictum terminum non fieret quod tunc dominus capitaneus et
omnes de populo teneantur vinculo Juramenti non Jre ad aliquod consilium publicum vel priuatum dicte ciuitatis astensis
quousque dicta clusa facta fuerit vel completa

*Vt molinarij non capiant nisi sextamdecimam partem pro
molura et non vltra*

F. 36 v.   (793) *Segue cancellato* Juxti (*corretto su* sixti) porte terris

Jtem teneatur dominus capitaneus vi[n]culo Juramenti non pati quod aliquis molinarius seu aliqua alia persona habens vel tenens molandinum (795) quod molat(non)possit seu debeat aliquo modo vel Jngenio sub aliquo col(l)ore capere seu capi facere nisi sedecimum et qui contraff[ac]ere(n)t amittat pro pena et banno libras tres astensium pro qualibet vice qua fuerit contrafactum et quod molandinum Jllius qui contrafaceret perueniat Jn comune et de predictis qui[li]bet possit esse accus(s)ator et credatur accus(s)atorj suo sacramento et predicta teneatur facere Jurare omnibus habentibus molandina

Quod dominus capitaneus teneatur spoliatos eorum possessionibus Jn eorum possessionem red(d)ire facere et eos Jn ea manutenere

Jtem cum plures homines de dicto populo fuerint et sint Jndebite et Jniuste eorum possessionibus (796) spoliati quas dicti de populo taliter spoliati tenebant et possidebant Justis titulis et veris causis per certos magnatos qui non sunt de populo prouiderunt statuerunt et ordinauerunt dicti capitulatores Jn hac parte quod proxime [*futurus capitaneus*] (797) teneatur et debeat speciali vinculo Juramenti Jpsum et Jpsos de populo taliter spoliatum et spoliatos suis possessionibus Jnfra octo dies postquam Jpsi capitaneo dictum et (798) denuntiatum fuerit per Jllum seu Jllos qui fuerint vt supra de dicta possessione sua priuati et spoliati restituere et restitui et poni facere Jn dicta eorum possessione et Jpsum et Jpsos pos(s)itos et restitutos Jn dicta sua possessione per dominum capitaneum manutenere et conseruare ac deffendere Jn dicta eorum possessione et si forsitan (799) Jlle qui non esset de populo sentiret seu teneret se grauatum de restitucione quam faceret dictus capitaneus Jlli seu Jllis de dicto populo de dicta sua possessione quod tunc dictus dominus capitaneus teneatur facere cognosci summarie et sine strepitu Judicij suo Judici seu alijs Judicibus non suspectis de Jure Jllius qui non esset de dicto populo Jnter quos (*sic*) esset questio presentando Jpsi domino capitaneo omnia sua Jnstrumenta et Jura /

Vt banna pro gua[i]tis ablata Jn solucionem nunciorum capitaney conuertantur.

Jtem teneatur dictus dominus capitaneus firmarj facere et ordinarj Jn generali consilio comunis astensis quod omnes pene

---

(794) B: Justi porte terris   (795) B: molandina   (796) B: possessione

et banna que a modo ex(e)cucientur occaxione gueitarum ab
Jllis videlicet qui dictas gueitas non facerent conuertantur et
conuerti debeant pro parte comunis Jn solucionem salarij nunciorum dicti domini capitaney et quod de hoc fiat capitulum
speciale quod apponatur Jn libro capitulorum comunis astensis

*Vt gullielmus bruxia siue fercia a quadam condempnacioae
conseruetur Jndempnis*

Jtem prouiderunt statuerunt et ordinauerunt Jntuytu pietatis
quod gullielmus bruxia siue fercia becharius sit et esse debeat
absolutus a quadam condempnacione facta Jn eum de libris tribus astensium per dominum Johannem de vedaro olim capitaneum populi ciuitatis astensis et quod proxime futurus capitaneus teneatur et debeat vinculo Juramenti Jpsum gullielmum
de dicta condempnacione facere canzellarj Jncontinenti quando
ab Jpso gullielmo fuerit requisitus sine aliqua dil(l)atione et
solucione Jpsius condempnacionis facienda(m)

*Quod capitaneus salarium suum non recipiat nisi cum
salario notariorum et nunciorum*

Jtem statutum est et ordinatum quod proxime futurus capitaneus et quicumque alij capitaney et rectores nunc et per
tempora existentes Jn regimine dicti populi vinculo sacramenti
non possit seu debeant aliquo modo vel Jngenio sub aliquo colore capere vel recipere seu capi vel recipi (800) facere suum
salarium vel solucionem sui salarij Jn totum vel Jn partem nisi
simul cum salario nunciorum et notariorum qui per tempora
fuerint Jn officio dicti populi et si contra fecerit seu fecerint
penam librarum xxv astensium de suo salario Jncurrat et Jncurrant de quibus possint et possit a quolibet sindicarj et appellarj et vltra penam predictam sit periurus et Jnfamis ab
omnibus reputetur

De gonello seu tunica emenda ficheto nuncio societatis populi

Jtem teneatur proxime futurus capitaneus Jnfra xv dies post
Jntroytum sui Regiminis emere seu emi facere vnum gonellum
siue tunicam ficheto nuncio dicti populi

*De condempnacionibus factis per dominum alamanum de
signorellis olim capitaneum dicti populi*

Jtem statuerunt et ordinauerunt quod omnes condempnaciones facte per dominum alamanum de signorellis olim capitaneum
populi ciuitatis astensis Jn quoscumque de populo occaxione vini

---

(797) *Cfr. infra.*   (798) F. 37 r.   (799) B: forsitam   (800) F. 37 r.   (801)

quod vendidisse[*n*]t contra formam capitulorum seu refforma-
cionum (801) comunis [*et*] populi ciuitatis astensis debeant poni
Jn consilio ad remedium consilij dicti populi per proxime futurum capitaneum quocienscumque Jnde fuerit requisitus ab
Jpsis condempnatis vel aliquo eorum et de Jpsis condempna-
ti|*onibu*|s facere prout placuerit dicto consilio.

*Titulus capitulorum factorum per gullielmum maritanum
et socios*

Jn nomine domini amen hec sunt capitula statuta et ordinamenta facta statuta et ordinata per dominus gullielmum maritanum caterenotum caterutum mucium carenzanum et ma-
nuelem fol|*l*|um auctoritate baylie eisdem a generali cons(c)ilio
populi ciuitatis astensis concesse Jn anno domini Mcccxx Jndicione tercia

*Quod capitaneus siue rectores non paciantur fodrum vel
talea*m *Jmponi Jn ciuitate astensi nisi prius firmatum fuerit
per cons(c)ilium populi*

Jn primis prouiderunt statuerunt et ordinauerunt pro euidenti
vtilitate comunis [*et*] populi ciuitatis astensis quod presens capitaneus et quicumque alij capitaney et rectores nunc et per
tempora existentes Jn regimine dicti populi et omnes et singuli
de dicto populo teneatur (802) et teneantur non pati nec Jnteresse seu stare Jn aliquo cons(c)ilio Jn quo fiat (803) aliquod
partitum quod aliqua milicia vel equitacio milicie fodrum prestum talea(m) vel collecta aliqua Jmponatur vel fiat seu Jmponj
vel fierj possit Jn ciuitate astensi nisi ad Regestum (804) tam
mobilis quam possessionis ciuitatis astensis et si contrafieret per
aliquem capitaneum vel rectorem penam xxv librarum astensium de suo salario Jncurrat de quibus possit a quolibet sindicarj et ap[*p*]ellarj nisi hoc procederet de voluntate consilij
generalis dicti populi

Quod capitaneus |siue rectores| *non paciantur expensas
fierj per comune ciuitatis astensis vltra libras L*ta *nisi prius
per cons(c)ilium generale Jpsius populi firmatum fuerit et
ordinatum*

Jtem prouiderunt statuerunt et ordinauerunt quod presens capitaneus et quicumque alij capitaney et rectores dicti populi teneatur et teneantur non pati aliquo modo quod aliqua pecunia a
libris l. astensium supra per comune astense seu per homines

---

aliquos habentes bayliam a dicto comuni expenda(n)tur nisi prius
dictus dominus capitaneus tam presens quam futurus seu rectores futuri hec pos(s)uerint seu expos(s)uerint ad cons(e)ilium
Jpsius populi generale

De mouendis rillis ad faciendum sequamen societatis populi

Jtem prouiderunt statuerunt et ordinauerunt quod proxime
futurus capitaneus et quicumque alij capitaney et rectores teneantur et debeant vinculo Juramenti semel Jn quolibet anno
facere mouerj et requirj omnes villas comunis astensis quod veniant per eorum sindicum ad faciendum capitaneo dicti populi
[*Juramentum*] de Juuando (805) et manutenendo populum ciuitatis astensis et quod Jlle ville et loca que fecerint sequamen
dicti populi et capitaney Jpsius populi deffendantur et manuteneantur per dictum populum et per capitaneum Jpsius populi et
quod notarij non possint capere vltra solidos iij pro qualibet villa

De vindicla Rollandi Ricardi contra Jllos de garretis

Jtem prouiderunt statuerunt et ordinauerunt quod proxime
futurus capitaneus et quicumque alij capitauey et rectores teneantur et debeant vinculo Juramenti attendere et obseruare
omnia capitula statuta et ordinamenta prouixiones et reformaciones quas et que Rolandus ricardus et Johannes eius frater
vel alter eorum fecerint [et] ordinauerint vsque ad medium
mensem augusti proxime venturum occaxione percus[s]ionis facte Jn dictum rolandum et Jn vindicta facta et facienda contra
Jllos de garretis qui eum percus[s]erunt

(806) *De corata siue meunxia non tenenda Jn agnis vel
caprelis r[id]elicel postquam aperti fuerint*

Jtem statuerunt prouiderunt et ordinauerunt quod aliquis
vendens capretos vel agnellos non possit audeat seu debeat tenere coratam seu meunxiam Jutus (807) capretum vel agnellum postquam fuerit apertus (808) sed Jpsam Jncontinenti to[l]-
lere et auferre et qui contrafecerit perdat pro pena et banno
solidos v astensium pro quolibet et qualibet vice qua contrafecerit et tociens quociens quis contrafecerit

Pro maynerio caterulo et socijs

Jtem teneantur presens capitaneus et quicumque alij capitaney
et rectores attendere et obseruare reformacionem factam Jn
fauorem maynerij cateruti bartholomey cui dicitur bamdi (*sic*)
et Jacobi vrsi Jn omnibus et per omnia prout Jn Jpsa reformacione continetur

megestum   (805) B: Jurando   (806) F. 38 r.   (807) B: Jnter   (808) B:

Capitulum factum Jn fauorem secundini de rocha siue de sala.

Jtem statutum et ordinatum [*est*] per consilium generale societatis populi ciuitatis ast solempniter per campanas et nuncium super voltis de sancto more et loco solitis legitimo et sufficienti numero congregatum anno domini Mcccxxi Jndicione quarta die veneris xxviiij mensis madij quod cum Johanninus de rocha filius domini oberti de rocha malo animo et prodicionaliter et Jniurios(s)e Jnterfecerit gullielmum de rocha siue de sal(l)a condam Jpso domino oberto eidem Johannino filio suo ad hec maleficia facienda dante cons(c)ilium auxilium curam et operam (quod) secundinus de sal(l)a filius dicti gullielmi condam et ot[*t*]inus de sal(l)a et fratres (809) Jpsius ot[*t*]ini filij ruffineti de rocha siue de sal(l)a condam et quicumque alij coadiutores et valitores Jpsorum de sal(l)a manuteneantur per totam societatem dicti populi et omnes et singulos (810) de dicta societate contra dictum Johanninum de rocha et contra dictum dominum obertum patrem eius et filios Jpsius domini oberti et contra quoscumque alios qui non sint de dicta societate dantes Jpsis Johannino et domino oberto et alijs filijs eius vel alicui eorum reductum cons(c)ilium auxilium vel fauorem et hoc fiat modis omnibus quibus voluerint dicti secundinus et ot[*t*]inus et fratres Jpsius ottini et alter eorum et (811) prout eis placuerit ad eorum liberam voluntatem Jtem quod dicti secundinus et ottinus et fratres Jpsius ottini et quicumque alij cuiuscumque condicionis existant qui Jn seruicio auxilio vel vindicta dictorum de sal(l)a vel alicuius eorum dedissent vel fecissent aut Jn futurum darent vel facerent dampnum aliquod Jniuriam vel grauamen Jpsis domino oberto et filijs eius aut alicui eorum Jn ere et personis Jpsorum vel alicuius eorum cuiuscumque modi dampnum Jniuria(m) vel grauamen esset et realiter et personaliter conserue[*n*]tur Jndempnes per societatem populi supradicti et per omnes et singulos de dicta societate et hoc modis omnibus vijs et remedijs quibus voluerint dicti secundinus et ot[*t*]inus et fratres vel aliquis eorum. Jtem quod omnia et singula capitula dicte societatis facta Jn fauorem rolandi ricardi et fratris (812) contra rolandum gar[*r*]etum et filio[*s*] facta esse Jntelligantur et sint Jn fauorem et vtilitatem predictorum de sal(l)a et coadiutorum et valitorum suorum contra dictum dominum obertum de rocha

opertus   (809) B: fratres fratres   (810) B: singuli   (811) F. 39 r.

et filios eius et contra omnes et singulos qui non sint (813) de
dicta societate qui daret Jpsis domino oberto et filijs vel alicui
eorum consilium auxilium fauorem vel reductum et predictum
capitulum volunt dictum consilium et rectores et credendarij
Jpsius cons(c)lii consulte et ex certa sciencia attendi et obseruarj debere per quoscumque rectores vel capitaneos qui per
tempora fuerint Jn regimine dicte societatis populi ciuitatis a-
stensis et per omnes et singulos de dicta societate tamquam
capitulum trunchum precis(s)um et speciale non obstantibus aliquibus alijs capitulis vel reformacionibus dicte societatis populi
factis vel faciendis que Jn contrarium loquerentur non obstante
aliquo Jure populi racione vel excepcione aliqua que sint vel
excogitarj possint seu al[l]egarj contra predicta vel aliquod
predictorum per dictum dominum obertum vel filios eius aut
per aliquem Jpsorum vel per aliquam aliam personam Jta quod
Jn Jstis dictis generaliter (814) Jntelligantur et comprehendan-
tur omnia ea et singula que requirent vel requirere possent
speciale mandatum seu specialem expressionem ac si Jlla sin-
gulariter de verbo ad verbum expressa essent Jn presenti capitulo et eis totaliter der(r)ogatum et abrogatum esset per consilium dicte societatis et per totum populum ciuitatis astensis prout melius fierj posset quibus omnibus et singulis Juribus et ra-
tionibus causis exceptionibus statutis ordinamentis dispos(s)icio-
nibus quibuscumque tam presentibus quam futuris que esse[n]t
vel esse viderentur contra[ria] vel (815) contrarie presenti capitulo totaliter vel Jn partem dictum consilium ex certa sciencia
de(r)rogauit et abrogauit (816) omnino. Jtem quod omnibus et singulis personis attentantibus seu volentibus aliquod dicere oppo-
nere seu allegare contra predicta vel aliquod predictorum quicumque capitaney siue rectores per tempora Jn regimine dicti
populi existentes teneantur et debeant omnino omnem audien-
ciam denegare sub pena periurij- et Jnfamie et priuationi[s]
capitanarie vel rectorie et officij et honoris cuiuscumque

*Titulus capitulorum factorum per rolandum ricardum Jn
fauorem Jpsius contra garrelos*

Jn nomini domini amen hec sunt capitula statuta et ordinamenta facta per rolandum ricardum notarium anno domini
Mccccxx Jndicione tercia die mercur[i]j xiij mensis augusti cum
pro Jniurijs et offensionibus datis et factis Jn personam rolandi

(812) B: fratres   (813) B: sunt   (814) B: generalibus   (815) F. 39 *v.*

ricardi per rofflnetum garretum filium rolandi garreti occaxione
Jpsarum Jniuriarum data et at[t]ributa fuerit Jpsi rolando ricardo baylia capitulandi per habentes bayliam a consilio generali
populi ciuitatis [*astensis*] (et) Jn manutenendo populum et deffensionem et conseruacionem persone Jpsius rolandi fratris filiorum et nepotum et aliorum omnium de populo statuit ordinauit et capitulauit vt Jnfra

*Primum membrum capitulorum per dictum Rolandum
ricardum factorum*

Primo statuit quod cum predictus rolandus ga[r]retus et filij
eius ac eciam alij de hospicio garretorum minentur Jpsi rollando
ricardo et fratri filijs et nepotibus et leoni grometo et eciam
alijs de populo et verba comminatoria effondant pro maiorj parte
pro eo quod Jpsi de populo Juerunt ad domum habitacionis
Jpsius rofflneti et eciam combus[s]erunt dicentes eciam quod
Jpse rollandus frater et filij et nepotes et leo grometus ac eciam
alij de populo ab eisdem de garretis gaudere non possunt volens
Jpse (817) tam Jpsorum quam omnium de populo Jndempnitati
prouidere ne Jpse et alij de populo per Jpsos de garretis occi-
dentur percutantur seu eciam offendantur statuit et ordinauit
quod si casu modo vel ingenio Jpse rollandus frater et filij vel
nepotes seu dictus leo grometus seu eciam aliquis alius de populo Jnsultatus percussus vulneratus (818) vel occis(s)us fuerit
seu Jnsultati percussi vulnerati vel occis(s)i fuerint [*seu*] esse
vel fuisse Jnsultatum percussum vulneratum vel occis(s)um seu
Jnsultatos percussos vulneratos vel occis(s)os per Jllos de garreti contigerit (quod) Jnde contra Jllos de garretis procedi debeat ad voluntatem Jnsultati percussi vel vulnerati et etiam ad
voluntatem cuiusvis parentis (819) Jllius qui mortuus esset et
si qui parentes non essent quod capitaneus seu rectores qui
per tempora fuerint seu fuerit Jpsam vindictam facere teneantur
omnino tam contra personas Jllorum de garretis qui Jnculpa-
rentur de predictis seu aliquo predictorum quam contra res et
bona Jpsorum ad que omnia et singula et ad Jpsam vindictam
faciendam teneantur capitaneus et rectores vinculo Juramenti
[*silicet*] audito et Jntellecto aliquem vel aliquos de predictis
seu aliquem vel aliquos de populo fuisse vulneratum percussum
vel occis(s)um seu vulneratos percussos vel occis(s)os dare ad
stremitam populi et Jre ad domum habitacionis Jlli[*us*] qui ma-

---

(816) B: obrogauit   (817) B: Jpsi   (818) F. 40 r.   (819) B: parentes

leficium comis(s)erit seu diceretur vel presumeretur comis(s)isse
et credatur verbo simplici percussi vel vulnerati et parentibus
occis(s)i credatur similiter et Jpsam Jbi dis[s]ipare et dis[s]parj
facere et quod ali[qu]o tempore Jpsa domus dis[s]ipata leuarj
non possit nisi pax fieret cum Jllo seu Jllis cui seu quibus facta
fuisset Jniuria cum cons(e)ilio et voluntate populi ac etiam tenere (820) et teneri facere omnes possessiones quas tenerent
tempore maleficij perpetrati gerbas et Jncultas Jta quod non
colantur nec laborentur per aliquam personam sed pocius omnino gerbe maneant et inculte/

Jtem de eodem

Jtem (quod) cum dictus rollandus frater et filij et nepotes non
sint pares dicto rollando garreto et filijs nec hospicio Jllorum
de garretis et op(p)orteat Jpsum fratrem filios et nepotes et eos
expediat Jre [et] facere facta sua et comode Jre non possint
neque secure sine consilio et auxilio populi statuit et ordinauit
quod quocienscumque dicto rollando et alijs supradictis nominatis
seu alicui Jpsorum seu alicui alij de populo placuerit requirere
dominum (821) capitaneum seu rectores quod debeant darj Jpsi
rollando et predictis (822) et cuilibet Jpsorum seu alicui alij de
populo decem homines de populo omni die qui secum Jre debeant cum armis (quod) Jpsi capitaneus et rectores teneantur
Jpsi rollando et predictis et cuiuis Jllorum et omnibus alijs de
populo (823) dare et dari facere Jpsos decem homines de populo
qui omni die vadant et Jre debeant et teneantur omnino cum
Jpso rollando et predictis seu quouis (824) Jpsorum et cum alijs
de populo requirentibus (825) predictos per ciuitatem astensem
et burgos faciendo eorum facta Jn tuicionem et deffensionem
personarum Jpsorum et cuiuslibet eorumdem expensis proprijs
Jpsorum decem et (826) si quis de Jpsis decem Jre nollet seu
non Jret ea die qua ellecti fuerint perdat pro pena quilibet
Jpsorum ad voluntatem capitaney seu rectorum diuidenda Jnter
capitaneum et populum seu rectores qui tunc erunt Jta quod
capitaneus seu rectores habeat seu habeant medietatem et populus aliam medietatem et quod predicti de populo Jurare teneantur et debeant omni anno post Jntroytum capitaney seu
rectorum per octo dies et Jpse capitaneus seu rectores Jpsos
de populo ad hoc compel[l]ere teneatur seu teneantur vinculo
Juramenti

---

(820) tenere *è corretto su* tenerj   (821) B: dominos   (822) B: predictos
(823) F, 40 r.   (824) B: cuiuis   (825) B: requirentes   (826) *Segue con-*

Jtem de eodem et pro eodem

Jtem statuit et ordinauit quod presens capitaneus teneatur Jpsum rollandum garretum et filios bannire et banniri facere de populo et ex parte populi Jta quod aliquis de populo dictis rollando de garretis et filijs aliquod opus seu laborerium facere non debeat neque teneatur aliquo modo vel Jngenio tamquam bannitis (827) et si quis contrafecerit sit bannitus de societate populi et Jpsis bannitis Jpsum roffinetum tamquam bannitum tenere expulsum a ciuitate astensi et burgis et si venerit et steterit Jn dicta ciuitate et burgis tenea[n]tur capitaneus et rectores [*per tempora*] existentes Jpsum roffinetum capere et vindictam facere ad voluntatem dicti rollandi/.

Jtem ad (e)idem pro eodem

Jtem statuit et ordinauit quod capitaneus presens et alij capitaney et rectores per tempora existentes Jn regimine dicti populi teneantur non pati quod domus vbi stabat dictus roffinetus tempore percussionis facte per Jpsum roffinetum Jn personam dicti rolandj ricardj et combustam ex parte populi leuetur seu reddificetur per aliquam personam seu personas et quod si quis eam leuare seu edifficare vel[*l*]et Jn totum vel Jn parte(m) Jpse capitaneus presens et alij capitaney et rectores per tempora existentes teneantur (828) deffendere cum armis et toto populo ne (829) Jpsa domus seu pars Jpsius domus perpetuo leuetur seu edifficetur sine expressa voluntate Jpsius rolandj ricardj

Jtem ad (e)idem pro eodem

Jtem statuit et ordinauit quod si aliqua offensio seu Jniuria publice vel priuatim seu occulte daretur seu fieret Jn personas dictorum rollandi et fratris et filiorum et nepotum seu alicuius Jpsorum vbicumque vel vndecumque ea daretur vel fieret Jntel[*l*]igatur pleno Jure per Jpsum rolandum garretum et filios et quemlibet Jpsorum et cuiuslibet eorumdem [**sequacem datam vel factam et quod capitaneus presens et alij capitaney et rectores per tempora existentes teneantur et debeant prestare operam suam tam Jn domorum et edificiorum quas et**] (830) que tenent et possident et visi sunt tenere et possidere seu quasi et tenebunt seu possidebunt Jn futurum [*dicti de garretis*] et quilibet Jpsorum ad voluntatem dictorum rollandi fratris et filiorum et nepotum (Jn) dirucione(m) seu dis[*s*]ipacione(m)

cellato: q (827) B: bannitus (828) F. 41 r. (829) B: ut (830) *Il testo*

dom(pn)orum facienda(m) seu fierj facienda(m) quam Jn possessionibus guastandis seu guastis tenendis atque gerbis et Jn omnibus et per omnia prout Jpse rollandus et predicti vel[l]ent
et quilibet (831) Jpsorum et eis et cuilibet Jpsorum placeret

Jtem ad Jdem pro eodem.

Jtem statuit et ordinauit quod si aliquis de hospicio garretorum vel aliquis alius nomine Jpsorum seu zelo vel amore
Jpsorum seu alicuius eorumdem seu aliquis qui cum eis steterit
seu habitauerit seu staret vel habitaret Jnsultum faceret vel facerent Jn ciuitate astensi vel burgis vel (832) alibi Jn personam
seu personas predictorum rolandi fratris et filiorum et nepotum
seu alicuius Jpsorum seu Jn personam alicuius de populo et
aliquis de populo esset (quod) tunc teneatur quilibet de populo
Jre de deffendendum personas eorum et cuiuslibet Jpsorum
quam cicius et melius poterit Jta tamen quod [*si*] aliquis de
populo qui Jret vel esset ad deffendendum predictos Rollandum
ricardum fratrem filios et nepotes seu aliquem Jpsorum seu
aliquem de populo et dictus rollandus frater filij et nepotes et
aliquis Jpsorum seu aliquis alius de populo vulnus aliquod seu
percussionem seu homicidium faceret seu facerent Jn personam
Jllius vel Jpsorum qui predictos rollandum et alios supradictos
seu aliquem Jpsorum Jnsultassent vel (833) offendere vellent
(quod) Jpsi de populo et predicti rollandus frater filij et nepotes
et eorum quilibet Jndempnes per populum et dominum capitaneum seu rectores tunc existentes conseruentur et quod per
aliquem vicarium magistratum capitaneum vel officialem comunis
astensis seu curie regie aliquis processus vllo modo fierj non
debeat contra predictos nec contra aliquem Jpsorum nec contra
aliquem de pupulo qui predicta comitterent et si fieret quod
totus populus predictos et quemlibet Jpsorum [*et quemlibet*] de
populo et (eius) res et bona Jpsorum et cuiuslibet eorum manutenere et deffendere teneantur omnino et Jpsos et quemlibet
Jpsorum et quemlibet de populo et bona sua Jndempn[*i*]a modis
omnibus conseruare et quod si vicarius vel aliquis officialis comunis nollet desistere a tali processu faciendo (quod) aliquis
capitaneus seu rectores per tempora existentes teneantur ac
etiam quilibet de populo non Jre nec stare ad aliquod officium

*in carattere diverso fra parentesi quadre rappresenta una lacuna, che si
estende in B per oltre due righe e mezza lasciate in bianco e che si è cercato supplire secondo il senso e le formule presumibili.* (831) B: cuilibet
(832) *Segue cancellato* aliq (833) F. 41 c. (834) B: percussus nullus

comunis exercere vel op(p)erarj donec processus Jlle totaliter
esset an[n]ullatus et omni virtute vacuatus et quod talis processus nullius (834) sit omnino momenti Jpso facto vel Jpso Jure

Jtem ad (e)idem pro eodem

Jtem predicta statuit et ordinauit atque decreuit dictus rollandus auctoritate baylie eidem concesse Jn fauorem et vigo-
rem populi supradicti attendi et obseruarj debere per presentem
capitaneum et per quemcumque alium capitaneum et rectorem
seu capitaneos et rectores per tempora existentes Jn regimine
dictj populi sub pena periurij et Jnfamie nullo habito extrin-
seco Jntellectu nisi prout et sicut Jn hac (835) litera sonat et
sub pena librarum cc. pro quolibet capitaneo et rectore ad
quam penam si predicta non obseruarent et non attenderent
cum effectu sint efficaciter obligati Jpsi populo pro medietate
et pro alia medietate Jlli seu Jllis qui eam (836) seu eas exigerit atque (837) rectores seu capitaney venturi Jpsas penas
exigere teneantur sub eadem pena et vinculo Juramenti

Jtem ad (e)idem pro eodem

Jtem quod si aliqua percuxio facta fuerit seu fiet Jn personam ruffineti (838) garreti predicti (839) per aliquam personam
(quod) de dicta percus[s]ione facta Jlle seu Jlli qui Jpsam percus[s]ionem fecerit seu fecerint Jn personam Jpsius conseruetur
et conseruentur Jndempnis et Jndempnes et eorum res et bona
per populum predictum vt continetur Jn suprascripto capitulo

*Titulus capitulorum factorum per cater[i]notum caterutum
et socios vt Jnfra*

Jn nomine domini amen Jnfrascripta capitula facta [et] ordinata fuerunt per dominos cater[i]notum caterutum guillelmum
de cazalup(p)a manuelem fol[l]um et antonium tentorem capitulatores populi ciuitatis astensis Jn anno domini Mcccxxj Jndicione quarta

Quedam addicio facta super capitulis de vindictis

Primo additum est capitulo de vindictis faciendis quod si contingerit domum aliquam seu bona dirui seu dis[s]iparj Jn vindictam alicuius de dicta societate (quod) Jpsa domus et bona et
omnia alia bona Jllius cuius esset dicta domus qui offensionem
fecisset alicui de dicta societate cuius occaxione Jpsius domus
dir(r)upta combusta et dis[s]ipata esset remaneat et perpetuo
stet et remaneat et stent dirupta inhabitata gerba et Jnculta

---

(835) B: sicut Jacet   (836) B: cui ea   (837) B: ad que   (838) F. **42 r.**

ad voluntatem Jllius vel Jllorum cui vel quibus facta esset [*dicta
offensio*] et procedatur per Jpsos rectores siue capitaneum contra
omnes et singulos contrafacientes ad voluntatem Jllius cui dicta
offensio facta esset /

*Quedam ad[d]icio facta quod legitur de scribendis Jn tribus
libris qui sunt de societate populi.*

Jtem ad[d]iderunt capitulo quod loquitur qualiter scribi debeant Jn tribus libris Jlli qui sunt de dicta societate quod non
obstante Jpso capitulo filij Jllorum de Jpsa societate et fratres
et nepotes filij fratris ex parte patris stantes et habitantes Jn
ciuitate astensi vel burgis coherentibus Jpsi ciuitati sint et esse
debeant et esse Jntelligantur de Jpsa societate non obstante eo
quod non essent scripti Jn Jpsis tribus libris vel aliquo eorum

*Quod aliquis de dicta societate siue de villis Jura per Jpsum
super aliquem de dicta societate aquisita dare vel cedere non
possit alicui qui de Jpsa societate non existat*

(840) Jtem statuerunt et ordinauerunt quod aliquis de dicta
societate seu aliquis de nostris villis non audeat vel presumat
dare cedere vendere Jn solutum dare seu modo aliquo alienare
alicui seu aliquibus qui non sint de dicta societate aliqua Jura
que haberet contra aliquem de dicta societate seu que haberet
Jn aliquibus terris seu possessionibus (841) vel rebus quas teneret vel possideret aliquis de dicta societate et qui contrafecerit perdat pro pena et banno libras xxv astensium cuius pene
tercia pars sit domini capitaney siue rectorum dicte societatis
qui Jpsam penam excuterint et alia tercia pars sit dicti populi
et alia tercia pars accus(s)atoris et Jnsuper Jpse (842) contrafaciens expellatur et expulsus perpetuo teneatur de societate
populi

*Quomodo et qualiter procedatur contra quoscumque non
existentes de populo turbantes aliquem de populo Jn sua
possessione vel Jure suo*

Jtem statuerunt et ordinauerunt quod cum pluries contingat
quod aliqui [*qui*] non sunt de populo turbent Jnquietent et
molestent Jllos de populo Jn eorum possessionibus (843) et bonis
et Juribus Jpsorum de populo ad maiorem deffensionem et securitatem Jllorum de populo qui de cetero turbarentur vel grauarentur per aliquem vel aliquos qui non sint de dicto populo
Jn aliquibus possessionibus bonis et rebus vel Juribus (quod)

---

(839) B: predicta   (840) F. 42 v.   (841) *Segue cancellato:* que sunt te-

aliqua persona de dicto populo non audeat vel presumat modo
aliquo facere predictis turbantibus et ag[g]rauantibus vt supra
predictos (844) de populo vel aliquem de populo aliquod labo-
rem vel officium vel misterium alicuius artis alicuius de dicto
populo et quod rectores dicti populi siue dicti capitaney tam
presentes quam per tempora existentes Jn regimine dicti populi teneantur vinculo Juramenti Jnquirere contra omnes et
singulos contrafacientes ad peticionem cuiuslibet de dicto populo
tociens quociens Jnde fuerint requisiti et si aliquis de dicto
populo contra predicta vel aliquod predictorum fecerit vel venerit amittat et amittere debeat et soluere debeat societati dicti
populi libras decem astensium pro quolibet et qualibet vice cuius
pene tercia pars sit dictorum rectorum siue capitaney qui dictam
penam excuterent et alia tercia pars accus(s)atoris et alia tercia
pars dicti populi et quilibet possit esse accus(s)ator et Jpse
accus(s)ator secretus teneatur

(845) *Quomodo et qualiter procedatur si aliquis de populo
expulsus fuerit de domo siue apotheca aliqua Jn qua habitare consueuerat*

Jtem statutum est et ordinatum quod si aliquis de populo vel
societate populi astensis stat et habitat seu tenet et deinceps
steterit vel habitauerit domum vel apothecam seu tenuerit aut
aliquem locum vel tabulum ad fictum seu pensionem Jn ciuitate astensi vel burgis coherentibus Jpsi ciuitati tenuerit et de
ea domo vel apotheca aut eo loco vel tabulo sub quouis Jngenio
expulsus seu deiectus fuerit contra eius voluntatem dum tamen
soluat et soluere vel(l)it fictum seu pensionem a se promissum
seu promissam pro Jpsa domo vel apotheca aut Jpso loco vel
tabulo vt promis(s)erit et debuerit (quod) aliquis de dicto populo
nec aliquis alius quicumque et cuiuseumque condicionis existat
siue homo siue mulier non audeat vel presumat neque debeat
aliquo modo vel Jngenio per se vel per alium sine consensu et
voluntate expressa Jllius qui esset sic expulsus vel deiectus vt
dictum est suprastare vel habitare Jn ea domo vel apotheca
aut loco vel tabulo neque Jpsam domum vel apothecam aut
locum vel tabulum aliquo modo emere nisi Jlle cuius esset Jpsa
domus vel apotheca aut locus vel tabulus et scripta vel scriptus
esset super se Jn regesto comunis astensis ey necesse (*sic*)
[*fuerit*] pro factis et negocijs suis faciendis solummodo tantum

nere   (842) B: Jpso   (843) B: posse   (844) B: predictis   (845) F. 43 r.

et si aliquis contrafecerit aut venerit per se vel per alium
aliqua causa vel Jngenio amittat et amittere debeat pro quolibet et qualibet vice pro pena et banno libras xxv astensium
tociens quociens contrafecerit vel venerit et Jpso facto et Jpso
Jure ex nunc prout ex tunc de Jpsa pena et banno pro condempnato habeatur et teneatur et Jnsuper quod Jn Jpsa societate vel pro Jpsa societate Jpse nec filij sui aut heredes Jpsius
habere non possint vel exercere per se vel per alium aliquod
officium vel beneficium sed de dicta societate pro bannitis et
expulsis penitus habeantur et teneantur tali modo et forma
quod ab Jpsa societate habere non possint aliquod cons(c)ilium
auxilium vel Juuamen aut fauorem nisi esset de consensu et
voluntate expressa Jllius qui sic esset expulsus vel deiectus vt
dictum est et (846) superius continetur et dictam penam et dictum
bannum librarum xxv dederit et persoluerit Jn pecunia nume-
rata societati supradicte et nichilominus a predicta pena et
predicto banno nec ab aliquibus alijs predictis vel aliquo predictorum (846 bis) non possit absolui vel extrahi(j) nec liberari
sub aliquo Jngenio sine voluntate et conseusu expresso Jllius sic
expulsi vel eiecti ad obseruanciam cuius capituli et omnium et
singulorum predictorum rectores presentes et omnes alij rectores et capitaney et quicumque existentes et presidentes Jn
regimine populi supradicti et omnes et singuli de dicto populo
teneantur vinculo Juramenti et sub pena periurij et Jnfamie et
librarum v astensium tociens quociens contrafeceri[n]t vel ve-
neri[n]t pro quolibet et qualibet vice et predicta omnia et singula statuta et ordinamenta [qualiter] composita sunt penitus
valere tenere attendi et obseruarj debeant (847) tamquam statutum siue capitulum vtile et necessarium et specialiter Judic-
tum (848) populo supradicto non obstante. aliquo capitulo [seu]
statuto dicti populi facto vel faciendo seu consilio vel reformacione consilij facta et facienda que vel quod obuiaret premissis
vel alicui premissorum Jn aliquo vel aliquibus et presens capitulum seu ordinamentum et omnia et singula suprascripta Jn
Jpso vendicet et vendicent sibi locum tam Jn vna persona quam
Jn pluribus contrafacientibus vel venientibus contra premissa
et tam Jn masculis quam Jn mulieribus

Jn xpisti nomine Amen
Ad cor[r]oboracionem deffensionem et manutentionem populi

---

(846) B: vt   (846 bis) F. 43 v.   (847) B: debere   (848) B: Jnductum

et societatis populi astensis Jnfrascripte prouis(s)iones et ordinaciones et Jnfrascripta capitula et ordinamenta facta el facte prouisa et prouise et ordinata et ordinate sunt per quatuor secretos el(l)ectos per mucium de montevetulo et socios rectores dicti populi auctoritate baylie eis concesse a generali consilio dicti populi anno domini Mccexxij Jndicione quinta

Jn quibus locis rendi debeant et teneri herbe et ortalicia pul[l]i panis caseum et retera ferramenta

Jn primis statuerunt prouiderunt et ordinauerunt quod cum ad Jnstanciam et requisicionem dicti populi fuerit ordinatum per consilium generale comunis astensis quod omnes ortolani et ortolane et omnes vendentes herbas porra et alia ortalia debeant stare [et] vendere dicta ortalicia et erbas in mercato de sancto subter portichu Jllorum de comentina vbi stare solebant becharij Jtem quod omnes pol[/]ayrolj et omnes pul[/]os vendentes teneantur stare et vendere et (849) tenere pullos ad vendendum Jn mercato de sancto desubter bechariam ante domum et plateam laurenciorum et non alibi Jtem quod omnes panaterij et panaterie et omnes tenentes panem ad vendendum teneantur stare et vendere et tenere panem ad vendendum Jn dicto mercato de sancto Jn schenam et desupter tabulos vbi tenent et vendunt pistores eorum panem et non alibi Jtem quod omnes et singuli vendentes ferramenta vetera teneantur vendere et tenere et stare ad vendendum dicta ferramenta Jn derocacione palacij gutuariorum et non alibi prout predicta omnia contine[n]tur Jn reformacione et ordinacione facta per consilium generale comunis astensis et aliqui ex predictis venditoribus seu reuenditoribus sepe faciant et veniant contra predictam reformacionem consilij comunis astensis voluerunt Jgitur statuerunt prouiderunt et ordinauerunt predicti capitulatores populi predicti quod omnes et singuli rectores dicti populi presentes et futurj et per tempora Jn regimine dicti populi existentes et etiam omnes et singuli capitaney dicti populi per tempora existentes Jn rectoria et capitaneria dicti populi teneantur vinculo Juramenti attendere et obseruare predictam reformacionem ordinacionem et (850) prouisionem factas per dictum consilium comunis astensis Jta et tali modo quod Jpsi capitaney et rectores dicti populi teneantur facere et curare quod omnes predicti venditores et venditrices omnium et singulorum pre-

---

(849) F. 41 r.   (850) B: el el   (851) F. 44 r.   (852) B: *nec*   (853) B:

dictorum stent et vadant et teneant eorum res (et) venales
predictas ad vendendum Jn locis predictis et quolibet Jpsorum
eis assignatis et non alibi et si aliquis seu aliqui ex dictis venditoribus seu reuenditoribus ex predictis rebus vel aliqua Jpsarum fecerit vel vendiderit contra predicta vel aliquod predictorum et vendiderit alibi quam Jn locis predictis et eis assignatis dicti rectores et capitaney per tempora existentes Jn
regimine dicti populi teneantur et debeant auferre et excutere
a quolibet contrafaciente et pro qualibet vice solidos v astensium sine aliqua alia condempnacione Jn eis facienda et quilibet
possit esse accus(s)ator et de hoc quod predicti(s) rectores vi-
derint aliquem contrafacere Jn predictis et contra predicta vel
aliquod predictorum teneantur ac si eis esset denunciatum vel
accus(s)atum cuius banni siue cuius pene tercia pars sit ac-
cus(s)atoris alia tercia pars rectorum siue capitaney qui dictam
penam excuterint et alia tercia pars dicti populi

Ne aliquis de societate dicti populi matrimonium contrahat
seu rxorem (851) nisi (852) legitimam accipiat natam ex
aliquo qui non sit de societate predicta

Jtem statuerunt prouiderunt et ordinauerunt quod si aliquis
homo de populo seu societate vel protectione populi astensis
vel qui de Jpso populo vocetur et teneatur sposalicias seu matrimonium contra(e)xerit seu fecerit cum aliqua muliere que
nata vel filia sit vel fuerit alicuius hominis qui non sit vel fuerit
de dicto populo seu societate vel protectione Jpsius populi vel
eam Jn vxorem acceperit nisi Jpsa mulier esset legitima et de
legitimo matrimonio nata quod ex tunc prout ex nunc Jn Jllo
casu et euentu et Jpso facto sit et esse debeat expulsus et eyec-
tus de dicto populo et societate et protectione Jpsius populi
et pro expulso et eiecto et extraneo de dicto populo et societate
et protectione Jpsius populi supradicti omnino perpetuo habeatur et teneatur et Jn omnibus et per omnia Jntel[/]igatur Jta
et tali modo quod Jpse et ab eo des[s]endentes vsque Jn quartam generacionem seu quartum gradum non possit et non possint esse vel Jntelligi sub quouis Jngenio de populo supradicto
seu societate et protectione populi supradicti neque etiam ab Jpso populo seu societate populi habere aliquod consilium auxilium
seu fauorem vel Juuamen et Jn populo supradicto seu societate
populi seu pro Jpso vel pro Jpsa non possit et non possint Jpsi
vel aliquis Jpsorum aliquod officium seu beneficium suscipere
vel habere nec operarj vel exercere sub aliquo Jngenio vel

causa aliqua sed potissime si aliquis sic expulsus vel deiectus occaxionibus supradictis vel aliquis (853) eius des[s]endencium offenderet vel Jniuriam faceret Jn personam vel rebus alicuius de dicto populo seu societate vel protectione Jpsius populi quod Jn hijs Jntelliga(n)tur et habea(n)tur Jn omnibus et per omnia tamquam persona Jncognita et extranea et nunquam fuisse de dicto populo seu societate vel protectione Jpsius populi Jta et tali modo quod omnia et singula capitula statuta et ordinamenta populi supradicti facta et ordinata loquencia de vindictis et pro vindictis per Jpsum populum et per Jllos (854) de dicto populo et pro Jpsis manutenendis et Juuandis vendicent sibi locum et locum habeant Jn persona et rebus Jllius sic expulsi et deiecti et des[s]endencium eius [et] per dictum populum et omnes et singulos Jpsius populi fiat (855) et fierj debeat vindicta sicuti fieret et fierj deberet contra (856) extraneum vel personam de hospicio que Jpsam offensionem vel Jniuriam fecisset ad voluntatem offensi et predicta statuta siue ordinamenta et prouisa valere et tenere attendi et obseruarj debeant (847) per omnes et singulos rectores et capitaneos nunc et per tempora existentes Jn regimine dicti populi et per omnes et singulos de dicto populo non obstantibus aliquibus capitulis statutis vel ordinamentis aut prouisionibus seu cons(e)ilijs vel reformacionibus cons(e)iliorum dicti populi factis vel faciendis predictis vel alicui predictorum Jn contrarium obuiantibus vel loquentibus

Quod baliste et alie cuiuscumque generis armature Jllis de societate populi Jmposite et taliate habeantur et teneantur et ex eis monstra siue ostensio fiat prout Jnfra

Jtem statuerunt prouiderunt et ordinauerunt (quod) omnes panceric piatine et alie armature fierj et omnes baliste que Jmposite et taliate sunt et quod rectores siue capitaney dicti populi tam presentes quam [futuri et] omnes et singuly capitaney et rectores per tempora existentes Jn regimine siue rectoria dicti populi teneantur vinculo sacramenti facere fierj monstram de predictis armis et balistis omni anno bis videlicet a festo pa[s]ce vsque ad octauam pasce vnam monstram et aliam monstram a festo sancti michaelis vsque ad octauam sancti michaelis et de omnibus aliis de dicto populo similiter fiet predicta monstra et quod dicti rectores similiter habeant bayliam aufferendj pro pena et banno cuilibet qui non fuerit ad dictas monstras cum armis et

alicuius   (854) B: pro Jllis   (855) fiat *è corretto su* fierj   (856) F. 45 *r.*

balistis predictis vsque Jn solidos v astensium ad voluntatem dictorum rectorum et capitaney Jnspecta qualitate persone Jtem
quod omnes alij et singuli de dicta societate dicti populi quibus
non sunt taliate et Jmposite alique pancerie vel piatine vel baliste vel alie armature de ferro teneantur habere et tenere quilibet Jpsorum vnam lanceam longam et vnum scutum ad minus et
balista possit excusare lanceam et tenea(n)tur habere et tenere
quilibet de dicto populo qui sit etatis xiiij annorum vsque Jn
septuaginta sub pena predicta et de predictis rectores tam presentes quam futuri teneantur facere fierj cridam per nuncium
et preconem dicti populi quod Jpsas lanceas et scuta et alia
arma predicta debeant habere et tenere ut supra (857) et portare ad monstras predictas sub pena predicta et pater pro filio
teneatur ad penam predictam /.

(858) *De manutenendo et Juuando villas et Jllos* (859) *de
villis qui facerent dicto populo sequimen et Jnfra*

Jtem prouiderunt statuerunt et ordinauerunt quod omnes ville
comunis astensis et omnes et singuli de dictis villis qui venerint ad mandatum et mandamentum dicti populi Jn auxilio et
seruicio dicti populi quocienscumque eis mandatum fuerit per
capitaneum vel rectores dicti populi per litteras sigillatas sigillo
dicti populi et obedierint dicto populo et capitaneo et rectoribus
dicti populi et fecerint sequimentum dicti populi et se absti-
nuerint Jre et venire ad mandatum Jllorum de hospicijs et
magnatum ciuitatis astensis vel aliarum personarum que vellent
esse et venire contra dictum populum et Jn nocumento dicti
populi sint et esse debeant Jn protectione et sub protectione
dicti populi Jta et tali modo quod si alicui de dictis villis que
fecerint dictum sequimen (860) et que ville obseruauerint predicta fieret aliqua offensio vel molestia (quod) Jlli de dicto
populo teneantur Jpsas villas et Jllos de dictis villis Juuare et
manutenere prout alios de dicto populo et quod omnes et singuli de dictis villis que et qui nollent venire vt supra ad mandatum dicti populi et que et qui dictum sequimen facere nollent
et Jrent et venirent ad mandatum aliquorum de magnatibus et
aliarum personarum que vellent nocere et offendere dictum
populum et Jllos de dicto populo sint et esse debeant Jn banno
dicti populi Jta quod a dicto populo non possint habere auxilium consilium vel fauorem sed omnes Jlli de dicto populo sint

(857) B: sunt   (858) F. 45 c.   (859) B: *Jllis*   (860) B: sequimem   (861)

et esse debeant predictis contrafacientibus et predicta non ob-
seruantibus Jn fauorem dicti populi contrarij Jn omnibus eorum
factis et dictis

Ne aliquis de dicto populo aliquem de aliquo hospicio pro-
curatorem facere presumat et Jnfra

Jtem statuerunt prouiderunt et ordinauerunt vt aliquis de
dicto populo seu societate vel protectione populi astensis siue
de villis comunis seu Jurisdicionis astensis non audeat vel presumat neque debeat sub quouis Jngenio facere seu constituere
vel ordinare aut accipere vel substituere aliquem de hospicijs
siue de magnatibus [*vel*] qui(s) de hospicijs seu de magnatibus
vocetur vel teneatur nis(s)i Jlle esset Judex et Jurisperitus vel
esset notarius qui continue vtatur officio notarie (861) [*et*] pro-
curatorie suum procuratorem seu curatorem Jn aliqua lit(t)e
vel questione aut controuersia seu causa quam habeat seu deinceps habuerit cum aliquo vel aliquibus de dicto populo siue
societate vel protectione Jpsius populi et qui contrafecerit vel
venerit amittat et amittere debeat pro pena et banno libras
xxv astensium et Jpso facto et Jpso Jure ex nunc prout ex
tunc sine alia condempnacione facienda de Jpsa pena et de
Jpso banno pro condempnato habeatur et teneatur et quilibet
de hoc possit esse accus(s)ator cuius pene siue banni tercia
pars sit accus(s)atoris alia tercia pars sit (862) capitaney siue
rectorum qui Jpsam penam siue Jpsum bannum excuterint seu
exigerint (863) et reliqua tercia pars sit comunitatis societatis
predicte et Jnsuper Jlle talis sic contrafaciens si penam predictam soluere non poterit seu non soluerit quod de dicta societate expellatur et canzelletur usque ad x annos Jta quod Jn
Jpsa societate et populo vsque ad dictum terminum x annorum
non possit habere aliquod officium auxilium consilium vel fauorem aliquo modo sub aliquo Jngenio /.

Jn xpisti nomine amen
Hec sunt capitula statuta et ordinamenta facta de anno Mcccxxiij
Jndicione sexta

Si aliquis Jnsultum vel offensam fecerit domino capitaneo
siue rectoribus vel eorum alicuj siue [e]orum Judicj durante
eorum officio.

Jn primis sta[tu]tum et ordinatum est quod si aliqua persona

F. 46 r.   (862) sit *è corretto su* siue   (863) B: exigen̄   (864) B: regerent

cuiuscumque condicionis existat de societate populi faceret seu
fierj faceret quod deus a(d)uertat aliquod Jnsultum versus dominos rectores presentes vel futuros vel versus dominum capitaneum si per capitaneum regeretur (864) vel Judicem Jpsius
populi seu aliquem Jpsorum aliquo modo vel Jngenio cum aliquo
genere armorum vel aliquo alio modo (quod) Jlle seu Jlli qui
predicta committere[n]t Jncurra[n]t penam librarum centum
astensium pro quolibet et qualibet vice Jpso Jure et Jpso facto
si vero Jn dicto Jnsultu aliquo modo fieret sanguis Jn Jpsis
capitaneo vel rectori aut Judice Jpsorum seu aliquo alio qui se
ad deffensionem predictorum opponeret (quod) Jlle et Jlli qui
predicta committerent et quilibet Jpsorum Jncurrant penam librarum tricentarum astensium et nichilominus de dicta societate
expellantur et omnino [sint expulsi] Jlli et des[s]endentes sui
vsque Jn Jnfinitum (865) et etiam procedatur contra alios qui non
essent de dicta societate ad voluntatem capitancy et rectoris et
Judicis Jpsorum (et) offensi et si penam predictam soluere non
possent amputetur eis et cuilibet eorum manus cum quibus hoc
comitterent quam penam dictus capitaneus et rectores populi
teneantur excutere Jnfra octo dies postquam predicta fecissent
et comis(s)issent sub pena periurij si vero quod absit Jlle seu
Jlli qui predicta comitterent seu darent auxilium consilium vel
fauorem seu Juuamen facient[i] Jbi homicidium penitus Jlle vel
Jlli qui predicta fecissent si haberj poterint moriantur et eorum
bona omnia dis[s]ipentur et publicentur quod capitulum sit
trunchum et precisum et attendj et obseruarj debeat (866) per
dominum capitaneum et rectores dicte societatis et per quemcumque alium de dicta societate sub pena librarum xxv astensium (867) pro capitaneo et pro quolibet rectore et sub pena
librarum decem astensium pro quolibet alio de dicta societate
quod capitulum debeat legj omnibus duobus mensibus semel Jn
consilio dicte societatis

*Quomodo et qualiter puniatur Jnsultum faciens versus
aliquem rectorem vel aliquem ex eorum familia post exitum
regiminis eorum occaxione aliqua sui regiminis.*

Jtem statuerunt et ordinauerunt predicti capitulatores pro
bono et vtilitate dicte societatis quod si aliquis faceret aliquod
Jnsultum versus rectores vel eorum familiam occaxione dictj regiminis vel aliqua alia de causa quam fecisset Jn dicto regimine

865) F. 46 r.   (866) B: deberet   (867) L'a di astensium è corretta su

nec (*sic*) post per xx annos Jnsultaret Jpsos occaxione dicti
regiminis ex quo exiuissent de dicto regimine (quod) capitulum
supra proxime factum loquens de Jllo qui faceret Jnsultum
versus rectorem sibi vendice(n)t locum Jn omnibus et per omnia
et attendj et obseruarj debeat ad voluntatem Jllius qui Jnsultatus seu percussus fuisset seu per heredes suos Jta et sicut
obserua[n]tur pro rectoribus dicte societatis qui nunc sunt vel
tunc essent et sub eisdem penis et etiam attendi et obseruarj
debeat et sibi vendicet locum pro omnibus alijs qui fuissent
rectores et heredibus suis (868) si percussus loqui non posset
a tribus annis proxime preteritis sub pena et penis denotatis
Jn omnibus et per omnia absque aliqua exceptione seu deffensione admittenda

*Vt quilibet sit et esse debeat Jn quolibet consilio de partito
rectorum*

(*Reliquum deest*).

II.

Gli Statuti della Società dei Militi di Asti del 1339.

Jn nomine Domine Nostri Jhesu Christi ac Sancte et Individue
Trinitatis Patris et Filii et Spiritus Sancti. Amen.

Ad honorem gloriam et laudem Domini Nostri Jhesu Christi
Beateque Marie Virginis ejus Matris. et Beatorum Apostolorum
Petri et Pauli. Beatique Secundi Martiris Astensis gloriosi. Protectoris et Gubernatoris Civitatis Astensis. Et pretiosissime Sancte Crucis ac totius Curie Celestis. et ad prosperum Felicem et
pacificum. bonum et tranquillum statum Civitatis Astensis. Et ad
reformationem et bonum ac tranquillum. et pacificum statum et
felicem Societatis Baronie Militum Civitatis Astensis. et omnium
Amicorum. et Valitorum eiusdem. Amen.

Hec sunt Capitula. Statuta. et Ordinamenta Societatis Baronie
Militum Civitatis Astensis. facta et composita et ordinata per

---

una p (868) B: heredes suos

discretos et prudentes viros. Dominos Rodulfum Garretum De-
cretorum. Gullielmum Layolum Legum Doctores. Franciscum
Gardinum utriusque Juris peritum. cum consilio et deliberatione
quattuordecim Sapientum electorum per Hospitia seu Magnates
dicte Civitatis. facta et composita in anno Domini MCCCXXXVIIII.
Jndictione VII. Nomina quorum quattuordecim Sapientum inferius
continentur. et sunt hec Domini Rodulfus Garretus. Gullielmus
Layolus. Francischinus Gardinus. Bartholomeus Cacayranus.
Daniel Pelleta. Percivallus Guttuarius de Castello. Johanninus
Palidus. Anthonius Bergogninus. Loysius Scarampus. Raxoninus
Asinarius. Conradinus Rotarius. Bertraminus Alferius. Martinus
Be[r]tramengus. et Francesconus Abellonius.

[I] *De juramento Dominorum Rectorum Societatis Baronie
Militum Civitatis Astensis. faciendo ut infra.*

Juro ad Sancta Dei Evangelia ego Rector Societatis Baronie
Militum Civitatis Astensis. Salvare. Custodire. Manutenere. Regere. Gubernare. et Firmam tenere Societatem Baronie Militum
Civitatis Astensis. et Capitula ipsius Societatis observare. et omnes et singulos de dicta Societate in omni suo bono statu et
equalitate et comunantia. et Civitatem Astensem. Villas. et Loca
subditas et subdita dicte Civitatis Astensis. defendere et manutenere meo posse. toto tempore mei regiminis. et dare forciam
virtutem et valorem. Potestatibus. Vicariis. et Consulibus Civitatis Astensis. quando Civitas regetur per Consules. Ut ipsi Potestas. Vicarii. et Consules et eorum Judices unicuique Justiciam faciant. iuxta formam suorum Capitulorum. et quod non
patiar vel consentiam aliqualiter quod Dominium seu Segnoria
Civitatis Astensis. et Districtus perveniat in aliquam personam
seu summit[t]atur alicui Dominio seu Segnorie. et si contra predicta vel aliquod predictorum fecero seu venero. aut fieri consentiam vel permittam publice vel occulte. voco me et teneo
ex nunc prout ex tunc periurum et infamem ac prodi(c)torem
mei ipsius. et Comunis Astensis. et dicte Societatis Baronie
Militum Civitatis eiusdem et ab omnibus volo sic vocari.

[II] *De Juramento omnium Hominum de Societate Baronie
Militum Civitatis Astensis. faciendo ut infra.*

Juro ad Sancta Dei Evangelia ego de Societate Baronie Militum Civitatis Astensis. bona fide manutenere et defendere. Salvare et custodire Societatem Baronie Militum Civitatis Astensis.
et omnes et singulos de dicta Societate. in avere et personis. et
dare Forciam. valorem et virtutem. modis omnibus quibus potero.

Quod ipsa Societas et omnes et singuli dicte Societatis permaneant in bono. tranquillo et pacifico statu. et bona firmitate atque unitate. et dare forciam et virtutem Rectoribus dicte Societatis. Manutenendi dictam Societatem. et quod non tractabo per me vel alium nec forciam sive consilium dabo. vel aliquid faciam vel consentiam seu tractabo propter quod dicta Societas minuatur. vel peioretur. et insuper infrascripta Capitula Societatis predicte. et que in ipsis continentur attendam et observabo inviolabiliter toto meo posse. et si contra predicta vel aliquod predictorum fecero. seu venero. aut fieri consentiam. ex nunc prout ex tunc voco me et teneo periurum et infamem. et proditorem Societatis predicte.

[III] *Quod dicta Societas dividatur ut infra.*

Jtem quod dicta Societas Baronie Militum dividatur in duas partes. videlicet quod omnes homines de Hospitiis a volta Gardinorum infra sint et esse debeant pro una parte et a predicta volta supra pro alia parte.

[IV] *De Rectoribus dicte Societatis eligendis ut infra,*

Jtem quod quatuor Rectores dicte Societatis eligantur si fieri poterit. duo qui stent a volta Gardinorum supra. et duo qui stent a dicta volta infra. qui regant dictam Societatem Militum per tres menses. et quod singulis tribus mensibus eligantur dicti Rectores in consilio Societatis Baronie Mtlitum Civitatis Astensis ad brevia modo infrascripto. vel prout placebit consilio dicte Societatis. videlicet quod habeantur quatuor borseti. duo a volta supra. et duo a volta infra in quorum quolibet ponantur quatuor scripta. in quibus scriptis seu quolibet ipsorum sit nomen unius de eligendis. atque de quolibet borseto unum breve extrahatur per quindecim dies ante exitum Rectorum dicte Societatis in dicto Consilio. et sic fiat singulis tribus mensibus. et illi qui extrahentur sint Rectores per tres menses. ita tamen quod quicumque fuerit Rector dicte Societatis non possit esse Rector finito suo offitio inde ad unum annum subsequentem. Quibus scriptis finitis. iterum illud idem fiat pro sequenti anno. et sic successive. et prout dicto Consilio placuerit.

[V] *De Consiliariis ipsorum Rectorum eligendis ut infra.*

Jtem quod dicti Rectores teneantur singulis tribus mensibus eligere. XVI. Consiliarios ipsorum qui Anciani appellentur. videlicet quilibet ipsorum Rectorum quatuor de diversis Hospitiis quos magis ydoneos consultores putaverint (et) qui Anciani sive Consiliarii stent in eorum offitio per menses tres. et qui Jurent

dare fidele consilium ipsis Rectoribus. et qui dicti Rectores non
possint dictam Societatem (1) congregare facere nisi prius delibe-
ratum fuerit per ipsos Rectores et dictos Ancianos vel maiorem partem ipsorum.

[VI] *Quod* LXX. *Credendarii sive consiliarii eligantur de
dicta Societate.*

Jtem quod Rectores dicte Societatis omni anno per quindecim
dies ante festum Nativitatis Domini teneantur celebrare Consilium dicte Societatts. et in ipso eligi facere ad brevia vel alio
modo prout consilio placuerit. LXX. Credendarios de dicta Societate Militum de omnibus Hospitiis dicte Societatis. bonos et
ydoneos per quos fiant et fieri possint et debeant omnia et singula facta et negotia dicte Societatis. et que videbuntur utilia
dicte Societati. vel plures seu pauciores prout ipsi consilio placuerit. (et) qui consiliarii sic electi omni anno scribantur et scribi debeant in libro consiliorum Societatis predicte (2).

[VII] *Quod quilibet de dicta Societate his Rectoribus obedire
teneatur.*

Jtem statutum est et ordinatum quod omnes et singuli de dicta
Societate Militum obedire teneantur preceptis et mandatis Rectorum dicte Societatis. Qui nunc sunt. et pro temporibus fuerint in regimine dicte Societatis. et quod dicti Rectores impo-
nere possint cuilibet de dicta Societate pro eis obediendis preceptis licitis et honestis usque in penam. solidorum. xx. Astensium (3) ad eorum liberam voluntatem. et ipsam penam exigere
et excutere teneantur ad opus et utilitatem Societatis predicte.

[VIII] *Quod illi de dicta Societate redigantur et ponantur
in scriptis ut infra.*

Jtem teneantur Rectores presentes infra xv. dies (4) eligere
unum vel duos. et prout eis videbitur qui ponant et redigant. et
poni et redigi faciant in scriptis omnes et singulos de dicta Societate. et ipsos poni faciant in duobus cartulariis sive libris. quorum
unus ponatur in Secrestia de Domo. et alius custodiatur per Rectores dicte Societatis. et omnes illi qui erunt scripti in dictis
libris sint et esse intelligantur de Societate predicta. Salvo e-
tiam quod illi qui essent ultra Montes in dictis libris scribi possint. faciendo sacramentum dicte Societati infra. xv. dies post-

---

(1) B: dicte Societati   (2) B: predicto   (3) B: solidos. xx. Astenses
(4) B: die

quam venerint ad Civitatem Astensem. et ad voluntatem dictorum Rectorum.

[IX] *Ut Rectores dicte Societatis Consilium ipsius Societatis unicuique de dicta Societate postulanti dare teneantur. ut infra.*

Jtem teneantur Rectores predicti dare et congregare seu congregari facere generale Consilium dicte Societatis. quando ab aliquo de dicta Societate fuerint requisiti. prius tamen in scriptis oblata et tradita dictis Rectoribus requisitione ipsorum. Qua requisitione data et tradita dictis Rectoribus. dicta talis requisitio examinetur ante omnia. per ipsos Rectores et Consiliarios sive Ancianos ipsorum. et si previsum fuerit per dictos Rectores et Ancianos seu maiorem partem ipsorum. pro meliori quod dicta requisitio ponatur ad consilium predictum. tunc dicta requisitio ad dictum consilium ponatur. et fiat prout placebit ipsi consilio. ita tamen quod ille qui consilium requisierit. in dicto consilio stare seu interesse non possit.

[X] *De Reformationibus Consiliorum attendendis.*

Jtem teneantus dicti Rectores tam presentes quam futuri. et omnes et singuli de dicta Societate. attendere et obsèrvare omnes reformationes Consiliorum dicte Societatis. prout in ipsi continebitur. et hoc vinculo Sacramenti.

[XI] *Quod omnes de dicta Societate, de Consilio Comunis Astensis recedant de ipso Consilio Comunis. quin eis preceptum fuerit per ipsos Rectores. esse de partito ipsorum. prout infra.*

Jtem quod omnes de dicta Societate Militum qui fuerint de Consilio Comunis Astensis. teneantur et debeant recedere de ipso Consilio Comunis semper et quocienscumque eis preceptum fuerit quod recedant de dicto consilio per dictos Rectores cum ipsis Rectoribus. et in hoc attendere precepta ipsorum Rectorum. et si quis contra fecerit ammittat pro pena. libras II. Astensium. pro quolibet et qualibet vice. quam penam Rectores excutere teneantur omnino ad opus dicte Societatis. et quod omnes et singuli de dicta Societate sint et esse debeant in Consilio Civitatis Astensis et in omnibus alijs consiliis que fierent ad domum Potestatum. Vicariorum seu Consulum. de partito Suorum Rectorum dicte societatis. sub pena solidorum. x. Astensium. pro quolibet et qualibet vice.

[XII] *Quod Rectores Societati Militum non paciantur fodrum. vel taliam seu prestum imponi in Civitate Astensi.*

rel aliud onus. nec aliquas expensas per Comune ultra. li-
bras L. nisi prius predicta firmata fuerint per Consilium
dicte Societatis.

Jtem Statutum est et ordinatum pro evidenti utilitate dicte
Societatis. quod Rectores dicte Societatis. et omnes et singuli
de dicta Societate. teneantur non pati aliquo modo quod aliqua
milicia. fodrum. prestum. talia vel collecta. seu aliqua alia im-
positio imponatur. vel fiat. seu fieri possit in Civitate Astensi.
nec quod aliqua pecunia Comunis Astensis. a libris. L. Astensium (5). Seu (6) per ipsum Comune seu per aliquos homines
habentes Bayliam ab ipso Comuni expendatur. nisi prius hoc procederet de voluntate Consilii generalis dicte Societatis Militum.

[XIII] *Quod metietas omnium offitiorum et beneficiorum*
Comunis Astensis. distribuatur inter illos de Societate Mili-
tum. et quod Rectores dicte Societatis intersint omnibus po-
s(i)tis examinandis. et omnibus partitis que et qui fierent in
Consilio Generali.

Jtem statutum est et ordinatum quod omnia offitia et bene-
fitia cuiuscumque conditionis existant distribuantur inter illos
qui sunt de Societate Militum pro medietate. et quod Rectores
ipsius Societatis Militum intersint omnibus postis examinandis.
et omnibus partitis qui fierent in domibus habitationis. vel in
Consilio Comunis. et quod nihil fieri possit de factis tangentibus
Comune per Potestates. Vicarios seu consules. nisi cum exami-
natione. deliberatione. et voluntate Rectorum dicte Societatis.

[XIV] *De manutenendo quemlibet de dicta societate in suo*
sure. O de discordiis ad concordiam reducentis.

Jtem quod Rectores Societatis predicte teneantur. si aliquis
de dicta Societate propter eius potentiam expelleret alium de
dicta Societate. seu spoliaret possessione sua. vel aliam inJuriam inferret alicui non ita forte potenti. ipsi spoliato seu in-
Juriato dare fortiam et virtutem reducendi ipsum in dicta sua
possessione. et ipsum taliter spoliatum in ipsa sua possessione restituere. et restitutum manutenere ac defendere. et inJuriam
emendari facere. donec Jus cognitum esset inter ipsos summarie
per ipsos Rectores vel per Judices non suspectos ipsis partibus.
ad hoc ut omnis equalitas inter personas ipsius Societatis servetur. et omnis contentio et violentia inter ipsos tollatur et
amputetur. ita quod fraterno amore inter ipsos de dicta Socie-

---

(5) B: Astensibus   (6) B: Sed   (7) B: aliquis   (8) B: quociens inde

tate vivant et perpetuo conserventur. et si de cetero aliqui de dicta Societate inter sese habebunt seu habuerint aliquam discordiam. malivolentiam vel rancuram. occasione offensionis inter ipsos facte. vel alicuius inJurie dicte vel sine aliqua percusione. quod dicti Domini Rectores teneantur predictos de dictis discordiis facere concordari. et facere ipsos compromitti de ipsis discordiis seu inJuriis in ipsos Rectores vel alios comunes amicos qui dictas discordias et ipsas partes concordent. et concordare debeant. et fieri faciant pacem de predictis inter ipsas partes ex eorum posse ad hoc ut homines dicte Societatis insimul ut fratres se diligant et honorent.

[XV] *De pena dicentium inJuriam seu verba inJuriosa ipsis Rectoribus dicte Societatis. et eorum qui verba inJuriosa dicerent coram ipsis Rectoribus alicui.*

Jtem si aliquis de dicta Societate dixerit inJuriam seu verba inJuriosa dictis Rectoribus. vel alicui ipsorum ammittat pro pena ad opus Societatis. libras. II. Astensium. pro qualibet vice. Et qui dixerit alicui aliquam inJuriam. seu verba inJuriosa coram ipsis Rectoribus perdat pro pena ad opus dicte Societatis solidos. XX. Astensium. pro quolibet et qualibet vice. et dictas penas dicti Rectores excutere teneantur infra XV. dies post quam inJuria dicta fuerit. Et quod predicta sint in arbitrio dictorum Rectorum. inspecta qualitate personarum et facti et verborum.

[XVI] *De diversis discordiis ad concordiam reducentis. ut infra.*

Jtem teneantur dicti Rectores si alique discordie seu querele orientur de aliquibus (7) rebus vel possessionibus vel aliter qualitercumque inter aliquos de dicta Societate. ipsas discordias ad concordiam reducere. eorum posse. et bona fide quam citius poterunt. et si aliqua discordia vel disensio oriretur aliqua de causa inter aliquem seu aliquos de dicta Societate. et alium seu alios qui non essent de Societate [*Militum. sed de Societate*] Populi. quod dictas discordias seu dis[s]ensiones eorum posse debeant ad concordiam reducere. et curare debeant quod Rectores Populi illud idem faciant. et fieri capitulum ad hoc ut Milites et populares fraterno amore simul vivant.

[XVII] *Qued Rectores teneantur Jurare in eorum Jure quemlibet de dicta Societate. eorum posse. et quod in arduis prius deliberetur cum Ancianis.*

Jtem teneantur Rectores dicte Societatis eorum posse Juvare

quemlibet de dicta Societate in ipsorum Jure verbis. coram Potestate. Vicario. et Consulibus Civitatis Astensis. et hoc quociens-cumque (8) per aliquem de dicta Societate fuerint requisiti. Et quod dicti Rectores non permittant aliquod factum quod videatur aliqualiter ponderosum. seu postam de qua vel quo loqueretur in domo Potestatis et inter Sapientes pertransire nisi prius per ipsos Rectores habita super illo facto vel posta deliberatione cum suis Ancianis.

[XVIII] *De equalitate Statutorum Societatis Militum et Societatis* (9) *Populi equanda prout infra.*

Jtem quod cum Societas Populi habeat multa et diversa capitula iniqua et inJusta contra Milites et Magnates. et eos qui de populo non sunt. ad hoc ut equalitas servetur. et nullus opprimatur inJuste et quod quisque Juris in alium seu alios statuerit. eodem Jure contra se utatur. statutum est et ordinatum. quod talia capitula et statuta qualia habent illi de Societate Populi contra Milites et Magnates. et eos qui sunt de Societate Militum. talia sibi locum vendicent et locum habeant. pro illis qui sunt de Societate Militum contra illos de Societate Populi. verbis revolutis. Et quod Rectores Militum et omnes de ipsa Societate Militum. ad ipsorum observanciam versa vice teneantur. hoc addito quod ipsi Rectores Militum curent eo modo quo melius poterunt cum Rectoribus Societatis Populi. quod talia Statuta inJusta et iniqua ad honestum et debitum modum reducantur. ad hoc ut equalitas observetur: et ut innocens non puniatur pro nocente. et quod non procedatur per presumptiones prout in ipsis capitulis populi dicitur contineri. sed secundum veritatem. taliter quod ille qui deliquerit et peccatum fecerit puniatur et non alius. et predictum capitulum plenarie attendi debeat et observari per dictos Rectores Societatis Militum. donec aliter pro dictos Rectores Populi in predictis capitulis et Statutis provisum fuerit et ordinatum. et hoc vinculo Sacramenti.

[XIX] *De salario Nunciorum et Notarii Societatis predicte procurando ut infra.*

Jtem teneantur Rectores predicti durante eorum offitio toto eorum posse curare quod Nuntii et Precones. ac Notarius ipsius Societatis habeant a Comuni Astensi eorum Salarium. singulis tribus mensibus. et hoc ante exitum eorum offitii.

_____

(9) B: *Societate*

[XX] *Ut capitula Societatis semper stent penes Rectores.*

Jtem quod liber Statutorum Societatis predicte custodiatur per ipsos rectores et semper sit penes ipsos. ita quod quilibet ipsorum ipsa capitula cum voluerit legere possit et videre. et unus ipsorum alteri dare. et prout ipsis placuerit ad eorum et cuiuslibet ipsorum voluntatem.

Que omnia capitula publicata fuerunt et lecta inter omnes de dicta Societate Militum et per ipsos approbata et ratificata. tempore Rectorie Dominorum Guillelmi Layolii. Danielis Pollete. Galvagnini Guttuarii de Castello. et Johannoti Bergognini. Rectorum dicte Societatis. MCCCXL. octave Jndictionis.

INDICE DEL VOLUME

Ingram Content Group UK Ltd.
Milton Keynes UK
UKHW031819170323
418736UK00009B/496

9 781272